主编 ◎ 周红岩　许俊强

海事审判三十载的理论与实践

HAISHI SHENPAN SANSHIZAI DE LILUN YU SHIJIAN

（上册）

大连海事大学出版社

Ⓒ 周红岩　许俊强　2021

图书在版编目(CIP)数据

海事审判三十载的理论与实践：上、下册／周红岩，
许俊强主编. —大连：大连海事大学出版社，2021.6
ISBN 978-7-5632-4167-5

Ⅰ.①海…　Ⅱ.①周…②许…　Ⅲ.①海商法—审判
—中国—文集　Ⅳ.①D922.294.4-53

中国版本图书馆 CIP 数据核字(2021)第 112615 号

大连海事大学出版社出版

地址：大连市凌海路1号　邮编：116026　电话：0411-84728394　传真：0411-84727996
http://press.dlmu.edu.cn　E-mail：dmupress@ dlmu.edu.cn

大连金华光彩色印刷有限公司印装　　　　　大连海事大学出版社发行
2021 年 6 月第 1 版　　　　　　　　　　2021 年 6 月第 1 次印刷
幅面尺寸：170 mm×230 mm　　　　　　　印张：73.5
字数：1118 千　　　　　　　　　　　　印数：1~1200 册
出版人：刘明凯
责任编辑：刘长影　　　　　　　　　　责任校对：刘若实　杨　洋
封面设计：解瑶瑶　　　　　　　　　　版式设计：张爱妮
ISBN 978-7-5632-4167-5　　　定价：221.00 元(上、下册)

序

　　三十年前,鹭岛一隅,厦门海事法院作为全国第八家海事法院,在改革开放的浪潮中应运而生。从成立之初的举步维艰,初具雏形,到如今勇于担当时代使命,为国家海洋强国建设提供坚实海事司法保障,厦门海事法院走过了砥砺求索的三十载。

　　三十年间,厦门海事法院捍卫蓝色国土,积极维护国家司法主权;定分止争,促进航运经济健康发展;提升涉外司法站位,服务对外开放战略;贯彻绿色发展理念,编织生态环境司法保护网;司法为民,满足社会多元司法需求……寥寥数笔的海事审判白纸,在厦门海事法院几代人的求索与奋斗下,渐渐丰盈为一幅硕果累累的史诗画卷。

　　翻开画卷,最闪亮的篇章莫过于一个个独具特色的司法品牌,其中,贯彻海事精品战略无疑是浓墨重彩的一笔。自最高人民法院全面推进涉外商事海事审判精品战略以来,厦门海事法院充分把握以精取胜的办案理念,也正是从这一理念出发,干警们立足审执工作,博学笃志、研判结合,努力探索法律适用的艰深领域,积极挖掘审判实践的疑难问题,铁肩担道义、妙手著文章,取得了丰硕成果:数十名干警的论文在各类学术研讨会上斩获奖项,上百篇文章被《法律适用》《人民司法》《民商法论丛》《国际经济法学刊》等国家级核心刊物采用;多名法官出版专著、参与司法解释的起草等,极大丰富了海事审判的理论与实践;共计400起海事海商案例被《人民法院案例选》《中国审判案例要览》等作为典型案例刊用。2014年最高人民法院开始发布海事典型案例以来,全院有10个案例入选海事典型案例,数量位居全国海事法院前茅。通过组织法官们撰写案例分析、定期评选"年度十佳案例"、精选审判白皮书典型案例等措施，努力发挥海事精品案件在提升审判质效、统一裁判尺度、彰显司法权威方面的积极作用，促进了海事司法理论研究与审判实践的双向互动。

文以载道，书以焕采。早在建院二十周年之时，厦门海事法院即已出版《海事审判的理论与实践》，将干警们的论文及案例成果汇编成册。今次借三十华诞，厦门海事法院再次将优秀论文及案例结集付梓，既是对近十年来调研成果的梳理和总结，也期望于此承前启后，激励干警们薪火相传，在研判结合的道路上再接再厉、走得更远。论文集好中选优，收录了2010年以来干警们在省级以上研讨会获奖的佳作及在省级以上刊物公开发表的文章，可誉为近年来调研成果中的精品。其中，既有突出热点、探讨"一带一路"建设和海洋强国建设给海事审判带来影响的前沿之作，也有科学研判、分析经济发展新常态下海事纠纷新特点的探索之文；既有呼应民生、关注海事审判实体程序细节问题的针对性探讨，也有开阔视野、借鉴境外先进法律制度的比较法研究……案例集中收录了自2008年以来审理的部分优秀案例，包括刊载于《中国审判案例要览》《人民法院案例选》《人民司法·案例》《中国海事审判年刊》等各类载体的精品案例，入选最高人民法院、福建省高级人民法院的典型案例，以及我院发布的审判白皮书案例，涵盖了海事侵权、海商合同、海事行政等主要审判业务类型，凝聚了我院法官的智慧和经验，是我院实施海事审判精品战略的重要成果。入选的论文及案例佳作题材丰富，观点新颖，论证精辟，展示了干警们严谨的法治思维、扎实的理论功底、司法为民的人文情怀及开阔的国际化视野，绘制出干警们潜心研究、笔耕不辍、皓首穷经、厚积薄发，为推动海事审判发展而砥砺前行的历史剪影。

继往开来，栉风沐雨的三十年芳华已成时光缩影，迈入而立之年的厦门海事法院，在对外开放和海洋强国建设的时代浪潮中，再次站在了新的历史起点。我们将继续深化实施海事审判精品战略，充分发挥海事审判职能作用,开拓奋进,求真务实,为打造具有广泛国际影响力的海事司法品牌、服务保障海洋强国建设谱写更加辉煌的篇章!

编 者

2021 年 3 月 18 日

目　录

海商海事篇

纠纷解决程序篇

其他篇

海商海事篇

船舶遭遇八级以上风并因此导致事故发生的认定

邓金刚

【摘要】从"南京强泉运输贸易有限公司诉太平财产保险有限公司福建分公司"案入手,对八级风问题的由来、认定方法、与事故是否存在因果关系逐一梳理,在此基础上,总结概括出目前认定船舶是否遭遇到八级以上风并因此导致事故发生时应当选择的思路和方法。

【关键词】八级风;保险赔偿;因果关系

一、案情

原告:南京强泉运输贸易有限公司(简称"强泉公司")

被告:太平财产保险有限公司福建分公司(简称"太平福建公司")

厦门海事法院经审理查明,"顺强1"轮,船籍港南京,干货船,船舶所有人吴泉,船舶经营人原告强泉公司,参考载货量3850吨,货舱盖型式一般无密性要求,热带干舷从甲板线量起为1 091毫米。2008年3月18日,被告太平福建公司根据原告强泉公司的投保向原告出具编号为6650831022008000001的"沿海、内河船舶定期险保险单"。该保险单记载,保险船舶为"顺强1"轮,保险险别为沿海、内河船舶定期一切险,适用于中国人民银行1996年11月1日修订的《沿海、内河船舶保险条款》,保险期限自2008年3月19日起至2009年3月18日止,保险金额为980万元,每次事故绝对免赔额为人民币4万元整或损失金额的10%,二者以高者为准,全损或推定全损免赔为保额的15%。2008年8月11日1850时,"顺强1"轮在防城港装载3 926.4吨矿砂后,离泊出港开往南京港。2008年8月12日约0327

时，"顺强1"轮在途经北部湾水域时沉没。沉船事故发生后，原告委托广州市海邦潜水服务有限公司对沉船进行探摸，经探摸发现"顺强1"轮前部舱口两侧已破裂，且船体严重下淤，已无整体打捞的可能。2008年12月12日，钦州海事局出具钦海事结字（2008）003号《"顺强1"轮水上交通事故调查结论书》。该结论书关于船舶适航状况表述为："该船于2008年8月11日向防城港海事局申请出港签证，经签证人员检查并核对：船舶相关检验证书均在有效期内；离港前船舶装载符合相关规定；船员15名，船舶配员符合该船的最低安全配员要求，船员均持有海事机构签发的有效适任证书。"关于海面气象及海浪状况表述为："事故发生时，事发海域东南风，风力六至七级，阵风八级以上，浪高3~4米。"该结论书对具体事故原因表述为："船舶遭遇大风浪，剧烈的横摇导致货物移位，是造成船舶严重倾斜进水沉没的主要原因；船员在船舶出现异常情况和险情后缺乏应有的谨慎。"对事故责任认定表述为："'顺强1'轮沉没的主要原因是该轮在航行中遭遇恶劣气象和海况严重影响，导致舱内货物不断移位，造成船舶严重倾斜后进水沉没。船员在船舶出现异常情况和险情后缺乏应有的谨慎，未能及时发现和有效避免险情的发生，负有一定的过失责任。"原告强泉公司向厦门海事法院起诉，请求判令：被告太平福建公司支付原告"顺强1"轮船舶保险赔偿款980万元。被告太平福建公司辩称，案涉损失非由承保风险造成，不属于保险合同承保范围，请求依法驳回原告的全部诉请。

二、审判

（一）一审情况

厦门海事法院认为，本案为船舶保险合同纠纷。原告能否获得保险理赔，以及可以获得理赔的数额，取决于对案涉船舶是否遭遇了承保的风险并导致船舶沉没等争议焦点问题的认定。

1. 案涉船舶是否遭遇了承保的风险并导致船舶沉没

原告认为，案涉船舶在航行途中遭遇八级以上的大风，并因此而沉没，这在海事局的事故调查结论书里已有清楚的结论。被告认为，案涉船舶在航行途中没有遭遇八级以上的大风，案涉船舶的沉没主要系因船载货物含水量超标,船舶摇晃后形成自由液面导致的。这在广西气象科技服务中心等出具的气象证明,被告提供的证据公估报告、高级船长意见以及鉴定结论里可以得到证实。厦门海事法院认为,本案船舶保险合同里约定了八级以上的大风为承保的风险,因此案涉船舶是否遭遇了承保风险,取决于案涉船舶在航行途中是否遭遇了八级以上的大风,并因此导致船舶沉没。

2. 遭遇的风力是否为八级以上

厦门海事法院认为,广西钦州海事局出具的钦海事结字(2008)003 号《"顺强 1"轮水上交通事故调查结论书》中已认定船舶在航行途中遭遇了八级以上的大风,在没有相反证据足以推翻的情况下,该调查结论作为海事行政主管部门的认定意见,理应得到采信。被告提供的气象证明即使为真实的,也只能证明在某个陆地或岛屿气象观测点观测的气象状况,而无法证明船舶在海上航行过程中所经海域遭遇的实际风力状况。如果"顺强 1"轮上装有类似飞机黑匣子之类的航行记录器,记录实时遭遇的风力状况,该记录无疑具有最强的证明力。在未有航行记录器记录风力信息的情况下,海事部门在对船员以及气象部门的调查基础上,做出"顺强 1"轮在航行途中遭遇了八级以上大风的认定,理应得到认可。

3. 船舶沉没是否由八级以上大风导致

上述海事局的事故调查结论书里已经认定,"顺强 1"轮在航行途中遭遇大风浪(八级以上大风和 3~4 米的大浪),导致船舶剧烈横摇,进而导致货物移位,是使船舶严重倾斜进水沉没的主要原因。被告提供的证据公估报告、高级船长意见以及鉴定结论,均系被告单方委托形成的书面材料,依照《最高人民法院关于民事诉讼证据的若干规定》第七十七条第一款第一项"国家机关、社会团体依职权制作的公文书证的证明力一般大于其他书证"的规定,其证据效力低于原告提交的海事主管机关依职权做出的水上交通事故调查结论书的证明力。综上,可以认定案涉船舶在航行途中遭遇八级以上的大风,并因此而沉没。因此,厦门海事法院判决:被告太平财产保险有限公司福建分公司支付原告南京强泉运输贸易有限公司保险赔款 8 330 000 元及相应的利息。

(二)二审情况

一审判决后,被告太平福建公司不服,上诉至福建省高级人民法院。

福建省高级人民法院认为，广西钦州海事局出具的钦海事结字（2008）003号《"顺强1"轮水上交通事故调查结论书》中已认定船舶在航行途中遭遇了八级以上的大风，在没有相反证据足以推翻该调查结论的情况下，该调查结论作为海事行政主管部门的认定意见，理应予以采信。上述海事局的事故调查结论认定"顺强1"轮在航行途中遭遇了八级以上的大风和3~4米的大浪，导致船舶剧烈横摇，进而导致货物移位，是导致船舶严重倾斜进水沉没的主要原因。而根据案涉《沿海、内河船舶保险条款》第1条的规定，因八级以上大风造成保险船舶发生的全损，保险人负责赔偿。因此，本案事故属于保险责任事故，上诉人作为保险人应负赔偿责任。因此，驳回上诉，维持原判。

三、评析

本案争议焦点涉及船舶保险合同纠纷容易出现的船舶是否遭遇八级以上的大风、船舶是否超载、被保险人是否履行告知义务和安全保障义务等各个方面，其中的八级风问题是争议的基础性、核心性问题，现结合案件情况就此进行分析。

（一）八级风认定问题的由来

船舶在海上安全航行，最常需要处理的问题之一就是风浪。浪的大小又与海上风力的大小关系重大，因此风力情况是船舶在航行中必须时刻考虑的因素。也正是因为风力问题关系船舶货物安全，因此海上保险中，八级以上风一般情况下都被列为承保的风险。之所以保险人只保八级以上，而不是六级或者五级以上的原因在于，一般来说，海船的抗风等级起码都有八级。船舶遭遇八级以下的风力，通常不会发生危险，除非有特殊原因，因此作为投保人的船舶所有人或者经营人对于八级以下风力的保险一般不感兴趣。保险人从经营成本和收益的角度考虑，也没有开展八级以下风力保险业务的必要，当然这不妨碍特殊投保人与保险人单独协商确定六级风，甚至五级风为承保风险。但船舶在海上航行中遭遇的实时风力情况却难以判断。首先，多数船舶没有测定实时风力和保留风力记录的设备，即类似于飞机的黑匣子，因此船舶遭遇的风力情况经常是个"哥德巴赫猜想"。其次，即使提供了航海日志等船员对于风力的记录情况,但船员与船东有利害关系,且船员的风力测定不一定准确,故记录的真实性存在疑问。再次,不同的气象台对于同一地域的风力情况经常做出不同的认定。即使不同气象台对于某一地域的风力情况做出相同的认定,该风力情况毕竟只是事故地点之外的风力记录,是否可以以此推断事故地点的风力情况也存在疑问,因为风力的情况还受地形地貌的影响,否则龙卷风的情况也就不会出现。因此,八级风认定问题是海上保险纠纷中经常出现,难以解决,却又不得不解决的问题。

(二)八级风认定方法的不同观点

对八级风的认定方法存在不同的观点:一是以权威气象部门的认定为依据。该观点的理由是,权威气象部门的权威气象信息最有证明力。二是以海事局在事故调查报告或者责任认定书中对于风力的认定为依据。该观点的理由是,海事局的认定通常是结合了气象台的气象数据以及对事故船舶和相关方面调查的情况,综合判断得出的结论,更加可靠。三是以航海日志的记录和船员的陈述为依据,如无,则以相近船只航海日志的记录和船员的陈述为准。该观点的理由是,尽管航海日志的记录和船员陈述的真实性存在疑问,但是航海日志的记录很可能确实是发生事故时船舶遭遇的实时风力情况,也是唯一对事故发生时风力进行记录的证据,而且船员也是真实经历了事故过程的人,其通过测风仪器或者经验判断的风力存在真实性,是第一手直接证据;对于该航海日志记录和船员陈述的怀疑,应由保险人提出反证予以证明,不能因噎废食。四是从被保险人对保险赔偿的合理期待原则出发,如果保险人不能否定事故地点存在八级以上风力,就应认定存在八级以上的风力。该观点的理由是,在目前阶段,乃至未来较长一段时间内,国内船舶经营者多数对于保险方面的知识和经验比较缺乏,如果不保护投保人的合理期待,势必使保险双方的利益失去平衡,不利于航运业发展,也最终损害保险业发展。五是根据与船舶遭遇事故地点最近的气象观测点的数据来认定风力情况。该观点的理由是,这样认定的情况最接近实际情况。

(三)科学、合法的八级风认定方法

笔者认为,如果船舶上装有类似飞机黑匣子之类的设备,可以记录实时遭遇的风力情况,那么该设备上所记载的风力情况,应作为最有力的证明风力情况的证据；尽管在诉讼中，想否认该证据证明力的一方会提出该设备可能有故障或者存在篡改的可能性等主张。如果保险船舶上没有"黑匣子"，那么风力情况的认定就比较复杂。前述关于认定风力情况的观点中，以权威气象部门的权威气象信息来认定的观点，存在一些缺陷，如无法说明其为何权威，又如难以说明离事故地点最近的观测点在何处，与事故地点之间的地形如何等，因此也难以准确判断事故地点风力情况，其做出的结论也只能是一种推断。如果其他气象台的观测点离事故地点较近且数据原始准确时，还依据所谓权威气象台的权威气象信息来推断，则让人难以信服。以海事局的认定为准的观点，主要基于从证据规则角度，国家机关的公文书证证明力较强，但是如果海事局对风力做出认定的基础不存在，即没有在调查气象部门、相关船舶、船员的基础上，客观科学地依据这些基础数据来进行综合判断，则海事局的结论也不能作为认定的依据；而且如果有更科学、更准确的证据否定了海事局做出认定的基础，则也不应以海事局的认定为依据。即如果海事局的认定没有基础，或者得出结论的论证过程不科学、不客观，则不能作为认定风力情况的证据。以航海日志和船员的陈述为依据来认定风力的观点也存在明显的缺陷，如存在船员的观测是否准确、船员在航海日志上的记录是否真实、船员的陈述是否符合实际情况等难以确定的问题，况且船员在事故发生后，往往会根据船东的指示，做有利于船东、有利于保险赔偿的陈述。以投保人的合理期待来认定的观点，实际上把是否存在八级以上风的举证责任都推给了保险人，容易导致保险人的保险责任过重，达不到该观点主张的保险人与被保险人利益平衡的终极目的。以最近气象观测点的数据作为认定依据的观点的理由不够充分，因为假设有两个气象观测点与事故现场距离基本等同，而记录的风力情况却不同，如何进行认定，显然就存在问题。况且最近的气象观测点的地形地貌与事故地点如果明显不同，两个地点的风力情况就可能大不相同，即观测点可能有八级，而事故点却没有八级；或者观测点没有八级，而事故点却可能有八级。因此也不足取。究竟如何认定风力才比较科学、客观，又符合法律和法理的精神？笔者认为，如果有足够权威的气象专家能够根据足够让人信服的科学原理，根据事故周围的风力情况，以及地形地貌等影响风力变化的因素，论证出事故地点的风力情况，那么该论证无疑可以作为认定风力情况的依据。但现实生活中，很难找到足够权威的专家，也很难根据足够让人信服的科学原理,以及地形地貌等因素去论证。因此如果没有"黑匣子",可以这么说,事故地点实时的风力情况基本难以达到完全准确的判断。一旦无法对事故地点的风力状况做出完全准确的判断,就无法对风力的状况在保险纠纷的处理中进行法律上的认定。笔者认为,从两个方面进行综合判断较为合理:其一,是否存在事故地点可能遭遇八级以上风的证据;其二,从宽的原则应适用于认定风力的情况,只要不能完全排除事故地点存在八级以上的大风,就应认定存在八级以上的大风,即只要有一些连接因素能够证明事故地点可能存在八级以上的大风,就应认定存在八级以上的大风。这样认定的理由主要有:其一,从风力过程的复杂性而言,船舶遭遇的风力情况是某一个时间段的事件,而以多长的时间段来认定船舶遭遇的风力情况既没有明确的规定,也往往没有约定,因此如果事故前的某个时间存在八级以上的风,也应认定为遭遇了八级以上的风。其二,地形地貌的情况对于风力的影响巨大,相差几百米的地方风力就可能不同,如发生龙卷风或者异常风力情况。其三,从举证责任的分配看,如果被保险人确实无法找到直接的证据,法院应根据间接证据的情况来进行认定,当保险双方的证据旗鼓相当时,法院不管是从保险人与被保险人的举证能力(相对而言通常保险人的举证能力优于被保险人),还是从尽量发挥保险对于社会生产的恢复作用的补偿功能,以及适当倾斜保护被保险人的角度出发,都应将举证责任分配给保险人。也就是被保险人只要有初步的证据证明事故地点遭遇八级以上的风,除非保险人提供充分证据证明事故地点不可能存在八级以上的风,否则就应认定存在八级以上的风。其四,从公平原则的角度看,保险人收取了巨额的保险费,对于船舶发生的事故,如果被保险人有初步的证据证明属于保险责任,则一般应由保险人证明并非发生了保险责任范围内的风险,否则就应予以赔偿;只有这样,保险合同的双方的利益才能达到一个公平的平衡状态。从航运业倾斜保护的政策看,船舶保险合同对于航运业的持续发展意义重大,如果允许保险人动辄以各种理由拒赔,势必导致资本恐惧进入航运业,现有的航运企业也难以持续经营,极不利于航运业发展,因此除非明显可以拒赔,否则司法上应从严裁判不属于保险责任范围的情况。从船舶保险业目前的情况看,中国的财产保险业还不够成熟,船舶经营人对于保险的了解也不够深入,导致船舶经营人投保时对于保险条款内容的理解处于模糊状态，即只知道已经投保，而不知保障的具体内容。司法裁判应立足于此种国情，即应适当加重保险人的责任，保护航运业的发展。综上，如果有准确的黑匣子的数据，那么就可直接认定风力情况；否则就应审查判断可以证明风力的各种证据，如果证据显示事故地点有存在八级以上风的可能性，那么考虑到风力情况的复杂性、利益平衡的公平原则等因素，应当做出存在八级以上风的认定。

（四）八级风与事故是否存在因果关系认定问题

保险纠纷中的因果关系指保险事故的发生系由于承保风险造成的，即承保风险与发生的事故具有因果关系。但此种因果关系所包含的具体内容，却经常成为争议的焦点，如承保风险只是事故发生的原因之一时，或者承保风险虽是引起事故发生的原因的起源，但并非直接导致事故发生的原因时，是否应当认定为具有因果关系；又如存在违反保证条款情形时，是否可以当然地不再考虑事故的因果关系。具体到八级以上的风与事故是否存在因果关系的认定上，如果只是八级以上的风单一原因导致船舶倾覆沉没，那么因果关系的认定就比较明确，但实际的情况往往都比较复杂。或者八级以上的风与其他因素共同导致事故的发生；或者八级以上的风导致某个因素的出现，该因素又导致事故的发生；或者被保险人存在违反保证的情况。如何认定因果关系，也是司法裁判中的难点。八级以上的风与其他因素共同导致事故的发生属于通常所说的多因一果的情况。该情况又可细分为多因结合才导致事故发生，以及多因单独都足以导致事故发生。在多因单独都足以导致事故发生的情形下，如果八级以上风与其他原因都属于承保的风险，那么应认定为保险事故，保险人应予以赔偿。如果八级以上风是承保风险而其他原因不是承保风险时，保险人如何承担赔偿责任，对此有不同看法。有人主张全部赔偿，其理由是参酌当事人订立合同的目的以及从对合同所产生的合理期待出发，既然发生了保险事故，就应全部赔偿。有人主张应全部不赔偿，因为损失是否由保险事故造成无法证明。有人主张应按原因力的大小或者公平原则按比例予以赔偿，这样才符合近因理论和公平合理的法理。笔者主张应全部赔偿，理由是：保险合同中约定发生了保险事故，保险人就应予以赔偿，保险人应依合同约定履行义务；除非保险合同中双方已约定了存在除外责任或者非保险责任与保险责任并存时,保险人不予赔偿或只部分赔偿。全部赔偿的观点还符合中国目前海上保险业发展的现状,有利于平衡保险双方的利益。在多因结合才导致事故发生的情形下,笔者认为应认定构成保险事故,保险人应予以全部赔偿。理由在于:其一,离开承保风险的八级以上风,损害不会发生,因此应认定为发生了保险事故;其二,合同约定了发生保险事故,保险人就应赔偿,保险人应遵守合同义务;其三,与八级以上风结合导致事故发生的其他因素的存在,没有合同依据和法律依据来免除保险人的赔偿责任;其四,不予赔偿,使得保险人与被保险人的利益失衡。在八级以上风导致某个因素出现,该因素又导致事故发生的情形下,如果该因素也是承保风险,保险人当然也应予以赔偿;如果不是承保风险,保险人是否应当予以赔偿,实践中存在争议。比如八级以上风导致船舶的舷梯被吹倒,而舷梯在倒掉后又砸坏了船舱的通气管,导致雨水和海浪进入船舱进而导致货物湿损时,是否应当认定为发生了承运货物责任险的保险事故呢?笔者认为,该事故的起因和决定性因素是八级以上风,离开八级以上风的作用,事故不会发生,因此应认定为发生了保险事故,保险人应予以赔偿。这一观点符合有效近因规则。

在存在违反保证条款情形时,是否不需要再考虑事故的因果关系问题。有人认为,被保险人在保险期限内擅自将保险船舶出租给他人且在开航前未能尽谨慎处理责任保证船舶适航,严重违反了保证条款,因此尽管大风浪的影响也是事故的原因,但保险人有权拒绝赔偿。该观点实际是认为,只要被保险人有违反保证条款的情况,则不论违反保证的情形与损失是否存在因果关系,也不论是否存在承保风险导致损失发生,保险人都有权不予赔偿。实践中,多数海事法院还是以损失是否与违反保证有关来认定保险人是否有权拒绝赔偿,这与国际上的趋势一致。笔者认为,以违反保证条款为由,不论其与损失之间是否存在因果关系,而一概拒赔,不符合公平之法理,也不符合中国航运业发展之现状。中国航运业尚在发展壮大的过程中,不少转产的渔民从开小渔船转到开小货船。由于先天的不足,转产的渔民中有相当一部分无法办理海员证,但他们实际上都有航海的真实本领;况且在船舶配员方面,由于船员工资高,个体船主在配备船员时往往将一些不重要的、不影响实际航行安全的低级船员省去,以保证航运的效益。如果一味地不顾及这些航运国情,势必导致船舶发生事故后无法得到赔偿,特别是如果违反保证的情形与损失不存在因果关系时，更是不符合大众认同的公平正义法理，也极不利于中国航运业的发展。

四、结语

八级以上风只要是损失发生的原因，不论是单独原因，还是并存原因，且八级以上风在承保范围内，那么保险人就应予以赔偿；当并存有被保险人违反保证条款，但该违反情形与损失没有因果关系时，保险人同样应予以赔偿。

（原载于《中国海商法研究》2012 年第 2 期）

冲突与协调:行政机关事故认定书对民事审判的影响

陈　亚

【摘要】行政机关对社会生活中的许多事故都有职责进行调查,并制作事故认定书,记载事故经过、事故原因和责任认定等内容。行政机关这一行为应定性为具体行政行为,但行政机关对事故进行认定是追究当事人责任的中间环节和前置条件,属于中间行政行为。事故认定书的证据类型存在争议,不妨将其归为证据的综合体,不同部分具有不同的证明力。当事人就事故损害提起民事诉讼后,事故认定书通常作为重要证据在审判中使用,民事法官对其采信与否成为案件审理的关键。虽然当事人对事故认定书争议不断,但我国司法实践对其审查大多流于形式,推翻事故认定结论的情形极少,尽管承办法官也不一定真实认同事故认定结论。对事故认定书理性分析采信的考量因素和推翻的正当理由后发现,无论从司法与行政的权力属性,还是从价值衡量等方面看,民事法官都不应迷信事故认定书的结论,而要在审查的基础上采纳相反的证据并勇于推翻它,以彰显事实的客观真相和法律的公平正义。法院推翻事故认定书,说明事故认定书与民事判决出现了冲突。反思冲突的原因,主要是由行政机关和民事法官的主观认识差异和各自行为的功能与归责差异造成的。原则上,人民法院对民事纠纷拥有独立和完整的审判权,但同时也不能忽视行政执法和司法的统一性,否则就会付出法律伦理上的代价。在民事法官既要坚持独立审判,又要对事故认定书适度尊重的两难境遇下,唯有通过制度的手段对二者可能出现的冲突进行协调,尽可能使事故认定书回归客观属性以维护二者在结论上的一致,为人民法院审理民事纠纷提供准确可靠的证明效力。

【关键词】事故认定书;民事审判;冲突与协调

行政行为对民事审判有什么样的影响? 这是一个长期困扰审判实践的

问题。有学者提出,司法审判具有自主性,行政行为对民事审判只存在相对的、多样的、情境性的拘束力。①　不过,大多数的研究文章并没有对行政行为的拘束力进行类型化分析。本文主要关注民事审判中最经常遇到的行政机关出具的各种事故认定书,虽然事故认定书对民事审判发挥着重要的证明作用,但由于当事人在诉讼过程中对事故认定书争议不断,从而引发事故认定书的效力与民事审判自主性的冲突。冲突下民事审判如何进行,以及如何协调二者的冲突成为本文的讨论价值所在。

一、问题切入:民事审判遭遇行政机关事故认定书之困惑

社会生活中发生的许多事故,相关行政机关都有职责对其进行调查,根据勘验、检查、取证甚至鉴定的结果出具事故认定书,如公安机关交通管理部门制作的《道路交通事故认定书》、海事管理机构制作的《内河交通事故调查报告》或《海上交通事故调查报告书》、公安机关消防机构制作的《火灾事故认定书》,等等。事故当事人就损害赔偿提起民事诉讼后,记载事故原因和责任分担的事故认定书通常作为重要证据在审判中使用,民事法官对事故认定书采信与否成为案件审理的关键。司法实践针对当事人对事故认定书提出的异议,主要有三种处理情形:

（一）直接采信事故认定书的结论

绝大多数法院对事故认定书只进行形式审查,一旦程序合法、形式真实便直接采信。事故认定书是由行政职能机关根据现场勘验、调查和分析后制作的,有一定权威性和专业性,实践中极少遇到法院不予采信的情形,②当事人提出的异议通常以无证据支持而被简单驳回。

（二）在司法鉴定、专家证人等证据基础上决定是否采信事故认定书的结论

对于当事人争议较大的事故认定书,民事法官有时会通过司法鉴定、专家意见等同质性证据,补强其内心确信。譬如,在"运鸿"轮与"爱丁堡"轮碰撞案中,③海事局出具的《碰撞事故调查报告》认定该船舶碰撞是一起互有过

---

① 何海波:《行政行为对民事审判的拘束力》,《中国法学》2008 年第 2 期,第 94 页。
② 周健:《交通事故认定书的证据属性与重构思路》,《法制与社会》2008 年第 3 期,第 167 页。
③ 福建省高级人民法院(2003)闽经终字第 265 号案。

失的重大水上交通事故，"运鸿"轮负主要责任，"爱丁堡"轮负次要责任。然而，诉讼过程中，"爱丁堡"轮要求对方应负 80% 的责任，"运鸿"轮同样认为对方负 80% 的责任。双方各自聘请的专家证人意见亦相左，法院遂根据当事人申请委托司法鉴定，最后综合事故调查报告、鉴定报告以及专家证人意见，酌定"运鸿"轮负 55% 的责任，"爱丁堡"轮负 45% 的责任。

（三）直接否定事故认定书的结论

法院直接否定事故认定书的情形比较少见。在原告葛宇斐诉被告沈丘县汽车运输有限公司道路交通事故赔偿案①中，公安机关出具《道路交通事故认定书》，认为案涉事故属于交通意外事故，但法院审理后认为，交通意外事故并不等同于民法上的意外事件，交通事故责任并不等同于民事赔偿责任。案涉事故是由被告员工的主观过错和不当行为造成的，事故发生并非不能预见，事故后果并非不可避免，因此被告应承担全部赔偿责任。

学者普遍认为，司法审判具有自主性，法院在民事诉讼中对案件涉及的事实和法律问题可以独立审查，直接做出认定，②但现实状况是，法院基于多种考虑后推翻事故认定书的情形极少，尽管承办法官有时也觉得事故认定书的结论不妥。然而，司法实践的习惯做法无法掩盖和释然民事法官在办案中出现的困惑：行政机关出具的事故认定书对民事审判到底存在多大的影响？法官在面临采信或推翻的选择时，如何做出决定？事故认定书和民事审判为什么会出现冲突，怎样协调这种冲突？

二、性质定位：事故认定行为与事故认定书的法律属性

对行政机关的事故认定行为和事故认定书本身进行性质定位，是准确评价事故认定书对民事审判存在多大影响的前提条件。

---

① 《中华人民共和国最高人民法院公报》2010 年第 11 期。
② 何海波：《行政行为对民事审判的拘束力》，《中国法学》2008 年第 2 期，第 109 页。

（一）行政机关事故认定行为的性质界定

行政机关制作事故认定书，是法律赋予的权力，也是必须履行的职责。①然而，对于行政机关事故认定行为的法律性质，理论和实践中存在截然相反的观点：一方认为，行政机关依法做出事故认定书符合具体行政行为的构成要件，而另一方认为，事故认定书并不直接影响相对人的权利和义务，故不属于具体行政行为。一般来说，具体行政行为包括主体行政性、对象特定性、意志单方性和法律效果性四个特征，判断事故认定行为是否属于具体行政行为，主要分歧在于事故认定书是否对行政相对人的权利义务产生影响。笔者认为，事故认定书虽然没有直接设定当事人的权利和义务，但它却是当事人承担法律责任的重要依据，并通过行政处罚、民事或刑事判决对当事人权益产生影响。因此，行政机关事故认定行为应视为具体行政行为。当然，事故认定书本身不会对当事人产生不利益，行政机关制作事故认定书的行为也未直接侵犯当事人的合法权益。换句话说，行政机关对事故进行认定是追究当事人责任的中间环节和前置条件，属于中间行政行为。持相反观点的人还认为，事故认定书仅仅是作为一种证据，不属于具体行政行为。不过，"具体行政行为"与"证据"并不矛盾，事故认定书在处理各种事故中是作为证据使用，不能由此否定事故认定行为在实质上归属于具体行政行为。②

（二）事故认定书的法律属性

根据我国《道路交通安全法》第七十三条、《消防法》第五十一条的规定，事故认定书被定性为处理交通事故或者火灾事故的证据，但在民事诉讼中归于何种证据，尚存争议，主要有"公文书证说""鉴定结论说""勘验检查笔录

---

① 我国《道路交通安全法》第七十三条规定：公安机关交通管理部门应当根据交通事故现场勘验、检查、调查情况和有关的检验、鉴定结论，及时制作交通事故认定书，作为处理交通事故的证据。《海上交通事故调查处理条例》第十五条规定：港务监督应当根据对海上交通事故的调查，做出《海上交通事故调查报告书》，查明事故发生的原因，判明当事人的责任。《内河交通事故调查处理规定》第二十九条规定：事故调查、取证结束后，海事管理机构应当制作《内河交通事故调查报告》。《消防法》第五十一条规定：公安机关消防机构根据火灾现场勘验、调查情况和有关的检验、鉴定意见，及时制作火灾事故认定书，作为处理火灾事故的证据。

② 申国毅：《论交通事故责任认定行为的行政可诉性》，访问于 http://www.chinacourt.org/html/article/ 201102/24 /442396 . shtml,2011 年 6 月 6 日。

说""书面证言说"等几种观点。① 不过,也有学者认为,事故认定书无法进行证据归类,不具备证据形式的合法要求,故不属于证据。② 还有学者提出,事故认定书无法归入现行法律证据类型的任何一种,但它是有权做出结论的特定机关制作的证明文书,具有证据属性,司法实践不必拘泥于证据的分类,法官只需判断某一材料能否作为证据使用即可,不必在目前的立法层面上纠缠于证据的具体种类。③

广义地说,一切能证明案件事实的依据都能称为证据。事故认定书被现行法律定位为证据,在司法实践中又确实能起到证明作用,因此其民事证据属性不容置疑,但上述关于"不必在目前的立法层面上纠缠于证据的具体种类"的观点值得商榷。证据的意义在于其证明力的表现,而不同的证据类型具有不同的证明力,在众多相左的证据中采信哪一份证据,主要是对证据类型进行区分。笔者认为,理论界对事故认定书的证据类型尚无定论,主要原因在于事故认定书通常包括多项内容的记载,④ 而每一项内容的形成依赖于行政机关不同的取得手段,因此建议从事故认定书的不同内容来确定各自的证据类型及其证明力。事故认定书的内容从性质上可以划分为客观事实记载和主观分析判断,前者主要指事故概括和事故背景,事故背景本身存在与否属于事实问题,事故背景是否构成事故原因则属逻辑判断问题,后者主要指事故原因的分析,以及根据事故原因的作用力大小所做的责任认定。事故认定书对事故概括、事发时背景的记载依托于行政调查,相当于民事诉讼证据中的勘验笔录。事故原因的分析和责任的认定,属于行政机关在行政鉴定、规则适用、技术判断等基础上形成的一种专业认知,类似于鉴定机构的结论。因此,不妨将事故认定书归为证据的综合体,从形式上看,属于公文书

① 刘品新:《交通事故认定书存在明显错误其法律效力如何认定》,《中国审判》2008 年第 3 期,第 68 页。

② 赵信会:《对交通事故认定书证据属性的质疑》,《法学论坛》2009 年第 6 期,第 116 页。

③ 管满泉:《论交通事故认定书的证据属性》,《中国人民公安大学学报》2008 年第 6 期,第 75 页。

④ 《道路交通安全法》第七十三条规定:交通事故认定书应当载明交通事故的基本事实、成因和当事人的责任。《海上交通事故调查处理条例》第十六条规定:《海上交通事故调查报告书》应包括以下内容:(一)船舶、设施的概况和主要数据;(二)船舶、设施所有人或经营人的名称和地址;(三)事故发生的时间、地点、过程、气象海况、损害情况等;(四)事故发生的原因及依据;(五)当事人各方的责任及依据;(六)其他有关情况。另外,《内河交通事故调查处理规定》第二十九条也有类似规定。

证,从证明力看,则需区分事故认定书的内容,不同内容具有不同的证明力。

三、裁判冲突:对事故认定书是采信还是推翻

在民事诉讼中,事故认定书通常作为核心证据而被当事人和法官所重视。当事人对事故认定书未提出异议时,民事法官一般只需形式审查无误后,直接依据事故认定结论做出判决。如果当事人提出异议,法官在面临采信还是推翻的选择时,应当理性地分析各自的正当理由。

(一)采信的考量因素

实践中,绝大部分的事故认定书都被法院直接采信,这种"拿来主义"的习惯做法通常使当事人的异议变得微不足道。民事法官存在这种喜好是基于多种考量因素:首先,行政主管机关依职权做出事故认定书,在性质上表征为具体行政行为,依据行政行为公定力之效力要求,行政行为一经做出,对任何人都具有被推定为合法、有效而予以尊重的法律效力,[①]其他行政机关及法院必须保持克制和容忍,不得无视甚至否定该行政行为的事实存在。民事法官直接采信的行为体现出司法活动在一定范围内对行政主体权威和行政行为效力的尊重。其次,从证据效力看,事故认定书是由行政机关严格依照法律规定的程序制作,司法实践已普遍认可其具备的证明力明显高于其他证据。因此,在事故认定书不易被其他证据否定的优势下,民事法官显然乐意照搬事故认定书做出判决,这样容易推脱审判责任,不易将当事人的不满转移到承办法官身上,同时也会减少被上级法院改判的风险。再次,事故认定书的内容完整而详细,通常包括对事故主体的记载、事故经过的描述、事故原因的分析和事故责任的认定,在一定程度上已构成一份简易的"判决书",民事法官直接采用能减少工作量,提高审判效率,这在当前案多人少的司法环境中必然大受欢迎。最后,从技术角度看,事故认定书多涉及专业问题的判断、专门规则的理解,甚至包含行政委托鉴定的内容,而民事法官在法律之外专业技术知识方面的欠缺常常成为其充分依赖事故认定书的合理解释。

(二)推翻的正当理由

虽然司法实践对事故认定书的审查大多流于形式,但是不代表民事法官

---

① 叶必丰:《论行政行为的公定力》,《法学研究》1997 年第 5 期,第 86 页。

没有实质审查的义务。对于错误或者违法的事故认定书,民事法官存在推翻事故认定书的正当理由:首先,司法是权利的最终救济方式和法律争议的最终解决方式,这是现代法治的一个基本命题。法院依法独立行使审判权,对民事法律关系享有最终审查、最终评断、最终裁判的权力。行政行为具备的公定力是一种预设的效力,其有效性推定不意味着该行政行为当然地具备实质效力,只是表明在形式上暂时被假定为有效。① 可见,民事法官推翻事故认定书具备充分的法理依据。其次,事故认定书本身体现为证据属性,民事法官有义务对该证据具备的证明力进行审查。任何一份证据的证明力都具有相对性,如果确有相反的证据支持,事故认定结论则不能采信。再次,从价值衡量看,公平和正义的法律实质意义远高于效率和便利的诉讼程序价值。民事法官对事故认定书的审查不能流于形式,更不能为了减轻自身的审判责任和工作负担而放弃对当事人正当权益的维护。最后,虽然事故认定书包含了专业技术的判断,但划分民事法律责任是一个复杂的过程,仅仅利用专业技术无法完成这项工作,还需要兼具法律知识、社会经验和伦理道德的民事法官综合诸多因素后进行判定。

(三)效力的比较:如何才能推翻

比较采信和推翻的原因分析,无论从司法与行政的权力属性还是从价值衡量等因素看,民事法官都不能迷信事故认定书的结论,而要在审查的基础上勇于推翻它。只要事故认定书存在被否定的条件,民事法官就不应迟疑,以彰显事实的客观真相和法律的公平正义。推翻事故认定书,意味着法院不承认其证明力,而要依据相反的证据进行认定。那如何才能构成相反的证据?根据前述分析,事故认定书对客观事实的记载相当于勘验笔录,而对事故原因的分析和责任的认定类似于鉴定结论,对照最高人民法院《关于民事诉讼证据的若干规定》第七十七条关于"勘验笔录和鉴定结论的证明力一般大于其他书证、视听资料和证人证言"的规定,要推翻事故认定书确实不易,除非存在相反的具备同等证明力的公文书证、物证、档案、经过公证或者登记的书证等证据。当然,勘验笔录和鉴定结论的证明力只是"一般"大于其他书证、视听资料和证人证言,如果确有相反的其他证据,即便单个证据的证明

---

① 周佑勇:《行政法专论》,中国人民大学出版社2010年版,第265页。

力也许低于事故认定书,但若干证据综合起来可能就能推翻它。当然,这充分依赖民事法官基于"良心"与"理性"的自由心证制度。实践中,当事人为了推翻事故认定书中关于原因分析和责任判定的结论,有时会申请法院进行司法鉴定。当事故认定书与司法鉴定结论不一致时,如何取舍? 笔者认为,此时二者可以视为鉴定结论之间的冲突,其证明力不存在孰优孰劣的问题。只是行政机关参与事故调查属于前置性必要程序,而司法鉴定机构属司法之智慧辅助机关。对于鉴定结论的证明力,均属于法院自由心证的范围。① 为了尽量避免事故认定书与司法鉴定结论之间的冲突,建议严格控制司法鉴定的启动程序,以民事诉讼有关证据规则之重新鉴定的要件加以约束。当然,如果当事人提出的异议或证据已经使民事法官对事故认定书的正确性产生合理怀疑时,通过司法鉴定使内心进一步确信也不失为有效手段。

（四）推翻的程序:事故认定书能否行政可诉之辨析

有人提出,既然事故认定行为被定性为具体行政行为,如果当事人不服事故认定书,应提起行政诉讼。如果是在民事诉讼过程中提出异议,应中止民事审判程序,启动行政诉讼程序。在我国司法实践中,对行政机关制作的事故认定书是否行政可诉存在认识反复的过程,现在法院基本不受理这类的行政诉讼。② 笔者赞同不可诉的做法,理由是:第一,事故认定行为本身未直接对当事人的权利义务产生影响,属中间行政行为,不具有行政可诉性。第二,事故认定行为不可诉的结论不代表该行为脱离司法审查的范畴,不妨碍当事人的司法救济途径。如果行政机关依据不当的事故认定书做出处罚,当事人可以提起行政诉讼,并对作为依据的事故认定书提出异议。在民事诉讼

---

① 肖建华:《民事证据法理念与实践》,法律出版社 2005 年版,第 443 页。

② 1992 年《最高人民法院、公安部关于处理道路交通事故案件有关问题的通知》规定,当事人仅就公安机关做出的道路交通事故责任认定不服,提起行政诉讼或民事诉讼的,不予受理。2000 年最高人民法院对《中华人民共和国行政诉讼法》做出司法解释,对不可诉的行政行为做了明确的排除,其中并不包括行政机关事故认定行为,因此很多法院开始受理这方面的行政诉讼,如 2002 年《最高人民法院公报》第 5 期刊登的罗伦不服泸州市公安机关做出的道路交通事故责任认定行政诉讼案。2004 年我国《道路交通安全法》将交通事故认定书定性为证据后,全国人民代表大会常务委员会法制工作委员会法工办复字[2005]1 号文明确规定,交通事故责任认定行为不属于具体行政行为,不能向人民法院提起行政诉讼。上海市高级人民法院《关于交通事故认定可否不纳入行政诉讼范围问题的复函》(沪高法函[2004]54 号)答复中称:在最高人民法院做出相关司法解释之前,本市各级人民法院不受理起诉本市公安机关根据《道路交通安全法》第七十三条做出交通事故认定的行政案件。后其他省份也大多参照上海市的做法执行。

过程中,事故认定书同样需由法院审查后决定是否采纳。第三,当事人对事故认定书不服,大多是对责任认定有异议。行政机关对事故责任的划分主要是对事故原因作用力大小的认定,依据的不是行政法律规定,主要是专业技术和日常经验。从某种角度说,民事法官比行政法官更合适对责任划分进行判断。第四,就事故认定书提起行政诉讼,对当事人解决损害赔偿并无多大意义,且给当事人带来诉累。一旦行政判决维持被诉的事故认定书后,当事人还需提起民事诉讼才能解决损害赔偿问题。因此,对有异议的事故认定书不主张行政诉讼,而直接交由民事法官进行审查,不仅不会阻却当事人的司法救济途径,也更符合效率和便利原则。

四、冲突分析:事故认定书与民事判决出现分歧的原因

当民事法官试图推翻事故认定书时,说明民事法官的认定与事故认定书的结论出现了冲突。从本质上说,事故发生是客观存在,无论是行政机关依照行政程序还是民事法官依照司法程序,对事故原因的分析和事故责任的确定本应是一致的。不过,民事法官采信事故认定书常出于多种考量,并不代表他们实际认可了事故认定结论,且实践中推翻事故认定书的情形也有发生。这不禁让人反思,是什么原因导致二者出现了冲突呢?

(一)表层原因——主观认识的分歧

各种事故的出现是一个先发生的客观事实,无论是行政机关还是民事法官对事故责任的认定,均是人的认知能力对客观存在的先前因素的判断分析。事故原因的分析和事故责任的确定是一个复杂的工程,具有较高技术含量,需要有一定专业技术、社会经验和法学基础的人通过创造性劳动来完成,对行政机关和民事法官均是挑战。英国 Wright 法官在"MacGregor"轮一案的判决中阐述了划分船舶碰撞责任的难度,[①]他指出:"划分碰撞责任是一个过失程度的问题。它依赖于训练有素且有学识的法官对环境进行综合的考虑。从本质上讲,其不是通常意义上的对事实的认定,而是均衡不同应考虑的因素,其中不乏个人自由裁量的因素,不同的人会有不同的观点。"因此,行政机关和民事法官出现认识上的分歧也在所难免。

---

① 胡正良:《海事法》,北京大学出版社 2009 年版,第 61 页。

（二）深层原因——功能与归责的差异

1.行政机关的事故认定行为与民事法官的审判活动,二者存在功能和目的差异

行政机关对事故进行调查是履行行政职责,行政权与生俱有主动性,通常不以当事人请求为前提。行政机关制作事故认定书,目的是作为行政机关处理事故的依据,①以便加强行政管理。一般来说,行政机关对事故进一步处理,主要指实施行政处分或行政处罚,因此有人提出,事故认定书中确定的当事人"责任"属于行政责任,不包括民事责任或刑事责任。② 虽然对这一观点尚有争议,但可以明确的是,行政机关认定事故责任不是为民事索赔服务,不属于民事诉讼的前置程序。与之对应,民事法官对事故纠纷进行判决是行使司法审判权,而司法权具有被动性,只有当事人提起诉讼后才能启动审判程序,民事法官判决当事人承担的责任,均属民事责任。因此,行政机关侧重于行政管理、公共安全和社会利益的需要,其认定的主要是行政责任,而人民法院倾向于填补损害、平衡利益、化解纠纷和彰显正义,其判明的是民事责任,双方适用不同的法律依据,最终对责任认定出现分歧就不足为奇。

2.行政机关和民事法官在归责上对过错的理解不同

无论是行政机关还是民事法官,认定事故责任均需考虑当事人的过错,但事故认定书中体现的"过错"与民法中的"过错"不是同一概念。首先,二者对过错的内涵有不同的认识。行政机关认定过错主要考察行为人是否违反了某种行政法规或者交通规则等,而民事法官在审理案件过程中,对于上述行为当然认定为过错外,如果行为人存在违反作为"善良管理人"应尽的其他注意义务,同样应认定有过失。因此,某些被行政机关认定的意外事故却不属于民法上的意外事件,行为人仍要承担民事赔偿责任。其次,二者对过错的范围有不同认识。在侵权民事责任体系中,过错是行为人可归责的基础,但作为侵权责任构成要件的过错必须是与损害后果存在因果关系,否则不能作为民事责任承担的依据。行政机关在认定事故责任中,行为人其他方

---

① 譬如:《火灾事故调查规定》第三条规定:火灾事故调查的任务是调查火灾原因,统计火灾损失,依法对火灾事故做出处理,总结火灾教训。

② 周水平、赵玉玮:《关于海上交通事故调查处理中的'判明责任'的思考》,《中国海事》2006年第6期,第48—50页。

面的过错可能成为其责任承担的决定因素，即便该过错不是导致事故发生的原因。例如，《交通安全法实施条例》第九十二条规定："发生交通事故后当事人逃逸的，逃逸的当事人承担全部责任。但是，有证据证明对方当事人也有过错的，可以减轻责任。当事人故意破坏、伪造现场、毁灭证据的，承担全部责任。"该规定中，交通事故归责的依据不是发生侵权行为时的过错大小，而是侵权行为发生后其他违法行为。但是，从民事法官的角度看，逃逸或者毁损证据的行为一般对事故发生不产生影响，不能因此分摊更多甚至全部的赔偿责任。

五、协调路径：让事故认定书尽可能回归客观属性

冲突的出现不可避免，关键是如何应对冲突。原则上，人民法院对民事纠纷拥有独立和完整的审判权，但如果民事法官完全独立审查，可能导致事故认定书和民事判决相互冲突，从而损害行政执法和司法的统一性。在我国的法律文化中，这种冲突的存在不易获得民众的认同，可能由此付出法律伦理上的代价，即在民众普遍追求实质正义和执法统一时，如果不同机关做出的法律决定相互抵触，民众则很难认为"公正"而心平气和地接受。① 因此，在民事法官既要坚持独立审判，又要对事故认定书适度尊重的两难境遇下，唯有通过制度的手段对二者可能出现的冲突进行协调，尽可能维护双方在结论上的一致。

（一）取消事故认定书中对"责任"的判定，仅出具事故成因分析即可

有人认为，事故认定书在民事诉讼中的作用大大超出了证据的范畴，成为事故损害赔偿案件审理中的"先行判决"，因为行政机关在人民法院受理案件之前，已经确定了当事人的责任，先行履行了本应属于民事法官的职责，故建议在内容上取消行政机关对责任划分的职能，在制度上规范事故认定程序，使事故认定书真正回归其客观属性，成为真正的证据。② 这样的结果是，事故认定书一般只记载事故概括和事故原因，③有利于减少行政机关和民事

---

① 何海波：《行政行为对民事审判的拘束力》，《中国法学》2008 年第 2 期，第 107 页。

② 叶旭河：《论交通事故认定书——从民事诉讼的角度》，厦门大学硕士学位论文。

③ 根据 2009 年修订的公安部《火灾事故调查规定》，火灾事故认定书就只包括起火原因和灾害成因的认定，而不再包括责任的划分。

法官的分歧,同时又不会影响二者的后续工作。对行政机关来说,如果需要实施下一步行政处罚,同样可以按照事故原因分析,依据相关的行政法规做出处罚决定;对民事诉讼来说,事故原因的分析这一最具技术难度的问题已由行政机关解决,民事法官只需对各项原因的作用力大小进行判断,再综合其他因素对事故责任做出符合法律的划分,这样就尽可能避免了事故认定书载明的责任与民事判决划分的责任不相吻合的情形,同时让民事法官不受行政行为效力的拘束和"先入为主"性判断的影响,发挥出更多的主观能动性,使民事赔偿的判决更加客观、公正和合理。

当然,这种方法的代价和障碍也是显而易见的。首先,取消责任认定的内容可能会使事故认定书本身陷入某种不确定性,引发事故双方对民事赔偿问题的争议,当事人之间的和解或行政调解也会因此困难重重。这样的后果是大量的事故纠纷以民事诉讼的方式涌入法院,与当前"大调解"格局下的价值目标明显不符。其次,认定责任是行政机关的法定职责,取消事故认定书中对责任的认定需要相应的法律法规进行修改,而立法的修改则是一项庞杂而漫长的工程。而且,取消事故认定书中对责任的认定,在一定程度上削弱了行政执法人员的职权,难免不受到行政机关的阻碍。可见,这种方法在当前环境下,不具有可操作性,待将来条件成熟了再行考虑。

（二）重新解构事故认定书中判定的"责任",确立"因果责任"的属性

英国学者哈特曾经利用一个虚构的沉船事件,引申出四种意义的责任:（1）角色责任,即由于担任一定职务而产生的职责;（2）因果责任,即人的行为（作为或不作为）引起的责任;（3）法律责任,即违法者因其行为应受到惩罚或向受害人赔偿;（4）能力责任,即某人应对行为负责,是在断言某人有一定的正常能力。① 在这四种责任中,角色责任、因果责任和能力责任是法律责任的基础,因果责任为法律责任提供客观归责的事实根据。哈特的观点对我们重新解构事故认定书中的"责任"具有重要启示。笔者认为,我们对事故认定书确定的"责任"不要局限于法律责任的理解,而应定性为因果责任。事故责任的本质,就是事故中行为人的违章行为与事故发生之间是否存在事实因果关系,及因果关系的大小的一种表达形式,其本身并不是法律责任,而

---

① 张文显:《当代西方法哲学》,吉林大学出版社1987年版,第165页。

是追究法律责任的事实根据之一。①

因果责任的确立实际是将各种原因行为对事故发生的作用力进行比较的结果,原因力大的承担主要责任,原因力小的承担次要责任。一般来说,原因力的大小取决于各个原因的性质、原因事实与损害结果的距离以及原因事实的强弱这些客观因素,而行政机关对这些客观因素的考察也是民事法官需要审察的内容,因此从理论上说,二者的结论应该具有一致性,从而减少事故认定书和民事判决之间出现冲突的机会。因果责任确立后,行政机关根据当事人行为对事故发生的作用大小决定不同的行政处罚措施,而民事法官在判定责任时,同样根据原因力大小的结论决定主次法律责任的承担,再综合其他因素划分具体的责任比例。这样,事故认定书无须再去争论判明的是行政责任还是民事责任,对责任的认定在一定程度上也摆脱了过错的束缚。当然,在某些特殊情形下,因为行为人的过错导致行政机关对事故因果关系无法查明时,如行为人逃逸、毁坏或伪造现场、毁损证据,依法推定有过错的行为人与事故存在因果关系,并承担全部责任。可见,因果责任的确立是以事故原因能够查明为前提,如果事故原因无法查清,因果责任便无法确定,此时需考察行为人其他方面的过错并利用推定的技术手段。这种推定技术在民事诉讼中同样也是适用的,除非存在相反的证据否定了之前的推定。

六、结语

在我国的司法实践中,行政机关制作的事故认定书以其特有的诸多优势而获得了多数民事法官和当事人的推崇,本文探讨事故认定书与民事判决可能出现的冲突,绝不是由此抹杀事故认定书对民事审判的积极作用,相反,恰恰是因为其在诉讼过程中的广泛使用和对民事审判的有力帮助,促使我们审视和协调这种冲突。当然,由于事故认定书和民事判决在本质上不可避免带有行政机关和民事法官的主观判断,所以二者不可能保证完全一致,唯有尽可能去消除它们之间的冲突。本文提出的协调路径不能解决事故认定书和民事判决之间的全部冲突,也不是绝对有效,只是试图让事故认定书更多地

---

① 唐捷、赖小妹:《试论海事部门在海上交通事故中判明责任的若干问题》,《中国海商法协会通讯》2008 年第 1 期,第 25 页。

体现客观属性,使事故认定书在行政管理领域发挥作用的同时,为人民法院审理民事纠纷提供准确可靠的证明效力。

（2011 年法院系统第二十三届学术讨论会征文福建省一等奖、全国二等奖）

两岸无单放货场合下责任竞合的比较

俞建林

【摘要】对承运人而言,交货时收回正本提单具有双重法律意义,即物权意义与债权意义。承运人无单放货往往会同时侵犯提单持有人基于货物占有关系的物权与基于运输合同关系的债权,其依侵权法应承担侵权责任,而依合同法则应承担违约责任。这就涉及传统民法中一个长期争论的重要问题:如何处理违约责任与侵权责任的竞合关系。本文以海峡两岸海上货物运输中的无单放货现象为研究背景,拟从我国民法和海商法以及我国台湾地区有关规定的现行规定、判例出发,逐一探讨责任竞合基础、承运人承责方式、责任竞合内涵与竞合模式评价等四个问题。

【关键词】无单放货;违约责任;侵权责任;竞合

引言

提单作为欧洲商人"发明"的单证,通过几百年来的实践、习惯做法与改良,已成为国际贸易与航运的基石。作为贸易惯例,凭单放货不仅为世界上大多数国家和地区的航运实践所公认,而且还被其中很多国家和地区以承运人法律义务的形式明确化、规范化。一般而言,凭单放货是指承运人在交货给收货人时应当收回正本提单,而之所以使用"应当"一词,主要是因为承运人一旦违反凭单放货这一法律义务,将须承担相应民事责任。

一、责任竞合之理论基础比较——以提单收回的法律意义为视角

在两岸海上货物运输中,承运人收回正本提单的法律意义有二:一是物权意义,即直接导致提单的物权性消灭;二是债权意义,即表彰运输合同的履

行情况。从此角度看，如果承运人选择无单放货，则可能同时产生两种法律后果：一是因未收回正本提单而使提单的物权凭证效力依旧存续；二是因未妥当地交付货物而致运输合同未履行完毕。据此，提单持有人有权选择以侵害物权为由起诉，也有权选择以违反约定为由起诉，承运人所应承担的责任可能是侵权责任，也可能是违约责任，由此产生了违约责任与侵权责任的竞合问题。①

（一）提单收回的物权意义与侵权责任

提单系物权凭证的观点已众所周知，这一点也为我国海商法和我国台湾地区有关规定所肯认。台湾地区通说认为，交付提单具有与交付提单所示货物同一效力，此为提单之物权效力。有台湾地区学者甚至指出，提单所表彰的货物所有权必须在提单先行移转的前提下方能转移，否则承运人将承担相应民事责任，故提单实质上代表所示货物的所有权。我国《海商法》第七十一条有关提单定义的规定，明确了提单与货物交付之间的关系，即承运人保证凭单交货，此项"保证"形成了对提单物权效力的有力支撑。国际贸易有时会出现提单遗失、损毁等情况，为确保收货人及时凭单提货，承运人往往会制作一式多份的"具有相同的物权效力"的正本提单。需要指出的是，所谓"具有相同的物权效力"并不是指每一份提单都表征一个独立的物权，事实上，所有提单仅表征了一个物权。货到目的港后，承运人仅需收回一份提单并将货物交给收货人，则其余各份提单的物权效力即归终止。因此，一旦承运人选择无单放货（包括在非目的港无全套提单放货），则提单的物权效力并未终止，承运人也将为此承担侵害提单持有人物权的侵权责任。

（二）提单收回的债权意义与违约责任

顾名思义，海上货物运输合同应以货物运输（实现货物由起运港至目的港的位置转移）为主要内容，其履行完毕的标志则是承运人在目的港向收货人依约交付货物。依据我国台湾地区所谓"海商法"的规定，除了在目的港交货外，也会有其他地点交货的特殊情况，只不过此种交货需要承运人收回所有正本提单，"载货证券是否全数收回尚未查明，若未持全套正本载货证

---

① 本文提及的提单持有人，特指直接持有提单并依法有权向承运人主张提单权利的人，如无特别说明，均依此理解。

券,在非目的港即无请求交付货物之权力"①。依据我国《海商法》第四十六条的规定,承运人对货物的责任期间,一般是指货物处于承运人掌管之下的全部期间,对于集装箱货物承运人而言,交货是其运输义务终止的最后环节。我国《海商法》第七十一条还规定了提单的收据作用,即表明货物已经由承运人接收或者装船。事实上,提单的收据作用并不仅限于此,当承运人向持有提单的收货人交货并收回正本提单时,提单也具有收据作用,即表明货物已由提单持有人凭单受领,承运人已经履行交货义务。综上,从提单的债权意义上说,如果承运人无单交货,也就说明其没有完成运输合同项下的交货义务,提单持有人自然有权追究承运人的违约责任。

二、竞合责任之承担方式比较——以提单持有人损失多样性为基础

"民事责任目的应是如何保障受害人的这些利益(指民事主体进行民事活动而实现的正当利益)得到恢复和弥补",承运人无单放货责任也应以弥补提单持有人利益损失为目的,而其承担责任的具体方式则应以损失种类为基础,因为不同损失往往需通过不同方式得以弥补。单从利益损失层面看,提单持有人在无单放货的场合所受损失主要有两类:一类是财产损失;另一类是特殊情况下的非财产损失。但考虑到航运业的特殊风险因素,我国现行立法和台湾地区有关规定都没有将非财产损失列入承运人赔偿范围。据此,下文将从损失弥补的角度对我国现行法中有关民事责任承担方式的规定做进一步阐释。

(一)承运人违约责任的承担方式

我国《合同法》"违约责任"一章对违约责任的形式进行了具体规定,即一方可以根据对方违约情况要求其承担继续履行、采取补救措施、违约金、违约定金、赔偿损失等责任。② 我国《海商法》"承运人责任"一节又进一步规定,承运人对责任期间的货物灭失应当承担赔偿责任。在司法实践中,"赔偿损失""违约金""定金"是无单放货场合下承运人责任的主要形式,"采取补救措施"因其自身性质而显然无法适应无单放货场合下的利益弥补需要,

---

① 参见台湾地区"最高法院"1974 年度台上字第 1445 号民事判决书。
② 此处"违约金",仅指因不履行合同而产生损害之赔偿总额,下文亦同。

继续履行则在少数情况下尚可适用。就责任承担的具体方式而言,由于"赔偿损失"、"违约金"及"违约定金"等三种责任形式都属于损害赔偿的范畴,为避免就同一损失重复赔偿,权利人只能择一行使。损害赔偿与继续履行则可同时适用,从两者的立法目的看,继续履行是为了使履行状况符合合同约定,而赔偿损失是为了弥补提单持有人的利益损失,两者在适用上可以并行不悖、互相补充。

台湾地区有关规定秉承大陆法系的传统,制定时并未使用违约责任的概念,而是将违约责任的内容规定在债务不履行中。一般而言,违约责任形式大致有强制执行、损害赔偿、违约定金、违约金等几种主要类型。[①] 台湾地区所谓"海商法"第七十四条进一步规定,"载货证券之发给人,对于依载货证券所记载应为之行为,均应负责",但该条对此项责任的具体内容未予明确。[②] 事实上,对于无单放货场合下的违约责任形式问题,我国立法与台湾地区有关规定的制定主旨相同。两岸均将"损害赔偿"、"违约金"及"违约定金"等三类赔偿责任作为无单放货场合下承运人承担责任的主要方式,而强制执行(或继续履行)则在少数情况下得以适用。就责任承担的具体方式而言,台湾地区有关规定的制定一般应遵守以下几项准则:(1)在给付不能的场合,只得请求金钱赔偿;(2)在拒绝给付的场合,得请求强制执行及迟延赔偿,或直接请求金钱赔偿;(3)在不完全给付且能补正的场合,得请求强制执行及金钱赔偿;(4)在给付迟延的场合,得请求强制执行及迟延赔偿,或拒绝迟延给付直接请求金钱赔偿。

（二）承运人侵权责任的承担方式

我国《民法通则》第七章专门规范民事责任的适用,该章第一百三十四条规定了十种民事责任形式,其中侵权责任的形式包括停止侵害、排除妨碍、消除危险、返还财产、恢复原状、赔偿损失、消除影响、恢复名誉和赔礼道歉。提单系物权凭证,承运人无单放货直接侵害的是提单项下的物权,停止侵害、返还财产与赔偿损失是无单放货条件下侵权承运人所应承担的主要责任形

---

① 参见台湾地区所谓"民法典"第213条、第214条、第249条及第250条。

② 此处"责任"一词虽属开放性概念,但结合台湾地区所谓"海商法"中有关承运人责任的其他规定,我们不难发现其核心内容应是赔偿责任。

式,其他责任形式在海事司法实践中较为罕见。① 需要注意的是,返还财产与赔偿损失一般不能同时适用,但也有例外情况,例如除了直接货损之外,受害方还受到其他的损失(如因主张返还财产而支出的相关费用)。

我国台湾地区所谓"民法"深受大陆法系民法传统的影响,在侵权责任的规定方面也不例外。在大陆法系中,民事责任为债的一般担保,而损害赔偿属于债的一般担保,名副其实。从立法技术层面看,大陆法系民法对侵权行为的规定采用的是一般化的立法模式,其通过规定侵权行为的一般条款来确定一般侵权行为。依据台湾地区所谓"民法典"第一百八十四条第一款的规定,侵权责任一般是指行为人因故意或过失不法侵害他人权利而应负担的损害赔偿责任。如果提单持有人依台湾地区侵权法律起诉承运人无单放货,则其责任承担方式基本限于损害赔偿,当然,台湾地区有关规定中的损害赔偿还应包括恢复原状。

三、责任竞合的基本内涵比较——以明晰承运人承责方式为前提

违约责任与侵权责任下的不同承责方式,是责任竞合问题产生的重要原因,而我国立法在承责方式上与台湾地区有关规定的分歧,恰恰为其选取不同的竞合处理模式提供了较好注解。

(一)我国立法中责任竞合的内涵

依据我国《合同法》第一百二十二条之规定,"一方当事人的违约行为侵害对方人身、财产权益的,受损害方有权选择要求其承担违约责任或者承担侵权责任"。该条实际上确立了违约责任与侵权责任竞合的适用规则,其含义主要有四个方面:第一,损害必须是因一方当事人的违约行为所致,而不是由多方当事人所实施的不同违法行为造成,这是责任竞合与不真正连带债务区分的主要标准;第二,必须是当事人一方的违约行为侵害对方人身、财产权益;第三,受害人有选择权,即允许受害人就违约责任和侵权责任中的一种做出选择;第四,受害人仅能择一行使,即只能在违约责任和侵权责任中选择一

---

① 如果承运人正在实施无单放货行为,则提单持有人可以要求其停止侵害;如果承运人已经将货物交付给第三人,侵权的事实状态已经形成,则提单持有人可以要求返还财产;如果返还财产已无可能,则提单持有人可直接要求有过错的承运人赔偿损失。

种责任提出请求。

就我国司法实践而言，各海事法院对"无单放货"案件在审理中所持的观点不尽相同，部分是以侵权定性判令承运人承担侵权责任的，部分则以违约定性判令承担违约责任。我国审判实践中一般掌握的尺度是：在海上货物运输中合法的提单持有人向承运人请求无单放货损害赔偿的，视为违约；提单持有人向无单放货人主张权利的，以侵权论。2009年3月5日起施行的《最高人民法院关于审理无正本提单交付货物案件适用法律若干问题的规定》（以下简称《无单交货规定》）在总结以往司法经验的基础上进一步统一了处理方法，即承运人因无正本提单交付货物造成正本提单持有人损失的，正本提单持有人可以要求承运人承担违约责任，或者承担侵权责任。上述《无单交货规定》在明确如何处理无单放货场合下责任竞合关系的基础上，还进一步申明了责任承担的一些具体问题，这为海事法院处理无单放货责任竞合纠纷提供了权威标准，实践意义重大。但需要指出的是，该规定对部分问题的处理还有一些不尽如人意之处，本文第四部分将展开讨论，于此不再赘述。

（二）台湾地区有关规定中责任竞合的内涵

如前所述，在台湾地区有关规定中，无单放货场合下违约责任形式包括损害赔偿、违约金、违约定金和强制执行，侵权责任形式则基本限于损害赔偿。在海事司法实践中，提单持有人申请强制执行一般都难以实现，因为无单提取货物的第三人往往是不诚信的国外法人或自然人，其一旦提到货物便很难再被找到，更何况一些场合还存在故意欺诈，因而强制执行很难兑现。由于损害赔偿、违约金、违约定金三者均属于违约赔偿的范畴，因而就效果而言，无单放货的侵权责任或违约责任均以相同给付为内容，即发生损害赔偿责任。可能正是基于此，台湾地区"最高法院"部分判例对侵权责任或违约责任竞合问题采取以下观点，即"认为侵权行为损害赔偿请求权之成立，以当事人间原无法律关系联系为前提"。在违约责任与侵权责任竞合的场合，由于当事人之间已有契约法律关系的约束，因此侵权责任请求权就不能成立，仅能成立违约责任请求权。

四、两岸责任竞合模式之评价——以承运人与提单持有人利益平衡为中心

在两岸学界,违约责任与侵权责任竞合处理模式的选择问题经历了长期的探讨与争论,但至今依然众说纷纭,归纳而言,主要有法条竞合说、请求权竞合说及请求权规范竞合说等三种基本学说。从各国和地区的判例、学说研究来看,对契约责任与侵权责任的竞合模式选择已建立一项基本共识,即不能纯依逻辑推理,而应探求立法意旨与平衡当事人之利益。两岸在无单放货责任竞合问题上的处理有着较大区别,下文将着重从承运人与提单持有人利益平衡的角度,分析两岸模式选择的利弊。

(一)我国立法中的竞合模式评价

如前所述,最高院制定的《无单交货规定》明确赋予了正本提单持有人择一提起违约之诉或侵权之诉的权利,但同时强调,无论要求承运人承担何种责任,均优先适用海商法相关规定。该司法解释采纳的理论是请求权竞合说,这也与我国学理的一般解释相呼应。需要说明的是,上述处理模式与纯粹学说上的请求权竞合理论也有区别,该模式并不承认违约责任请求权与侵权责任请求权的绝对独立或互相影响,而是对责任竞合问题进行了两方面特别限制。首先,该规定明确海商法相关规定在法律适用上应优先于侵权行为法或合同法,这是一项根本性的限制,也是特别法(即海商法)优于一般法(侵权行为法或合同法)之位阶规则的直接体现。其次,该规定对损害赔偿的额度进行了限制,即货物装船时的价值加运费和保险费。本文赞成海商法相关规定应优先适用的这一限制,但认为第二项限制有待进一步完善。第二项限制虽有利于司法实践中损害赔偿计算标准的明确化与统一化,但从当事人利益平衡的角度看,其不足亦较为明显:(1)从立法技术上说,法律要维持稳定性,则需要保持适度开放性,而该项规定的内容过于固化,即使其有利于目前无单放货纠纷的司法实践,也无法避免部分案件中利益失衡现象的产生。(2)从利益种类上说,该项规定将损害赔偿的范围限制在部分财产利益消极损失的范畴,并未将全部类型的财产利益消极损失考虑在内,此类规定很难有效保护提单持有人的合法利益。(3)从损失弥补的角度上说,该规定所采用的损失计算办法也不尽合理,违约损害赔偿的根本目的是弥补损失,

货物装船时的价值事实上是托运人所受的损失，而提单持有人所受损失则应以"卸港的货物市场价格"为准或者"以买方价格"为准。当然，运费与保险费于此就不应再计入赔偿范围，因为运输成本是货物定价的重要考量因素，这两项费用实际上已经包含在货物市场价格或买方价格之中。（4）从立法意旨看，合同法所要达到的重要目标是市场经济的有效运转，而市场作为一种"个人自由运用自己独特的知识、信息，自由选择一定行为来实现自身利益的经济结构"，有其自身的运转规律。在市场经济条件下，个人"是其自身利益以及知道如何促进这些利益的'最佳判断者'"，因而合同法选择意思自治原则用以平衡理性人间的利益冲突，其目的在于通过个体利益自主化来实现市场效率最大化。然而，前述第二项限制将损害赔偿的范围和额度固化，这无异于剥夺了当事人事先（或事后）就损害赔偿进行自由约定的权利，明显有悖于意思自治这一合同法基本原则。

（二）台湾地区的竞合模式评价

相比之下，我国台湾地区制定有关规定时对责任竞合问题的规定没有那么明确，相关领域对此也没有完全一致的看法，但通过分析台湾地区"最高法院"的部分判例，我们不难发现其中一种倾向性意见：侵权行为损害赔偿请求权之成立，以当事人间原无法律关系联系为前提。换言之，如果当事人之间原已存在契约关系，一方当事人之违约行为又同时构成侵权行为，则损害赔偿责任应当以违约行为定之。此种责任竞合的处理模式明显受到了规范竞合说的影响，其将契约法规范定位为特别规范，而将侵权法规范定位为一般规范，按照特别法优于一般法的适用原则，违反契约法规范而生的违约损害赔偿责任自然应优先适用。此种处理模式看似便于法院处理相关纠纷，但至少在无单放货的场合下并不尽然。例如，在订约自由的大原则下，总有海上货物运输合同会出现出一些特别的条款需要法院去解释，如限制损害赔偿的总额、规定损害赔偿的前提条件等，而这是纯侵权不必面对的。从当事人利益平衡的角度看，上述处理模式也存在不足之处：（1）由于侵权责任与违约责任的构成要件、利益保护范围等均有不同，因而此种仅允许当事人提起违约之诉的竞合处理模式不仅可能增加受损方维权的难度，而且也不利于对受损方利益的完整保护；（2）按照台湾地区所谓"民法典"第三百三十九条的规定,因故意违约而负担的侵权之债,承运人作为债务人不得主张抵消,但如果法院仅允许提单持有人提起违约之诉,则将使第三百三十九条在违约责任与侵权责任竞合的所有场合成为具文。台湾地区"最高法院"也考虑到此种竞合处理模式的缺陷,因而在此后判例中提出了不同观点,即认可债权人在侵权行为与违约行为发生请求权竞合时的择一行使权,但对于债务人应承担的损害赔偿责任,如果契约法方面有特别规定,则债权人依侵权行为的规定请求赔偿时,除另有约定外,仍应受该特别规定的限制。① 此种观点明确承认了当事人择一行使请求权的权利,突破了严格规范竞合说的桎梏,但在损害赔偿问题上却没有多大改观,其事实上仍受限于特别法与一般法的划分,因而认为债权人即使依侵权行为规定请求赔偿,也应受契约法特别规定的限制。

结语

通过上述分析,本文得出以下结论:(1)依据我国《海商法》及台湾地区有关规定,如果承运人无单放货,则提单持有人可以侵犯以提货权为表征的货物所有权为由提起侵权之诉,也可以承运人未完成运输合同项下的交货义务为由提起违约之诉。(2)两岸在无单放货责任形式方面的规定大同小异,其区别体现在侵权责任形式方面,我国法律主要包括停止侵害、返还财产与赔偿损失等,而我国台湾地区有关规定主要指损害赔偿(包括恢复原状)。(3)两岸在责任竞合内涵方面存在较大分歧,我国相关立法赋予提单持有人以选择权,其可以要求承运人承担违约责任或侵权责任。我国台湾地区制定有关规定时对此没有明确规定,相关部门的观点也不尽一致,其原先倾向于主张,由于当事人之间已有契约法律关系的约束,因此仅能成立违约责任损害赔偿请求权;此后观点有所变化,即认为债权人可以择一行使请求权。(4)从利益平衡的角度看,两岸目前所采的竞合处理模式均可能产生提单持有人与承运人利益失衡的问题,有待进一步完善。

---

① 参见台湾地区"最高法院"2000年度台上字第2097号民事判决书。

【参考文献】

[1][15][18]杨良宜.提单及其他付运单证[M].修订版.北京:中国政法大学出版社,2007:1,99,98.

[2]杨仁寿.最新海商法论[M].台北:三民书局,1999:394.

[3]杨仁寿.载货证券或小提单物权之效力[J].台湾地区航贸周刊,1998(8):48.

[4]彭诚信.民事责任现代归责原则的确立[J].法制与社会发展,2001(2):47.

[5][10]郑玉波.民法债编总论[M].北京:中国政法大学出版社,2004:319,221.

[6]崔建远.物权救济模式的选择及其依据[J].吉林大学社会科学学报,2005(1):116.

[7]杨立新.论侵权行为一般化和类型化及其我国侵权行为法立法模式选择[J].河南省政法管理干部学院学报,2003(1):1.

[8][12]王利明.再论违约责任与侵权责任的竞合——兼评合同法第122条[J].中国对外贸易,2001(2):29,25.

[9]最高人民法院民四庭.涉外商事海事审判指导[M].北京:人民法院出版社,2004:73.

[11][13]王泽鉴.民法学说与判例研究(第一册)[M].修订版.北京:中国政法大学出版社,2005:347,363.

[14]王利明.民法·侵权行为法[M].北京:中国人民大学出版社,1993:211-234.

[16]赵世义.宪法学的方法论基础[J].法学评论,2002(3):6.

[17]赵泉民、井世洁.市场化力量的缺失:对20世纪中国合作社经济困境的一种诠释[J].甘肃社会科学,2005(6):210.

（原载于《中国海商法年刊》2011年第2期）

国内沿海货运中承运人连带债务制度的反思与重构

俞建林

【摘要】随着中国海运业的不断发展,国际、国内海上货物运输实现统一法律规制的呼声越来越高。就承运人连带债务制度而言,《中华人民共和国海商法》第六十三条与《国内水路货物运输规则》第四十六条虽做出了内容一致的规定,但由于《国内水路货物运输规则》的效力位阶较低,这导致法院在适用《国内水路货物运输规则》上述条文时经常产生困惑。在深入研究民法理论和现行制度的基础上,提出重构国内沿海货运中承运人连带债务制度的设想。

【关键词】国内沿海货物运输;承运人;连带债务

众所周知,《中华人民共和国海商法》(简称《海商法》)一直将国际海上货物运输制度与国内沿海货物运输制度区别对待,《海商法》第四章有关"海上货物运输合同"方面的规定不能适用于国内沿海货物运输。为缓解国内营业性水路货物运输(包括国内沿海货物运输在内)缺乏专门法律规制的局面,原交通部在借鉴《海商法》相关规定的基础上颁行了《国内水路货物运输规则》(简称《货规》),其中第四十六条规定:"承运人与实际承运人都负有赔偿责任的,应当在该项责任范围内承担连带责任。"在国内沿海货运实践中,该条中的"承运人"可能包括契约承运人、中间承运人与实际承运人等不同类型,而货损发生的原因亦可能错综复杂,因此该条所指"承运人均负赔偿责任"的情形客观上会呈现多样化①。从民法理论的角度看,在上述不同类型的赔偿责任情形中,承运人之间既可能成立不真正连带债务,亦可能成立连带债务。那究竟应否让承运人直接负担连带债务呢?

一、承运人之间成立不真正连带债务的理论解析

承运人之间能否成立不真正连带债务,主要取决于两个方面:一是承运人之间"均负赔偿责任"的具体类型;二是不真正连带债务的成立要件。中国现行民法虽未明文规定不真正连带债务问题,但学界对此已有深入研究。从民法理论来看,就国内沿海货运而言,在大多数"承运人均负赔偿责任"的场合,承运人之间均符合不真正连带债务的成立要件,仅在少数情况下,承运人之间直接成立连带债务更为合理。

(一)承运人之间"均负赔偿责任"的类型解构

一般而言,承运人在国内沿海货运中承担赔偿责任,主要源于货物遭受损失。在运输过程中,货损结果既可能因某一承运人的单方可归责行为而发生,亦可能因多位承运人的共同可归责行为而发生。此时,作为货主的托运人要求承运人承担赔偿责任的请求权基础有二,即侵权损害赔偿请求权和违约损害赔偿请求权。无论货损系因上述何种原因发生,托运人既有权要求契约承运人依运输合同承担违约赔偿责任,亦有权要求实施侵权行为的承运人承担侵权赔偿责任②。相比较而言,承担违约赔偿责任的主体单一、方式固定,即仅由契约承运人单独承担全部责任,而承担侵权责任的主体多元、方式多样,如可由多个侵权承运人承担按份责任或连带责任。因此,从请求权竞合的角度看,承运人"均负赔偿责任"的类型划分主要取决于侵权责任承担

---

① 依照《货规》第三条,承运人系指与托运人订立运输合同的人,而实际承运人系指接受承运人委托或者接受转委托从事水路货物运输的人。考虑到航运实践,笔者将与托运人订立运输合同的人称为契约承运人,并将契约承运人与实际承运人之间可能存在的其他承运人称为中间承运人。虽然中间承运人在理论上可以是两个或以上,但其现实可能性较小,故笔者所涉中间承运人仅限指单一主体。此外,出于论证需要,笔者所涉托运人亦限指货主本人,享有货物所有权。

② 虽然违约赔偿责任和侵权赔偿责任所对应的给付内容从民法原理上说并不完全相同,但就以货损赔偿为核心内容的给付请求而言,二者存在给付内容的同一性,笔者论证亦是基于此基本事实展开。当然,对于内容不同的其他给付请求,其虽与连带债务问题无涉,但债权人亦有权依据相应请求权基础请求之。

方式的变化,现阐述三类具有典型意义的情形。

1. 中间承运人或实际承运人单方承担侵权赔偿责任

依照《中华人民共和国侵权责任法》(简称《侵权责任法》)第六条有关"行为人因过错侵害他人民事权益,应当承担侵权责任"的规定,承运人因单方过错行为导致托运人遭受货物损失,理应承担侵权赔偿责任。在审判实践中,因中间承运人或实际承运人单方过错行为而造成托运人货物损失的情况时有发生。在中间承运人或实际承运人单方侵权的情况下,契约承运人依《中华人民共和国合同法》仍应承担违约赔偿责任。当然,契约承运人虽亦可能实施单方侵权行为,但由于此时仅由其一方承担违约或侵权赔偿责任,属于狭义请求权竞合的情形,故不属于笔者讨论的范畴。图1反映了各方当事人之间的责任结构。

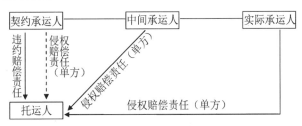

图1 各方当事人之间的责任结构

2. 两个以上承运人按份承担侵权赔偿责任

依照《侵权责任法》第12条有关"两人以上分别实施侵权行为造成同一损害,能够确定责任大小的,各自承担相应的责任"的规定,两个以上的承运人如分别实施侵权行为造成同一货损结果,且能确定各自责任大小,则应按份承担侵权赔偿责任。在审判实践中,两个以上承运人按份承担侵权赔偿责任的情形并不多见,但仍有可能发生。需要指出的是,由于契约承运人须就全部货损承担违约赔偿责任,故其同时就部分货损按份承担侵权赔偿责任的情形,对于其与其他赔偿责任人之间的责任分担问题并无实质影响,可不予讨论。图2反映了各方当事人之间的责任结构。

3. 两个以上承运人连带承担侵权赔偿责任

两个以上承运人依法承担连带侵权赔偿责任的情形具有多样性。依照《侵权责任法》第八条、第十一条、第十二条的有关规定,两个以上承运人承

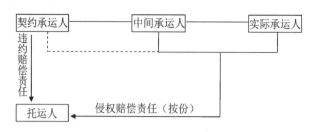

图 2　各方当事人之间的责任结构

担连带责任的情形有三:两个以上承运人共同实施侵权行为,造成托运人货物损失的;两个以上承运人实施危及托运人货物安全的行为,其中一人或者数人的行为造成损害,但不能确定具体侵权人的;两个以上承运人分别实施侵权行为造成托运人遭受同一货损结果,每个承运人的侵权行为都足以造成全部损害的。图 3 反映了各方当事人之间的责任结构。

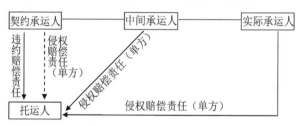

图 3　各方当事人之间的责任结构

（二）承运人之间成立不真正连带债务的具体情形

"不真正连带债务"的概念起源于德国法,20 世纪 90 年代,中国学者正式引入不真正连带债务理论。历经多年研究,中国学界对不真正连带债务的特征逐渐形成了一般性共识,即出于偶然联系的原因,数个债务人基于不同法律关系对同一内容的给付负担清偿义务,且各个债务人之间没有内部分担关系,即使发生求偿,亦仅是因终局责任的承担。从上述特征出发,不难发现不真正连带债务成立的基本要件:数个债务人并未共同实施某种行为,仅基于偶然原因而联系在一起;债权人通常基于不同的法律关系分别享有独立的请求权;数个债务人所负担的给付是同一内容的;各个债务人之间没有内部分担关系,仅存在终局责任人。据此,现对前文所述"承运人均负赔偿责任"的三种典型情形逐一进行解析。

第一,在"中间承运人或实际承运人单方承担侵权赔偿责任"的情形中,作为货主的托运人,其有权基于侵权法律关系向单方过错的中间承运人或实际承运人主张损害赔偿请求权,其亦有权基于合同法律关系向契约承运人主张损害赔偿请求权。从成立要件看,此种情形应属于不真正连带债务的典型范围,理由如下:首先,两个债务人并未共同实施某一行为,事实上,货损是因中间承运人或实际承运人的单方侵权行为所致,契约承运人并未实施任何侵权行为;其次,托运人作为债权人,其基于合同法律关系和侵权法律关系分别享有独立的损害赔偿请求权;再次,无论债务人承担侵权赔偿责任还是违约赔偿责任,其给付内容具有同一性,即一般为受损货物的价值;最后,在此种情形下,有过错的中间承运人或实际承运人应为终局责任人,契约承运人向托运人赔偿损失后,其有权向终局责任人追偿。

第二,在"两个以上承运人按份承担侵权赔偿责任"的情形中,作为货主的托运人,既有权基于侵权法律关系向中间承运人与实际承运人主张按份赔偿责任,亦有权基于合同法律关系向契约承运人主张违约赔偿责任。根据上文对第一种情形的分析可知,在各自应承担的给付份额范围内,中间承运人与契约承运人之间、实际承运人与契约承运人之间均分别符合不真正连带债务的成立要件。此时,在两种平行的不真正连带债务关系中,中间承运人与实际承运人应分别系终局责任人。需要提出的问题是,中间承运人、实际承运人与契约承运人三者之间是否符合成立不真正连带债务的要件呢?答案是否定的。因为不真正连带债务的成立要件之一是"数个债务人所负担的给付是同一内容的",而中间承运人与实际承运人之间按照一定的份额比例分别承担赔偿责任,其间所负担的给付并不是同一内容的,故三者之间不能直接成立不真正连带债务。

第三,"两个以上承运人连带承担侵权赔偿责任"又可以分为两种可能情形。第一种可能的情形是,针对同一货损,中间承运人与实际承运人基于侵权法律关系应当承担连带赔偿责任,而契约承运人仅基于合同法律关系应当承担违约赔偿责任。连带债务是多数人之债的一种表现形式,任一债务人对外均承担全部赔偿的责任。此时,如果把中间承运人与实际承运人视作一个整体,那么其与契约承运人之间便符合不真正连带债务的成立要件。第二种可能的情形是,契约承运人、中间承运人与实际承运人三者之间基于侵权法律关系应当承担连带赔偿责任，此时三者之间能否成立不真正连带债务？契约承运人在因侵权行为承担连带赔偿责任的同时，还因违约行为就全部债务单独承担赔偿责任。此时，债务人之间能否成立不真正连带债务，将取决于债权人的诉讼主张。债权人如要求契约承运人承担违约责任，而要求中间承运人和实际承运人连带承担侵权责任，则此时债务人之间的责任结构与上述第一种可能情形相同，三者之间符合成立不真正连带债务的要件。债权人如要求契约承运人、中间承运人与实际承运人连带承担侵权责任，则三者之间明显不符合不真正连带债务的成立要件，理应直接成立连带债务。

二、承运人之间直接负担连带债务的理论可行性

从上文的分析可知，在国内沿海货运中，两个以上承运人针对同一内容的给付"均负赔偿责任"，则从民法理论看，其间既可能成立不真正连带债务，也可能直接成立连带债务。尽管历经长期研究，但学界对连带债务的成立要件问题始终处于争议状态，难有定论。试想一下，如果无法明确回答在何种条件下应成立连带债务的问题，又如何明确区分连带债务与不真正连带债务呢？事实上，连带债务与不真正连带债务之间的理论界限确非泾渭分明。因此，就承运人之间成立不真正连带债务的上述情形而言，司法实践选择以直接负担连带债务的方式进行处理，具有其理论可行性。

（一）连带债务成立要件的争议性

民法中的很多传统制度都发端于罗马法，连带债务制度亦不例外。出于社会实践的需要，《民法大全》对连带债务进行调整，并将有关规定置于"多数债权人和债务人"或者"多个口约者和多个承诺者"的标题之下，但是罗马法时期并未对连带债务进行分类，亦没有概念性规定。后世各国学者对罗马法有关连带债务的规定进行总结，并在结合当下社会实践需要的基础上进行系统化，其中德国的研究成果最为突出。连带债务制度在德国民法上具有重要地位，《德国民法典》第421条是连带债务系统化的集中体现，其完整总结了连带债务所应具备的内涵和特征。该条虽对于如何适用连带债务制度具有很强的指导性，但对于何时应成立连带债务的问题，却没有给出明确且可行的答案。纵观《德国民法典》，亦未能找到与成立要件相关的其他规定，原

因何在呢？笔者认为，这是由连带债务制度创设之初便带有的强烈工具偏好所决定的，连带债务制度的适用能够极大提高债权人保护的力度与法院处理纠纷的效率。每个国家在不同的历史发展时期均会有不同的社会需求，就连带债务制度而言，立法者几乎都倾向于从当下社会需要的具体实际出发，将该制度直接适用于特定的案型，而较少考虑"成立要件"这一"纯"理论问题。此种现象产生的原因在于，作为复合责任和加重责任的特别制度设计，连带债务制度可以发挥出人意料的社会控制效果，有时立法者自身都无法预见：我们在什么情况下需要适用它。日积月累，不同时期立法者所创设的各类连带债务具体案型，在客观上严重阻碍了通过立法方法明确界定具有可操作性的成立要件的努力。

现实的情况正是如此，近现代许多国家（包括中国在内）的民事立法虽在不断完善连带债务制度，但均无法解决连带债务成立要件的明确性与可操作性问题。从理论研究的情况看，德国学者对该问题进行了长期的关注和研究。从 1891 年 Eisele 的《共同连带与单纯连带》论文始，至 20 世纪 50 年代 Larenz 提出较为主流的"义务的同一层次性理论"止，其间出现了诸如"债务原因同一性理论"、"目的共同说"及"相互清偿共同和相互履行共同说"等诸多理论。中国学者在介绍上述理论的同时，亦提出过不少有见地的观点。但遗憾的是，任何一种理论观点均无法圆满解释连带债务的成立要件问题，因为民事立法上总是客观存在着这样或那样与理论观点不相符的案型。可见，连带债务成立要件的明确化和可操作化至今仍是一项尚未完成的课题，连带债务的认定尚未形成统一而有效的标准。

（二）两种连带债务区分标准的模糊性

如前所述，由于连带债务的成立要件至今无法明确，这导致有关两种连带债务区分标准的讨论往往流于表面。例如，按照张广兴教授的观点，连带债务与不真正连带债务的区别主要体现在以下五个方面：一是发生原因不同，不真正连带债务中的各个债发生原因各不相同，且不可能基于合同发生，而连带债务则通常基于同一合同发生，且多依合同发生；二是债务人之间是否具有关联性不同，不真正连带债务的数个债务人之间不具有关联性，而只是由于偶然的原因发生对债权人同一给付内容的债务，而连带债务中的数个债务人之间具有关联关系；三是数个债务的目的是否同一不同，不真正连带债务中的数个债务不具有同一目的，各债务人仅对自己的债务负责，而连带债务中数个债务人具有同一目的，即确保债权，故各连带债务人共同对债权人负责；四是债务人之间的份额关系不同，不真正连带债务的数个债务人之间不具有确定的债务数额分担，而连带债务则有确定的债务数额分担；五是求偿关系不同，连带债务中的一个债务人履行全部债务后，可就超过自己应承担的部分向其他债务人求偿，而不真正连带债务中的一个债务人履行全部债务后虽亦导致其他债务人债务的消灭，但不发生求偿关系。张广兴教授的观点具有较强的代表性，至今中国多数学者的观点亦多与之趋同。

然而笔者认为，上述区别标准并不能真正起到辨识两种连带债务的目的。以《最高人民法院关于适用〈中华人民共和国担保法〉若干问题的解释》第19条为例，该条规定："两个以上保证人对同一债务同时或者分别提供保证时，各保证人与债权人没有约定保证份额的，应当认定为连带共同保证。"对于该条有关"两个以上保证人对同一债务分别提供保证"的连带债务案型，上述区别标准便难以自圆其说。其主要原因如下：第一，连带保证之债的产生系基于不同的保证合同，其发生原因明显有所不同；第二，保证人之间可能不知晓对方提供保证的情况，其提供保证可能完全是出于偶然的原因；第三，如果两个以上保证人各自独立地设立保证债务，其间并不知晓对方提供保证的情况，则此时称其间具有同一的主观目的，显然有悖常理①；第四，保证人与主债务人之间明显不存在债务数额的分担问题，如果非要说存在债务数额分担，那其比例也是 0∶100，主债务人应当作为终局债务人承担全部债务，这与不真正连带债务人之间的债务承担问题并没有本质区别；第五，保证人在承担保证责任后有权向主债务人追偿，不真正连带债务中的非终局债务人在清偿后亦有权向终局债务人进行追偿，二者之间并不存在本质区别。可见，如果依照前述五项区别标准进行判断，则两个以上保证人对同一债务分别提供保证的情形，并不属于连带债务。然而，中国现行法却又将该情形纳

---

① 出于理论周延性的需要，有学者提出了客观目的共同说，所谓客观上的目的共同，实际是指"债权人客观上的同一利益"，事实上，何谓客观上的同一利益已属于难以分辨，而此后的司法实践和解释又将"债权人客观上的同一利益"发展为与"债权人的利益同一性"基本等同，此种标准的模糊性愈发显现，实难作为区分不真正连带债务与连带债务的标准而适用。

入了连带债务范畴。这一矛盾的事实至少说明,民法学界有关两种连带债务区分标准的观点并不具有普适性。事实上,正如德国学者梅迪库斯所言,"从来没有(哪种理论—笔者注)成功地将这两种连带债务相互界分开来"。同时,上述分析再次表明,与理论的周延性相比,立法者更加注重连带债务的工具偏好与经济社会的现实需要。

三、承运人之间直接负担连带债务的现实必要性

在海事司法实践中,对于国内沿海货运中承运人之间成立不真正连带债务的案型,部分法院会选择依据《货规》第四十六条直接判令负担连带债务①。起初,笔者认为此举将无端加重不真正连带债务人的责任,难谓公平。但经过深入研究后发现,这一处理方式虽然在法律适用上尚欠妥当,但从诉讼效率、实体公正及体系协调等角度综合来看,法院的选择具有相当必要性。

(一)诉讼模式选取的效率考量

从传统民事理论看,不真正连带债务具有请求权竞合的特征,如果承运人之间成立不真正连带债务,则作为货主的托运人有权依据不同的请求权基础要求不同的承运人承担同一内容的给付。托运人此时虽具有选择权,但无权同时提起两个诉讼②。因为托运人在两个诉讼中均可能取得胜诉,而其亦可能由此获得不合理的双重赔偿。实践中较为认同的诉讼模式是:托运人仅有权择一起诉,在其胜诉后,如果执行的最终结果是败诉方完全履行了生效判决,则债务消灭,托运人无权再起诉其他承运人;如果执行的最终结果是败诉方未履行或仅部分履行生效判决,则债务不消灭或仅部分消灭,托运人此时有权就未消灭的债务,依据另一请求权基础起诉其他承运人,其在胜诉后可再次申请执行,以充分保障权利。相较于不真正连带债务,连带债务的诉讼模式有所不同。债权人有权起诉全部债务人,亦有权起诉部分或任一债务人。在通常情况下,出于周全保护自身利益的考量,债权人往往会选择同时

---

① 参见广州海事法院(2010)广海法初字第403号民事判决书、浙江省高级人民法院(2004)浙民三终字第121号民事判决书等。

② 债权人亦不能在同一诉讼中针对不同的债务人提出两个基于不同法律关系的诉讼请求,因为这实质上属于诉的合并的范畴,由于债权人无权同时提起两个基于不同法律关系的诉讼请求,故诉的合并的前提并不存在。

起诉所有连带债务人,并在胜诉后要求其中有清偿能力的任一债务人先行履行生效判决。

对于托运人而言,连带债务的诉讼模式无疑会降低实现债权的成本,亦会缩短实现债权的时间,一次诉讼便能彻底解决债务纠纷,其高效可见一斑。对于承运人而言,连带债务的诉讼模式虽不见得高效,但却有其实施的现实基础。因为在承运人之间成立不真正连带债务的场合,托运人虽然本应择一起诉,但现实的情况是,托运人起诉时往往还未知晓货损系由谁的行为所致,故出于全面保护自身利益的考量,"起诉所有承运人"便成了其最佳选择。况且,此种做法亦不会增加案件受理费等诉讼成本,托运人何乐而不为呢?从这个角度上说,两种连带债务的不同诉讼模式客观上未能给作为债务人的承运人带来效率上的显著差别。可见,上述不真正连带债务的案型依照连带债务诉讼模式进行处理,不仅能提高纠纷处理的效率,而且也具有实施上的现实必然性。

（二）实体权益平衡的公正考量

不真正连带债务理论的倡导者,主要是想通过对两种连带债务予以区分的方式,达到限缩连带债务适用范围的目的。此种思路的出发点在于,为避免出现不合理或不公正的结果,两种连带债务所适用的实体法律规则理应有所不同。从传统民法理论看,该区分规制思想的主要理由在于:如将连带债务有关总括效力事项的规则适用于不真正连带债务场合,便会引发不公平的后果。我国台湾地区郑玉波教授曾指出,"连带债务就债务人一人所生事项其效力及于他债务人者甚多;而不真正连带债务,此种事项可谓绝无而仅有","不真正连带债务,乃系数个债务,在客观上有单一之目的,因而凡因满足此目的之事项如清偿、代物清偿、提存、抵消等,即发生绝对效力,但亦止于此而已"。按照郑玉波教授的观点,有关连带债务总括效力事项的其他规定,包括"免除"、"受领迟延"及"时效完成"等,不应适用于不真正连带债务案型。但笔者认为,此种观点失之偏颇。以颇具代表性的受领迟延为例,受领迟延的核心问题在于,因不真正连带债务中部分债务人履行而引起的债权人受领迟延,其效力应否及于其他债务人?从法律效果看,债权人受领迟延,债务人便享有免除因债务不履行或迟延履行所生责任的权利,亦有权就因此遭受的损失向债权人请求损害赔偿。不妨做一个假设:在承运人之间成立不真正连带债务的某一场合,作为终局责任人的实际承运人向托运人履行,而托运人发生受领迟延,但该受领迟延的效力并不及于作为非终局债务人的契约承运人,那么,此后托运人仍然有权向契约承运人要求给付金钱债务及相应迟延利息,而契约承运人显然无权要求实际承运人承担该笔额外的利息损失。契约承运人因自身履行迟延而赔偿利息损失本无可厚非,但问题是,托运人此前如不发生受领迟延,其债权本应已得到满足,其他债务人亦不应再承担任何责任。可见,如果受领迟延的效力不及于契约承运人,托运人便会因此享受不合理的好处,即"虽然受领迟延,但亦能主张迟延利息"。事实上,受领迟延的效力及于所有债务人,不仅有利于消除上述不合理现象,而且也有助于督促债权人及时行使权利。因此,正如有学者所指出的,"受领迟延""免除""时效完成"等总括效力事项规则适用于不真正连带债务案型并不会导致不公平的结果,主张两种连带债务区分规制的主要理由不具有说服力。由此可见,承运人之间构成不真正连带债务的案型依照连带债务规则进行实体处理,并不会对债务人利益造成不公平的损害,反而在很大程度上具有实施的必要性。

(三)航运法律体系的协调考量

中国海运业的发展离不开国内海运区段和国际海运区段的运输活动,两个区段水上运输是不可分割的。国内、国际海上货物运输在运输的行业本质上并无二致,法律对两种运输中承运人连带债务的问题进行区分规制既缺乏理论支持,亦缺乏实践基础。正如梁慧星教授所指出的,"当前,中国实行统一的海上运输法律体系的条件趋于成熟,应当通过海商法的修改,将中国海商法的适用范围扩大适用于国内海上货物运输领域,从而构建统一的国内和国际海上货物运输法律机制框架"。就国际海上货物运输而言,基于航运实践的现实需要,《汉堡规则》第 10 条与《海商法》第六十三条均已明确要求各个承运人就同一内容的给付直接负担连带债务①。就国内沿海货物运输而言,《货规》第四十六条在规范内容上与《汉堡规则》《海商法》保持了完全一致。因此,虽然《货规》存在效力位阶较低的问题,但从航运法律体系协调性

---

① 参见《汉堡规则》第 10 条"承运人和实际承运人的责任"第 4 项。

和债权人保护一致性的角度出发,该法第四十六条仍应作为法院适用连带债务制度的重要依据。这一观点在 2009 年施行的《最高人民法院关于裁判文书引用法律、法规等规范性法律文件的规定》(简称《引用规定》)中可得佐证。《引用规定》第 4 条规定:"民事裁判文书应当引用法律、法律解释或者司法解释。对于应当适用的行政法规、地方性法规或者自治条例和单行条例,可以直接引用。"接下来,第 6 条又规定:"对于本规定第 3 条、第 4 条、第 5 条规定之外的规范性文件,根据审理案件的需要,经审查认定为合法有效的,可以作为裁判说理的依据。"可见,部门规章在民事案件审理中虽不能作为民事裁判直接引用的依据,但在认定部门规章合法有效的前提下,其也能作为裁判说理的依据。

四、现行制度的效力缺陷与法律适用的方法完善

从上文的分析可知,在国内沿海货运中,各个承运人就同一给付均负赔偿责任,则理应直接负担连带债务。但从法律适用的角度看,由于《货规》的效力位阶较低,故法院直接引用《货规》第四十六条判令各个承运人负担连带债务确有不妥。《货规》第四十六条当前虽不能作为民事裁判直接引用的依据,但可以通过对《中华人民共和国民法通则》(简称《民法通则》)第八十七条的扩张解释得以间接适用。

(一)现行制度的效力缺陷

我国《海商法》于 1993 年施行,该法第六十三条规定:"承运人与实际承运人都负有赔偿责任的,应当在此项责任范围内负连带责任。"但《海商法》的上述规定仅适用于国际海上货物运输,不能直接适用于国内沿海货物运输。《货规》于 2001 年施行,该法就国内沿海货物运输法律问题做出了专门规定,其中第四十六条规定:"承运人与实际承运人都负有赔偿责任的,应当在该项责任范围内承担连带责任。"从规范内容看,《货规》与《海商法》的相关规定完全一致,但从效力位阶看,二者相差甚巨。《海商法》由全国人大常委会制定,其属于法律,而《货规》系由当时的交通部颁行,其属于部门规章。二者是否均属于《民法通则》第八十七条意义上的"法律规定"呢?有学者认为,"从该条文义来看,并未要求连带债务的成立必须有法律的明确规定或

当事人的明确约定,解释为可对法律进行类推适用或当事人的意思表示进行解释较为妥当,这样可以较好地应对现实生活。"然而,这一解释尚未得到司法界的普遍认同。最高人民法院在 1993 年发布的《全国经济审判工作座谈会纪要》中指出:"除法律、法规有明确规定或者当事人有约定以外,不能追究其他法人的连带责任。"该内容体现了最高人民法院对《民法通则》第八十七条的理解和对连带债务适用界限的确认。可见,连带债务的成因依法应限定于"法律规定"或"当事人约定"这两个范畴。《海商法》系由全国人大常委会制定的法律,故该法第六十三条应属于"法律规定"的范畴。但是,《货规》属于部门规章,其效力位阶较低,该法第四十六条是否也属于"法律规定"的范畴,则不无疑问。

最高人民法院曾于 2006 年发布〔2005〕民四他字第 48 号复函,该复函系对湖北省高级人民法院有关"吕洪斌与浙江象山县荣宁船务公司水路货物运输合同纠纷一案有关适用法律问题的请示"的答复,湖北省高级人民法院在请示中称:"本案所涉运单注明:本运单经承、托双方确认后,具有合同效力,承运人与托运人、收货人之间的权利、义务关系和责任界限均按《货规》等的有关规定办理。因此,应认定《货规》并入合同条款。"最高人民法院在复函中则采用了"根据合同约定适用的《货规》的规定,收货人有权……"的用语。从复函用语的逻辑关系看,法院引用《货规》审理民事案件应以运输合同已约定"《货规》并入合同条款"为前提①。可见,《货规》第四十六条不应被民事裁判直接引用,该条仅在属于《民法通则》第八十七条意义上的"当事人约定"范畴时,方能得以间接适用。需要指出的是,由于托运人与契约承运人之间的运输合同条款不能约束其他承运人,因此前述运输合同应是指各类承运人之间的一份或多份运输合同。从合同相对性来看,托运人仅受其与契约承运人之间所订运输合同的约束,而不受其他运输合同的约束。然而,由于《货规》第四十六条明显属于有利于托运人利益的条款,在承运人之间的运输合同约定"《货规》并入合同条款"时,该条可以作为有利于第三人利益的合同条款而发生法律效力。然而无法回避的是,依照现行法进行的上

---

① 需要指出的是,在当前国内航运实践中,承运人一般均会签发标准格式的运单,但承运人仅签署运输合同,甚或仅签署收货单等例外情况也时有发生。

述阐释，将可能导致一种令人难以接受的情形，即作为货主的托运人是否有权要求承运人负担连带债务，将取决于承运人之间的互相约定。客观地说，《货规》效力位阶低是导致法律适用处于尴尬境地的根本原因，但笔者认为，在法律做出修订之前，法院仍然可以通过完善法律适用的方法来缓解上述难题。

（二）法律适用的方法完善

司法实践中，在国内沿海货运合同未约定"《货规》并入合同条款"的情况下，部分法院依旧会选择依据《货规》第四十六条直接做出承运人之间负担连带债务的判决。笔者虽然赞同判决的最终处理结果，但并不赞成其法律适用方法。在现行制度框架下，对《民法通则》第八十七条进行能动解释才是法院值得尝试的有益方法。如前所述，将该条规定中"依照法律的规定"直接解释为"可对法律进行类推适用"，确有违背法条本义之嫌，亦不符合中国司法界的主流观点。因此，此种解释并不足取。从文义分析的角度出发，对"法律规定"进行适度扩张解释是一种更为合理的方法。所谓"法律规定"，既可指法律对连带债务案型的具体性规定，如《民法通则》第一百三十条有关共同侵权人承担连带责任的规定；也可指法律对连带债务制度的一般性规定，如《民法通则》第八十七条本身隐含的有关连带债务一般成立要件的规定①。从立法者本意看，有关连带债务具体案型的规定，显然属于"法律规定"的应有之意，但《民法通则》第八十七条有关连带债务一般成立要件的规定是否也应被囊括其中，则并不明确。无论立法者的本意为何，上述"法律规定"的两种含义均具有文义上的合理性。如果法院将"法律规定"解释为包括《民法通则》第八十七条本身"有关连带债务一般成立要件"的规定在内，便为解决连带债务适用难题跨出了具有重要意义的一步。同时，此种解释方法也恰好符合当前学界渐趋明显的"在更广的意义上界定连带债务的趋势"。

当然，即使做出上述扩张解释，法院也无法跨越连带债务构成要件这一前提性问题，这也是一直以来困扰民法学界和实务界的难题。从现行法的角度看，连带债务的成立须满足《民法通则》第八十七条所指向的三个基本条

---

① 从规范意义的角度看，《民法通则》第八十七条与《德国民法典》第421条具有类似性。

件:第一,债务人须两人或两人以上;第二,各个债务人均负有全部给付的责任;第三,任一债务人的全部或部分给付可使其他债务人获得全部或部分免责。从司法实践的角度看,上述三个要件只能是最低限度的要件。换言之,即使符合上述要件,也未必能成立连带债务。因此,上述三个要件难以为法院认定连带债务提供强有力的说理支撑。正如前文第二部分所述,有关连带债务构成要件的理论研究至今仍未得出一个明确且无争议的结论,各国的民事立法亦然。因此,在连带债务构成要件这一理论问题无法得到圆满解决之前,无论是立法者还是法院,在处理相关案件时,更需关注连带债务制度背后普遍存在的价值考量问题。例如,如何处理"司法效率提升"与"当事人利益平衡"的关系,便是其中最重要的议题之一。坦率地说,此种考量具有无法避免的抽象性和主观性,由此可能导致的另一个问题是,对"法律规定"进行扩张解释虽具有合理性,但亦可能导致连带债务制度的滥用。因此,对于法律没有明确规定适用连带债务的具体案型,法院如果选择依据《民法通则》第八十七条适用连带债务制度,则必须进行充分的说理。当然,在国内沿海货运中,各个承运人如就同一给付均负赔偿责任,则要求其间直接负担连带债务,可谓理由充分。因此,就上述情形,法院可以引用《民法通则》第八十七条判令承运人之间直接负担连带债务。

五、结语

长期以来,中国通过《海商法》和《货规》两种不同的法律制度来调整国际、国内海上货运中的承运人连带债务问题。诚如奥地利社会学法学派学者埃利希所言:"无论是现在或者是在其他任何时候,法律发展的重心不在立法,不在法学,也不在司法判决,而在社会本身。"历史地看,此种立法模式的确具有其合理性,但从海运业快速发展的现状看,该模式已经越来越无法适应社会生活的现实需要,其修订已势在必行。虽然通过立法方法实现国际、国内海上货运统一法律规制,是解决问题的根本出路,但在法律尚未修订之时,法院的司法实践亦不能裹足不前。从实践的角度看,承认"活的法律",就意味着法律适用要保持适度的弹性,要与现实需求保持理性的互动。对于当前国内沿海货运中承运人连带债务制度的法律适用问题,笔者以承运人"均负赔偿责任"的类型分析为切入点,在深入研究的基础上,提出了解决问题的初步构想,即通过对《民法通则》八十七条进行扩张解释以缓解《货规》第四十六条的适用困境。

【参考文献】

[1]李中原.不真正连带债务理论的反思与更新[J].法学研究,2011(5):37.

[2]孔祥俊.论不真正连带债务[J].中外法学,1994(3):20.

[3]阳雪雅.连带责任研究[M].北京:人民出版社,2011:18.

[4]陈卫佐.德国民法典[M].北京:法律出版社,2010:147.

[5]张定军.连带债务研究[M].北京:中国社会科学出版社,2010:268.

[6]张广兴.债法总论[M].北京:法律出版社,1997:155,156.

[7]郑玉波.民法债编总论[M].北京:中国政法大学出版社,2004:425.

[8]陈宪民.论国际海运公约承运人责任制度变革[J].华东政法大学学报,2010(6):127.

[9]梁慧星.海商法修改工作应尽快启动[N].法制日报,2010-03-20(2).

[10]沈宗灵.现代西方法理学[M].北京:北京大学出版社,1992:271.

[11]顾建亚.行政法律规范冲突的适用规则研究[M].杭州:浙江大学出版社,2010:170-171.

[12]邓少岭.通过习惯发展法律—未定型社会中的法律弹性[J].广西社会科学,2011(11):77-81.

（原载于《中国海商法研究》2013年第2期、中国人民大学《复印报刊资料》D412《民商法学》2013年第9期）（2013年第二十一届全国海事审判研讨会三等奖）

"身份推定"模式建构初探

——以无船承运人与货运代理人的辨识为研究对象

俞建林　邱　烨

【摘要】无船承运人与货运代理人的身份辨识问题,一直就是海事审判实践中的棘手问题。最高人民法院于 2012 年 1 月 9 日通过的《关于审理海上货运代理纠纷案件若干问题的规定》虽对如何认定货代企业的法律身份问题有所规定,但针对缺乏直接证据的情形,其倾向于在对收货单、发票等间接证据进行综合衡量基础上,由法官进行主观认定。此种认定方法随意性较大,很可能会导致同类案件的处理结果迥然不同。为此,本文在综合运用相关学科知识的基础上提出了"身份推定"这一新模式,以期为解决上述认定难题提供一种思考路径。

【关键词】无船承运人;货运代理人;身份推定

引言

在国际海上货物运输中,国际货运代理企业(以下称"货代企业")经常利用独立经营人的身份,在不同场合选择扮演货运代理人或无船承运人的角色,堪称"变色龙"。货代企业之所以选择"变色",主要是因为这两种不同的角色定位直接决定着其所享权利与所担义务,适时"变色"有助于规避其应承担的法律责任,并实现最大经济利益。货代企业之所以能够成功"变色",主要是因为我国现行法对货代企业身份认定问题缺乏明确且可操作的规范,由此导致的司法标准不统一与法官裁量主观化,使得货代企业"变色"成为可能。

一、问题提出：身份认定的司法现状与成因分析

（一）司法现状

2012年1月9日，最高人民法院通过了《关于审理海上货运代理纠纷案件若干问题的规定》，其中第三条规定："人民法院应根据书面合同约定的权利义务的性质，并综合考虑货运代理企业取得报酬的名义和方式、开具发票的种类和收费项目、当事人之间的交易习惯以及合同实际履行的其他情况，认定海上货运代理合同关系是否成立。"该条规定正是体现了海事审判中如何认定货代企业身份的常用判断方法，即我国法院一般会对合同条款、提单、托运单、收费方式等各类因素进行综合衡量，最后在内心确信的基础上得出结论。但问题是，司法实践中往往会出现缺乏直接证据（如明确的书面协议或货代企业以自己名义签发的提单等）的特殊情况，此时上述方法就不一定总能形成一致的内心确信，下文的案例将有助于我们认识到身份认定的复杂性。① ××××年×月×日，甲公司与乙公司签订了一份买卖皮鞋的外贸合同，双方约定由卖方甲公司负责安排货物运输，买方乙公司在货物出运前预付货款的三分之一，其余款项在货物运抵国外指定目的港仓库交付后付清。此后，甲公司与某国际货运代理公司（以下称"丙公司"）达成口头协议，其委托丙公司办理货物运输事宜，费用为包干费1万元，甲公司应在货物运抵指定仓库交付客户后支付该款项。接下来，甲公司将该批皮鞋交给丙公司，丙公司向甲公司出具了货物收据。此后，丙公司以自己名义向某船务公司（以下称"丁公司"）订舱，丁公司接受订舱后签发了海运提单并交给丙公司，提单记载的托运人为丙公司。然而，货物在运输过程中发生灭失，甲公司在接到丙公司通知后便以其为被告提起索赔诉讼。甲公司主张，其与丙公司之间存在海上货物运输合同关系，所以丙公司应当赔偿货物损失，其主要理由是：丙公司口头答应承办货物运输事宜，双方约定包干费的性质是运费，同时海运提

---

① 本文中直接证据与间接证据划分的标准是依据一个证据与案件的主要事实的证明关系，直接证据是指与案件待证事实具有直接关联，能单独证明案件事实的证据；间接证据是指与案件待证事实具有一种必然的间接联系，但又不能单独证明案件的主要事实，而需要与其他证据结合起来，形成一个证据链来证明案件的主要事实。参见韩象乾：《民事证据理论新探》，中国人民公安大学出版社2006年第1版，第110页、第113页。

单上记载的托运人是丙公司,也能证明其是无船承运人。丙公司则辩称,其与甲公司之间仅系货运代理合同关系,因而不应承担承运人责任,其主要理由是:双方口头约定由我公司代理甲公司办理运输事宜,双方约定的包干费包括代垫海运费、港杂费及代理报酬等,而以自己名义向丁公司托运货物其实是隐名代理行为。

双方当事人的争议焦点显而易见,即丙公司的身份是无船承运人还是货运代理人? 面对此类案件,法院应当运用何种方法进行准确认定呢? 由于没有可供遵循的统一标准或方法,不同法官基于自身不同的个人经验、知识背景等因素,在处理该问题时可能会得出完全不同的结论。

(二)成因分析

实践中,对货运代理和货物承运的界定很可能出现困难,因为两者的营业范围常常互相联系,而当事人即使在指向货物承运时,也有不少自称是"货运代理"的。从法律规范的角度看,当今世界还尚未针对上述情况形成统一而明确的"界定"规范,甚至在大多数国家的现行法中还未出现"无船承运人"这一概念。无船承运人作为一个法律术语,最早出现于美国的法律及监管环境中,美国联邦海事委员会在1961年发布的第4号通令中首次提出"无船公共承运人"概念,依此后美国《1984年航运法》的规定,无船公共承运人是指不经营用于提供远洋运输服务的船舶的公共承运人,其与远洋公共承运人之间的关系属于托运人。与美国相比,我国的无船承运业务尚未与货运代理业务真正分离,货代企业往往同时兼营两项业务,享有双重身份,他们"通过身份的互换为自己带来利益的最大化,而且还可以在纠纷发生时借以规避法律,逃避责任"。可能是考虑到上述情况,我国自2002年1月1日施行的《中华人民共和国国际海运条例》(以下称《海运条例》)正式提出了"无船承运经营者"概念。《海运条例》的立法目的很明确,主要是以许可经营的方式,禁止没有资格的货代企业从事无船承运业务,从而达到规范市场秩序的作用。但该条例有关"经营无船承运业务,应当向国务院交通主管部门办理提单登记,并交纳保证金"的规定,属于行政法规对无船承运经营者的资格规定,货代企业违反上述规定从事无船承运业务,其应承担的是行政法上的责任。从法律解释的角度看,《海运条例》的上述规定并不属于我国《合同法》第五十二条所规定的"行政法规的强制性规定"，无资格货代企业所从事的无船承运行为也不应据此认定无效。① 况且，商务部于2004年修订颁行的《国际货物运输代理业管理规定实施细则》（以下称《货代实施细则》）第二条第三款又规定："国际货运代理企业作为独立经营人从事国际货运代理业务，是指国际货运代理企业接受进出口货物收货人、发货人或其代理人的委托，签发运输单证、履行运输合同并收取运费以及服务费的行为。"该规定实际上是允许货运代理人以"独立经营人"的身份从事无船承运业务，而这与《海运条例》的规定和理念背道而驰。从《海运条例》与《货代实施细则》的具体规定看，无船承运业务与货运代理业务的范围也基本相同，均包括了订舱、接收货物、缮制单证、收支相关费用等业务。由此可见，《货代实施细则》的出台客观上为不具备无船承运经营资格的货代企业从事无船承运业务提供了法律依据，而这增加了区分无船承运人与货运代理人的难度。

二、模式建构：身份推定的范畴提出与制度基础

鉴于货代企业的多变性与身份认定的复杂性，本文拟从民事推定入手，试图建立一种处理货代企业身份认定纠纷的推定模式，该模式的主要内容是：

在缺少类似书面协议等直接证据而难以有效认定货代企业身份的前提下，如果其在订约时没有向委托方明示收取费用的构成情况，则直接依据《最高人民法院关于民事诉讼证据的若干规定》（以下称《证据规定》）第九条第一款第三项的规定，推定货代企业的身份为无船承运人，该项推定允许当事人举证反驳。②

（一）推定分类与范畴提出

按照我国民法学界的一般观点，民事推定一般可划分为事实推定与法律

---

① 实际上，我国海事司法实践早已采纳此种法律解释观点。

② 为论述方便，该处理模式以下均称为"身份推定"。此处的"委托方"具有双重含义，其既可是货运代理合同项下的被代理人，亦可是货物运输合同项下的托运人。所谓"收取费用的构成情况"，是指货代企业收取费用的项目、用途及数额等详细情况。身份推定亦允许"委托方同意货代企业不告知"的例外，主要是因为身份推定的目的是为了保护委托方的知情权，但委托方如果同意货代企业不告知，那么对其保护便无必要。

推定两类。事实推定是指,按照经验法则,根据已知事实推论出另一事实,但如有充分证据证明该事实不存在,则推定不成立。法律推定则是指,按照法律规定的推定模式,直接从已知事实推论出另一事实的存在,但如果有充分证据证明该事实不存在,则推定不成立。有的学者指出:"从演变过程来看,事实推定在先,法律推定在后。据此可以认为,法律推定是事实推定的法律化、定型化,事实推定是法律推定的初级阶段,有待于上升为法律推定。"本文认为,法律推定所遵循的准则是法律规定,其内容直观地表达了如何推定的方法,该方法体现了一种法律意义上的逻辑必然性,而非经验意义上的高度盖然性。历史地看,此种逻辑必然性往往是立法者基于对基础事实与推定事实之间的高度盖然性关系进行考量的结果,但立法技术的要求又使立法者采取了逻辑必然性的表达方式,而其高度盖然性的实质特征则通过"可举证推翻"的立法设计得到体现。

一般而言,法律推定与事实推定存在着以下区别:第一,两者所遵循的准则不同。前者遵循的是具体的法律规定,而后者所遵循的是相对抽象的经验法则。第二,两者所表达的事实之间的联系性质不同。法律推定表达的是一种法律拟制的形式必然性联系,而事实推定所揭示的是事物之间的高度盖然性联系。第三,法官自由心证的内容不同。证据法意义上的"自由心证"往往指的是,裁判者在进行事实认定时能够不受法律规则的拘束而对证据的证明力进行自由评判,并对事实做出自由判断。由于法律推定所表达的是事实之间明确的形式必然性联系,因而法官对此基本没有自由裁量的空间,但事实推定依循的是经验法则,法律对于经验法则的选取并没有明确、系统的规定,法官因此具有较大的自由裁量空间。

虽然法律推定与事实推定存在着上述差异,但更加值得关注的却是其同一的本质指向,即事实之间的伴生关系。法律推定所指向的是法律明确规定其内容的伴生关系,事实推定所指向的则是法官依据经验法则所确定的伴生关系。两种伴生关系虽在表现形式上存在差别,但实质却是相同的,即均属于依法确定的伴生关系,且其效力基础也均源于法律的认可。[1] 据此,我国有学者明确指出:"在中国,不仅'事实推定'的语词不宜使用,'事实推定'的

---

[1]　参见《最高人民法院关于民事诉讼证据的若干规定》第九条第一款第三项。

概念也不宜使用,因为所有推定都应该属于法律规定的范畴。"还有学者在反对使用"事实推定"概念的同时,给出了两个理由:其一是会混淆推定机制与证明机制的界限;其二是会与国家的法制原则发生冲突。可见,法律推定与事实推定虽已是一对耳熟能详的法学术语,但该分类方法究竟有无价值,学者们见仁见智。因此,本文不想纠缠于"推定分类"①问题,而是直接从具体的案件出发,直接研究具体的推定"范畴",这也是本文提出身份推定这一范畴的初衷。

（二）身份推定的制度基础

我国现行《民事诉讼法》并未对民事推定制度做出任何明确规定。1992年发布的《最高人民法院关于适用〈中华人民共和国民事诉讼法〉若干问题的意见》(以下简称《民诉意见》)第一次提出了民事推定的概念,其中第七十五条第三款规定,根据法律规定或已知事实,能推定出的另一事实,当事人无须举证。自 2002 年施行的《证据规定》进一步完善了民事推定的相关规定,其第九条第一款第三项规定,根据法律规定或者已知事实和日常生活经验法则,能推定出的另一事实,当事人无须举证证明;该条第二款又规定,当事人有相反证据足以推翻的除外。上述两个司法解释的有关规定,基本上体现了我国《民事诉讼法》关于民事推定的规范全貌。从上述规定的内容看,民事推定是一种案件事实认定规则,其含义应是:根据已知事实,按照法律规定或者经验法则,假定另一事实在法律上也存在,该假定允许当事人举证推翻。

由此可见,我国民法中的推定所应遵循的准则是法律规定或经验法则。所谓法律规定,是指那些直接对如何进行推定做出指示的法律规范,此类规范所反映的是法律拟制的事物之间的伴生关系。而作为法学术语的经验法则,其一般是指人们从生活经验中归纳获得的关于事物因果关系或属性状态的法则或知识。本文认为,常识与经验法则并不等同,常识是经验法则的主要表现形式,但除此之外,经验法则还会以"新知识"的形式表现出来。因为

---

① 澳大利亚证据法学家威特和威廉姆斯在其著作《证据学:评论与材料》一书中写道:"推定及其分类的准确性质是如此模糊,……因此,我们在本书中不会试图去考察那些时有建议的推定种类,诸如可以反驳的推定与不可反驳的推定,法律推定和事实推定。" P. K. Waight & C. R. Williams, Evidence, Commentary and Materials, 5th ed, Australia: The Law Book Company Limited, 1998, p. 109. 转引自何家弘:《从自然推定到人造推定——关于推定范畴的反思》,《法学研究》2008 年第 4 期,第 115 页。

常识在形成之初也是一种新的知识,只有当其被社会大众广泛赞同且反复适用后,方能成为经验法则。经验法则所体现的是事实之间的高度盖然性联系,这是其与规律的关键区别,因为规律体现的是事物之间的必然性联系。高度盖然性联系所代表的是事实之间的常态伴生关系,这促使人们在遇到特定情况时往往会按照特定经验法则进行认知,且此种认知常常是符合客观情况的。由于缺乏明确的法律规定,身份推定目前所依循的不可能是法律规定,而只可能是经验法则。但是,身份推定所依循的"经验法则"应否成立,则有待证成。

三、理论证成:"盖然性"交叉研究与身份推定的正当性

身份推定的逻辑前提(或者说大前提)是经验法则,而经验法则能否成立的决定性因素是基础事实与推定事实之间的高度盖然性关系。从严格逻辑推理的角度看,身份推定项下的基础事实(即货代企业没有向委托方明示其收取费用的构成情况)成立,则可能存在推定事实(即货代企业的身份系无船承运人),也可能存在其他事实(如货代企业的身份系货运代理人)。但本文认为,推定事实的发生概率更高,且其与基础事实之间的盖然性程度已应归入经验法则意义上"高度盖然性"范畴。下文的论证将建立在心理学、经济学和法理学等不同学科知识的基础上,在交叉研究中,我们会发现不同学科视角下的阐释并不相互冲突,其恰恰体现了对同一事物不同层次的理解,且其间的互补性明显。

(一)高度盖然性成立的心理学基础

人有生存与发展的本能,这决定了商人在商业领域内也有维持事业存在与发展的本能,而商业本能的核心体现便是"经济利益"。商人在面对利益最大化问题时所表现出的更多的是理性,按照美国学者理查德·A.波斯纳的话说,"人在其生活目的、满足方面是一个理性最大化者"。在商业交往过程中,人们往往采用"极小极大化(minimax)"理性策略,使得花费最小化,收益最大化。此种理性策略涵盖面很广,但其中最重要的一项是接受法律规则的约束,因为商人知道,如果以违反法律规定的方式追求经济利益最大化,则代价可能更大。因此,在法律规定明确的前提下,商人多会选择遵守法律,按

照诚实信用的原则,理性地追求经济利益。但如果法律存在漏洞,商人的选择就会多样化,部分商人很可能在自利欲望的驱使下利用法律漏洞从事损人利己的商业投机行为。

货运代理人与无船承运人所享权利、所担义务具有较大差别,从所享权利上说,无船承运人赚取的是运费差价,其一般比货运代理人赚取的代理报酬要高;从所担义务上说,无船承运人承担的是承运人责任,其一般较货运代理人承担的责任要重。此种权利义务的不同安排直接影响着货代企业的经济利益,并间接作用于其行为目的的形成与行为方式的选择。我国现行法虽然明确提出了货运代理人与无船承运人这两个概念,但是对于如何准确界定却没有明确规定,这属于明显的法律漏洞。出于商人逐利本性的需要,货代企业在此情况下往往会选择以包干费等模糊收费方式赚取运费差价,并在货主索赔时以货运代理人身份为挡箭牌减轻责任。而身份推定要求,货代企业在订约时就向委托方明示收取费用的构成情况,否则将推定其身份为无船承运人,这足以使货代企业的模糊身份策略彻底失效。在很大程度上,身份推定有助于弥补前述法律漏洞,其适用可以有效消除货代企业谋取不正当利益的心理动机,并从根本上影响其行为,促使其诚信经营。

（二）高度盖然性成立的经济学基础

众所周知,经济学理论极其重视经济资源的最佳配置问题。从微观经济学的角度看,每一个市场交易主体都对相关经济情况具有完全信息是其进行研究的基本假设。虽然此种假设在现实经济生活中并不存在,但却从侧面揭示了交易信息的重要性。对于理性的经济人而言,只有掌握充足的交易信息,其才能做出优化的决策,而众多经济人的高质量决策将在整体上优化经济资源的配置。这很容易让我们联想到一条关于交易信息与决策质量的趋势曲线。曲线的最低端表示:交易信息为零,交易决策为完全盲目、不优;曲线的最高端表示:交易信息完全,交易决策为完全理性、最优;从曲线的最低端向最高端延伸,交易者掌握的信息量逐渐增大,交易决策的质量也在逐步提升。需要指出的是,交易信息的掌握程度与决策的优化程度并不是数量上的正比例对应关系,而应当是一种程度上的正比例对应关系。

在从事货代业务时,货代企业依据诚信原则的要求和代理人报告义务的规定,其理应及时告知委托方相关费用的构成情况;而在无船承运业务中,法律对无船承运人并无类似要求。上述观点的经济学基础在于,费用构成信息对委托方在不同场合所做决策的影响存在差异。在代理合同场合下,委托方支付的交易对价是代理报酬,委托方通过代理报酬与代理服务的比较来决定如何讲价、是否缔约等重大问题。在无船承运的场合下,无船承运人向托运人收取的是运费,"实际是赚取托运人向无船承运人交付的运费与无船承运人向实际承运人交付的运费的差价",托运人通过运费(并非构成运费的分项费用)与运输服务的比较,来决定如何讲价、是否缔约等重大问题。如果货代企业选择不告知委托方费用构成信息,则基于法律身份的不同假定,将产生完全不同的经济学效果。假设货代企业的身份是无船承运人,则其不告知行为对托运人决策质量的影响甚微,其当然也就不会对经济资源的优化配置产生重大影响。假设货代企业的身份是货运代理人,则其不告知行为将直接影响到委托方决策的质量,而这又会严重影响经济资源的优化配置。因此,在缺乏直接证据而无法认定货代企业身份的情况下,如果其没有在订约时向委托方明示所收费用的构成情况,则推定其为无船承运人更加符合资源优化配置的经济学要求。

(三)高度盖然性成立的法理学基础

由于无船承运人责任往往重于货运代理人责任,因而法院在审查货代企业身份时往往趋向于谨慎甚至保守,在缺乏直接证据而难以有效认定其身份时,法院往往会按照"谁主张,谁举证"的原则驳回委托方要求货代企业承担无船承运人责任的请求。由此,在类似本文第一部分所述的案例中,货代企业通过不告知费用构成情况的方法既可以赚取高额运费差价,又可以在货损发生时仅承担货运代理人责任。此时,货代企业通过利用法律漏洞实现了自身利益最大化,而委托方则因此遭受严重的利益损失。从法理学的角度看,"利益法学"的思维方法可以为法官填补上述法律漏洞提供一种新的选择。"利益法学"并不要求法官抛开现行法,而是要求他们尽量"忠实法律",在法律规定存在漏洞时,其要求法官考虑各方当事人的利益,然后自主地按照法律中隐含的评价原则的本义进行评估。货代企业以隐瞒收费构成情况的方式来模糊自身法律地的行为,明显违背了诚实信用这一民法基本原则,虽然我国民法并未直接对违背诚实信用原则的行为做出具体的责任规定,但这并不是说违反诚实信用原则是"零成本"的。在此种情况下,法院出于利益平衡和诚信原则的双重考量,完全可以大胆依据《证据规则》第九条第一款第三项进行身份推定。此项推定的适用将会引发举证责任内容的重大转变,而此种转变有利于维系双方当事人之间的利益平衡。

结论

身份推定不仅有现行法依据,而且也有法理学、心理学及经济学等方面的理论支撑,其具有"可行"且"应行"的充分理据。通过身份推定,事实上重新划分了双方当事人举证责任的具体内容。作为委托方的原告,原本按照"谁主张,谁举证"的原则,应当举证证明货代企业的无船承运人身份,但通过身份推定,托运人只需证明货代企业在订约时没有告知其费用构成情况的事实。此种举证责任内容的重大转变,构成了身份推定模式的实质内容,也是其发挥利益平衡功能的重要途径。

【参考文献】

[1]C. W. 卡纳里斯. 德国商法[M]. 杨继,译. 北京:法律出版社,2006:769.

[2]许俊强. 无船承运人若干法律问题研究[EB/OL].（2008－11－01）[2010－05－10]. http://www. civillaw. com. cn/Article/default. asp? id＝41246.

[3]曲涛. 无船承运人与货运代理人之辨识[J]. 人民司法,2008(21):90.

[4]江伟. 证据法学[M]. 北京:法律出版社,1999:138.

[5]李祖军. 自由心证与法官依法独立判断[J]. 现代法学,2004(5):102.

[6]何家弘. 从自然推定到人造推定——关于推定范畴的反思[J]. 法学研究,2008(4):112.

[7]龙宗智. 推定的界限及适用[J]. 法学研究,2008(1):114.

[8]张卫平. 民事诉讼中经验法则的功能及运用[N]. 人民法院报,2008-1-29(5).

[9]理查德·A. 波斯纳. 法律的经济分析(上册)[M]. 蒋兆康,译. 北京:中国大百科全书出版社,1997:3.

[10]戴维·迈尔斯. 社会心理学[M]. 张智勇,等,译. 北京:人民邮电出版

社,2006:350.

[11]关正义,陈敬根.无船承运人相关法律问题研究[J].中国海商法年刊,2007(17):106.

[12]杜江,邹国勇.德国'利益法学'思潮述评[J].法学论坛,2003(6):93.

（原载于《中国海商法研究》2013年第2期）

海上保险纠纷案件保险人责任范围若干问题的研究

黄建群

【摘要】在海上保险案件中,当被保险人由于事故遭受损失和承担责任时,将依据保险合同向保险人申请索赔。一旦保险人做出拒赔决定,被保险人在绝大多数情况下会诉之于法院。此类案件的争议焦点往往集中在事故造成的损失和责任是否属于保险人的责任范围。本文拟对海上保险纠纷案件保险人责任范围的基本构成条款、除外条款的明确说明义务、法律法规的适用、保险条款的解释等问题进行分析和总结,希望能为审判实务工作带来些许帮助。

【关键词】责任范围;保险责任;除外责任

由保险人拒赔引起的海上保险纠纷案件中,无论是涉货运险还是涉船舶险,查明和认定事故造成的损失和责任是否属于保险合同约定的责任范围都将影响和决定系争案件的判决,此也成为法院审判工作的重点和难点。本文将结合审判实践中的典型案例和最高人民法院的司法解释,对海上保险纠纷案件保险人责任范围涉及的若干问题进行分析,并对审判思路进行总结。

一、责任范围的基本构成条款

海上保险合同,是指保险人按照约定,对被保险人遭受海上保险事故造成保险标的的损失和产生的责任负责赔偿,而由被保险人支付保险费的合同。① 保险人的首要义务和责任,就是在发生海上保险事故后,及时向被保险人支付保险赔偿。②

---

① 参见《海商法》第二百一十六条。
② 司玉琢:《海商法》(第二版),法律出版社2007年版,第393页。

保险人是否进行赔偿,关键在于保险人是否认同事故造成的损失和责任属于保险合同所约定的责任范围。保险合同的主要内容包括:保险人名称、被保险人名称、保险标的、保险价值、保险金额、保险责任和除外责任、保险期间、保险费。① 其中,保险责任是指保险合同中约定的,由保险人承保,在保险事故发生时保险人承担赔偿或给付保险金责任的风险范围或种类。除外责任与保险责任相对,又称为责任免除,是指保险人依法或依据合同约定,不承担保险金赔偿或给付责任的风险范围或种类,其目的在于适当限制保险人的责任范围。在保险合同中同时载明保险责任和除外责任,目的在于进一步明确保险责任范围、保险事故种类、保险赔偿或给付范围。因此,保险人的责任范围的基本构成条款是保险责任条款和除外责任条款,法院在审查海上保险纠纷案件时,对保险人责任范围的审查应紧扣此两条款进行。

另外,保险费是被保险人应支付给保险人的、作为保险人承担赔偿责任的"对价"的一定金额,②因此,作为保险人责任范围的基本构成条款的保险责任条款和除外责任条款,可根据保险当事人之间协商和最终确定的保险费而进行调整,包括可以通过约定排除法定的除外责任。③ 法院在审理此类案件时,应尊重保险当事人自愿订立的保险责任条款和除外条款,不应随意或非法干预保险合同原约定。

二、除外责任条款的说明义务

当然,即便是保险合同中有了除外责任条款,该条款也未必能产生法律效力。根据我国《保险法》规定,对保险合同中免除保险人责任的条款,保险人在订立合同时应当在投保单、保险单或者其他保险凭证上做出足以引起投保人注意的提示,并对该条款的内容以书面或者口头形式向投保人做出明确说明;未做提示或者明确说明的,该条款不产生效力。④《保险法》司法解释二规定,保险人提供的格式合同文本中的责任免除条款、免赔额、免赔率、比

---

① 参见《海商法》第二百一十七条。
② 汪鹏南:《海上保险合同法详论》(第三版),大连海事大学出版社 2011 年版,第 30 页。
③ 参见《海商法》第二百四十三条、第二百四十四条。
④ 参见《保险法》第十七条。

例赔付或者给付等免除或者减轻保险人责任的条款①，可以认定为"免除保险人责任的条款"。根据该司法解释，但凡是免除或减轻保险人赔偿责任的条款，都应被认定为免责条款，亦可称之为除外责任条款。

保险合同订立时，保险人在投保单或者保险单等其他保险凭证上，对保险合同中免除保险人责任的条款，以足以引起投保人注意的文字、字体、符号或者其他明显标志做出提示的，人民法院应当认定其履行了提示义务。保险人对保险合同中有关免除保险人责任条款的概念、内容及其法律后果以书面或者口头形式向投保人做出常人能够理解的解释说明的，人民法院应当认定保险人履行了《保险法》第十七条第二款规定的明确说明义务。通过网络、电话等方式订立的保险合同，保险人以网页、音频、视频等形式对免除保险人责任条款予以提示和明确说明的，人民法院可以认定其履行了提示和明确说明义务。②《保险法》司法解释二的规定提高了保险人明确说明的程度，必须达到常人能够理解的程度。当然，如何去解释"常人能够理解"的程度，会对承保责任的范围产生重大影响。笔者认为，所谓的"常人能够理解"的程度，并不意味着必须达到普通大众都能理解的程度，而是应该结合投保人的相关背景，如果保险人的说明达到了投保人所处行业一般从业人员均能理解的程度，就可以认定其已履行了说明义务。毕竟，海上保险中涉及的船、货等问题，专业性比较强，如果强制投保人说明的程度必须达到普通人都能理解的程度是没有必要的。

实践中，还有一种情形较为常见，即被保险人就同一种保险多次投保，对保单中的所有条款包括免责条款均已非常了解，或者，在被保险人第一次投保的时候，保险人已经进行了明确说明，这种情况下保险人是否在每次签发保单时都必须予以说明？笔者认为这是没有必要的。免责条款明确说明义务的履行，实际上是为了使被保险人对保险人所提供的"除外责任条款"有一个清楚的认识，从而避免订约时由于信息不对称造成的不平等。若保险人确有证据证明被保险人知道除外责任条款的具体内容，双方在订约时对于该条款的含义没有异议，并最终订立了保险合同，那么，保险人就无须多此一

---

① 参见《保险法》司法解释二，第九条。
② 参见《保险法》司法解释二，第十一条、第十二条。

举,再次对除外责任条款进行说明。

三、法律法规的适用

（一）法律适用的一般顺序

海上保险合同针对的是保险人与被保险人约定的任何海上事故,总是伴随海上运输发生作用,既具有海上运输活动的专门性,也具有保险合同的特殊性,以及具有一般合同的共同性。因此,在适用具体法律条款处理海上保险合同纠纷时,须注意法律适用的顺序问题。

我国是属于民商法合一的国家,《保险法》和《海商法》属于民法部门的特别法。在《保险法》和《海商法》的适用问题上,《保险法》做了明确的规定,海上保险适用《海商法》的有关规定;《海商法》未规定的,适用《保险法》的规定。在与其他法律,包括《合同法》的适用问题上,最高人民法院业已做出明确司法解释,即"《海商法》《保险法》均没有规定的,适用《合同法》等其他相关法律的规定。"①因此,审理海上保险纠纷案件法律适用的顺序按效力高低依次为:《海商法》《保险法》《合同法》等其他相关法律。

（二）对法律以外其他规定的适用

最高人民法院的司法解释虽然解决了审理海上保险纠纷案件法律适用的一般顺序问题,但从该解释的表述"适用合同法等其他相关法律的规定"可看出,最高人民法院对法律以外的其他规定是否适用于审理此类案件并没有明确规定。在具体案件中,当事人可能针对已发生的特定事故,援引法律以外的其他规定,作为其对保险责任或除外责任主张的依据。对此类依据是否适用于案件审理存在争议。

在"大众保险股份有限公司苏州中心支公司、大众保险股份有限公司与苏州浙申实业有限公司海上货物运输保险合同案"中,保险人援引中国人民银行《关于〈海洋运输货物"一切险"条款解释的请示〉的复函》(以下简称《一切险复函》),主张一切险属于列明风险。湖北省高级人民法院审判委员会对《一切险复函》的效力产生分歧。一种意见认为,保险单并没有随附《一

---

① 参见《最高人民法院关于审理海上保险纠纷案件若干问题的规定》第一条。

切险复函》，不属于合同条款，而且涉案保险条款及该解释均非法律或行政法规，对投保人或被保险人并无法律效力；再者，保险公司未向投保人或被保险人承担释明义务，因此认为无效。另一种意见认为，中国人民银行属国务院的组成部分，是最高行政机关的一部分。中国人民银行在当时作为保险业的主管机关，制定、修改或批准保险条款是其法定职责。并且，对保险条款的解释，是其行使职责的一种方式。中国人民银行的解释属行政解释，亦为一种有权解释。对上述不同意见，最高人民法院做出民四他字〔2007〕第8号的复函，认为双方的权利义务应当受保险单及所附保险条款的约束，并依照该案所附的"海洋运输货物保险条款"的具体规定，认定"一切险的承保风险应当为非列明风险，如保险标的的损失系运输途中的外来原因所致，且并无证据证明该损失属于保险条款规定的除外责任之列，则应当认定保险事故属于一切险的责任范围"。

从上述案件产生的不同意见以及最高人民法院对此的复函中可看出，最高人民法院以尊重海上保险合同当事人的意思自治为原则确定一方当事人援引法律以外的其他规定作为支持依据时的效力。因此，法院应谨慎对待此类规定。在审理此类规定的效力时，应重点查明其是否属于保险合同当事人在订立合同时已作为并入条款以约束保险合同当事人，或是否存在另行协商一致情形致使该规定具有合同约束力。如为否定，则须查明一方当事人援引的规定是否具有法律、行政法规的强制性效力。对一方当事人单方援引的规定，如果既没有合同约束力，也不具有法律、行政法规的强制性效力，则不能轻易接受，而应着重寻找对保险合同当事人具有合同约束力的条款，结合适用的具体法律条款对案件进行审理和认定。

四、保险合同条款的解释

（一）对保险合同条款解释的原因

海上保险合同中，保险人的责任范围由保险责任条款和除外责任条款构成，但由于造成损失和责任的海上事故千差万别，保险责任条款及除外责任条款难以穷尽各种海上事故，更多的是在条款中通过专业性、概括性的用语进行约定，而合同中的用语越概括，就越不明确，出现争议的概率就越大。一且保险合同当事人对条款用语的理解出现异议时,就需要对相应的用语进行解释,从而确定当事人双方在订立合同时的共同意思。

在"丰海公司与海南人保海运货物保险合同纠纷案"中,丰海公司在海南人保投保了由印度尼西亚籍"哈卡"轮(HAGAAG)所运载的桶装棕榈油,投保险别为一切险。投保后,丰海公司依约向海南人保支付了保险费,海南人保向丰海公司发出了起运通知并签发了海洋货物运输保险单,并将海洋货物运输保险条款附于保单之后。根据保险条款规定,一切险的承保范围除包括平安险和水渍险的各项责任外,海南人保还"负责被保险货物在运输途中由于外来原因所致的全部或部分损失"。后来该批货物的部分货物由"伊莉莎2"号(由原"哈卡"轮涂改而成)走私至中国汕尾,被海关查获,并作为走私货物没收上缴国库。双方对船东授意船长、船员在运输途中擅自变卖该轮承运的货物和中国海关查获、没收该轮承运的货物导致的损失是否属于保险责任条款约定的"外来原因"时出现争议,最高院对此认为,"何谓运输过程中的'外来原因',属于对保险条款的解释"。①

因此,为准确认定具体的海上事故造成的损失和责任是否属于保险人责任范围时,法院需要对保险责任条款和除外责任条款进行解释,查明保险当事人的真实意思,保证双方权利义务的实现。

(二)保险合同条款的解释方法

我国《海商法》及《保险法》均未对海上保险合同或一般保险合同的解释方法进行规定。《合同法》对争议条款的解释做了原则性的规定,即应当按照合同所使用的词句、合同的有关条款、合同的目的、交易习惯以及诚实信用原则,确定该条款的真实意思。②

我国学术界对合同解释的种类做了归纳,即文义解释、整体解释、目的解释、习惯解释、诚信解释。文义解释,是指通过对合同所使用的文字词句的含义的解释,以探求合同所表达的当事人的真实意思;整体解释,又称体系解释,是指把全部合同条款和构成部分看作一个统一的整体,从各个合同条款及构成部分的相互关联、所处的地位和总体联系上阐明当事人有争议的合同

---

① 参见最高人民法院再审案件(案号:〔2003〕民四提字第5号)。
② 参见《合同法》第一百二十五条。

用语的含义;合同目的解释,就是依照当事人所欲达到的经济的或社会的效果而对合同进行解释;习惯解释是指在合同文字或条款的含义发生歧义时,按照习惯或惯例的含义予以明确,在合同存在漏洞,致使当事人的权利义务不明确时,参照习惯或惯例加以补充;诚信解释是指解释合同有关争议条款时,应从合同当事人订立合同时的本意出发,要求不欺不诈、不哄不骗,以诚实信用的标准来解释合同条款。通过分析和比较这五种解释方法,不难发现,除了文义解释仅限于文字词句本身的含义外,其余四种解释方法均需要借助或参考被解释条款以外的其他因素。具体而言,整体解释需要参考合同的其他有关条款,目的解释需要借助合同目的,习惯解释需要参照当事人的习惯,诚信解释需要借助诚实信用原则进行。① 由此看出,文义解释之外的其他四种解释的结论,都可能由于借助或参考被解释条款本身以外的其他因素而不能准确反映保险责任条款和除外责任条款的真正意思,最终导致保险人的责任范围被扩大或缩小。

在海上保险纠纷案件中,由于对保险责任条款和除外责任条款进行解释的最终目的是准确查明和认定保险合同当事人对保险人责任范围的真实意思,解释的结论直接关系着保险人的拒赔是否符合保险合同约定。法院在运用解释方法时,必须考虑到此类案件的特殊性以及不同解释方法可能导致对责任范围的不同认定,优先考虑运用文义解释方法探求保险当事人对责任范围的真实意思,并结合具体案情、双方举证及具体法律条款,公平公正地认定保险人的责任范围。

(三)不利解释原则

现代保险业,保险条款一般都是由保险人事先拟订好单方提供给投保人或被保险人的格式条款,海上保险合同也一样。保险的专业化往往导致保险条款所用语言、术语不能通俗易懂,保险合同当事人对是否理赔产生争议时,往往是由于对保险责任条款和除外责任条款的理解不一致所引起的。

《海商法》对格式条款的解释问题未做具体规定。《保险法》对于保险合同的解释进行了规定:采用保险人提供的格式条款订立的保险合同,保险人与投保人、被保险人或者受益人对合同条款有争议的,应当按照通常理解予

---

① 韩世远:《合同法总论》(第二版),法律出版社 2008 年版,第 627-631 页。

以解释。对合同条款有两种以上解释的,人民法院或者仲裁机构应当适用有利于被保险人和受益人的解释。① 因此,对海上保险合同格式条款的解释也应遵循此原则。

《保险法》第三十条中的"通常理解"是不是等同于"普通人的理解",笔者以为答案是否定的。法条中的"通常理解"应该是根据诚实信用原则,以及交易目的和交易习惯做出的理解。对于保险交易而言,应该是符合保险业惯例的理解。换言之,在对保险条款的解释问题上,应该从保险交易的规律,即保险原理出发去进行理解,从而判断是否确实存在"歧义"。如果不考虑保险交易本身的特点,一律从普通人的角度去理解保险合同条款,很有可能会出现滥用"有利解释原则"的情形。另外,在确定条款真实意思时,还可以参考下列规则予以认定:(1)书面约定与口头约定不一致的,以书面约定为准;(2)投保单与保险单或者其他保险凭证不一致的,以保险单或者其他保险凭证载明的内容为准;(3)特约条款与格式条款不一致的,以特约条款为准;(4)保险合同的条款内容因记载方式或者时间不一致的,按照"批单"优于"正文"、"后批注"优于"前批注"、"加贴批注"优于"正文批注"、"手写"优于"打印"的规则进行解释。②

虽然保险合同是典型的格式合同,但是保险合同的条款却不完全是格式条款,其中还包括一些一般条款和保险机关指定的条款,比如个别的议商性条款和保险费率的适用条款等,这些条款不应该用"通常理解"或"不利解释原则"来解释。换言之,只有保险合同中的格式条款,才能适用《保险法》第三十条确立的解释原则。另外需要注意的一点,当保险人和被保险人对于保险合同中格式条款的理解出现争议时,应当先适用"通常理解"来解释;而当合同中格式条款的"通常理解"不止一种时,才能适用"不利解释"原则。

五、结语

海上保险合同中,保险人的责任范围是由保险责任条款和除外责任条款构成。法院在审查保险人责任范围时,一方面需要根据司法解释确立的法律

---

① 参见《保险法》第三十条。
② 周玉华:《最新保险法释义与适用》,法律出版社 2009 年版,第 59 页。

效力顺序以适用具体的法律条款,另一方面对保险合同条款解释时需要谨慎地运用恰当的解释方法探求保险当事人的真实意图,并结合具体案情及当事人的举证,做出公平公正的认定,避免保险人责任范围被不当地扩大或缩小,最终达到保护保险当事人合法权益的目的。

（2014 年第二十二届全国海事审判研讨会一等奖）

逾期付款违约金调减规则的多样性与规范化

陈 亚

【摘要】当前我国审判实践针对约定过高的逾期付款违约金进行调减的尺度和方法极不统一,主要有六种观点:调整至按同期银行贷款基准利率的 4 倍计算;调整至按同期银行贷款基准利率的 1.3 倍计算;调整至按同期银行存款利率或者同期银行贷款利率计算;调整至按欠付款金额的 130% 或者按欠付款金额的 30% 计算;调整至按同期银行贷款基准利率的 1.69~1.95 倍范围内计算;在合同约定的标准之下,根据具体案情,由法官不确定性酌定一个"合适"的计算标准或违约金的具体数额。

本文认为,不同类型合同项下违约金的调减不能简单地采用固定比例搞"一刀切",但针对同一种违约行为下违约金的调整,应尽可能采用相同的方法,统一其尺度。我国法律规定,违约金的调减应以"实际损失为基础",因此实际损失的确定与否对违约金的调减规则有重要影响。如果实际损失能够确定,那违约金应首先调减至与实际损失相当,再参考其他因素在法律允许的范围内向上浮动。如果实际损失不能确定,则需要法官综合权衡多种因素后酌定一个合理的违约金数额或者违约金计算方法。逾期付款损失主要表现为资金被占用的利息损失,不存在不能确定实际损失的问题。既然损失能够确定,那逾期付款违约金的调整必须遵循以损失为基准,再适当上浮的计算原则,而不能简单地通过自由裁量权的行使来任意性酌定。权衡其他因素,经过两次法官自由裁量权的行使,逾期付款违约金调减的合理规则呈曲线调整模式,最后形成合理的逾期付款违约金计算标准,其区间范围为:基准利率 1.3~1.5 倍≤逾期付款违约金计算标准≤(基准利率 1.3~1.5 倍)×(100%~130%)。

【关键词】逾期付款违约金;调减规则;多样性;规范化

引言

"同等情况相同对待"是古老的法律格言，也是现代法治的基本原则。法官在裁判具体个案时面临的最理想状态是，法律给出了现成的答案，只需要像套用数学公式那样套用即可。① 然而，面对千变万化的现实生活，法官的审判活动不可能简单到能"像一个自动售货机，投入法条和事实，而产生司法判决"。② 司法实践中，由审判活动的差异而导致"同案不同判"现象时有发生。2014 年 1 月，《最高人民法院关于人民法院在互联网公布裁判文书的规定》正式实施，除法律有特别规定外，生效法律文书均须在互联网上予以公开，社会公众轻而易举即可检索、查询到全国各级法院的司法判决。当不同法院，甚至同一法院不同法官针对相同问题而做出不同判决时，难免会引发民众对司法公正的质疑，从而降低对法律的信仰。

生活中，大多数的交易行为都是有偿合同。逾期付款违约金是合同一方当事人迟延履行付款义务时依约应向对方当事人支付的一定金钱或其他给付，实务中常常称为"滞纳金"、"利息"或者"罚款"。逾期付款违约金的调整与计算是民事审判中经常遇到的争议问题。笔者以"逾期付款违约金"作为搜索关键词，通过中国裁判文书网对 2013 年 7 月 1 日至 2014 年 6 月 16 日期间的裁判文书进行查询，结果显示有 7176 篇文书涉及此问题。③ 笔者进一步查阅，发现各级法院在调减逾期付款违约金的裁判尺度上存在很大的差异，导致判决结果各式各样。为规范逾期付款违约金的调减尺度，本文拟从司法实践的多样性出发，探讨规范裁判标准的有效路径。

一、实践考察：法院调整逾期付款违约金标准的多样性

在前述 7176 篇裁判文书中，笔者选取了其中 36 篇作为考察样本。这 36 篇文书均是最近三年发生的案例，其中含最高人民法院再审民事裁判书两篇，其他均为地方 19 个省市两级法院的二审判决书；案由包括买卖合同、租赁合同、建设工程合同、股权转让合同、服务合同等有偿合同类纠纷，不包括

---

① 刘贵祥：《再谈民商事裁判尺度之统一》，《法律适用》2012 年第 5 期。

② 马克斯·韦伯语，转引自梁治平：《法律解释问题》，法律出版社 1998 年版，第 58 页。

③ 登录网站 http://www.court.gov.cn/zgcpwsw/，访问时间：2014 年 6 月 16 日。

借款合同纠纷。① 由于篇幅限制,本文无法将这 36 篇文书的裁判过程和结果全部列举出来,只能尽量选取不同地区、不同法院、不同结果的文书作为研究对象。

(一)各省市法院调减逾期付款违约金的案例

在上述 30 例裁判文书中,大部分法院都将合同约定的逾期付款违约金进行了调减,但尺度不一。

1. 一审、二审调整尺度一致的情形(详见表 1)

表 1　一审、二审调整尺度一致的情形

审理法院及案号	合同约定	一审、二审判决
一审:芜湖市中级人民法院(2013)芜中民一初字第 71 号 二审:安徽省高级人民法院(2014)皖民四终字第 34 号	逾期不付工程款,按工程款每日 3‰ 支付违约金	约定过高,调整至按中国人民银行同期贷款基准利率的 4 倍计算
一审:厦门海事法院(2013)厦海法商初字第 257 号 二审:福建省高级人民法院(2013)闽民终字第 195 号	逾期支付购船款,按月息 1.08% 支付违约金	约定过高,原告遭受的主要是利息损失,故调整至按照中国人民银行同期贷款基准利率的 130% 计算
一审:抚顺市望花区人民法院(2013)抚开民二初字第 149 号 二审:抚顺市中级人民法院(2014)抚中民三终字第 73 号	迟延付款,按每日 1‰ 支付违约金	原约定过高,中国人民银行规定的罚息标准是银行贷款利率加收 30%～50%,法院判决的逾期付款违约金应不超过逾期罚息的 30%,故酌定调整至按人民银行贷款利率的 170% 计算

---

① 由于我国法律针对借款合同存在特别规定,且该类合同的属性与其他有偿合同明显不同,故本文将借款合同纠纷排除在研究范围之外。

续表

审理法院及案号	合同约定	一审、二审判决
一审:安康市中级人民法院（2013）安民初字第9号 二审:陕西省高级人民法院（2014）陕民一终字第2号	每迟延一日支付工程款,按应付总款2‰支付违约金	约定过高,但原告未按约定期限施工完毕,亦存在违约行为,故调整至按中国人民银行同期同类人民币贷款基准利率计算
一审:昆明市中级人民法院（2012）昆民五初字第26号 二审:云南省高级人民法院（2014）云高民二终字第16号	迟延付款,按转让总款50%支付违约金1 500万元	约定过高,原告未证明实际损失达到1 500万元,故调整至按中国人民银行同期贷款利率的150%计算
一审:宿迁市中级人民法院（2013）宿中商初字第128号 二审:江苏省高级人民法院（2014）苏民终字第1号	逾期支付租金,每日罚款1万元	合同约定过高,出租人未证明实际损失,考虑到合同的履行情况、被告的过错程度,酌定按中国人民银行同期贷款年利率的2倍计算
一审:上海市徐汇区人民法院（2013）徐民四(民)初字第952号 二审:上海市第一中级人民法院（2013）沪一中民二(民)终字第3578号	逾期支付租金,按每日1‰计算违约金	逾期付款违约金本质在于弥补利息损失,而约定的标准远高于银行存款利率,故调整至中国人民银行同期存款利率计算
一审:东莞市第一人民法院（2012）东一法民二初字第3552号 二审:东莞市中级人民法院（2013）东中法民二终字第1273号	逾期支付货款,按每日欠款总额的2‰支付违约金	被告应付清余款1 947 408元,但合同约定的违约金标准过高,酌定支付30 000元

续表

审理法院及案号	合同约定	一审、二审判决
一审：澄迈县人民法院（2013）澄民初字第 870 号 二审：海南省第一中级人民法院（2014）海南一中民三终字第 50 号	逾期按欠款金额每日 1‰ 支付违约金	按约定计算出的违约金不超过未付工程总款的 30%，① 故按原约定执行

通过表 1 可知，虽然当事人在合同中明确约定了逾期付款违约金的金额或者计算标准，但一审法院和二审法院一致认为，约定的违约金过高，应予调整，只是调整的标准各不相同。

2. 一审、二审因调整尺度不一致而改判的情形（详见表 2）

表 2　一审、二审因调整尺度不一致而改判的情形

审理法院及案号	合同约定	一审裁判结果	二审改判结果
一审：湘潭市中级人民法院（2013）湘中民初字第 2 号 二审：湖南省高级人民法院（2014）湘高法民二终字第 12 号	按欠款金额每日 8‰ 支付违约金	调整至按中国人民银行同期同类人民币贷款基准利率的 150% 计算	一审没有兼顾收款方的合法利益，改为调整至中国人民银行同期贷款利率的 4 倍计算
一审：周口市中级人民法院（2011）周民初字第 6 号 二审：河南省高级人民法院（2012）豫法民二终字第 142 号	逾期按每日 10‰ 计算滞纳金	约定标准过高，调整为按每日 3‰ 计算	一审调整后的标准仍过高，改为调整至中国人民银行同期贷款利率的 4 倍计算

---

①　这个案例的裁判结果实际未调整违约金标准，但从未调整的理由看，显然是将欠付总款当作损失与约定违约金进行比对后所做的评判。

续表

审理法院及案号	合同约定	一审裁判结果	二审改判结果
一审:西宁市中级人民法院(2013)宁民三初字第38号 二审:青海省高级人民法院(2014)青民二终字第16号	逾期按欠款金额每日8‰支付违约金	约定标准过高,应按未付货款的30%计算	应调整至原告遭受的实际损失(未付货款按银行同期贷款利率计算),再加上实际损失的30%
一审:厦门海事法院(2012)厦海法商初字第170号 二审:福建省高级人民法院(2012)闽民终字第631号	逾期付款按每日1.5‰计算违约金	约定过高,综合各种因素,参照银行同期年利率6.56%,酌定违约金按年利率26.5%计算	一审调整后的标准仍过高。鉴于违约金的双重性质,且原告未能证明除利息之外的损失,故酌定按银行贷款利率130%计算

通过表2分析,一审法院和二审法院对违约金的调整幅度认识有差异。部分二审法院认为一审法院将违约金计算标准调整得过低,则适当再调高,部分二审法院认为一审法院调整后的违约金标准仍然过高,则进一步调低。

（二）对约定过高的逾期付款违约金不予调整的案例（详见表3）

表3　对约定过高的逾期付款违约金不予调整的案例

审理法院及案号	合同约定	一审、二审裁判结果
一审:东莞市中级人民法院(2012)东中法民四初字第17号 二审:广东省高级人民法院(2013)粤高法民四终字第94号	迟延付款按每日1‰计算逾期利息	约定有效。理由:1. 被告未证明违约金明显高于实际损失;2. 合同约定是商业行为,欠款损失理应以商业贷款利率来计算;3. 违约金具有两种功能,且合同订立时即预先确定好,不等同实际损失,应予尊重;4. 逾期付款,过错在于被告自己

续表

审理法院及案号	合同约定	一审、二审裁判结果
一审:湘西土家族苗族自治州中级人民法院 (2012)州民二初字第 19 号 二审:湖南省高级人民法院 (2013)湘高法民一终字第 71 号	逾期支付租金,按每日 3‰ 支付滞纳金	被告是专业公司,在缔约时应对逾期付款的后果应有商业研判,合同约定是双方真实意思表示,合法有效。原告自愿降低至每日 2‰,予以支持

从表 3 可见,合同约定的逾期违约金标准仍属于约定标准过高的范畴,但在这两起案例中,一审法院和二审法院均确认合同合法有效,支持不予调整的主张。从裁判的理由看,法院不予调整违约金标准,并不是因为原告遭受的实际损失与按合同约定计算出的违约金相近,而主要是从商业行为与合同自由等角度进行阐述,并技术性地将举证责任分配给被告。

(三)最高人民法院调减逾期付款违约金的案例(详见表 4)

表 4　最高人民法院调减逾期付款违约金的案例

审理法院及判决书编号	合同约定	一审（二审）结果	上诉（申诉）理由	二审（再审）结果
一审:安徽省高级人民法院(2012)皖民二初字第 4 号 二审:最高人民法院(2013)民二终字第 67 号	逾期付款一日按转让价的 2‰ 支付违约金	酌定按中国人民银行同期同类贷款基准利率计算利息	原告上诉,认为一审调整违约金幅度过大,不利于保护守约方的合法利益	原告自身对纠纷发生存在一定过错,且受到的只是资金占用损失。一审调整后的计算方法符合公平和诚实信用原则。维持原判

续表

审理法院及 判决书编号	合同 约定	一审 （二审）结果	上诉 （申诉）理由	二审 （再审）结果
二审：天津市高级人民法院（2013）津高民二终字第12号 再审：最高人民法院（2013）民申字第1883号民事裁定书	逾期付款按欠款每日3‰计算违约金	约定过高，调整为按中国人民银行同期银行贷款利率4倍计算	被告申诉，请求按中国人民银行同期银行贷款利率1.3倍计算违约金	具体的违约金调减幅度和标准，属于法官自由裁量的范围，法律并无强制规定。原审法院兼顾合同的履行情况、当事人的过错程度以及预期利益等因素，调减后的标准已远低于合同约定，并无不当。驳回再审申请
二审：河南省高级人民法院（2012）豫法民一终字第134号 再审：最高人民法院（2013）民申字第1085号民事裁定书	逾期付钢材款，每月每吨加收150元违约金	按约定标准计算出的违约金是欠付本金1 984 499元的1.5倍，酌定调低至违约金为1 600 000元	原告申诉，约定的违约金是双方均能预见，且不高于实际损失。二审调低违约金属滥用自由裁量权，请求按约定判决违约金	原告提交的证明其实际遭受损失的证据与本案缺乏关联性。被告未按时付款是开发商拖欠工程款所致，并非恶意违约。由于钢材不同于其他商品，被告欠款期间钢材市场价格涨幅大，二审法院考虑多种因素，酌定的金额数额并无不当。驳回再审申请

　　根据表4可知，上述三案中，根据不同案情，原审法院按照三种不同尺度将合同约定的违约金标准予以调低，但当事人均提出了上诉或者申诉，要么是违约方认为原审调低的幅度不够，要么是守约方认为原审调低的幅度过大。最高人民法院经审理后对原审各法院的调整方法均予维持，但未形成统一的调整尺度。

二、样本分析:调减逾期付款违约金标准的观点与比较

关于逾期付款违约金的调减,主要需解决两个方面的问题:一是应否调减,二是如何调减。

(一)逾期付款违约金的计算标准应否调整

逾期付款违约金属于违约金形态的一种,因此约定过高的逾期付款违约金能否调减取决于我国有关违约金的调整制度。当事人自由约定违约金是合同自由的表现,但过分的合同自由也会带来不适当的结果,会使违约金条款异化成为一方压榨另一方的工具。[①] 如果任由当事人随意订立数额较高的违约金条款,将使违约金的约定变成一种赌博,这无异于鼓励当事人依靠不正当的方式取得一定的利益和收入,引诱一方为取得违约金而促使对方违约,有悖诚实信用原则。[②] 因此,从理论上分析,允许违约金数额进行调整是适宜的。

目前,大陆法系和英美法系都普遍允许法院干预违约金条款。我国法律也采纳了相同的原则。《中华人民共和国合同法》(以下简称《合同法》)第一百一十四条第二款规定:"约定的违约金低于造成的损失的,当事人可以请求人民法院或者仲裁机构予以增加;约定的违约金过分高于造成的损失的,当事人可以请求人民法院或者仲裁机构予以适当减少。"最高人民法院在《关于当前形势下审理民商事合同纠纷案件若干问题的指导意见》(以下简称《民商事合同案件指导意见》)中进一步指出,人民法院应合理调整违约金数额,公平解决违约责任问题,切实防止以意思自治为由而完全放任当事人约定过高的违约金。由此可见,对于约定过高的逾期付款违约金条款,法院以合同自由的理论来认定条款有效,就过分强调了合同协商的意思自治性,忽视了履行结果的公平性,且与当前法律规定相悖,明显不妥。

(二)各级法院调减逾期付款违约金计算标准的诸多观点

我国《合同法》只规定了违约金可以调整,但未规定按何种标准调整。

---

① 韩世远:《违约金的理论问题——以合同法第一百一十四条为中心的解释论》,《法学研究》2003年第4期。

② 王利明:《合同法新问题研究》,中国社会科学出版社2011年版,第723页。

对此，《最高人民法院关于适用〈中华人民共和国合同法〉若干问题的解释（二）》[以下简称《合同法司法解释（二）》]第29条第1款规定："当事人主张约定的违约金过高请求予以适当减少的，人民法院应当以实际损失为基础，兼顾合同的履行情况、当事人的过错程度以及预期利益等综合因素，根据公平原则和诚实信用原则予以衡量，并做出裁决。"第2款规定："当事人约定的违约金超过造成损失的30%的，一般可以认定为《合同法》第一百一十四条第二款规定的'过分高于造成的损失'。"从该条规定看，法律提供了违约金调减的基本原则和参考因素，但并未设定一个数字化或者类型化的调整公式，而留给法官巨大的自由裁量空间。审判实践中，如何调减约定过高的逾期付款违约金，主要有以下几种观点：

第一种观点，调整至按同期银行贷款基准利率的4倍计算。虽然不少法院采用此标准来调减逾期付款违约金，但相关裁判文书均没有说明调减至此标准的法律依据。笔者推测，采取该标准的法院应是参照了最高人民法院关于民间借贷的相关规定。最高人民法院于1991年8月13日发布的《关于人民法院审理借贷案件的若干意见》规定："民间借贷的利率可以适当高于银行的利率，……但最高不得超过银行同类贷款利率的4倍。"最高人民法院在《2011年全国民事审判工作会议纪要》中进一步规定，民间借贷纠纷中约定的违约金，可以参照收取利息的利率不得超过银行同类贷款利率4倍的标准来认定合理性。①

第二种观点，调整至按同期银行贷款基准利率的1.3倍计算。采取该标准的法院认为，当付款方构成逾期付款时，收款方就遭受资金被占有的利息损失。如果收款方不能证明存在其他损失，那认定收款方只有利息损失。根据《合同法司法解释（二）》的规定，违约金超过损失的30%的，一般可以认定"过分高于造成的损失"。换言之，若违约金不超过损失的30%，则说明不过分高于造成的损失。因此，将欠付款按照同期银行贷款利率上浮30%计算出来的利息损失就是法律可以保护违约金的最高限额。

---

① 《上海市高级人民法院关于商事审判中规范违约金调整问题的意见》第9条规定："守约方的实际损失无法确定的，法院认定违约金过高进行调整时，……可以参照不超过银行同类贷款利率4倍的标准进行相应调整。"

第三种观点,调整至按同期银行存款利率或者同期银行贷款利率计算。持此观点的法院认为,在没有证据证明存在其他损失的情况下,收款方遭受的损失只有银行利息损失,违约金的本质是为了弥补利息损失。因此约定过高的逾期付款违约金应调整至按同期银行存款利率或者同期银行贷款利率计算。

第四种观点,调整至按欠款金额的130%或者直接按欠款金额的30%计算。实际上,这里包含两种意见,即将欠款视为违约损失来计算,然后作不同解释。第一种解释,将欠款视为违约损失,那违约金最高可以达到损失的130%即欠付款的130%;第二种解释,将欠款视为违约损失,但法院已经要求违约方继续履行付款义务,故其损失已得到弥补,那违约金就只能在该损失的30%内予以支持。

第五种观点,调整至按同期银行贷款基准利率的1.69~1.95倍范围内计算。相关法院调整至此标准的理由是,根据《最高人民法院关于审理买卖合同纠纷案件适用法律问题的解释》(以下简称《买卖合同司法解释》)第24条第4款的规定,买卖合同没有约定逾期付款违约金或者该违约金的计算方法,出卖人以买受人违约为由主张赔偿逾期付款损失的,人民法院可以中国人民银行同期同类人民币贷款基准利率为基础,参照逾期罚息利率标准计算。此外,《中国人民银行关于人民币贷款利率有关问题的通知》(银发〔2003〕251号)规定逾期贷款罚息利率为在借款合同载明的贷款利率水平上加收30%~50%。从《买卖合同司法解释》规定的文义看,该款所规定的责任形式为"逾期付款损失",并不涉及"逾期付款违约金"。对逾期付款损失计算时的利率标准,该条采用了"逾期罚息利率说",计算出的"逾期付款损失"本身具有一定程度的惩罚性。[1] 至于具体(利率)在30%~50%的区间如何上浮,人民法院可以根据个案的具体情况,综合考虑守约方的损失、违约方的过错程度等因素,自由裁量确定。[2] 因此,按照《买卖合同司法解释》第24条第4款规定的罚息标准计算出来的就是逾期付款损失,即按同期银行贷款利

---

[1] 蒲毅:《浅析租赁合同逾期付款违约金的计算方法》,《法制与经济》2013年第7期。

[2] 奚晓明:《最高人民法院关于买卖合同司法解释理解与适用》,人民法院出版社2012年版,第397页。

率的 1.3~1.5 倍范围内计算的利息损失。根据《合同法司法解释（二）》的规定，违约金最多不超过损失的 30%，故法律保护逾期付款违约金的范围为同期银行贷款利率的 1.69~1.95 倍。

第六种观点，在合同约定的标准之下，根据具体案情，酌定一个违约金的计算标准或者违约金的具体数额。最高人民法院在（2013）民申字第 1883 号民事裁定书中对这种观点的阐述最具代表性，其认为，当合同约定的逾期付款违约金过高时，法院应予调整，具体的违约金调减幅度和标准，属于法官自由裁量的范围，法律并无强制规定。因此，逾期付款违约金的调减无须固守某种标准，只要法院根据不同案情，按照公平和诚实信用原则，在约定的违约金标准之下进行调减一般都应认为合理。

（三）上述观点之评析

上述诸多观点，从总的调减步骤来看，可分为两类方法。前五种观点为一类，即先按照一定的原则确定违约金调减的范围，再在此范围内根据具体情况酌定具体的标准。最后一种观点为另一类，即无固定的计算原则和标准，完全由法官根据实际情况在约定的标准之下酌定。不可否认的是，现实生活中的合同类型很多，不同合同纠纷背后都有自己不同的案情，违约金的调减不可能存在某种固定不变的公式，法官自由裁量权的行使在违约金的调整过程中发挥着重要作用。最高人民法院在《民商事合同案件指导意见》中明确指出，调整过高违约金时，应当根据案件的具体情形综合权衡，避免简单地采用固定比例等"一刀切"的做法，防止机械司法而可能造成的实质不公平。但是，如果针对同一种违约行为，特别是其他影响因素基本相同的情况下，不同的法官对违约金调减却出现了相差甚远的裁量结果，那就不得不让人对法官的公正性和司法水平产生怀疑。"如果有一组案件所涉及的要点相同，那么各方当事人就会期望有同样的决定。如果依据相互对立的原则交替决定这些案件，那么就是一种很大的不公。"①因此，笔者虽赞同对违约金的调整不能"一刀切"，但针对同一种违约行为下违约金的调整，应尽可能采用相同的方法和标准，形成一定的限度和尺度。任何一种有偿合同项下，逾期付款的损失主要表现为利息损失，完全酌定的调减方法实际未参考实际损

---

① 本杰明·卡多佐：《司法过程的性质》，苏力译，商务印书馆 1998 年版，第 18 页。

失的情况,其结果是相同的逾期付款行为产生不同的判决结果,相关的判决书又不能阐明不同结果的形成过程,表现出很大的随意性,不足以让人信服。

前五种调整观点均采用了某种确定的调减规则,但也存在理论上的不足:

第一种观点试图为逾期付款违约金的调整标准寻找法律依据,但参照有关民间借款的法律规定是不妥的。民间借贷的法律规定显然不能适用其他有偿合同,因为借贷合同与其他有偿合同存在明显的区别,最大的不同在于借贷合同属于民间融资行为,出借方以收取借款利息为主要目的。最高人民法院针对民间借贷案件"4 倍银行贷款利率"的最高限额规定,是为了限制民间借贷活动中的高利贷行为,同时又适当保护资金出借方的利益。因此,在其他类合同中引入"4 倍银行贷款利率"的计算方法来调减违约金依据不足,扩大了司法解释的适用范围。[①] 而且,这种计算方法并未按《合同法司法解释(二)》要求的以实际损失为基础来调减。

第二种观点将基准利率下的银行利息损失等同于收款方受到的损失,实际低估了收款方的损失,且与《买卖合同司法解释》第 24 条第 4 款采用逾期罚息标准来确定逾期付款损失的规定不符。按照《买卖合同司法解释》的规定,合同只约定支付逾期付款违约金,但没有约定具体的金额或者计算方法,逾期付款违约金标准的计算起点是按银行贷款利率的 1. 3 倍计算利息。如果实践中采纳 1. 3 倍银行利率的观点,其结果可能导致当合同有约定逾期付款违约金和当合同没有约定逾期付款违约金时,都采用银行贷款利率的 1. 3 倍来计算利息,使得合同约定违约金失去法律意义。这显然是不合理的。

第三种观点将收款方的损失完全等同于银行利息损失,与实际情况和《买卖合同司法解释》的规定不符,对收款方不公平。法院调减至按银行利率标准计算违约金,调减幅度过大,与《合同法》第一百一十四条关于违约金过高时只能请求"适当减少"的规定不符,也使合同约定逾期付款违约金失去法律意义,因为即便合同不约定违约金,当事人都可以按照银行利率标准主张损失赔偿。故这种观点不妥。

第四种观点以欠款的金额来直接确定损失更是明显不妥。逾期付款属

---

① 姚蔚薇:《对违约金约定过高如何认定和调整问题探析》,《法律适用》2004 年第 4 期。

于迟延履行的一种,付款行为是合同约定的义务之一,只有在判定继续履行付款义务时才产生逾期付款违约金,如果不继续履行,即无须再付款时,也就不产生逾期付款违约金。因此,逾期付款损失应是指因迟延履行付款行为而所产生的损失,逾期付款的金额本身并不等同于损失,所以这种观点是错误的。

第五种观点是根据《买卖合同司法解释》第 24 条第 4 款的规定来确定逾期付款的损失,再根据违约金最多可以超过损失的 30%之规则,计算出逾期付款违约金的浮动范围。这种观点有法律依据作支撑,又充分考虑了收款方的损失和合同约定,同时也留给法官一定幅度的自由裁量空间,更加科学和合理。此观点不足之处在于,违约金可以上浮 30%是法律允许的最高限额,不能忽略违约金上浮 30%之内的自由裁量空间。

三、裁判统一:逾期付款违约金调减规则的规范化

违约金在性质上可分为补偿性违约金和惩罚性违约金,二者的根本区别在于确定违约金时是否与实际损失相联系。业界普遍认为,我国《合同法》规定的违约金性质是以补偿性为主、惩罚性为辅。关于迟延履行的违约金,《合同法》第一百一十四条第三款①虽规定履行迟延的违约金并不免除债务人继续履行合同的责任,具有惩罚性违约金的形式特征,但该违约金不过是对于迟延履行的赔偿额预定,仍属于赔偿性违约金。② 因此,逾期付款违约金的性质仍是以补偿性为主、惩罚性为辅,这决定了该违约金的调整应以实际损失为基础。

(一)调减逾期付款违约金的前提条件及其证明

违约金的调减必须是以"约定的违约金过分高于造成的损失"为前提条件。对此的证明责任由谁承担,理论上有三种观点:一种观点认为,根据民事诉讼"谁主张,谁举证"原则,向法院提出调减请求的当事人应承担举证责任;另一种观点认为,与损失相关的证据距守约方较近,故应由守约方举证损失的数额;还有一种观点认为,违约方需提供足以让法官对违约金公平性产

---

① 该款规定:"当事人就迟延履行约定违约金的,违约方支付违约金后,还应当履行债务。"
② 韩世远:《合同法总论》,法律出版社 2011 年版,第 658 页。

生怀疑的初步证据,然后由法官将举证责任分配给守约方。[①] 最高人民法院在《民商事合同案件指导意见》中指出,违约方对于违约金约定过高的主张承担举证责任,非违约方主张违约金约定合理的,亦应提供相应的证据。

笔者认为,人民法院将违约金过高的举证责任分配给违约方是不妥当的。要证明"约定的违约金过分高于造成的损失",换个角度看,就是要证明"造成的损失过分低于约定的违约金"。由于违约金的数额可以根据合同约定直接计算出来,故实际需要证明的仅仅是"损失"。对违约方来说,如果能证明损失过分低于违约金,就达到了证明的目的。换言之,如果违约方能证明损失不存在,同样也能达到证明的目的。然而,损失不存在属于一种消极事实,法律上不应将证明义务分配给主张消极事实的一方,而应由主张积极事实即损失存在的对方来完成证明义务。而且,守约方存在哪些方面的损失,守约方自己最便于举证。因此,有关举证违约金约定过高的合理模式是,当违约方提出调整约定过高的违约金请求后,由守约方提出证据证明其存在哪些方面的损失及其金额,然后由违约方举证进行反驳。

根据以上分析,当付款方认为逾期付款违约金约定过高请求调减时,收款方应先提出证据证明其遭受损失的内容及其金额。如果付款方对收款方主张的损失不予认可,应提出相反的证据予以证明。上述列举的案例中,法院以被告未证明违约金明显高于实际损失为由而对违约金不予调减,显然是错误地分配了举证责任。

(二)调减逾期付款违约金的规则与因素

根据《合同法司法解释(二)》第29条的规定,人民法院调整减少违约金时,应当以实际损失为基础,兼顾合同的履行情况、当事人的过错程度以及预期利益等综合因素,根据公平原则和诚实信用原则予以衡量。最高人民法院在《民商事合同案件指导意见》中要求人民法院调整过高违约金时,应当根据案件的具体情形,以违约造成的损失为基准,综合衡量合同履行程度、当事人的过错、预期利益、当事人缔约地位强弱、是否适用格式合同或条款等多项因素,根据公平原则和诚实信用原则予以综合权衡。逾期付款违约金作为违

---

① 沈德咏、奚晓明:《最高人民法院关于合同法司法解释(二)理解与适用》,人民法院出版社2009年版,第210页。

约金形态的一种,同样应遵循上述调整规则。

1. 逾期付款违约金调减的基本规则

《合同法》规定违约金的调减应以"实际损失为基础",因此实际损失的确定与否对违约金的调减规则有重要影响。如果实际损失能够确定,那违约金应首先调减至与实际损失相当,再参考其他因素在法律允许的范围内向上浮动。如果实际损失不能确定,则需要法官综合权衡多种因素后酌定一个合理的违约金数额或者违约金计算方法。

一般来说,逾期付款损失主要表现为资金被占用的利息损失,但逾期付款损失并不以利息损失为限,如当事人有证据证明除利息损失之外还有其他损失,例如为追讨欠款而支出的合理费用等,也属于赔偿的范围。无论在哪种类型合同项下发生的逾期付款,都必然会造成收款方的利息损失,因此针对逾期付款违约行为,不存在不能确定实际损失的问题,关键在于能否证明还有其他损失。在上述列举的案例中,除了在(2013)民申字第 1085 号有关钢材买卖案件中,最高人民法院在认定损失时考虑了拖欠款项期间钢材价格上涨的因素,其他案件均未能成功证明原告还存在除了利息之外的其他损失。既然损失能够确定,那违约金的调整必须遵循以损失为基准,再适当上浮的计算原则,而不能简单地通过自由裁量权的行使而任意性酌定。

2. 损失数额的确定

根据《买卖合同司法解释》第 24 条第 4 款的规定,我国司法实践对逾期付款损失已采纳"逾期罚息利率说",即便合同当事人没有约定逾期付款违约金的,守约方如主张逾期付款利息损失,同样应以中国人民银行规定的同期同类贷款基准利率为基础,按逾期罚息利率标准计付。[①] 由于逾期罚息利率是在贷款基准利率上加收 30%~50%,说明损失的确定就存在自由裁量的空间。如何确定加收的比例,笔者认为此时主要应考虑那些尽可能保护守约方利益的因素,譬如预期利益或者其他损失的情况、违约方的过错程度等。

3. 违约金数额上浮空间的确定

根据我国《合同法》的相关规定,约定的违约金一般不得超过损失的

---

① 奚晓明:《最高人民法院关于买卖合同司法解释理解与适用》,人民法院出版社 2012 年版,第 397 页。

130%,说明高于损失 130% 的违约金是不受法律保护的。因此,逾期付款损失计算出来后,违约金首先应调整至法律保护的最高限额,但如果存在其他考量因素,仍存在向下调整的裁量空间。是否向下调整,笔者认为此时主要应考虑那些尽可能保护违约方利益的因素,譬如守约方的过错、合同履行程度、违约方的履行能力等。

综上,经过两次法官自由裁量权的行使,逾期付款违约金调减的合理规则应呈如下曲线图模式(见图 1),B 至 C 是第一次自由裁量区域,D 至 E 是第二次自由裁量区域。最后形成合理的逾期付款违约金计算标准,故其计算标准的区间范围为:基准利率 1.3~1.5 倍 ≤ 逾期付款违约金计算标准 ≤(基准利率 1.3~1.5 倍)×(100%~130%)。

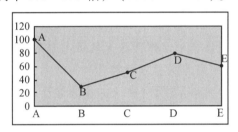

A. 按合同约定计算的违约金
B. 按银行基准利率计算利息
C. 按罚息标准计算利息
D. 罚息标准上浮 30%
E. 调减后的违约金

图 1　逾期付款违约金调减的合理规则

结语

"一个司法判决,无论其是否意图作为立法,客观上都对此后的这一问题的司法构成一种约束和导向,因此在这个意义上,具有法律规则的作用。"[①] 笔者不否认,约定过高违约金的调整不能搞"一刀切",但是绝不能杂乱无章地随意调整。逾期付款违约金的调减虽然一般不会成为当事人在民事纠纷中争议的核心问题,但它是民事审判最经常面临的问题之一。我们不能无视各级法院乃至最高人民法院针对逾期付款违约金的调减尺度极不统一的现状,希望本文的讨论能为规范逾期付款违约金的调减规则提供些许启发。

(2014 年法院系统第二十六届学术讨论会征文福建省一等奖、全国优秀奖)

---

① 苏力:《送法下乡》,中国政法大学出版社 2000 年第 1 版,第 5 页。

涉外船员劳务合同的法律适用

陈 亚

【摘要】涉外民事关系法律适用法的施行并未统一司法实践有关涉外船员劳务合同纠纷准据法的适用分歧。涉外船员劳务合同应识别为中国法下的劳动合同或雇佣合同。《涉外民事关系法律适用法》第四十三条所称的"劳动合同"实际指向的仅是雇佣合同。涉外船员劳务合同识别为狭义的劳动合同时，直接强制适用我国相关劳动法律，排除援用冲突规范。涉外船员劳务合同识别为雇佣合同时，应按照《涉外民事关系法律适用法》第四十三条确定准据法。涉外船员劳务合同完全排除当事人对法律适用的选择不妥，应予完善。

【关键词】涉外船员劳务合同；劳动合同；雇佣合同；识别；准据法

我国是全球第一海员大国。船员劳务合同纠纷在当前海事法院受理的案件类型中占据相当的比例，其中一些案件不乏具有涉外因素。涉外船员劳务合同属于涉外民事关系的一种，处理此类纠纷应首先确定相应的准据法。虽然 2011 年 4 月施行的《中华人民共和国涉外民事关系法律适用法》（以下简称《法律适用法》）针对涉外民事关系的法律适用以单行法的形式专门予以规定，但关于涉外船员劳务合同纠纷如何正确选择准据法，仍存有争议。本文由此切入进行探讨。

一、涉外船员劳务合同纠纷准据法的实践考察

通过考察发现，以《法律适用法》的施行时间为分界点，司法实践确定涉外船员劳务合同纠纷准据法的方法有不同：

(一)《法律适用法》实施以前

《中华人民共和国民法通则》第一百四十五条①所规定的协议选择和最密切联系原则是司法实践确定相关准据法的主要两种方法。涉外船员劳务合同纠纷也不例外。

1. 协议选择原则

在"李洋诉绿春航运船务私人有限公司(Green Spring Marine Shipping INC.)船员劳务合同纠纷案"②中,宁波海事法院认为:双方在庭审中均同意适用中国法律,故本案适用中国法律进行审理。在"LUKITOGATOTWIBOWO诉KMC株式会社船员劳务合同纠纷案"③中,上海海事法院认为:原告已选择适用中国法律,而被告经依法传唤未到庭参加诉讼,视为放弃对本案适用法律的选择,因此本案适用中国法律进行审理。在后一案件中,法院实际采用的是推定手段,即被告不到庭视为放弃选择,从而推定被告同意原告之选择。④

2. 最密切联系原则

在"BOLWIN诉卡里国际航运(巴拿马)有限公司、万鑫船务有限公司、群联船务有限公司船员劳务报酬纠纷案"⑤中,广州海事法院认为:合同双方没有约定处理合同争议所应适用的法律,原告属缅甸籍船员,被告群联船务有限公司属香港法人,原告所服务的船舶为巴拿马籍船舶,巴拿马国的法律与本案劳务合同联系最密切,本案应适用巴拿马国的法律,因巴拿马国法律无法查明,故本案适用中国法律。在"SHUKYUROV SHUKYUR诉吉玛印公司、卡斯特里公司船员劳务报酬纠纷案"⑥中,广州海事法院认为:双方没有选择处理合同争议所适用的法律,本案管辖地是中国,原告实施劳务的"卡

---

① 该条规定:涉外合同的当事人可以选择处理合同争议所适用的法律,法律另有规定的除外。涉外合同的当事人没有选择的,适用与合同有最密切联系的国家的法律。

② (2010)甬海法商初字第55号。

③ (2005)沪海法商初字第401号。

④ 法院的该推定结论是否成立,值得商榷。一般而言,被告无正当理由不到庭参加诉讼,可以推定其放弃在庭审中所享有的诉讼权利,但准据法的选择并不是一项固定由当事人在庭审中所享有的诉讼权利。

⑤ (1999)广海法商初字第33号。

⑥ (2000)广海法事字第49号。

特"轮是在中国被扣押和被拍卖的,因此中国是与本案有最密切联系的国家,本案应适用中国法律处理。在"蔡彩娜诉比尔林投资控股有限公司海员劳务合同欠付工资案"①中,海口海事法院认为:原、被告没有约定就处理双方实体争议所适用的准据法,但本案"Ocean Princess"轮是中国至越南的旅游班轮,其出发港为中国海口港,原告住所地、船舶扣押地、拍卖地也在中国,根据最密切联系原则,本案应适用中国法律。在前述案例中,法院均采用了最密切联系原则确定准据法,但在选取与法律关系有最密切联系的连接点上,存在差异。

（二）《法律适用法》实施以后

虽然该法第四十三条针对劳动合同的法律适用做了明确规定,即"劳动合同,适用劳动者工作地法律;难以确定劳动者工作地的,适用用人单位主营业地法律。劳务派遣,可以适用劳务派出地法律",但司法实践的处理方法仍不统一。

1. 按照《法律适用法》第四十三条确定准据法

在"于景昱诉 Hong Ying Shipping Management Co. , Ltd. 船员劳务合同纠纷案"②中,大连海事法院认为:原告为船员,工作地具有流动性,难以确定,被告作为用人单位主营业地为中国,故依据《法律适用法》第四十三条,本案适用中国法律。在"赵官鹏诉 Yong Sheng Ocean Shipping CO. ,LTD. 船员劳务合同纠纷案"③中,天津海事法院认为:被告为塞舌尔共和国法人,本案为涉外案件,本案劳务派遣地为中国岚山,依据《法律适用法》第四十三条,本案适用中国法律。

2. 参照《法律适用法》第四十三条确定准据法

在"Mohamad Safwan Oustah AL Hussaini 诉基恩毕船务有限公司（G & B Shipping SH. P. K. ）船员劳务合同纠纷案"④中,厦门海事法院认为:因双方当事人未在劳务合同中约定适用法律,而原告主张适用中国法律,且案涉劳务合同系在中国签订,原告自登上"LEDOR"轮之日起至该轮被强制变卖之

---

① （2007）海商初字第103号。
② （2015）大海商初字第92号。
③ （2015）津海法商初字第90号。
④ （2012）厦海法商初字第367号。

日止,该轮一直停泊于中国港口,可视为原告提供劳务的地点在中国,参照《法律适用法》第四十三条的规定,本案可适用中国法律解决实体争议。可见,该判决将"劳务合同"区别于《法律适用法》第四十三条中的"劳动合同",且在优先按照协议选择准据法的方法无法行通后,参照《法律适用法》第四十三条确定准据法。

3. 非按照《法律适用法》第四十三条确定准据法,而是根据当事人选择确定准据法,没有选择的,适用与合同有最密切联系的国家的法律

在"PAKPONGCHOL 诉邦浙航运有限公司船员劳务合同纠纷案"①中,武汉海事法院认为:案涉船员劳务合同虽约定本案纠纷适用新加坡法律,但原告请求适用中国法律,被告未到庭参加诉讼,故本案适用中国法律。在"ANDRIYTUKALOV 诉 MAXIMA SHIPPING B. V. 船员劳务合同纠纷案"②中,上海海事法院认为:因被告经依法传唤未到庭应诉,原、被告未能一致选择解决本案纠纷的准据法,故本案应适用与案涉船员劳务合同有最密切联系的国家的法律。原告受被告雇用,担任因故滞留在中国海域内的"密斯姆"轮的船员,且原告亦是从中国上海港离船的,涉案船员劳务合同实际履行地在中国,中国系与涉案船员劳务合同有着最密切联系的国家,故以中国法律作为本案准据法。

由上可见,《法律适用法》的施行并未解决涉外船员劳务合同准据法的适用问题,第四十三条的存在反而使司法实践变得更不统一。笔者认为,主要有两个原因:一是不同法院对涉外船员劳务合同的法律属性存在不同理解;二是对《法律适用法》第四十三条所指"劳动合同"的内涵存有分歧。这两个问题得以明晰后,如何确定准据法即能迎刃而解。

二、船员劳务合同涉外因素判断与法律属性识别

(一)船员劳务合同涉外因素的判断

只有涉外民事纠纷,才存在准据法的适用问题。同时,由于我国采取的是内外分治的法定模式,是否涉外也成为一种必需的判断,这直接关系争议

---

① (2013)武海法商字第461号。
② (2013)沪海法商初字第1085号。

处理结果和当事人切身利益。司法实践中，船员劳务合同纠纷很普通，但具有涉外因素的并不多见。如何判断船员劳务纠纷具有涉外因素，不同法院也有不同看法。譬如，境内船员被境内船公司招用后安排到国际运输船上工作，因拖欠工资而付诸诉讼，大多数法院不认为这类纠纷属涉外案件，但少数法院却认定为涉外案件。在"黄建生诉深圳市水湾远洋渔业有限公司船员劳务合同纠纷案"①中，广州海事法院认为：被告安排原告上船在海外作业，因在船期间履行劳动合同发生争议，具有涉外因素，原告上船出海作业，具体工作地点不固定，被告主营业地在深圳，根据《法律适用法》第四十三条，本案适用中国法律。在"阎海诉大连远洋渔业金枪鱼钓有限公司船员劳务合同纠纷案"②中，大连海事法院认为：原告工作的"天祥七"轮渔船主要在西太平洋公海作业，双方劳动合同主要在境外履行，本案具有涉外因素，根据《法律适用法》第四十三条的规定，被告主营业地在境内，故本案适用中国法律。

《法律适用法》没有针对涉外民事关系做出界定。最高人民法院《关于适用〈中华人民共和国涉外民事关系法律适用法〉若干问题的解释（一）》第一条③对涉外民事关系进行了界定。④ 一般而言，"涉外民事法律关系"是在民事法律关系三要素主体、客体和内容中，至少有一个要素与外国具有联系。⑤ 全国人大常委会法制工作委员会王胜明副主任亦指出，不要抽象地谈哪些属于涉外民事关系，而是要把涉外民事关系和法律适用联系在一起。也就是说，纯属国内民事关系的，不需要研究法律适用问题，符合涉外民事关系条件的，才需要研究法律适用问题。对涉外因素的认定不能拘泥，形式上、表面上、偶然地具有涉外因素在确定法律适用上一般不发生作用，至少不发生重要作用。⑥ 有学者建议，在民事关系涉外性之判定方面，可采取"三级测

---

① （2014）广海法初字第931号。
② （2015）大海商初字第433号。
③ 该条规定，民事关系具有下列情形之一的，人民法院可以认定为涉外民事关系：（一）当事人一方或双方是外国公民、外国法人或者其他组织、无国籍人；（二）当事人一方或双方的经常居所地在中华人民共和国领域外；（三）标的物在中华人民共和国领域外；（四）产生、变更或者消灭民事关系的法律事实发生在中华人民共和国领域外；（五）可以认定为涉外民事关系的其他情形。
④ 对于涉香港、澳门和台湾地区民事案件的法律适用问题，根据我国司法解释的规定，参照涉外案件处理。
⑤ 杜涛：《涉外民事关系法律适用法释评》，中国法制出版社2011年版，第2页。
⑥ 王胜明：《涉外民事关系法律适用法若干争议问题》，《法学研究》2012年第2期。

试"法来一步步判断。第一级"要素测试",法律关系的主体、客体和内容中任一要素具有涉外性,即通过第一级测试。第二级"效果测试",即看该民事关系的法律调整效果,其影响范围是否超出该国而及至他国,凡是影响至他国的,即可视为涉外民事关系。第三级"功能测试",即只要冲突规范广泛采用最密切联系地法作为系属构造,那么就可以避免民事关系内外属性识别不当的情况下,确保案件的法律适用不会走向极端。① 对于船员劳务合同来说,仅仅具备境外海域作业这一涉外因素,而船员和船公司都是境内主体,其所谓的涉外因素是表面的,法律关系的产生、变更和消灭均不发生在领域外,该民事关系的法律调整效果也不影响其他国家,因此对于纯属国内主体发生的船员劳务合同纠纷,不应认定为涉外民事法律关系而讨论准据法的适用问题。一般来说,船员劳务合同的涉外性主要体现在主体身份上,包括这几种情形,即船员和船公司均涉外、境外船员到境内船公司就业和境内船员到境外船公司就业。

(二)涉外船员劳务合同法律属性的识别

国际私法上的识别是指依据一定的法律概念,对涉外民事案件中待决事实或有关问题进行定性或分类,从而确定应援用哪一条冲突规范的认识过程。② 涉外民事合同定性不同,援引的冲突规范则不同,其指向的准据法则可能有差异。《法律适用法》第四十一条针对合同的准据法做了一般规定,即当事人可以协议选择合同适用的法律,当事人没有选择的,适用履行义务最能体现该合同特征的一方当事人经常居所地法律或者其他与该合同有最密切联系的法律。同时,第四十二条、第四十三条针对消费者合同、劳动合同的准据法作为特别规定。对涉外船员劳务合同来说,如果定性为第四十三条的劳动合同,则应按照该条规定确定法律适用,如果定性为其他类型的民事合同,则应按照第四十一条的规定确定法律适用。可见,识别问题极具意义,是确定准据法的前提要件。

由于各国法律观念和法律概念的不一致,往往对同一事实构成做出不同

---

① 张春良:《涉外民事关系判定准则之优化——要素分析的形式偏谬及其实质修正》,《法商研究》2011年第1期。

② 赵相林:《国际私法》,中国政法大学出版社2002年版,第70页。

的定性或分类，导致"识别的冲突"经常发生。但是，因识别问题本身的复杂性，通过立法明文规定识别依据的国家不多，识别的依据主要由法官自由裁量。出于对法官滥用自由裁量权进行"不诚实的识别"的担心，学者提出了种种有关识别依据的主张，由此形成了法院地法说、准据法说、分析法学与比较法学说、个案识别说、功能识别说。① 各国司法实践多采用法院地法进行识别，我国亦采纳此学说。《法律适用法》第八条规定，涉外民事关系的定性，适用法院地法律。因此，我国法院审理的涉外船员劳务合同纠纷，应适用中国法确定其合同性质。

可以说，我国所谓的劳务合同是一种习惯称谓，国内法并未针对劳务合同做出规定，只是在最高人民法院于 2008 年发布的《民事案件案由规定》以及 2011 年修改后的《民事案件案由规定》中，将船员劳务合同纠纷作为第三级案由予以规定。以一方提供劳务而另一方支付报酬为主要内容，相应可表征为我国合同法项下的雇佣合同或是《劳动合同法》项下的劳动合同。我国对劳动合同和雇佣合同做严格区分，这主要与我国劳动法调整范围狭窄有关。我国《劳动法》第六条规定了"劳动合同"的概念，即劳动者与用人单位确定劳动关系、明确双方权利和义务的协议。《中华人民共和国劳动合同法》（以下简称《劳动合同法》）又将劳动合同中用人单位的范围限定于中华人民共和国境内的企业、个体经济组织、民办非企业单位等组织，除此之外的其他主体不能成为劳动合同的用人单位。因此，司法实践主要从劳动者提供劳务的对象来界定是劳动合同还是雇佣合同。对船员劳务合同来说，其应定性为劳动合同还是雇佣合同或是二者兼之？《民事案件案由规定》相关司法指导用书指出，船员劳务合同是指船员与船舶所有人或者船舶经营人达成的船员在船上尽职工作或服务，船舶所有人或船舶经营人向船员支付工资报酬的合同，处理该类纠纷的法律依据主要是《中华人民共和国劳动法》（以下简称《劳动法》）、《中华人民共和国海商法》、《中华人民共和国民法通则》等。② 可见，当前海事诉讼中的船员劳务合同的内涵比较宽泛，其主要强调的是船员上船工作并由此获取工作报酬的实质特征，该概念既包括由劳动法律予以

---

① 李双元、欧福永：《国际私法》，北京大学出版社 2015 年第 4 版，第 103 页。
② 奚晓明：《最高人民法院民事案件案由规定理解与适用》，人民法院出版社 2011 年版，第 341 页。

调整的劳动合同关系,也包括由民事法律进行调整的雇佣合同关系。①

涉外船员劳务合同是否同样能识别为中国法下的劳动合同或是雇佣合同? 笔者认为,就劳动合同来说,虽然我国《劳动合同法》要求用人单位必须是境内主体,但不排除劳动者为外国人或者港澳台人士。根据《外国人在中国就业管理规定》《中国台湾和香港、澳门居民在内地就业管理规定》,境外人员在内地就业必须持有就业许可证,并与用人单位签订劳动合同。因此,如果境外船员持就业许可证到境内船公司就业并订立劳动合同,那二者就构成中国法项下的劳动合同关系。此外,对于船公司为境外主体情形下的船员劳务合同,则应全部识别为雇佣合同。

三、涉外船员劳务合同准据法的确定

按照前述识别结果,结合《法律适用法》相关字面规定看,如果识别为劳动合同,则拟应按照第四十三条有关劳动合同的特别规定确定准据法;如果识别为雇佣合同,则需要按照第四十一条有关合同的一般规定确定准据法。然而,事实并非如此简单。

（一）《法律适用法》第四十三条有关"劳动合同"的理解

我国《劳动法》《劳动合同法》中的"劳动合同",均属于狭义的劳动合同,不包括雇佣合同。按照国家加强在国际私法法律适用领域对社会经济生活干预的要求,根据《法律适用法》第四条的规定,我国强制性法律应予直接适用,从而排除了冲突规范在相关领域的适用。② 有关劳动者权益保护领域的强制性规定即属于第四条强制适用的范围,③《〈关于适用涉外民事关系法律适用法若干问题的解释(一)〉的理解与适用》第十条对此亦做了类似规定。由于劳工保护运动和人权运动的兴起,各国制定了大量关于劳动保护方面的强制性立法。很多国家劳动法都规定,在其境内履行的劳动合同必须遵守该

---

① 2016 年 3 月 1 日起施行的《最高人民法院关于海事法院受理案件范围的规定》第 24 条则将船员劳动合同和劳务合同两种案件类型区分开来,由此判断以后《民事案件案由规定》也会做相应修改和调整,不再笼统称为船员劳务合同纠纷。

② 高晓力:《〈关于适用涉外民事关系法律适用法若干问题的解释(一)〉的理解与适用》,《人民司法》2013 年第 3 期。

③ 王胜明:《涉外民事关系法律适用法若干争议问题》,《法学研究》2012 年第 2 期。

国的劳动法。我国《劳动法》也不例外，根据相关规定，凡在我国境内的企业、个体经济组织和与之形成劳动关系的劳动者，均适用我国《劳动法》，此即属强制性规定。对于船员劳务合同来说，如果境外船员持就业许可证到境内船公司就业并订立劳动合同，那二者就构成中国法项下的劳动关系，必然直接适用《劳动合同法》，不存在援用冲突规范确定准据法的问题。因此，即便将涉外船员劳务合同识别为劳动合同，也不存在适用《法律适用法》第四十三条的可能。此外，将涉外船员劳务合同识别为雇佣合同，从而机械排除在劳动合同之外，则更不存在适用《法律适用法》第四十三条的可能。[①] 可见，如果《法律适用法》第四十三条所指的劳动合同仅仅涵盖的是狭义的劳动合同，那么该法律条文则丧失其存在的意义，因为狭义的劳动合同根本不能按照第四十三条确定准据法。

《法律适用法》第四十三条的立法本义是为了切实保护劳动者的合法权益。但是，如果该条在司法实践中如无适用可能，则无法达到保护劳动者权益的目的。实际上，无论是劳动者还是雇员，在面对用人单位或雇主时，均处于相对被动、弱势的地位，需要法律给予特别保护。从历史进程看，劳动合同属于特殊的雇佣合同，是雇佣合同发展到一定阶段的产物。不过，社会发展到当代，雇佣和劳动关系已密切交织，对它们进行区分已没有实质意义。在外国立法和劳动法等著作中，雇佣合同与劳动合同常常交叉混合使用，国外研究者并未严格区分劳动关系与雇佣关系，而国际劳工组织只是严格区分了"雇佣关系"与"基于商业或民事契约安排的自营就业和独立工作关系"，并未对所谓劳动关系与雇佣关系进行区分。[②] 因此，《法律适用法》第四十三条所指的"劳动合同"实际指向的是雇佣合同。

（二）协议选择准据法的排除

《法律适用法》第四十三条排除了当事人协议选择合同准据法，以避免用工单位利用其强势地位以协议为名逼迫相对弱势方的劳动者就范，从而实现对弱者的保护，[③]因为劳动合同通常是由雇主事先拟定的标准格式条款，

---

① 同理，在其他涉外劳务法律关系领域，亦存在同样的问题。
② 范姣艳：《国际劳动合同的法律适用问题研究》，武汉大学出版社2008年版，第4-5页。
③ 洪莉萍：《中国〈涉外民事关系法律适用法〉评析》，《中国政法大学学报》2012年第5期。

劳动者在谈判和签订劳动合同时往往处于不利的地位,所以有必要限制当事人在劳动合同中选择法律。[①] 虽然《法律适用法》第四十三条指向的劳动者工作地法律、用人单位主营业地法律,均符合最密切联系原则,但完全排除当事人另行选择法律适用,有时从实际效果看并不利于保护劳动者的权益。就涉外船员劳务来说,船员流动性非常大,其工作地难以确定,则只能适用用人单位主营业地法律。如果主营业地在境外,按照第四十三条规定,本案必须适用该域外法而无其他适用可能。然而,外国法查明问题一直是困扰司法实践的难题,查明过程需要耗费长久的时间,这不符合及时、高效保障船员合法利益之宗旨。这也是前述司法实践中,法院避开《法律适用法》第四十三条转而采用意思自治原则或者最密切联系原则确定准据法的重要原因。因此,笔者建议,《法律适用法》对此应予完善,允许当事人共同选择或者如第四十二条规定的消费者单方选择权一样,允许劳动者一方选择劳动者住所地、用人单位住所地或者劳动关系最后存续地等有密切联系地点的法律。在国外,诸多国家也是允许当事人选择劳动合同准据法的。譬如,1987 年《瑞士联邦国际私法》第 121 条规定:"当事人可以选择适用劳动者习惯居所地国家的法律,或雇主营业机构所在地、住所地或习惯居所地国家的法律。"日本 2006 年《法律适用通则法》第 12 条亦规定,雇佣合同的当事人可以选择最密切联系地的法律。[②]

(三) 中国法作为准据法的具体适用

在实务中,根据船员劳务合同纠纷主体涉外来分,主要有三种情形:

1. 船员和船公司均涉外

船员和船公司双方均为境外的,一般不会选择到我国法院进行诉讼。我国海事法院受理此类纠纷多发生于船舶被扣押、拍卖的特殊情形。一旦确定中国法作为准据法,由于《劳动合同法》已明确只调整境内用人单位形成的劳动关系,则相关纠纷应适用中国民法和合同法的相关规定。

2. 境外船员到境内船公司就业

二者形成《劳动合同法》项下的劳动关系时,必然直接适用《劳动合同

---

① 杜涛:《涉外民事关系法律适用法释评》,中国法制出版社 2011 年版,第 335-336 页。

② 万鄂湘:《中华人民共和国涉外民事关系法律适用法条文理解与适用》,中国法制出版社 2011 年版,第 309 页。

法》，不存在援用冲突规范确定准据法的问题。如果境外船员未持就业许可证到境内船公司就业，而与船公司发生劳动争议的，我国司法实践一般认为船员属非法就业，不受《劳动法》保护，属普通民事关系，不适用《劳动合同法》。此时应援用《法律适用法》第四十三条有关"劳动合同"的冲突规范确定准据法，即适用境内船公司主营业地法律，包括内地民法和合同法的相关规定。

3. 境内船员到境外船公司就业

一般来说，境内船员到境外船公司工作有三个途径：

一是劳务派遣。境内公司招用境内船员，订立劳动合同，然后通过劳务派遣的方式，将自有船员派遣到境外船公司工作。世界各国对劳务派遣一般采取"单一雇主"和"联合雇主"的法律规制模式，我国《劳动合同法》首次以法律的形式专门规范了劳务派遣关系，在劳动保护义务的设置方面采用"单一雇主"模式，规定派遣单位作为被派遣劳动者法律上的用人单位即雇主，接受派遣的单位作为劳动者的实际用工单位。劳务派遣模式下，一般是由用工单位与用人单位签订劳务派遣合同，用人单位与劳动者签订劳动合同，用工单位与劳动者签订劳务协议。因此，船员外派境外船公司引发的纠纷中，船员与派遣单位之间的劳务纠纷属境内的劳动纠纷，直接适用《劳动合同法》；劳务派遣单位与境外船公司之间的纠纷不属于船员劳务合同纠纷，应根据《法律适用法》第四十一条的规定确定准据法；船员与境外船公司之间形成的是实际用工关系，属《法律适用法》第四十三条规定的"劳动合同"范畴，故应根据该条确定准据法。值得注意的是，在劳务派遣模式下，当劳动者工作地和用人单位主营业地法律都不能适用时，还可以适用劳务派出地法律。此时第四十三条所称的"用人单位"实际是指接受派遣的"用工单位"，否则用人单位主营业地法律与劳务派出地法律就会发生重复，因为《劳动合同法》项下用人单位主营业地即劳务派出地。

二是通过船员外派服务机构外派到境外船公司工作。譬如，仰海水诉北京市鑫裕盛船舶管理有限公司（以下简称"北京公司"）船员服务合同纠纷一案，①北京公司首先与境外的船公司签订《船员招募合同》，再通过与仰海水

---

① 天津海事法院（2010）津海法商初字第136号。

签订《船员聘用合同》,派遣仰海水到境外船公司工作,之后由仰海水与境外船公司订立《船员雇佣合同》。这种外派模式与前述劳务派遣模式的不同在于,北京公司属于具有从事对外劳务合作经营资格的船员外派服务机构,其与仰海水签订的《船员聘用合同》为船员服务合同,不属于船员劳动合同,不适用《劳动合同法》。① 因此,在这种模式下,船员与境外船公司之间的船员劳务合同纠纷,应按照《法律适用法》第四十三条的规定确定准据法,但不能适应该条中关于"劳务派遣,可以适用劳务派出地法律"的规定,因为船员外派服务机构的外派服务不属于劳务派遣。

三是自行与境外船公司订立劳务合同而上船就业。境内船员自己联系境外船东,双方协商订立劳务合同而上船工作,由此发生的船员劳务合同纠纷,应按照《法律适用法》第四十三条的规定确定准据法。

(2016 年海商法国际研讨会暨国际航运法律与政策高端论坛二等奖)

---

① 参见《最高人民法院关于仰海水与北京市鑫裕盛船舶管理有限公司之间是否为劳动合同关系的请示的复函》(〔2011〕民四他字第 4 号)。

从区际惯例到区际协定：
对台渔工权益救济模式之法律定性

——兼议两岸渔工协议实施的司法保障

蔡福军

【摘要】两岸民间渔业对口机构自 2006 年以来协议形成的对台渔工权益救济模式，已经日后的《海峡两岸渔船船员劳务合作协议》加以确认与延续。两岸协议将渔工在受雇期间因意外事故而死亡、失踪或伤残等转化为人身意外保险责任，实际上排除了雇主无过错责任之归责原则的适用。① 两岸之间的这种渔工权益救济模式从区际惯例到区际协定一路演变，司法个案依法均应优先予以适用，以切实保障两岸协议的有效实施。

【关键词】两岸渔工协议；区际协定；司法保障；渔工权益；救济模式

引言

众所周知，两岸目前诸多领域的合作商谈主要委托具有半官方性质的民间组织——海峡两岸关系协会与财团法人海峡交流基金会（以下简称"两会"）出面完成，并达成相应的协议。自 1990 年 9 月以来，海峡两岸迄今共签署了 22 个协议，其中除了《金门协议》由两岸红十字组织签署以外，其他 21

---

① 台湾地区有关规定称作无过失责任之归责原则。

个协议均由"两会"进行签署。①

协议的生命在于实施,协议的实施离不开司法的保障。本文以《海峡两岸渔船船员劳务合作协议》(以下简称《两岸渔工协议》)为例,就其渔工(也称渔船船员,以下统称"渔工")权益救济模式在司法个案中的法律定性与适用展开讨论,期望能够抛砖引玉,共同提升司法在两岸协议实施中的保障作用。

一、《两岸渔工协议》的由来

两岸的渔工劳务合作始于20世纪80年代末。因台湾地区渔工缺乏,而大陆渔工的人力成本相对低廉,且语言相通、作业方式相同,故很受台湾渔业生产者欢迎。至2001年年底,大陆渔工已占据台湾地区雇佣渔工总量的2/3以上。但此时的两岸渔工劳务合作尚处于民间自发状态,不论是行业之间还是业务主管行政部门,两岸均没有形成共识或达成协议。② 此后两岸关系曾陷入低谷,大陆不得已全面暂停了对台渔工劳务合作业务。但是,由于客观实际的需要,台湾岛内渔业界仍然和大陆方面纷纷保持接触。2003年9月,大陆方面授权海峡两岸渔工劳务合作协调委员会(以下简称"渔协会")③在北京召开了"两岸渔工劳务合作研讨会",与台湾地区的"中国两岸渔业发展协进会""台湾地区渔业福利发展协会""中华国际观光渔业协会"等三家在岛内具有较强代表性的民间渔业行业组织,开始就恢复两岸渔工劳务合作的有关问题进行商谈。经过一年多的接触和商谈,双方就建立对口协调机制及

---

① 22个两岸协议分别为《金门协议》《海峡两岸包机会谈纪要》《海峡两岸关于大陆居民赴中国台湾旅游协议》《海峡两岸空运协议》《海峡两岸海运协议》《海峡两岸邮政协议》《海峡两岸食品安全协议》《海峡两岸空运补充协议》《海峡两岸金融合作协议》《海峡两岸共同打击犯罪及司法合作协议》《两岸标准计量检测及认验证合作协议》《两岸渔船船员劳务合作协议》《两岸农产品检验检疫协议》《海峡两岸经济合作框架协议》《海峡两岸知识产权保护合作协议》《海峡两岸医药卫生合作协议》《海峡两岸核电安全合作协议》《海峡两岸海关合作协议》《海峡两岸投资保护和促进协议》《海峡两岸服务贸易协议》《海峡两岸气象合作协议》《海峡两岸地震监测合作协议》。其中《金门协议》由海峡两岸红十字组织代表在金门达成,是两岸之间的第一个协议。

② 只有个别的单边规定,如1996年1月28日福建省第八届人民代表大会常务委员会公布施行的《福建省闽台近洋渔工劳务合作办法》,2003年12月1日"台湾地区农业主管部门"发布施行的"台湾地区渔船船东境外雇佣及接驳安置大陆地区渔船船员许可及管理办法"。

③ 该委员会系商务部主管的中国对外承包工程商会的分支机构,是大陆方面指定的唯一具有组织开展对台渔工劳务合作资格的民间行业机构。

在其框架下建立各项管理制度和办法达成原则共识,并于 2005 年 4 月签署了合作备忘录。之后双方又就保障大陆渔工正当权益和两岸经营公司合法利益等问题进行了具体深入的商谈,在渔工工资水平、渔工人身意外和医疗保险、渔工风险保证金、渔工投诉制度、突发事件处理等方面进一步达成原则共识。2006 年 2 月 8 日,随着两岸关系的回温并考虑台湾渔业界的迫切需要,大陆宣布恢复对台渔工的劳务合作。同年 4 月 30 日,大陆渔协会与台湾地区 5 家渔业协会①作为两岸民间对口机构,共同签署了《关于合作开展近海远洋渔工劳务业务的协议》(以下简称《民间对口协议》)。②《民间对口协议》同时包含了《保障大陆渔工正当权益》《关于使用标准合同的管理办法》《近海渔工劳务合作合同》《近海渔工雇佣合同》《远洋渔工劳务合作合同》《远洋渔工雇佣合同》《大陆渔工风险保证金制度》《大陆渔工突发事件处理办法》《两岸对口机构通报制度》《大陆渔工转船管理办法》《大陆渔工投诉制度》《目前滞留在台大陆渔工的处置方案》《对台渔工团体综合保险》等 13 个与协议具有同等效力的附件。至此,两岸渔工劳务合作进入一个崭新阶段。根据《民间对口协议》的约定,对台渔工劳务合作至少涉及三类主体,即受选派前往台湾地区渔船工作的大陆渔工、获得从事对台渔工劳务合作经营资格并按规范开展向台湾地区渔船选派大陆渔工劳务业务的大陆经营公司及合法从事台湾地区近海、远洋渔船捕捞业务并按规范雇佣大陆渔工的台湾地区渔业公司或船东(以下统称为"船东")。三方的基本权利义务为:经营公司负责招募并培训渔工,安排渔工为船东提供劳动;船东实际使用管理渔工,提供相应的劳动条件、劳动保护及劳动报酬,并通过经营公司为渔工投保相关的医疗及人身保险等;渔工接受派遣到船东所属船舶劳动,接受船东的管理,服从船东的工作安排。《民间对口协议》附件中包含的合同范本虽然分别独立,但相互补充,相互配合,共同规范了三方之间的权利义务关系,构筑起完整的对台渔工劳务合作关系。随着《民间对口协议》的签订及合同范本等附件的拟定,大陆方面也批准条件比较成熟的福建、浙江、四川、河南四

---

① 分别为台湾地区渔业福利发展协会、中国两岸渔业发展协进会、中华国际观光渔业协会、基隆区渔会、澎湖县鱼类商业同业公会。

② 2008 年 5 月 6 日,双方还签订了《关于合作开展近海渔工劳务业务的协议》的补充协议,主要是提高大陆近海渔工的最低工资标准。

省九家经营公司试点恢复对台渔工劳务合作。2006年5月19日,恢复对台渔工劳务合作后的首批12名渔工从福建省平潭县东澳码头启程前往台湾。随即,福建省人民政府也在1996年1月28日福建省第八届人民代表大会常务委员会公布实施的《福建省闽台近洋渔工劳务合作办法》的基础上,由福建省对外贸易经济合作厅(现为福建省商务厅)牵头,与省相关部门共同制定了《福建省对台湾地区渔工劳务合作管理办法实施细则》【闽外经贸合〔2006〕33号】。该实施细则明确规定,开展对台渔工劳务合作的经营企业须获得商务部批准,聘用方应是在海峡两岸对口磋商机制框架下的台湾地区民间对口机构所属的渔会、协会、渔业企业或船东,经营企业应与聘用方、渔工按照合同范本签约并指导渔工与雇主签订合同,经营企业为渔工办理人身意外及医疗保险的保额不得低于20万元人民币,等等。2009年12月22日,在《民间对口协议》实施三年多的基础上,"两会"在台中共同签署了《两岸渔工协议》,正式将两岸渔工劳务合作业务纳入两岸主管部门的统一监管,使该项业务的发展全面进入了规范化轨道。有关《两岸渔工协议》签订之后的业务对口协调事宜,大陆方面仍交由渔协会负责,台湾方面则转由台湾地区两岸渔业合作发展基金会(以下简称"渔基会")①负责。双方的对口机构继续对相关的合同范本、渔工团体综合保险等进行对接和磋商,最后报两岸各自的业务主管部门批准通过。

二、《两岸渔工协议》的特点

(一)唯一涉及私法范畴的两岸协议

目前,台湾方面主要遵循其"台湾地区与大陆地区人民关系条例"(以下简称"两岸关系条例")与大陆发展关系。根据该"条例"第4-2条的规定,台湾地区授权所定机构或民间团体与大陆方面协商签署的相关协议,系指两岸间就涉及行使公权力或政治议题事项所签署之文书,包括协议之附加议定书、附加条款、签字议定书、同意记录、附录及其他附加文件。从两岸已经达成的22个协议的内容看,大多符合此要求。唯独《两岸渔工协议》,除了部分内容涉及公权力方面的协调、管理机制等以外,还涉及相当多的私法内容。

---

① 该基金会是在"两会"签署两岸渔工协议后,台湾地区业务主管部门指定的协调组织。

比如，《两岸渔工协议》第四条明确规定了渔工、船东的基本权益保障内容，附件"海峡两岸渔船船员劳务合作具体安排"则议定了两岸渔工劳务合作所涉的经营公司、中介机构、船东、渔工等四方主体的契约关系，并对作业渔场区域、拟雇渔工的合同期限、工资、福利、人身意外及医疗保险、往返交通费分担、违约处理、损失赔偿等契约要件进行详尽规定。此外，原先的《民间对口协议》、合同范本以及在此基础上修订的《台湾中介机构与大陆经营公司近海渔船船员劳务合作契约（合同）》《台湾近海渔船船东与大陆船员劳务契约（合同）》《大陆船员综合工伤（劳工）、意外、医疗保险方案》等新版合同范本及文件，①均对合同双方主体的权利义务等私法内容进行具体设定。

（二）源于两岸渔工劳务合作的长期反复实践

通过两岸渔工劳务合作业务的演变过程，不难看出相关的协议完全是伴随着该项业务的发展需要而逐渐形成的，协议的内容也是根据两岸业界的长期实践而制定的。在两岸渔工劳务合作的民间自发阶段，劳资双方尤其是渔工的正当权益缺乏有效保证，并时常发生各种纠纷。但通过不断的实践、碰撞与摸索，两岸民间业界已为日后寻得双方利益平衡的路径创造了条件。之后，为了两岸渔工劳务合作的可持续性，在两岸民间业界的推动和相关业务主管部门的默认下，大陆的渔协会与台湾地区主要渔业组织最终商定建立了对口协调机制，并签署《民间对口协议》。《民间对口协议》总结了长期以来两岸渔工劳务合作反复实践的经验，充分考虑了两岸特殊关系的现状和渔业生产的风险、特点，明确界定了台湾船东与大陆经营公司、渔工三方主体之间的法律关系，构建了大陆渔工正当权益及其他参与主体合法利益的保障机制。事实证明，《民间对口协议》受到两岸业界的普遍认同，实现了两岸渔工劳务合作从个体自发行为向行业自我管理的转变。在总结《民间对口协议》实施多年的基础上，《两岸渔工协议》对民间的对口协调机制进行整合、细化和改进，基本吸收、延续了《民间对口协议》所创设的对台渔工劳务合作的运作机制和模式。同时，《两岸渔工协议》还将原来的大陆经营公司、渔工与台湾船东的三方主体关系扩展为大陆的经营公司、渔工与台湾的中介机构、船东等四方主体关系，进一步明确了各契约主体的权利义务内容，强化了各方

---

① 远洋渔工劳务合作的部分目前仍沿用原先《民间对口协议》的合同范本。

合法权益的保障。应该说,《两岸渔工协议》是对《民间对口协议》的完善和发展,不仅在协议执行的层级上实现了从民间到(准)官方的提升,而且将两岸渔工劳务合作业务纳入两岸主管部门的统一监管,实现了从行业自我管理向双边规范运作的转变。

(三)创设特殊的渔工权益救济模式

1. 以商业保险替代雇主责任

渔工与船东之间构成雇佣(劳务)契约法律关系,这是两岸协议的共识。作为雇员,渔工最为关心的是其正当权益如何得到充分保障。而作为雇主,船东关心的不只是要保障渔工的正当权益,同时要考虑如何转移自身的责任风险,降低经营成本。毕竟海上捕捞与其他行业不同,风险巨大,意外发生的渔工伤亡、沉船事故常常使得船东面临巨额赔偿和损失。但是,基于两岸特殊关系的现实,台湾地区目前并未开放雇佣大陆劳务,对大陆渔工只实行境外雇佣及接驳安置,船东无法依照台湾"劳动基准法"为渔工办理社会保险,[1]难于通过社保方式为渔工提供充分的职业保障。而且,按照现代民法的通常规定,雇主对雇员的工伤则应直接承担赔偿责任。这是一种以无过错原则为归责原则的雇主责任,对此两岸均有类似规定。如《最高人民法院关于审理人身损害赔偿案件适用法律若干问题的解释》第十一条规定,雇员在从事雇佣活动中遭受人身损害,雇主应当承担赔偿责任。台湾地区所谓"民法"第487-1条也规定,受雇人服劳务,因非可归责于自己之事由,致受损害者,得向雇用人请求赔偿。如此看来,对大陆渔工在受雇期间因意外事故所遭受的人身损害,依据大陆或者台湾地区的有关规定,台湾船东都应依法承担较为严格的雇主责任,巨大的经济压力显而易见。因此,两岸业界均有一种共同愿望,希望能够通过协商,建立一种既快捷又廉价的变通救济机制,以切实保障渔工与船东双方的合法权益。《民间对口协议》创设了以商业保险方式为主的渔工人身损害赔偿特别制度,允许船东通过商业保险的方式将其

---

① 见台湾地区农业主管部门发布的"台湾地区渔船船东境外雇佣及接驳安置大陆地区渔船船员许可及管理办法",及农授渔字第0941320928号函。

雇主责任进行转嫁，①基本迎合了两岸业界的上述诉求。对于这种商业保险，《两岸渔工协议》在第四部分的"权益保障"及"海峡两岸渔船船员劳务合作具体安排"的第三部分"合同（契约）要件"中，将其明确规定为"人身意外及医疗保险"。在《民间对口协议》阶段，双方则共同制定了"对台渔工团体综合保险方案"。

2. 特别定制的综合保险方案

（1）保险方案的基本框架内容

"对台渔工团体综合保险方案"全面考虑了渔工劳务行业的高风险特点、业务特殊性、可持续发展性和渔工的原有福利需求及保障水平、所涉司法管辖及争议处理等种种因素，将台湾船东、渔协会、大陆经营公司分别作为整个保险方案的出资方、总投保人和分投保人，以渔工或其家属为保险受益人，由台湾船东委托大陆经营公司向在大陆指定的保险机构进行投保。按照保险方案的相应规定，渔工在受雇期间若发生死亡、海上失踪或意外伤残事故，由船东委托投保的人身意外（伤害）保险给予最高 35 万人民币的赔偿；除保险赔付外，船东还应根据伤残程度给予渔工一次性的经济补偿，对身亡者给予渔工家属适当的一次性抚恤金；对因船东或其授权代表在经营过程中的故意、违规及违法等行为而造成渔工人身伤害的，由船东依法承担责任，保险机构可在相应保险额度内按理赔程序垫付赔款。《两岸渔工协议》签署后，原先的"对台渔工团体综合保险方案"升级为"大陆船员综合工伤（劳工）、意外、医疗保险方案"，但基本吸收和延续了《民间对口协议》所确立的区分两种不同情形的原则做法，即对因意外事故造成渔工人身损害的情形实行商业保险赔付，对因船东过错造成渔工人身损害的情形则由船东依法承担法律责任。同时，升级后的保险方案在保险范围和额度上进一步参照了大陆和台湾地区相关社会保险规定，②将渔工的意外死亡、伤残的最高理赔额度从人民

---

① 在劳动关系下，台湾地区允许商业保险充抵雇主应负担之职业灾害补偿费用。见台湾地区行政管理机构下设劳工委员会的(89)台劳保三字第 0014033 号"有关劳保被保险人遭遇职业灾害死亡之保险给付暨相关补偿疑义"、(87)台劳动三字第 017676 号"商业保险能否用于抵充劳动基准法第五十九条所定雇主应负担之职业灾害"，及台湾地区内政主管部门的(74)台内劳字第 328548 号"劳工保险给付可抵充职业灾害补偿费"等要旨文件。

② 见"大陆渔工综合工伤（劳工）、意外、医疗保险方案"的备注说明。

币 35 万元提高为人民币 50 万元或新台币 250 万元(或等同金额之其他币值),并将船东过错的情形列入了保险的除外责任,不再由保险机构垫付船东因过错而产生的赔款,但增加了台湾中介机构对渔工因船东过错而产生人身损害赔偿的连带责任。另外,升级后的保险方案拓宽了投保方式,允许台湾船东除了通过大陆经营公司在大陆为渔工办理保险以外,还可选择委托台湾中介机构向大陆以外的保险机构为渔工办理保险。

(2)保险方案的法理基础分析

以人身意外(伤害)险转嫁雇主责任是两岸协议创设的一种特殊模式,也是渔工权益救济的一种变通办法。① 但事实上,此种做法有悖于传统法理。因为,在保险法下,能够起到转嫁雇主责任的险种应是雇主责任险,而非人身意外(伤害)险。虽然二者都能够减轻雇员发生意外伤害时的经济压力,但其间存在诸多本质的区别。其中最主要的是,雇主责任险归于财产保险,保险对象是雇主依法对雇员承担的损害赔偿责任,即雇主将依法要对雇员所负责的责任风险转嫁给保险人,由保险人代替雇主对雇员履行应尽的部分或全部赔偿责任;而人身意外(伤害)险则为人寿保险,保险对象是雇员个人的身体或生命,在保险人根据保险合同对被保险人进行赔付后,雇主对雇员(被保险人)应尽的赔偿责任并不因此免除或减少,雇员仍可根据法律或雇佣合同再向雇主行使索赔权利。简言之,雇主责任险保障的是雇主,而人身意外伤害险保障的是雇员,更像是雇员的一种福利,雇员在发生保险事故后既可以得到保险人的赔款,又可以再向雇主进行索赔。经比较两岸有关雇主责任险和人身意外(伤害)险的规定,笔者认为,两岸并无大的差异。因此,从正常的思路上看,如果台湾船东希望通过商业保险的方式转嫁其雇主责任的话,也应该以投保雇主责任险的方式才能达到目的,而且在经济上也能更为合算。但基于大陆渔工只能境外雇佣,台湾船东无法将渔工纳入其雇主责任险的保障范围,故两岸协议只好采取变通办法,选择以人身意外(伤害)险作为基础,为对台渔工特别定制了一款团体综合保险方案。

(3)人身意外(伤害)险的法律结果变异

既然以人身意外(伤害)险作为基础,整个渔工保险方案在险种的归类

---

① 因船东过错造成渔工人身损害的情形属于应当依法赔偿的问题,本文不再讨论。

上就仍应属于人身意外（伤害）险，只不过其法律结果已经发生了变异。两岸协议颠覆了传统的保险法理论，将雇主责任险的法律结果赋予了人身意外（伤害）险，达到帮助台湾船东实现以人身意外（伤害）险替代其雇主责任的目的。同时，两岸协议还通过设定渔工人身意外伤亡的最高赔偿额，排除了渔工在人身意外保险之外再向船东获取赔偿的机会。如此规定实际还意味着，在遭遇意外事故的情形下，渔工的诉权选择在客观上也已受到了限制。因为，渔工只有向保险机构主张理赔才是唯一胜算的选择，而向船东索赔却只能面临败诉的结局，除非雇佣合同有另行的特别约定。应该说，两岸协议所创设的渔工权益救济模式与现行法律的确存在一定的冲突，不过也不失为一种较为合理的现实选择。因为，这种救济模式既能使得受害的渔工及其家属得到较为迅速、合理的损失填补和心理安抚，同时也能帮助船东解决转嫁风险责任、降低经营成本的现实难题。当然，对于船东或其代理人的故意行为等造成渔工人身损害的情况，两岸协议仍保留必要的法律制裁，以规避道德风险，体现社会正义的价值取向。这是可圈可点的一个方面。

三、《两岸渔工协议》的法律性质

（一）区际惯例与区际协定

两岸分属两个不同法域，这是客观事实。两个不同法域之间，自然会存在一个以两岸民商事法律关系为调整对象的区际私法问题。从法的渊源上看，两岸的区际私法应当包括两个方面：一是区内法，如《最高人民法院关于审理涉台民商事案件法律适用问题的规定》、台湾地区"两岸关系条例"等；二是区际法，包括区际协定、区际惯例。两岸的渔工协议，就是一个从两岸区际惯例发展为区际协定的典型例子。

参照国际私法理论，笔者认为，区际惯例应是指在两岸区际交往中经过长期反复的实践所逐步形成的、具有确定内容的、为世人所遵守的行为规则。而区际协定，则是两岸通过签署双边协议来制定调整两岸民事法律关系的规范。从两岸渔工劳务合作的发展历程可以清晰地看出，正是两岸业界的长期实践，最终创设了对台渔工劳务合作一系列切实可行的经营运作模式。《民间对口协议》的签署，让两岸民间长期形成的渔工劳务合作经营运作模式成为文化,成为两岸业界能够共同遵守的、具有各方参与主体明确的权利义务内容的行为规则。这种行为规则在法律上理应被视为一种区际惯例。而且,这种区际惯例应是任意性的,只有经当事人的选择才对其具有约束力。毕竟,签署协议的双方主体仅为两岸的渔业组织,协议只能在签约的双方之间发生法律效力,对协议之外的当事人不具有当然的法律拘束力。同时,这种区际惯例又属于实体法方面的规范,①因为它不仅对渔工、船东、两岸经营公司、中介公司之间的权利义务进行设定,而且还创设了对台渔工权益救济的特别模式,直接影响了渔工、船东之间民事责任的分担。而《两岸渔工协议》则在《民间对口协议》的基础上更进一步,它由"两会"代表双方所签署,是两岸用于调整渔工劳务合作关系的行为规范,构成两岸的区际协定,对两岸渔工劳务合作的各个参与主体理应具有普遍的法律拘束力。

(二)实证分析

案情:福建一汤姓渔工于 2008 年 10 月经厦门某船务公司选派,再经台湾地区某中介公司转派到台湾地区某渔业公司所属 F 号远洋渔船从事捕捞工作。汤渔工与渔业公司之间没有签订书面协议,但与厦门的船务公司签订了《聘用船员协议书》。协议约定,渔工在从事劳务期间享有渔业公司提供的各种工资、福利待遇,并由渔业公司代渔工在大陆投保 20 万元人民币的人身意外(伤害)险,出险按保险理赔,渔工或家属自愿不再提出额外要求。之后,F 号远洋渔船于 2008 年 11 月 9 日驶往中西太平洋公海作业,在航经鹅銮鼻海域时突遇强风巨浪侵袭,船只瞬间右侧倾斜翻覆,汤渔工落海失踪。后根据汤渔工父亲的申请,台湾地区某地方法院做出民事判决,宣告汤渔工死亡,并认定 F 渔船于翻覆前曾遭逢恶劣之天候之情,渔工之失踪系遭遇不可抗力之海难即特别灾难所致。该民事判决的法律效力经大陆法院裁定予以认可。因此事故,遇难渔工家属虽然获得了 20 万元人民币的全额人身意外保险金以及渔业公司支付的慰问金、抚恤金,但仍认为渔业公司违反台湾所谓"民法"的规定,在渔工生命、身体有受危害之虞,没有按其情形为必要之预防,最终酿成重大事故。遇难渔工家属遂以原告身份向大陆某海事法院起诉,请求判令被告渔业公司赔偿因渔工死亡所造成的丧葬费损失、扶养费损

---

① 区际惯例既包括冲突法方面的规范,也有程序法和实体法方面的规范。

失及非财产损害共计人民币 855 838 元。另经调查,涉案的厦门船务公司不具备对台渔工劳务合作业务经营资格,台湾地区某渔业公司及中介公司也非与大陆对口机构签署协议的适格民间渔业机构。

裁判:大陆海事法院经审理认为,尽管汤渔工系在《两岸渔工协议》签署之前被选派从事对台渔工劳务,但此前两岸民间渔业对口机构通过签署协议所形成的对台渔工经营运作包括权益救济的模式,已经成为双方彼此认可的一种区际惯例。根据《最高人民法院关于审理涉台民商事案件法律适用问题的规定》第一条并参照《中华人民共和国民法通则》第一百四十二条第三款的规定,本案理应适用两岸渔工劳务合作的区际惯例予以处理。虽然厦门船务公司不具备对台渔工劳务合作经营资格,属于违规将汤渔工派往台湾地区从事渔工劳务,但该公司违反的仅仅是管理性强制性规定而非效力性强制性规定,根据《最高人民法院关于适用〈中华人民共和国合同法〉若干问题的解释(一)》第十条、《最高人民法院关于适用〈中华人民共和国合同法〉若干问题的解释(二)》第十四条的规定,《聘用船员协议书》仍依法有效。另从当事人所实际实施的一系列民事行为上分析,《聘用船员协议书》不仅体现了汤渔工与厦门船务公司的权利义务关系,同时也体现了汤渔工愿意按照两岸的区际惯例与台湾地区某渔业公司处理双方之间权利义务关系的真实意思表示。而某渔业公司并非与大陆对口机构签署协议的台湾地区民间渔业机构,故其根据当时《福建省对台湾地区渔工劳务合作管理办法实施细则》第二十条第十项关于“经营企业为渔工办理人身意外及医疗保险,保额不得低于 20 万元人民币”的下限规定,与渔工就意外伤亡的赔偿数额进行自行约定也并无不当,该约定亦为有效。鉴于汤渔工系因意外海难事故而死亡,故原告理应依据渔工所签订的合同,按照区际惯例向被告主张相应的人身意外保险金以及适当的一次性抚恤金。原告未能举证证明被告存在违反禁航命令或其他故意违法、违规的冒险行为,因此,原告主张被告存在未尽必要预防及避险的主观过错,缺乏事实依据,不予支持。最后,海事法院认定被告业已按照合同约定和两岸民间对口机构确定的救济模式要求完全履行了赔付义务,并据此做出驳回原告诉讼请求的一审判决。判决后,双方当事人均未提起上诉。

四、《两岸渔工协议》实施的司法保障思考

(一) 严格依法裁判,维护两岸协议权威

司法最主要的功能在于对是非曲直做出公断。要实现这一功能关键在于必须坚持严格依法裁判。《两岸渔工协议》系在反复实践、充分磋商、兼顾各方的前提下,由两岸的授权机构即两会所签署,是具有法律意义的双边区际协定,权威性理应受到尊重和维护。而作为《两岸渔工协议》前身的《民间对口协议》,事实上也已构成了两岸渔工劳务合作的一种区际惯例。两岸司法机关均应充分认识渔工协议的特殊背景,在个案的审理中予以准确定性并依法适用,以切实保障两岸协议的有效实施。尤其是《两岸渔工协议》关于大陆经营公司应与台湾地区中介机构签订劳务合作合同(契约),同时应与渔工签订外派劳务合同(契约),而台湾地区的船东则应与渔工签订劳务合同(契约)的特别规定,在司法实践中容易与劳动合同、服务中介、劳务合作、雇佣合同等法律关系的认定产生混淆,应严格以《两岸渔工协议》为依据,进一步统一裁判尺度。文中所提及的司法实例,充分展示了大陆法院以事实为依据、以法律为准绳,较好运用法理分析和冲突规则,审慎地对区际惯例予以定性与适用,使得最终的裁判结果不仅合法、合情、合理,而且得到了当事人的认同,起到了有效保障两岸协议实施的良好效果。

(二) 尊重契约自由,平等保护两岸当事人

《两岸渔工协议》的核心在于实现对各参与主体合法权益的平等保护。而坚持平等保护又是审理涉台民商事纠纷的基本原则,也是司法保障两岸协议实施的根本途径。文中司法实例可以说是一个充分尊重契约自由,秉持平等保护原则的示范案例。由于台湾地区的船东并非当时《民间对口协议》参与签约的渔业组织的成员单位,故其有权在法律允许的范围内与渔工就意外伤亡的赔偿数额进行自行约定。对此,大陆法院恪守平等保护原则,完全尊重当事人的契约自由以其对区际惯例的适用选择,依法认定双方的约定有效,维护了台湾地区当事人应有的合法权益。而事实上,在涉台民商事案件审理中,不论是在实体上还是在程序上,大陆法院都始终坚持平等保护的原则。如《最高人民法院关于审理涉台民商事案件法律适用问题的规定》第一

条第二款明确规定，"根据法律和司法解释中选择适用法律的规则，确定适用台湾地区民事法律的，人民法院予以适用"，第二条又规定，"台湾地区当事人在人民法院参与民事诉讼，与大陆当事人有同等的诉讼权利和义务，其合法权益受法律平等保护"。相信在契约自由、平等保护的司法理念下，两岸协议的实施必将更为顺畅，两岸协议的生命力必将更加旺盛。

（三）延伸司法服务，助推两岸协议发挥作用

1. 发挥司法裁判示范功能

要树立公正裁判就是最好宣传的理念，及时公开涉及两岸协议实施的相关裁判文书，发挥司法裁判的示范引领作用，营造遵守两岸协议、诚信合作经营的社会氛围，提高两岸当事人的依法维权意识，促进对台渔工劳务合作的全面规范化。

2. 推动行政部门强化监管

《两岸渔工协议》对两岸渔工劳务合作的经营主体做出了明确规定，即大陆方面经营主体为业务主管部门核准的渔工劳务合作经营公司，台湾地区方面经营主体为业务主管部门核准的中介机构。协议还要求，双方应在协议签署后尽快交换并公布经营主体名单。此前的《民间对口协议》以及相关的地方性法规，对经营主体的资质也有相应的要求。但在实际操作的过程中，仍有不少如汤渔工通过非法渠道从事对台劳务的事件发生。大陆司法机关要以司法建议的方式，监督并推动大陆业务行政主管部门加强监管，及时查处违反两岸协议的不法行为，引导渔工通过正规渠道从事对台渔工劳务，并按照合同范本签订协议，从源头上避免纠纷的发生。同时也呼吁，台湾地区的业务行政主管部门同样要加强对经营主体的管控，与大陆方面及时互通信息，合力推动两岸协议的有效实施。

3. 引导纠纷诉前多元化解

要加强纠纷的诉前化解指导，鼓励渔工与船东优先选择两岸协议所建立的申诉管道处理纠纷或争议，包括提请双方经营主体进行居间调处，或各自请求大陆渔协会、台湾渔基会及其主管部门进行协调处理。与此同时，建议两岸司法机关与相关业务主管部门、海事、渔业行政部门等建立纠纷诉前化解多元机制。当知悉渔船或渔工发生重大突发事件后，各相关单位及时互相

通报,并各自采取处置措施。尤其是对可归责于船东或渔工的故意或重大过失行为造成渔工或船东损失的情形,应加强协调,尽可能帮助确定补偿金额,由应补偿一方根据契约负先行赔偿责任。

4.加强两岸司法交流合作

建议两岸司法机关积极开展交流合作,提升司法互信,增进维护两岸协议权威性的共识,不断强化涉及两岸协议案件的司法互助与合作,提高互助工作效率,共同为两岸协议的顺利实施提供有力的司法保障。

结语

《两岸渔工协议》与其他两岸协议均经"两会"授权协商签署,权威性理应得到两岸司法的维护。但在法律性质上,《两岸渔工协议》又有别于其他两岸协议,是唯一属于两岸区际私法范畴的区际协定。根据冲突规范的指引,《两岸渔工协议》依法应在司法个案的审理中优先予以适用。这是司法保障两岸协议实施的必然要求与最好诠释。

(原载于《中国海商法研究》2015 年第 3 期、中国审判理论研究丛书——《海事审判理论发展与国家海洋权益保障》,法律出版社,2015 年 10 月第 1版)(获中国法学会审判理论研究会海商海事专业委员会 2014 年年会暨"发展创新海事审判理论,服务保障国家海洋权益"研讨会优秀奖、全省法院系统第二十六届学术讨论会优秀奖)

挂靠船舶处分中的善意第三人认定

俞建林

【摘要】《中华人民共和国物权法》的实施为解决船舶挂靠经营难题提供了指引，该法第二十四条规定："船舶、航空器和机动车等物权的设立、变更、转让和消灭，未经登记，不得对抗善意第三人。"但法律适用的难点在于，就挂靠人未经登记的所有权而言，被挂靠人的权利人是否都属于"不得对抗的善意第三人"？在深入研究民法理论和现行制度的基础上提出，第三人应是指以取得船舶物权为目的的权利人，此类权利人能否获得保护不仅取决于其是否善意，还取决于其是否符合《中华人民共和国物权法》第一百零六条有关善意取得的规定。

【关键词】挂靠船舶；第三人；善意；善意取得

在海事司法实践中，如何处分挂靠船舶是海事法院时常遇到的棘手问题。挂靠船舶的处分涉及多个方面、不同层次的内容，其中最令人困惑的问题是，被挂靠人的权利人是否有权请求拍卖挂靠船舶？对此，不同法院，甚至同一法院的不同法官都可能存在完全不同的解答。有的观点认为，被挂靠人的权利人请求拍卖的是登记在被挂靠人名下的船舶，于情于理都无可非议，故挂靠人不得对抗，应直接拍卖挂靠船舶。有的观点则认为，挂靠船舶虽然登记在被挂靠人名下，但所有权实际由挂靠人享有，故挂靠人有权对抗，不应拍卖挂靠船舶①。挂靠船舶的所有权究竟属于谁，被挂靠人的权利人应否属于挂靠人不得对抗的"第三人"呢？

---

① 实践中，为满足挂靠经营需要，挂靠人可能将全部船舶所有权登记至被挂靠人名下，也可能将部分所有权份额登记至被挂靠人名下。鉴于二者所涉法律问题没有本质差别，且对前一种情形的研究更能凸显主题，故笔者仅以该情形为对象展开研究。

一、第三人认定的前提：虚假登记中的确权

当前，与船舶挂靠经营有关的纠纷层出不穷。究其根源，多数纠纷均是因挂靠船舶虚假登记所致。此种虚假登记会造成一种不正常的现象，即船舶登记所有权人与实际所有权人的分离。该现象又会引发一个富有争议的问题，即挂靠船舶的所有权究竟应属于谁。

（一）船舶虚假登记的本质

所谓虚假登记，一般是指因登记申请人主观故意而使登记内容与实际情况不符的登记状态。船舶虚假登记之所以产生，主要是因为挂靠人与被挂靠人共同向船舶登记机关提供虚假证明材料所致。动机决定行为，挂靠人与被挂靠人选择进行虚假登记，必有其动机。2001 年 7 月 5 日，原交通部发布《关于整顿和规范个体运输船舶经营管理的通知》（交水发〔2001〕360 号）的规范性文件，要求所有除经营内河普通货船外的个体运输船舶经营者（简称"个体船东"）应在限定期间内实现企业化经营，并将船舶的经营管理及安全责任纳入相应有资质的企业。该通知的本意是为了加强对个体船东的监管，杜绝"挂靠"乱象，提高管理水平。但在航运实践中，该通知并未发挥其应有的作用。鉴于实现企业化经营成本较高而挂靠经营利润可观，在利益驱动下，多数个体船东选择以挂靠方式从事经营。一方面，个体船东通过与有资质的企业签订挂靠协议，约定将船舶全部或部分所有权登记至公司名下，从而实现以该企业名义对外经营的所谓"企业化经营"。另一方面，船舶的日常经营管理仍然由个体船东全部负责，该船舶的占有、使用、收益及处分权能由个体船东享有，其仅需依挂靠协议定期向被挂靠企业交纳少量船舶挂靠费（或称为管理费）。由此可见，船舶挂靠人与被挂靠人之所以选择虚假登记，纯粹是为了满足船舶挂靠经营的需要，而并非是为了变更船舶所有权。

（二）船舶所有权的归属

谁是真正的船舶所有权人？可能答案：一是被挂靠人是唯一船舶所有权人，挂靠人并不享有所有权；二是挂靠人是唯一船舶所有权人，被挂靠人并不享有所有权；三是被挂靠人和挂靠人均系所有权人，共享所有权。根据《中华人民共和国物权法》（以下简称《物权法》）第二十四条的有关规定，船舶作

为特殊动产,登记是其物权公示方法,但船舶登记仅具有对抗效力,而不具有设定物权效力。可见,船舶虚假登记并不能改变船舶所有权的归属。况且,挂靠船舶虚假登记的主要目的是为了满足船舶经营的需要,并非是为了变更船舶所有权。因此,从物权法的角度看,被挂靠人并不享有船舶所有权,挂靠人才是真正且唯一的所有权人。当然,需要注意的是,挂靠人享有的所有权是有缺陷的。正如有的学者所指出的,此种权利还不是一个完整的物权,因为没有登记的物权还不能对抗善意第三人。

此外,船舶虚假登记是否存在双重所有权理论适用的空间呢? 答案是否定的。

首先,双重所有权理论违背了"一物一权"这一物权法基本原则,这使得该理论本身的自洽性值得商榷。有学者指出,"任何一种'双重所有权'的理论,无论其采用何种解释,其实质均在于对所有权的'肢解'。这种'肢解',不仅改变了所有权作为一种最为完全、最为彻底的支配权的基本性质,否认了所有权的绝对性或者排他性,弱化了所有权制度规范财产归属关系之'定纷止争'的基本功能,破坏了物权制度最为基本的观念,而且有可能使一种具有'身份'性质的所有权死灰复燃"。

其次,即便适用双重所有权理论,亦须符合特定的前提条件。以所有权保留交易为例,有的学者之所以主张标的物上存在双重所有权,主要是因为其认为买受人对标的物具有的期待权实质是一项并非完全状态的所有权,尽管这时出卖人还属于完全所有权人,但随着时间推移,买受人便会享有完全的所有权。可见,双重所有权语境下的两个权利人与标的物之间均存在着某种支配关系。但就船舶虚假登记而言,被挂靠人仅系因挂靠经营需要而被登记为所有权人,其并不因此对船舶享有占有、使用、收益或处分中的任何一项权能,因而也就不具备双重所有权理论适用的基本前提。

二、第三人认定的本质:利益冲突中的博弈

如前所述,在船舶虚假登记情形下,挂靠人虽为唯一所有权人,但其权利又存在缺陷。依照《物权法》第二十四条的有关规定,船舶挂靠人的所有权未经登记,不得对抗善意第三人。那么,此类第三人应如何认定呢? 由于相关法律规定并未明确,导致民法理论存在较大争议。在梳理主要学说观点的

基础上,笔者试图从利益衡量的角度探析问题的本质。

(一)学说观点的梳理

首先,我国台湾地区设有类似《物权法》第二十四条的规定,如其所谓"动产担保交易法"第5条规定:"动产担保交易,应以书面订立契约,非经登记,不得对抗善意第三人。"对此,王泽鉴先生指出,从法律目的、文义及体系的角度看,所谓第三人应指对同一标的物享有物权的人,债务人的一般债权人并不包括在内,其主要理由如下:第一,从法律性质上看,物权具有排他性,其效力恒优先于债务人的一般债权,物权既然已经生效,则登记与否并不影响其优先受偿效力;第二,从文义解释上看,对抗是以权利依其性质有竞存抗争关系为前提,动产抵押权与其他物权之间才发生对抗问题,其与一般债权之间不存在所谓对抗问题;第三,一般债权人因信赖债务人的清偿能力而设定债务,故应承担不获清偿的风险,一般债权与动产抵押标的物并无法律上的直接联系,故不能承认其具有对抗动产物权的效力。

其次,《日本民法典》第177条也存在类似规定:"关于不动产物权的取得、丧失及变更,非依登记法所定进行登记,不得以之对抗第三人。"在学说上,最初有日本学者主张不应该就第三人范围设置任何限制,但此后判例认为"对抗是指彼此利害关系相反之时开始发生的事项",处于这种关系中的人,也就是仅限于"就主张欠缺登记有正当利益的第三人",近来日本学界的通说也对判例的立场予以支持;就一般债权人而言,日本学者我妻荣先生提出了与王泽鉴先生相左的观点,即对于甲所有的不动产,乙即使取得了所有权或抵押权,只要其尚未登记,则乙不能对抗甲的一般债权人。

最后,在比较研究的基础上,中国一些学者也就第三人认定问题提出了自己的见解。有的学者提出了与王泽鉴先生相同的观点。有的学者则在批判王泽鉴先生前述观点的基础上提出,未经登记的动产物权不能对抗一般债权人。有的学者则指出,如果尝试从反面思路来分析,可能更有利于问题的厘清和解决,即物权变动当事人以外的第三人,包括通过登记才可以对抗的第三人和不经登记也可以对抗的第三人两种类型,确定了哪些第三人是不需要登记也可以对抗的,将这些第三人排除,即可得出必须通过登记来对抗的第三人范围。

综上可知，在第三人认定问题上，学说观点出现了众说纷纭、莫衷一是的局面。笔者认为，王泽鉴先生有关"所谓第三人应指对同一标的物享有物权的人，债务人的一般债权人并不包括在内"的观点更具合理性，值得赞同。从《物权法》的立法宗旨看，物权优先于债权是一项基本原则，而未经登记的物权依法已然设立，在登记对抗主义的制度模式下，如果否认此类物权对一般债权的优先效力，"则承认此类未登记的物权变动已生效将没有任何实质意义，所谓的登记对抗主义也将因此被还原为登记成立主义，而这显然有悖于登记对抗主义的本旨"。鉴于此，中国最高人民法院物权法研究小组在制定《〈中华人民共和国物权法〉条文理解与适用》时也采纳了王泽鉴先生的上述观点，认为"物权变动即使未进行登记，也可以对抗某些第三人。如一般债权人……"可见，挂靠船舶处分中善意第三人认定的真正问题在于，实际所有权人与以取得船舶物权为目的的权利人之间发生对抗关系时应该如何取舍。

（二）利益衡量的考察

在本文语境下，按照义务人的不同，以取得船舶物权为目的的权利分为两类：一类是以挂靠人为义务人的权利，另一类是以被挂靠人为义务人的权利①。对于以挂靠人为义务人的此类权利，由于挂靠人本应受此类权利的直接约束，故其无权以享有实际所有权进行对抗。问题的焦点在于，挂靠人享有的实际所有权能否对抗第三人享有的以被挂靠人为义务人的权利。事实上，前述学说观点的分歧也主要集中于此。此类分歧往往是基于对不同利益进行衡量与取舍的结果，因而利益衡量的考察有助于我们认清问题的本质。根据利益衡量的需要，利益可以分为群体利益、制度利益和社会公共利益等层次结构。鉴于以被挂靠人为义务人的未经登记抵押权具有较强典型性，故下文将以此类抵押权为对象，并借助前述利益层次架构展开分析。在挂靠船舶处分中，未经登记抵押权人与被挂靠人、挂靠人之间形成了直接的利益冲突，如表1所示。

---

① 例如，如果第三人与挂靠人签订船舶买卖合同，则挂靠人系合同义务人，被挂靠人并不受该合同直接约束；如果第三人与被挂靠人签订船舶买卖合同，则情况相反。

表1 挂靠船舶处分中的利益冲突

保护对象	结果						
	群体利益			制度利益		社会公共利益	
	挂靠人	被挂靠人	未经登记抵押权人	合同相对性	物权优先顺位	交易安全	财产静态安全
挂靠人	◆	○	◇	◆	◇	◇	◆
未经登记抵押权人	◇	○	◆	◇	◆	◆	◇

（注："◆"表示得以保护，"◇"表示未得以保护，"○"表示不受影响）

从表1的内容可知，就群体利益来说，未经登记抵押权人与挂靠人之间始终处于非此即彼的利益冲突之中，但无论优先保护挂靠人或未经登记抵押权人，被挂靠人的利益均处于不受影响的状态。就制度利益而言，保护挂靠人，还是保护未经登记抵押权人，体现了对两类制度利益的取舍，其一是合同相对性，其二是物权优先性。

首先，关于合同相对性。对于未经登记抵押权人来说，一般而言，被挂靠人与未经登记抵押权人之间存在债权债务关系，但挂靠人并不受前述法律关系的约束。在抵押权设立未经挂靠人（即实际所有权人）同意且又欠缺物权登记对抗效力的情况下，如果选择优先保护抵押权人，则意味着作为非合同相对方的挂靠人将受到抵押合同的约束，这会有损合同相对性这一制度利益。

其次，关于物权优先性。一般而言，定限物权优先于所有权，即抵押权人应获得优先保护。但依照《物权法》的有关规定，未经登记抵押权虽自抵押合同生效时起设立，但因未经登记而不具有对抗效力[①]。同理，实际所有权因虚假登记也产生"未经登记"的法律效果，故该权利也不具对抗效力。可见，在上述两项物权均不具对抗效力的情况下，"定限物权优先于所有权"这一规则能否继续适用，不无疑问。笔者认为，如果不对《物权法》第二十四条对第三人认定做出必要的法律解释，则难以解答上述难题。就社会公共利益

[①] 需要说明的是，挂靠人与第三人签订抵押合同属于无权处分，对于无权处分合同属于效力待定合同还是有效合同，司法实践存在争议。如果认为无权处分合同系效力待定合同，则在合同生效前，此类抵押权还尚未设立。

来说,保护挂靠人利益,意味着加强对财产静态安全的保护,而保护未经登记抵押权人利益,则意味着加强对交易安全的保护。客观而论,上述各个层面的利益均有值得保护的理由。当各种利益相互交织发生冲突时,非此即彼的选择便在所难免。然而,上述利益之间如何取舍,本身又存在见仁见智的解答。学说观点的莫衷一是,亦由此而生。

三、第三人认定的出路:法律解释中的探源

法律本身就是立法者综合衡量各种利益的结果,"因此,在现行法律中寻求公平和正义,应当成为司法活动这一特定领域的原则"。《物权法》第二十四条已经对第三人的认定标准做出了限定,即该第三人须为善意。同时,以取得船舶物权为目的并以被挂靠人为义务人的上述权利,也涉及被挂靠人无权处分与第三人善意取得的问题,故也应适用《物权法》第一百零六条有关善意取得物权的规定,而善意取得的首要条件亦是第三人须为善意。以善意内涵的法律阐释为突破口,笔者从三个层面论证了善意第三人如何认定问题。

(一)善意与信赖

"保证一个本着诚信而行为的交易主体能在一个社会公认的正常交易环境下依法实现其交易目的,乃是市场经济对法律提出的最基本要求。"正是基于这一市场经济的最基本要求,《物权法》第二十四条对第三人的范围做出了相应限制,即须善意。曾世雄先生曾指出:"善意恶意恐为罗马法借体还魂所致,善意恶意本属道德领域之事项,不适于充当法律规定的内容。如内在的意识状态有足以影响法律关系变动结果的必要者,仅可回归法理,以已知、应知或不知的标准规范之。"从曾先生的观点分析来看,已知者不可能属于善意者,应知(而不知)者或不知者才可能属于善意者。可见,不知物权登记有误的第三人才有被给予法律保护的可能。为什么不知情的第三人值得保护呢?原因在于,第三人对物权登记有误的事实不知情,往往意味着其对虚假登记的内容存在信赖,而此项信赖又与保护交易安全、降低交易成本等市场需求息息相关,故而值得保护。正如有学者所指出的,"当未经登记的实际物权享有人与信赖登记的不特定第三人之间发生利益冲突时,假如牺

牲交易安全,否认登记公信力的存在而由具有极强社会性的不特定第三人承受交易风险,必然导致的结果就是交易人花费大量时间和费用到外观调查之中,以确保其欲与之交易之物权的准确属性,如此一来,不仅对维护安全无益,也将导致交易效率的低下"。该观点一针见血地指出了保护第三人信赖的重大意义,笔者亦赞同。

然而,不知情的第三人是否均存在信赖呢?笔者认为,答案是否定的。如前所述,善意的核心内涵是对某项事实的不知情。从心理学的层面看,所谓"不知情"还隐含着一项常识性前提,即行为人在利益层面对"知情"存在迫切的心理需求①。试想一下,如果第三人并不关心某项事实,其并无"知"的需求,其又怎么会去了解并信赖该事实呢?如果第三人有"知"的需求,其才会在实施相关法律行为之前或之时,想方设法地了解相关情况。反之,相关事实即使摆在第三人面前,其也会置若罔闻。可见,如果不知情的第三人不存在"'知'的需求",则亦不会存在信赖。从司法实践的角度看,船舶抵押权人或买受人等以取得船舶物权为目的的权利人,一般均存在"'知'的需求",故亦应存在信赖。

(二)善意与过失

如前所述,曾世雄先生的观点体现了善意认定的三个基本层次。首先,如果第三人已知(即明知)物权登记有误而依然从事相应法律行为,则其行为明显违背诚信,主观上显属恶意,这一点应无疑义。其次,如果第三人不知物权登记有误,且非因自身存在过失而不知,则主观上应属善意,亦无疑义。最后,如果第三人应知物权登记有误,但却因自身过失而不知,其主观上应否认定为善意,则尚需明确。

从比较法的角度看,有些国家就善意的规定并不包括对过失的要求,而另一些国家则有明确的要求。例如,《日本民法典》第192条第2款规定:"平稳且公然开始占有动产的人,为善意且无过失时,即时取得在其动产上行使的权利。"可见,日本民法将善意与过失作为两个相互区分的概念予以

---

① 需要区分的是,对"知情"的需求属于行为人的动机问题,而"应知而不知"则是指行为人的认识问题,二者不应混淆。

规定①。《德国民法典》第 932 条第 2 款则规定："取得人知道或因重大过失而不知道该物不属于让与人的，非为善意。"可见，德国民法是将过失与否作为善意认定的内在标准，即"因重大过失而不知道"非属善意。德、日民法的上述规定，恰恰体现了学说上的观点分歧。一种观点认为，"善意就其本意而言，应是指对特定事实的不知，至于不知是否有过失，则是另外一个问题。"另一种观点则认为，"只有在不知且非因重大过失而不知时，才能认定为善意。"

笔者认为，《物权法》对善意第三人的保护，是出于保护诚信交易主体之交易安全的需要，因此善意不应仅是知与不知的事实分野，而且也应包括是否因过失而不知的市场伦理评价，故德国民法有关善意与过失的法律界定具有更强的借鉴意义。需要指出的是，德国民法强调，此类过失应为重大过失。对此，《欧洲示范民法典草案》提出了不同的标准，即"可以合理地被期待知道"，欧洲学者对此的解释是，只有在不存在任何过失的情况下才能构成善意并受到保护，即使轻微过失都可能排除善意。笔者赞成后者，因为挂靠船舶的处分涉及被剥夺所有权权益的挂靠人与从善意保护中获益的第三人之间的利益权衡，这必然要求善意的标准须严格。如果第三人在客观上有理由怀疑船舶是挂靠的，那其就不应该继续实施相关民事行为，否则就应承担不受保护的不利后果。如前所述，船舶抵押权人或买受人等以取得船舶物权为目的的权利人往往存在对船舶权属登记信息产生信赖的情形，但上述权利并非均应予以优先保护，其还需满足权利人无过失的善意要件。例如，对于以取得船舶物权为目的的权利人来说，在签订相关合同之前，其理应审慎地对标的船舶进行实地考察②。由于挂靠船舶的实际经营人往往是挂靠人，一旦抵押权人或买受人等权利人实地查看船舶，挂靠人便很可能揭穿被挂靠人无权处分的事实，抵押权人亦可避免遭受损失。但如果权利人并未进行实地考察便轻率实施相关法律行为，则其主观上存在过失，非属善意。

（三）善意与善意取得

未经挂靠人（即实际所有权人）同意，被挂靠人擅自出卖船舶或设定船

---

① 当然，日本民法中善意取得的要件之一还是取得人主观上无过失。

② 事实上，船舶登记管理部门也要求抵押权人在办理抵押登记之前签署《船舶价值确认书》，该文书其中一项内容便是要求各方确认已经实地查看过抵押船舶。

舶抵押权等行为属于无权处分行为,第三人能否取得物权,还涉及《物权法》第一百零六条有关善意取得规定的适用①。从法律逻辑上看,《物权法》第二十四条和第一百零六条在第三人须善意这一问题上的规定是一致的,这是法律体系自洽性的体现。在确认第三人系善意的前提下,第三人取得船舶物权还须满足《物权法》第一百零六条有关善意取得的另外两个要件:一是合理的价格;二是依照法律规定应当登记的已经登记,不需要登记的已经交付给受让人。如果第三人未以合理的价格进行交易,则第三人自然无法取得相应物权。问题的关键在于,船舶物权是否属于上述"应当登记"的范畴。登记对抗与登记生效是两种不同的物权变动模式,对于登记生效的不动产物权,《物权法》明确规定此类物权变动应当进行登记,但对于登记对抗的船舶物权,该法则未明确规定。《物权法》第二十四条仅规定:"船舶、航空器和机动车等物权的设立、变更、转让和消灭,未经登记,不得对抗善意第三人。"对此,《中华人民共和国海商法》的规定与《物权法》略有不同,该法第九条规定:"船舶所有权的取得、转让和消灭,应当向船舶登记机关登记;未经登记的,不得对抗第三人。"可见,采取登记对抗模式的船舶所有权变动亦属于"应当登记"范畴。

笔者认为,采取登记对抗主义的船舶物权变动均应登记,属于《物权法》第一百零六条"应当登记"的范畴。理由在于,善意取得的前提是无权处分,实际所有权人不受该无权处分合同的约束,第三人取得物权的依据在于法律有关善意取得的规定。鉴于未经登记的船舶物权变动始终处于不具对抗效力的不完满状态,如果法律赋予第三人在此种不完满状态下亦取得物权,则将使得被剥夺所有权权益的挂靠人与从善意保护中获益的第三人之间的利益关系严重失衡。为了平衡二者之间的利益,法律有必要要求善意取得语境中的相应物权变动达到完满实现的状态。由此可见,船舶物权的变动理应进行登记,如果尚未登记,则不符合善意取得的构成要件,第三人无法取得相应

---

① 《物权法》第一百零六条规定:"无处分权人将不动产或者动产转让给受让人的,所有权人有权追回;除法律另有规定外,符合下列情形的,受让人取得该不动产或者动产的所有权:(一)受让人受让该不动产或者动产时是善意的;(二)以合理的价格转让;(三)转让的不动产或者动产依照法律规定应当登记的已经登记,不需要登记的已经交付给受让人。受让人依照前款规定取得不动产或者动产的所有权的,原所有权人有权向无处分权人请求赔偿损失。当事人善意取得其他物权的,参照前两款规定。"

物权。在依法不能善意取得相应物权的情形下,第三人的权利便仅应是一般债权。此类债权自然无法对抗实际所有权人的所有权,权利人仅能依据借款合同、买卖合同等向债务人(即被挂靠人)主张相应债权。

四、结语

如何处分挂靠船舶是海事法院时常遇到的棘手问题,其主要争议在于,被挂靠人的权利人是否有权请求处分挂靠船舶? 挂靠船舶登记所有权人与实际所有权人的分离,导致了船舶所有权状态的混乱。根据《物权法》第二十四条的有关规定,船舶作为特殊动产,登记是其物权公示方法,但船舶登记仅具对抗效力,不具设定物权的效力。可见,因船舶挂靠而为的虚假登记并不能改变船舶所有权的归属,挂靠人才是真正且唯一的所有权人。在确认此前提的基础上,问题的焦点就在于善意第三人应如何认定。从中国物权法的逻辑体系看,未经登记的物权已然设立,在物权优先于债权和登记对抗主义的制度架构之下,善意第三人范围应限于以取得船舶物权为目的的权利人,理应排除一般债权人。此外,善意第三人之所以值得保护,主要是因为其是基于对船舶权属登记信息的信赖而实施相关行为。在判断第三人是否存在信赖的问题上,笔者提出了"'知'的需求"标准。同时,为了平衡被剥夺所有权权益的挂靠人与从善意保护中获益的第三人之间的利益冲突,法律解释应明确一项原则,即一般只有在第三人不存在过失的情况下才能构成善意。从体系解释来看,在确认第三人系善意的前提下,第三人能否对抗挂靠人,还涉及被挂靠人无权处分与第三人能否取得物权的问题,故还应适用《物权法》第一百零六条有关善意取得的规定。如无法满足善意取得的其他要件,则第三人的权利仅应是一般债权,此类债权无法对抗实际所有权人的所有权。

【参考文献】

[1]王利明.一物一权原则探讨[J].法律科学(西北政法大学学报),2009(1):70.

[2]尹田.论一物一权原则及其与"双重所有权"理论的冲突[J].中国法学,2002(3):82.

[3]申卫星.期待权基本理论研究[M].北京:中国人民大学出版社,2006:243.

[4]王泽鉴.民法学说与判例研究(第一册)[M].修订版.北京:中国政法大学出版社,2005:228-229.

[5]日本民法典[M].陈国柱,译.长春:吉林大学出版社,1993.

[6]我妻荣.我妻荣民法讲义Ⅱ(新订物权法)[M].罗丽,译.北京:中国法制出版社,2008:162.

[7]司玉琢.海商法专论[M].3版.北京:中国人民大学出版社,2015:31-34.

[8]申惠文.从"第三人"到"善意第三人"——解读我国《物权法》动产抵押未登记的效力[J].广西社会科学,2008(8):126.

[9]李文涛,龙翼飞."不登记不得对抗第三人"规则中"第三人"范围的界定[J].法学杂志,2012(8):56-57.

[10]汪志刚.准不动产物权变动与对抗[J].中外法学,2011(5):1028.

[11]最高人民法院物权法研究小组.《中华人民共和国物权法》条文理解与适用[M].北京:人民法院出版社,2007:115.

[12]梁上上.利益衡量论[M].北京:法律出版社,2013.

[13]汪志刚.动产善意取得的法理基础[J].法学研究,2009(3):131.

[14]曾世雄.民法总则之现在与未来[M].北京:中国政法大学出版社,2001:229.

[15]李小年,李攀.《物权法》第二十四条规定对船舶所有权变动的影响[J].法学,2009(11):115.

[16]德国民法典[M].3版.陈卫佐,译注.北京:法律出版社,2010:335.

[17]叶金强.论善意取得构成中的善意且无重大过失要件[J].法律科学(西北政法大学学报),2004(5):82.

[18]王轶.物权变动论[M].北京:中国人民大学出版社,2001:307,309.

[19]克里斯蒂安·冯·巴尔,埃里克·克莱夫.欧洲私法的原则、定义与示范规则:欧洲示范民法典草案(第八卷)[M].朱文龙,等,译.北京:法律出版社,2014:485.

[20]杨立新.物权法典型案例与法律适用[M].北京:中国法制出版社,

2013:161.

（原载于《中国海商法研究》2015 年第 4 期）（2016 年第二十四届全国海事审判研讨会二等奖）

挂靠船舶经营债务的承担主体

李 涛 曾大津

【摘要】挂靠船舶的经营债务,应当以挂靠人、被挂靠企业承担连带责任为原则,以挂靠人单独承担为例外。与单独责任、补充责任相比,挂靠双方对经营债务承担连带责任既符合法的公平、秩序、效益价值,也符合国家遏制船舶挂靠的公共政策。挂靠双方对合同债务承担连带责任的法律依据问题,有以下四个解决路径:路径一,援引《〈民事诉讼法〉司法解释》关于名义出借人和借用人应为必要共同诉讼人之规定;路径二,参照《国内水路货物运输规则》关于缔约承运人与实际承运人对货损负连带责任的规定;路径三,援引《民法通则》关于被代理人和代理人进行违法代理应负连带责任的规定;路径四,将违约之诉转化为侵权之诉。挂靠双方对经营债务承担连带责任的原则亦有三个例外:挂靠人以自己名义对外缔约的;交易相对人并非善意第三人的;挂靠人未经被挂靠企业授权使用船章对外借款、保证的。

【关键词】船舶挂靠;连带责任;违法代理;实际承运人;欺诈

多年来,我国海事法院受理的各类海事案件很多涉及船舶挂靠关系,由于相关法律、司法解释欠缺,同案不同判的现象比较严重,影响了司法公信力。尤其是,对于挂靠船舶经营产生的债务,挂靠双方应如何承担的问题,已成为困扰海事司法实务的一个主要法律争议点。本文结合审判实践针对该问题进行分析探讨,希望能够抛砖引玉。

一、船舶挂靠的界定、危害

我国将国内水路运输业列为限制性经营行业,国务院《国内水路运输管理条例》第十七条规定,水路运输经营者应取得国内水路运输经营许可证,并保持相应的经营资质条件。但大量个体业者无法达到法定的经营资质条件，于是普遍采取将船舶挂靠在有经营资质航运企业名下的方式，规避法律，曲线进入国内水路运输市场。对于船舶挂靠的概念，历来有争议，直到2012年12月最高人民法院制定了《关于国内水路货物运输纠纷案件法律问题的指导意见》（以下简称《意见》），才有了较明确的界定，其第8条规定："没有运营资质的个体运输船舶的实际所有人，为了进入国内水路货物运输市场，规避国家有关水路运输经营资质的管理规定，将船舶所有权登记在具有水路运输经营资质的船舶运输企业名下，向该运输企业交纳管理费，并以该运输企业的名义从事国内水路货物运输活动是国内水路货物运输中普遍存在的一种挂靠经营方式。"本文所指的船舶挂靠均限于上述界定范畴。

船舶挂靠的危害有三：一是严重影响航行安全。被挂靠企业一般只向挂靠人收挂靠费，虽然法律规定其对名下船舶负有全面的安全管理职责，但其将船舶管理、经营、风险、责任一并转归挂靠人包揽，即"挂而不管"，使得船舶安全体系形同虚设；二是造成市场不公平竞争。正规经营的航运企业因安全体系上需要不断投入，增加了成本，而挂靠船的私人船主在安全体系上几乎没有投入，反而形成竞争优势，造成劣币驱逐良币；三是诱发法律纠纷。船舶挂靠造成了船舶权利人名实分离，一旦市况不佳，挂靠双方往往相互推诿债务，甚至纠纷成讼。又由于船舶所有权登记在被挂靠企业名下，其可以在挂靠人无察觉的情况下，私下抵押船舶，从而引发各种物权纠纷。

鉴于上述危害，原交通部三令五申明令取缔船舶挂靠经营，数度出台专门文件清理挂靠船。最高人民法院则在《意见》第8条，用专门篇幅对船舶挂靠的危害进行阐述并明确表达否定性的法律评价。尤需引起重视的是，依照《意见》，无经营资质者以自己名义签订的运输合同，应认定无效，因此最高人民法院视行政法规关于国内水路运输必须取得经营资质的规定为一种强制性、效力性规定。这与现今司法实践中将绝大多数关于经营资质的法律规范仅视为管理性、取缔性规定不同。可见，最高人民法院在其制定司法政策时，将船舶挂靠与建设工程挂靠等量齐观，采取了近似的遏制态度与力度。

二、关于债务承担主体争议的几种观点

挂靠船经营产生的债务应由挂靠人承担、被挂靠企业承担，还是挂靠双

方共同承担? 如果共同承担,是连带责任、按份责任,还是补充责任? 围绕上述问题,理论与实务界的观点大致有三:

（一）"单独责任说"

该说常见于合同纠纷,认为挂靠船对外签订的合同只要使用了被挂靠企业的名义,比如合同上加盖有船章（船章印文载有被挂靠企业及船舶名称）,那么被挂靠企业就是合同当事人①。根据合同相对性,应由被挂靠企业承担合同责任,而挂靠人仅是合同之外的第三人,不应承担合同责任。

该说的缺陷是:将真正的合同当事人（挂靠人）排除在责任分配体系之外。挂靠人是实际的缔约人、履约人、受益人,却不是责任人,违反了民法权利义务相一致的基本原理。若依该说,法院相应的判决中必然将挂靠人排除在责任主体之外,一旦被挂靠企业成为空壳公司,当事船又已灭失或者已被抵押,债权人持判决书将无法申请追加执行挂靠人,其债权势必落空。

（二）"补充责任说"

该说认为挂靠人是船舶的实际所有人、实际经营人,因此就船舶对外所签合同而言,挂靠人是合同当事人。同理,就挂靠船之侵权行为而言,挂靠人才是侵权行为人。无论合同债务还是侵权债务,挂靠人均为第一性的民事责任主体。至于被挂靠企业,因其与挂靠人之间的内部挂靠协议不能约束外部的第三人,而且其毕竟是船舶的登记所有人,从维护交易安全出发,也应承担一定责任②。但若被挂靠企业对船舶债务承担连带责任,则与其收取的比较有限的挂靠费不对等,造成权利与义务严重失衡,所以被挂靠企业对债务应负补充赔偿责任。

该说的缺陷是:将被挂靠企业定位为合同之外的第三人,但又将按理应由合同当事人（挂靠人）承担的合同债务,切出一部分,施加在身为合同之外的第三人的被挂靠企业头上,有自相矛盾之嫌。在挂靠船对外侵权时,挂靠双方实际上存在共同的过错和共同的行为分担,将被挂靠企业类比为诸如安

---

① 史红萍:《从挂靠乱象到专业管理之道——对国内船舶经营模式的法律探讨》,《人民司法·应用》2011年第3期。

② 谢桦、张可心、黄思奇、罗素梅:《关于船舶挂靠法律问题的调研报告》,《人民司法·应用》2009年第23期。

全义务保障人、监护人这样的替代责任主体，是不正确的。另外，被挂靠企业若承担连带责任将与其所得的挂靠费不对等的看法，也站不住脚。承担连带责任貌似与被挂靠企业从挂靠人收取的管理费金额不成比例，却与被挂靠企业违法出借经营资质、挂而不管、所造成的严重社会危害完全成比例。

（三）"绝对连带责任说"

认为挂靠人作为实际船舶所有人，因其对船舶的控制状态，应当对实际经营后果负责。被挂靠企业则是法律意义上的船舶所有人，也应当成为赔偿责任主体。且被挂靠企业违反行政法规为挂靠人提供经营资质，若对经营责任免责，不利于交易安全，对善意的债权人也不公平。所以，适用连带责任作为债务承担方式是保护善意债权人合法权益的最佳选择①。

笔者认为该说较合理，但需要完善：一是，仅仅从维护交易安全的角度解释为何适用连带责任，理由不充分，说服力不足，应从法理基础、现行法依据这两个层面给出更系统的论证；二是，不宜过于机械地对挂靠船所有的债务一律判决适用连带责任，这虽然对债权的实现十分有利，但矫枉过正会使被挂靠企业承担明显不合理的过重债务，走向另一个极端。必须结合航运实际，将绝对化的"连带责任说"做一定修正，即以挂靠双方负连带责任为原则，特殊情况下，以挂靠人单独承担债务为例外。

三、适用连带责任的法理基础

从法的作用角度看，适用连带责任契合了我国在船舶挂靠领域的公共政策（国务院原交通部的政策是坚决取缔，最高人民法院的司法政策是否定、遏制）。法官在面对船舶挂靠领域的法律欠缺状态时，不可避免地需要行使自由裁量权，而自由裁量并非随心所欲，首要考量因素即为公共政策，这是法的本质所决定的。凡涉及船舶挂靠的案件，法律适用时偏重于将挂靠双方视为责任共同体，就成了体现该领域公共政策的题中应有之义。只有以较多地赋予被挂靠企业、挂靠人责任的方式，才能在处理个案纠纷的同时向社会释放正面的信息，使法律在不断解决个案的过程中发挥出引导、规制的作用，达

---

① 张丽敏、申如栋：《船舶挂靠经营下登记船舶所有人连带责任问题研究》，《广东交通职业技术学院学报》2013 年 6 月第 12 卷，第 2 期。

到逐步制约、纠正和消除船舶挂靠这种不良经营方式的政策效果。相反,如果依"单独责任说""补充责任说",挂靠双方将既从挂靠经营中获得低成本竞争、规避行政监管等不法之利,又获得可能侥幸逃废债务的恶意期待,在趋利避害心理的驱使下,此类海事纠纷不但不会减少,反而会被催生更多。

从法的价值角度看,适用连带责任实现了法的公平、秩序、效益价值。"连带责任说"克服了另外两说的缺陷,既保持了权利、义务、责任的一致性,也有效保障了善意第三人的债权实现,体现了公平价值。当前航运市场上,挂靠人与被挂靠企业普遍存在推诿、逃废债务的侥幸心理,连带责任原则的确立,对消除道德风险,扭转因船舶挂靠引发的海事纠纷逐年递增态势,恢复诚信、守约的市场秩序有重要意义,契合法的秩序价值。连带责任原则的确立,减少了诉讼、执行上的诸多经济成本,可有效避免诉累。主要体现在:其一,避免了债权人因识别债务主体困难导致错列被告的概率,减少因诉讼主体错误引发的程序往复、空转;其二,如果依"单独责任说",债权人通过诉讼从被挂靠企业处获得清偿之后,被挂靠企业仍须另行追偿挂靠人,进而演变为另一轮的诉讼、执行,诉累严重。与之类似,适用"补充责任说"使得被挂靠企业处于补充责任人的地位,即只有当挂靠人经执行被确认无清偿能力后,未清偿的剩余债务才由被挂靠企业负责偿还,实际将检索抗辩权赋予了被挂靠企业,债权人若走完这两轮的追索,其付出的成本已相当可观。若连带责任原则确立,法院就必须在判决书中明确写明挂靠人对债务负直接给付义务、被挂靠企业负连带责任以及被挂靠企业清偿之后享有对挂靠人的追偿权等三个判项,显然更符合法的效益价值。

四、适用连带责任的法律依据

在实然法层面,根据《民法通则》第八十七条,连带责任的适用必须基于当事人的约定或者法定。实践中很少会有挂靠双方与债权人事先约定债务为连带债务的情况。因此,挂靠双方对船舶经营产生的合同、侵权债务连带清偿的法律依据是什么,是一个必须解决的命题。

(1)关于挂靠船的侵权债务

最高人民法院《意见》第12条认为:"挂靠船因侵权行为造成他人财产、人身损害,依据民法通则、侵权责任法、海商法和有关司法解释的规定,挂靠船的实际所有人和被挂靠企业应当承担连带赔偿责任。"上述见解无疑是正确的,因为:挂靠双方相互串通,隐瞒挂靠经营之事实,从行政机关以欺骗手段违法获取涉事船舶的经营资质及航行许可,根据《行政许可法》第六十九条、第七十九条,上述资质、许可属于行政机关应当予以撤销之列。加上,挂靠船挂而不管,安全体系形同虚设,航行安全无保障,所以挂靠船处于实质不适航状态。挂靠双方不仅共同开启上述危险源,放任其持续,还从其持续运行中获利,故对运行中发生的侵害后果,具备共同过错,构成共同侵权,应连带赔偿。法院在相关案件中可直接援引《侵权责任法》第八条"二人以上共同实施侵权行为,造成他人损害的,应当承担连带责任"判决。

（2）关于挂靠船的合同债务

判决由挂靠双方连带偿还的法律依据该如何援引的问题,有以下四个解决路径:

路径一,援引《〈民事诉讼法〉司法解释》第 54 条、第 65 条。这两条分别规定,挂靠人和被挂靠人应为共同诉讼人;业务介绍信、合同专用章、盖章的空白合同书或者银行账户的出借单位和借用人应为共同诉讼人。并且法院在确定这两类人为共同诉讼人时,无须征得当事人的同意,因此这两类共同诉讼人更准确地说,是必要共同诉讼人,而非普通共同诉讼人,即对诉讼标的有共同权利或者共同义务的诉讼主体。所以,上述司法解释的规定已经明确地表达了最高人民法院如下法律见解:挂靠人与被挂靠人,业务介绍信、合同专用章、盖章的空白合同书或者银行账户的出借单位和借用人都必须对外承担共同义务。该论断并非基于笔者的主观臆断,最高人民法院在《关于在审理经济合同纠纷案件中具体适用〈经济合同法〉的若干问题的解答》（以下简称《解答》）中就曾表达过相同的法律见解。《解答》第 2 条认为,对于借用其他单位的业务介绍信、合同专用章或者盖有公章的空白合同书签订的合同,出借单位应当与借用人一同对合同的不履行、不完全履行或者合同无效的法律后果,负连带赔偿责任。该条所针对的借用名义缔约行为,与船舶挂靠人借用被挂靠企业名义缔约行为性质上是一致的,目前学界通说认为船舶挂靠的法律属性就是"名义借贷"[1]。虽然《解答》因经济合同法的失效而不再被

---

① 徐春龙:《船舶挂靠经营双方的合同责任探析》,《决策与信息》2013 年第 3 期。

适用,但是最高人民法院上述关于借用名义缔约行为的法律见解,在其日后的司法实践中从来未被否定过,2015 年出台的《〈民事诉讼法〉司法解释》第65 条本身就是对《解答》精神的重申与延续。不仅如此,一些海事法院在判决船舶挂靠双方对合同债务承担连带责任时,也曾采用该路径解决法律援引的问题(如宁波海事法院 2007 年审理的宁波敏杰公司诉宁波福海公司、薛志盛水路货物运输合同货损赔偿纠纷案)。

路径二,参照《国内水路货物运输规则》第四十六条。该条规定:“承运人与实际承运人都负有赔偿责任的,应当在该项责任范围内承担连带责任。”由于挂靠人对外以被挂靠企业名义签订货运合同,被挂靠企业理应被识别为缔约承运人,而挂靠人是货物的实际运输者,也是运输船舶的实际所有人,应定性为实际承运人。对于托运人遭受的货损、货差等货运合同项下的损失,缔约承运人(被挂靠企业)、实际承运人(挂靠人)若无其他法定、约定免责事由,须承担连带赔偿责任。有一种不同意见认为,就实际承运人的界定而言,应仅限于与缔约承运人之间存在委托或转委托关系的实际负责货运业务的业者,而挂靠双方之间不存在货运业务的委托合同或转委托合同关系,故挂靠人不能被界定为实际承运人。但笔者认为,我国海上货物运输法律制度下,实际承运人与缔约承运人之间的所谓委托、转委托,并非简单指代建立委托合同、转委托合同关系。而是一种泛指,其文义近似于安排、转安排,包括但不限于通过签订委托合同、转委托合同、运输合同、航次租船合同、定期租船合同等各种类型合同来实现货运业务的转移。因此对于善意的托运人而言,只要在发生货损、货差等纠纷后,发现实际负责货运业务的人(挂靠人)和当初与之签订货运合同的人(被挂靠企业)并不一致,就足以认定实际负责货运业务的人(挂靠人)为实际承运人,要求对方承担连带责任。

路径三,援引《民法通则》第六十七条①。该条规定:“代理人知道被委托代理的事项违法仍然进行代理活动的,或者被代理人知道代理人的代理行为违法不表示反对的,由被代理人和代理人负连带责任。”从文义上看,违法代理所指之“违法”包括代理事项违法,或者代理事项虽未违法,但代理人执行

---

① 张丽敏、申如栋:《船舶挂靠经营下登记船舶所有人连带责任问题研究》,《广东交通职业技术学院学报》2013 年 6 月第 12 卷,第 2 期。

代理事项的行为违法。那么，船舶挂靠人为规避行政法规关于经营资质的强制性规定，以被挂靠企业代理人的身份对外缔约，是否构成违法代理呢？其一，挂靠人对外以代理之形式签订的各类合同，如承运货物、承运旅客、聘用船员、委修船舶、购买物料备品等，皆为普通的商业合同，合同内容本身一般无明显的违法之处，谈不上代理事项违法；其二，我国法律并不禁止运输企业对外缔约时委托他人代理，因此挂靠人对于上述代理事项的执行行为本身，一般也不存在违法的问题。所以若严格地按文义解释《民法通则》第六十七条，挂靠双方的行为不构成违法代理。但看问题不能拘泥于表面，由于挂靠经营的目的就是规避法律，其表现出来的行为外观每一部分当然都是合法的，然而其违法的内核未变，即无资质者借用名义、资质从事行政法规禁止之营业，属于典型的以合法形式掩盖非法目的之行为，应认定挂靠双方构成违法代理，须对外承担连带责任。

路径四，将违约之诉转化为侵权之诉。鉴于，挂靠人对外缔约时使用了被挂靠企业的名义（被挂靠企业对此亦予授权并以挂靠费形式取利），而交易相对人正是基于对被挂靠企业资信、经营资质、安全体系、履约能力的信赖，同意缔约。交易相对人缔约时并不知晓的实情却是，所谓合同当事人（被挂靠企业），不仅并非真实的合同当事人，还与挂靠人一道，共同隐瞒了合同主体身份、履约能力、清偿能力、标的物实际风险程度等事实。无资质的个体船主与具备一定船队规模的航运企业相比，其财力、信用、船舶管理水平、履约能力显然是不同的，一艘挂而不管、安全体系形同虚设的船舶与一艘全面落实了安全体系的适航船舶相比，所装载的货物、搭乘的旅客、聘用的船员要面对的安全风险显然也是不同的。隐瞒与合同缔结、履行相关的重要事实，也属于欺诈，只不过是一种消极的欺诈。挂靠双方消极欺诈所隐瞒之重要事实，不仅在缔约阶段对交易相对人决定是否缔约的真实意思产生影响，而且与交易相对人在合同履行阶段遭受的损害后果也有因果联系。所以，交易相对人可主张因对方欺诈而行使合同撤销权，合同被撤销后归于无效，但由于挂靠双方具有共同欺诈行为，构成共同侵权，仍然须对交易相对人在合同履行阶段所遭受的损失负连带赔偿责任。路径四可以简单归纳为"欺诈成立—撤销合同—以侵权为请求权基础索赔"。

对以上四条路径的优缺点也应有比较清醒的认识：路径一所援引的皆为

程序性规定,将之直接适用于实体问题的判决,是值得商榷的。但路径一毕竟是经过司法实务检验的,笔者认为不应简单否定,可在判决书的法律说理部分吸纳采用;路径二的不足在于适用面过窄,所引《国内水路货物运输规则》第四十六条仅针对国内货物运输合同,不适用于挂靠船对外签订的其他类型合同。第四十六条出自部门规章,法律位阶不高,不能直接作为判决依据,但是该条文所规定的制度目前已经被国内航运业普遍接受,实际已经上升为一种航运惯例,判决书说理时引用该条说服力较强;路径三的可贵之处是,不再纠结于挂靠双方对外营造的各类行为外观,直抓其行为违法这一要害,使挂靠双方规避法律的目的彻底落空,司法实践对此应予认可、支持;路径四将违约之诉转化为侵权之诉,其前提是债权人具有行使合同撤销权的意愿,但现实中一部分债权人可能并不愿意撤销合同,使之归于无效。因为有效的合同与无效的合同相比,往往更有利于保护守约一方的利益。综上,四条路径各有短长,在审判实践中应当以路径三为基础,根据个案具体情况,结合采用路径一、路径二、路径四的思路,解决法院判决船舶挂靠双方连带偿还债务的法定依据援引问题。

五、连带责任的适用例外

挂靠双方对船舶经营债务承担连带责任,只是一般原则,不能教条化地适用,司法实践中至少有以下三个例外:

(1)船舶挂靠人对外以自己的名义,而非以被挂靠企业的名义签订合同的情况。此时不存在名义、资质借用的问题,交易相对人只能根据合同相对性,向挂靠人主张合同债务清偿(但货运合同除外)。在货运合同的缔约阶段,即便挂靠人是以自己名义对外签订合同,发生货损、货差等损失后,托运人一旦发现缔约承运人(挂靠人)与实际运货船舶的登记船东不一致,就可以主张登记船东为实际承运人,须承担连带赔偿责任。即便船舶的登记船东辩称自己仅是被挂靠企业,但挂靠协议是内部协议,无法约束、对抗善意的托运人。

(2)挂靠双方在诉讼中能举证证明,交易相对人在缔约时已经知晓或应当知晓船舶挂靠经营事实的情况。由于此时交易相对人并非善意相对人,根据诚实信用原则,同时参照《合同法》第四百零二条的规定(该条主旨是,以隐名代理方式签订的合同，如果隐名代理关系在缔约当时就已经被合同相对人知悉的，该合同直接约束隐名代理关系中的被代理人与合同相对人，不约束代理人），合同仅能约束交易相对人与挂靠人，不能约束被挂靠企业。挂靠船舶的合同债务只能由挂靠人单独负责偿还。

（3）船舶挂靠人未经被挂靠企业授权，擅自使用船章对外借款或出具保证的情况。此时债权人一般主张挂靠人的行为成立表见代理，被挂靠企业应被认定为借款人、保证人。笔者认为债权人之主张不应支持，因为根据《合同法》第四十九条，表见代理成立的前提是相对人（债权人）"有理由相信"行为人（挂靠人）有代理权。按照一般人的日常生活经验法则，一家企业对外借款或担保时使用的印章理应是公章或合同专用章，使用船章是极不正常的，毕竟融资主体起码应是一个民事主体，不可能是一艘船。债权人接受此类欠条或保证承诺书，若非恶意，那么其自身也没有对对方资信、授权进行最起码的审慎核查，法院不应支持其所谓有理由相信行为人（挂靠人）有代理权的主张，因为债权人的上述相信超出了合理信赖之范畴，属于轻信。所以，挂靠人使用船章进行借贷、保证属于无权代理行为，除非被挂靠企业事后追认其效力，否则应由挂靠人自行承担清偿、保证责任。

（原载于《人民司法·应用》2016年第10期）

海域违规倾废的索赔主体

——福建高院裁定福建古雷公司诉山东港湾公司等海域违规倾废纠纷案

邓金刚

【摘要】有权就相关海域遭受违规倾废提出索赔的主体为该海域的所有权人或使用权人,或者获得前述权利人授权可进行排他性使用的人。公益诉讼时,法律规定的机关和有关组织也可以作为原告提起诉讼。工程建设批复、环评批复等不能作为认定工程建设业主取得海域排他性使用权的依据。

【关键词】海域;违规倾废;索赔主体

一、裁判要旨

有权就相关海域遭受违规倾废提出索赔的主体为该海域的所有权人或使用权人,或者获得前述权利人授权可进行排他性使用的人。工程建设批复、环评批复等不能作为认定工程建设业主取得海域排他性使用权的依据。

二、案情

原告福建古雷港口经济开发有限公司(下称"古雷公司")系漳州市古雷港口陆域和加工物流区(Ⅰ区一期)填海造地工程业主,该工程获得了国家海洋局的环评批复和福建省发展改革委员会的工程建设批复。原告于2012年12月将该工程发包给中国水电建设集团港航建设有限公司(下称"水电港航公司")承建,建设内容为港池疏浚和填海造地。水电港航公司进场施工后,在2013年1月9日至12日期间,陆续发现周边项目的泥驳船在水电港航公司施工的港池疏浚区内抛泥,同时发现港池疏浚区的标高与设计不符,遂申请原告复测,复测结果比2011年11月测量的疏浚方量新增了约91万方,新增疏浚物的成分以黏土、花岗岩块石、碎石混合物为主。原告认为,该新增疏浚物是由于山东港湾建设集团有限公司等四被告在港池疏浚区违规倾废造成的,向法院起诉,请求法院判令四被告共同向原告赔偿因违规倾废导致的原告各项损失 49 344 563 元。

三、裁判

厦门海事法院认为,原告主体资格认定的条件之一是原告须与本案争议具有直接的利害关系。本案的争议在于涉案港池疏浚区违规倾废所造成的损害,该损害的侵害对象为该港池疏浚区的海域所有权人或使用权人,但古雷公司所提交的《国家海洋局复函》是针对工程的环境影响而做出的批复,福建省发展和改革委员会的工程建设批复是针对工程建设项目而言,均无法证明古雷公司具有涉案港池疏浚区的排他性使用权,或者取得该港池疏浚区海域所有权人或者使用权人的许可进行排他性的使用。古雷公司认为港池疏浚取砂不需要办理海域使用权证的观点即使成立,也只是证明港池疏浚取砂的施工不需要取得海域使用权证也可进行,但不能成为其对港池疏浚区域具有排他性使用权的依据。至于古雷公司从其股东情况和经营范围情况来推断其具有涉案港池疏浚区的排他性使用权也没有事实和法律依据。裁定:驳回原告古雷公司的起诉。原告古雷公司不服一审裁定,提起上诉。福建高院经审理后裁定:驳回上诉,维持原裁定。

四、评析

该案的争议焦点为海域填海造地工程的建设业主能否就其未取得海域使用权证但获得环评许可、建设项目许可的疏浚取砂海域的违规倾废提出索赔。作为建设工程的业主,原告似乎应具有相应的诉讼主体资格,但原告具有诉讼主体资格的基础应基于对该争议海域的权利,而非工程建设本身。因此,前述争议予以准确厘定的关键点在于界定原告对争议的海域是否享有排他性使用权,因为享有排他性使用权的权利人才有权主张排除妨碍、停止侵害、恢复原状、赔偿损失。排他性使用权的来源要么基于海域所有权的权能而拥有,要么基于获得国家授予的海域使用权证,要么基于前述海域使用权证权利人的转让或授权。从所有权情况看,根据《物权法》第四十六条的规定,海域属于国家所有;根据《中华人民共和国海域使用管理法》第三条第一款的规定,海域属于国家所有,国务院代表国家行使海域所有权。因而原告不可能基于所有权所包含的排他性使用权提出权利主张。从海域使用权证的情况看,根据《中华人民共和国海域使用管理法》第三条第二款的规定,单位和个人使用海域,必须依法取得海域使用权。该案中原告明确其对于争议海域未取得海域使用权证,因而不具有基于国家授予的海域使用权而拥有排他性使用权。从转让或者授权的角度看,原告未举证证明其获得了争议海域使用权人的排他性使用权让与或者授权,因而不存在继受取得排他性使用权的情形。由此,就该案的情况而言,原告不具有争议海域的排他性使用权,也就无权就该海域的违规倾废提出权利主张。至于原告所主张的其对于争议进行海域疏浚取砂获得了环评许可、建设项目许可问题,因环评许可是针对该使用的环境影响而做出的评价,建设项目许可系针对项目建设的可行性做出的评价,不能以此认为原告取得了对争议海域的排他性使用权。综上,法院驳回原告的起诉是正确的。但就此类纠纷,应由谁提出权利主张,笔者认为,如果从民事侵权的角度,基于国务院代表国家行使海域所有权,而县一级政府属于国家行政体系的一个层级,因此可以由县一级的人民政府提出恢复原状、赔偿损失的请求;如果从民事环境公益诉讼的角度,可以由《最高人民法院关于审理环境民事公益诉讼案件适用法律若干问题的解释》第一条规定的主体提起诉讼,该主体包括法律规定的机关和有关组织,具体包括检察机关、设区市的民政部门、符合条件的社会组织等。

(原载于《人民法院报》2016 年 7 月 28 日第 6 版)

完善海洋生态环境的民法保护

—— 以《民法总则》的环境保护原则为视角

夏先鹏　　胡伟峰

【摘要】《民法总则》将保护生态环境列为民法的基本原则，将极大促进海洋生态环境保护。民法调整环境问题具有重要意义，通过私法手段的内在激励机制，可以有效克服公法的"政府失灵"弊端。《民法总则》中的生态环境保护理念，克服了传统民法对环境保护的缺陷，并促进现代民法的发展，突出了环境保护作为时代主题的独立价值。完善海洋生态环境的民法保护，有赖于通过确立环境人格权，承认海洋资源经济价值之外的可经济量化的生态价值，健全海洋环境生态价值鉴定评估体系来实现。针对困扰民事审判实践的海洋环境生态价值评估难，损害结果与污染行为的因果关系认定难的问题，本文着重探讨如何克服现有技术条件及评估鉴定体系的不足，完善海洋生态环境的民法保护。基于海洋环境生态价值鉴定评估体系尚未完全建立及审判队伍的专业化建设在短期内无法迅速提高的情况，建议在完备的诉讼程序下发挥专家意见的作用，以一定程度上提高案件审判专业化水平的效果。同时充分发挥负有海洋环境保护监管职责的行政机关的作用，善用其在执法过程中采集、检测的数据资料、报告结论、调查笔录，作为海洋环境公益诉讼中因果关系认定与损害结果量化的重要依据，挖掘行政机关的专门技术人才储备及完备的检测体系、实验室为审判实践提供有力的技术支撑。在合理限度内适当强调法院积极主动的干预作用，防止因原告诉讼能力欠缺导致环境公共利益无法得到有效维护。在海洋环境污染因果关系认定与损害结果的量化中，更为主动依职权调查取证，并委托鉴定。

【关键词】海洋生态环境；民法保护；民法总则

本文分析了《民法总则》将保护生态环境列为民法基本原则的重大意义，提出完善海洋生态环境的民法保护的远期构想，基于现实阻碍，提出了发挥专家意见、负环保监管职责的行政机关的作用,法院适度干预的完善措施。

党的十八大报告提出:建设生态文明,提高海洋资源开发能力,发展海洋经济,保护海洋生态环境,坚决维护国家海洋权益,建设海洋强国。十八届四中全会要求用严格的法律制度保护生态环境。十八届五中全会把绿色发展作为重要内容,写入为我国"十三五"乃至更长时期经济社会发展指明方向的"五大发展理念"之中。随着经济的发展和国家开发海洋力度的不断加大,海洋生态环境保护正成为从政府到民间一致关注的重要课题,建设海洋生态文明,关系人民福祉和民族未来。

与绿色发展理念相协调适应,2017年3月15日通过的《民法总则》在第九条中创设性地规定,民事主体从事民事活动,应当有利于节约资源、保护生态环境。这乍看似乎是宣言式、倡导性的规定中,却蕴含着巨大的司法理念和法律制度的进步,将极大地促进包括我国海洋生态环境在内的生态环境保护事业的发展。

一、在民法中宣誓生态环境保护理念的重要意义

(一)民法调整环境问题的重要意义

民法不是解决环境问题的唯一手段,甚至不是主要手段,早期环境问题的解决,是建立在民事救济起点之上,早期环境问题的理论探讨也集中于环境侵权救济的私法性分析。其后,由于环境问题自有的超越私法领域的公共性质,与民事权利私益性特征存在矛盾①,许多环境问题无法在传统民法构架中得以解决,于是环境问题开始从私法权利救济转向政府主导的公权力调整。然而,公法手段同样存在着诸如忽视资源配置效率,为局部利益牺牲公共利益,仅凭职业精神与道德观驱动的不足等"政府失灵"弊端。随着环境保护实践的不断发展,尤其是环境资源市场化过程的深入,人们对市场与经济手段在环境保护中的作用又有了新的认识,通过发挥市场与经济等私法手段的内在激励机制,可以有效克服公法手段的"政府失灵"弊端,解决环境问题的有效途径应当是以政府主导发挥公法手段为主体,辅以环境资源市场化配置的民法救济手段,于是,环境问题的法律调整又出现了向私法回归的

---

① 周珂、张璐:《民法与环境法的理念碰撞与融和》,《政法论丛》2008年第1期。

趋势。

(二)民法总则创设环境保护原则的重要意义

1. 确立生态环境保护为民法的基本原则

民法的基本原则是指贯穿于整个民事立法,对各项民法制度与民法规范起统帅和指导作用的立法方针,是一切民事主体均应遵循的行为准则,是解释民事法律法规的依据,也是补充法律漏洞、发展学说判例的基础。作为时代精神的集中体现,在民事立法中,民法基本原则是法律概念与规则的基础与出发点,对于整个国家的民事法律制度及规范体系起着统帅和指导作用。《民法总则》将生态环境保护确立为基本原则,将环境保护、绿色发展与诚实信用、公平自愿等量齐观,一体维护,又突出了环境保护作为时代主题的独立价值,超越发展了过往环境法学者将环境保护引入公序良俗条款的法律期待,协调平衡了环境保护的公益性与民法私益本位的价值冲突,使环境资源的民法保护具有了生态化基础,体现了民法典的编纂以建设美丽中国和健康中国为己任,标志着中国特色社会主义法律体系的与时俱进、不断完善。

2. 克服了传统民法对环境保护的缺陷

现代或传统民法均承认资源的高度稀缺性及每个民事个体的正当需求,但在有否对所有权和意思自治进行限制,是否以在民事主体间实现实质上的平等资源利益分配为价值目标上存差异。传统民法崇尚所有权的完全支配与绝对排他性,以土地所有权为例,其范围包括土地、地上及地下,包括环境因素在内的一切因素,土地所有权人均有权支配,即使存在污染与破坏,也是所有权的权利内容,他人无权干预;传统民法的意思自治,过分强调个人的自由意志,包括合同当事人的选择以及权利与义务的设定等全由民事主体自行决定,他人不得干预,即便合同约定无须承担生态环境保护义务,也属自由,他人乃至国家也无权干预①;传统民法理论中的侵权责任强调过错及损害结果,然而环境污染的出现并非全出于故意或过失,且环境保护重事前预防,一旦损害结果出现,往往后果已十分严重,生态损害难以弥补。仅从以上三点即可看出,传统民法对于环境保护的无力。

环境资源具有经济价值与生态价值双重性,由于其依随民法上的物权,

---

① 吕忠梅:《环境权力与权利的重构》,《法律科学》2000年第5期。

其经济价值依法应当由权利人单独享有,但其生态价值却并不应仅为物权人所独享,其受益人应当及于不特定的社会大众。如果不能对传统民法遵循的绝对所有权和意思自治进行限制,不对环境保护问题的侵权责任进行优化,仍奉行保障个体绝对自由的做法,必定无法实现民事主体间实质的平等资源利益分配,属逐形式正义之末,舍实质正义之本。

3. 促进了现代民法的发展

现代民法以实质正义及社会的妥当性为价值追求,改变了"以个人主义为取向的""忽视社会的、共同的或集体的福利"的传统民法,在"深思侵权法规定赔偿和防止侵害方面的不足时,含蓄地承认了对社会福利的关心,并明确地认识到普通法领域的这些局限"。并且,"法律和我们的某些原则中的新近发展包括了对社会福利的更显著的承认"①。如修正了所有权绝对的理念,在肯定所有权具有社会性的基础上,为了环境保护的目的可以对其进行限制;基于环境资源的公益性特征,赋予环境公益代表对合同内容的一定监督管理权,通过诚实信用、公序良俗等民法基本原则对绝对意志自由进行限制;以强调严格责任及无过错责任等加强民事主体社会责任的做法,破解环境侵权保护上的困境。现代民法的权利已超越了传统民法的权利内容,增加了公共利益属性的外在表现形式。而此次的《民法总则》在上述现代民法理论的基础上,明文宣誓了生态环境保护的理念,并将环境保护确立为民法基本原则,无疑是对现代民法理论的一大发展,将积极促进环境保护事业的发展。

二、落实环境保护基本原则,完善海洋生态环境的民法保护

21世纪以来,与经济发展相随,人类生存与发展的环境正不断经受着严峻考验,清洁水、阳光、空气等环境资源取之不尽、用之不竭的传统思维正逐渐发生着变化,清洁空气早已被作为商品摆上了货架。面对环境资源的有限与人类需求不断增长的矛盾,《民法总则》为民事主体从事民事活动设置了节约资源、保护生态环境的义务。以同样经受着考验的海洋资源为例,如何

---

① 迈克尔·D.贝勒斯:《法律的原则——一个规范的分析》,张文显等译,中国大百科全书出版社1996年版。

有效地利用海洋资源并防止环境破坏，如何在司法实践中落实《民法总则》的生态环境保护理念，应当引起法律人的关注与重视。完善海洋生态环境的民法保护，应当通过确立环境人格权，承认海洋资源经济价值之外的可经济量化的生态价值，围绕"谁受用谁受益，谁损害谁担责"的权利义务观，确定责任主体，完善发展我国海洋生态损害赔偿和损失补偿制度，贯彻《民法总则》中关于保护环境的规定，进而促进海洋环保的发展，以实现绿色发展理念。

（一）确立环境人格权

人格权是法律赋予民事主体以人格利益为内容的，作为一个独立的法律价格所必需且与权利主体人身不可分离的权利，是民事权利中最基本、最重要的一种权利。随着经济社会的发展，人格权不断丰富新的内容。传统民法与环境人格权相关的是生命健康权，如因环境污染导致的人身损害。而随着环境危机的出现，人类生存发展的环境遭到巨大破坏，在清洁、舒适的自然环境中舒适生活，实现精神上、心理上的愉悦逐渐成为人们的一种迫切愿望和要求。这种在清洁、舒适的环境中生活的权利即为新的环境人格权。环境法学者吕忠梅认为，环境人格权可以界定为主体所固有的，以环境人格利益为客体的，维护主体人格完整所必备的权利。以传统民法的人格权相比，它以环境资源为媒介，以环境资源的生态价值与美学价值为基础，是一种社会性私权，通过确立环境侵权行为与设立相应的救济措施予以保护。[①] 具体包括阳光权、宁静权、清洁空气权、清洁水权、通风权、眺望权、自然景观权等。确立环境人格权可以将环境保护的权利赋予不特定的民事主体，由于该权利内容与民事主体的利益直接相关，借助人类对美好生活环境的强烈追求，形成环境保护的利益驱动机制，为环境问题的解决打下深厚基础。

（二）实现海洋环境生态价值的民事权利化

传统民法强调自然环境资源作为物的实用价值，关注可确定及衡量的经济价值。对于传统观念认为取用不尽，且难以物化衡量的环境资源生态功能受损则无能为力。加之权利人对于海洋生态价值也知之较少，造成一些环境

---

① 吕忠梅：《环境法新视野》，中国政法大学出版社 2000 年版。

案件的索赔,如海上油污损害索赔案件,局限于直接环境污染的赔偿,如人身损害、水产、渔业损失、岸上损失、清污费用,而忽视了深层的生态价值损害赔偿,如油污造成的中长期损失,环境容量损失,生态服务功能损失,海洋沉积物、潮滩生物恢复费用等,不利于海洋生态环境的保护。

事实上,海洋生态价值除了包括传统民法上自然环境资源作为物的直接使用价值的生态资源价值外,还包括生态系统服务价值①,如红树林减轻风暴、防护海堤,贝类减缓赤潮灾害等间接使用价值,留给后代的使用价值的遗赠价值、维持含有古老基因的濒危物种继续生存的存在价值和留给将来使用的价值。随着现代民法社会化理论的发展,以所有权为代表的物权逐渐受到由内至外的种种限制,要求其行使必须兼顾社会整体利益,这种理论倾向被称为所有权的社会化②,是民事权利社会化的基本理论特征。现代物权法的社会化趋势表明它已承认了环境资源的生态价值③。因此,可以把海洋环境资源的生态价值纳入海域所有权、海洋资源所有权、海域使用权、海洋资源担保特权等海洋物权的调整范围,以实现海洋环境生态价值的民事权利化。如渔业资源的中长期损失可纳入物权法特许物权④规定内容之一的养殖权,或海域使用权等海洋资源用益物权权利内容加以保护。

(三)健全海洋环境生态价值评估体系

海洋环境生态价值较难评估,阻碍了海洋环境的私法保护,以被称为"污染海洋生态环境涉外索赔第一案"的"塔斯曼海"轮船舶碰撞海洋油污损害赔偿系列案为例,由于缺乏渤海海域环境本底资料,使得案发后难以对"塔斯曼海"轮溢油造成的污染损害程度进行量化,导致国家海洋局提出的数项

---

① 吕忠梅:《环境法新视野》,中国政法大学出版社 2000 年版。

② 德国学者耶林首先提出了"社会性的所有权"的主张,他指出:"法律家及外行人均会认为,所有权的本质及所有权者对于物之无限制的支配力,若对之加以限制,则会与所有权的本质无法两立。然斯乃根本错误的观念,所有人不仅是为自己的利益,同时还适合社会的利益,行使权利方能达成所有权之本分。唯有在这种范围内,社会对于个人不予干预。若对于广阔的原野因所有人之怠慢不予开垦地把它放置,能够结谷的场所让之生产茂密的杂草,或为享乐而用之为狩猎之地时,社会对此怎能安闲视之。因此,可耕作使用而不为耕作时,社会须使更有益于土地之利用者来代替之。"所有权,它的理念与社会之理想冲突时,到底还是不能够让它存在的。

③ 吕忠梅:《关于物权法的"绿色思考"》,《中国法学》2000 年 5 月。

④ 特许物权系王利明教授在《中国物权法草案建议稿》中引入概念,主要涉及自然资源的开发、利用、收益。

海洋环境生态功能恢复费用赔偿请求最终未获法院支持，"塔斯曼海"轮溢油造成的海洋环境生态价值损失相当部分将由社会公众与国家来承担。因此，建立健全行之有效的海洋生态价值的评估体系，对于完善海洋生态环境的民法保护尤为重要。

海洋环境生态价值评估体系的完善需要加强海洋生态环境监测，收集整理海量的海洋资源及海洋环境的基础性数据，以充分掌握海洋生态环境的情况，同时综合考虑海洋生态破坏的修复成本、生态系统服务功能的价值等因素，建立海洋生态价值评估的指标体系及核算方法，夯实海洋生态价值评估工作的技术基础，使海洋生态补偿有据可循。

三、完善海洋生态环境民法保护的现实考量

海洋水体的流动性、海洋生物的多样性以及海洋生态系统的复杂性等多因素的叠加共同导致海洋污染因果关系认定与损害结果量化的艰难。对司法评估及鉴定依赖程度高，是海洋环境污染案件审判实践的重要特点，这需健全海洋环境生态价值鉴定评估体系要拥有一些具备规范评估方法体系、专业化且有较强公信力的评估鉴定机构作为支撑，然而目前这样的支撑力量尚未完全建立，且可资使用的评估鉴定费用高昂。因此，如何克服现有技术条件及评估鉴定体系的不足，有效应对困扰民事审判实践的海洋环境生态价值评估难，损害结果与污染行为的因果关系认定难的阻碍，十分迫切与必要。经研讨，有以下几种途径可供参考。

（一）发挥专家意见在海洋环境污染公益诉讼案件中的作用

目前我国生态环境鉴定机构的业务能力及运行状况，与审判实践的需求之间尚有不小的差距。再加上海洋环境污染结果与原因之间并非简单的线性关系，即使从科技角度出发，污染的因果关系认定也存在自身的局限性，此种情况下，唯有不断提高案件审判中的专业化水准，才能更趋于事件的客观真实。然而，审判队伍的专业化建设在短期内迅速提高是不现实的，在完备的诉讼程序下发挥专家意见的作用，可在一定程度上起到提高案件审判专业化水平的效果。

专家意见作为一种民事诉讼证据形式首次被规定在《关于民事诉讼证据

的若干规定》第六十一条①中,陈述意见的专家被称为专家辅助人,其诉讼职责是出庭就案件的专门性问题进行说明,重点在于说明与案件有关的专门性问题②。《最高人民法院关于审理环境民事公益诉讼案件适用法律若干问题的解释》(下文称《环境民事公益诉讼司法解释》)第十五条③规定:"当事人申请通知有专门知识的人出庭,就鉴定人做出的鉴定意见或者就因果关系、生态环境修复方式、生态环境修复费用以及生态环境受到损害至恢复原状期间服务功能的损失等专门性问题提出意见的,人民法院可以准许。前款规定的专家意见经质证,可以作为认定事实的根据。"该规定明确了经过质证的专家意见具有证明损害结果与污染行为因果关系认定、污染损失量化的证据效力。

专家意见有独特的优势,相较于针对鉴定机构的严格规范,专家意见没有严格的程序限制,较为灵活,且费用较低,周期较短,具有快捷简便的特点,可以有效地弥补生态环境鉴定机构的不足。适格专家所发表的意见兼具权威性与专业性,可以弥补现有鉴定机构业务能力不足的缺陷。但为保障程序公平,以实现实体正义,也有必要对专家意见的程序进行规范,因专家辅助人无严格的资格要求,可在庭审中增加资格认证程序,在专家辅助人对专门性问题发表实质性意见之前,先由相对方当事人对专家辅助人的资格进行发问并由审判人员对其资格、以往诉讼过程中表现的职业伦理和道德等加以审查。

(二)发挥负有环保监管职责的行政机关的作用

《环境民事公益诉讼司法解释》第十一条规定:"检察机关、负有环境保护监督管理职责的部门及其他机关、社会组织、企业事业单位依据〈民事诉

---

① 《关于民事诉讼证据的若干规定》第六十一条规定:"当事人可以向人民法院申请由一至二名具有专门知识的人员出庭就案件的专门性问题进行说明。人民法院准许其申请的,有关费用由提出申请的当事人负担。审判人员和当事人可以对出庭的具有专门知识的人员进行询问。经人民法院准许,可以由当事人各自申请的具有专门知识的人员就案件中的问题进行对质。具有专门知识的人员可以对鉴定人进行询问。"

② 樊永富:《专家意见证据地位的确立与理解适用》,《江苏警官学院学报》2003年第3期,第113—118页。

③ 《中华人民共和国民事诉讼法》第十五条规定:"机关、社会团体、企业事业单位对损害国家、集体或者个人民事权益的行为,可以支持受损害的单位或者个人向人民法院起诉。"

讼法〉第十五条的规定,可以通过提供法律咨询、提交书面意见、协助调查取证等方式支持社会组织依法提起环境民事公益诉讼。"如前所述,负有海洋环境保护监管职责的行政机关是海洋环境保护的主要力量,作为主管机关①,其在海洋环境污染因果关系认定与损害结果的量化上具有天然的优势。其在执法过程中采集、检测的数据资料、报告结论、调查笔录可作为海洋环境公益诉讼中因果关系认定与损害结果量化的重要依据。行政机关内部的专门技术人才储备及完备的检测体系、实验室可以为审判实践提供有力的技术支撑。

由于海洋水体随洋流及潮汐的变化而变化,扩散快,流动性强,这使得它区别于其他的环境污染案件,在证据取得与污染现场保存上难度较大。因此,审判实践中如何计算损失数额十分困难,只能依据后来缺失污染现场的评估鉴定结论来认定。这种结论先天不足,更多是凭借纯理论的科学计算方法进行数据演算而来。上述塔轮案,天津海事局提起了诉讼金额为 9 479.25 万元的海洋生态损失赔偿,因缺乏索赔范围和索赔标准的细化依据,最后,天津海事法院以轻质原油入海的事实才支持了约十分之一的诉讼请求②。为了避免这一被动情况,可在污染发生后第一时间,由负有环保监管职责的行政机关,主动委托有资质的评估鉴定机构对污染产生的原因及污染造成的损害后果进行鉴定及评估,便于其后因污染而引起的私益及公益诉讼权利人主张权利。此外,在生态环境修复费用难以确定或者确定具体数额所需鉴定费用明显过高的情况下,负有环境保护监督管理职责的部门的意见可以作为法院合理确定具体数额的重要参考。

（三）合理发挥法院的职能作用

在海洋生态环境保护的重要内容海洋环境公益诉讼中,由于鉴定评估困难,费用高昂,原告在利他性与自利性纠结中,可能存在半途而废的风险,不利于海洋生态环境保护的发展。有别于传统当事人主义的民事诉讼理念,在诉讼利益与原告不直接相关的公益诉讼中,适当强调法院在诉讼进行中积极

---

① 根据《环境民事公益诉讼司法解释》第二十六条的规定,负有环境保护监督管理职责的部门还可能在依法履行监管职责使原告的诉讼请求全部实现的情况下,结束诉讼程序。

② 周先行:《"塔斯曼海"轮案件之环境公益诉讼性质辨明与思考》,《法制与社会》2011 年第 6 期,第 87-88 页。

主动的干预作用是恰当且十分必要的①。法院的这种合理限度内的职权干预,能够防止因原告诉讼能力欠缺导致环境公共利益无法得到有效维护。在海洋环境污染因果关系认定与损害结果的量化中,法院的这种职权主义模式体现为主动依职权调查取证,并委托鉴定。

《环境民事公益诉讼司法解释》第十四条规定:"对于审理环境民事公益诉讼案件需要的证据,人民法院认为必要的,应当调查收集。对于应当由原告承担举证责任且为维护社会公共利益所必要的专门性问题,人民法院可以委托具备资格的鉴定人进行鉴定。"该规定明确了应由原告承担举证责任的专门性问题,法院可主动委托鉴定人进行鉴定。

对于法院依职权委托的鉴定所产生费用的承担问题,如被告侵权的事实基本可以确认,可根据原告申请,裁定先予执行,如最终认定应由原告承担的,为提高相关主体保护环境的积极性及促进公益诉讼的发展,则可由法院联系行政部门或公益组织设立公益诉讼救济基金的形式,从设立的环境保护专项基金或环境修复资金、服务功能损失等专门款项中进行资助。

(长江海商法学会 2017 年年会暨长江水环境保护法学理论与实务研讨会二等奖)

---

① 刘学锋、马黎:《环境民事公益诉讼程序的法院职权干预》,《人民司法·应用》2014 年第 15 期。

无书面劳动合同的船员向挂靠船求偿若干问题研究

曾大津

【摘要】司法实践中，对未签订书面劳动合同的船员向挂靠船求偿二倍工资、经济补偿金、工伤保险待遇等诉求是否支持的问题，争议很大。船员作为原告，在诉讼中能提交用于证明其与聘用主体之间法律关系性质的证据一般很有限，很少有签订书面的劳动合同或雇佣合同的，通常是船员解职下船时拿到的一纸欠条，另外提供一本船员服务簿作为证据。这给聘用主体的识别设置了不小的障碍，导致审判实践中不同的法官从不同的思考角度出发，经常得出反差极大的法律见解，莫衷一是，造成了非常突出的"同案不同判"现象。本文认为，应在考量船员就业的自由化趋势、最高人民法院对司机与挂靠车辆关系的观点、航运业发展需要等三方面因素基础上，将挂靠人（而不是被挂靠人）识别为船员的聘用主体，认定双方建立雇佣关系。故船员的二倍工资、经济补偿金诉求不应支持，但工伤保险待遇索赔，由于最高人民法院相关司法解释的特别规定，仍应支持。虽然被挂靠人不是聘用主体，但船员下船时领取的欠条上普遍加盖船章，其仍构成"债务加入"，仍应与挂靠人对欠薪承担连带责任。

【关键词】挂靠；船舶；船员；劳动合同

引言

在船员与其所工作的挂靠船发生纠纷时，认定其对船舶挂靠人与被挂靠人之间的挂靠关系不知情，对实际的船舶经营人是私人船主不知情，进而将船员视为善意的相对人，认为应当保护其信赖利益，故把船员与挂靠船之间的合同定性为劳动合同，是目前审判实践中一类较流行的裁判观点。但笔者认为，这类裁判观点并不符合航运实际。船员是挂靠人实际聘用、管理、给薪,且属于行业内相对高收入的技术劳务人士,其对国内航运业普遍存在的挂靠经营事实的了解、认知程度,远远超过行业外的善意交易相对人,比如托运人(货主)。国内船员劳务市场长期、稳定存在着大量不签书面劳动合同的所谓"自由船员"群体,对于自由船员而言,不签书面劳动合同,是符合其自主安排上船工作时间、最快速度提升船员职务等级,进而追求自身最大经济利益这些动因的。并非像其他行业那样,主要是资方的强势地位导致的不签书面合同。所以,自由船员与挂靠船之间,其合同履行的事实特征符合劳务合同的特征,而非劳动合同。而"非自由船员"本就与其他单位签有劳动合同,这类船员在自己工作单位之外,再受聘于挂靠船,上船工作一个或若干航次,也不应再定性其与挂靠船之间建立劳动合同关系。基于对上述船员劳务市场实际状况的分析,再结合最高人民法院对司机与挂靠车辆关系的观点、航运业发展需要等因素,笔者认为审判实践中应当将船舶的挂靠人(而不是被挂靠人)识别为船员的聘用主体,认定双方建立雇佣关系。故,船员的二倍工资、经济补偿金等基于劳动合同法提出的诉求都不应当支持。

国内航行的挂靠船舶①所聘用的船员,因欠薪、人身损害等纠纷起诉挂靠人(即船舶实际所有人兼实际经营人)、被挂靠公司(即船舶登记所有人兼登记经营人)的案件,是近年来海事法院受理案件数居高不下的一类案件,实务中争议较多的问题主要有:船员(本文所讨论的船员,仅限于未与船方签订书面劳动合同的船员)起诉时,应将挂靠人列为被告,还是将被挂靠人列为被告,抑或是两者均列?被欠薪的船员,没有签书面劳动合同,只持有工资欠条,可否以船方未与其签书面劳动合同为由,索赔二倍工资?挂靠船的船员被解聘时,除工资外,可否按照《劳动合同法》之规定,另外主张经济补偿金?挂靠船的船员在工作中受伤,应主张工伤保险待遇,还是主张人身损害赔偿金?对船员索赔的债务是判决由挂靠人单独承担,还是判决由被挂靠

---

① 关于"挂靠船舶"的概念如何界定,目前实务界也是众说纷纭,本文采用《最高人民法院关于国内水路货物运输纠纷案件法律问题的指导意见》(法发〔2012〕28号)第8条对挂靠船舶基本特征的概括,即"没有运营资质的个体运输船舶的实际所有人,为了进入国内水路货物运输市场,规避国家有关水路运输经营资质的管理规定,将船舶所有权登记在具有水路运输经营资质的船舶运输企业名下,向该运输企业交纳管理费,并以该运输企业的名义从事国内水路货物运输活动,是国内水路货物运输中普遍存在的一种挂靠经营方式"。

人单独承担,还是判决两者承担连带责任,抑或是判决由挂靠人承担清偿责任同时由被挂靠人承担补充责任?

解决上述问题的关键点在于能否准确识别船员的聘用主体,聘用主体的不同,会导致整个纠纷所适用法律的不同。如果挂靠人(本文将挂靠人限定在自然人、自然人合伙这个范围内)①被识别为聘用主体,那么船员与之建立的只能是劳务关系(雇佣关系),必须适用《民法通则》;如果被挂靠公司被识别为聘用主体,那么船员与之建立的便是劳动关系,必须适用《劳动合同法》。劳资双方之间所建立法律关系的不同,及由此导致的法律适用的不同,对船员一方可以主张哪些实体权利,以及挂靠人、被挂靠人应以何种形式对其承担民事责任,都会产生决定性影响。

一、聘用主体识别问题的几种观点

现实中,船员作为原告,在诉讼中能提交用于证明其与聘用主体之间法律关系性质的证据一般很有限,很少有签订书面的劳动合同或雇佣合同的,通常是船员解职下船时拿到的一纸欠条(内容多为欠薪期间及金额,落款处加盖船章、自然人签名),另外提供一本船员服务簿作为证据(可以证明船员在某时间段内,在某船舶工作,上下船港口,所任职务),仅此而已。这给聘用主体的识别设置了不小的障碍,于是乎,审判实践中不同的法官从不同的思考角度出发,经常得出反差极大的法律见解,莫衷一是,造成了非常突出的"同案不同判"现象。本文将实务中几种代表性观点归纳如下。

第一种观点认为:只要法院查明涉及船员劳务合同纠纷的当事船舶为挂靠经营,应一律认定船舶的登记所有人兼登记经营人(被挂靠公司)为聘用主体,判决确认被挂靠公司与船员间建立劳动关系,并依照《劳动合同法》判令其赔偿船员欠薪、二倍工资、经济补偿金、工伤保险待遇等损失,船舶的实际所有人、实际经营人(挂靠人)对上述债务承担连带责任。理由是,挂靠协议只是内部合同,其效力仅能约束挂靠双方,船员不是挂靠协议的当事人,不受约束,且船员受聘于船舶时,船舶对外登记公示的所有人、经营人是被挂靠

---

① 当然,航运实践中挂靠人除了是自然人或自然人合伙的情况,也有少部分的挂靠人是小型航运公司。如果船员受聘于这些挂靠人(公司),所建立的一般不会是雇佣关系,而是劳动关系。但由于此类情况毕竟在实践中很少见,为论述方便,所论及的挂靠人,皆指代自然人(或自然人合伙)挂靠人。

公司,所谓"经营人"就是普通劳动者所能理解的通俗意义上的"老板",船员作为善意第三人,缔约时自然推定被挂靠公司是聘用主体。除非被挂靠公司或挂靠人在诉讼中能举证证明,其聘用时已明确告知船员真正的聘用主体是挂靠人、双方缔结的是雇佣关系,否则船员在诉讼中主张与被挂靠公司建立劳动关系就应当支持。又由于挂靠人系船舶的实际所有人兼实际经营人,为保护处于弱势地位的劳动者有效实现债权,避免诉累,应同时判决挂靠人承担连带偿还义务。此观点是从缔约角度,考察合同主体的识别,符合一般的司法审查规律,其法律逻辑的演绎起点明显为多数司法工作者接受,有一定可取性。但也存在脱离实践的问题,这个缺陷在下文第二种观点中有针锋相对地论及,不赘述。

第二种观点认为:现实中在船员受聘上船时,无论是船员一方,还是挂靠船一方,都对聘用主体是谁的问题不重视、没有协商涉及,双方也都不重视签订书面合同。法院在审理时将重心放在查明上船时或缔约时双方对聘用主体身份的约定上是没有意义的,因为双方本来就没有这方面的约定,这属于一种合同主体约定不明的状态(即聘用主体不明)。反而是,船舶一方在船员离船时出具的书面欠条表明,一方以书面形式承诺支付欠薪,另一方则接受此书面承诺并下船。通过这一形式,劳资双方已经达成了对合同主体(即聘用主体身份)的书面补充约定。所以法院仅需查看船员下船所领取欠条的落款,落款处加盖船章的(船章上载有船舶登记经营人的名称,即被挂靠人公司名称),聘用主体即为被挂靠人,即航运公司,双方建立的就是劳动关系,落款处为挂靠人、挂靠人代理人或者挂靠人派驻船上的管理人员签署的,聘用主体即为挂靠人,双方建立的是雇佣关系。此观点是从合同履行、债务结算的角度,考察合同主体的识别,充分考虑了未签书面劳动合同的船员与挂靠船之间建立的是事实合同这一特征,有一定合理性。但该种观点的一个明显毛病是,如果船员持有的欠薪欠条上既加盖了船章又有挂靠人(或挂靠人代理人、挂靠人管理人员)的签名,在这种情况下,该如何识别聘用主体呢?其实,无论法官怎么识别,或择前者、或择后者、或采折中、或以个案情况具体情况具体分析,不管哪种倾向、选择,都会给外界以随意行使自由裁量权之感,影响判决书的说服力,使判决的公信力流失。而实务中,这一类型的船员欠条签署情况,恰恰是最多的。

除了上面两种比较主流的观点，笔者在实务中还发现有一些判决书中提出了另外一种观点：被挂靠公司、挂靠人是挂靠船所聘船员的共同用人者，应对船员遭受的损失负连带赔偿责任。对此观点，笔者不能苟同。因为，依此观点，对一名劳动者所从事的同一项工作，同时具有两个用人者，并且一个用人者是自然人（即挂靠人）、一个是法人（即被挂靠的航运公司），这种奇异的用人结构是与目前的劳动法理论不符的。退一步讲，假设船员在挂靠船上的工作是同时受聘于挂靠人、被挂靠公司两方，那么究竟法律关系上属雇佣关系，还是劳动关系，还是同时建立劳动、雇佣关系。如按此观点认定船员与挂靠船之间建立的法律关系性质，其后果是船员的二倍工资、经济补偿金、人身损害赔偿金、工伤保险待遇等诉求支持与否的问题，会陷入法律适用上的自相矛盾、左右互搏的悖论境地。

二、聘用主体识别的三个现实考量因素

（一）船员就业的自由化趋势

上述第一种、第二种观点均有合理成分，但不符合国内航运业的实际。首先，在船员因劳务或劳动合同与挂靠船一方发生纠纷时，视为善意的第三人，认定其对挂靠人与被挂靠人之间的挂靠关系完全不知情，对实际的船舶经营人是私人船主完全不知情，是不符合实际的。法官的这种司法倾向，显然是受了涉及挂靠船的国内水路货物运输合同纠纷案件的影响。在涉及挂靠船的国内水路货运纠纷中，遭受货损的货主起诉挂靠船登记所有人（即被挂靠人）后，一些案件中的被挂靠人主动披露挂靠关系，提交挂靠合同等作为证据，以此抗辩认为货运合同的承运人是船舶的实际所有人（即挂靠人），己方并不是货运合同主体，不承担货损赔偿责任。在这类货损案件中，法院通常认定，挂靠合同是挂靠人、被挂靠人双方的内部合同，货主托运时不可能知情，货主作为善意的第三人，凭运单（上面一般加盖船章，船章上记载被挂靠人的公司名称）理所当然可以将被挂靠人识别为货运合同的承运人，于是判决被挂靠人不能免责。

但问题是，将此类国内水路货物运输合同纠纷案件中的判决习惯、认识，完全照搬、移用至船员与挂靠船之间发生的船员劳务、劳动合同纠纷案件，就

会发生问题。因为,船员作为雇佣或劳动合同纠纷的相对方,与国内水路货物运输合同纠纷的相对方——托运人(货主)不同,并非所谓行业外人士或者善意第三人。船员作为航运业内的从业人员,不同于普通劳务提供者,属于行业内相对高收入的技术劳务人士,其对国内航运业普遍存在的挂靠经营事实的了解、认知程度,远远超过行业外的托运人(货主)。

另外,国内航运业中,大量的自由船员受聘上船时不签署劳动合同是非常普遍的惯常做法,长期且稳定地在行业内存在着,并且有其客观土壤,并非像其他行业一样是由于资方的强势地位所致。在前些年航运业高度景气时,自由船员在市面上非常抢手,使得船员在劳资双方的博弈中处于相当强势的地位,但也是大范围、普遍的自愿不签订劳动合同,就很能说明问题。可以说,不签劳动合同,不仅符合国内航运业用人者的利益,也在一定程度上反映了自由船员的利益与需要:被挂靠的航运公司不愿借出名义给挂靠人签订劳动合同,以防纠纷发生时冒出自己根本未曾聘用的职员索要工资、经济补偿金等;挂靠人不愿签劳动合同,可以以支付船员高薪酬为代价,实现根据经营需要灵活用工的效果;与其他行业劳动者相比,船员收入虽高,但有个重要的缺陷,就是只有在船上工作期间才享受高收入,一旦下船,就没有收入或者只能拿很低的基本生活费,因此船员要持续地维持自己的高收入,就必须更多地上船工作。然而固定与一家航运公司签订劳动合同,就必须完全受制于用人单位安排、调配(如果船员与公司关系紧张,公司完全可以用各种看似合理的借口,较长时间不安排船员上船),另一方面在船员职务晋升的进度上也将受制于公司。由于上述经济动机,目前国内船员群体中所谓自由船员的队伍不断壮大,不签劳动合同,使得他们获得了自己控制上船工作时间、自主选择船型的高度灵活性、自由度，更能实现自身经济利益的最大化①。所以，一名自由船员受船舶挂靠人之聘请上船时，一方面对本行业内普遍存在的挂靠经营现象明知或应当明知；另一方面，未签劳动合同而以口头方式联系安排上船工作，本就符合其自身利益，若在发生纠纷后，又后悔当初没有签劳动合同，转而向法院主张被挂靠公司须赔偿其未签书面合同的二倍工资、经济补偿金，明显不符合公平、诚实信用原则。

因此，一名自由船员受聘于挂靠船，船员的聘用主体应当识别为挂靠人，船员提供的就是一个航次或若干航次的劳务，双方建立的是雇佣关系，而非劳动关系；而如果一名非自由船员受聘于挂靠船，由于该船员与其他用人单位有劳动合同在身，那么他与挂靠船一方建立的，只能是雇佣关系（此时，船员就是在外"揽私活"，没有与临时聘用他工作的挂靠船一方签劳动合同，正说明双方间建立的是雇佣关系）。

（二）最高人民法院对司机与挂靠车辆关系的观点

2013 年 10 月以前，最高人民法院针对挂靠经营的车辆一方与其所聘用的司机之间建立何种法律关系的问题，在司法批复中明确答复，法院应当认定司机与被挂靠单位之间建立了事实劳动关系。② 但 2013 年 10 月 28 日最高人民法院民一庭发布了《关于车辆实际所有人聘用的司机与挂靠单位之间是否形成事实劳动关系的答复》[（2013）民一他字第 16 号]，又明确表示，不宜认定司机与被挂靠单位之间建立事实劳动关系，应认定司机与挂靠车辆的私人车主建立雇佣关系。由于船员与挂靠船之间的法律关系认定问题与

---

① 不签劳动合同，不仅仅使自由船员获得上船的主动权，自由船员的下船主动权也非常重要。一些自由船员非常在意船舶的类型、状况与受聘时中介、船东承诺的是否一致，一旦实际登船后发现船舶类型、状况不符，立即要求下船或在下一港口下船，如果船员的某些大额费用船东没有给予报销，船员也会选择要求在下一港口下船。奥妙就在于没有劳动合同约束，船员随时可以要求下船（哪怕口头约定必须要完成整个航次，但没有书面的合同，船东也没办法），而船舶的配员齐全是法律强行性规定的，如果少了某一岗位的船员，又无法迅速找到适任者接替，船舶不适航不得开航，船东的船期损失会很大，因此船东此时面对船员的经济要求往往会妥协。所以，不可以套用其他劳务领域的一般情况，片面认为，对于自由船员而言，不签劳动合同是资方强势主导下的违反劳动合同法的现象，实际是对双方各有利弊，各取所需罢了。

② 《最高人民法院行政审判庭关于车辆挂靠其他单位经营车辆实际所有人聘用的司机工作中伤亡能否认定为工伤问题的答复》[（2006）行他字第 17 号]认为："个人购买的车辆挂靠其他单位且以挂靠单位的名义对外经营的，其聘用的司机与挂靠单位之间形成事实劳动关系……"

之有颇多相似之处,所以最高人民法院的上述观点转变显然具有重要参考价值。

(三)航运业发展的需要

另一个不得不考量的是经济客观环境的因素。如果法院在船员没有提交劳动合同书为证的情况下,即认定船员(实际上都是挂靠人聘用的,挂靠人是船舶的实际所有人、实际经营人)与被挂靠人之间建立事实劳动关系的做法普遍化,那么,随之而来的二倍工资、经济补偿金等各类赔偿,必将给近几年来处于严重的全行业亏损状态的国内航运业又一记重击,加重其运行成本,加速其萎缩,导致船员劳务市场上雇主进一步减少,反过来也严重影响船员自身长期的收入,有竭泽而渔之嫌。

综合以上三个因素,笔者认为受聘于挂靠船的船员,应认定是与船舶挂靠人建立雇佣关系,而非与被挂靠公司建立劳动关系。即使船员离船时领取的欠条上加盖有船章(船章上通常记载被挂靠人的公司名称),被挂靠公司也不能被识别为聘用主体;即使船员离船时领取的欠条上没有挂靠人、挂靠人代理人或者挂靠人派驻船上管理人员的签署,挂靠人也仍应当被识别为聘用主体。唯一的例外是,如果受聘于挂靠船的船员能提交其与被挂靠公司之间的劳动合同书作为证据的,则应认定他们之间建立了劳动关系。

三、雇佣关系明确后的责任承担

在确定船员的聘用主体是挂靠人,双方建立的是雇佣关系的基础上,本文开头提到的各种实务争议问题的答案就比较明确了:船员被欠薪时,只能要求给付欠薪,其他诸如未签书面劳动合同的二倍工资赔偿、劳动合同解除经济补偿金等主张均不能获得支持。关于船员在挂靠船上工作受伤后的索赔问题,根据最高人民法院《关于审理工伤保险行政案件若干问题的规定》第三条第一款第(五)项规定,挂靠人实际聘请的劳动者因工作发生伤亡,被挂靠单位为承担工伤保险责任的单位。该条第二款又规定,被挂靠单位向劳动者支付工伤保险待遇后,有权向挂靠人追偿。换言之,最高人民法院既认为劳动者是与挂靠人之间建立雇佣关系,而非与被挂靠单位之间建立劳动关系,但同时又出于保护劳动者的目的,特别规定被挂靠单位仍然有义务为劳动者支付工伤保险待遇，支付后再向挂靠人追偿。所以，挂靠船的受伤船员应向被挂靠公司主张支付工伤保险待遇。上述处理模式，实际上形成了欠薪索赔与工伤保险待遇索赔"双轨制"，在法律逻辑上略显怪异。为什么既要认定是雇佣关系，又要支持工伤保险待遇呢？答案为：这是目前最高人民法院关于工伤保险待遇的司法政策决定的，即认为应当把工伤保险待遇的适用范围给予一定扩大化，一定程度上溢出了传统理论所认为的劳动关系范围。

船员与船舶挂靠人之间建立雇佣关系，是否意味着被挂靠公司对欠薪就一定可以免于清偿了呢？笔者认为，因符合"债务加入"的构成要件，被挂靠公司在绝大多数情况下仍须就欠薪与挂靠人承担连带清偿责任：虽然船员起诉时一般仅仅能提交欠条、船员服务簿，但是欠条在落款处绝大多数都加盖了船章。船章的加盖行为，只要未明显超出挂靠船的正常经营业务活动范围，即应视为代表被挂靠人（航运公司）的意思表示，对被挂靠人具有法律约束力①。所以，虽然被挂靠人与船员之间没有劳动关系，而且船员的聘用主体是挂靠人，但由于被挂靠人在船员下船时领取的欠条上就欠薪偿还问题做了书面化的承诺，自然应与挂靠人一起连带偿还。被挂靠人的行为在民法学上构成"债务加入"，即在原来债务人的偿还义务未变的情况下，债权债务关系之外的第三人自愿加入，与债务人共同承担清偿债权人的义务。当然，如果船员起诉时提交的欠条上连船章也没加盖，只有挂靠人（或其代理人、派

---

① 一部分司法工作者对船章的效力很不以为然，认为合同、凭证上加盖的船章对被挂靠人不具任何约束力。理由是，船章系挂靠人自行刻制并控制、使用，被挂靠公司对于挂靠人刻制及每一次具体的加盖行为既不知情也未授权。笔者认为，船舶不仅是一种不断移动的运输工具，她还在不断移动过程中发生诸如加油加水、购置物料备品、签结离船船员工资、签发运单等各类必须随时实施、实时签结的经营行为，这些签结行为必须根据经营需要即刻实施、即刻完成，不可能等待千里之外的公司专门派专人携带公司公章前来盖章完毕，才加油加水、遣散船员、起航运货，所以船舶本质上就是其所属航运公司的经营分支，该经营分支对其业务范围内的经营事项，以该分支自己的印章（即船章）对外做出意思表示。故，船章的性质与商业银行经营分支机构的业务专用章性质相同，只要是在正常经营业务范围内使用，未明显越权，船章加盖行为就是有效力的，其效力直接约束船章上载明的船舶登记经营人（即被挂靠人）。至于船章属于挂靠人自行刻制、使用的问题，笔者认为，被挂靠人虽没有对船章的刻制以及每一次特定的加盖行为给予挂靠人具体授权，但其已经在挂靠合同中"概括授权"挂靠人就挂靠船可以使用其名义对外进行经营活动，而刻制、使用船舶日常经营所必需的船章是其必备、当然的事项之一。所谓船章应由被挂靠公司对挂靠人"一用一授权"的说法，是没有现实可能性的，与挂靠合同关于船舶管理、经营事权全部转移至挂靠人的约定冲突，也与挂靠合同关于挂靠人可在挂靠船经营活动中使用被挂靠公司名义的约定冲突。所以，挂靠人在挂靠船的正常经营业务活动范围之内，加盖船章于债权凭证、合同的行为，应当定性为"有权代理"行为，非"无权代理"，亦非"表见代理"。

驻船上的管理人员）的签字；或者是起诉时只能提交船员服务簿，连工资欠条也无法提供的情况下，被挂靠人就再无其他法律理由须与挂靠人连带偿还欠薪了。

（获第 25 届全国海事审判研讨会三等奖）

外派海员基本权益与外派行业生存利益的博弈与平衡

—— 以外派海员"社会福利费"为线索

郑新颖　王端端

【摘要】在我国法律框架下，由于外派机构的强制性介入，外派海员劳务实践中存在多个合同关系，当力量悬殊的各方博弈后呈现在不同合同中的同一客体出现了不同归属时，面对海员基本权益保障与外派服务行业生存间的平衡，司法应做出怎样的回应？本文从审判实践中发现的问题入手，立足海员外派实践中的合同关系和法律规制，剖析博弈各方的立场角度和供需现实，探讨外派海员劳务合同中"社会福利费"的法律定性问题，并提出相应的对策和建议。

【关键词】外派海员；外派机构；境外船东；社会福利费；管理费

引言

在我国，船员不能直接与境外船东签订劳务合同，境外船东招用中国船员必须借助船员外派机构的帮助。① 由于船员外派机构的介入，加之介入模式的不同，中国外派海员的劳务合同纠纷呈现出复杂化、多样化的特点。在合同责任主体、法律适用及海员人身伤亡赔偿等被广泛讨论关注的问题之外，一个关乎外派海员基本权益保障及外派服务行业生存的问题在司法及学术界尚未引起重视。当外派海员劳务实践中涉及的不同合同对"社会福利费"这一客体的归属做出了不同的约定时，面对海员基本权益保障与外派服务行业生存间的博弈，司法应如何解读才能更好地保护并平衡各方权益？

---

① 《中华人民共和国船员服务管理规定》第22条、《海员外派管理规定》第13条。

一、问题的提出

(一)案情概要①

陈海于 1989 年被山水国际合作有限公司(以下简称"山水公司")招聘为海员并外派至新加坡星洋船务公司担任水手。1989 年至 2014 年,陈海与山水公司先后签订了 20 份期限不同的《海员外派合同》,合同约定了船员工资金额,并约定船东支付的外派海员劳务费的分配按山水公司规定执行,双方还签订了备忘录明确船员工资组成,其中不含社会福利费(Social Welfare)。与此同时,每次上船前,山水公司均向陈海提供一份盖有公司印章的船员薪水单,并让其签字后交给船长。薪水单上列明了船员工资构成,其中包含家汇款(由山水公司支付)、船领薪(由船东支付)以及社会福利费(未实际支付),薪水单工资总额大于《海员外派合同》中的工资金额。新加坡星洋船务公司(以下简称"星洋公司")与山水公司签订《船员配员协议》,约定山水公司为其提供所需船员,星洋公司按每人每月 40 美元的固定标准支付给山水公司作为船员工资及证件办理之外的费用,同时在合同附件中列明不同级别船员工资,船员净工资加社会福利、保险和税费等构成船员毛工资,由山水公司负责相关管理事宜。2014 年陈海以灵活就业参保人员身份办理退休手续。后陈海以山水公司从其工资中扣除社会福利费,但未为其缴纳社保为由向海事法院提起诉讼,请求判令山水公司返还社会福利费。

(二)词条解析

何为社会福利费?它是否等同于社会保险费?社会保险包括基本养老保险、基本医疗保险、失业保险、工伤保险及生育保险,是指国家通过立法强制实行的,确保劳动者在年老、疾病、失业、工伤和生育等情况下获得物质帮助的社会保障制度。案例中陈海并非要求山水公司为其缴纳社会保险,而是主张返还社会福利费。山水公司为与其签订了长期劳务合同的船员缴纳了社会保险,但社会福利费亦不作为工资发放。可见,海员外派合同双方均不

---

① 当事人名称均为化名。实际案情中多份合同存在细节差异,且案件事实时间跨度大,又涉及诸多事实的查明及证据的认定,因此为方便文章讨论,案件概要仅概括与文章主旨相关的事实框架,并设定一种关系模式展开讨论。文章不代表合议庭意见。

将社会福利费视为社会保险费。笔者认为,海员外派语境下的社会福利费和国内劳动合同语境下的社会保险等福利费不能简单地画等号。

社会福利费的内涵并非如其名称一般一目了然。在分析不同合同关系,探讨社会福利费的应然归属前,不得不提的是外派海员服务行业里的一条潜规则。通常,境外船东与外派机构签订的是集体雇佣合同,支付的金额体现的是船东总的雇佣成本,包含少量代理费或管理费及船员工资等,并约定由外派机构负责管理支配。外派机构与不同船员签订外派劳务合同约定工资金额,并将差额作为外派机构的综合费用,覆盖外派海员管理服务费、培训费、国家规定的相关税金及公司自有海员社会保险等开支,而这个差额的一大部分正是以社会福利费或其他费用等名目体现在交给船东的船员薪水单上。

二、法律关系的梳理及禁止性规定的介入

(一)法律关系梳理

在通常情况下,一国海员要到悬挂另一国家或地区船旗的船舶上工作可以通过三种途径:(1)海员直接与境外船东签订劳动合同;(2)社会闲散海员通过海员外派机构外派到境外船东的船上工作;(3)外派机构安排其自有船员到境外船东的船上工作。在我国,第一种模式是被禁止的。《海员外派管理规定》第十三条规定,境外企业、机构在中国境内招收外派海员,应当委托海员外派机构进行。外国驻华代表机构不得在境内开展海员外派业务。因此,在我国的海员外派实践中,存在三个法律关系:海员与外派机构的关系,外派机构与境外船东的关系,境外船东与海员的关系(如图1所示)。另外,根据该规定第二十四条,海员外派机构为海员提供海员外派服务,应当保证外派海员与该外派机构、境外船东、我国航运公司或者其他相关行业单位三者之一签订劳动合同。因此根据海员劳务合同签订主体的不同,会产生不同的法律关系。

因篇幅所限,文章将锁定所涉案例中的劳动关系模式展开讨论,并且也不会对适用的具体案由及构成要件做详细分析,仅从此种外派模式下,海员主张社会福利费是否具有合同或法律依据这一角度进行探讨。

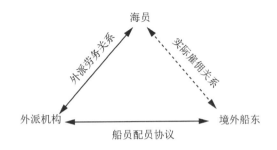

图 1 三方关系示意图

案例中,陈海是作为社会闲散海员通过与外派机构签订多份海员外派合同不定期到境外船东的船上工作的,其与境外船东并未签订劳务合同,山水公司也未促使境外船东与陈海签订劳务合同。此种情况下,海员与外派机构之间形成劳动关系。① 主流观点认为他们之间是特别的劳务派遣合同,而他们之间签订的备忘录可以视为劳动合同的补充协议。而船员薪水单虽然有外派机构的盖章及船员的签名,但是海员本身并不持有该薪水单,而是将该单据转交给外国船舶的船长,并凭此支取船领工资。因此,从其制作的初衷以及当事人的操作惯例来看,船员薪水单并非海员与外派机构间的新合同或补充协议。而社会福利费是体现在船员薪水单中的,海员外派合同中的工资金额与薪水单上的工资总额也是相左的。陈海无法依据其与山水公司间的劳动合同来主张这笔社会福利费。

另一方面,山水公司与新加坡船东签订船员配员协议,为其提供海员,换取包含船员工资在内的对价。该合同其实质是双方在平等协商的基础上,基于意思自治原则而签订的普通民事合同,并受到合同准据法中关于劳动法律法规及有关国际公约的制约。船员配员协议中列明了社会福利等费用,并作为境外船东雇用船员总成本的组成部分,由山水公司负责支配。考虑到合同相对性原则,陈海依然无法向新加坡船东主张社会福利费。

尽管陈海与新加坡船东之间未直接签订合同,但接受外派后到其所属船舶上履行劳动义务,其与境外船东之间存在事实上的雇佣关系。可即便如此,陈海与新加坡船东之间并未就社会福利费这一具体费用的归属做出约

---

① 参见最高人民法院(2011)民申字第 1244 号案件。

定。那么，能否将船员薪水单视为他们之间的协议呢？船员薪水单只有船员的签字，没有船东的公章或船章，待船员交给船长后自己便不再持有，船员与船东之间长期以来的给付实践也仅限于薪水单上的船领薪部分。因此，很难说陈海可以依据船员薪水单向船东主张社会福利费。

（二）禁止性规定的介入

那么，海员向外派机构主张返回社会福利费是否具有法律上的依据呢？如前所述，虽然缴纳社会保险费是用人单位的法定义务，但是外派海员服务实践中的社会福利费等费用并不等同于国内法传统意义上的社会保险费用。海员和外派机构也不把该费用视为社会保险费。因此，社会福利费的归属取决于法律上是否存在禁止性规定。

首先，我国《劳动合同法》第六十条规定：劳务派遣单位不得克扣用工单位按照劳务派遣协议支付给被派遣劳动者的劳动报酬。劳务派遣单位和用工单位不得向被派遣劳动者收取费用。然而，最高人民法院在金远航运有限公司与王美金、张兴旺海上人身损害赔偿纠纷一案中认为，《劳动合同法》所调整的劳务派遣关系应为境内用人单位、用工单位和劳动者三方之间的关系，[1]换句话说，在外派海员的特殊劳务派遣模式下，由于境外船东的介入，《劳动合同法》中关于劳务派遣的规定并不适用。

其次，2008年7月交通运输部发布的《中华人民共和国船员服务管理规定》第十八条第三款规定："船员服务机构不得克扣船员用人单位、船员用工单位按照船舶配员服务协议支付给船员的劳动报酬。"交通运输部于2011年3月发布，2016年修订的《中华人民共和国海员外派管理规定》第三十一条要求海员外派机构不得因提供就业机会而向外派海员收取费用，也不得克扣外派海员的劳动报酬。同时，第四十五条又规定海员外派机构在提供外派服务时重复或者超过标准收取费用，由海事管理机构给予相应处罚。纵观这三个条款，可以总结为海员外派服务机构不得克扣按船舶配员服务协议支付的劳动报酬，或因提供就业机会而收费，但在提供外派服务时可以合法收费，只是不可重复或超标收取。然而，如何理解"按船舶配员服务协议支付的劳动报酬"？具体金额应按照船员的净工资还是毛工资确定？此外，何为"因提

---

① （2014）民申字第763号民事裁定书。

供就业机会而收费"？哪些为合法收费？这些似乎并不明确。

再次，2012 年 8 月施行的国务院《对外劳务合作管理条例》第二十五条规定："对外劳务合作企业向与其订立服务合同的劳务人员收取服务费，应当符合国务院价格主管部门会同国务院商务主管部门制定的有关规定。对外劳务合作企业不得向与其订立劳动合同的劳务人员收取服务费。"换言之，外派机构与海员签订服务合同的可以依规收费，签订劳动合同的不得收取服务费。

最后，2016 年 11 月 12 日对我国正式生效的《2006 年海事劳工公约》（MLC 2006）规定："海员招募或安置费用、为海员提供就业的费用或其他收费不得直接或间接、全部或部分由海员承担，海员取得国家法定体检证书、国家海员服务簿、护照或其他类似个人旅行证件的费用除外，但不包括签证费，签证费应由船东负担。"①可以说，《海事劳工公约》作为国际劳工组织（ILO）框架下，经政府、船东和海员三方取得共识后缔结的旨在保护海上劳动者的"权利法案"，对成员方海员外派机构向海员收取费用做出了除证件费用收取外的全面、严格的禁止。

值得注意的是，《2006 年海事劳工公约》于 2016 年年底才在我国生效，而我国国内关于外派机构对海员收费的规定又存在规则冲突、规定不明及区分合同性质对待等情况。对于早期签订的海员外派合同，并没有明确的禁止性规定。

三、外派行业生存 VS 海员权益保护

（一）外派机构视角

事实上，外派机构向海员收取费用的主要法律依据正是 1997 年 1 月 1 日实施的财政部、外经贸部《对外经济合作企业外派人员工资管理办法的补充规定》第四条：

"对于在派出期间与原工作单位仍保持劳动合同关系的外派劳务人员，企业可以向其收取服务费（即管理费和手续费），原工作单位可以从服务费中提取补偿费。服务费总额不得超过劳务合同工资（扣除驻在国应缴纳的

---

① 《2006 年海事劳工公约》标题一，规则 1.4，标准 A1.4，第 5 条 b 项。

个人所得税，以下同）的 25%。补偿费提取的比例由企业与原工作单位商定。

"对于无工作单位或在派出期间与原工作单位脱离劳动合同关系的外派劳务人员，企业收取的服务费不得超过劳务合同（指企业与劳务人员签订的外派期间的合同，下同）工资的 12.5%。

"对于与企业具有劳动合同的外派劳务人员，企业收取的服务费不得超过劳务合同工资的 25%。"

首先，在早期，特别是在《2006 年海事劳工公约》还没有对船东国家生效的时候，船员配员协议及海员外派合同中都明确了外派机构可以向海员收取管理费。而且值得注意的是，尽管上述规定的生效时间是在 20 世纪 90 年代，但在 2004 年废止该规定中关于收取履约保证金的规定时，有关收取服务费的条款还是被保留下来了。公约生效后，部分外国船东为了履约需要，在船员配员协议中以社会福利费等费用的形式取代了原本的管理费。而我国外派机构仅依靠每船员每月几十美元的代理费根本不足以涵盖其管理成本开支。例如，船东需要一名特定岗位的船员，而一个名额的招收需要面试十几个船员，并且是到外地面试，这些成本都需要外派机构来承担。此外，海员是高风险职业，当外派海员出现人身伤亡的情况下，外派行业的风险成本将直线飙升。船员服务企业和大部分外派机构都是依法成立的公司，作为追求利润的经济实体，外派行业为了生存不可能主动放弃这部分费用。

其次，根据意思自治和契约自由原则，当事人依法享有自愿订立合同的权利，外派机构和外派海员有权通过自由协商，以自己的真实意志来设立他们之间的民事法律关系，自由决定彼此的权利与义务。外派机构和外派海员在他们一直以来的合同及实践惯例中均未约定或实际支付社会福利费等费用。并且，为了进一步明确这一合意，外派机构和海员还专门签署了备忘录，列明海员工资构成。因此，海员对其具体工资数额是有明确合同预期的。事实上，在本文案例中，原告陈海也是主张其在起诉前几年才得知被告山水公司一直以来都扣取了社会福利费。因此，外派海员向外派机构主张合同之外的社会福利费等费用不符合意思自治及契约自由原则。另外，从普通法角度看，在合同订立并且履行完毕后，再主张其他费用，也违反了禁止反言（Equitable Estoppel）的原则。

再次，中国海员存在一个不容忽视的短板——英语。相较于菲律宾、印度等主要海员输出国的海员而言，中国海员的英语阅读及沟通能力普遍比较低。境外船东聘用中国海员的原因除了中国海员具有吃苦耐劳等优势外，还存在着商业成本较低的优势。尽管境外船东们为了满足国际公约以及 ITF（国际运输工人联盟）关于船员最低工资标准的要求，在薪水单及船舶配员协议等对外检查的文件上体现了社会福利费及较高的工资总额，但是由于我国尚不承认 ITF，外派机构可以通过降低管理费，并扣取社会福利费等费用作为管理费的方式降低中国海员工资，增加应聘上的竞争力。

最后，在现有社会经济和法律条件下，如果通过司法裁判认定外派机构无权收取社会福利费等费用，通过个案突然打开了这一道"阀门"，随之而来的追索社会福利费等类似费用的诉讼洪流很可能会击垮整个外派行业。而在外派机构法定介入外派海员劳务关系的现有模式下，外派行业的凋零也会导致外派海员的失业，从而影响外派行业及外派海员两个群体的发展。①

（二）外派海员视角

从外派海员视角出发，艰苦的海上工作环境使外派海员面临着极高的身体素质和心理素质的双重考验，他们比许多陆上劳动者更需要保护。外派海员获得社会福利费的正当性至少可以从三个方面阐释。

第一，外派机构扣取高比例管理费及社会福利费等费用是特定历史背景下形成的劳务惯例，在新的历史时期应被摒弃。海员外派起源于 1979 年，当时国家为了扩大就业机会，开拓劳务市场，鼓励对外劳务输出。同时海员外派也给国家创造了外汇收入，具有创汇的功能。早年间外派海员的家属薪远远高于船领薪就是最直接的证明。因此，1997 年实施的财政部、外经贸部《对外经济合作企业外派人员工资管理办法的补充规定》也是为了适应我国改革开放初期建立社会主义市场经济体制的需要。随着社会经济的发展，以及时代的进步，国际海员的地位不断得到提升，以往的立法已经无法体现当前外派海员劳务合同的国际性和开放性等特点。《中华人民共和国船员服务管理规定》《中华人民共和国海员外派管理规定》《对外劳务合作管理条

---

① 当然，在本文的个案中，由于时间跨度长达二十多年，外派机构还可能以超过诉讼时效及新法不可溯及既往为由拒绝社会福利费的支付。

例》等规定都逐渐体现出对海员更加保护的倾向，在新的历史时期，根据已经对我国生效的《海事劳工公约》，外派机构若再以任何形式扣取任何比例的办证之外的费用，都将造成对公约的违反。

第二，作为与外派机构或船东签约的劳动者，外派海员属于弱势群体，在契约双方力量不对等的情况下，外派海员并不存在真正的契约自由。一方面，外国船东往往实力雄厚，而我国法律要求船员服务机构至少具有 500 万元以上的注册资本才有可能获得外派资质。另一方面，海员作为个人并没有太多讨价还价的能力和资本。长期以来，特别是在《海事劳工公约》施行之前，在离岸环境下长时间工作的海员面对的是恶劣的工作环境、船东与船员服务机构的剥削和极高的生命安全风险。在自由船员数量不断增长、中国海员低级别船员比例居高的情况下更是如此。根据中国海事局 2014 年 6 月公布的中国海员信息，2013 年中国外派海员中水手、机工及其他海员（即服务员、厨工）占了中国外派海员总人次的 60.7%。①在合同双方地位及谈判能力悬殊的情况下，适用意思自治和契约自由原则其结果只会保障地位较高或缔约能力较强的当事人的意思自治，忽视甚至损害弱者的真实权利保护需求。

第三，从长远看，社会福利费继续归属外派机构也将不利于海员行业和外派行业的发展。尽管扣取社会福利费或其他费用是外派服务行业内较为普遍存在的现象，但是不同的外派机构存在经济实力及缔约能力上的悬殊，当一个海员具有较高的素质与能力的时候，必然会选择更优待海员的外派机构和境外船东，甚至转向薪资更高或更稳定的陆上行业。而随着中国城镇化的进一步发展，许多陆上工作岗位尽管辛苦却也能够获得与海员相当的薪资，同时又不必经受海上漂泊的心理压力和人身安全风险，低级别船员也可能转向陆上岗位寻找相对心仪的工作。因此，从长远角度看，将社会福利费纳入海员工资不仅有利于海员的权益保护，或许也更有利于外派服务行业的长远发展。

四、社会福利费问题的社会学透视

社会福利费一方面维系着外派服务机构的重要收入来源，另一方面又关

---

① 参见中华人民共和国海事局网站：http://www.msa.gov.cn/html/xinxichaxungongkai/gkml/cygl/tzggcygl/20140626/4B13360F-FEAA-4B9E-AD93-3FDB53905736.html（2014.6.26）[2017.4.27]．

系着外派海员的基本权益。无论从外派机构立场,抑或从外派海员的角度,社会福利费都有归其所有的正当性和现实性。在海员外派劳务实践中,社会福利费等费用的归属取决于境外船东、外派机构、海员三方博弈的结果。因此探究社会福利费的应然归属离不开剖析三方既有合同框架模式形成的本质原因,即船东、外派机构、海员三方之间的供需现实。

(一)海员与外派公司

我国是海员大国,中国海员人数占世界海员总数的三分之一。截至2015年年底,中国共有注册船员约137万人,其中国际航行船舶船员约47万人,沿海航行船舶船员约17万人。2015年,我国外派海员133 326人次,同比增长7.28%。① 外派海员是我国对外劳务输出的主要群体。而根据我国法律规定,所有的海员都必须经过外派机构才能到外轮上就职。这就造成了海员对外派公司的依赖。尽管从理论逻辑上看,外派机构生存的基础是海员,没有海员,外派机构的经营将无从谈起;但从现实操作层面上看,外派机构通常有一定数量的自有船员,还有很多相对固定的自由船员,而海员个人的就业生存意愿注定强过机构的生存意愿。而且外派海员行业的特殊性决定了海员的工作证件需要交由外派机构管理,以符合按时办理不同证件及行政检查等需要。因此,零散的海员相较于具有一定资本的外派机构注定是前者的依赖性更强。

在海员与外派机构间,供需的不平衡导致了海员利益保障的薄弱。这个问题在自由海员、低级别海员中尤其突出。实践中,外派机构通常都会按时、足额给自有海员、高级别海员缴纳医保社保等费用,即便扣取了包括他们在内的所有海员的社会福利费,但从实际效果上看,对机构自有船员和高级别海员而言,这些钱最后也落到了实处。但是越来越多的海员因为择业的灵活性或是自身条件的限制等种种原因成为自由海员。他们的社保等福利往往被忽略。另外,中国高级海员的工资并不低于外国高级海员工资,而低级别海员的工资却往往低于国际平均水平。为了保证运营成本,获取利润,低级别海员、自由海员的社会福利费被外派机构扣取后也会因为平衡机构自有海员和高级海员工资福利以及海员体检、培训等支出而被牺牲掉。

---

① 参见交通运输部《2015年中国船员发展报告》。

（二）外派机构与境外船东

尽管在与海员的关系中外派机构是相对强势的一方，但是与境外船东相比较，外派机构同时又是弱势的一方。外派机构在海员外派劳务实践中具有双重身份。外派机构起着不同程度的中间作用，将国内劳务提供者与境外劳务需求者连接起来。截至目前，全国共有 215 家具有外派资质的海员外派机构。① 加上不具备外派资质的船员服务企业，这个数量更加庞大。为了获取竞争优势，不少外派机构会压低价格吸引境外船东与自己签约。而境外船东，特别是在航运业低迷的情况下，承受不起过高的船员工资成本，自然愿意开源节流，在满足《海事劳工公约》及 ITF 最低工资标准的前提下，将社会福利费等费用作为雇佣成本的一部分体现在其与外派机构的船员配员协议中。同时，为了方便管理，更为了减少法律纠纷，他们往往会在合同中约定由外派机构保证外派海员的劳务合同满足国内法律强制性规定，否则由外派机构担责。

外派机构的收入来源虽然离不开海员外派这个基础，却是由境外船东对其进行支付，这很容易导致外派机构理所当然地扣取代理费甚至社会福利费等费用的同时，却忘了自己的另一重身份——为海员提供就业机会、社会保障、使之不受境外船东侵犯的海员权益保障者。而这却正是国家强制要求外派机构介入海员外派劳务关系的重要因素。

（三）境外船东与海员

实践中，境外船东与外派海员之间往往没有直接的合同关系，他们之间几乎没有合同谈判的发生。但处在实质供需关系的两端，境外船东和外派海员有着千丝万缕的联系，也影响着海员外派劳务实践中两份合同的条款和博弈三方的权利义务关系（如图 2 所示）。一方面，相较于中国大陆的船舶，中国海员更倾向去外轮就职，特别是到中国香港、中国台湾、新加坡等亚洲境外船东所属的船舶上工作。因为中国海员语言上的短板决定了他们更倾向于锁定这些国家及区域的船东。中国海员向外轮提供劳动力的愿望来自外轮较高的工资待遇和工作环境标准以及海员就业的压力。由于不存在外轮自

---

① 参见中华人民共和国海事局网站：http://cyxx.msa.gov.cn/lycx/jglycx！queryFwjgxx.action［2017.4.27］.

有中国海员的情况,外派海员特别是自由海员需要不停地登船工作,才能获得收入上的保障。

另一方面,在航运业持续不景气的情况下,外国船东特别是亚洲船东也承受不起太高的工资成本。而且作为追逐利润的商业主体,境外船东都尽可能地压低船员工资。为了避开 ITF 关于最低工资标准的限制,境外船东在他们与外派机构的合同中往往会将部分管理费用以社会福利费、税费等费用的形式纳入船员工资总额之中。他们关注更多的不是工资结构,而是在满足国际公约行业惯例的前提下雇佣不同国家和地区的船员,以降低运营成本。一定程度上,社会福利费等费用是境外船东为了符合国际公约而用的口袋词汇,至于口袋里的费用实际做何使用,境外船东并不在意。

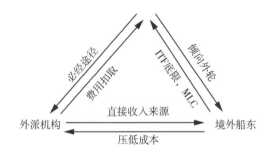

图 2　三方供需关系示意图

五、意见建议

探讨社会福利费的法律性质和应然归属,分析其实然归属的背后成因,其目的都在于更好地在外派海员基本权益保护与外派服务行业生存间做出平衡,文章最后就这一目标的实现,提出以下几点建议。

第一,尊重历史和法律规定,区分不同历史时期的矛盾纠纷做出公平公正的处理。对于在 2008 年《中华人民共和国船员服务管理规定》出台前收取的社会福利费等费用,新法不再溯及既往。尽管海员作为弱者的权利需要保护,但是参照《劳动合同法》第九十七条的精神,也可以得出该规定不溯及既往的结论。毕竟法律在强调保护弱者的同时也要尊重公平原则。在 2016年《海事劳工公约》生效之后,由于严格的收费禁止,外派机构不得扣取社会福利费等任何证件办理以外的费用,当然,这并不禁止他们向境外船东收取更高的管理费。而在这两个时间节点之间扣取的社会福利费，由于《中华人民共和国船员服务管理规定》、《中华人民共和国海员外派管理规定》以及《对外劳务合作管理条例》等规定条款的模糊及一定程度上的冲突，需要结合具体案件中费用收取的时间、收取费用所属合同框架及合同性质、海员具体工资构成以及法律层级等因素做出判断。当然，在具体案件审判中还可能涉及诉讼时效、时效中断等因素的考量。

第二，完善海员权益保护及救济立法，严格履行《海事劳工公约》的规定。随着经济的发展和国际交流的深入，我国正不断增强对劳动者保护的力度。我国是海洋大国，也是船员大国，海员在促进航运和经济社会发展、实施海洋强国战略和建设"21世纪海上丝绸之路"中发挥着重要的作用。现有法律尚不能满足海员权益保护救济需求，应不断完善有关立法，厘清现有法律法规上的冲突，全面建立海事劳工公约履约机制，严格履行公约要求，制定海事劳工条件检查和船员权益保护的相关法律制度，持续改善海员发展的法治环境，给予海员应有的关怀和权益保障。

第三，强化外派机构管理，监督其承担海员权益保障责任。海员通过外派机构与船东签订合同的优势在于相较于个人与船东签订协议而言，外派机构更具备沟通优势和集体配员协议的合力优势，同时也更方便外国船东。但是为了避免外派机构忽略其海员权益保障责任，建议交通、海事等有关行政管理机关加大对外派机构的监督力度，增强外派机构信息的透明度，并明确各有关执法部门的具体分工权限，加快外派机构职能的完善，以适应海员市场发展的新形势和国际公约的新要求。

第四，加强海员职业培训，提升中国海员在国际劳动力市场的竞争力。随着中国经济的飞速发展和产业结构的转型，中国的生活消费水平及劳动力成本也逐年攀升。外派海员不能再继续通过低价优势去竞争国际劳动力市场。想要在外派劳务关系中获得共赢就需要提升自己的技术实力和谈判筹码。中国海员要形成完整的金字塔造型，而不能仅满足于做塔基和塔身。因此，必须鼓励海事院校及海员培训机构培养更多的高级航海人才，而不是盲目扩大机构规模，单纯追求数量上的提升。

第五，采用外派劳务合同标准化的模式，建构保障海员权益的最低合同标准。我国的海员劳务合同在合同主体、内容等方面较为混乱，这对我国海船员的权利保护十分不利。菲律宾作为世界上的海员输出大国,为规范海员外派劳务合同,保障海员权益,采取了船员劳务合同标准化的做法,对于海员与雇主之间签订的不低于《标准雇用合同》规定标准的劳务合同才会为法律所承认。建议借鉴菲律宾制定的《标准雇用合同》的机制,制定有利于海员权益保障和外派行业健康有序发展的标准外派劳务合同。

最后,提示海员重视外派劳务合同条款,在签订合同时明确协议中的工资福利、劳动标准、服务期限、遣返条件、收费规定等条款,并妥善保存合同原件。毕竟合同是海员维护自身权利最直接有力的证据。在遇到海事纠纷时,海员应注重依法维权,并在法律规定的时效内进行仲裁或诉讼。由于海员个体与境外船东无直接合同关系,在海员权利受损时,境外船东常以其与海员没有合同关系为由拒绝赔偿,而国内公司,特别是没有外派资质的船员服务公司的赔偿能力相对较弱,这常常导致海员陷于无助的境地,[4]因此建议闲散海员通过外派机构的居间作用直接与境外船东签订雇佣合同,并尽可能地争取适用对劳动者权益保护更加严格的外国法律。

结语

有关外派海员劳务纠纷的司法审判关系到我国海员行业和外派服务行业的生存以及国内社会的和谐,也关系到我国对外经济贸易和航运关系的发展。"社会福利费"是海员外派劳务实践中船东、外派机构、海员三方博弈的缩影,它反映了不同历史时期和经济社会发展条件下的外派劳务关系。其法律性质和应然归属也随着时代变迁、法律的完善而发展变化。而对外派机构和中国海员而言,他们都需要做出积极的改变,去适应这个正在激烈变迁的复杂时代。

(原载于《中国海商法研究》2017年9月)(本文获得第25届全国海事审判研讨会二等奖)

【参考文献】

[1]张念宏. 我国外派船员劳动权益维护的困境和对策[J].海大法律评论, 2010-2011:78.

［2］WU Bin. Vulnerability of Chinese Contract Workers Abroad：A Case of the Working Conditions and Wages of Chinese Seafarers. ［OL］. （2008. 07）［2017. 4. 25］. http：//www. nottingham. ac. uk/cpi/documents/discussion-papers/discussion-paper-32-vulnerability-seafarers. pdf.

［3］WU Bin. Participation in the Global Labour Market：Experience and Responses of Chinese Seafarers［J］. MARIT. POL. MGM. 2004(31)：74.

［4］邵帅,郭萍. 维护海员权益法律保障机制研究——从部分国家和地区履行《2006 年海事劳工公约》的角度［J］. 中国海商法研究,2012(1)：115-120.

船员二倍工资诉求的相关法律问题研究

张　伟　邓金刚

【摘要】船员二倍工资能否享有船舶优先权担保,司法实践对此尚未形成统一意见。经分析,因船员的二倍工资主张具有惩罚性,赋予其船舶优先权担保不仅不具有法理基础,也不符合相关法律规定,违背了立法目的。因该类诉求不具有明显的海事特征,不属于《最高人民法院关于海事法院受理案件范围的规定》第 24 条规定的可以直接向海事法院提起诉讼的船员劳务合同纠纷案件,故船员二倍工资的诉求不能直接向海事法院起诉,而应该按照普通劳动合同纠纷进行仲裁前置程序。

【关键词】船员劳务纠纷;二倍工资;船舶优先权;仲裁前置

船员是航运企业除船舶以外最重要的生产要素,船员工资在正常情况下是该类企业优先保障的对象。但由于近些年很多航运企业经营困难,停运、破产情况频频发生,早已无力支付船员工资,因此,船员劳务纠纷案件受理数在各海事法院近两三年案件中呈大幅上升态势,在一些海事法院一审民事案件中占比近半。而且此类案件一旦出现,大多为群体性案件,有些是整船甚至整个公司的船员都来法院起诉。船员劳务纠纷案件能否顺利审结已经对海事法院审判工作的顺利开展产生重要影响。

各海事法院在审理此类纠纷时仍存在一些不同观点,出现不少彼此矛盾的判决,这些不统一的判决对提升我国海事法院的司法公信力造成不小的负面影响,因此对该问题需要加以重视并争取统一司法尺度。本文主要探讨涉及船员二倍工资诉求的两个法律问题:(1)根据《劳动合同法》第八十二条的规定,航运企业在未与船员签订书面劳动合同的情况下赔偿给船员的二倍工资是否享有船舶优先权问题；（2）船员是否可以直接向海事法院主张二倍工资之类诉求。

一、船员的二倍工资是否享有船舶优先权问题

（一）当前的司法裁判情况

截止到 2018 年 6 月 14 日，本人共在中国裁判文书网上搜索到 28 份各地法院一审、二审涉及船员二倍工资的生效判决书。其中 22 份生效判决对船员的二倍工资是否享有船舶优先权问题进行了明确裁判。具体为：广州海事法院公布的 8 份一审生效判决，均不支持二倍工资享有船舶优先权，裁判理由是二倍工资差额和经济补偿金系用人单位违反《劳动合同法》而依法向劳动者承担的带有惩罚性质的赔偿责任，均非劳动者提供劳动的价值体现，不具有工资和其他劳动报酬的性质，应不具有船舶优先权。

其余 14 份生效判决均支持船员二倍工资享有船舶优先权，具体判决有：福建省高级人民法院 1 份二审判决，武汉海事法院 11 份一审判决，厦门海事法院 2 份一审判决。判决理由总体为根据劳动法律所产生第二倍工资，依法对产生该海事请求的船舶具有优先受偿的权利。船员主张的经济补偿金属惩罚性的补偿金，不受船舶优先权保护，其主张不予支持。

由此可知，各海事法院对船员二倍工资是否享有船舶优先权问题存在较大争议，裁判尺度不一，甚至相互矛盾。究其原因，笔者认为主要是因为《劳动合同法》第八十二条二倍工资的表述所导致。由于该部分应由用人单位支付的赔偿款带有"工资"二字，使得各海事法院对该第二倍工资是否属于船员工资或其他劳动报酬范畴出现争议。

想要弄清楚这一问题，就有必要从相关法律规定的渊源和相应立法释义的角度来进行探讨。比如：船员工资报酬之所以享有船舶优先权的起源及根本目的，《劳动合同法》的相关条文的立法释义，等等。

（二）船员工资报酬享有船舶优先权的由来

船舶优先权是起源于早期海事法和早期商法中的一个概念，在不同法系中存在并发展了几个世纪，其是历史发展的产物，且仍在不断发展和完善中。各国海商法和国际公约中受船舶优先权担保的海事请求项目往往有以下几

种：(1)诉讼费；(2)为债权人共同利益而发生的费用；(3)港口规费；(4)船长船员的劳动报酬；(5)救助报酬；(6)船方共同海损分摊；(7)清除碍航物；(8)与船舶营运直接相关的人身伤亡；(9)与船舶营运直接相关的财产灭失与损坏；(10)船长垫支。①

为了平衡海事请求权人和船舶贷款人之间的利益,船舶优先权项目呈逐渐减少的趋势。但无论船舶优先权项目如何变化,船员工资报酬这一项目始终在船舶优先权的法律规定中占据重要位置且越来越突出。我国《海商法》就把该项作为船舶优先权规定中的各条款首项以突出其地位,这与国际立法趋势是相符的。"即使船上只剩下一枚钉子,海员也应被偿付。"②

船员工资报酬是如何被确定享有船舶优先权的呢？回答这个问题则需要对英国审判实践以及海事立法进行历史性的考察。

16世纪末期,以优先权为基础确定船员工资可以对抗船舶的审判实践在英国开始初见端倪。1597年的"Johnson v. The Black Eagle"案的判决中,"工资、必需品、债务和抵押"可以直接对抗船舶。该案中出现了运用优先权的基本证据,本案之后,优先权理论逐渐成为确保船员利益的基本原则。然则所有权利的产生与发展必然需要经过时间与实践的双重成长,在此后近两个世纪的发展中,审判实践对船员工资优先权理论的讨论与争议从未断绝。直至近两个世纪的发展之后,船员所享有的该种权利才在1851年的"The Bold Bcuulugh"案中得以以船舶优先权此种现代表达方式出现,用以表达此种能够对抗船舶的权利。至19世纪初,该种权利才获得普遍的认可,摆脱诸种争议。至此,船员工资优先权的制度得以确立。

英国司法实践普遍认为,"船员工资优先权中,船员的担保权利是基于公共政策的考量和船员为船舶提供服务的法理解释"。对于普通船员的此种态度在1822年的"The Juliana"案中即已有所表述。英国学者认为,这不仅体现出对人性的关怀,而且还展示了英国法院在审理此种案件时的态度。在此种态度下,英国法院将其认为应当着重保护的,并且具有特殊责任应当保护的普通船员的地位提升到了"受偏爱的当事人"的地位。

---

① 司玉琢：《海商法》,法律出版社2012年版,第60页。
② 张辉：《船舶优先权法律制度研究》,武汉大学出版社2015年版,第112页。

由于船员自身素质以及船员工作的特殊性、高风险性以及艰苦性，英国法院基于公共政策的考量、船员为船舶提供服务的基础，兼顾对人性的关怀，将船员定性为司法下"受偏爱的当事人"，赋予了船员工资以优先受偿的权利。可以看出，在该制度的产生及发展过程中，船员为船舶提供服务为权利的产生设立了基础，公共政策为权利的产生提供了形式保障，"受偏爱的当事人"的性质为权利的产生设立了道德保障。

船员在船工作危险系数高，又长期处于封闭的环境里，造成船员在船工作压力大，而且船员相对于船东、货主、船舶贷款人处于绝对弱势地位，若不加强对船员合法利益的保护，必然会造成航运业从业人员的流失，从而影响航运业的发展。因此，船员工资报酬享有船舶优先权就成为船员合法权益的保护神。如何正确适用船舶优先权规定保护船员合法权益，同时又要避免因对船员利益的过度保护而损害了担保债权人及普通债权人的利益，这是我们在司法实践中需要权衡的问题。

（三）船员二倍工资不应享有船舶优先权保护的原因分析

船员二倍工资之所以不应享有船舶优先权保护，笔者认为应该从以下三个方面进行分析：船员二倍工资是否属于船员工资报酬的范畴；《劳动合同法》规定的二倍工资应有的性质及其立法目的；将二倍工资纳入船舶优先权保护所产生的法律效果。

1. 船员二倍工资并不属于船员工资报酬的范畴

正确适用法律的前提是准确界定适用船舶优先权的船员工资报酬的范围。由于各国海商法关于船舶优先权的规定存在较大差别，尤其是关于船舶优先权涉及的项目与范围，同时海上货物运输又是涉外性较强的产业，各国法律规定的不同易引起各国间经济利益的冲突，为了缓和船舶优先权的法律冲突，国际公约就应运而生。在船舶优先权领域，先后产生了三个国际公约，即《1926年统一船舶抵押权与优先权若干规定的国际公约》（下文简称《1926年公约》）、《1967年统一船舶优先权与抵押权若干规定的国际公约》（下文简称《1967年公约》）、《1993年船舶优先权与抵押权国际公约》（下文简称《1993年公约》）。

关于船员工资报酬船舶优先权内容，《1926年公约》规定：船长、船员和船上其他雇佣人员的雇佣合同所引起的请求;《1967 年公约》规定:应付给在船上任职的船长、高级职员及其他船员的工资及其他款项;《1993 年公约》规定:船员工资报酬船舶优先权内容为船长、高级职员和其他船上在编人员由于在船上任职而应得到工资和其他款项的索赔,包括遣返费用和应为他们支付的社会保险费。可以看出,国际公约对船员工资报酬船舶优先权规定愈加明确清晰。我国《海商法》第二十二条第(一)项的船员工资报酬船舶优先权内容采纳了相关国际公约的规定,具体内容为:船长、船员和在船上工作的其他在编人员根据劳动法律、行政法规或者劳动合同所产生的工资、其他劳动报酬、船员遣返费用和社会保险费用的给付请求。

根据国际公约和我国法律规定,能够享有船舶优先权的船员权益除船员遣返费用和社会保险费用之外,即为各种工资、奖金报酬等与船员在船任职相关的各项报酬福利,统称为"船员工资报酬"。那么《劳动合同法》第八十二条规定的用人单位支付的二倍工资(以下简称"二倍工资")是否属于船员工资报酬范畴呢?我们应先从相关法律条文的立法释义的角度来进行明确。

根据全国人大常委会法制工作委员会编撰的《中华人民共和国劳动合同法释义(第 2 版)》(以下简称《劳动合同法释义》)中对《劳动合同法》第十七条的释义:"劳动报酬是指劳动者与用人单位确定劳动关系后,因提供了劳动而取得的报酬。劳动报酬是满足劳动者及其家庭成员物质文化生活需要的主要来源,也是劳动者付出劳动后应该得到的回报。因此,劳动报酬是劳动合同中必不可少的内容。劳动报酬条款主要包括以下几个方面:(1)工资分配制度、工资标准和工资分配形式;(2)工资支付办法;(3)加班、加点工资及津贴、补贴标准和奖金分配办法;(4)工资调整办法;(5)试用期及病、事假等期间的工资待遇;(6)特殊情况下职工工资(生活费)支付办法;(7)其他劳动报酬分配办法。劳动合同中有关劳动报酬条款的约定,要符合我国有关最低工资标准的规定。"从前述内容可以看出用人单位应支付的二倍工资并不属于船员因在船任职而取得的劳动报酬(即工资报酬)范畴。

根据前面章节所述的船员工资报酬取得船舶优先权的历史进程,可以看出此种权利的取得基础除了法院对他们的公共政策之外,主要还基于他们参与航运冒险事业在船舶上进行的服务(即为船舶提供服务)。国际公约中也同样规定了"在船上任职"的基础条件。而二倍工资则是直接来源于我国

《劳动合同法》的规定,这与船员工资报酬享有船舶优先权中的基础条件是不符的。

2.《劳动合同法》规定中二倍工资应有定性及其立法目的

至于该二倍工资的性质,我们仍然可以从立法机关相关释义中找到答案。"劳动合同法释义"中对《劳动合同法》第八十二条的释义中明确:"对于用人单位自用工之日起超过 1 个月不满 1 年不与劳动者订立书面劳动合同,以及用人单位违反本法规定不与劳动者订立无固定期限劳动合同的违法行为,本条规定了一种惩罚性的民事赔偿责任,即应当向劳动者支付二倍的月工资。……此次,《劳动合同法》为了更好地保护劳动者的合法权益,对用人单位故意不签订书面劳动合同或者拖延签订劳动合同,以及故意不与劳动者订立无固定期限劳动合同的违法行为,规定了'应当向劳动者每月支付二倍的工资'这样一个惩罚性的赔偿制度,用于惩罚用人单位的违法行为,同时也是督促用人单位尽快依法与劳动者签订劳动合同,从而保护作为弱者一方的劳动者的合法权益,维护劳动关系的和谐稳定。"

由此可以看出:二倍工资其实质是一种惩罚性赔偿责任,惩罚的对象是故意不签订劳动合同的用人单位,立法目的是督促用人单位尽快与劳动者签订书面劳动合同。

3. 将二倍工资纳入船舶优先权保护所产生的法律效果

所谓惩罚性赔偿,又叫作惩戒性赔偿,它指的是对受害方的实际损失予以补偿性赔偿之外的赔偿,通常是因为侵权方的一些特殊的不当行为所致。惩罚性赔偿是一项很古老的制度,它在世界上一些主要的普通法系国家,如英国、澳大利亚、新西兰、美国和加拿大等都得到了广泛的适用。实施惩罚性赔偿,是为了惩罚和阻止一些特定的行为,特别是故意或恶意所致的行为。此外,惩罚性赔偿还可以疏导受害人的愤慨情绪,防止受害一方因为侵权方的恶意侵权而采取一些以牙还牙的报复行为,全面补偿受害人所遭受的物质和精神损失。我国在 1993 年制定《消费者权益保护法》时首次借鉴并加以采用。

那么不将二倍工资纳入船员优先权保护范围是否减轻该条款对用人单位的惩罚力度,降低对用人单位的督促效果呢？我认为是否定的。在前面章节已经分析过,船舶优先权仅是优先于担保债权和普通债权受偿的权利,它所对抗的是用人单位的其他债权人,而不是用来对抗用人单位本身。不将其纳入船舶优先权保护范围并没有减轻用人单位应承担的赔偿责任,也不影响该法条对用人单位的督促效果;反之,若将二倍工资纳入船舶优先权保护范围,在用人单位的财产不能够足额赔偿对外债务时,二倍工资即可优先受偿,其他债权能够获得赔偿的数额就会相应减少。此时,该项规定的惩罚对象就由用人单位变成了用人单位的其他债权人,这是与该项法律规定的立法目的相违背的。

众所周知,当前的航运企业运营环境差,经营亏损、破产倒闭时常发生,当某个企业出现因无法支付船员工资而导致船员劳务纠纷时,大多已经是资不抵债。此时,如何正确适用船舶优先权规定保护船员合法权益,同时又要避免因对船员利益的过度保护而损害了担保债权人及普通债权人的利益是摆在各审判人员面前的一道重要命题,需要有智慧地做好价值权衡。作为弱势群体的船员,其应有的劳动报酬固然需要优先保障,从而避免其陷入生活困顿。但把握合理的限度也同样重要,避免过多损害其他债权人的合法权益,有损航运业的发展。

而且,我们在司法实践中也时常会发现船员劳务纠纷的虚假诉讼。由于是否签订劳动合同只有用人单位和劳动者最清楚,一些船东企业在企业经营困难时为了降低支付给银行及其他融资人的债务比例,存在串通船员利用船舶优先权规定进行虚假诉讼的情形,其中二倍工资就成为这类虚假诉讼中很重要的一部分诉求。在这类案件中,法院查明是否存在书面劳动合同的难度很大,虚假诉讼的定性非常艰难,即使承办法官有所怀疑,但能采用的手段也很有限。

总之,将二倍工资纳入船舶优先权保护既违背《劳动合同法》相关法条的立法目的,也是对船员工资报酬范围的过分扩大。同时,对船员利益过度保护,损害了其他债权人的合法权益,其在司法实践中产生的法律效果也并不理想,并且还增加了当事人利用船舶优先权进行虚假诉讼的风险。我认为,无论从二倍工资的性质和立法目的角度,还是从船舶优先权的取得基础、各权利人的利益平衡等角度来思考,船员的二倍工资都不应享有船舶优先权的保护。目前,各海事法院针对该问题还未形成统一的裁判尺度,在法院与法院之间和法院内部各审判员之间争议都较大,这对海事审判工作产生不利影响,建议最高人民法院尽快出台相关指导意见或指导性案例,统一裁判尺度,避免因此影响了海事审判工作的司法公信力。

二、船员是否可以直接向海事法院主张二倍工资之类诉求

解决完船员二倍工资是否享有船舶优先权问题后,接下来就需要探讨船员能否直接向海事法院起诉主张该二倍工资之类诉求的问题(即是否应该适用普通劳动合同纠纷应采取的仲裁前置规定)。

如认定船员二倍工资不能适用《海商法》中关于船舶优先权的规定,直接来源于《劳动合同法》规定的船员二倍工资与其他类型劳动者的二倍工资并无区别。那么对该类诉求是否可以直接向海事法院起诉,或者是否需要劳动仲裁前置进行探讨就具有很重要的现实意义。

《最高人民法院关于适用〈中华人民共和国海事诉讼特别程序法〉若干问题的解释》(以下简称《〈海诉法〉司法解释》)第8条规定:"因船员劳务合同纠纷直接向海事法院提起的诉讼,海事法院应当受理。"根据该条司法解释的规定,大多涉及船员二倍工资、经济补偿金、社保费用等与《海商法》中针对船员的特别规定无关的项目在司法实践中均直接向海事法院起诉。一般情况下,海事法院对此类案件也予以受理。但《最高人民法院关于海事法院受理案件范围的规定》(以下简称《海事法院受理范围规定》)自2016年3月1日起开始施行后,这种情况出现了变化。《海事法院受理范围规定》第24条规定:"船员劳动合同、劳务合同(含船员劳务派遣协议)项下与船员登船、在船服务、离船遣返相关的报酬给付及人身伤亡赔偿纠纷案件系海事法院受案范围。"该条规定对海事法院受理的船员劳务合同纠纷的范围进行了限定。

根据《劳动仲裁法》第五条的规定,普通劳动争议纠纷仲裁前置程序是诉讼的必经程序,这是强制性规定。部分省高级人民法院的法官认为船员起诉的诉求超出《海事法院受理范围规定》第24条限定范围的则不应由海事法院受理,应该根据《劳动仲裁法》的规定进行仲裁前置程序。

这样的意见在一些司法判决中已经得到体现:比如浙江省高级人民法院在审理上诉人陈某军因与被上诉人荣成市海洋渔业有限公司(以下简称"荣成渔业公司")船员劳务合同纠纷管辖权异议一案中提出明确的处理意见,

其意见是"本案中陈某军的身份虽为船员,但其诉请为请求法院判令荣成渔业公司支付工资、经济补偿金、加班工资、遣返费用、社会保险费用、退还罚款等共计 174 297.10 元,配合陈某军办理注销海员证手续并请求确认陈某军就上述债权对'鲁荣远渔 969'轮享有船舶优先权,其诉请同时涉及多种劳动权利,超出《海事法院受理范围规定》第 24 条规定的受理范围,故本案不属于可以直接向海事法院提起诉讼的船员劳务合同纠纷案件。"

其实这样的问题探讨也并非仅出现在近些年的司法实践中,最新的海事法院受理范围规定正式施行以前,最高院民四庭对相关问题就提出过较为明确的意见。最高院民四庭在 2013 年审理再审申请人杨某瑞因与被申请人重庆市海运有限责任公司(以下简称"重庆海运")船员劳务合同纠纷一案中认为,《〈海诉法〉司法解释》第 8 条规定:"因船员劳务合同纠纷直接向海事法院提起的诉讼,海事法院应当受理。"但上述规定中的船员劳务合同纠纷仅指船员在船工作期间所产生的工资、其他劳动报酬等的给付请求。本案中,杨某瑞的身份为船员,但其诉请为请求法院判令重庆海运履行无固定期限的劳动合同关系,依法履行相关义务,不具有明显的海事特征,不属于《〈海诉法〉司法解释》以及海事法院受案范围规定的可以直接向海事法院提起诉讼的船员劳务合同纠纷案件。由此可见,最高院并没有认为船员劳务纠纷中全部诉求都可以直接向海事法院起诉,能够依据《〈海诉法〉司法解释》第 8 条规定直接向海事法院起诉的船员劳务案件应该具有明显的海事特征。

(一)船员二倍工资之类诉求的司法管辖裁判观点

在涉及船员受雇到船上提供服务从而引起的纠纷中,可能存在三种类型的法律关系:小型渔船的自然人船东与船员之间的纯劳务合同关系;航运企业与船员之间的劳动合同关系;劳务派遣机构与船员签订的劳务派遣合同关系以及被派遣船员与实际船东之间形成的合同关系。司法实践中,对于该类法律关系纠纷中包含的二倍工资之类诉求是否应由海事法院直接受理,各法院存在不同观点,实践做法也存在差异。主要有以下三类:

甲观点认为,该类劳动纠纷一律适用劳动仲裁前置的规定,法院不直接受理。在最高人民法院〔2002〕民四他字第 16 号《最高人民法院关于国内船员劳务合同纠纷案件是否应劳动仲裁前置的请示复函》答复前,甚至在 2003

年2月1日《〈海诉法〉司法解释》实施前,对船员的诉求一律不予受理或裁定驳回的做法大量存在,认为船员劳动纠纷均应先进行劳动仲裁程序。

乙观点认为,船员劳务纠纷不论是否包含不具明显海事特征的二倍工资之类诉求,均可以直接向海事法院起诉。2001年9月18日,《最高人民法院关于海事法院受理案件范围的若干规定》实施后,因该规定第25条明确了海事法院的受理案件范围包含船员劳务合同纠纷,使得这一观点在当前司法实践中非常普遍存在,几乎所有涉及船员劳务纠纷的案件都可以直接向海事法院提起诉讼。

丙观点认为,并非所有的船员上船服务所产生的法律关系都应由海事法院直接受理。理由是:在船员上船服务产生的法律关系中,存在大量的涉及劳动法律关系调整的内容,由海事法院直接受理违反劳动纠纷仲裁前置的法律规定;如涉及船员劳动法律关系的工伤认定、二倍工资之类诉求等,不具有典型的海事特征,由海事法院直接受理,没有法理的依据;此外,海事法院作为专业性法院,劳动关系的处理并非其特长,且该类纠纷复杂烦琐,易消耗大量的审判资源,违背设立海事法院作为特别法院的初衷。

笔者赞同丙观点,认为只有符合2016年施行的《海事法院受理范围规定》第24条要求的具有明显海事特征的诉求才是海事法院的受案范围,才能直接向海事法院起诉。该做法具有如下明显的优点:

1.可以充分发挥劳动仲裁对于劳动争议解决的优势

国家针对劳动争议,专门规定了一套处理的专门程序、专门机构和人员。一般各个区县均有劳动仲裁机构,劳动者可以就近申请仲裁。劳动仲裁机构自设立后处理了大量的劳动争议,既解决了大量的劳动纠纷,又积累了很多有益的实践经验。劳动仲裁前置程序对于劳动争议的快速处理,实践中效果非常明显。

2.可以避免海事法院陷入"船员劳动争议处理法院"的境地

在航运平稳的年份,船员劳务纠纷在海事法院收案数中就占有一定的比例;在航运低迷的年份,由于大量航运公司无法持续经营,欠薪现象普遍,船员劳务纠纷则往往要占到三分之一以上的比例,导致海事法院的大量审判资源消耗在船员劳务纠纷的处理中。对于非劳动报酬、遣返费或人身伤亡侵权的纠纷,适用劳动仲裁前置进行处理,可以先行过滤大量的船员劳务纠纷,不至于所有船员劳务纠纷都诉至海事法院。

3.仅船员劳动报酬、遣返费或人身伤亡侵权的纠纷可以由海事法院直接受理,符合海事法律体系的完整性需要

该类诉求依照《海商法》的规定,具有船舶优先权,如果也适用劳动仲裁前置的规定,势必使船舶拍卖案件中海事债权的分配效率受到影响。再者劳动报酬、遣返费纠纷相对而言比较清楚,没有必要再通过劳动仲裁程序进行梳理。至于在船船员如果选择人身伤亡侵权纠纷,因法律未规定该项纠纷可以进行劳动仲裁,当然只能通过诉讼程序来解决。如果受伤亡的船员或其家属选择劳动合同中工伤诉求,则仍需经过劳动仲裁程序。因为该诉因下的补偿涉及工伤的认定情况以及工伤赔偿标准。

如果船员的诉求中既有海事法院依据《海事法院受理范围规定》可以受理的诉求,也有非海事法院直接受理应进行仲裁前置程序的诉求,此类情况应如何处理?

上述浙江省高级人民法院在审理上诉人陈某军因与被上诉人荣成渔业公司船员劳务合同纠纷管辖权异议一案中提出了明确的处理意见。笔者认为该意见具有重要的参考意义。从该案例可知,如船员或其家属的诉求中包含了海事法院无权直接受理的二倍工资之类请求,则案件也应适用劳动仲裁前置程序的规定。

(二)在现行法律法规制度体系下,船员选择维权路径的建议

船员劳务纠纷中涉及多种类型的诉讼主张,由于仅部分具有明显海事特征的诉求才在海事法院案件受理范围之内,因此在司法实践中,船员的各种诉讼请求应该选择何种途径进行主张则尤其重要,需要分类进行分析:

路径之一:单纯地主张船员在船期间劳动报酬、船员离船遣返费的纠纷,由于该部分诉求包含在《海事法院案件受理范围》之内,船员可以选择直接向海事法院起诉。

路径之二:如果船员的诉求中既包含了不能由海事法院受理的请求,如二倍工资、经济补偿金、社保缴费等,又包含了应由海事法院受理的诉讼主张,则当事人应选择先向劳动合同履行地或用人单位所在地的劳动仲裁机构申请劳动仲裁,需要确认船舶优先权或者对仲裁结果不服的,可以在劳动仲

裁后统一向海事法院提起诉讼。此时不宜再将船员的诉求进行分类，要求其向普通法院和海事法院分别起诉。因为如此区分会较大地增加船员的讼累，增加其维权的难度，不利于弱势群体利益的保护。

路径之三：如果船员的诉求中仅包含那些不具明显海事特征，不能由海事法院受理的请求，如二倍工资、经济补偿金、社保缴费等诉求，则当事人应选择先向劳动合同履行地或用人单位所在地的劳动仲裁机构申请劳动仲裁，对仲裁结果不服的，按民事诉讼法中管辖规定向地方普通法院起诉，不由海事法院管辖。

路径之四：在船员人身伤亡索赔案件中，如诉求只涉及雇主责任，船员或其近亲属仅主张雇主的侵权责任，可以选择直接向海事法院提起诉讼，以此加快索赔进度。当然，如果船员已经参保工伤保险，从自身利益角度考虑，认为选择适用工伤保险的相关法律法规来索赔对船员更有利。此时，船员也应先申请劳动仲裁认定劳动关系并进行工伤等级鉴定。如涉及雇主责任和第三人责任的，那么船员可根据如下情形进行选择：雇主赔偿能力充足，且选择工伤索赔路径不会导致赔偿数额减少的，或者已参保工伤保险的，船员应直接申请劳动仲裁；雇主赔偿能力不足，且没有办理工伤保险的，船员可直接向海事法院起诉，向相关的侵权人索赔。

（原载于《人民司法·应用》2019 年 8 月第 22 期）

浅谈船舶优先权制度的理论架设与重构

李　慧

【摘要】船舶优先权制度是《海商法》体系中的一项特殊制度。该制度的规定使得本应平等受偿的债权发生排序上的变化,其目的在于通过特殊的法律衡平各方当事人间的利益,使得航运业顺利发展。国际上共有三部有关船舶优先权制度的公约,我国的船舶优先权制度在立法中借鉴了《1993年船舶优先权和抵押权国际公约》的规定。因该公约未被国际社会普遍认可,且其为国际社会间相互妥协的产物,所保护的利益与我国国情下亟须保护的利益存在显著差异,故我国的船舶优先权制度应适时做出调整。考虑到我国船舶优先权的有关现行立法中可能存在定性问题,内部系统及与其他制度间的矛盾等问题,笔者试图一一阐述并提出解决之道,以期完善我国的船舶优先权制度,为促进我国蓝色经济的发展做出贡献。

【关键词】船舶优先权;体系;性质;内部顺序;外部关系

船舶优先权制度是海事诉讼特别程序法中特有的制度之一,《中华人民共和国海商法》(以下简称《海商法》)中在"船舶"一章中单列一节对其进行规定,《海商法》第二十一条①、第二十二条②对船舶优先权制度做出概念分析及具体列举。简而言之,它是船舶优先权人得针对其债权以船舶为标的优先受偿的制度。

一、船舶优先权制度的历史、法律渊源

船舶优先权制度存在纵横方向的发展历程。从纵向的时间轴看,早在罗马法中就有关于船舶优先权的制度;从横向的时间轴看,现今社会各国对船舶优先权制度做出了不同的规定。

(一)船舶优先权制度的发展经过了漫长的历史过程

在航运初期,因海上气候诡谲多变,加之航海技术不成熟,海运风险较高;且就营运成本而言,个人往往难以支付船舶所需的全部资金。"冒险贷款制度"作为一种新型的融资方式顺势而生。"由于船舶的价值较大,可以起到很好的担保作用,故在法律上将船舶作为一种担保物,可以消除贷款出资人的顾虑,使船舶所有人得到必要的援助。"③在冒险贷款制度下,可能出现以下后果,有些后果初具优先属性:(1)船舶安全返航,则优先返还贷款出资人的借款金额及高额利息。(2)船舶在航行中发生意外,产生一次救助,因此次救助是船舶返航的必要条件,此次救助费用较贷款出资人的借款及利息优先给付。(3)船舶的航行中出现多次救助,因"后发生的救助最终使船舶完成了航行,安全抵达目的港"④,故应优先返还后发生的救助费用,即"后发生,先受偿(first in time, last in rem)"。(4)船舶无法返航,则不需支付任

---

① 《海商法》第二十一条:船舶优先权,是指海事请求人依照本法第二十二条的规定,向船舶所有人、光船承租人、船舶经营人提出海事请求,对产生该海事请求的船舶具有优先受偿的权利。

② 《海商法》第二十二条:下列各项海事请求具有船舶优先权:

(一)船长、船员和在船上工作的其他在编人员根据劳动法律、行政法规或者劳动合同所产生的工资、其他劳动报酬、船员遣返费用和社会保险费用的给付请求;

(二)在船舶营运中发生的人身伤亡的赔偿请求;

(三)船舶吨税、引航费、港务费和其他港口规费的缴付请求;

(四)海难救助的救助款项的给付请求;

(五)船舶在营运中因侵权行为产生的财产赔偿请求。

载运2000吨以上的散装货油的船舶,持有有效的证书,证明已经进行油污损害民事责任保险或者具有相应的财务保证的,对其造成的油污损害的赔偿请求,不属于前款第(五)项规定的范围。

③ 傅廷中:《海商法》,法律出版社2001年5月第1版,第46页。

④ 赵德铭:《国际海事法学》,北京大学出版社1999年版,第128页。

何资金给贷款出资人,即冒险贷款制度是以船舶的存续为前提的。

(二)经过历史的演变及国际社会的努力,现存三部有关船舶优先权的国际公约

这三部国际公约分别是《1926 年统一船舶优先权和抵押权若干规定的国际公约》、《1967 年统一船舶优先权和抵押权若干规定的国际公约》及《1993 年船舶优先权与和抵押权国际公约》,因种种原因,以上三个国际公约并未被国际社会普遍认可。

二、船舶优先权制度存在的意义

就船舶优先权制度存在的意义,学术界有不同的见解,笔者认为可从上述三个公约未被各国普遍认可的事实推出端倪。具体而言,各国存在不同的利益取向,"天下熙熙,皆为利来;天下攘攘,皆为利往":船舶数量庞大的发达国家侧重于保护船方利益,而货源充足或者劳动力密集的国家则侧重于保护货方、船员利益。纵览历史及各国现状,国家制定船舶优先权制度的宏观目的均是通过利益的衡平以保障航运业的发展。

(一)从船舶优先权的演变历史来看,在产生之初,即为衡平各方利益

从一方面看,保护贷款出资人的权益对船方有利:因船东利益的取得依赖于船舶的营运,若贷款出资人没有出资,即船舶无法营运,船东的利益将无从取得;而贷款出资人的利益依附于船舶,若船舶未安全返航,贷款出资人的暴利也将无法获得。从另一方面来看,维护后救助人利益的同时立法者也考虑了先救助人的权益:先救助人的利益依附于船舶之上,若后救助人不施力于船舶,船舶灭失意味着先救助人的利益成为镜中水月。

(二)在海洋经济繁荣的现代,船舶优先权制度存续的意义在于多角度、全方面地促进航运业的发展,其基于社会、道德、经济等因素让渡特权,以换取船舶的安全和效益

正如高瑞尔·巴恩斯(Gorell Barnes)法官在"The Ripon City"一案中指出的,"优先权是针对船舶的一项可被通过法律程序实现的特权,权利人或为船舶提供过服务,或因船舶而致伤害。它是某人针对他人之物而获致的一项权利——因让渡而生之权利"。笔者认为,船舶优先权制度中的优先给付

船长、船员工资等报酬不仅是根据公平原则保护弱势群体,也因船长、船员在船舶上的作用至关重要,保护船员意味着对船舶的保护;又如给付港口规费一方面保障政府的财政收入,同时也使得政府有足够的经济实力保证航海的安全及航运业的发展。

三、我国船舶优先权制度的理论重构

（一）我国优先权制度的规定

我国《海商法》第二章第三节中对优先权的概念、范围、受偿顺序、优先拨付的费用、受偿顺序、不灭原则、转移、行使及消灭,责任限制不受影响等项目做出具体规定。

我国《海商法》中的船舶优先权制度主要借鉴的是《1993 年公约》,但因《1993 年公约》存在以下情形,笔者认为需适时做出修改:首先,因各法系甚至同一法系内部对船舶优先权都存在不同的理解,该公约未被国际社会所普遍认可,参照未被各国普遍接受的公约进行立法的可行性值得商榷。其次,《1993 年公约》存在立法不周延的状态,就内部而言,船舶优先权制度本身的体系不够完善,就外部而言,与其他制度的衔接存在问题。再次,依以上利益衡平的理论,公约所规定的海事请求的项目及受偿顺序与我国现阶段的国情不符,直接援引公约内容可能导致"水土不服"。

（二）理论架设与重构

1. 船舶优先权的性质问题

由于法系的区别及法系间历史传统的沿袭,各国对船舶优先权的法律属性做出不同的认定,有些国家将其识别为债权,有些国家认定其为物权,而有些国家将其确认为程序性权利而非实体性权利。在我国,法学家依据其独到的见解,对船舶优先权的性质做出判断:傅廷忠认为,"船舶优先权是一种优先的债权";梁慧星认为,"船舶优先权属于物权的一种";司玉琢则认为,"船舶优先权,在我国应当被确认为是一种实体权利,而且是一种以船舶为客体的物权,即船舶担保物权的一种"[1]。

---

[1] 司玉琢:《海商法》,法律出版社 2007 年 3 月第 2 版,第 53 页。

笔者认为,因我国法律将船舶优先权与船舶所有权、船舶抵押权等物权并立,置于《海商法》"船舶"一章中,笔者认为,按照法律的体系解释,我国的立法取向是将船舶优先权定性为物权。

各种理论对船舶优先权的性质做出不同认定,但结合上文就船舶优先权制度存在意义的分析,实际上船舶优先权起着衡平各方当事人利益的作用。虽船舶优先权制度与物权、债权均有相似之处,但将其严格划分为物权或债权恐有失偏颇,依现有的物权、债权体系进行严格限定不利于其存续。因船舶优先权制度在法条中单列一节,具有特殊性,不论是物权还是债权的认定,最终船舶优先权制度的纠纷解决机制应回到法条中的条文上,以该节的法律规定为准。

2. 内部系统——优先权制度的体系需完善

船舶优先权制度是我国《海商法》的重要组成部分,《海商法》为《民法》体系下的特别法,故船舶优先权制度的规定应符合民事法律关系的规定。根据传统民法理论,"民事法律关系由主体、内容、客体三要素组成,任何一种民事法律关系,都不能缺少这三者"①。(如图 1 所示)

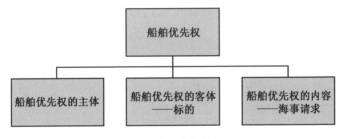

图 1   船舶优先权的组成

(1)客体完善——完善船舶的客体即"优先权的标的"的规定

《1926 年公约》规定船舶优先权的标的包括三种,即船舶、运费、船舶和运费的附属利益,还具体规定附属利益的内容及除外条款。《1967 年公约》排除运费以及船舶、运费的附属利益。《1993 年公约》并未对船舶优先权的标的做出明确规定。

---

① 　马俊驹、余延满:《民法原论》,法律出版社 2010 年 9 月版,第 51 页。

台湾地区所谓"海商法"第二十七条对船舶优先权的标的做出列举①，阐明五种可以而且应当优先受偿的标的，不仅包括船舶本身，而且包括运费、报酬等孳息。

船舶优先权制度的客体是船舶优先权的重要组成部分，我国《海商法》第二十一条的"船舶优先权，是指……对产生该海事请求的船舶具有优先受偿的权利"，即对主体和内容做了规定，却未明确客体的具体内容，而客体在船舶优先权制度中占据重要地位，不应忽视。笔者认为，船舶优先权的客体固然或者天然为船舶，但因船舶的复杂性，可能导致我国立法的含义不明：船舶具有拟人属性，包括多种组成部分，既有船舶本身，又有运费等船舶所生孳息，还有因船舶侵权产生的加害方赔偿等，我国立法中仅列明"船舶"二字可能导致指代对象不明。笔者认为在我国航海事业兴起的今天，应根据我国的国情，进行利益衡量后，确定船舶优先权的客体的具体指向内容，以保障当事人的利益。

（2）标的完善一——明确船舶优先权制度与海事请求间的关系

我国《海商法》第二十一条规定了船舶优先权的定义，第二十二条规定了具有船舶优先权的海事请求的项目，但对二者间的关系未做出明确规定。这不禁让人疑惑，我国船舶优先权与海事请求间的关系如何？如何将二者关联起来？

《1993年公约》第4条"船舶优先权"中所规定的"对船舶所有人、光船承租人、船舶管理人或经营人的下述各项索赔可通过对船舶的优先权得到担保：……"，即二者属于担保与被担保的关系。

英美法系国家认为船舶优先权的项目反映了船舶优先权所担保的海事请求的种类，英美学者称这类海事请求为"优先请求权"（Preferred Claims）②。

台湾地区所谓"海商法"第二十四条亦规定如下："下列各款为海事优先

---

① 台湾地区所谓"海商法"第二十七条：依第二十四条规定，得优先受偿之标的如下：一、船舶、船舶设备及属具或其残余物。二、在发生优先债权之航行期内之运费。三、船舶所有人因本次航行中船舶所受损害，或运费损失应得之赔偿。四、船舶所有人因共同海损应得之赔偿。五、船舶所有人在航行完成前，为施行救助所应得之报酬。

② 张辉：《船舶优先权法律制度研究》，武汉大学出版社2005年5月第1版。

权担保之债权,有优先受偿之权:……",亦规定二者间的担保关系。

笔者认为,船舶优先权与海事请求是两个不同的权利,船舶优先权是一种法定的优先的权利,海事请求是因船舶优先权制度的存在而被赋予优先特权的权利。二者有主从之分,海事请求属于主权利;没有船舶优先权的存在,海事请求仅为一般的权利,有作为一般性权利的存在空间:经过一年的除斥期间,该海事请求所具有的船舶优先权消灭,但仅是优先属性的消灭,海事请求可以继续存在,成为适用诉讼时效的普通债权。关于二者间的关系,海事请求权属于债权不容置疑,上文已述我国《海商法》的立法取向是将船舶优先权视为物权,且船舶优先权符合我国担保的定义——"担保物权,是指为了担保债务的履行,在债务人或第三人的特定物或权利上所设定的一种他物权"①,故我国船舶优先权与海事请求权之间应参照国际公约及国外立法,明确规定为担保与被担保的关系。

(3)标的完善二——海事请求权内部顺序存在缺陷

海事请求是船舶优先权中的重要组成部分,三部公约分别对具有船舶优先权的海事请求的项目做出明确规定:《1993年公约》所规定的海事请求项目较《1926年公约》《1967年公约》而言有一定程度的缩减,"删除了清除沉船和共同海损分摊的请求受优先权担保的规定,调整船舶优先权的排列顺序②"。我国《海商法》借鉴了《1993年公约》草案及各国立法,在第二十二条中对海事请求的项目做出列举式规定,具体规定五种海事请求可享有船舶优先权,对该五种请求做出排序;第二十三条③又规定在某些特殊情况下的海事请求可以突破第二十二条所规定顺序,优先受偿。

我国《海商法》第二十三条第一款规定"各项海事请求,依照顺序受偿","第四项海事请求,后于第一项至第三项发生的,应当先于第一项至第三项受偿",第二款规定"本法第二十二条第一款第(一)(二)(三)(五)项中有两

---

① 马俊驹、余延满:《民法原论》,法律出版社2010年9月版,第402页。
② 傅廷中:《海商法》,法律出版社2001年5月第1版,第64~70页。
③ 《海商法》第二十三条:本法第二十二条第一款所列各项海事请求,依照顺序受偿。但是,第(四)项海事请求,后于第(一)项至第(三)项发生的,应当先于第(一)项至第(三)项受偿。
本法第二十二条第一款第(一)(二)(三)(五)项中有两个以上海事请求的,不分先后,同时受偿;不足受偿的,按照比例受偿。第(四)项中有两个以上海事请求的,后发生的先受偿。

个以上海事请求的,不分先后,同时受偿"。

假设某艘船舶发生了第(一)项海事请求规定的情形——A,接着发生第(四)项——B,第三次又发生了第(一)项——C。

此时按照"第(四)项海事请求,后于第(一)项至第(三)项发生的,应当先于第一项至第三项受偿"的规定,结论为 B 应优先于 A 且后于 C 受偿(C〉B〉A);

而按照"本法第二十二条第一款第(一)(二)(三)(五)项中有两个以上海事请求的,不分先后,同时受偿",结论为 C 与 A 应同时受偿(C=A)。

以上两结论的矛盾在 A/B/C 三者同时受偿的情况下可以调和。但法律又明文规定"本法第二十二条第一款所列各项海事请求,依照顺序受偿",即 A/B/C 不可能同时受偿。

综上,在发生假定的情况下,船舶优先权的顺序存在矛盾,可能发生相矛盾的受偿顺序,尤其是在船舶优先权行使时款项不足的情况下,顺位先后决定了能否得到受偿。如何处理二者间的矛盾,笔者认为应就此种情况,结合上文所论述的衡平规则,根据我国所要保护的最主要的利益,倾向性地就此做出立法规定。

3. 外部关系——与海事赔偿责任限制、船舶抵押权的矛盾需调和

（1）船舶优先权制度与海事赔偿责任限制的行使顺序

我国对海事赔偿责任限制的规定详见《海商法》第十一章,其立法目的是保护船舶所有人、救助人的利益,使其应负担的赔偿责任限定于一定范围之内。其立法意义在于"保障和促进海事运输及与之相关的事业,实施公平原则的需要,鼓励海难救助事业,缓解海上保险业的压力"。① 船舶优先权制度与海事赔偿责任限制制度同为《海商法》中的特别制度,理应并存,但现实中二者间存在着以下冲突:

利益冲突:船舶优先权制度主要是通过保护其他当事人的利益,最终使得船舶的利益得到保护;而海事赔偿责任限制的立法目的却是直接保护了船舶所有人、救助人。两个制度所保护的主体存在着利益冲突,保护船舶所有人、救助人的利益将导致船舶优先权的制度中诸如船长、船员、政府、人身伤

---

① 傅廷中:《海商法》,法律出版社 2001 年 5 月第 1 版,第 398-399 页。

亡的请求主体、海难救助方、侵权造成的财产赔偿请求人的利益的相对减损。

受偿顺序冲突：享有优先权的债权人可以提出全额索赔，然后再按优先权的顺序受偿，而不需考虑后面的债权人的受偿问题。海事赔偿责任限制法条却规定，责任限制基金应在索赔人之间按比例分配。①

我国《海商法》第三十条明确"本节（船舶优先权）规定不影响关于海事赔偿责任限制规定的实施"，即在我国的立法取向上，船舶优先权制度需要给赔偿责任限制制度让步。

如图2所示，两制度中存在相同的请求项目，该项目包括：在船舶营运中发生的人身伤亡的赔偿请求，救助费用、营运中因侵权行为产生的财产赔偿请求等。两制度所规定的请求范围存在交集，应如何协调二者之间的关系？

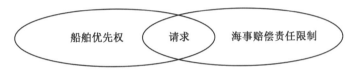

船舶优先权　　请求　　海事赔偿责任限制

图2　船舶优先权制度与海事赔偿责任限制制度的关系

针对二者存在交集的项目：试想若优先权项目中排行靠后的请求，例如"船舶在营运中因侵权行为产生的财产赔偿请求"，按照优先权制度可能因为顺位排后而受偿较少；而当船舶所有人、救助人向法院申请海事赔偿责任限制之后，其法律后果是按比例受偿，但因排位变化，获得较高额赔偿的希望增大。

针对二者间不同的项目：船舶优先权制度中存在而海事赔偿责任限制制度中不存在的项目，因海事赔偿责任限制行使的优先性②及专属性③，其结果

---

① 《1957年船舶所有人责任限制公约》第3条第2款规定"对于每一部分限制基金，应按照已经确定的索赔数额的比例，分配给索赔人"，《1976年海事赔偿责任限制公约》第12条也规定，"……基金应在索赔人之间，依其所确定的对该基金的索赔额，按比例分配"。我国《海商法》第二十三条也规定"本法第二十二条第一款所列各项海事请求，依照顺序受偿。但是，第（四）项海事请求，后于第（一）项至第（三）项发生的，应当先于第（一）项至第（三）项受偿。本法第二十二条第一款第（一）（二）（三）（五）项中有两个以上海事请求的，不分先后，同时受偿；不足受偿的，按照比例受偿。第（四）项中有两个以上海事请求的，后发生的先受偿。"

② 《海商法》第三十条：本节规定不影响本法第十一章关于海事赔偿责任限制规定的实施。

③ 《海商法》第二百一十四条：责任人设立责任限制基金后，向责任人提出请求的任何人，不得对责任人的任何财产行使任何权利；已设立责任限制基金的责任人的船舶或者其他财产已经被扣押，或者基金设立人已经提交抵押物的，法院应当及时下令释放或者责令退还。

可能是海事赔偿责任限制行使时，该船舶优先权制度中存在而海事赔偿责任限制制度中不存在的项目便被排除使用。"在这种情形下，责任限制效果的取得实质上是通过武断地取消某些债权实现的"①。优先权的立法初衷因海事赔偿责任限制而被改变。

两种制度在《海商法》中都有存在的意义，但二者存在利益及受偿顺序的冲突，海事赔偿责任限制制度的存在在一定程度上限制了船舶优先权制度的行使。笔者认为，可以以适当减少海事赔偿责任限制制度与船舶优先权制度中存在交集的项目，或弱化二者间的尖锐矛盾，使其有并存的可能性，以保护《海商法》这个特殊部门法中最特殊的两个制度。

（2）船舶优先权制度与船舶抵押权的矛盾

如中国香港著名海商法学家杨良宜所言："船舶优先权是一种未完成的权利（inchoate），权利人不像其他普通法留置权人那样一开始就占有船舶，而是到履行对物诉讼时，才通过法院对船舶进行占有。"若没有进行诉讼，船舶优先权仅附着于船舶之上，隐而不显。②

如此可能给船舶抵押带来困难，因船舶抵押权人在设定抵押时，可能无法知晓已附着在船上的船舶优先权担保的请求项目，且该海事请求的项目的实现与否也尚不明朗。潜在的船舶抵押权人若不愿就该价值待定进行抵押，船舶抵押人的权利便相应地处于待定状态。即在抵押权行使的情况下，船舶优先权制度的存在，反而间接影响到船舶所有人、经营人、光船承租人的权利。

如此，便有以下一系列的问题：秘密性是否是船舶优先权的天然属性？是否可以将船舶优先权公示出来，或者以其他形式变通使得船舶抵押权人的权利顺利行使？若使其公示出来，谁来公示？

笔者认为，如上文法律属性中所述，优先权制度是我国《海商法》中一种特殊的法定的权利，属于物权性质的权利。而公示公信原则是物权法的基本原则，故在船舶优先权制度中可以适当引入信息披露制度，增加优先权的透

---

① 徐仲建：《论船舶优先权与海事赔偿责任限徐仲建徐仲建制的冲突和协调》，《法学杂志》2012年第1期，第161页。

② 《海商法》第二十八条亦规定"船舶优先权应当通过法院扣押产生优先权的船舶行使"，即当未进行诉讼时，船舶优先权仅为一种待行使的权利。

明度,以保障抵押权人的权利。当船舶抵押权人提出要求时,船舶所有人、船舶经营人、光船承租人应依据法律规定将已经存在的船舶优先权项目进行披露。

公示不须船舶所有人、船舶经营人、光船承租人主动为之,而应是在船舶抵押权人或其他利害关系人提出申请后的行为。法律应明确规定提供的信息必须真实、可信,若信息存在虚假、滞后等情形,披露方应赔偿因不实信息所造成的利害关系人的损失;且若利害关系人提出请求,要求知晓船舶优先权的实时动态的,船舶所有人、船舶经营人、光船承租人须实时告知最新信息,以保障该利害关系人的利益。

结语

我国《海商法》中的"船舶优先权制度"大部分借鉴《1993 年公约》,而国际上大多国家并未加入该公约。因此,笔者认为,需要从我国的国情进行考虑而非单纯借鉴国际公约的规定,从诸如船舶优先权的项目、船舶优先权与海事请求的关系、船舶优先权与海事赔偿责任限制的关系等角度细化我国的船舶优先权的制度,促使航运业的发展,着力打造我国海洋大国的形象。

(2018 年第二十六届海事审判研讨会三等奖)

提单并入条款的定性与准据法确定

——兼评《鹿特丹规则》第76条

张珠围

【摘要】为增强审理提单海上货物运输合同纠纷涉外法律适用的稳定性和可预见性，对我国法院审查涉外提单并入租船合同的案件进行考察，揭示司法实践缺乏对法律选择结果逻辑推理的说理与阐释的问题。我国法律未就并入条款效力问题的准据法做出规定，理论界分歧较大，实践做法并不统一。通过总结提炼我国司法实践经验、对外国立法及实践进行比较研究，提出并入条款是提单所证明的海上货物运输合同的合同条款之一，对该条款的法律效力的审查属于合同解释的范畴，应适用提单运输合同的准据法作为审查提单是否并入租船合同的准据法。《鹿特丹规则》第76条规定以公约规定的方式并入提单中的租船合同仲裁条款不受关于公约仲裁地的限制。

【关键词】并入条款；定性；准据法；《鹿特丹规则》

随着"一带一路"建设的深入推进，涉及"一带一路"法律纠纷的解决以及良好法治环境的构建，已经成为参与主体的最大利益关切和需求。贸易畅通是"一带一路"建设的基本目标之一，国际海上货物运输合同纠纷的妥善审理是贸易畅通的基础，也是海事审判服务保障"一带一路"建设的重要切入点。在国际海上货物运输实践中，国际大宗散杂货贸易通常采用租船合同进行运输并根据贸易条件签发相应的租船格式提单。这种运输方式涉及托运人、船东、承租人、提单持有人等不同国家、地区的多方主体，且一个运输航次可能涉及一系列的"背靠背"的租船合同。船东为了在这种复杂的法律关系中较好地维护自己的利益，通常要求承租人签发的提单必须载有并入条款（Incorporation Clause），将租船合同并入提单，使自己在面临提单持有人索赔时也能适用租船合同中的条款约定。但是提单持有人并非与船东签订租船合同的当事方,船东能否以提单中的并入条款将租船合同的条款并入提单进而约束提单持有人,一直是各国海商法领域争议较大的议题。

一、问题的提出:审查提单并入租船合同法律适用问题

我国学界对提单并入租船合同的研究多集中于租船合同中的仲裁条款效力准据法、并入条件的域外法实践介绍、仲裁条款效力等问题,却少有研究、关注目前司法实践所急需的提单并入租船合同准据法确定进路的方法探讨。

阳光自豪控股股份有限公司(以下简称"阳光控股公司")与重庆红蜻蜓油脂有限责任公司(以下简称"红蜻蜓油脂公司")海上货物运输合同纠纷案([2017]鄂民辖终31号)

提单持有人红蜻蜓油脂公司因货损起诉承运人阳光控股公司要求赔偿损失,阳光控股公司提出管辖权异议,认为涉案提单已经有效并入租船合同的仲裁条款。根据仲裁条款约定,提单货物运输合同下的所有纠纷都应提交伦敦仲裁。一审海事法院认为提单虽载明"与租船合同合并使用",但提单正面仅载明"运费根据租船合同支付",并没有关于并入提单的租船合同的具体记载,且租船合同中未载明船舶的名称,无法证明该合同与本案运输的关联性,因此认定涉案提单并入的租船合同不明确,原、被告之间未有仲裁合意或者其他有关仲裁的约定,裁定驳回管辖权异议。阳光控股公司提起上诉称,一审法院适用的准据法错误,未先行明确其所应适用的准据法,更未依据应当使用的准据法对仲裁条款的效力进行讨论或判定。涉案提单所并入的租船合同中约定有关争议应当提交伦敦仲裁,应以英国法作为准据法审查涉案仲裁条款效力。根据英国法,涉案提单有效并入租船合同中的伦敦仲裁条款,本案纠纷应在伦敦通过仲裁解决。二审高院认为,红蜻蜓油脂公司提交的民事起诉状和初步证据显示,涉案提单虽载明"与租船合同合并使用",但并没有关于并入提单的租船合同的具体记载,也没有注明租约有仲裁条款并入提单,故不能认定阳光控股公司所主张的航次租船合同中的仲裁条款被并入了提单,驳回了阳光控股公司的上诉。

本案是较为典型的因提单并入仲裁条款而引起的管辖权异议案件,体现

了并入条款效力问题通常与租船合同中的仲裁条款效力问题并存的特点。这类型案件通常是国内提单持有人因货损货差起诉国外承运人要求赔偿损失，承运人出于各种原因通常会主张提单并入了租船合同中的仲裁条款。法院以管辖权异议程序审查此类案件，裁判结果通常是否定提单并入租船合同，进而否定仲裁条款约束提单持有人。但是该案例的独特之处在于承运人对一审法院缺漏了关于法律适用方面的说理论证提出了质疑，认为法院在否定提单并入租船合同的说理认定之前应先行对准据法的确定进行论证说明，本案并入问题适用不同国家法律，得出的结论会存在冲突。笔者认为，这个上诉理由直指我国法院近年来审查提单并入租船合同案件在逻辑论证上的问题：缺乏对于法律选择结果逻辑推理的说理与阐释。裁判文书法律适用说理上的缺陷，直接影响了文书对合理性和公正性的宣示，也影响了其权威性。我国法律并未规定审查提单并入租船合同的准据法，理论界对此问题深入研究探讨得不多，导致司法实践对此问题采取忽视回避或模糊化处理的态度。

笔者认为，涉外民商事案件审判中，确定准据法是案件说理论证的起点，法院应先确定审查提单并入租船合同的准据法，再根据所应适用的准据法进行审查认定并入问题。有关提单并入租船合同的审查应适用的准据法的讨论，应以这一问题所涉的概念和性质为始。在对相关概念进行定性识别之后，才能援用相应的冲突规范确定准据法。对有关的事实构成的性质做出定性或分类，并将其归入特定的法律范畴，进而确定应该援用哪一个冲突规范的法律认识过程，理论上称为识别或定性。定性是涉外民事关系法律适用的起点，提单并入租船合同的识别将直接影响其所适用的准据法。提单并入租船合同的性质问题，理论分歧较大，司法实践也不统一。

二、提单并入租船合同的定性

（一）提单是否并入租船合同定性的理论分歧

1. 事实认定性质论

该观点认为"有关租船合同条款以什么样的方式、是否在事实上被并入到提单，属于事实认定的问题，应用法院地法来解决"。笔者认为该观点过于片面，没有认识到提单并入租船合同的问题的核心。提单条款是否有记载并入条款属于事实认定问题,但是并入条款是否具有将租船合同的条款并入到提单中并进而约束提单持有人属于并入条款法律约束力的判断,所以租船合同条款是否并入并不是纯粹的事实判断问题,而是涉及提单中的并入条款的法律效力判断问题。

2. 程序性质论

该观点认为"租船合同仲裁条款并入提单问题是涉及法院地国司法主权的程序性问题,应当适用法院地法"。笔者认为,虽然提单一旦并入租船合同可能具有排斥法院管辖权的程序效果,目前大部分租船提单格式均约定对仲裁较为宽松、支持的国家或地区如伦敦、纽约或中国香港作为仲裁地。如果租船合同条款包括仲裁条款被并入提单,根据冲突规范所指引的准据法审查仲裁条款效力时(一般为外国法或中国香港法规)①,就会得出租船合同的仲裁能约束提单持有人的结论,从这个意义上说,提单并入问题具有排斥法院管辖的效果。但是,这种观点忽视了并入环节的并入条款效力判断及租船合同中的仲裁条款效力判断是相互独立的问题,在逻辑上应先判断并入条款是否能够有效并入租船合同,再判断租船合同中的仲裁条款对于提单持有人是否有拘束力,而不是直接忽略并入环节的判断而用还未并入的租船合同中的条款来确定并入环节的准据法。

3. 仲裁条款性质论

该观点认为当并入条款涉及的是仲裁条款是否并入租约的问题时,确定仲裁条款并入提单的效力的准据法和确定一般仲裁条款效力的准据法没有区别,应适用根据冲突规范指引确定的仲裁条款准据法。笔者认为,此种观点类似程序性质论,也是混淆了租船合同是否并入提单与租船合同效力两个问题,直接以仲裁条款效力的准据法来审查并入问题,该观点存在逻辑缺陷。

综上,笔者认为提单并入租船合同的问题兼具程序性与实体性的特点,在逻辑上应正确区分并入问题与租船合同条款效力问题的先后判断顺序。

---

① 《最高人民法院关于适用〈中华人民共和国仲裁法〉若干问题的解释》(2008 年调整)第十六条规定,对涉外仲裁协议的效力审查,适用当事人约定的法律;当事人没有约定适用的法律但约定了仲裁地的,适用仲裁地法律;没有约定适用的法律也没有约定仲裁地或者仲裁地约定不明的,适用法院地法律。目前国际通用的租船格式提单通常约定适用外国法及境外仲裁,因外国法对仲裁协议的有效性往往采取鼓励、支持态度,对仲裁条款多解释为有效。

（二）提单是否并入租船合同定性的实践考察

当前我国法院审判实践中,审查提单是否并入租船合同问题主要是以租船合同仲裁条款能否约束提单持有人的管辖权异议纠纷案件的形式体现。在仲裁条款效力审查报核制度下,我国关于提单并入租船合同的观点也主要体现在最高人民法院历年来关于提单并入租船合同仲裁条款效力请示的复函中。从这些复函可以看出司法实践早期适用法院地法直接否定仲裁条款效力,否定其并入提单以及约束提单持有人问题。随着对仲裁司法态度的转变,特别是《仲裁法》司法解释施行以来,法院一般不对仲裁条款本身的效力进行判断,而对仲裁条款能否并入提单问题的审查上设置诸多条件,在并入环节加以否定,从而否定仲裁条款约束力。如最高院在连云港祥顺矿产资源有限公司与尤格兰航运有限公司海上货物运输合同纠纷管辖权异议一案的请示的复函中认为,尽管提单背面约定提单正面所示租船合同中的仲裁条款并入提单,但提单背面并入条款的约定不产生约束提单持有人的效力,该提单正面并未载明租船合同中的仲裁条款并入提单,不能产生租船合同仲裁条款并入提单、约束提单持有人的法律效果。①

司法审查模式由否定仲裁条款效力转变到否定提单并入租船合同,体现了我国法院对仲裁条款认识的深入和对仲裁态度的转变,但这种模式也产生了如何确定审查提单是否并入的准据法新问题。

最高人民法院关于神华煤炭运销公司与马瑞尼克船务公司确认之诉仲裁条款问题的请示的复函〔2013〕民四他字第4号

天津海事法院受理的神华煤炭运销公司诉马瑞尼克船务公司确认之诉一案中,神华煤炭运销公司主张与马瑞尼克船务公司之间不存在仲裁协议,天津海事法院及天津高院认为该案是确定仲裁协议是否有效并入提单,并非确定仲裁条款的效力,故不能适用仲裁法解释第十六条的规定。鉴于双方未能就法律适用达成一致,而涉案运输的起运港为中国天津,提单也是在天津签发的,因此中国法律与本案具有最密切联系,本案应适用中国法律。最高人民法院在复函中认为,涉案提单为与租约合并使用的简式提单,但提单正面并未明示记载将租约包括仲裁条款并入提单,故租约中的仲裁条款并未有

---

① 最高人民法院:〔2013〕民四他字第1号。

效并入提单,本案并非对租约中仲裁条款效力的审查,天津高院认为应当适用中国法律确认双方当事人之间是否存在仲裁协议正确。

在此案例中,最高人民法院的复函确立了两个裁判规则:一是确定仲裁协议是否有效并入提单与确定仲裁条款的效力是两个独立的问题,不能适用仲裁法解释第十六条的规定来确定仲裁协议是否并入提单;二是涉案纠纷是货物运输合同纠纷,根据最密切联系原则确定本案应适用中国法律,提单并入仲裁条款问题也应适用中国法律。一审海事法院及二审高院均在适用中国法的前提下否定提单并入了租船合同,但是说理论证却较为模糊,没有分析论证提单并入租船合同的法律性质及适用运输合同的准据法判断并入条款效力的依据。笔者认为,该案的缺陷在于没有对租船合同是否并入问题进行准确定性,导致确定准据法确定进路分析论证不明确,削弱了案例指导参考效果,无法有效消弭提单并入租船合同的准据法之争。①

(三)提单是否并入租船合同的定性的比较法分析

英美法院认为提单是否并入租船合同是提单上的并入条款的效力问题,具体而言是指并入条款是否具有并入租船合同条款及能在多大范围内并入租船合同条款并进而约束提单持有人的效力。关于并入条款效力问题的识别,英国法和美国法均认为并入条款的有效性及该条款可以并入的租约条款的范围属于合同条款的解释范畴,是提单所证明的运输合同项下的合同性争议(Contractual Disputes)。德国法认为提单是无记名或指示证券,在承运人签发提单并流转至第三人的情况下,提单持有人与承运人之间的关系是一种证券关系。提单上记载的请求权是海上货物运输合同请求权。提单持有人与承运人之间的无单放货、货损货差等纠纷性质上属于因无记名或指示证券流转而产生的债务。英美法与德国法关于提单性质的规定不同,相应的对提单并入租船合同的定性也不相同。笔者认为,英美法将并入问题视为合同性的争议,对其进行合同法上的考察,更多地体现尊重合同当事人意思自治。

---

① 在该复函发布之后,仍有多个案件涉及并入问题准据法,如〔2015〕鄂民四终字第00194号红蜻蜓油脂公司与白长春花公司管辖权异议纠纷案、〔2017〕闽72民初第21号福建元成豆业有限公司与佛罗莱尔船贸有限公司管辖权异议纠纷。

小结

我国法律规定与司法实践同英美法较为相似，均将承运人与提单持有人之间的法律关系定性为提单运输合同，但是法律并无对提单并入租船合同的性质的明文规定。考察最高院历年来关于提单并入租船合同仲裁条款的复函，也未发现关于提单并入租船合同问题的定性的说理论证。但是这些复函在审查并入问题时通常以提单正面未明示具体日期的租约并入，未载明仲裁条款并入提单或者提单持有人未明示接受等理由否定提单并入了租船合同，笔者认为这些理由体现了司法实践中考察提单并入租船合同问题侧重实体性问题的特点。我国法院对并入问题的考察主要是对当事人是否就并入问题达成合意进行合同法上的考察，这种审查角度侧重关注并入问题对当事人实体权利义务的影响，与英美法定性的合同性争议的立场较为契合。笔者认为，司法实践中这种对并入条款进行分析说明，就提单是否并入租船合同达成合意进行分析判断的做法应认定为解释合同内容的过程。

三、并入条款的准据法确定进路域外法实践考察

（一）合同解释的法律适用

在将提单并入租船合同定性为并入条款的合同解释之后，提单并入租船合同的准据法问题就是探讨合同解释的法律适用问题了。我国法律并无关于合同的解释应适用的准据法的明确规定。

英国法认为合同的准据法适用于合同的解释，根据英国所适用的《欧洲议会和欧洲联盟理事会关于合同之债准据法的第 593/2008（欧共体）规则》（《罗马 I 规则》）第 12 条规定，合同准据法的适用范围包括合同的解释、当事人的权利义务及合同的履行，因此，并入条款效力审查应适用提单运输合同的准据法。美国法院认为提单并入租船合同问题是提单所证明的运输合同项下的合同性争议（Contractual Disputes），根据美国《第二次冲突法重述》第 186 条、第 1 八十七条规定，与合同相关的争议应适用合同的准据法。德国法确定提单的准据法方式较为复杂，提单持有人与承运人之间的纠纷通常被识别为"因提单流通转让性而生之义务"，德国联邦法院及学者通说认为依《德国民法施行法》第三十七条第一项第一款规定（现为《罗马 I 规则》第

1 条 D 款所替代)排除了合同之债的冲突规范适用于"因提单流通转让性而生之义务",因此收货人基于提单的债权请求权、物权请求权等法律关系应适用德国长久以来的习惯法"目的港法律"作为准据法。

关于合同准据法的适用范围,我国学者认为合同准据法适用于合同的实质有效性以及因合同而发生的权利义务关系。笔者认为,合同的解释针对的是合同的内容,与合同的实体权利义务确定密切相关,所以合同的解释属于合同准据法适用范围。并入条款是提单所证明的海上货物运输合同的合同条款之一,对该条款的法律效力的审查属于合同解释的范畴,应适用提单运输合同的准据法。

(二) 提单运输合同准据法的确定

如果提单上有明确的关于法律选择的条款,可以尊重当事人意思自治确定合同准据法,但是大部分的租船提单为简式提单,仅在提单上载明"与租船合同合并使用""租船合同的所有条款、条件、权利和例外规定,包括法律适用条款和仲裁条款并入本提单",提单上并无关于权利义务的具体约定。此种情况下,英国和美国法院采用了不同的方法确定提单运输合同准据法。

关于提单运输合同的准据法确定进路,英国法院判例上采用的是推定存在的合同准据法的方法,根据英国实施的《罗马Ⅰ规则》)第 10 条第 1 款的规定,合同或合同条款的存在和有效性,适用假设该合同或合同条款有效的情形下依本规则所会适用的法律体系。即根据推定存在的准据法,如果合同有效地成立,这个推定的准据法将成为合同准据法的法律。当提单载明的条款没有约定准据法,而仅是并入条款载明租船合同并入提单时,英国法院也是采用"推定存在的合同准据法"的方式来确定准据法。这种方式先推定租船合同并入提单,再根据租船合同的准据法判断租船合同能否并入该提单。

英国判例实践中,有观点对这种推定存在的合同准据法是否适用于提单并入租船合同的情形提出了质疑,该观点援引《罗马Ⅰ规则》第 10 条第 2 款的规定,认为提单持有人几乎没有机会或权利能看到租船合同中的法律选择条款,在此情况下无法推定提单持有人与承运人存在明示或推定的法律选择合意。① 英国法院在"The Epsilon Rosa"案中否定了这种观点，该案 Steel 法官认为虽然提单持有人没有机会看到租船合同，但是鉴于仲裁条款在租船合同中广泛使用，本案适用租船合同的准据法是合理的。

与英国法形成鲜明对比的是，美国法院在审查并入条款效力问题时是先确定提单运输合同应适用的准据法，再根据运输合同的准据法判断租船合同是否被并入。在"Trans-Tec Asia v M/V Harmony Container"案中，法院在审查供油合同是否并进了选择美国法作为准据法的法律选择协议的问题时，认为应先行判断协议是否被并入，该案法官认为如果将协议选择的美国法适用于判断并入问题是倒因为果，应在不考虑待并入的法律选择协议的前提下，先判断供油合同本身的准据法，再据此准据法判断合同是否能并入法律选择协议。所以，在这个案件中法院先根据最密切联系原则确定了供油协议的准据法为马来西亚法律，再根据马来西亚法判断并入问题。

比较上述两个国家确定并入问题的准据法的进路，可以看出美国法院的法律适用方法更有利于保护提单持有人。笔者认为，我国法院在确定存在并入条款的提单运输合同的准据法上可以参考美国法院的做法，因为提单持有人很少有机会能看到租船合同中的条款，美国法所采用的方式使提单持有人能够合理地推断可适用于提单运输合同纠纷的准据法，能够在一定程度上平衡收货人和承运人利益保护问题。这种准据法确定进路也更符合"提单中心"的理念，即并入问题的审查应从提单条款出发并回归于提单条款。这种以提单为中心的法律适用方法能合理平衡对收货人和承运人利益保护问题，有效保障提单流通性，夯实国际海上货物运输合同的制度基础。

小结

确定审查提单是否并入租船合同仅是提单并入租船合同案件中的第一步，根据所应适用的准据法关于并入的形式要件和实质要件的规定审查并入还涉及更为复杂问题：在提单涉及多份待并入租船合同情况下如何确定所应并入的合同、租船合同并入情况下承运人的识别、租船合同中措辞（如承租人、出租人）如何与提单运输合同中的措辞（如提单持有人、承运人）进行协

---

① 根据《罗马Ⅰ规则》第 10 条第 2 款的规定，当假定存在合同准据法适用于合同的成立是不合理的，且合同相对方关于受合同或合同条款没有达成合意时，假定存在合同准据法不能适用。

调等。虽然我国司法实践多在并入环节直接否定了租船合同仲裁条款对提单持有人的效力，但是在并入租船合同其他内容的情形下，法院判例出现了新的动向。在 2017 年年底做出的山东翔龙实业集团有限公司诉被申请人北方航运有限公司、金源海运有限公司海上货物运输合同纠纷的再审裁定书中，最高人民法院在一系列的事实认定分析的基础上，认为：提单持有人知道，也应当知道提单并入的租船合同运费条款，提单持有人接受提单时应当受提单并入该租船合同运费条款的约束。但是在解释租船合同条款对提单持有人的拘束力的时候，最高人民法院采用了严格的语义解释：尽管提单并入租船合同的运费条款，但该租船合同下负有支付运费义务的是承租人，该条款并入提单后，该条款的文义并不因并入而改变，该运费条款约定支付运费的义务人也并不由此变更为提单持有人。此案中，在一定条件下允许租船合同并入提单的立场是仅针对个案做出的认定，还是代表法院对并入问题新的认识还有待实践的进一步检验，类似案件的审判经验的积累对我国提单并入租船合同的裁判规则的构建和完善是很具有参考意义的。

四、《鹿特丹规则》关于提单并入租船合同仲裁条款的规定

《鹿特丹规则》没有对提单并入租船合同的条件做出具体规定，而是将对问题的判断留给各国国内法规定。但是《鹿特丹规则》在第 76 条规定了提单并入租船合同仲裁条款情况下，不同具体提及租船合同仲裁条款的方式对仲裁地的影响。《鹿特丹规则》规定在提单持有人起诉承运人的情况下，索赔方除可以在协议所约定地点提起仲裁外，还可以在下列任一地点所在国家提起仲裁：承运人的住所地、运输合同约定的收货地、运输合同约定的交货地、货物的最初装船港或者货物的最终卸船港，学者称为"法定仲裁地"，该规定旨在防止仲裁成为承运人规避公约"诉讼管辖权"规定的手段。

提单并入租船合同仲裁条款的情形下，提单持有人是否仍可以选择"法定仲裁地"而不是仲裁条款所约定的仲裁地进行仲裁。这个问题是《鹿特丹规则》制定过程中，各国代表分歧较大的焦点。《鹿特丹规则》第 76 条规定："一、非班轮运输的运输合同由于下列原因而适用本公约或本公约规定的，本公约的规定概不影响该运输合同中仲裁协议的可执行性（一）适用第七条；或（二）各方当事人自愿在本来不受本公约管辖的运输合同中纳入本公

约。二、虽有本条第一款规定，运输单证或电子运输记录由于适用第七条而适用本公约的，其中的仲裁协议仍受本章的管辖，除非此种运输单证或电子运输记录：（一）载明了因适用第六条而被排除在本公约适用范围之外的租船合同或其他合同的各方当事人和日期；并且（二）以具体提及方式纳入了租船合同或其他合同中载有仲裁协议规定的条款。"笔者认为，依据该规定，在提单持有人不是租船合同原始当事人而适用《鹿特丹规则》的情况下，提单中的仲裁协议仍应适用"法定仲裁地"规定。但是，第76条第二款就提单并入租船合同仲裁条款的情形做出了特别规定，提单中并入条款的规定如符合"载明租船合同各方当事人和日期"及"以具体提及的方式纳入租船合同中的仲裁协议的条款"的要求，当事人应在约定的仲裁地进行仲裁。对比当前国际通行的租船合同格式提单可以看出，这些提单上的并入条款措辞与公约规定的两项要求匹配度是较高的。

结语

涉外民事案件法律适用过程具有复杂性，在提单并入租船合同的案件审理中，找到正确的准据法仅是完成了法律适用的内部证成，还需要通过衡量法律适用是否与国家的政治经济大环境相符、法律适用和判决结果是否一致、是否有利于判决的承认与执行、是否符合本国利益等价值选择予以外部证成。涉外民事案件的管辖权和准据法确定规则有三重价值目标：维护国家主权、保护当事人利益、促进和保障国际交往，在我国以往的涉外司法实践中，存在单纯强调维护国家司法主权，对方便当事人诉讼、防范平行诉讼等因素考虑不足的问题，没有充分意识到一国根据国家利益自愿决定是否限制行使主权，并不是对主权的弱化，而正是行使主权的方式。随着"一带一路"建设的深入推进，我国司法实践应当确立尽量减少涉外司法管辖权的国际冲突、妥善解决国际间平行诉讼的新型司法理念，注重处理好当事人意思自治和司法主权的关系，尊重有效仲裁协议排除法院管辖原则。并入条款是提单所证明的海上货物运输合同的合同条款之一，对该条款的法律效力的审查属于合同解释的范畴，应尊重当事人协议选择适用法律的权利，适用提单运输合同的准据法，增强案件审判中法律适用的统一性、稳定性和可预见性。

（原载于《中国海商法研究》2018年第2期）

【参考文献】

[1]张勇健."一带一路"司法保障问题研究[J].中国应用法学,2017(1).

[2]李旺.国际私法[M].北京:法律出版社,2010:59.

[3]王克玉.从法律适用的视角看租约仲裁条款并入提单的效力问题—兼论我国的立法与司法实践[J].北京仲裁(第90辑),2014(4):63.

[4]成明珠.论租约仲裁条款并入提单之司法审查:以审查方法的确立和立法建议为核心.[J].法律适用,2007(4):55.

[5]石小娟.国际商事仲裁协议的司法审查—对并入提单中的仲裁条款的司法审查[J].天津市政法管理干部学院学报,2005(4):13.

[6]同注4第53页.

[7]同上注.

[9]Melis Ozdel:Bills of Lading Incorporating Charterparties, Hart Pubilshing LTD, p. 8.

[10]同上引.

[11]庄加园.提单上的请求权移转与货物物权变动:以德国法为视角[J].东方法学,2015(1).

[12]崔建远.合同法(第五版)[M].北京:法律出版社,2010:354.

[13]同注11.

[14]同注11.

[15]许美玲.德国海上货物运输契约与在载货证券之准据法[J].台大法学论丛,1995年,第二十五卷第一期.

[16]陈卫佐比较国际私法-涉外-涉外民事关系适用法的立法、规则和原理的比较研究[M].北京:法律出版社,2012:362.

[17] The Epsilon Rosa[2002]2 Lloyd's Rep 701.

[18] Trans-Tec Asia Harmony Container583 F 3d 1120(9th Cir 2008)

[19]同注11,P17.

[20]徐仲建.《鹿特丹规则》"法定仲裁地"规定研究[J].中国海商法研究,2014(1):58.

[21]翁杰.论涉外民事法律选择模式的双重理性架构[J].政法论丛,2016(3),该文认为涉外民事法律选择包含法的发现和法律选择正当化两个层次,其

中,冲突法内部证立的目的在于保证法律选择的形式有效性,而冲突法外部证立的目的则是实现法律选择的实质有效性.

［22］江伟.民事诉讼法专论［M］.北京:中国人民大学出版社,2005:448.

［23］黄进.自觉担当时代使命,主动融入"一带一路"建设［J］.中国审判（121）:13.

远洋渔业船员劳务纠纷中存在的法律问题探析

张 伟

【摘要】远洋渔业产业所具有的远海作业特点使其遭遇的法律风险更是高于国内其他普通行业,因此,在远洋渔业生产过程中各种法律纠纷时常出现,其中较多纠纷也进入了司法诉讼程序,而船员劳务纠纷尤为突出。问题较为多样,原因较为复杂,处理较为棘手。

【关键词】远洋渔业;船员劳务;应对建议

作为最为古老的海洋资源开发利用的传统产业,海洋渔业产业已经成为我国国民经济的重要组成部分,海洋渔业经济产值在海洋经济中占有重要的比重。然而,随着捕捞技术的进步、捕捞渔业规模的扩大,我国管辖海域内的渔业资源严重衰退,威胁海洋渔业产业的可持续发展。为了实现海洋渔业产业可持续发展目标,大力发展远洋渔业成为我国渔业经济转方式、调结构的重要手段。经过三十余年的发展,我国已经成为名副其实的远洋渔业大国,远洋渔船的数量、产业的规模和产量持续居于世界前列。

虽然近些年来,远洋渔业发展迅速,但其所面临的问题和困难也日渐增加。远洋渔业投入大,风险高,管理难,安全事故多。尤其在当前海洋渔业资源呈现不断衰退的大背景下,全球性、区域性渔业组织通过推动缔结条约、达成多边协议等方式推动海洋渔业资源养护管理措施不断严苛和细化,这更增加了远洋渔业企业经营管理的难度,提高了远洋渔业经营的法律风险。

而远洋渔业产业所具有的远海作业特点使其遭遇的法律风险更是高于国内其他普通行业,因此,在远洋渔业生产过程中各种法律纠纷时常出现,其中较多纠纷也进入了司法诉讼程序。根据我院司法审判数据统计显示:2014

年 1 月至 2018 年 11 月底，共受理涉及远洋渔业的一审案件共 174 件，其中船员劳务纠纷 132 件。如何更好地处理远洋渔业实践中所遇到的法律问题，指导远洋渔业持续健康发展，有效服务国家"蓝海战略"，是我们作为海事司法人员需要更多关注和研究的重要课题。

通过海事审判实践和相关案例的研究发现，远洋渔业在司法实践中所呈现的案例绝大多数都是涉及远洋渔企与船员之间的劳资纠纷，其中的法律问题主要有：船员单方面解除劳动合同后违约责任问题；远洋渔企与船员约定的违约责任是否有效的问题；船员的社会保险费用是否必须由远洋渔企缴纳的问题；在处理远洋渔业生产过程中发生的纠纷，应如何认定渔船中形成的证据证明力的问题，包括船长、船员的证人证言，以及相关书证的公证认证问题。本文主要从分析远洋渔业船员劳务合同纠纷的起因出发，通过对远洋捕鱼作业有别于其他工作的特点进行分析，引导出其中存在的法律问题，并尝试提出一些有益的完善建议。

一、远洋渔业的船员劳务纠纷频发的原因

作业船员是正常运营的必要生产要素，因此，船员劳务纠纷频发会较为严重地影响远洋渔企的日常捕鱼作业，甚至关系到我国远洋渔业产业的持续健康发展。从近年来海事法院审理的相关案例来看，远洋渔业涉及的船员劳务纠纷原因较为复杂，归纳起来主要有以下四种：

（一）远洋渔业作业环境艰苦，船员无法适应

由于国内远洋渔船数量近年来增长较快，远洋捕鱼船员需求量也急增，船员缺口大。受利益驱使，一些中介机构在发布招聘广告时往往故意对工作内容进行虚假描述，尽量把工作中存在的困难淡化，把船员能获取高额福利待遇美化，使新应聘入职船员对远洋捕鱼工作产生了不恰当的期待。船员入职后，心理落差较大，往往难以适应远海捕鱼作业的工作。还有个别黑中介通过找替考、办假证等方式，把一些身体素质不适宜海上作业的民工招进远洋渔企，这些人一般很难适应海上生产环境。因此，每年因为此类原因而要

求中途回国的船员占较大的比例。①

另外,我国当前的远洋捕捞设备总体上仍明显落后于发达的远洋渔业产业国。远洋渔业作业环境艰苦,捕捞设备的落后使得远洋捕捞作业工作任务繁重、船员生活条件差、船员难以适应海上作业环境的问题更为突出。而且多数新船员在签订劳动合同时,比较注重工资待遇,对海上作业的艰苦程度重视程度不够、估计不足。我们在审理此类案件时曾与一些船员进行过交流,多数船员都表示海上作业确实远比想象的更为艰苦。

(二)工资报酬达不到船员预期

一部分远洋渔业企业及其船员劳务派遣公司管理不规范,与船员签订的劳动合同约定不够明确,有的甚至未签订劳动合同,造成当事各方对关于劳动报酬的约定在理解上存在分歧,极易引发矛盾。如有些劳动合同约定船员完不成平均产量只能拿基本工资,完成平均产量享受保底工资。如果船员超额完成任务,超过平均部分再按比例提成。但普通船员特别是新入职船员对于"平均产量"等任务目标根本没有具体的概念,也无法在签订合同时做出准确判断。一些船员因完不成平均产量任务,希望渔企可以按保底工资计算,而渔企往往则依据合同约定支付基本工资,两者差距很大,有的船员差距可能超过2万元。远洋渔业"靠天吃饭"现象严重。年成不好时,渔获产量不高,船员收入就会大幅下降,这极易引发连锁罢工事件。

(三)船员培训工作不到位,海上作业技能缺乏

由于船员难招,加上出国手续烦琐,船员接受培训的时间较短,很多新船员只要参与学习,不论是否真实获得相应技能基本都可取得相关证书。另外,一些海上作业技能培训管理不到位、学习内容设置不够科学合理、实际操作性不强,有的培训机构甚至随意省去必学内容,过分降低考核要求,使得船员岗前培训流于形式。而远洋渔企常常因为有经验的船员少,愿意上船作业的船员难招,因而在船员进口上把关不严,甚至出现代考和无证上岗现象。

前述种种原因导致部分船员业务素质不适合远海作业环境的现象增多,尤其是民工船员,缺乏海上作业技能与经验,渔获产量常达不到保底要求,进

---

① 汪善翔:《远洋渔业劳资纠纷频发的原因探析与治理对策》,《海洋开发与管理》2015年第10期,第44页。

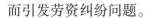

而引发劳资纠纷问题。

（四）船员法律意识淡薄，单方毁约情况严重

多数渔业船员文化素质不高、法律意识淡薄、技术熟练程度不够，部分船员责任缺乏、诚信缺失，船员签订劳动合同之后，往往在工作上稍有不顺就单方面要求解除劳动合同，提前下船回国。还有些船员完全不顾及停产会给渔企造成多大损失，在渔船出海作业过程中就要求中途下船回国，置合同约定于不顾。还有一些渔企唯利是图，利用行业中的强势地位，在合同中故意设陷，谋取利益。

综上所述，远洋渔业的船员劳务纠纷频发，已经严重影响到远洋渔业企业正常的生产作业。笔者在较多的案件中发现，此类纠纷一旦出现，经常都是整船或大部分船员集体离船，往往导致相应捕鱼船无法生产作业，只能停产等待新船员到岗，给渔企造成较大的损失。

二、远洋渔业船员劳务纠纷中存在的法律问题

从上述远洋渔业的船员劳务纠纷的众多起因来看，一部分问题需要通过远洋渔业行业自身加强规范管理、提升行业经营环境来解决。特别是在提升船员素质方面，建议扩大国内船员的招收与培训渠道，对外来务工人员和农民工按照国家劳动法进行统一组织培训，使他们了解和熟悉公海渔业的生产特点和安全事项，以保证远洋船员的素质，同时成立公海渔业作业渔船船员专业雇佣市场，实行统一管理，以保证公海渔业船员质量。①

另外，如何通过相关法律法规对远洋渔业进行规范、引导，并在司法实践中解决类似纠纷处理难题也尤为重要。从往年的审判案例来看，远洋渔业船员劳务纠纷在审理过程中确实存在不少法律上面的问题亟待解决，主要情况如下：

（一）部分法律、法规的规定不符合远洋渔业远海作业特点

我国《劳动合同法》及其他相应的法律法规主要是针对城镇普通企业中劳动者保护问题而制定，一些制度的设计不符合远洋渔业的特点，造成远洋

---

① 唐峰华，岳冬冬：《〈北太平洋公海渔业资源养护和管理公约〉解读及中国远洋渔业应对策略》，《渔业信息与战略》2016 年 8 月第 31 卷第 3 期，第 216 页。

渔业企业在遵守相应法律时出现一些困难。

比如,根据我国《劳动合同法》相关规定,用人单位仅可以在培训费用和违反保密义务两方面约定劳动者(即船员)违约时承担违约金。但在远洋渔业中,船员通常要被派遣到远海作业基地进行捕捞作业,劳动合同不能约定其他方面的违约金,从而造成合同对船员没有约束力。一旦远海作业船员提前离职,则会影响渔业生产作业进度,进而会给渔企造成较大的渔业损失,同时还增加了企业招聘接替船员的遣返费用。

另外,《劳动合同法》第三十七条规定,劳动者可以提前三十日书面通知用人单位单方面解除劳动合同。那么,船员只要提前通知用人单位,其单方面解除行为就不算《劳动合同法》第九十条规定的违法解除,不用对用人单位的损失承担赔偿责任。而且即使船员违法解除劳动合同,根据法律规定其承担的违约责任也非常有限。在司法实践中,船员的违约责任一般仅限于违约造成的直接损失,比如船员的往返费用等。违约造成的渔企间接损失(如作业渔船停工损失)还是无法得到弥补。渔企的这类损失在当前的劳动法制度下很难从船员处得到追偿,这也增添了远洋渔企的经营风险。

(二)远洋渔企是否必须统一给船员缴纳社会保险费用的问题

我国《社会保险法》规定,职工应当参加基本养老保险、基本医疗保险、工伤保险、失业保险、生育保险等社会保险(俗称"五险"),其中工伤保险和生育保险由单位负责缴纳,其他保险由单位和个人按比例共同缴纳。因此,远洋渔企为船员缴纳社会保险是一项法定义务。在司法实践中就出现过渔企仅为船员办理意外伤害险而未办理工伤保险的案例。在最高人民法院公报案例——安民重、兰自姣诉深圳市水湾远洋渔业有限公司工伤保险待遇纠纷案中,该案确定的裁判规则是用人单位为职工购买商业性人身意外伤害保险的,不因此免除其为职工购买工伤保险的法定义务。职工获得用人单位为其购买的人身意外伤害保险赔付后,仍然有权向用人单位主张工伤保险待遇。此处引用该案例并不是要讨论对该裁判的法律适用问题,而是想针对远洋渔业船员的实际情况具体分析船员是否必须由单位一致缴纳社会保险费用,是否可以采取其他更为灵活的方法来解决实际生活中出现的大量此类问题。

在远洋渔业的实践中，渔企未替船员缴纳社会保险费用的情况时常出现，这其中原因当然包括渔企意图减少用工成本，但更重要的原因是船员认为其缴纳社会保险费用后，能实际获取的工资减少，从而对此存在抵触情绪。

远洋渔船的船员流动性大，大多为外来务工人员，很多新船员上船不久就离船，船员工作临时性的特点突出，而且当前我国社会保险基金尚未实现全国联网，异地转移社会保险手续多，同时缴纳社会保险费用会导致船员每月实发工资减少，再加上很多船员在家乡当地已经缴交基本社会保险。因此，船员对渔企是否为其缴纳社会保险较为不重视。

（三）远洋渔业劳资纠纷案件中的证据认定问题

由于远洋渔船需要长期出海作业，本身就形成了一个相对封闭的空间，而远洋作业的特殊性造成船员工作之外的生活单调乏味。生活的单调加上工作环境的恶劣，在一个相对封闭的空间中管理者与船员及船员自身之间各种矛盾极易出现，这些矛盾往往会导致一些人身伤亡等侵权事件的发生。由于这类侵权事件均发生在远海作业过程中，很难由主管机关及时进行调查取证。法院在事后审理渔船上发生的此类侵权案件时，能够证明案件事实的证据大多为船员的证言，因此，证据的收集和认定就成为较大的审理难题。由于船员之间难免存在各种潜在利益的牵连，这可能会使其证言带有一定的倾向性，因此证人证言单独作为证据用以认定待定的事实时可能会出现偏差。那么，在没有其他证据辅助证明的情况下如何采信船员证言在该类案件审理中至关重要。

比如，笔者之前审理的一起船员人身损害赔偿纠纷：该案原告主张其在船期间遭受另一位船员殴打，但事发时没有其他船员在场。其他船员在证言中表示并没有在事后听说过此次殴打事件，而且原告在其所述的殴打事件发生后仍正常工作，未发现其他异常。在该殴打事件发生十几日后，船舶靠港时原告离船，并向当地公安机关报警。公安机关经过验伤后认定未发现损伤，故未予立案。根据船员的证言和原告提交的证据均无法证明该船员在船上受伤的事实，但船员提供的离船后就医记录显示船员身体确实遭受一定的损伤。如果仅仅根据举证规则来裁判，必然要判决驳回原告诉求。案件审理工作陷入了困境，该案虽然最终在法院的主持下以调解方式结案，但仅有船员证言如何认定案件事实的问题并未解决。

三、相应法律问题的应对建议

(一)《劳动合同法》适用中存在的法律问题应对建议

《劳动合同法》中对劳动合同约定违约金的严格限制,造成远洋渔企与船员约定的违约责任的条款法律效力存在较大的争议。劳动合同对船员的约束力不强,导致船员随意单方解约,给远洋渔企的经营管理造成很大的麻烦。

笔者认为,《劳动合同法》虽然规定仅在两种情况下,才能约定由劳动者承担违约金,但违约金不过是承担违约赔偿责任的一种形式,不能对劳动者其他行为约定违约金,也不是就否定了劳动合同中约定劳动者违法解除劳动合同时承担违约责任条款的效力。否则,《劳动合同法》第九十条规定的劳动者违约责任就无实际意义。根据全国人大常委会法制工作委员会编写的《中华人民共和国劳动合同法释义》(第2版)对第九十条解释:劳动者违反本法规定解除劳动合同,对用人单位造成损失的,劳动者应赔偿用人单位下列损失:(1)用人单位招录其所支付的费用;(2)用人单位为其支付的培训费用,双方另有约定的按约定办理;(3)劳动合同约定的其他赔偿费用。可见,该立法解释是支持劳动合同约定船员违法解除劳动合同时承担赔偿责任,并阐明了赔偿责任的范围。

但远洋渔企应注意,即使劳动合同约定了船员的违约赔偿责任,也不是只要船员单方面提前解除劳动合同就应该承担相应责任。当事人不能通过合同的约定来否定法律赋予劳动者劳动自由的权利和劳动者有条件地解除劳动合同的权利。我们讨论的船员赔偿责任约定有效仅是在船员违法解除劳动合同时才能适用,远洋渔企在拟定劳动合同时要注意相关约定的措辞是否准确合法。

前面谈到船员违法解除劳动合同最主要的方式就是未按《劳动合同法》规定提前三十日书面通知用人单位即远洋渔企。那么船员如果按照法律规定提前书面通知了远洋渔企,其是否在一个月后就可以顺利离船,或者说远洋渔企在时间届满后就必须安排船员离职呢?这需要结合远洋渔业的作业特点进行分析。

远洋渔船出海作业一般一个生产周期有两三个月之久，甚至更长时间。因此，法律规定提前一个月通知解除劳动合同的条件在远洋渔业中较难实现。远洋渔船在出海作业过程中，如中途终止作业返回港口或基地会给远洋渔企造成巨大的渔船运营损失。因此，远洋渔船船员如要提前解除合同应该在作业环境允许、离船条件成就的情况下才能进行。笔者认为，船员可以提前书面通知远洋渔企解除劳动合同，远洋船企应及时招聘安排接替人员到岗，待远洋作业渔船完成一个作业周期靠港后或其他的船员离船条件成熟后，由远洋船企及时安排船员离船。当然，考虑到接替人员的招聘和出国手续的办理，船员等待离船时间不能低于三十日。等待期间，船员仍应继续本职工作，否则按照法律规定和合同约定承担相应赔偿责任。

（二）船员社会保险费用缴纳问题的解决建议

基于上述船员社会保险费用缴纳过程中存在法律和现实问题，本文主要探讨能否采取一种更为灵活的方式来完成远洋渔船船员社会保险费用的缴交工作。我们可以将社会保险分为两类来分别处置：一是必须由单位缴纳的部分，如工伤保险、生育保险；二是由单位和个人按比例缴纳的部分。

必须由单位缴纳的部分，特别是工伤保险应该按照法律规定，作为船企的法定缴纳义务由船企缴纳。因为远洋渔船捕鱼作业风险较大，船员伤残死亡情形时有发生，由单位缴纳船员的工伤保险不仅对船员是一种重要保障，同样对船企来说也是分摊远海捕鱼作业风险的一种重要方式。但对于那些由单位和个人共同缴纳的基本养老保险、基本医疗保险、失业保险部分，笔者认为，可以在征求船员同意的情况下，船企将该部分费用以工资的形式发放给船员，由船员按自由职业者身份自己去合适的地区进行缴纳。如此安排既可以保障船员的合法权益，又能照顾到远洋渔业工作的特殊性和现况，便于实际操作，且能更为恰当地解决由社会保险费用的缴纳问题产生的远洋渔业船员劳务纠纷。

（三）船员证言认定问题的解决建议

在渔船封闭的环境内，仅有船员证言这一类证据证明案件事实时，船员证言的认定应结合多种因素共同分析。首先，应该考虑提供证言的船员（以下统称"证人")可能产生倾向性意见的因素。比如证人与双方当事人是否存在明显的利害关系,如证人是否是当事人的员工、亲属或关系紧密的同乡,证人是否与一方当事人产生过较大的矛盾等。如果可能存在这些情形,那应该通过增加船员证人的数量来弥补,认定多数证人的意见。其次,应该考虑证人是否直接接触案件事实,是否形成了直接证据。如果案件事实是证人亲眼所见、亲身经历,那么该证人证言的证明力肯定更强。反之,如果证人证言并不是案件事实的直接证据,只是间接印证或反向推断而得出的结论,那么该证人证言的证明力就弱。

四、结语

远洋渔业存在太多不同于国内其他行业的就业特征,我们在处理该类案件时,要合理分析具体案情,不能一味地认定船员是该类法律关系中的弱势群体,从而把保护弱势群体利益作为第一位的价值判断,机械地去适用国内相关劳动法律规定来解决此类纠纷。司法人员要根据具体案情并结合远洋渔业的特殊性,在保护劳动者权益和促进远洋渔业行业健康发展之间做好价值权衡,在合法裁判的基础上,做好合理性分析,为在远洋渔业行业内营造诚信守约的市场氛围做出有价值的社会引导,充分发挥司法工作的社会效应。

(原载于《涉海法律制度与自贸港区前沿法律问题研究》,人民法院出版社,2019年10月版)

贸易便利化下进出口商品检验的司法
审查及制度优化建议

蔡福军①

【摘要】本文以开放新格局为背景，从进出口商品检验司法审查的实证案例出发，通过重点分析法定检验的行为属性、证据归类、法律效力等法律问题，指出进出口商品检验在制度设计、执法理念等方面的不足，并提出若干改进和修法建议，期望以法治的方式促进自贸试验区进一步提升贸易便利化的层次和水平。

【关键词】自贸区;便利化;商品检验;司法审查;启示与建议

党的十九大以来，中国积极"推动形成全面开放新格局"，博鳌亚洲论坛 2018 年年会、首届中国国际进口博览会先后成功举办，全国多地多部门主动融入"一带一路"和自贸试验区建设，自贸新政、"惠台"举措等相继推出，有力促进跨境经贸往来。进出口商品检验②作为跨境贸易不可缺少的环节，在保障国家安全、维护国民健康、保护环境方面发挥着十分重要的作用。而就跨境经贸纠纷而言，进出口商检证书又常常作为关键证据，对当事人的权益产生极大影响。特别是近年来，为适应国家大幅度放宽市场准入，主动扩大进口，积极推进贸易自由化便利化的需要，进出口商品检验努力简化流程和减少作业环节，促进通关效率的提升，但随之也难免出现检验瑕疵甚至不公现象。加上进出口商品检验在行为属性、证据归类、法律效力、民行交叉等方面的争议颇多，因此有必要加强这方面的司法审查和研究，更好地统一裁判尺度和促进依法施检，助力构建法治化国际化便利化可预期的贸易投资营商

---

① 厦门海事法院自贸区案件审判庭庭长，三级高级法官。
② 出入境检验检疫涉及的范围较广，进出口商品检验仅为其中一个重要部分，且具典型意义。囿于篇幅，本文仅讨论进出口商品检验。

环境。

一、引发讨论的实证案例

基本案情:2013 年 8 月 30 日,承运人中国台湾地区某海运股份有限公司所属 F 轮装载某财产保险有限公司承保的 201 488.52 公吨原油自沙特阿拉伯驶往中国某港口,9 月 18 日到港。因原油系大宗散装货物且属法定检验目录商品,到达港 CIQ① 根据货主(被保险人)申报,于同日上船对货物实施检验。为加速通关,CIQ 当时仅随机抽取 3 舱并按上、中、下三点共取 9 个代表性样本,并于当日 14∶15 时—17∶15 时完成现场计量和采样。9 月 24 日,CIQ 出具品质证书、重量证书、干舱证书等商检证书,认定货物净重量为 199 652.517 公吨/196 498.712 长吨,货物净体积为 1 447 344.7 桶,密度(20 ℃)为 0.865 6 G/cm³,水分小于 0.01WT%,比提单记载的 201 488.52 公吨短量了 1 836.003 吨。其中品质证书注明按 GB/T 4756—1998 标准(石油液体手工取样法)抽取代表性样本。货主通关收取货物后向保险公司索赔。保险公司根据 CIQ 商检证书,于 2014 年 4 月 1 日理赔 656 657.34 美元并取得代位求偿权,随后起诉到海事法院向承运人进行追偿。

主要争议:承运人认为,根据 GB/T 4756—1998 标准,原油如需手工取样,应当先从上部、中部和出口液面取得点样,并分别送实验室测定密度和水分以检验油罐内含物的均匀性,再判断该样本是否具有代表性。如果不能在完成取样之前检验样本,则要从油罐的出口液面底部测量到液体表面,以每米的间隔抽取样本,再以样本的检验结果计算油罐内含物的性质。但 CIQ 违反手工取样、混样的操作规程,上、中、下三个点样在送实验室之前就已经进行混合,造成测试样品不具代表性、检测数据不科学性(原油的装港密度和卸港密度差距过大),据此计算的原油重量不准确,是造成本案短量索赔的重要原因。但保险人坚持认为 CIQ 商检证书合法有效。面对质疑,CIQ 始终未能对如何在完成取样前进行油罐内含物的均匀性检验予以说明。

处理结果:经开庭审理,保险公司、承运人双方均申请专家辅助人出庭对

---

① 中国出入境检验检疫(CHINA ENTRY-EXIT INSPECTION AND QUARANTINE BUREAU),1998 年经国务院决定对进出口商品检验、进出境动植物检疫和国境卫生检疫合并组建而成,2018 年 4 月 20 日开始作为一个重要部门正式并入海关总署,并统一以海关名义对外开展工作。

商检证书进行充分质证,但分歧巨大。后保险公司基于各种考虑决定撤诉,海事法院裁定予以准许。

延伸思考:纠纷虽然平息,但一些法律问题仍需进一步厘清。比如法定检验的法律行为属性如何？其法律效力是否必须经过行政复议或行政诉讼程序才能最终确定？在先的民事索赔案是否需要中止审理？当事人及利害关系第三人的合法权益如何救济？现行进出口商品检验法律制度是否科学合理？

二、进出口商品检验的行为属性

(一) 两种检验类型

1. 法定检验(Statutory Inspection)

《中华人民共和国进出口商品检验法》(以下简称《商检法》)第四条规定:"进出口商品检验应当根据保护人类健康和安全、保护动物或者植物的生命和健康、保护环境、防止欺诈行为、维护国家安全的原则,由国家商检部门制定、调整必须实施检验的进出口商品目录(以下简称"目录")并公布实施。"第五条第一款、第二款规定:"列入目录的进出口商品,由商检机构实施检验。前款规定的进口商品未经检验的,不准销售、使用;前款规定的出口商品未经检验合格的,不准出口。"《中华人民共和国进出口商品检验法实施条例》(下称《商检法实施条例》)第四条规定:"出入境检验检疫机构对列入目录的进出口商品以及法律、行政法规规定须经出入境检验检疫机构检验的其他进出口商品实施检验(以下简称'法定检验')。"根据上述规定,法定检验是指国家商检机构依照法律和行政法规对列入目录的进出口商品实施检验,未经检验或检验不合格的商品,海关不予放行。法定检验又称强制性检验。当前,法定检验的范围主要是:(1)列入目录的进出口商品;(2)出口食品的卫生检验;(3)出口危险货物包装容器的性能及使用鉴定;(4)出口易腐烂变质食品、冷冻品的运载船舱、集装箱等工具的适载检验;(5)国际条约规定须经检验的进出口商品;(6)其他依法须经检验的进出口商品。

2. 非法定检验(Non Statutory Inspection)

《商检法》第十三条规定:"本法规定必须经商检机构检验的进口商品以

外的进口商品的收货人,发现进口商品质量不合格或者残损短缺,需要由商检机构出证索赔的,应当向商检机构申请检验出证。"《商检法实施条例》第二十条第三款规定:"法定检验以外的进口商品的收货人,发现进口商品质量不合格或者残损、短缺,申请出证的,出入境检验检疫机构或者其他检验机构应当在检验后及时出证。"根据上述规定,非法定检验是指国家商检机构或其他经国家许可的第三方独立检验机构,根据对外贸易关系人的申请,对进出口商品实施检验、鉴定。换言之,非法定检验是由当事人自主选择检验机构对法定检验以外的进出口商品实施检验,检验结论作为重要索赔依据。非法定检验也称为商业检验。

3. 商检证书(Inspection Certificate)

上述两种检验涉及的商检证书种类繁多,范围广泛。[①] 但从作用的角度归纳起来,主要是两类:一是作为海关验放的有效证件,主要是关乎人类和动植物的生命健康、环境保护、国家安全方面的,例如兽医检验证书、卫生/健康检验证书、消毒检验证书、熏蒸证书等。法定检验目录商品的品质检验证书、重量检验证书、数量检验证书,依法也属于这一类。[②] 二是作为贸易双方合同责任归属的依据,主要涉及货物质量、装载、残损、短量及船舶、集装箱等运载工具的清洁、卫生、冷藏、密固等适载检验、性能鉴定,如残损检验证书、价值检验证书、重量检验证书、数量检验证书、积载鉴定证书、船舱检验证书、舱口检视证书、监视装/卸载证书,等等。

(二)法定检验的行为属性

在现行法下,法定检验作为国家商检机构依法定职权主动实施的强制性检验,在广义上应属行政行为,对此笔者不存异议。但《商检法》将法定检验规定为可诉的行政行为,这值得商榷。笔者认为:

1. 法理上,法定检验应属于过程性行政行为

根据《中华人民共和国行政诉讼法》(以下简称《行诉法》)第十二条的规定,人民法院受理公民、法人和其他组织对具体行政行为不服而提起的诉讼,

---

① 《商检法实施条例》第九条规定,出入境检验检疫机构对进出口商品实施检验的内容,包括是否符合安全、卫生、健康、环境保护、防止欺诈等要求以及相关的品质、数量、重量等项目。

② 参见国家质量监督检验检疫总局《进出口商品数量重量检验鉴定管理办法》第四条的规定。

即可诉的行政行为一般应为具体行政行为。具体行政行为是指行政机关行使行政权力,对特定的公民、法人和其他组织做出的有关其权利义务的单方行为。其可诉性的判断标准是该行政行为的程序是否已走到最后的决定阶段,并直接确定了当事人的权利义务,也即该行政行为是否已经具备成熟性。① 如对当事人的权利义务没有直接发生法律效果,则该行政行为就不是一种独立的行政行为,也不应是一种具体行政行为,原则上应为不可诉。最高人民法院最新出台的《关于适用〈中华人民共和国行政诉讼法〉的解释》(下称《行诉解释》)增加规定了五种不可诉的行为,"过程性行政行为"属于其中之一。所谓过程性行政行为,也称中间行政行为,是指在最终行政决定之前行政机关所做出的程序性和处于中间的阶段性行政行为,对行政相对人尚未产生独立和终局的行政法律后果。《商检法》原第十二条、第十五条规定,进出口商品的收货人或者其代理人,应当向报关地的商检机构报检,海关凭商检机构签发的货物通关证明验放。商检机构并入海关后,《商检法》相应做了修正,规定商检机构应当在规定期限内检验完毕并出具检验证单。而《商检法实施条例》第十七条、第二十六条目前仍保留"法定检验的进出口商品、实行验证管理的进出口商品,海关凭商检机构签发的货物通关单办理海关通关手续"的规定。可见,不论是在机构改革前还是改革后,商检机构首先都是对进出口商品实施检验,再依据商检结果决定是否签发准予货物通关的证明,作为海关是否验放的凭证。只是在改革后,这几个步骤改为海关内部流转,更为便捷罢了。由此可见,商品检验本身并不直接对当事人产生不利益,其只是整个通关监管行为的一个重要的中间环节和前置条件。根据商检结果所做出的是否准予放行的决定才是直接对当事人发生法律效果的最后行政行为。正如文中案例中的"重量证书",虽然属于法定检验证书,且证明了原油存在短量情况,但实际并未影响该货物的正常通关验放。这反过来说明,重量检验仅仅是一项"过程性行政行为",并非一种独立的最后的具体行政行为。

2. 性质上,法定检验类似于事故责任认定

事故责任认定是指行政机关基于自身职责,对事故经过、原因进行调查

---

① 关于"成熟原则"(成熟性标准),参见最高人民法院公布的第69号指导案例(王明德诉乐山市人力资源和社会保障局工伤认定案)。

后,根据当事人行为与事故之间的因果关系,以及行为在事故发生所起的作用,对当事人的事故责任加以认定的行为。而法定检验系国家商检机构对列入目录的进出口商品是否符合国家技术规范的强制性要求进行合格评定。① 二者在行政职责、调查取证、处理方式、法律效力等方面都相当接近。故笔者倾向于认为,法定检验在性质上类似于各种事故责任认定。有观点认为,事故责任认定应属于行政确认,②当事人不服可以行政复议,也可以行政诉讼。但笔者认为,事故责任认定与行政确认的根本区别同样在于是否具备成熟性。行政确认是指行政主体依法对行政相对人的法律地位、法律关系或有关法律事实进行甄别,给予最后确定、认定、证明(或证伪)并予以宣告,符合具体行政行为的成熟性标准。而对于事故责任认定,司法的共识已经认为其"不属于具体行政行为",只作为证据使用,③故事故责任认定不应属于行政确认。法定检验与事故责任认定的行为性质相似,也不应属于行政确认。

3. 实务上,法定检验可归入其他可诉行政行为

通过以上分析,法定检验在法理上应为不可诉。但遗憾的是,第三次修正的《商检法》仍然保留原来的规定,赋予当事人对商检复验结论不服时,可以申请行政复议或提起行政诉讼的权利。④ 也就是说,法定检验被归类于行政行为,完全是基于法律的特别规定。《商检法》的这种特别规定,尽管不尽合乎法理,与其他部门法或司法解释的类似规定⑤也存在冲突,但根据《行诉法》第十二条第二款的规定,司法实务上将法定检验归入其他可诉行政行

---

① 参见《商检法》第六条第一款规定。

② 张传军、彭明:《交通事故责任认定应具有行政可诉性》,https://wenku. baidu. com/view/5824876500f69e3143323968011ca300a6c3f669. html,访问时间:2018 年 11 月 24 日。

③ 2004 年《道路交通安全法》第七十三条将交通事故认定书定性为证据,此后全国人民代表大会常务委员会法制工作委员会法工办复字〔2005〕1 号文《关于事故认定是否属于具体行政行为的答复》明确规定,交通事故责任认定行为不属于具体行政行为。2008 年《最高人民法院关于审理船舶碰撞纠纷案件若干问题的规定》第十一条规定:主管机关调查、确认的碰撞事实调查材料,可以作为认定案件事实的证据。2009 年《消防法》第五十一条规定:公安机关消防机构根据火灾现场勘验、调查情况和有关的检验、鉴定意见,及时制作火灾事故认定书,作为处理火灾事故的证据。

④ 《商检法》第二十八条规定:进出口商品的报检人对商检机构做出的检验结果有异议的,可以向原商检机构或者其上级商检机构以至国家商检部门申请复验,由受理复验的商检机构或者国家商检部门及时做出复验结论。第二十九条又规定:当事人对商检机构、国家商检部门做出的复验结论不服或者对商检机构做出的处罚决定不服,可以依法申请行政复议,也可以依法向人民法院提起诉讼。

⑤ 参见《商检法》第六条第一款规定。

为,倒也有法可依。①

（三）非法定检验的行为属性

非法定检验不同于法定检验,系当事人自主申请获取索赔依据的民事行为。作为能够证明案件相关事实的依据,非法定检验证书显然应界定为证据。而且如前所述,法定检验与非法定检验并无本质区别,在民事诉讼中也应只作为证据使用。鉴于商品检验系根据国家相关技术规范对进出口商品进行抽样、检验、评估,或是舱口检视、监视装卸载等现场查勘的活动,在特征上与民事诉讼中的鉴定、勘验基本一致。② 因此,如从民事诉讼证据的角度进一步归类,可以将商检证书归类于鉴定意见的证据范畴,其他如舱口检视证书、监视装卸载证书等则可归入勘验笔录的证据范畴。这样的归类,从《商检法》第七条、第八条的规定看,也是恰当的。③

三、进出口商品检验的司法审查规则

商检证书是判明跨境经贸纠纷责任的关键证据,但由于法律对法定检验与非法定检验的行为属性予以不同界定,使得国家商检机构可能被牵扯到行政诉讼、民事诉讼甚至国家赔偿等多种诉讼程序之中,而且不同诉讼程序又难免出现交织,使得纠纷处理变得相对复杂。仅就文中案例之事件而言,除了保险人依据法定检验向承运人行使代为求偿货物短量损失以外,还可能引发保险人以法定检验错误而拒绝保险合同理赔,或者保险人、承运人发现根据法定检验理赔错误继而向受益人追索不当得利,或者国内进口方依据法定检验直接向国外出口方提起国际贸易短量索赔等等民事诉讼。另外,因法定检验错误而遭受损失的受害人,还可能提起行政复议或行政诉讼。如果在相应的民事诉讼中追偿未果,受害人还可能就法定检验错误提起国家赔偿之

---

① 《行诉法》第十二条第二款规定:除前款规定外,人民法院受理法律、法规规定可以提起诉讼的其他行政案件。

② 鉴定是指鉴定人运用科学技术或者专门知识对专门性问题进行鉴别和判断并提供鉴定意见的活动。勘验是指司法人员对案件或民事纠纷的现场、物证等进行实地勘察和检验。

③ 《商检法》第七条规定:列入目录的进出口商品,按照国家技术规范的强制性要求进行检验;尚未制定国家技术规范的强制性要求的,应当依法及时制定,未制定之前,可以参照国家商检部门指定的国外有关标准进行检验。第八条规定:经国家商检部门许可的检验机构,可以接受对外贸易关系人或者外国检验机构的委托,办理进出口商品检验鉴定业务。

诉。但是,不论是哪种诉讼,商品检验始终都是争议焦点,司法审查应注意把握以下几条基本规则,以确保司法公正。

(一)行政诉讼严于民事诉讼

在行政诉讼或国家赔偿程序中,法定检验作为行政行为,依法将接受全面审查,重点是合法性审查,但也包括"明显不当"方面的合理性审查;举证责任方面,行政机关或赔偿义务机关对所做出的行政行为负有举证责任,行政相对人即使有错,也不能反证行政行为的正确性;法院调查实行职权主义,取证范围包括职权、事实、程序等方面的证据,但不得为证明行政行为的合法性调取行政机关做出行政行为时未收集的证据。而在民事诉讼程序中,即使是法定检验,也被视为鉴定意见(或勘验笔录),依照不告不理原则(限于当事人所述范围)予以审查,当事人未提异议的一般只做形式审查;举证责任实行当事人主义,即谁主张谁举证;强调相反证据对抗,鉴定意见作为民事证据之王,证明力一般大于书证、视听资料和证人证言,除非确有相反证据才可予以推翻;严控重新鉴定的启动,对有缺陷的鉴定意见尽量通过补充鉴定、重新质证或者补充质证等方法解决,避免多个鉴定意见出现冲突。从以上规则比较可以看出,对同一份法定检验的法律效力而言,行政诉讼的审查标准明显严于民事诉讼。但二者的共同点都在于突出审查鉴材的真实性、依据的客观性、手段的合理性、程序的合法性,同时都强调商检机构的出庭义务。① 如果商检机构拒不依法出庭,不论是行政诉讼还是民事诉讼,其商检结论的合法性、合理性都将难以证明,自然也难于得到法院采信。

(二)尊重当事人对争议处理程序的选择权

就如文中案例的情况,民事诉讼当事人虽然对法定检验存在争议,但并未提起行政复议或行政诉讼,此时法院是否需要依职权中止民事诉讼?笔者认为,行政审判的目的主要是对具体行政行为是否合法做出确认,而相比较而言,民事诉讼则更适合对责任划分进行判断。是通过行政诉讼还是民事诉讼来解决法定检验争议,当事人依法具有选择权,法院应当予以尊重。只要

---

① 《行诉法》第三条第三款规定:被诉行政机关负责人应当出庭应诉。《民事诉讼法》第七十八条规定:当事人对鉴定意见有异议或者人民法院认为鉴定人有必要出庭的,鉴定人应当出庭作证。经人民法院通知,鉴定人拒不出庭作证的,鉴定意见不得作为认定事实的根据。

当事人未另案提起行政复议或行政诉讼,法院应仅视法定检验为证据予以审查,相应的民事诉讼程序照常进行。而如果一方当事人另案提起行政复议或行政诉讼,则此时出现民行交叉,法院应依法中止民事诉讼,等待行政复议或行政诉讼的最终结果出来以后再恢复审理。

(三)注重保护利害关系第三人

进出口商品检验通常因贸易关系的一方报检或申请而启动,商检证书一般也只向报检人或申请人出具。但事实上,诸如重量、数量等方面的检验又涉及利害关系第三人的权益,如承运人的管货义务、保险人的保险责任等。由于利害关系第三人不是报检人或申请人,如果商检机构对其重视不够,其往往对检验过程缺乏足够了解和参与,对影响自身权益的重要事项未能提前知悉,检验结果也通常未能被送达,导致其合法权益常常被忽视,无法得到及时保障。文中案例中的承运人正是如此遭遇。货主因有保险公司理赔,自然不会对法定检验提出质疑。而承运人直到被保险公司追诉后才看得到检验结果,但此时申请重新取样或复验的最佳机会早已丧失。对此,《行诉法》第二十九条规定了行政诉讼第三人制度。该条第一款规定,公民、法人或者其他组织同被诉行政行为有利害关系但没有提起诉讼,或者同案件处理结果有利害关系的,可以作为第三人申请参加诉讼,或由人民法院通知参加诉讼。该规定保障了利害关系第三人两方面的诉权:一是可以单独起诉维权,二是可以参加正在进行的相关行政诉讼。对利害关系第三人这两方面的诉权,法院应当在审查相关法定检验的过程中给予充分尊重和保护。

四、若干启示及修法建议

贸易便利化是自贸试验区制度创新的重点内容之一,而通关便利化是其中的重要组成部分。自贸试验区建设 5 年来,货物通关时间平均缩短一半以上,2018 年整体通关时间还将再压缩三分之一。[①] 最近,国务院又印发了《关于支持自由贸易试验区深化改革创新若干措施的通知》。在这种新的形势下,进出口商品检验作为整体通关的重要环节,如何更好地处理便利与监管

---

① 参见李克强总理在 2018 年全国人民代表大会和中国人民政治协商会议上所做的《政府工作报告》。

的关系,相信文中案例引申的以下几点启示,能够为人们找到答案提供些许帮助。

启示一:制度创新务必以风险可控为原则

制度创新是自贸试验区改革的关键特征,但提倡制度创新的同时,一定要坚守风险防控底线,尤其是要防控市场开放和业务创新等方面的风险。总的原则是以世界贸易组织《贸易便利化协定》和国家口岸管理办公室印发的《提升跨境贸易便利化水平的措施(试行)》为指针,正确处理制度创新与风险可控二者的关系。在提升整体通关效率上,要正确认识通关流程与商检流程的不同实质要求,流程再造应以简化单证手续、加大担保先予放行、完善无纸化操作、实行单一窗口等管理机制为主,不应为了压缩进出口环节的时间和成本,违反国家技术规范的强制性要求或国家指定的标准,随意简化、再造尚处法定检验目录内商品的既有取样、实验室检测等程序和步骤。对试行快速验放,或采用后续稽查等事中事后监管手段的进口商品种类应限于低风险货物,降低单证要求和查验比例的对象应只针对已经认证的贸易商,并做好对商品的源头管理。确实做到既积极提升跨境贸易便利化水平,又保证跨境贸易的安全、便捷、可控。

启示二:执法监管务必强化程序正义理念

程序正义是结果正义的根本保障,具有独立价值。文中涉案商检机构不仅违反国家标准实施法定检验,①在程序上还漠视利害关系第三人的合法权益保护。明知简化取样操作流程必然影响检验结果,商检机构仍未事前征得当事人(包括利害关系第三人)同意便擅自违规操作,更没有意识到应该将商检结果于第一时间送达利害关系第三人,从而错失了通过重新取样或复验等行政内部程序纠错的机会,大大增加了自身公信力受损及深陷各种诉讼的风险。作为行政执法机关,涉案商检机构的所作所为暴露了其程序正义观念严重缺失的不足。虽然司法对法定检验的审查在行政诉讼与民事诉讼中存在规则差异,但二者的关键点最终却殊途同归,均落在程序合法性的审查上面。因此,国家商检机构务必从中吸取教训,转变观念,充分认识自身区别于

---

① 《商检法实施条例》第三十四条规定:出入境检验检疫机构按照有关规定对检验的进出口商品抽取样品。

普通行政机关的职责定位，摒弃效率优先、兼顾公平的价值判断，树立行政执法机关应有的公正至高、程序优先理念，坚持依法施检和监管，杜绝恣意执法，真正实现进出口商品检验的公正、权威、高效。

启示三：营商环境务必以良法善治为支撑

法治是市场经济的基石，是社会治理的基本方式。自贸试验区建设需要稳定、公平、透明、可预期的营商环境，同样离不开法治的保障。要实现真正的法治，就需要有良法善治，而良法善治重在良法。文中案例除了发现行政执法方面的问题外，也暴露了进出口商品检验领域的某些立法性缺陷或障碍。笔者认为，制度障碍常常因权力过度扩张而产生，应遵循谦抑性原则予以去除；而制度缺陷往往因权利缺乏保障而造成，则应通过修法完善尽快加以解决。为此，笔者提出如下建议：

一是删除法定检验的可诉性规定。事实上，将法定检验纳入可诉行政行为的弊端很多。除了不合法理以及与其他部门法（有关事故责任认定的界定）相冲突以外，在商检机构并入海关之后，法定检验作为过程性行政行为的属性更加明显。而且，法定检验作为海关的一个内设职能，对外必须以海关名义执法，而现行法却允许一个行政机关的内设部门可以单独作为行政诉讼的主体，这在法理上根本说不通。因此，鉴于法定检验与非法定检验在行为属性上本应归于一致，立法上宜先去除法定检验的可诉性（但复验程序可以保留），并将二者均界定为证据（鉴定意见或勘验笔录）使用，这样不仅可以避免法定检验陷入多种诉讼程序的交叉转换，也更符合效率和便利原则，有利于当事人的司法救济。当前，进出口商品检验监管模式正处于改革关键期，如何实现"法定检验"向"监督管理"的职能转型，去除法定检验的可诉性显然是一种治本之策。在此基础上，还可考虑借鉴国际通行做法，建立独立的第三方检验机构，实行检验与监管分离。由执法监督机关统一负责主导检验法规和检验标准的制定，行使监管职责，根据独立第三方的检验结果决定是否准予通关、是否复验、是否行政处罚等等。独立第三方的检验机构可以通过整合现有体制内的实验室、认证中心等检验检测技术力量，实行专业化分工，按照商品类别实施检验，并努力打造成为国际知名检验检测机构。

二是进一步缩小法定检验范围。近年来,出口法定检验目录已大幅削减,①但进口目录仍然保持较大规模。随着贸易自由化便利化和主动扩大进口政策的推进,《商检法》的既有规定及以目录为监管标准的固有思维已出现不适应性。比如《商检法》第四条对确定法定检验目录的范围做了原则性规定,②但笔者注意到防止欺诈行为的事由多年来一直保留其中。国家质量监督检验检疫总局公布的《进出口商品数量重量检验鉴定管理办法》也因此相应地将涉嫌欺诈行为的进出口商品列入应实施数量、重量检验的范围。笔者认为,将涉嫌欺诈行为的商品纳入法定检验目录,负面影响不小:(1)涉嫌干预私权。正常交易是当事人的自由权利,是否存在欺诈当事人最清楚,且欺诈依法属于可撤销的民事行为,应由当事人自己判断和决定。即便当事人怀疑存在欺诈而申请商品检验,也应归于非法定检验范围,法律无须也不该进行主动干预。除非属于实行验证管理、配额管理的商品或其他非常特殊的商品,否则一般不宜允许主动对商品的数量重量实施检验。(2)不利于企业的成长成熟。对国际经贸中涉嫌欺诈行为进行主动干预和保护,在改革开放初期的确有必要,但如今,改革开放已经走过40年历程,中国加入WTO也已十余年,国内企业参与国际贸易早已司空见惯,对国际经贸规则的认知和风险防范意识都已大大增强。在这种情况下,法律法规如再停留在旧思维,为企业提供近乎保姆式的服务,显然已经不合时宜。这不仅不利于国内企业增强国际竞争力,也容易引起国际贸易相对方的诟病。为此,笔者主张进出口商品检验应始终保持与时俱进和谦抑执法的理念,突出以质量监管为重点,及时制定、调整更为科学的法定检验执法依据、标准和程序。法定检验商品目录宜只限定在涉及人身、国家、环境安全的范围内,涉嫌欺诈行为的商品应从目录内剔除,并取消对非验证、非配额管理、非特殊商品实施数量重量的法

---

① 目前出口法定检验的范围主要有:出口食品的卫生检验;出口危险货物包装容器的性能鉴定和使用鉴定;对装运出口易腐烂变质食品、冷冻品的船舱、集装箱等运载工具的适载检验;国际条约规定须经检验的出口商品;其他依法须经检验的出口商品。

② 《商检法》第四条规定:进出口商品检验应当根据保护人类健康和安全、保护动物或者植物的生命和健康、保护环境、防止欺诈行为、维护国家安全的原则,由国家商检部门制定、调整必须实施检验的进出口商品目录(以下简称目录)并公布实施。

定检验,严格控制对非法定检验商品的主动抽样检验,①为主交由当事人自主决定交货结算和对外索赔的方式。

三是《商检法》增加保护利害关系第三人规定。由于国际经贸关系的复杂性,履约行为常常涉及海运、陆运、保险、港口作业、仓储、货运代理等多个环节,故这些环节的当事人也可能会与特定的商品检验产生利害关系。然而,目前商检机构一般只与报检人或申请人发生关系,即使是法定检验,其他相关单位、个人也只有配合、协助义务。这样的操作模式极易引发因利害关系第三人不服检验结果的种种纠纷。《商检法》及《商检法实施条例》目前均无利害关系第三人的规定,这与《行诉法》第二十九条规定的行政诉讼第三人制度显然存在脱节。鉴于这种情况,笔者认为应加强立法的协调和统一,建议在《商检法》中增设利害关系第三人保护条款。可在去除法定检验可诉性的前提下,增加规定商检机构应当在实施检验过程中,通知已知的利害关系第三人到场,并事先告知检验流程依据和具体操作方法,如需简化或变更应事前征得当事人及利害关系第三人的同意,检验结果还应及时送达利害关系第三人。通过保护利害关系第三人的知情权、参与权、监督权,确保商检机构切实做到依法施检,以维护市场参与各方的贸易秩序和公平正义。

结语

营造自贸试验区良好的营商环境,司法具有不可替代的职能作用:一是服务保障,通过公正、高效的审判为自贸试验区建设创造公平公正、健康高效的经济环境;二是监督纠偏,通过强化行政行为的司法审查助推自贸试验区在法治框架下运作,赢得信赖;三是建言献策,通过提供司法建议帮助化解先行先试政策与现行法律间的潜在冲突,促进自贸试验区制度创新。这就是司法的独特功能,也是当代司法者应有的担当自觉。

（原载于《人民司法·应用》2019 年第 19 期）（国家法官学院、最高人民法院"一带一路"司法研究中心——服务和保障"一带一路"建设征文活动三等奖）

---

① 《商检法实施条例》第四条第二款规定:出入境检验检疫机构对法定检验以外的进出口商品,根据国家规定实施抽查检验。

纠纷解决程序篇 <<<

关于侵权诉因排除提单管辖权条款适用的反思

——以无单放货案件的处理为视角

蔡福军

【摘要】提单的管辖权是正确处理无单放货等提单纠纷的首要问题。提单的管辖权条款属于协议管辖,是国际私法中"当事人意思自治原则"的产物。无单放货案件存在违约责任与侵权责任竞合的情形,所谓的"侵权纠纷一般不适用协议管辖条款"的规则并不能当然适用。本文根据现行法以及民事侵权的基本法理,分析了我国法院用于否定提单管辖权条款适用的"侵权诉因"及"与争议没有实际联系"两个主要事由,认为以"侵权诉因"排除提单管辖权条款适用的做法不仅于法无据,而且违背法理;而以"与争议没有实际联系"作为否定承运人总部或主营业地之管辖连接点的理由也过于极端。在上述批评的基础上,本文提出解决提单管辖权条款问题的三点策略。

【关键词】提单管辖权;民事审判;侵权与无单放货

提单管辖权条款指的是承运人在其签发的提单上以格式条款的形式,明确规定某国法院对提单争议具有排他管辖权的条款。① 关于提单管辖权条款的效力,世界上大多数国家并没有明确的规定,只有极少数国家如意大利、澳大利亚予以明确否认。因而每每涉及提单纠纷,管辖权的争议常常成为案件的核心问题之一。小结近年来中国的司法实践,以侵权为诉因进而规避提单管辖权条款的适用已是当事人的一种普遍选择,尤其是因承运人无正本提单交付货物(以下简称"无单放货")案件更为屡见不鲜。其中一个重要的原因是,2009 年 3 月 5 日最高人民法院公布施行的法释〔2009〕1 号《关于审理无正本提单交付货物案件适用法律若干问题的规定》,赋予了正本提单持有

---

① 通常规定由承运人所在国即主营业地的法院管辖,或由承运人熟悉的第三国法院管辖。

人因承运人无单放货可就因此所产生的损失要求承运人承担违约责任或者承担侵权责任的选择权。也就是说，无单放货案件存在违约责任与侵权责任竞合的情形。因此，当正本提单持有人（即受害人）是国内货主时，便往往选择侵权为诉因起诉承运人，试图规避提单管辖权条款的适用。鉴于司法实践对此类案件的裁判尺度不尽统一、合理，实有提出探讨的必要。

一、相关司法实例及其裁决的主要依据

以侵权诉由改变提单纠纷的管辖权似乎成了我国司法实践的一种定势。如早在 1999 年，原告江苏省灌云县国际经济贸易公司对被告法国达飞轮船有限公司等无正本提单放货损害赔偿案（〔1999〕广海法事字第 41 号）提起侵权之诉，法院就以原告不受提单背面管辖条款约束为由驳回了被告的管辖权异议。① 再如在〔2004〕闽民终字第 582 号上诉人（原审被告）厦门裕利集装箱服务有限公司与被上诉人（原审原告）福建省工艺品厦门进出口公司、原审被告裕利航运有限公司（GREATING MARINE LIMITED）无单放货纠纷案中，二审法院民事裁定书认为，"虽然原审被告裕利航运有限公司住所地在香港，但被上诉人（原审原告）福建省工艺品厦门进出口公司与上诉人（原审被告）厦门裕利集装箱服务有限公司的住所地在中国厦门，案涉货物运输始发地、提单签发地和侵权结果发生地也均在中国厦门，本案与厦门具有更密切的实际联系。原告选择侵权结果发生地法院即厦门海事法院提起诉讼，符合我国法律规定……"。还有，一些案件的判决书虽然未提及管辖权一事，②但笔者认为，其在确定准据法适用时的理由对以侵权诉因对抗提单管辖权问题同样具有异曲同工之效。如〔2009〕沪高民四（海）终字第 143 号民事判决书认为，"本案系布莱莲特公司以美森公司无正本提单放货，导致其货物所有权受到侵害为由提起的涉外侵权之诉。……美森公司确认其无正本提单将货物放给记名收货人，故侵权行为发生地在美国；布莱莲特公司是涉案提单载明的托运人和提单持有人，其系中国法人，美森公司无正本提单放货侵害其货物所有权，故侵权行为结果地发生在中国。法院可以选择适用

---

① 因本节所涉案例资料主要来源于中国涉外商事海事审判网，如有错误敬请原谅。
② 因案例资料同样来源于网络，而笔者又缺乏进一步了解情况的途径，故无法知道案件是否存在管辖权争议。

中国法律作为处理本案纠纷的准据法……"。在最高人民法院（1998）交提字第 3 号美国总统轮船公司（以下简称"轮船公司"）上诉万宝集团广州菲达电器厂（以下简称"菲达厂"）等无单放货纠纷的公报案例中也有类似记载，"广东省高级人民法院终审认为：……本案系菲达厂以轮船公司无单放货，侵害其所有权为由提起的侵权之诉，双方之间的权利义务关系受有关侵权法律规范的调整，而不是受双方原有的运输合同的约束。……本案货物交付地在新加坡，侵权行为实施地即为新加坡；现菲达厂持有正本提单，无单放货行为侵害了其对货物的所有权，故侵权结果发生地为我国……"。由于该案最终经最高人民法院认定属于国际海上货物运输合同无单放货纠纷，[1]并推翻了原审法院对本案属侵权纠纷的认定，故对于国内货主可否以国外无单放货侵权行为为由主张侵权结果发生地在国内的问题，至今没有权威说法。但是，在涉及仲裁条款的类似案件中，最高人民法院的立场似乎也摇摆不定。如 1998 年的江苏省物资集团轻工纺织总公司诉（香港）裕亿集团有限公司、（加拿大）太子发展有限公司侵权损害赔偿纠纷管辖权异议上诉案，案涉合同订有在中国国际经济贸易仲裁委员会解决争议的仲裁条款，江苏省高级人民法院一审认为："由于被告是利用合同进行欺诈，双方当事人的纠纷已非合同权利义务的争议，而是侵权损害赔偿纠纷。原告有权向法院提起侵权之诉，而不受双方所订立的仲裁条款的约束"；但最高人民法院在上诉审中认为："……从被上诉人轻纺公司在原审起诉状中所陈述的事实和理由看，其所述上诉人裕亿公司和太子公司的侵权行为，均是在签订和履行销售合同过程中产生的，同时也是在仲裁法实施后发生的。根据仲裁法和仲裁规则的上述规定，中国国际经济贸易仲裁委员会有权受理侵权纠纷，因此本案应通过仲裁解决，人民法院无管辖权"。该案的处理一时平息了此类案件当事人以提起侵权之诉为由规避仲裁条款的局面。而在 2005 年美国 WP 国际发展公司诉吉林市淞美醋酸有限公司、吉林化学工业股份有限公司侵权损害赔偿纠纷管辖权异议上诉案[2]中，最高人民法院裁定认为，"……本案并非基于合同

---

① 此定性似乎在违约与侵权之间存在模糊之处，但该案在当时实际是以合同纠纷处理的。

② 见中华人民共和国最高人民法院〔2005〕民四终字第 1 号和第 16 号民事裁定书，来源于中国涉外商事海事审判网。

的违约之诉,而是侵权之诉,故淞美公司关于本案应基于合同约定移送仲裁机构管辖的上诉理由缺乏事实和法律依据,本院不予支持……"。以上案例表明,对于侵权诉因能否排除协议管辖(包括仲裁条款)的问题,我国的司法裁判尺度尚不统一、合理。

二、侵权诉因排除提单管辖权条款适用的法理探析

主张侵权诉因排除提单管辖权条款适用的法理依据主要有以下四条:

1. 提单管辖权属于协议管辖条款

对此观点笔者不持异议,不再赘述。

2. 侵权纠纷一般不适用协议管辖条款

该观点的最主要理由是这样的:在侵权行为发生前,当事人通常不可能会在事前预知侵权的发生,并事先对侵权纠纷进行协议管辖。笔者认为此观点过于片面,其对于普通的民事侵权行为①而言应该是适用的,但对于存在违约责任与侵权责任竞合的情形则未必恰当。因为:(1)在产生违约责任与侵权责任竞合的情形中,双方当事人之间已经存在着某种合同关系,并且在这种合同中可能已就相关纠纷的解决约定了管辖条款。提单纠纷的情况便是典型的例子。众所周知,提单既是运输合同关系的证明,又是运输货物的物权凭证。之所以在提单纠纷中容易存在违约责任与侵权责任竞合的情形,正是因为这类纠纷产生于运输合同的履行过程中。当权利人以运输合同关系作为维权基础时,他便主张合同相对人违约;而当其以物权主张权利时,他可追究侵权人的侵权责任。从法理上讲,在违约责任与侵权责任竞合的情况下,当事人对诉因有选择权,我国现行法律亦是如此规定。②(2)对于协议管辖问题,我国的法律规定在内外方面存在一定的差异。对内仅仅规定合同的当事人可以达成选择被告住所地、合同履行地、合同签订地、原告住所地、标的物所在地人民法院管辖的协议,③对外则明确允许涉外合同或者涉外财产

---

① 这里的普通民事侵权行为,笔者专指在权利人不与他人存在合同关系的情况下,其民事权益却受到该他人侵害的情形。

② 见《合同法》第一百二十二条。

③ 见《民事诉讼法》第二十五条、《最高人民法院关于适用〈中华人民共和国民事诉讼法〉若干问题的意见》第23条。但也未有禁止性规定,用于完全否定国内当事人在事前对侵权纠纷进行协议管辖。

权益纠纷的当事人用书面协议选择与争议有实际联系的地点的法院管辖。①但是,我国法律也并未禁止国内当事人对侵权纠纷进行协议管辖,而对于涉外当事人对侵权纠纷的协议管辖更是明确予以认可。就提单纠纷而言,其不仅往往含有涉外因素,而且普遍存在于提单所证明的海上运输合同中的管辖权条款又通常规定,凡根据该提单或与其有关的一切争执应在某国法院管辖。可见,提单的管辖权条款显然涵括了以侵权为诉因的纠纷,并且应受涉外民商事法律的调整。当提单被接受,且其中的管辖权条款又无违背提单持有人所在国的公共政策时,仅以侵权纠纷一般不适用协议管辖条款为由便驳回承运人的提单纠纷管辖权异议,其理由显然是与“当事人意思自治原则”及现行法律的规定不符,难以令人信服。事实上,在违约责任与侵权责任竞合的提单纠纷中,当事人在侵权行为发生前已对可能发生的侵权纠纷进行协议管辖的情况是普遍存在的。因此,所谓“侵权纠纷一般不适用协议管辖条款”的观点对无单放货案件并不能够当然适用。

3. 提单管辖权条款没有选择与争议有实际联系的地点的法院管辖,该条款无效

前述观点的分析已经阐明,无单放货纠纷即使以侵权为诉因,提单管辖权条款也并非得以当然排除适用。而是否“与争议有实际联系”实质上是关于提单管辖权条款的合法性问题,即该提单的管辖权条款是否符合国内现行法有关协议管辖的规定。多数的提单管辖权条款一般都规定,因本提单引发的纠纷由承运人总部或主营业地法院管辖。首先,从法理上说,这并不违反“原告就被告”的国际民商事诉讼管辖基本原则。其次,规定将提单纠纷交由承运人总部或主营业地的法院管辖,是否有违我国《民事诉讼法》第二百四十二条的规定,主要应考察其是否符合了“与争议有实际联系”的要求。②司法实践中有一种观点认为,承运人总部所在地或主要营业地只要不在本次运输的始发地、目的地或者转运港,便与案件无“实际联系”,故提单管辖权条款应为无效。笔者认为,这种观点过于极端,因为如果是这样,那么世界上

---

① 见《民事诉讼法》第二百四十二条。
② 尽管协议管辖是否需“与争议有实际联系”的问题在理论上存在争议,但鉴于很多国家在涉外民商事管辖权的确定上都有此规定,故我国《民事诉讼法》第二百四十二条做如此规定也无可厚非。

绝大多数的提单管辖权条款都会因此被否定。而事实上，对"与争议有实际联系"的理解我国并非完全无法可依。《民事诉讼法》第二十五条的规定就明确允许合同当事人协议选择包括被告住所地在内，以及合同履行地、合同签订地、原告住所地、标的物所在地的法院管辖。根据《民事诉讼法》第二百三十五条确定的法律适用原则，第二百四十二条的适用实际应以第二十五条的适用为补充。另外，最高院民四庭在《涉外商事海事审判实务问题解答（一）》第一条也规定："理解'与争议有实际联系'，应当综合考察当事人住所地、登记地、主要营业地或营业地、合同签订地、合同履行地、标的物所在地等诸多因素。"可见，不论是现行法还是最高司法机关，都不简单地否定承运人总部所在地或主要营业地与提单纠纷的"实际联系"。换言之，提单中约定将纠纷交由承运人总部或主营业地的法院管辖的条款，既不违反国内法，也符合国际民商事诉讼管辖的基本原则。更何况，我国《海事诉讼特别程序法》第八条的规定也表明，我国在对国外当事人行使司法管辖权时，并不以协议管辖需"与争议有实际联系"为限制。既如此，在对外扩张管辖权以保护国内当事人时，我国也应有理有度，遵循平等原则，否则我国的司法将会有失去公信力的危险。

4. 侵权结果发生地位于境内，国内法院对无单放货纠纷具有管辖权

该观点的前提是无单放货纠纷一旦以侵权为诉因就不受提单管辖条款的约束，此谬误上文已予评述。该观点的另一法理依据是，既然是侵权纠纷，则应依据侵权管辖的连结点取得管辖权，即一般是由侵权行为地的法院行使管辖权；而侵权行为地包括侵权行为发生地和侵权结果发生地，提单持有人可选择侵权结果发生地即自己的国内所在地作为连接点在本地起诉。显然，该论点的问题出在侵权结果发生地的界定上存在偏差。因为如照此推论，侵权纠纷管辖的连结点便容易出现侵权行为地与原告住所地的重合，最终导致通行的侵权案件管辖规则的破坏。① 本文所列的相关司法实例就存在这样的问题，可谓既无法据，又失法理。而何为"侵权结果发生地"，笔者认为应是指受法律保护的法益所受侵害的直接结果发生地，而非由此间接导致权利

---

① 按照一般的管辖原则，侵权案件要么由被告住所地（无单放货案件即为承运人住所地）的法院管辖，要么由侵权行为地的法院管辖。

人的经济损失发生地。对此,山东省高级人民法院也曾于 2006 年 11 月 28 日下发了(鲁高法发〔2006〕41 号)《关于审理民商事诉讼管辖权异议案件若干问题的意见》,其中第 61 条第 2 款就明确规定:"侵权纠纷存在直接结果地与间接结果地的,除非法律和司法解释有明确规定,不得依据间接结果地确定管辖法院。"第六十三条又规定:"侵权结果发生地,是侵权行为致使受害人权利受到侵害的损害事实发生地。"就无单放货行为而言,无单放货侵权行为之直接侵权结果应为货物的物权受到侵害,相应地,侵权结果发生地即应为权利人丧失对货物占有或控制之地,而非权利人由此间接遭受损失之地。由此看来,文中所列案例对提单管辖权的处理着实值得商榷。

三、解决提单管辖权条款问题的策略

当前,随着经济全球化和国际航运事业的快速发展,我国进出口贸易不断增长,海上货物运输量日益递增。同时,传统的提单流转速度相对滞后,导致目的港无单放货现象频频发生,①国内的货物出口方也常常因此遭受损失。而提单的管辖权是正确处理无单放货等提单纠纷的首要问题,因此,进一步加强此方面的调查研究的确具有积极的现实意义。基于上文分析,笔者对如何正确处理提单管辖权条款的问题提出如下建议:

一是要走出对提单管辖权条款的认识误区。这种误区集中表现在:国内法院为了维护国内当事人的权益,对提单管辖权条款过于随意地予以否定。殊不知,这种做法的效果可能适得其反,最终伤害的将是我国的对外司法形象以及对外开放的大局,结果是因小失大。毕竟,提单管辖权条款作为国际私法中"当事人意思自治原则"的产物,大多数国家原则上都是承认其效力的。也就是说,只要提单管辖权条款是有效的,就应当依照执行。如果确需对提单管辖权条款予以排除适用,也得有充分的法定事由。法院应不允许原告随意选择诉因就能十分容易地规避提单管辖权条款的适用,因为,这种做法严重违背法理,对另一方当事人来说也是相当的不公平。而反观我国的司法实践,否定提单管辖权条款适用时的常用事由除了"与争议没有实际联

---

① 根据国际海事委员会(Committee Maritime International,CMI)统计,在班轮运输中,无单放货的比例为 15% 左右,租船运输中达到 50%,而矿物、油类等重要商品的运输高达 100%。

系"外,另一理由便是原告选择侵权诉因起诉。但经笔者查阅资料,国外尚未有以侵权诉因排除提单管辖权条款适用的判例。[①] 相反却获悉了英国法院的一些做法,即在存在合同与侵权责任竞合时,如果原告提起侵权之诉并提出管辖协议不适用于非合同之诉,他就要设法使法官相信当事人原本允许原告在管辖协议之外寻求诉讼;在不能提供合理的证明时(可能导致判决不一致的先河),法院很可能将其解释为属于合同范围之内。比较之下,笔者感到国内以侵权诉因否定提单管辖权条款的判词常给人一种强词夺理的感觉。因此,在处理提单背面管辖条款纠纷案件时,笔者赞同可以采取对等原则以维护国家司法权,同时还应兼顾国际民事诉讼管辖权的协调,尊重合法有效的提单管辖条款。在一定条件下,主动放弃对案件的管辖权,这应是一个司法制度开明的国家风范。

二是要借鉴国外先进司法经验。"他山之石,可以攻玉。"对于提单管辖权条款,各国也都有予以某些限制的情况。如英国,法院主要根据"方便"和"合理"这两个标准来决定提单管辖权条款的效力,他们通过判例确立了应予审查的具体案件事实,即:在哪个国家可以取证;提单的准据法是否是协议管辖地国的法律;提单或提单当事人与协议管辖地国的联系密切程度;当事人在协议管辖的法院诉讼是否会被剥夺正当的请求权;该法院做出的有利于原告的判决是否能够得到有效执行;当事人是否受到不为英国法承认的诉讼时效的限制等。美国法院也认为不合理的协议管辖无效,如为了小额索赔需到远离几千里之外的他国进行诉讼等。也有不少国家以协议管辖法院是否适用其本国参加或实施的有关提单国际公约,来决定提单管辖权条款的效力。这些国家普遍认为,通过管辖权条款将提单争议交给非缔约国审理,导致提单不能适用相关公约就意味着减轻承运人的责任,因而违反了本国的公共政策,故管辖权条款无效。限于篇幅,笔者不想对以上国外的种种做法逐项予以评述,但认为英国的"方便"和"合理"两个标准可以借鉴,因为这两个标准本来也是我国民事诉讼法的基本原则,建议最高司法机关总结经验,以此细化对提单管辖权条款的审查事项。如此或许能进一步提升我国法院处理提单管辖权纠纷的司法水平,取信于世。

---

① 因笔者掌握的资料渠道有限,如有错误,敬请理解。

三是要教育国内货主提高提单风险意识。无单放货已是国际海上货物运输中的常见现象,国内货主唯有提高自我保护意识,才能在事前降低风险,事后减少损失。除了选择资信好的贸易伙伴、建立收款保障外,国内货主对承运人的选择也要慎重。特别是在 FOB 贸易条件下,要与贸易伙伴讲明指定承运人的条件,避免接受在国内无备案登记的无船承运人提单或信誉不好的承运人提单。同时,笔者建议国内货主参加出口信用保险,保障出口收汇安全。

结语

提单管辖权的效力在各国不尽相同,而否认其效力时,则需有恰当的事由。提单纠纷往往涉及违约与侵权责任的竞合,以"侵权诉因"及"与争议没有实际联系"为事由否认提单管辖权的效力,似有进一步商榷和研究的必要。

【参考文献】

[1]《最高人民法院公报》,1998(3):109-110.

[2]吴星奎《提单中管辖权条款实际联系要求解读》,其观点是认为承运人主营业地与争议无"实际联系"无疑从根本上推翻了提单管辖权条款效力的根基。http://www. lawtime. cn/info/lunwen/gjfjingji/2007012060813. html.

[3]《浅析国际民事诉讼中的协议管辖》,中顾法律网 http://news. 9ask. cn/msss/msssfg/msssfg/201105/1206554. shtml.

[4]交通法《交通法律顾问》编审委员会. 交通法律顾问. 远洋运输篇. 北京:人民交通出版社,1990.

(原载于《中国海商法年刊》2011 年第 3 期)(中国法学会审判理论研究会海商海事专业委员会第三届学术研讨会一等奖)

两岸保全程序之扣押船舶比较研究

许俊强

【摘要】扣押船舶是海商法中的重要制度，大陆和台湾地区均对作为保全程序的扣押船舶做出规定，但两岸关于船舶扣押各有特点、优劣，在立法模式、可供扣押船舶的范围等方面可相互借鉴，完善己方立法。

【关键词】两岸；扣押船舶；比较；借鉴

扣押船舶是海商法中的重要制度，本文通过比较两岸保全程序中船舶扣押制度，就两岸船舶扣押制度中可供相互借鉴之处提出自己的看法。

一、扣押船舶的界定

《中华人民共和国海事诉讼特别程序法》（以下简称《海诉法》）第十二条规定，海事请求保全是指海事法院根据海事请求人的申请，为保障其海事请求的实现，对被请求人的财产所采取的强制措施。可见，海事请求保全属财产保全的范畴，其特殊性在于这种请求必须基于特定的债权即海事请求。根据《海诉法》的规定，扣押船舶分两种情况，一种情形属于海事请求保全，必须基于该法第二十一条规定的海事请求才可以申请扣押船舶，其目的在于保障将来生效裁判的执行。根据提出申请时间的不同，扣押船舶可分为诉前扣押船舶和诉讼中扣押船舶。这种扣押船舶与《1999年国际扣船公约》第1条第2款的规定相同，该款规定的扣押系指经法院命令，为保全海事请求而对船舶做出的任何滞留或对其离开做出的任何限制，但不包括为执行或履行法院判决或其他可执行文书而扣留船舶。扣押船舶的另一种情形是《海诉法》第二十二条规定的为执行生效裁判对船舶的扣押，这种扣押不受是否存在法定海事请求的限制，是对终局裁判的强制执行，属于强制执行法的范畴。本文所要讨论的是保全程序中的扣押船舶,即海事法院根据海事请求人的申请,依法对船舶所采取的限定其停泊于指定区域、禁止营运、处分及设置抵押权的强制措施,以确保将来有效裁判的执行。

大陆关于扣押船舶的法律规定较为集中,扣押船舶主要适用《海诉法》第三章"海事请求保全"的规定。该章第二节"船舶的扣押与拍卖"是关于扣押船舶的专门规定,扣押船舶涉及的担保问题适用第六章"海事担保"的规定,《海诉法》未做规定的,则可适用《民事诉讼法》第九章关于财产保全的规定。

我国台湾地区扣押船舶也分两种情形,一种是属于保全程序的扣押船舶,其"民事诉讼法"第7编保全程序规定了假扣押与假处分,假扣押与大陆地区作为海事请求保全的扣押船舶类似。台湾地区所谓"民事诉讼法"第522条第1项规定,债权人就金钱请求或得易为金钱请求之请求,欲保全强制执行者,得声请假扣押。第523条第1项规定,假扣押,非有日后不能强制执行或其难执行之虞者,不得为之。扣押船舶的第二种情形是确定裁判强制执行之扣押。假扣押的裁定程序适用所谓"民事诉讼法",执行程序则适用所谓"强制执行法",故台湾地区扣押船舶的法律适用涉及所谓"海商法"、"民事诉讼法"和"强制执行法"。台湾地区有学者认为,台湾海事诉讼程序之规定,并未以特别法之形式,作有系统的整体立法,而系散见于所谓"海商法"、"民事诉讼法"及"强制执行法"有关篇章,此种立法体例,难免有顾此失彼、不尽周延,或重复矛盾之处。

笔者认为,扣押船舶性质上虽属保全程序,但船舶是特殊的动产,其扣押涉及一些特殊做法,宜通过专门的立法予以规范。大陆对包括扣押船舶在内的海事诉讼程序做出特殊规定,这种立法模式值得台湾地区借鉴。

二、可供扣押船舶的范围

海商法是扣押船舶实体法上的根据,只有海商法意义上的船舶才可以适用海商法,两岸海商法对船舶的界定并无实质差别。根据我国《海商法》第三条及台湾地区所谓"海商法"第1条、第3条、第7条之规定,两岸海商法适用的船舶均为能够在海上航行的海船,军事、公务船舶及小于20总吨船舶不适用海商法,船舶包括船舶属具。

（一）被请求人不明的船舶

通常，提出扣押船舶申请应明确记载被请求人，如台湾地区所谓"民事诉讼法"第 525 条规定，假扣押之声请，应表明当事人及法定代理人等各款事项。但船舶法律关系较为复杂，存在多方关系人，如所有人、光船租船人、船舶经营人、船舶管理人，船舶可能被多次转租，这就可能造成不能在短时间内查明船舶的相关法律关系，而扣押船舶往往情形较为紧迫，为保护海事请求人的权利，《海诉法》第二十五条规定，海事请求人申请扣押当事船舶，不能立即查明被请求人名称的，不影响申请的提出。因此，即使不能查明被请求人名称的船舶仍可扣押，在相关法律文书中一般将被请求人表述为"某某"轮船东、"某某"轮船舶所有人、"某某"轮光船承租人等。本条规定带有对物诉讼的意味，但并非对物诉讼，而是一种变通的规定，可供台湾地区借鉴。

（二）当事船舶

所谓的当事船舶，是指与产生海事请求有直接关系的船舶，如设定船舶抵押权的船舶。在大陆地区有下列情形之一的，海事法院可以扣押当事船舶：船舶所有人对海事请求负有责任，并且在实施扣押时是该船的所有人；船舶的光船承租人对海事请求负有责任，并且在实施扣押时是该船的光船承租人或者所有人；具有船舶抵押权或者同样性质的权利的海事请求；有关船舶所有权或者占有的海事请求；具有船舶优先权的海事请求。台湾地区立法并未明确规定什么是当事船舶及在何种情形下可以扣押当事船舶，但当事船舶作为债务人的财产可成为假扣押的标的当无疑问，存疑的是光船承租人对债务（海事请求）负有责任时能否扣押该光租船舶。笔者认为，由于台湾地区无专门立法，光船租船人承租的船舶不属其所有，应不得扣押。而光船租赁合同性质上属财产租赁，在租期内船舶由承租人占有、使用和收益，船舶在营运过程中产生的海事请求一般应由承租人承担，光船租赁的船舶在一定程度上可以用来清偿债务，属于可供扣押船舶的范围，《1999 年国际扣船公约》第 3 条第 1 款 b 项也如是规定。对此，台湾地区可借鉴大陆立法，明确可扣押之当事船舶，并明确一定条件下光船租赁的船舶可扣押。

（三）姊妹船

姊妹船是对与上述当事船舶有一定联系的其他船舶的俗称。对船舶的扣押以扣押当事船舶为原则,但也可扣押姊妹船。《海诉法》第二十三条第二款规定,海事法院可以扣押对海事请求负有责任的船舶所有人、光船承租人、定期租船人或者航次租船人在实施扣押时所有的其他船舶,但与船舶所有权或者占有有关的请求除外。该规定表明,除可扣押当事人船舶外,也可扣押姊妹船,但与船舶所有权或占有有关的海事请求除外。台湾地区立法未专门规定是否可以扣押姊妹船,就假扣押而言,凡债务人的财产均可作为假扣押的标的,由于台湾地区立法对得以扣押船舶的债权没有限制,如此可能导致非基于海事请求权申请扣押姊妹船的情况,可扣押船舶的范围过大,似有不妥。对此,台湾地区可借鉴《海诉法》第二十三条第二款规定进行完善。

(四)不得扣押的船舶

1.航行中的船舶

我国台湾地区所谓"海商法"第4条规定,船舶保全程序之强制执行,于船舶发航准备完成时起,以迄航行至次一停泊港时止,不得为之。但为使航行可能所生之债务,或因船舶碰撞所生之损害,不在此限。相关规定如何理解?台湾地区"办理强制执行事件应行注意事项"解释为,就船舶为保全程序之执行仅得于运送人或船长发航准备完成前或于航行完成后,始得为之。但保全程序系保全为使航行可能所生之债权及船舶碰撞所生之债权者,则无此限制。所谓发航准备完成者,指法律上及事实上得开行之状态而言,如船长已取得当地航政主管机关核准发航与海关准结关放行及必需品之补给已完成,并已配置相当海员、设备及船舶之供应等属之。所谓航行完成,指船舶到达下次预定停泊之商港而言。所谓为使航行可能所生之债权,如为备航而向之购置燃料、粮食及修缮等所生债权是。笔者认为,本条其实是规定航行中(船舶发航准备完成时起,以迄航行至次一停泊港时止)的船舶不得被实际扣押,"就船舶为保全程序之执行仅得于运送人或船长发航准备完成前或于航行完成后,始得为之"。以让船舶完成预定航次,并设定了两种例外情况。

《海诉法》第二十三条第三款规定从事军事、政府公务的船舶不得被扣押。大陆立法除此之外未规定不得扣押的船舶,更未规定航行中的船舶不得扣押,在司法实践中扣押航行中的船舶屡见不鲜。由于完成航行准备的船舶往往载有货物,扣押船舶涉及众多货主的利益,扣押船舶虽然保护了债权人的利益,但也可能引发更多的纠纷,如迟延交付、货损等。为避免这种情况出现,台湾地区所谓"海商法"第4条的规定可资大陆借鉴,并可完善为对航行中船舶可做出扣押船舶的裁定及扣押船舶命令,而不执行实际扣押。

2. 已被扣押过的船舶

在大陆的司法实践中,基于同一海事请求扣押已被扣押过的船舶或者被请求人所有或光船租赁的其他船舶属于重复扣船。《海诉法》第二十四条规定,海事请求人不得因同一海事请求申请扣押已被扣押过的船舶。这就是说已被扣押过的船舶不得再次被扣押,海事法院对于申请已被扣押过的船舶裁定不予准许。原则上禁止扣押已被扣押过的船舶,但存在例外情形:被请求人未提供充分担保的;担保人有可能不能全部或者部分履行担保义务的;海事请求人有正当理由同意释放被扣押的船舶或者返还已提供的担保;不能通过合理措施阻止释放被扣押的船舶或者返还已提供的担保。需要明确区分的是重复扣船与多次扣船,多次扣船是指基于不同的海事请求申请扣押已被扣押过的同一船舶。《海诉法》第二十四条禁止的是基于同一海事请求的扣押船舶,基于不同的海事请求当然可以再次申请扣船,无论是同一申请人还是不同的申请人。海事法院对基于不同海事请求申请扣押已被扣押过的船舶将裁定予以准许,但不实际实施,而是进行轮候扣押。台湾地区无禁止重复扣船及其例外情形的规定,应予完善。

三、可申请扣押船舶的债权

关于什么债权可以作为申请扣押船舶的基础,《海诉法》借鉴《1999年国际扣船公约》,将可以申请扣押船舶的债权限于该法第二十一条明确列明的22种海事请求。该条规定比《1999年国际扣船公约》更进一步,采取封闭式立法,无兜底性规定,并规定:"非因本法第二十一条规定的海事请求不得申请扣押船舶,但为执行判决、仲裁裁决以及其他法律文书的除外。"台湾地区立法未将得以申请扣押船舶的债权仅限制为海事请求,凡是债权皆可作为申请扣押船舶的根据。在这种立法例下,容易导致扣船的泛滥,好在台湾地区的司法实践中对扣押船舶把关严格,并未出现扣押船舶宽泛化的情况。

一般来说,债务人以其全部财产对其债务承担责任,如《公司法》第三条的规定即是。照此理解,无论是基于何种债权,均可以申请扣押被申请人所属船舶。但船舶作为重要的运输工具,其投资、运营成本较大,即使在停泊期间维持费用也不低。且船舶往往载有货物,还涉及货主利益,尤其是从事班轮运输的船舶,货主众多,船舶一旦遭到扣押停航,将导致巨大的经济损失。因此,为保护航运业及维护正常的航运秩序,对扣押船舶应采取审慎的态度,通行的做法是对得以申请扣押船舶的债权进行限制,将此类债权限制于与船舶营运相关的债权。台湾地区可借鉴大陆相关立法,将得以申请扣押船舶的债权限定为海事请求。

四、扣押船舶与管辖权

1. 扣押船舶的管辖权

对在诉前及仲裁庭审理案件过程中申请扣押船舶应由哪个法院管辖的问题,《海诉法》第十三条规定,当事人在起诉前申请海事请求保全,应当向被保全的财产所在地海事法院提出。这里实行的是属地管辖原则,财产所在地是指船舶的所在地(停泊地)。如果当事人之间订有诉讼管辖协议或仲裁协议,根据《海诉法》第十四条的规定,海事请求人提出扣押船舶申请时不受上述协议的约束。

关于扣押船舶的管辖法院,台湾地区未设特殊规定,而是适用所谓"民事诉讼法"。其第 524 条规定,假扣押之声请,由本案管辖法院或假扣押标的所在地之地方法院管辖。本案管辖法院,为诉讼已系属或应系属之第一审法院。但诉讼现系属于第二审者,得以第二审法院为本案管辖法院。可见,诉讼前扣押船舶由船舶所在地的地方法院管辖或应系属之第一审法院管辖,而应系属之第一审法院可根据所谓"民事诉讼法"第一章第一节管辖的规定确定。

笔者认为,诉讼前扣押船舶的管辖权,台湾地区规定的管辖法院除船舶所在地法院外还包括应系属之第一审法院。该法院有可能不是船舶所在地法院,在实际执行上会带来不便,当事人虽然会对管辖法院做出选择,但从立法上分析,当事人未必都选择船舶所在地法院管辖,而对于诉讼前扣押船舶大陆地区规定仅由船舶所在地法院管辖更方便执行,值得台湾地区借鉴。二审期间的扣押船舶申请理应由二审法院审查并办理,大陆地区司法实践虽如此操作,但台湾地区对此有明确规定,更为完善,可供大陆立法借鉴。

2. **实体纠纷管辖权**

关于法院扣押船舶后能否就相关纠纷取得管辖权的问题,《海诉法》第十九条规定,海事请求保全执行后,有关海事纠纷未进入诉讼或者仲裁程序的,当事人就该海事请求,可以向采取海事请求保全的海事法院或者其他有管辖权的海事法院提起诉讼,但当事人之间订有诉讼管辖协议或者仲裁协议的除外。也就是说,海事法院扣押船舶后并不必然取得相关海事纠纷的管辖权,当事人之间的诉讼管辖协议或仲裁协议的效力优先,可以排除扣押船舶法院的管辖权。需要注意的是,诉前扣押姊妹船能否取得相关实体纠纷管辖权? 最高人民法院《关于在经济审判工作中严格执行民事诉讼法的若干规定》第6条规定,人民法院在审理国内经济纠纷案件中,如受诉人民法院对该案件没有管辖权,不能因对非争议标的物或者对争议标的物非主要部分采取诉前财产保全措施而取得该案件的管辖权。据此,海事法院不能通过诉前扣押姊妹船取得相关实体纠纷的管辖权。

查台湾地区的相关规定,除所谓“民事诉讼法”第15条规定,因船舶碰撞或其他海上事故请求损害赔偿而涉讼者,得由加害船舶被扣留地管辖外,未明确规定法院采取假扣押后是否能对相关实体纠纷取得管辖权。就诉讼应系属的第一审法院,台湾地区所谓“民事诉讼法”规定,对于船舶所有人或利用船舶人,因船舶或航行涉讼者,得由船籍所在地之法院管辖。因船舶债权或以船舶担保之债权涉讼者,得由船舶所在地之法院管辖。在因船舶债权或以船舶担保之债权而扣押船舶时,扣押船舶地法院就与船舶所在地法院相同。但船籍所在地之法院为应系属之第一审法院时,如果当事人并非向诉讼应系属之第一审法院提出扣押船舶申请,而是向应系属之第一审法院外的船舶所在地法院申请扣押船舶,按照台湾地区所谓“民事诉讼法”的规定该法院不能取得管辖权。通过扣押船舶取得管辖权是国际海事司法的通行做法,被扣押船舶所在地往往是装货港或卸货港,由扣押船舶法院对相关纠纷行使管辖权一般可达到方便诉讼的效果,故建议台湾地区相关立法借鉴大陆的规定,明确赋予扣押船舶法院对相关实体纠纷的管辖权。

五、关于“活扣押”

大陆法院对船舶实施扣押的方式有“死扣押”（实际扣押）和“活扣押”两

种。扣押船舶限制了船舶的处分和使用,扣押船舶期间船舶不但不能营运,还会产生相关的维持和监管费用。为了更大限度地发挥船舶的使用价值,海事法院根据最高人民法院《关于适用民事诉讼法若干问题的意见》第101条的规定,在征得申请人同意的前提下,以限制处分船舶的方式允许船舶继续营运,这就是"活扣押"。《海诉法》第二十七条规定,海事法院裁定对船舶实施保全后,经海事请求人同意,可以采取限制船舶处分或者抵押等方式允许该船舶继续营运。"活扣押"本来是为解决船舶完成预定的最后航次,即海事法院根据《海诉法》第二十七条的规定准许已经实施保全的船舶继续营运的,一般仅限于航行于国内航线上的船舶完成本航次,但实践中适用范围越来越广,并不局限于完成预定航次。

台湾地区也有类似"活扣押"的规定,即以揭示方法执行的假扣押。台湾地区所谓"强制执行法"第114-1条规定,船舶于查封后,应取去证明船舶国籍之文书,使其停泊于指定之处所,并通知航政主管机关。但经债权人同意,执行法院得因当事人或利害关系人之声请,准许其航行。台湾地区所谓"办理强制执行事件应行注意事项"第61条第2项后段规定,国内航行船舶之假扣押,得以揭示方法为之。以揭示方法执行假扣押时,应同时颁发船舶航行许可命令,明示准许航行之目的港、航路与期间;并通知当地航政主管机关及关税局。或许是考虑到船舶已处于扣押之中,理应不得有进行处分和设置抵押权等行为,但台湾地区并未明确规定对准许航行的船舶采取限制船舶处分或者抵押,对债权人的保护有不周到之嫌,可借鉴大陆的规定予以完善。不过,台湾地区关于"活扣押"的规定更具有可操作性,如要求以揭示的方法让大众周知,颁布许可航行命令并通知相关机关等,且对"活扣押"未明确限于船舶完成预定航次。大陆关于"活扣押"如何实施规定得不够明确,且"活扣押"原则上仅适用于最后航次,难于满足实践的需要,可借鉴台湾地区的做法予以完善。

(原载于《人民司法·应用》2012年第21期)

两岸区际民事管辖权冲突之协调路径探析

——以平行诉讼为视角

蔡福军

【摘要】由于特殊的历史和政治原因，大陆与台湾地区至今未能统一，客观上在一个中国之内形成两个不同的法域。台湾地区 1992 年 7 月 16 日颁行的"台湾地区与大陆地区人民关系条例"（2002 年 4 月 24 日修改，以下简称"两岸关系条例"）第一条规定："国家统一前，为确保台湾地区安全与民众福祉，规范台湾地区与大陆地区人民之往来，并处理衍生法律事件，特制本条例。"①最高人民法院 2005 年《第二次全国涉外商事海事审判工作会议纪要》（以下简称《第二次纪要》）则第一次以司法文件的形式明确规定涉台民事法律适用参照涉外案件的有关规定处理。尤其是晚近的《关于审理涉台民事案件法律适用问题的规定》（以下简称《涉台法律适用规定》），再次明确了台湾地区法律在不违反国家法律的基本原则、不损害社会公共利益的情况下，可以作为案件实体法予以适用。② 以上说明，两岸的立法事实上均认可对方的独立法域地位。当然，由于两个法域的法律制度与经济发展之间的矛盾运动，两岸存在区际民事管辖权冲突也是必然的。平行诉讼（Parallel Proceedings）作为管辖权冲突的一种主要方式，通常是指在国际民事诉讼中，相同当事人基于相同事实引发的争议，在有管辖权的两个或两个以上国家法院进行诉讼的现象。③ 但在区际的管辖权冲突中，重

---

① 显然，该条例将台湾地区于 1953 年制定的"涉外民事法律适用法"排除适用，说明台湾地区也认可两岸的法律冲突属于一国内的区际法律冲突。

② 最高人民法院有关负责人就《关于审理涉台民事案件法律适用问题的规定》答记者问：《正确审理涉台民事案件 切实维护两岸当事人权益》，载有法网 http://www.u88n.com/View/？7651.html，访问时间：2012 年 6 月 28 日。

③ 赵飞、赵素萍：《平行诉讼问题研究》，载北大法律网 http://article.chinalawinfo.com/Article_Detail.asp？ArticleID＝30647，访问时间：2012 年 6 月 28 日。

复诉讼、对抗诉讼等平行诉讼的情况也同样存在。① 平行诉讼似乎在客观上能为当事人的正当法律利益提供更多的诉讼机会,但事实上其负面影响十分明显,如极易造成两岸判决冲突、法律关系不稳、司法资源浪费、当事人负担加重,等等。2008 年国民党在台湾地区重新上台执政以来,两岸关系有所改善,"大三通"的基本实现、司法协助的逐渐加强,②特别是两岸经济合作框架协议(ECFA)的签署,这些都必将给两岸人员往来、经贸投资带来更大的发展空间。可以预见,相应的民事纠纷也将会随之大量发生。因此,进一步研究解决两岸的区际民事管辖权冲突问题,对促进两岸司法便民,推动两岸和平发展与扩大交流着实具有十分迫切的现实意义。

【关键词】两岸区际法律冲突;民事管辖权;协调路径

一、两岸区际民事管辖权冲突问题的现状分析

分析、认清形势为的是找准解决问题的路径,便于更好地对症下药。两岸的法律冲突虽然仅是一国之内不同法域的区际冲突,但是,这种区际冲突又显得十分特殊,毕竟台湾地区不同于香港、澳门特别行政区。因此,分析两岸的区际民事管辖权冲突问题,既要从法律的层面,又要从历史和现实的角度全面加以考量。

(一)法律冲突

两岸虽同源于大陆法系,但大陆已发展为社会主义新法系。因此,两岸的立法或基于法律精神和法律体系的差距,或是对各自域内利益的关注和保护侧重点不同,也抑或是各自排除管辖的范围不同,在一定程度上难免存在区际民事管辖权冲突的问题。根据诉讼案件的不同性质,学理上将前二者因素所造成的管辖权冲突分别归类为竞争管辖权、专属管辖权的两种积极冲

---

① 重复诉讼是指民事纠纷的原告在两岸的某一地域法院起诉后,又针对同一被告就同一事实向系属另一法域有管辖权的法院再次起诉的事实。对抗诉讼是指前一个民事诉讼的被告依据同一纠纷事实,以前一个诉讼的原告为被告,向系属其他有管辖权的法院提起诉讼的事实。与重复诉讼不同的是,对抗诉讼中平行之两诉的双方当事人虽然相同,但是原、被告的地位发生逆转。

② 2009 年 4 月 26 日海协会与海基会签署了《海峡两岸共同打击犯罪及司法互助协议》,在两岸关系发展史上具有里程碑意义。

突,后者则属于被排除管辖权的消极冲突。① 平行诉讼是管辖权积极冲突的一种表现,主要的诱因是两岸对法律管辖的连结点存在不同规定。这种差异性规定造成两岸对同一案件的管辖依据呈现多元化,使得当事人拥有管辖法院的多种选择权。加上两岸实体法律的不同规定可能导致不同的判决结果,当事人出于利益驱动必然在对岸另行提起诉讼。另外,因为价值判断的不同,或是出于对域内利益的优先保护,两岸的管辖权规定也会发生冲突。譬如,台湾地区"两岸关系条例"第45条就将民事法律关系之行为地或事实发生地跨连两岸的情形规定为台湾地区为单一的行为地及事实发生地。我国《民事诉讼法》虽然没有此类限制性规定,但因对涉台纠纷在程序上通常比照涉外案件处理,②也会存在一些对大陆当事人予以特殊保护的情形,③甚至是背离大陆法系国家传统的"一事不再理"原则,允许一些平行诉讼的存在。④ 对此,笔者认为,在区际民事管辖权冲突尚未能得到较好协调的背景下,两岸各自将域内利益加以优先保护,这在当下可谓务实做法,大陆也并非有意"放任"平行诉讼的发生。

（二）深层因素

上述法律层面上的冲突反映的仅仅是两岸区际民事管辖权冲突问题的

---

① 竞争管辖权是指一个法域主张对某类案件享有管辖权的同时,也不否认其他法域的管辖权。专属管辖权与之相反,是一个法域对域内涉及重要政治、经济利益的某类案件主张享有独占、排他的管辖权。而被排除的管辖权则是对与之不大有关的法律关系予以排除管辖。

② 涉台案件按照涉外程序进行审理的法律依据主要有三个,分别是最高人民法院2000年《关于严格执行案件审理期限制度的若干规定》、2001年《关于如何确定涉港澳台当事人公告送达期限和答辩、上诉期限的请示的复函》、2002年《关于涉外民事案件诉讼管辖若干问题的规定》。本意是为了更好地保障我国台湾地区当事人的诉讼权利。

③ 见《民事诉讼法》第二十三条规定,"下列民事诉讼,由原告住所地人民法院管辖;原告住所地与经常居住地不一致的,由原告经常居住地人民法院管辖:(一)对不在中华人民共和国领域内居住的人提起的有关身份关系的诉讼;(二)对下落不明或者宣告失踪的人提起的有关身份关系的诉讼;……"

④ 最高人民法院《关于适用〈中华人民共和国民事诉讼法〉若干问题的意见》第15条规定:"中国公民一方居住在国外,一方居住在国内,不论哪一方向人民法院提起离婚诉讼,国内一方住所地的人民法院都有权管辖。如果国外一方在居住国法院起诉,国内一方向人民法院起诉的,受诉人民法院都有权管辖"。第306条规定:"中华人民共和国法院和外国法院都有管辖权的案件,一方当事人向外国法院起诉,而另一方当事人向中华人民共和国人民法院起诉的,人民法院可予受理。判决后,外国法院申请或者当事人请求人民法院承认和执行外国法院对本案做出的判决、裁定的,不予准许;但双方共同参加或签订的国际条约另有规定的除外。"《关于人民法院认可台湾地区有关法院民事判决的规定》第13条规定:"案件虽经台湾地区有关法院判决,但当事人未申请认可,而是就同一案件事实向人民法院提起诉讼的,应予受理。"

一些侧面,从历史和现实的更深层角度上讲,司法互信不足才是两岸管辖权冲突难于协调解决的根本原因所在。

1. 两岸立法、司法机关的直接对话机制尚难以形成

由于受政治因素的影响,目前两岸相关事务的商谈主要是通过海峡两岸关系协会(以下简称"海协会")与财团法人海峡交流基金会(以下简称"海基会")出面进行。两岸的立法、司法机关尚无法形成直接的协调对话机制,以致双方在立法、司法之间的协调、沟通不可能实现畅通与及时,两岸关系的特殊性在立法上也不能得到充分体现并加以妥善解决。也正是基于这种原因,在法律层面上,两岸对区际民事管辖权的冲突规定只能基本维持在各行其是的现状上。

2. 两岸的司法互动尚不平衡

近年来,两岸关系似乎趋于缓和,区际法律冲突的协调在海协会与海基会的间接推动下,也发生了一定的积极变化。2009 年 4 月 26 日,"两会"签署的《海峡两岸共同打击犯罪及司法互助协议》(以下简称《两岸互助协议》)将两岸的司法协助推进一个新的历史阶段。[①] 最高人民法院也以此为契机,连续出台了《关于人民法院认可台湾地区有关法院民事判决的补充规定》《关于人民法院办理海峡两岸送达文书和调查取证司法互助案件的规定》《涉台法律适用规定》等相关司法解释,为进一步落实《两岸互助协议》及加强两岸司法协作提供立法支持。但是,在司法的实际运作上,两岸都只停留在单边层面,且呈现出一些不平衡性。大陆方面显得积极主动,而台湾方面则略显消极,甚至在某些方面还出现倒退。如 2008 年台湾地区"最高法院"就"1997 年度台上字第 2376 号案"先后做出两项终审民事判决,[②]认定大陆人民法院的判决在台湾地区仅具有执行力,而无既判力。这两项判决严重颠覆了两岸相互认可民事判决及一事不再理的正当期望,[③]受到广泛的批评。应该说,海协会与海基会达成《两岸互助协议》实属不易,反映的是两岸

---

① 遗憾的是,该协议未就两岸区际民事诉讼的管辖权冲突问题做出安排。

② 该两项终审民事判决推翻了台湾地区"桃园地方法院"1993 年度声字第 1032 号裁定书、1994 年度重诉字第 208 号民事判决书及"高等法院"1996 年度重上字第 175 号民事判决书。

③ 陈延忠:《人民法院民商事裁判在台湾地区的认可及执行——台"最高法院"1997 年度台上字第 2376 号案述评》,载厦门海事法院网 http://www.xmhsfy.gov.cn/hs003/ShowInfo.asp? InfoID = 202,访问时间:2012 年 6 月 28 日。

民意对扩大交流合作的主流愿望，以及对司法便民的一致向往，两岸都应倍加珍惜。因此，笔者呼吁，两岸司法方面均应积极顺应历史潮流，进一步扩大彼此共识，努力推动单边便民措施向双边司法合作的转变，为今后在立法方面逐步消除两岸区际民事管辖权冲突打下基础。

二、坚持协调原则应是破解两岸区际民事管辖权冲突问题的最基本方法

笔者认为，不论是在国际还是在国内，坚持协调原则始终都是解决一切冲突问题的最有效方法。即使是在大陆境内同一法域内发生的管辖权争议，相关的法院也是采取协商解决在先，如协商不成再报请共同的上级法院指定管辖。更何况，两岸目前属于一国之内两个分治的不同法域，其间的区际民事管辖权冲突不仅涉及当事人的多重利益，而且还牵扯两岸不同法域的整体利益冲突，甚至还有政治因素的影响。因此，在两岸民事管辖权冲突问题的解决过程中，体现最多的会是各种利益的协调，而且会困难重重。不过，从现实的角度看，两岸区际民事管辖权冲突问题的协调解决也已具备一些有利条件：

（一）两岸现有的立法共识符合"一个中国"的原则

1992 年我国台湾地区的"两岸关系条例"已对大陆法院裁判和仲裁裁决的认可和执行做出明确规定，①虽然之后该条例的施行细则增加了较为烦琐的操作程序，但仍认可大陆的司法管辖权。最高人民法院《关于人民法院认可台湾地区有关法院民事判决的规定》及其补充规定、《涉台法律适用规定》等有关司法解释也同样认可台湾地区的司法管辖权，承认两岸是一国之内的两个平等法域。而法域作为法律适用的地域范围，是一国际（区际）私法上的概念，而非一个政治概念。而且，按照"一国两制"的方针，台湾地区也必将成为类似于中国香港、澳门拥有"司法管辖权"的一个高度自治的特别行政区。因此，从事实上承认台湾地区是一单独法域并不等于承认台湾独立或

---

① "两岸关系条例"第 74 条规定：在大陆地区作成之民事确定裁判、民事仲裁判断，不违背台湾地区公共秩序或善良风俗者，得申请法院裁定认可。前项经法院裁定认可之裁判或判断，以给付为内容者，得为执行名义。但是，是否认可大陆地区的调解文书，尚未规定。

台湾现政权的合法性。① 如此看来,两岸实际上已经在立法层面上确认同属一个中国,这对两岸开展相关的司法协调工作来说,是一个共同的政治基础。大陆对待两岸关系问题的一贯主张是,只要坚持在"一个中国"原则下,什么问题都可以谈。② 而两岸之间的司法管辖权冲突其实只是两岸交流中所衍生的各种问题之一,完全可以作为海协会与海基会的事务性商谈议题,通过协商逐步获得解决。

(二)两岸的司法协调已有一定程度的实质性进展

众所周知,海协会与海基会虽以民间社团为名,但事实上是两岸的半官方机构。《两岸互助协议》的签署,不仅使两岸的司法互助与联系开始进入一个崭新的阶段,而且表明了两岸的司法互信正随着政治互信的逐步增强而增强,同时还充分说明了坚持协调原则是两岸消除冲突、促进交流以及司法合作的正确选择。当前,两岸的司法互助也已出现较大幅度的增长。以福建法院为例,仅 2012 年 1 月至 3 月就办理了两岸送达文书、调查取证司法互助案件 696 件,同比上升 50.32%。其中,协助台湾地区送达文书 487 件,占69.97%,请求台湾地区送达文书 197 件,占 28.30%;协助台湾地区调查取证11 件,占 1.58%;请求台湾地区调查取证 1 件,占 0.14%。另外,两岸司法直接对话的机制虽未建立,但在单边层面上已有一些积极作为。最为明显的是,大陆方面连续出台了一系列的涉台司法解释,为审理涉台案件的送达、调查取证、法律适用以及对台湾地区裁判的认可与执行等扫清法律障碍。台湾地区法院也对大陆居民的一些民事诉讼予以便利和支持。比如说,台湾地区高雄地方法院就不再执行"大陆地区人民进入台湾地区许可办法"有关大陆居民不得以参与民事诉讼为由进入台湾地区的规定,③而是应大陆居民汤义水、汤耀东的申请,做出 2011 年度亡字第 55 号民事判决,于 2011 年 9 月 2

---

① 许俊强、吴海燕:《海峡两岸民事法律适用问题研究》,《大连海事大学学报(社会科学版)》2003年 9 月,第 2 卷第 3 期,第 21 页。

② 中国国务院台湾事务办公室、国务院新闻办公室:《一个中国的原则与台湾问题》白皮书,中新社北京 2006 年 2 月 21 日电。

③ 《大陆地区人民进入台湾地区许可办法》规定大陆居民以诉讼事由进入台湾地区仅限于两种情形:1. 大陆地区人民经司法机关羁押,所犯为死罪、无期徒刑或最轻本刑为五年以上有期徒刑之罪者,其父母、配偶、子女或大陆红十字会人员得申请进入台湾地区人道探视;2. 大陆地区人民因刑事案件经司法机关传唤者,得申请进入台湾地区进行诉讼。

日宣告其子汤明利、汤文修死亡。当然，前述的相关案例也表明，台湾地区对待大陆的司法政策在不同层级的司法机关中还存在着理解和做法不一的现象，且《两岸互助协议》所解决的问题也只涉及两岸司法协作中的某些方面。① 但笔者认为，目前两岸在解决区际法律冲突以及加强司法协作的总体形势已趋于向好。只要始终坚持协调原则，以通过交流、增进了解、建立互信、进行谈判为正确途径，多从两岸的特殊性角度去考虑问题，互相尊重对方独立的司法权，相信两岸区际民事管辖权冲突问题会得到较好的解决。

（三）两岸并不存在激烈的区际民事管辖权争夺

对民事管辖权的争夺，主要是发生在国与国之间，并因此常常引发国际间的平行诉讼。我国在涉外民事管辖权问题上，也始终坚持国家主权原则。对于在我国和外国法院同时进行的诉讼，我国目前仍坚持予以审判，并大多排除外国法院所做裁判在我国的执行。② 两岸关系则不同，它不是国与国之间的关系，其间的区际民事管辖权冲突也不同于国际上的管辖权冲突。因为，两岸只是一国之内的两个单独法域，而且两岸的裁判在立法上也都可以申请认可和执行。事实上，两岸的民事管辖权冲突，主要是区际的法律未能得到很好协调的结果，而非两个法域存在对民事管辖权的激烈争夺，与国际的情况存在根本区别。

三、协调机制与参用规则是解决两岸区际民事管辖权冲突的两个可行路径

客观现实决定了两岸的区际民事管辖权冲突无法在短时间内通过立法或司法机关做出共同安排，而只能坚持从实际出发，以协调、务实的态度，有计划、分步骤地加以解决。笔者认为，首先应进一步建立两岸协调机制，通过协商逐步实现两岸司法机关从单方举措到双方互动的转变，最终达到立法的协调一致。与此同时，在双方司法商谈尚未能达成一致之前，为了消除平行

---

① 《两岸互助协议》并未就两岸区际民事诉讼管辖权冲突问题做出安排。

② 《最高人民法院关于适用〈中华人民共和国民事诉讼法〉若干问题的意见》第306条规定："中华人民共和国人民法院和外国法院都有管辖权的案件，一方当事人向外国法院起诉，而另一方当事人向中华人民共和国人民法院起诉的，人民法院可予受理。判决后，外国法院申请或者当事人请求人民法院承认和执行外国法院对本案做出的判决、裁定的，不予准许；但双方共同参加或者签订的国际条约另有规定的除外。"

诉讼等管辖权冲突对两岸交流的不利影响,两岸的有权机关特别是大陆方面可考虑借鉴国际上通用的规则,先从单方的立法入手,努力避免两岸区际民事管辖权冲突的发生。

(一)路径一:协调机制

1.海协会与海基会

在现阶段尚难以通过有权机关直接签署协议来解决问题的情况下,海协会与海基会这两个现成的沟通渠道仍是当前两岸协调机制的首选。在适当的时候,宜将两岸区际民事管辖权冲突问题提交"两会"进行事务性商谈,并力争签署对双方都有拘束力的协议,而后通过各自立法的方式将协议内容转化为各自方面的法律付诸实施,这可作为化解两岸区际民事管辖权冲突的第一步。

2."两岸有关法院之间的联系与协助"机制的利用

伴随着两岸政治互信与交流合作的进一步加强,推动两岸官方直接进行协商、交流也可积极尝试。对此,笔者建议可充分利用"两岸有关法院之间的联系与协助"这一机制。该机制早在1993年"汪辜会谈"时就已商定,后因台湾地区局势恶化受到搁置。根据海协会与海基会签署的《两岸互助协议》第二条、第三条规定,尽快落实两岸业务主管部门人员进行定期工作会晤、人员互访与业务培训合作以及交流双方制度规范等措施尤为重要,而且两岸业务主管部门可指定联络人联系实施协议议定事项。也就是说,在《两岸互助协议》框架下,议定事项的联系实施交由两岸司法实务部门处理,在程序方面不必一定再经过海协会和海基会。可见,"两岸有关法院之间的联系与协助"完全可以成为两岸司法实务部门直接商谈的一种机制。因此,作为大陆司法实务主管部门的最高人民法院要充分利用这个对话机制,就区际管辖权冲突的协调尝试与台湾地区终审法院磋商。在条件成熟的情况下,可借鉴《内地与香港特别行政区法院相互委托送达民事司法文书的安排》的模式,力争在司法层面上达成双边协议。

3.发挥公正高效司法的助推作用

两岸司法直接协商机制的建立有赖于两岸司法互信的提升。而两岸司法互信作为政治互信的延伸,不仅包括两岸司法机关之间的相互信任和支持,也包括两岸民众对对方司法制度、司法行为的了解和信任。当然,两岸司法能否达到互信、何时达成互信,最终还得取决于政治因素,这是两岸关系的特殊性所决定的。增强两岸司法互信,理所当然是需要双方的共同努力。但笔者认为,大陆法院更应主动地肩负起祖国统一大业的历史重任,首先从我做起,坚持公开、公正、平等保护原则,以积极务实的姿态、公正高效的司法形象赢得台湾方面的认同与信任。一旦两岸司法机关之间有了充分的互信基础,其间建立司法互助与协商机制也就水到渠成。

(二)路径二:参用规则

两岸关系特殊且局势多变,以致涉台法律关系凸显未定型性、单向性、阶段性等特点①。因此,在区际民事管辖权冲突尚未能协调一致的情况下,两岸可各自先从单边的角度,借鉴、参照普遍适用的管辖权冲突解决规则,以避免两岸平行诉讼等冲突的发生,这也不失为一种务实的做法。对此笔者同样认为,大陆方面的立法工作(包括最高人民法院的司法解释)不应过度观望,更不应以台湾地区的条件为条件,而应从我国实际出发,主动作为,及时出台有关规则适用的法律或司法解释,加大力度优化对台交流的法律环境,促进两岸和平发展。

1. 受诉在先

该规则确立于1968年9月欧共体各成员国在布鲁塞尔共同签订的《关于民事案件管辖权和判决执行公约》,②2001年6月20日海牙国际私法会议特别委员会通过的《民事管辖权及外国判决公约(草案)》对该规则也做了规定。受诉在先规则体现了对本法域之外司法权的尊重,是国际间普遍采用的解决管辖权冲突的规则。最高人民法院《关于人民法院认可台湾地区有关法院民事判决的规定》第12条有关"人民法院受理认可台湾地区有关法院民事判决的申请后,对当事人就同一案件事实起诉的,不予受理"的规定,就体现了此规则的要义。另外,《中华人民共和国国际私法(示范法)》(第六稿)也有类似的规定:"除中国缔结或参加的国际条约另有规定外,如果外国

---

① 刘能:《福建涉台地方立法之展望》,新华网福建频道 http://www.fj.xinhuanet.com/hxla/2009-03/20/content_16017897.htm,访问时间:2012年6月28日。

② 1988年5月签订的《洛迦诺公约》对该公约的相关条款做了修正。

法院对相同当事人之间就同一诉讼标的进行的诉讼已经做出判决,或正在进行审理,若预期该外国法院的判决能够在中国法院得到承认,中国法院可以不行使管辖权。但中国法院受理在先,或者外国法院不行使管辖权,当事人的合法权益无法得到保护的,中国法院可以对同一诉讼行使管辖权。"该规定不仅体现了受诉在先规则,也考虑了管辖权消极冲突的应对,具有一定的立法参考价值,故笔者认为可在司法实践中先行尝试适用。

2. 不方便管辖

该规则也称不方便法院规则(Doctrine of Non-convenience),普遍适用于英美法系各国,是解决管辖权冲突的一项基本规则。它指一国法院虽然对案件具有管辖权,但是若审理此案将给当事人及司法带来种种不便之处,就无法保障司法的公正,不能使争议得到迅速而有效的解决。此时,如果其他法院行使管辖权更有利于案件的公正审理、更便于当事人应诉的话,则该法院有权行使自由裁量权拒绝对该案行使管辖权。① 不方便管辖体现的是一种司法礼让和对本国管辖权的自我抑制,既有利于管辖权冲突问题的解决,也便于当事人诉讼。大陆的司法实践对该规则的适用也持肯定态度,但为了防止法官过度行使自由裁量权,最高人民法院2005年《第二次纪要》第11条对该规则的适用条件做了规定,目的是为了使该规则的效用得到更好的发挥。根据该纪要的规定,涉台案件参照适用不方便管辖规则时应综合考虑以下因素:(1)被告提出适用该规则的请求,或者提出管辖权异议而受案法院认为可以考虑适用该规则;(2)受理案件的大陆法院对案件享有管辖权;(3)当事人之间不存在选择大陆法院管辖的协议;(4)案件不属于大陆法院专属管辖;(5)案件不涉及大陆公民、法人或者其他组织的利益;(6)案件争议发生的主要事实不在大陆境内且不适用大陆法律,大陆法院若受理案件在认定事实和适用法律方面存在重大困难;(7)境外法院对案件享有管辖权且审理该案件更加方便。

3. 协议管辖

协议管辖是双方当事人事先约定选择某一地法院作为管辖法院,以解决双方之间发生的民事争议,是当事人的真实意思表示。根据私法自治的原

---

① 任秋娟:《借鉴欧盟经验协调海峡两岸民事管辖权的冲突》,《学海》2007年第4期。

则,这种选择只要是合法有效的,应依法得到尊重和保护。《民事诉讼法》第二十五条对协议管辖做了规定,要求双方当事人协议选择的管辖法院应当是被告住所地、合同履行地、合同签订地、原告住所地、标的物所在地法院;《最高人民法院涉外商事海事审判实务问题解答》第 6 条进一步规定:"我国大陆与台湾地区当事人签订的合同如果选择台湾法院处理有关争议,人民法院可以尊重当事人的选择,认可当事人选择台湾法院管辖的效力,但台湾地区应当与争议有实际联系。"可见大陆虽然认可此规则的适用,但要求当事人签订书面的管辖协议,而且选择的管辖法院应与纠纷有实际联系。① 而台湾地区所谓"民事诉讼法"则无如此限制。这种立法差异需要双方进一步加以协调,避免由此引发管辖权的冲突。

4. 未决诉讼

未决诉讼又称中止诉讼,是指相同当事人就同一诉因在两个不同的法域分别提起诉讼之后,后受诉法院以案件已在另一法域法院受理为由裁定中止审理,待先受诉法院审理终决后再视情决定是否恢复审理的情形。最高人民法院发布的《关于人民法院认可台湾地区有关法院民事判决的规定》第 16 条有关"人民法院做出民事判决前,一方当事人申请认可台湾地区有关法院就同一案件事实做出的判决的,应当中止诉讼,对申请进行审查。经审查,对符合认可条件的申请,予以认可并终结诉讼;对不符合认可条件的,则恢复诉讼"的规定,就是适用该规则的一个例证。当然,这个司法解释尚不够周全,对当事人在台湾地区法院受理后审结前再次向大陆法院起诉的平行诉讼问题,则没有明确怎么办。有人建议,应由大陆法院对大陆当事人的起诉进行审查,若在大陆一方的起诉在先或者大陆法院不行使管辖权会引起当事人权益实质损害的,应允许平行诉讼。若大陆法院审查后发现正在台湾地区法院进行的诉讼在先且不足以对大陆居民的权益构成实质危害,就应当驳回当事人的起诉,从而避免管辖权发生冲突。②

---

① 《中华人民共和国海事诉讼特别程序法》第八条对此做了突破,规定:海事纠纷的当事人都是外国人、无国籍人、外国企业或者组织,当事人书面协议选择中华人民共和国海事法院管辖的,即使与纠纷有实际联系的地点不在中华人民共和国领域内,中华人民共和国海事法院对该纠纷也具有管辖权。

② 见靳羽:《海峡两岸民事诉讼管辖权冲突之对策分析》,《厦门市法学会会刊》2010 年第 3 期。

5. 必要管辖

该规则是指某一涉外民事案件如果不可能在外国进行或不能合理地要求在外国提起诉讼救济时,与该案有密切联系的国内法院可以行使管辖权。该规则是为了解决涉外民事诉讼中可能出现的消极冲突,避免某一案件的当事人在有关国家之间找不到合适的管辖。最高人民法院《关于适用〈中华人民共和国民事诉讼法〉若干问题的意见》的第 13、14 条有类似规定,即"在国内结婚并定居国外的华侨,如定居国法院以离婚诉讼须由婚姻缔结地法院管辖为由不予受理,当事人向人民法院提出离婚诉讼的,由婚姻缔结地或一方在国内的最后居住地人民法院管辖";"在国外结婚并定居国外的华侨,如定居国法院以离婚诉讼须由国籍所属国法院管辖为由不予受理,当事人向人民法院提出离婚诉讼的,由一方原住所地或在国内的最后居住地人民法院管辖"。这些规定在涉台民事诉讼中也可参照适用,只是适用对象过窄,仅限于离婚纠纷,故可考虑进行修改,以扩充其适用范围。

结语

民事管辖权冲突是两岸区际民事法律冲突的首要问题。两岸关系的特殊性决定,该问题的解决必须坚持以协调原则作为最基本的方法。当前,两岸区际民事管辖权冲突的协调虽已具备一定的有利条件,但在协调过程中仍应遵循一定的规则,更要把握好原则,而且还要有相当的务实性和灵活性。协调的路径有二:一是建立两岸协调机制,逐步实现司法层面从单方的"各行其是"到双方做出共同安排的转变;二是在两岸协调尚未能达成一致之前,可先参照适用国际通用规则,并通过完善单方面立法,以尽量避免区际平行诉讼等民事管辖权冲突的发生。

(原载于《海峡两岸司法实务热点问题研究》2012 年上卷,人民法院出版社,2013 年 6 月第 1 版)

海峡两岸民事平行诉讼问题及解决机制探析

郑新颖

【摘要】伴随着海峡两岸人员经贸往来的日益深化，两岸经济融合不断深化。与此同时，两岸民商事纠纷也无可避免地相应见涨并且日趋复杂。在此背景下，鉴于两岸客观存在的民商事管辖冲突，两岸平行诉讼的增长无可避免。本文从分析两岸平行诉讼产生的原因及其负面影响着手，结合我国海峡两岸关系国情，有选择地探讨借鉴他国平行诉讼规制之手段，提出了规制祖国大陆与台湾地区之间平行诉讼问题的独特解决机制。

【关键词】区际法律冲突；平行诉讼；规制原则

伴随着海峡两岸人员、经贸往来的日益深化，两岸关系不断开创新局面。2008 年 12 月 15 日，两岸"大三通"迈出了全新的一步。据统计，2010 年台胞来大陆共计 5 140 554 人次，大陆居民赴台共 1 661 877 人次。① 两岸贸易金额从 1978 年的 0.5 亿美元②，激增到 2010 年的 1453.7 亿美元③。两岸经济交往日益密切的同时，两岸民商事纠纷也无可避免地相应见涨并且日趋复杂。据报道，2011 年上半年大陆涉台商事案件居增幅榜首，全国法院共审结一审涉台民商事案件 1 机 609 件，其中审结一审涉台合同纠纷 591 件，同比

---

① "历年两岸人员往来与交流统计"，中共中央台湾工作办公室、国务院台湾事务办公室官方网站 http://www.gwytb.gov.cn/lajlwl/rywltj/201101/t20110120_1715616.htm，访问时间：2012 年 6 月 9 日。
② "大陆成台湾地区最大贸易伙伴和贸易顺差来源地"，中国经济网 http://intl.ce.cn/specials/zxgjzh/200908/26/t20090826_19870722_1.shtml，访问时间：2012 年 6 月 9 日。
③ "2010 年 1—12 月大陆与台湾地区贸易、投资情况"，中华人民共和国商务部台港澳司官方网站 http://tga.mofcom.gov.cn/aarticle/d/201101/20110107368030.html，访问时间：2012 年 6 月 9 日。

上升 23%；审结一审涉台权属、侵权等商事纠纷 309 件，同比上升 111. 64%。[①] 在此背景下，鉴于两岸客观存在的民商事管辖冲突，两岸平行诉讼的增长无可避免，因此，处理好两岸平行诉讼问题，化解由其所带来的负面影响显得尤为重要。本文从分析两岸平行诉讼产生的原因及其负面影响着手，结合我国海峡两岸关系国情，有选择地借鉴探讨他国平行诉讼规制之手段，提出了规制祖国大陆与台湾地区之间平行诉讼问题的独特解决机制。

一、两岸民事平行诉讼成因

民事平行诉讼（或称诉讼竞合）指的是相同当事人就同一民事争议同时在两个或两个以上有管辖权的法院进行诉讼的现象。理论上将平行诉讼分为重复诉讼和对抗诉讼。在两岸民事平行诉讼中，前者指的是民事纠纷的原告在两岸中的某一法院起诉后，又针对同一被告就同一争议事实向另一法域有管辖权的法院提起诉讼；在后者中，原被告双方地位发生逆转，即前一个民事诉讼的被告依据同一争议事实，以前一个诉讼的原告为被告，向两岸中另一个法域的管辖法院提起诉讼。[②]

两岸之所以产生平行诉讼，究其原因，主要基于以下几点：

（一）两岸平行管辖客观存在

首先，不可否认的是海峡两岸在国际私法上分属两个不同的法域，没有共同的最高审判机关。这不仅在当前是如此，即便在两岸和平统一之后，在"一国两制"的方针政策指导之下也将如此。这一点，从香港、澳门回归后仍与内地分属三个法域的现状就可管窥。

在此基础上，两岸法院均允许平行管辖的存在成就了平行诉讼的客观基础。最高人民法院《关于适用〈中华人民共和国民事诉讼法〉若干问题的意见》第 306 条规定："中华人民共和国法院和外国法院都有管辖权的案件，一

---

① "涉台商事案件数量增幅最大"，中国法制网 http://www. legaldaily. com. cn/index_article/content/ 2011-08/12/content_2858872. htm？node=5958，访问时间：2012 年 6 月 10 日。

② 需要指出的是，尽管有观点认为平行诉讼的构成还要求两个诉讼存在相同的诉讼救济（诉讼目的），但目前国际司法上对诉讼竞合的认定趋向于持宽松态度，如 1968 年的布鲁塞尔《关于民商事案件管辖权和判决执行的公约》第 21 条、2001 年的布鲁塞尔《关于民商事案件管辖权和判决执行的规则》第 27 条。

方当事人向外国法院起诉,而另一方当事人向中华人民共和国法院起诉,人民法院可予受理……"①而对于涉港澳台案件的诉讼规则,人民法院一直是参照涉外案件处理的。最高人民法院《关于涉外民商事案件诉讼管辖若干问题的规定》第4条就指明,涉及香港、澳门特别行政区和台湾地区当事人的民商事纠纷案件的管辖参照该规定处理。由此可见,我国法院对区际平行诉讼持放任态度。另外,根据最高人民法院的《关于人民法院认可台湾地区有关法院民事判决的规定》(以下简称《认可规定》)第12至16条的规定,除非经台湾地区有关法院判决的案件已被人民法院认可,或被申请认可且符合认可条件,否则当事人均可就同一案件事实在大陆法院起诉。台湾方面,对于其有管辖权的涉大陆案件,台湾地区的司法机关也将依据自己的管辖规则确定管辖权,而不受制于平行管辖的存在。

（二）两岸法院均奉行宽泛的管辖权

为了给法院行使管辖权提供广泛的法律依据,保护本法域内公共及私人的利益,两法域立法除了均规定最基本的地域管辖、协议管辖以及专属管辖外,还对民事诉讼管辖权规定了多种联结因素,极力扩张自己的管辖权。例如,《民事诉讼法》第二百四十三条规定:"因合同纠纷或者其他财产权益纠纷,对在中华人民共和国领域内没有住所的被告提起的诉讼,如果合同在中华人民共和国领域内签订或者履行,或者诉讼标的物在中华人民共和国领域内,或者被告在中华人民共和国领域内有可供扣押的财产,或者被告在中华人民共和国领域内设有代表机构,可以由合同签订地、合同履行地、诉讼标的物所在地、可供扣押财产所在地、侵权行为地或者代表机构所在地人民法院管辖。"同样,台湾地区所谓"民事诉讼法"第三条也规定:对于在境内"现无住所或住所不明之人,因财产权涉诉者,得由被告可扣押之财产或请求标的所在地之法院管辖"。然而事实上,有些联结因素与案件所涉争议并无关系,例如,代表机构可能与所涉争议无关;可供扣押财产与诉讼无任何关联或

① 另外,2005年《第二次全国涉外商事海事审判工作会议纪要》第10条规定:我国法院和外国法院都享有管辖权的涉外商事纠纷案件,一方当事人向外国法院起诉且被受理后又就同一争议向我国法院提起诉讼,或者对方当事人就同一争议向我国法院提起诉讼的,外国法院是否已经受理案件或者做出判决,不影响我国法院行使管辖权,但是否受理,由我国法院根据案件具体情况决定。外国法院判决已经被我国法院承认和执行的,人民法院不应受理。我国缔结或者参加的国际条约另有规定的,按规定办理。

仅少量财产在大陆。总而言之,就海峡两岸而言,每一个不属于专属管辖范围但又没有被排除出其法域管辖范围的案件,都处于两岸平行管辖之下。①

（三）当事人挑选法院

仅仅存在平行管辖或是宽泛的管辖基础仍不必然导致平行诉讼的产生。诉讼是根据当事人意志发动的。② 当事人出于各种动因挑选法院（Forum Shopping）才直接促成了海峡两岸的平行诉讼问题。当事人挑选法院的动因一般包括:（1）当事人在某一法域的法院起诉后发觉判决对自己不利,希望通过另一个法域的法院获得更为有利的判决;（2）当事人怀疑正在进行诉讼的法院缺乏效率或公正性,希望寻求更高效、更公正的判决;（3）当事人希望通过重复诉讼来骚扰对方当事人,增加对方当事人的诉累,以期能通过和解的方式解决纠纷;（4）当事人在一法域获得的有利于自己的判决难以执行,或无法全部执行到位,希望在另一法域获得对自己利益的完整保护。

（四）两岸判决的认可与执行仍存障碍

如果两岸判决均能被对方顺利认可并执行,当事人挑选法院的第4种动因便不复存在,两岸平行诉讼产生的概率亦会降低。然而现实是尽管大陆有1998年最高人民法院《关于人民法院认可台湾地区有关法院民事判决的规定》及相关补充规定,台湾地区亦有"台湾地区与大陆地区人民关系条例"（第74条）对两地裁判的相互认可与执行提供依据,但是在司法实践中依然存在否认对方案件既判力的案例。③ 更不用说依据上述规定及条例中的时效限制、公共秩序保留等机制而不予认可和执行的情形。

二、两岸平行诉讼的负面效应

正如文章初始所列举的,海峡两岸近年来人员、经贸往来密切,民商事纠纷无可避免。而宽泛的平行管辖的存在为当事人提供了挑选法院的机会。由此产生的平行诉讼问题已经不仅仅是一个理论问题,其现实负面影响不可

---

① 王建源:《论两岸民事司法中的平行诉讼问题》,《台湾研究集刊》2004 年第 1 期,第 13 页。

② 江伟:《民事诉讼法》,中国人民大学出版社 2000 年版,第 93 页。

③ 参见陈延忠:《人民法院民商事裁判在台湾地区的认可及执行——台湾地区"最高法院"1997 年度"台上字第 2376 号"案述评》,《中国海事审判年刊(2008—2009)》。

小觑。

第一，平行诉讼加重了当事人的诉累，导致当事人诉讼费用、时间、精力的双重支出；第二，两地分别诉讼意味着同一争议的解决动用了两地法院的人力物力资源，造成了司法资源的严重浪费；第三，平行诉讼为某些当事人规避法律提供了便利，不利于在两岸民事司法中实现程序公正与实体公正的统一；第四，更严重的是平行诉讼可能导致两岸法院做出的民事判决产生矛盾与冲突，这无法使当事人形成正确的预期，不利于提高司法效率，还会导致裁判无法被对方法院认可与执行，不利于有效地保护当事人的合法权益，也不利于维护国家法制的统一。

应当说明的是，尽管平行诉讼存在多种负面效应，但其作为法律制度与经济发展之间矛盾运动的必然结果，其存在是有一定合理性的，它的产生是基于当事人对司法救济的需要。当这种需要为正当的时候（例如前文提到的当事人挑选法院的第 2 种和第 4 种动因），就应当受到法律的保护。因此，完全、彻底地隔绝平行诉讼并非我们要追求的目标，何况这在现实中也很难实现，操作不当还可能导致当事人投诉无门的消极管辖权冲突的产生。据此，如何合理地规制两岸区际平行诉讼并消除其引起的负面效应成为我们亟待解决的问题。

三、他国平行诉讼规制手段的分析

当下，两岸对于彼此间区际平行诉讼的规制几乎处于真空状态，有选择地借鉴他山之石，探讨学习国际上被普遍关注和采用的规制平行诉讼的原则与方法，无疑对建立起海峡两岸平行诉讼解决机制有所裨益。

（一）不方便法院原则

在众多平行诉讼规制手段中，最广为探讨的莫过于"不方便法院原则"（Forum Non-conveniens）。这项原则最早起源于苏格兰，并在 20 世纪时被英美法系国家广为接受。依通说，它指的是对某一民事案件具有管辖权的法院，由于其审理此案将给当事人及司法带来种种不便，此时如果存在对该诉讼同样有管辖权的更为方便和更加适合的替代法院，则可以不方便法院为由而拒绝行使管辖权。尽管不方便法院原则并非专门针对平行诉讼而设，但它在规制平行诉讼中的作用不可小觑。

在英国,权威判例 Spiliada Maritime Corp. v. Cansulex Ltd.①确立了该国目前关于不方便法院原则的适用标准:如果法院认为存在着其他有管辖权的,更为适当的可诉法院,即从当事人的利益及司法公正的角度考虑更适宜审判此案的法院时,方可适用不方便法院原则中止诉讼程序。② Goff 勋爵提出了两步骤分析方法,第一步考虑是否存在有管辖权的适当的法院,在此基础上第二步才是关注公平正义的结果。③ 一般而言,适用不方便法院原则要考虑的因素包括:(1)案件所适用的准据法;(2)平行诉讼问题;(3)当事人和证人等参加诉讼的便利性;(4)法院和审理的案件之间是否存在真实而密切的联系;(5)有无其他关联案件存在;(6)有无第三方当事人或多方被告存在;(7)公共政策、审理费用及审理时长等问题。

美国的不方便法院原则主要是由"Gulf Oil Corp. v. Gilbert④""Koster v. Lumbermens Mutual Casualty Co.⑤",以及"Piper Aircraft Co. v. Reyno⑥"三个案例建立并发展起来的。尽管与英国的不方便法院原则存在不少相似之处,但美国法院在不方便法院原则的分析中,将公共利益作为一项重要的考虑因素,例如法院的工作负担也在考量之列,并且相对更注重保护本国原告的诉权。另外,美国法院可以自由运用不方便法院原则驳回起诉,而英国法院只能由当事人提出申请后中止诉讼程序。

不方便法院原则的产生基于当今世界司法管辖权的扩张,是对因原告高度自由的挑选法院的一种反向平衡手段。⑦ 而且非方便法院原则在放弃本法院民事管辖权的同时,保证了个案的公平与正义,也体现了国际礼让(International Comity)的精神。

然而,不方便法院原则是个既简单又复杂的原则。简单在于其灵活性意

---

① [1987] A.C. 460.

② [1987] A.C. 460, 476.

③ [1987] A.C. 460, 478.

④ 330 U.S. 501 (1947).

⑤ 330 U.S. 518 (1947).

⑥ 454 U.S. 235 (1981).

⑦ 何其生:《中国的非方便法院原则》,《武汉大学学报(人文社会科学版)》2000 年第 53 卷,第 641 页。

味着最大限度地给予法官自由裁量的权利,得以针对个案维护司法公正;而该原则的复杂之处在于其适用标准的多样性。各国法院对不方便法院原则的不同理解与适用使得该原则的具体适用变得复杂而难以预测。①因此,为了防止法官自由裁量权的滥用,不方便法院原则必须受到一定条件的限制。

(二)禁诉令

禁诉令(Antisuit Injunction)也是英美法系规避平行管辖的手段之一,指的是法院发布命令要求其属人管辖的当事人不得在外国法院起诉或参加预期的或未决的外国诉讼。② 尽管理论上说禁诉令是针对当事人而非外国法院做出的命令,但究其实质效应可以说与阻止外国法院行使司法管辖权无异。我们不妨将不方便法院原则与禁诉令比作一个硬币的两面:前者是对司法管辖权的自我限制,而后者则是对外国管辖权的间接干涉。

英联邦国家对禁诉令的签发比较谨慎,而在美国,禁诉令是一项长期以来用于解决管辖权冲突的手段。美国法院将禁诉令视为法院对受其管辖的当事人所具有的一般衡平权利的必然产物。③ 虽然各个法院具体适应标准不同,但根据发布禁诉令的标准的宽严程度,美国司法实践中存在自由主义模式和限制主义模式。自由主义标准主要关注对同一诉讼请求进行平行诉讼给当事人带来的不便以及对司法管理造成的不便;限制主义相对更注重礼让,只有在需要保护法院自身管辖权或保护法院地重大公共政策的时候才会动用禁诉令。④一般被发出禁诉令的当事人在本国是有财产的,一旦违反可以强制执行其财产作为处罚。因此,如果当事人在本国没有财产,禁诉实际上很难被外国法院承认与执行。

应该说,在近十几年来,越来越多的法院意识到国际礼让的重要性,很多

---

① 各国不方便法院原则差异可参见:Ronald A. Brand & Scott R. Jablonski, "Forum non conveniens: history, global practice, and future under the Hague Convention on choice of court agreements", Oxford University Press, 2007.

② 徐卉:《涉外民商事诉讼管辖权冲突研究》,中国政法大学出版社2001年版,第177页。

③ S84, Comment h, Restatement of Conflict of Laws, Second (1971).(1971年美国《冲突法重述(二)》第84条,评论h。)

④ Louise Ellen Teitz, "Both Sides of the Coin: A Decade of Parallel Proceedings and Enforcement of Foreign Judgments in Transnational Litigation", 10 Roger Williams U. L. Rev. 1, at page 23.

国家的法院都谨慎对待禁诉令的适用,包括美国法院在内。①

（三）最先受诉法院规则

最先受诉法院（the First-seized Court）规则要求发生待决诉讼时,后受诉的法院拒绝行使管辖权,由最先受诉法院审理。这项规则多适用于内国不同法院间平行诉讼的解决,但有些国家也将其扩大适用于涉外民事诉讼,或结合其他规则进行适用。在待决诉讼中适用最先受诉法院规则的著名的范例是 1968 年的布鲁塞尔《关于民商事案件管辖权和判决执行的公约》（以下简称《布鲁塞尔公约》）第 21 条。而之后取而代之的 2001 年布鲁塞尔《关于民商事案件管辖权和判决执行的规则》[以下简称《布鲁塞尔规则（一）》]第 27 条,以及《洛迦诺公约》也沿用了严格的最先受诉法院规则。

《布鲁塞尔公约》第 21 条规定:"相同当事人间就同一诉因在不同缔约国法院起诉时,首先受诉法院以外的其他法院应自动中止诉讼程序,直到首先受诉法院确立裁量管辖权,其他法院应该支持首先受诉法院而拒绝自由裁量权。"公约并没有赋予最先受诉缔约国自行采取行动以阻止平行诉讼的权利。公约所提供的标准只有一个,那就是以诉讼时间的先后来确定,只要先受案法院的管辖权不存在争议,后受案法院根据职权应该拒绝行使管辖权。

关于《布鲁塞尔公约》以及《布鲁塞尔规则（一）》对于适用最先受诉法院规则的严格性在著名的欧盟法院案例"Owusu v. Jackson"②中进一步得以体现。欧盟法院明确:对于因《布鲁塞尔规则（一）》而取得管辖的涉外民商事案件,先受诉的缔约国法院甚至不可以因存在一个更为方便的非缔约国而中止在本国的诉讼。

最先受诉法院规则的天然优势在于它简单易行,以及其确定性和由此带来的可预见性。但是该规则最大的缺陷是它可能造成变相鼓励当事人抢先起诉,而非尽力去达成解决方案,导致挑选法院现象大量发生,引起平行诉讼的负面效应。③ 而且由于该规则赋予先起诉当事人较多的优势,可能造成另

---

① Ibid., at page 22.

② [2005] E. C. R. I-1383（ECJ）.

③ 肖凯:《国际民事诉讼中未决诉讼问题比较研究》,《中国国际私法与比较法年刊》2001 年卷,第497 页。

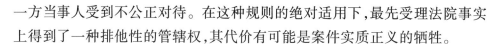

一方当事人受到不公正对待。在这种规则的绝对适用下，最先受理法院事实上得到了一种排他性的管辖权，其代价有可能是案件实质正义的牺牲。

（四）承认预期规则

承认预期规则（Recognition Prognosis）指的是已在外国法院提起诉讼的案件，其判决预期将得到内国法院承认和执行时，内国法院可以中止诉讼。这种模式主要为大陆法系国家所采用，如德国、瑞士、日本、意大利等。在德国，对于国际平行诉讼问题并无成文立法规定，司法实务中多认为采用承认预期规则；瑞士的承认预期法律规则较为完善，《瑞士联邦国际私法》第九条规定："如果同一当事人之间就同一诉讼标的已经在国外提起诉讼，外国法院在合理的期限内即可做出一项能够在瑞士得到承认和执行的判决的，瑞士法官可以中止对案件的处理。"向瑞士法院起诉的案件，第一次提起诉讼的日期对于案件的处理具有重要意义。瑞士法院一旦收到由外国法院做出的、应得到瑞士承认和执行的判决后，即可终止对该案件的处理；尽管1999年的海牙《民商事管辖权和外国判决公约（草案）》最后未获通过，但其第二十一条也借鉴了承认预期规则：如果当事人在不同缔约国的法院进行诉讼，且这些诉讼是基于相同的诉因，则不论其所寻求何种救济，只要先受案法院有管辖权且预期其将做出能够按照本公约在后受案法院得到承认和执行，后受案法院应中止诉讼。

承认预期规则体现了大陆法系诉讼模式的职权主义特征。它强调可控制的灵活性，[1]反映了大陆法系国家一贯的法律价值取向：中立性、确定性和可预见性。除了相对的确定性以外，这种规则还有一个显而易见的优点：避免不同国家法院做出相互矛盾的判决，而且一旦适用该理论，基本上意味着外国判决将被本国法院承认并执行。毕竟大部分民商事纠纷究其最终目的莫不是为了获得赔偿。

诚然，没有一项规则是完美的，承认预期规则的预期仍然存在不确定性。判断外国法院能否在合理期限内，做出一项在本国将得到承认与执行的判决并非易事。尤其是在外国法院诉讼程序仍在进行，案件尚未判决的情况下，

---

① James P. George, "International Parallel Litigation—A Survey of Current Conventions and Model Laws", 37 Tex. Int'l L. J（2002）, at page 499.

预测外国法院判决是否与本国公共秩序相违背、其诉讼程序是否公正是很困难的。不过,为防止预测失败,出现外国法院的判决最后得不到承认与执行,采取中止本国诉讼的方式一定程度上克服了此种弊端。

四、两岸规制平行诉讼机制探寻

应当承认的是,我国当前关于平行诉讼问题的规定还很不完善,其中多与当前国际社会的普遍实践不一致。① 对于大陆与台湾地区之间的区际平行诉讼问题的规定亦存在缺位,除了大陆在《认可规定》中对人民法院认可台湾地区的“法院”判决阶段的平行诉讼有所涉及外,并无其他规定。而另一方面,两岸的区际法律冲突不同于国际法律冲突,更不同于普通的区际法律冲突:两岸之间有着同根同源、同法律体系的亲密联系,却也存在着社会制度差异、政治仍旧敏感等现实问题。因此,在对英美法系和大陆法系规制平行诉讼所适用的几种主要原则②进行介绍并分析特色、探讨利弊之后,关键在于如何结合我国两岸平行诉讼的实际情况进行有选择的借鉴学习,探寻出适合我国国情的,规制中国海峡两岸平行诉讼问题的针对性解决机制。

(一)尊重协议管辖

体现当事人意思自治的协议管辖原则是当前广被世界社会普遍承认和采用的一项涉外民商事诉讼管辖权原则。《布鲁塞尔公约》和《海牙协议选择法院公约》均确立了在国际民商事管辖中排他选择法院协议的优先效力。在各国管辖权扩张的现状下,赋予当事人选择法院的权利有助于避免有关国家的管辖权规定因呆板、僵化而可能造成的不公平、不合理管辖的现象,而且借当事人之手使各国民事管辖权的冲突轻松地得到解决。而且,保护当事人管辖协议能够最大限度地实现对案件处理结果的可预见性以及保护权利便利妥当性的追求。③

我国也承认协议管辖原则。《民事诉讼法》第二百四十二条规定,涉外

---

① 李双元等:《中国国际私法通论》,法律出版社 2006 年版,第 537 页。

② 限于文章篇幅,不可能对世界上现有的各种规制手段面面俱到地进行分析。另外,一些通用规制方法(如尊重协议管辖原则)根据文章结构需要将在接下来的内容中涉及。

③ 杨弘磊:《论涉港民事诉讼协议管辖条款效力判定中方便与非方便法院规则的运用》,《法律适用》2004 年第 9 期,第 2 页。

合同或者涉外财产权益纠纷的当事人可以书面协议选择与争议有实际联系的地点的法院管辖。鉴于涉台案件在目前的司法实践中一般参照涉外案件处理,这意味着涉台案件的管辖协议受到如下限制:(1)必须以书面形式约定管辖;(2)必须选择与争议有实际联系的地点的法院;(3)必须为合同和财产权益纠纷案件;(4)公共利益的限制自不待言。另外,司法实践中未被选择的法院一般只接受排他性管辖协议的管辖限制。尽管世界各国在承认管辖协议的基础上也对协议管辖原则的适用设置了或多或少的限制,但是针对大陆与台湾间的区际平行诉讼,这样的重重限制似乎显得有些死板和严苛了。因此,对于涉台案件,建议在协议管辖优先的基础上做下述调整:

1. 不拘泥于书面形式

只要能够证明存在管辖协议,且协议指向的是大陆或者台湾地区的法院,就应该被尊重。距今四十多年的《布鲁塞尔公约》就已经认可了多种管辖协议形式,包括:书面形式和以书面形式确认的口头形式、当事人间确认的惯例,以及在国际贸易中当事人双方事先知晓或者应当知晓的习惯形式。[1] 2005《海牙协议选择法院公约》第 3 条也承认书面形式以及通过其他任何通信方式可以表现可理解便于日后参考的信息的形式。存在众多成员国的两个公约尚且能够认可多种形式的管辖协议,对于同属一个主权国家、一个法系的海峡两岸而言,管辖协议的形式问题不应当受到过多的限制。

2. 从宽对待非排他性管辖协议

最高人民法院在《涉外商事海事审判事务问题解答(一)》中明确,如果当事人约定的是非排他性管辖权,只要当事人一方起诉到有管辖权的人民法院,人民法院就可以受理。从我国的区际司法实践来看,大陆和台湾地区当事人在两岸民商事活动中约定管辖法院的并不少,但是该约定最终被受案法院尊重的却不多。其中一项原因就是许多管辖协议都约定被选择法院享有非排他性管辖权或没有明确约定是否排他,导致许多当事人的管辖协议形同虚设。[2] 建议在涉台案件中,如果非排他管辖法院根据本法院法律可以行使管辖权,则一般不支持被告对管辖的异议。如果被告向另一法域法院起诉,

---

① 《布鲁塞尔公约》第 17 条。
② 王承志:《我国区际民商事管辖权的冲突及协调》,《暨南学报(哲学社会科学版)》2008 年第 4 期,第 54 页。

除非存在专属管辖等特殊情况,这些法院应拒绝行使管辖权,否则当事人间的约定就没有任何意义。

尽管现代管辖权理论注重保护当事人的正当期望,但由于协议管辖原则意味着当事人的协议剥夺了一些本应有管辖权的法院的管辖权,这对当事人的诉讼权利和实体权利会产生直接的影响,更可能对国家的司法权益和公共利益产生冲击。因此,管辖协议必须是有效的,不得违反公共利益和专属管辖的规定。

(二)以受诉在先为主要规则,有限制地适用不方便原则

如果涉台案件当事人之间不存在管辖协议,或者协议被认定无效,则应遵循最先受诉法院原则。最先受诉法院原则作为一条简明易行的刚性规则,受到大陆法系国家的青睐。事实上,过度管辖包括平行管辖问题的解决,有时必须依赖于某些规则的刚化,因为平行管辖的产生与某些规则的柔化有关。[①]

海峡两岸均属大陆法系,适用受诉在先规则符合大陆法系法域注重法律预设性以及法官按照既定规则审理案件的法律传统。况且,台湾作为中国领土的组成部分,与大陆之间的民商事管辖权冲突仅仅是一个主权国家内部的区际私法冲突,两法域之间不存在需要特别保护大陆当事人或台湾地区当事人的特殊政策取向。因此,对涉台平行诉讼案件应当实行最先受诉法院原则。

需要强调的是,在两岸区际诉讼中,先受诉的法院不适合借鉴使用禁诉令来阻止平行诉讼的产生。理由有三:第一,禁诉令的适用标准很难通过法律进行明确,这对于注重法律确定性和预见性的大陆法域而言存在着一定的适用上的困难;第二,两岸同属一国,关系源远流长,相互之间的信任随着社会经济的发展不断深化,先受诉法院可以信赖后受诉法院将拒绝当事人提起的管辖要求。放眼国际,在"Turner v. Grovit[②]"案件中,欧盟法院对最先受诉法院规则做了严格解释:明确在《布鲁塞尔规则》下,禁止禁诉令的适用,即

---

① 崔勇、徐随:《海牙管辖权公约(草案)条件下的未决诉讼》,《现代法学》2003年第6期,第170页。

② [2004] E. C. R. I-3565 (ECJ).

便存在当事人恶意挑选法院的情形。试问，欧洲多国间尚且可以如此，何况海峡两岸乎？第三，如前所述，禁诉令虽针对当事人做出，但其实质作用无异于干涉外法域的管辖权。在两岸区际诉讼中使用禁诉令恐怕将无益于两岸关系的进一步发展。

另一方面，为了防止僵硬的最先受诉法院原则剥夺案件的实体公正，两岸区际平行诉讼在以受诉在先为主导规则的基础上，在必要时应当有限制地适用不方便法院原则来保障个案的公平正义。

其实，不方便法院原则早已进入我国学术界及司法界的视野。我国国际私法协会起草的《中华人民共和国国国际私法示范法》虽几易其稿，但不方便法院原则始终获得其高度关注。① 《涉外商事海事审判实务问题解答（一）》中也明确，人民法院在特定情况下"可适用'不方便法院原则'"。②另外，2005 年最高人民法院《第二次全国涉外商事海事审判工作会议纪要》第11 条更是明确列出了我国法院适用不方便法院原则的七项条件。③

例外情况下适用不方便法院原则与杜绝适用禁诉令并不矛盾。与禁诉令限制他法域管辖权不同，不方便法院原则是管辖权的自我限制，体现了区际礼让。尽管不方便法院原则本身或许存在让渡本国司法主权及损害本国公民利益换取"礼让形象"的危险，④但是在中国国内区际法律冲突的解决上却可以摆脱这种困扰。因为，同一国家的不同法域之间的根本利益是一致的，因管辖权发生争议影响两岸民商事交往是两岸人民都不愿意见到的。

---

① 《中华人民共和国国国际私法示范法》第六稿第五十一条规定："对本法规定中华人民共和国法院享有管辖权的诉讼，如中华人民共和国法院认为实际行使管辖权对当事人及案件的审理极不方便，且有其他法院对该诉讼的审理更为方便时，经被告申请，可以决定不行使管辖权。"

② 《涉外商事海事审判实务问题解答（一）》第 7 条。

③ 最高人民法院《第二次全国涉外商事海事审判工作会议纪要》（法发〔2005〕26 号）第 11 条规定：我国法院在审理涉外商事纠纷案件过程中，如发现案件存在不方便管辖的因素，可以根据"不方便法院原则"裁定驳回原告的起诉。"不方便法院原则"的适用应符合下列条件：(1)被告提出适用"不方便法院原则"的请求，或者提出管辖异议而受诉法院认为可以考虑适用"不方便法院原则"；(2)受理案件的我国法院对案件享有管辖权；(3)当事人之间不存在选择我国法院管辖的协议；(4)案件不属于我国法院专属管辖；(5)案件不涉及我国公民、法人或者其他组织的利益；(6)案件争议发生的主要事实不在我国境内且不适用我国法律，我国法院若受理案件在认定事实和适用法律方面存在重大困难；(7)外国法院对案件享有管辖权且审理该案件更加方便。

④ 崔勇、徐随：《海牙管辖权公约（草案）条件下的未决诉讼》，《现代法学》2003 年第 6 期，第 171 页。

(三)受诉在后法院例外管辖机制:协商前置的承认预期规则

两岸区际平行诉讼中,受诉在后法院应该中止诉讼,直到先受诉法院做出裁判,然后终结诉讼;在先受诉法院无法在合理期限内做出生效裁判的情况下,经当事人申请后,后受诉法院可以继续被中止的诉讼。之所以建议中止诉讼而非直接拒绝管辖,目的在于防止在先受诉法院没有在合理期限内做出生效裁判的情况下,导致当事人投诉无门的尴尬。否则,此时不仅让有管辖权的后受诉法院显得十分被动,更无法保护两岸当事人的合法权益。

绝大多数情况下,后受诉法院不能主动争取对区际平行诉讼的管辖,但是存在几种例外情况:(1)后受诉法院对案件具有专属管辖权;(2)事关国家基本原则或社会公共利益;(3)先受诉法院的判决是在被告缺席又未经合法传唤或者在被告无诉讼行为能力又未得到适当代理的情况下做出的。这些例外规定与大陆在《认可规定》中对台湾判决不予认可的规定相符,也与《台湾地区与大陆地区人民关系条例》相近。这样的例外规定有点类似于大陆法系的承认预期规则。

《中华人民共和国国际私法示范法》实际上就采用了规制平行诉讼的承认预期规则,其第五十四条规定:除中华人民共和国缔结或者参加的国际条约另有规定外,在外国法院对相同当事人之间就同一诉讼标的进行的诉讼已经做出判决或者正在进行审理的情况下,若预期该外国法院判决能够在中国法院得到承认,中华人民共和国法院可以不行使管辖权。但中华人民共和国法院受理在先,或者不行使管辖权,当事人的合法权益无法得到保护的,中华人民共和国法院可以对同一诉讼行使管辖权。这样的规定有助于更好地保护公共利益和当事人的实质诉权,防止当事人利用最先受诉讼法院原则提起恶意诉讼损害公共利益和对方当事人的合法权益。

当然,在两岸区际诉讼关系中,承认预期规则的适用除了必须严格地限于列出的几种例外情形,并十分审慎地解释适用外,还有必要设置一个前置的协商机制。尽管利益冲突是涉外民商事诉讼管辖冲突的本质,[①]两岸血浓于水的亲密关系意味着这种利益冲突并非不可调和。在解决两岸区际平行诉讼问题上应当遵循"一国两制"的方针,以促进和维护国家统一为目的。

①　徐卉:《涉外民商事诉讼管辖权冲突研究》,中国政法大学出版社2001年版,第46页。

建议设立处理大陆与台湾地区互涉案件管辖权争议的联络协商机构,对两岸区际管辖权问题,包括例外情况下的承认预期规则的适用问题进行通报和协调,以期在保证公共利益和个案公正的基础上,用最理性的方式处理两岸关系。增加前置协商机制已经不仅仅是一个理论问题,更具有深远的现实意义。

结语

世界上现有的任何一种平行诉讼规制手段都只具有相对的合理性,不可能指望毕其功于一役,解决平行诉讼必须结合多种方法,平衡多方利益。况且,海峡两岸间的区际法律冲突是一种不同于国际或普通区际法律冲突的复杂的法律冲突。因此,解决两岸平行诉讼问题能够借鉴的"他山之石"始终是有限的。海峡两岸必须摸索出适合两岸关系的独特的区际平行诉讼解决之道。这种独特的解决机制将随着两岸互动关系的发展而不断演进。无论采取何种规制方案都不宜操之过急,否则不易为两岸双方所接受,无助于"一国两制"的实现。毕竟,两岸平行诉讼问题的解决不是其中任何一个法域的立法机关所能胜任的,必须依靠两岸双方的相互信赖以及通力协作去探寻。

【参考文献】

[1]田妮.十年磨剑 锋芒可期——海牙〈选择法院协议公约〉述评[J].涉外商事海事审判指导,2005(1):157-185.

[2]缪凌.海峡两岸区际平行诉讼的法律规制[J].法律适用,2011(2).

[3]李旺.美国联邦法院关于国际诉讼竞合的法律规制[J].清华大学学报(哲学社会科学版),2001(6):11-17.

[4]董立坤.中国内地与香港地区法律的冲突与协调[M].北京:法律出版社,2004.

（原载于《海峡两岸司法事务热点问题研究》,人民法院出版社出版,2013 年 6 月）

规则重构:法院依职权启动民事鉴定程序之反思

陈 亚

【摘要】2012 年修订的《民事诉讼法》第七十六条第二款有关法院主动依职权启动民事司法鉴定程序的规定,彰显出明显的职权主义回归之势,实践之中也引发出诸多弊端。民事鉴定程序的功能从表面上看是为了弥补法官在专门性问题的知识欠缺,但在根本上仍属于当事人的证明范畴。职权主义在民事诉讼制度中越来越弱化的今天,司法鉴定制度不能走回头路,其鉴定启动规则应予重构。司法鉴定的启动应以当事人的申请为前提,当事人未申请鉴定的,法院不得主动依职权启动鉴定程序;当事人未申请司法鉴定,但案件事实的查明确实需要鉴定的,法院应及时向对需要鉴定查明的事项负有举证责任的一方当事人进行释明;法律有必要规定法院可以依职权通知有专门知识的人出庭陈述意见,这样有助于建立包括司法鉴定程序和专家辅助人共存的专家证据制度。

【关键词】民事司法鉴定;依职权启动;功能;规则重构

鉴定意见①属于《中华人民共和国民事诉讼法》(以下简称《民事诉讼法》)规定的法定证据类型,是鉴定人运用自己的专门知识或技能,借助一定的方法和仪器,对与案件有关的专门性问题进行研究、检验、分析后给出的判断性意见。② 理论和司法实践都普遍认为,鉴定意见由于比其他类型证据的

---

① 鉴定意见是我国《民事诉讼法》在 2012 年修订后的称谓,之前称为鉴定结论,这也与 2012 年修订后的《刑事诉讼法》上的称谓保持一致。

② 奚晓明:《〈中华人民共和国民事诉讼法〉修改条文理解与适用》,人民法院出版社 2012 年版,第134 页。

证明力更强，①素有"证据之王"之称，故成为民事法官认定案件事实的重要依据。但是，司法鉴定不是民事诉讼活动的必经程序，鉴定活动的开展依赖于查明事实的需要和相关主体的启动。司法鉴定的启动规则很大程度上决定着一个国家司法鉴定活动的基本特征，属于鉴定证据制度的核心内容。②根据我国《民事诉讼法》第七十六条的规定，法院在鉴定程序的启动中发挥职权作用有两种情形：一是当事人申请进行司法鉴定，经法院同意后，由双方当事人协商确定鉴定人，协商不成的，由法院依职权指定鉴定人；二是当事人未申请进行司法鉴定，但鉴定确有必要时，法院直接依职权指定鉴定人进行鉴定。前一种情形符合高效原则，在协商不成时，大多数法院摇号决定鉴定人，由此产生的争议不多。有争议的是第二种情形。一方面，极少有法院在审理案件中会主动启动民事司法鉴定程序；③另一方面，法院依职权直接启动鉴定程序而获取认定事实的鉴定证据，不断遭到"越俎代庖"的反对声音。另一方面，《民事诉讼法》在修订时仍规定了法院可以主动启动司法鉴定程序，其立法动机和意义何在？本文由此展开讨论。

一、立法变迁：职权主义在鉴定程序启动规则中的波浪式演进

（一）立法规定和司法解释的演进过程

从历史的角度看，我国民事诉讼的程序模式继承的是苏联的衣钵，具有鲜明的职权主义色彩。不过，随着社会经济的发展和英美法系民事诉讼制度的影响，当事人主义不断融入我国民事诉讼制度中，职权主义的表现逐渐削弱。民事鉴定制度的立法随着民事诉讼制度的发展而变化，但其职权主体的色彩并未完全呈淡化趋势，而是整体呈现为一种波浪式的演进过程，具体表现为：

（1）1991年的《民事诉讼法》第七十二条第一款规定："人民法院对专门性问题认为需要鉴定的，应当交由法定鉴定部门鉴定；没有法定鉴定部门的，

---

① 最高人民法院于1998年7月11日起施行的《关于民事经济审判方式改革问题的若干规定》第27条规定，物证、历史档案、鉴定结论、勘验笔录或者经过公证、登记的书证，其证明力一般高于其他书证、视听资料和证人证言。

② 黄维智：《司法鉴定的启动模式》，《人民检察》2004年第5期。

③ 在笔者及周边同事的办案经历中，从未出现过由法院主动启动司法鉴定程序的情况。

由人民法院指定的鉴定部门鉴定。"从该款规定看,法院对民事鉴定程序的启动具有绝对的支配权,从而排除了当事人对鉴定程序的选择权,具有明显的职权干预色彩。

(2)1998年7月实施的《最高人民法院关于民事经济审判方式改革问题的若干规定》第3条规定:"下列证据由人民法院调查收集……应当由人民法院勘验或者委托鉴定的;上述证据经人民法院调查,未能收集到的,仍由负有举证责任的当事人承担举证不能的后果。"这一规定虽然仍将鉴定过程视为法院调查收集证据的范畴,但开始将鉴定与当事人的证明责任联系在一起,由当事人承担未经鉴定而举证不能的不利后果。该规定是一种符合诉讼理性的"宣示",但鉴定的主动权仍由法院掌控。[①]

(3)2002年4月实施的《最高人民法院关于民事诉讼证据的若干规定》(以下简称《证据规定》)充分吸收了大陆法系和英美法系有关民事证据规则的有益经验,并结合我国的司法传统和实际情况对单纯的职权主义模式的鉴定程序启动规则做了修正。其第25条规定:"当事人申请鉴定,应当在举证期限内提出。……对需要鉴定的事项负有举证责任的当事人,在人民法院指定的期限内无正当理由不提出鉴定申请或者不预交鉴定费用或者拒不提供相关材料,致使对案件争议的事实无法通过鉴定结论予以认定的,应当对该事实承担举证不能的法律后果。"从该条可见,鉴定活动的启动主要是根据当事人的申请展开的。换言之,如果当事人不申请鉴定,则应自行承担举证不利的法律后果,法院一般不能越俎代庖而启动鉴定程序。

(4)2012年修订的《民事诉讼法》第七十六条第一款规定:"当事人可以就查明事实的专门性问题向人民法院申请鉴定。当事人申请鉴定的,由双方当事人协商确定具备资格的鉴定人;协商不成的,由人民法院指定。"第二款还规定:"当事人未申请鉴定,人民法院对专门性问题认为需要鉴定的,应当委托具备资格的鉴定人进行鉴定。"理论和实务界普遍认为,这标志着我国民事诉讼活动中以当事人主义为主、职权主义为辅的民事鉴定程序启动规则

---

① 谌宏伟:《论民事诉讼中司法鉴定程序的启动》,《中国司法鉴定》2006年第4期。

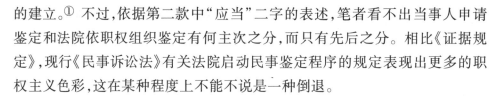

的建立。① 不过，依据第二款中"应当"二字的表述，笔者看不出当事人申请鉴定和法院依职权组织鉴定有何主次之分，而只有先后之分。相比《证据规定》，现行《民事诉讼法》有关法院启动民事鉴定程序的规定表现出更多的职权主义色彩，这在某种程度上不能不说是一种倒退。

（二）现行立法的含义解读和适用分析

从现行《民事诉讼法》第七十六条第一款的规定看，司法鉴定的申请权由当事人享有，而且法律并未规定针对当事人的鉴定申请，是否有需要法院同意的限制。实际上，当事人申请鉴定必须经法院审查，因为该条已清楚地将当事人申请鉴定的事项限定于"查明事实的专门性问题"。这里包含着两方面的要素：一是鉴定的必要性。鉴定的启动确属查明案件事实的需要。如果鉴定需要查明的事实足以通过其他证据认定的，则无鉴定之必要。二是鉴定的对象属于专门性问题，而不是一般性问题。经法院审查后决定是否启动鉴定程序，可以避免诉讼费用、诉讼资源的浪费，也可以防止当事人假借鉴定之名拖延诉讼。

《民事诉讼法》第七十六条第二款设置了法院依职权主动启动鉴定程序的规则。在当事人未申请司法鉴定时，法院有权根据案件审理需要主动启动鉴定程序。这属于法律赋予法院的一项职权，但从另一个角度也可以看成一项义务。也就是说，如果案件查明的事实确实需要鉴定来证明，当事人又坚持不申请鉴定时，法院应当主动启动鉴定程序。这样的规则设置，虽然有助于查明案件事实，但也会产生诸多弊端：

（1）规则可能诱使当事人懈怠自己的举证义务，让立法本意的"当事人主义为主、职权主义为辅"的鉴定启动规则变成完全的"职权主义"。既然法律规定了在当事人未提出鉴定申请时，法院应当主动启动鉴定程序，则当事人可能会怠于提出鉴定申请，因为如果案件审理确实需要鉴定，法院定会主动组织鉴定，并不需要当事人来提出申请；如果法院不组织鉴定，说明现有证

---

① 奚晓明：《〈中华人民共和国民事诉讼法〉修改条文理解与适用》，人民法院出版社 2012 年版，第159 页。

据已经足以进行认定,鉴定意见对案件的审理并不必要。① 这样的后果是,本应由当事人自己承担的举证义务转嫁给法院承担,增加了法院的负担。

(2)该规则可能会让法院处于两难的境地。首先,如果法院主动启动民事鉴定程序,一方面鉴定机构如何确定、鉴定费用如何保障等技术性问题没有明确规定;另一方面会使法院面临当事人的偏见,当事人可能因鉴定导致案件审理周期延长而产生不满,还可能因法院采纳鉴定意见而致败诉的一方当事人对法院的公正性、中立性产生严重质疑。其次,如果法院未主动启动民事鉴定程序而直接下判,二审法官却认为查明案件事实需要鉴定的,二审法院会认为一审法院事实认定不清而发回重审。②

二、功能反思:民事鉴定程序对民事诉讼的法律意义

不可否认,随着社会生活冲突复杂性的增强、科学技术的深入发展和人们对公正司法需求的增加,民事诉讼活动将越来越多地依赖于司法鉴定意见。关于司法鉴定的性质,在学理上一直存在两种不同的解释:一种观点认为,申请鉴定即申请提供证据,属于当事人举证的方法;另一种观点认为,鉴定是法院调查收集证据和判断证据的一种手段。③ 笔者认为,依据前一种观点,鉴定必须是以当事人申请为前提;依据后一种观点,鉴定不是必须以当事人申请为前提,而属于法院主动审查的范畴。为了解决这一问题,有必要从民事司法鉴定程序的功能上进行反思。

(一)民事司法鉴定程序的功能考察

1. 行为意义上的司法鉴定

2005 年第十届全国人民代表大会常务委员会通过的《关于司法鉴定管理问题的决定》针对司法鉴定,其定义为诉讼活动中鉴定人运用科学技术或

① 实践之中,负有举证责任的原告在诉讼过程中的心理都是能不申请鉴定则不申请鉴定,因为鉴定需要当事人预缴鉴定费用,有些项目的鉴定费用是非常昂贵的,同时鉴定活动必然使案件的审理周期延长,而鉴定时间又被扣除在法院的审限之外。

② 笔者亲历了两起因一审法院未予鉴定评估而被二审法院发回重审的案例。在这两起案例中,船舶损坏的原因和船舶损失的金额是案件审理的焦点,但当事人对该两方面均未申请鉴定和评估,一审法院在依据其他证据判决后,二审法院认为一审法院应对该两方面通过鉴定和评估后再予认定为宜,故以事实认定不清发回重审。

③ 肖建华:《民事证据法理念与实践》,法律出版社 2005 年版,第 291 页。

者专门知识对诉讼涉及的专门问题进行鉴别和判断并提供鉴定意见的活动。这一定义将司法鉴定限定为诉讼过程中的活动，但未指明委托鉴定人进行鉴定的主体是谁。不过，理论界和实务界均一致认为，司法鉴定是指公安司法机关委托鉴定机构所为的鉴定活动。① 在民事诉讼活动中，只有法院委托的鉴定人出具鉴定意见的诉讼活动，才是民事诉讼法上的鉴定。② 未经法院委托和指定，由当事人自行委托鉴定机构进行的鉴定，则属于诉讼外的鉴定。③ 由于缺乏司法机关的委托，自行委托鉴定机构形成的书面意见，不能构成民事诉讼法规定的"鉴定意见"这一证据类型，只能视为一般书证。④ 在民事诉讼中，法院委托鉴定人进行鉴定，鉴定人再根据法院的委托和相关的鉴定材料出具鉴定意见。鉴定意见属于法律规定的证据类型之一，因此，司法鉴定程序从行为意义上看就是形成证据的活动，司法鉴定是形成鉴定意见这一证据类型的手段和方法。司法鉴定这一活动的开展是多方主体相互配合，除了鉴定人的调查、实验、分析和研究外，还需要当事人的申请和提供鉴定材料、法院的委托、鉴定机构的选择，等等。

2. 结果意义上的司法鉴定

司法鉴定程序的结果是形成鉴定意见，而鉴定意见属于我国《民事诉讼法》第六十三条规定的民事证据的法定八种证据类型之一，因此，司法鉴定程序的功能从结果意义上看就是形成了新的证据。鉴定意见这种新的证据，可能是对原有诉讼证据的补强或者反驳，譬如笔迹鉴定、声音鉴定等，也可能是对案件事实通过专业知识和技术形成的之前未知的判断和认识，譬如事故原因鉴定、伤残等级鉴定等。由于鉴定意见的生成过程比其他证据复杂，又是以科学知识为基础，以技术方法为手段，普遍认为具有比直接证据更大的证明力，⑤故而在司法实践成为法官认定案件事实的非常重要的依据。

3. 目的意义上的司法鉴定

所谓证据裁判主义，于今日法科学应用之时代，实际就是科学证据裁判

① 樊崇义：《证据法学》，法律出版社 2003 年版，第 198 页。
② 奚晓明：《〈中华人民共和国民事诉讼法〉修改条文理解与适用》，人民法院出版社 2012 年版，第 135 页。
③ 郭小冬、姜建兴：《民事诉讼中的证据和证明》，厦门大学出版社 2009 年版，第 104 页。
④ 韩象乾：《民事证据理论新探》，中国人民公安大学出版社 2006 年版，第 196 页。
⑤ 张保生：《证据法学》，中国政法大学出版社 2009 年版，第 217 页。

主义。① 在诉讼中,法官所要解决的问题是对案件事实的认定,并在认定事实的基础上决定适用法律,其中对事实的认定是适用法律的前提和基础。法官在认定事实方面只作为一般人所具有的那种普遍性学识和经验,但作为待证事实所涉及的领域往往十分广泛并涉猎诸多学科,法官不可能同时作为各个领域的专家来加以认定或识别,因此为了解决与待证事实有关的各种专门性问题,必须求助于各行各业的专家采用多种技术手段来做出科学鉴定,为确认与待证事实有关的专门性问题提供必要的条件。② 由于鉴定人专业知识和专门技术的使用,鉴定意见具有了科学性的本质属性,③从而可以弥补法官在专门性问题上的认识欠缺。如果我们的法律遇到涉及其他学科和专业的问题,求助于有关学科或专业的帮助,这是法律应受尊重和值得赞赏的一面。④ 法官不是也不应该是万能的,在其他专业知识领域存在欠缺是正常的,我们不能苛求法官是一本百科全书。正因为此,鉴定人常常被称之为裁判官之补助。⑤ 鉴定人可以帮助法官对某些专门性问题进行认识,但对专门性问题认识的最终目的是为了证明某些事项或结果,不然仅仅弥补一下法官的知识欠缺对于处于裁判之中的法官来说没有任何意义。因此,民事鉴定程序的功能从表面上看是为了弥补法官在专门性问题的知识欠缺,但从根本上看仍是为了证明案件事实,属于当事人证明案件事实之需求。

(二)民事鉴定程序于证明责任意义上的功能回归

根据上述分析,民事鉴定程序在行为上是形成证据的活动,在结果上形成了鉴定意见这种新证据,在目的上最终是为了证明某些事项和结果,而这些待证事实本应当由当事人来证明,因此,笔者赞同将鉴定程序纳入当事人举证范畴这一观点。至于鉴定程序的开展是由当事人委托还是法院委托,这属于鉴定制度的程序设计问题,不能说鉴定程序的开展必须依赖于法院的委托就属于法院调查收集证明。而且,鉴定意见只是形成了一种新证据,鉴定

---

① 蔡墩铭:《刑事证据法》,台北五南图书出版社1997年版,第4页。
② 肖建华:《民事证据法理念与实践》,法律出版社2005年版,第279页。
③ 霍宪丹、郭华:《司法鉴定制度改革的逻辑反思与路径探究》,《法律科学》2010年第1期。
④ 【英】麦高伟、杰弗里·威尔逊:《英国刑事司法程序》,姚永吉,等译,法律出版社2003年版,第240页。
⑤ 【日】高木丰三:《日本民事诉讼法论纲》,陈与年译,中国政法大学出版社2006年版,第292页。

的结束并不代表法官完成了对相关证据的判断,因为鉴定意见本身能否采信,需要经过法庭上当事人的质证和法官的自由心证。所以,那种认为鉴定是法院审查判断证据之手段的观点是不成立的。既然鉴定属于当事人举证的范畴,那鉴定程序启动规则的设置就应当与民事诉讼当事人举证责任的分配原则相一致。

我国《民事诉讼法》第六十五条确立的举证规则是"谁主张,谁举证",即当事人对自己的诉讼主张应当提供证据予以证明,否则承担举证不能的不利后果。在民事诉讼中,作为鉴定的事项也属于待证事实的一种,只是涉及专门性问题的内容超出了法官专业知识范围而必须借助技术鉴定以查明真相。这些专业性的事实与其他普通事实一样,同属当事人举证责任范畴,故应由当事人提出鉴定申请,提供检材及其他辅助性材料,并预付鉴定费用。法官处于中立地位,不宜代当事人行使诉讼权利并直接介入鉴定事务之中。因当事人不提出鉴定或者提供检材不具备鉴定条件,导致无法做出鉴定意见,而使得待证事实仍处于真伪不明的状态,负有举证责任的一方当事人应当承担相应的不利后果。[①] 在司法实践中,提出鉴定申请的应是负有举证责任的一方当事人。当然,为了降低或防止自身的败诉风险,非承担举证责任的一方当事人也可能提出鉴定申请,比如可能承担赔偿责任的一方当事人申请鉴定以确定对方的实际损失金额的情况等。

有人提出,《民事诉讼法》第七十二条第二款规定法院在当事人未申请鉴定时,依职权启动鉴定程序是基于法院查明案件事实真相的需要和维护实体正义的考量,"确有必要"时由法院主动启动鉴定程序,而"确有必要"是严格以法院依职权调查取证的范围来确定。[②] 但是《证据规则》明确规定,法院依职权调取的证据只包括两个方面:一是涉及可能有损国家利益、社会公共利益或者他人合法权益的事实;二是涉及依职权追加当事人、中止诉讼、终结诉讼、回避等与实体争议无关的程序事项。不过,笔者认为,司法鉴定和法院依职权调查取证是两种获取证据材料的不同途径,二者并无实际关联。不能

---

① 毕玉谦、谭秋桂、杨路:《民事诉讼研究及立法论证》,人民法院出版社 2006 年版,第 409 页。

② 奚晓明:《〈中华人民共和国民事诉讼法〉修改条文理解与适用》,人民法院出版社 2012 年版,第166 页。

说司法鉴定必须通过法院委托来进行,就说明司法鉴定也是法院调查取证的范畴。之所以由法院来委托司法鉴定,是因为法官是富有理性的裁判者,由法官决定需要鉴定事项以及鉴定人更明智,①接受法院的委托的鉴定人也才会更加中立、公正地开展鉴定活动,而不用去理会当事人。法院依职权调查的内容是涉及当事人之外主体利益问题或者与实体争议无关的程序问题,这些问题与当事人之间的实体争议关联不大但影响本案处理结果的重大事项,但司法鉴定针对的是案涉证据的真伪、事情发生原因、经过和结果、损害的确定等与本案当事人之间的实体争议有密切联系的事实问题。因此,司法鉴定不应按照法院调查取证的范畴来依职权启动。

三、规则重构:建立以当事人申请为前提的鉴定启动程序

司法的灵魂是公正,司法公正的前提是中立。诉讼之所以能够作为一种正义的程序,主要在于有一个中立的裁判者居中裁判。消极性和被告性是作为中立的法院所应有的地位。民事诉讼的基本结构是一种以当事人对立为基本形态的"等腰三角形",从这个意义上讲,当事人的智慧在于如何最大限度地揭示有利于自己的事实,提出有利于自己的法律主张;而法官的智慧在于识别、选择和判断。当事人没有行使诉权,法院不能主动开始诉讼程序;当事人没有提出的请求和主张,法院不能主动进行审查和判断。② 民事鉴定作为民事诉讼程序中可能出现的一个环节,法官也需保持适度的中立和理性,只需保证鉴定程序呈有序、合法和高效地开展,不应过多地干涉民事鉴定程序的启动。

(一)域外民事鉴定程序启动规则的比较

1. 英美法系

英美法系国家实行的是专家证人制度,与鉴定人制度类似。这些专家没有固定的资格原则,只要参与审理有关案件的法官或陪审团认为其有资格即可,而且当事人可以根据自己的意愿来决定何种人担任专家证人,当然法院也有权决定是否采纳当事人提供的专家意见。英美法系国家以当事人委托

---

① 程春华:《民事证据法专论》,厦门大学出版社 2002 年版,第 456 页。
② 张卫平:《转换的逻辑—民事诉讼体制转型分析》,法律出版社 2004 年版,第 316-317 页。

和选任专家证人为原则,诉讼中应否选定专家、选定何种专家或者鉴定何种事项都由诉讼当事人自行决定。由于诉讼当事人各自选定的专家所做的工作都是为各自的委托人服务的,而当事人之间利益又是冲突的,因此各自委托专家出具的意见常常是对立的。在英国,法院也可以根据当事人的申请指定独立的专家,但事实上法院很少使用此项权力。由于当事人自己聘请的专家出具的意见一般有利于本方,但无法控制法院聘请的专家的意见是否有利于本方,所以当事人都不愿意将案件的决定权交由法院指定的专家操控。《美国联邦证据法》第 706 条允许法官在当事人选请的专家证人之外指定专家,当然法院选定专家证人属例外的情形。

2.大陆法系

大陆法系国家以当事人申请鉴定、法官指定鉴定人为原则。① 由法官决定启动司法鉴定程序,使得鉴定人较少受到当事人的制约和案件利害关系的影响,能够在一定程度上保证司法鉴定的客观性和中立性。在德国,专家鉴定原则上应依据当事人的申请,但法院也可以依职权主动使用这一证据方式。在日本,鉴定程序的启动,原则上依赖于当事人的申请,法院不能主动依职权对案件事实做出鉴定的命令,但存在唯一的例外情形,即在勘验中需要鉴定时,法官可以依职权做出鉴定命令。②

3.二者比较

两大法系在鉴定程序的启动上采用两种完全不同的原则,这与各自的民事诉讼模式不同有关。英美法系中的专家证人和大陆法系中的鉴定人不同的法律地位和作用也影响到鉴定程序的启动。在英美法系,专家意见不是一个独立的证据种类。专家证人在诉讼中居于证人的地位,其所提供的专家证言跟普通证言一样要接受法庭的交叉询问。③ 在大陆法系,鉴定意见通常被作为一种独立的证据方法对待,一旦被法院认可,其证明力显然要比证人证言高得多。可见,司法鉴定制度下的鉴定人与专家证人制度下的专家证人,在职权主义诉讼制度下对法官的影响更为深刻。因为在诉讼活动中法官更倾向依赖鉴定机构的鉴定结果,甚至在某些案件中鉴定人扮演着超越证据方

---

① 肖建华:《民事证据法理念与实践》,法律出版社 2005 年版,第 285 页。

② 张卫平:《外国民事证据制度研究》,清华大学出版社 2003 年版,第 383 页。

③ 【美】乔恩·R.华尔兹:《刑事证据大全》,中国人民公安大学出版社 2004 年版,第 469 页。

面的诉讼角色,成为"穿白衣站着"的"法官",并在幕后行使着对法官暗自让渡出去的事实认定权。①

（二）我国民事鉴定程序启动规则的重构

我国的民事司法鉴定启动规则显然是沿袭了大陆法系的民事鉴定制度发展而来的。在职权主义在民事诉讼制度中越来越弱化的今天,司法鉴定制度不能走回头路,不能被职权主义下国家干预色彩所笼罩。《民事诉讼法》第七十二条第二款的规定实际就退回到职权主义模式之中,不可避免产生诸多弊端,与我国民事诉讼举证制度的发展不相符合,应予重构。

（1）民事鉴定程序的启动应以当事人的申请为前提,当事人未申请鉴定的,法院不得主动依职权启动鉴定程序。当事人申请鉴定还需要两方面的制度完善:首先,法律需要保护具有举证责任的当事人的鉴定申请权,有必要将当事人的鉴定申请人上升为法定权利,这样才能为后续的程序安排奠定基础。虽然从表面上看,当事人鉴定申请权仅仅是启动鉴定的部分权利且这一权利在鉴定启动上也不具有决定性,但这一权利一旦被法定化,必然会随之带来权利告知、权利救济等一系列的程序安排,从而为权利的实现提供制度上的保障。② 譬如在实践中,如果当事人在一审诉讼中申请了司法鉴定,一审法官未予考虑而径行判决,二审法官或者再审法官认为该鉴定事项是必需的,案件很可能被发回重审而组织鉴定,这实际就是对当事人的鉴定申请权的法律保护。其次,负有举证责任的当事人因为经济困难而不能预交鉴定费用的,法律上应设置由对方当事人垫付或者从法院基金中垫付的制度,不能因为当事人无法预交鉴定费用致使鉴定程序受阻而败诉。再次,当事人申请鉴定后,是否启动鉴定程序仍应由法院进行审查。在民事诉讼的三角形结构中,三个顶点直接的连线可以看成是它们直接的相互制约关系。当事人可以申请启动司法鉴定,法官也应当对当事人的申请是否符合法律的规定进行审查。法官最终决定是否启动鉴定的模式符合鉴定证据的目的,同时通过法官控制,可以准确把握应当鉴定的事项,有利于防止诉讼一方当事人权利的滥用。

---

① 郭华:《司法鉴定制度与专家证人制度交叉共存论之质疑》,《法商研究》2012年第4期。
② 郭华:《司法鉴定制度与专家证人制度交叉共存论之质疑》,《法商研究》2012年第4期。

（2）当事人未申请司法鉴定，但案件事实的查明确实需要鉴定的，法院应及时向对需要鉴定查明的事项负有举证责任的一方当事人进行释明。经释明后，当事人仍不申请鉴定的，法院不得组织鉴定，由该方当事人承担举证不能的后果。在有人主动申请鉴定的情形下，举证责任分配规则通常处于备而不用的状态。在当事人都不提出鉴定申请，且双方当事人诉争的事实不经过鉴定又无法认定时，举证责任分配规则的适用就显得尤为重要，这可以直接督促负有举证责任的一方当事人申请鉴定。在此情形下，人民法院有必要根据举证责任分配的要求，向负有举证责任的一方当事人释明，如果该当事人仍不提出鉴定申请，导致诉争事实无法查明真伪，法官可以适用举证责任分配规则确定由该当事人承担相应的不利后果。①

（3）法院可以依职权通知专家辅助人出庭，有助于对鉴定意见进行审查。鉴定意见虽然属于专家证据，但鉴定意见不同于《民事诉讼法》第七十九条规定的专家辅助人的意见，专家辅助人更多是辅助法官对专门性问题或者鉴定意见进行认识。从证据角度看，我国民事诉讼中专家辅助人的意见更接近于证人证言，与英美法系的专家证人类似，与鉴定意见相比，在证明效力上完全不在同一个层次。专家辅助人除了可以对鉴定意见发布看法外，还可以对诉讼中出现的其他任何专业问题提出意见，因此，专家辅助人可以成为法官之助手，帮助法官进行内心确信。正由于专家辅助人意见和鉴定意见不同的法律地位，不同的功能表现，笔者认为，法院应在鉴定程序中弱化职权主义色彩，而在专家辅助人制度中则可以发挥出主观能动性，邀请其他领域的专家帮助法官进行心证。不过，《民事诉讼法》第七十九条只是规定了当事人可以申请人民法院通知有专门知识的人出庭就鉴定意见或专业问题提出意见，建议法律有必要规定法院可以依职权通知有专门知识的人出庭陈述意见，这样有助于建立包括司法鉴定程序和专家辅助人共存的专家证据制度。

（2013 年法院系统第二十五届学术讨论会征文福建省三等奖）

---

① 奚晓明：《〈中华人民共和国民事诉讼法〉修改条文理解与适用》，人民法院出版社 2012 年版，第 164 页。

上诉的英国海事仲裁裁决在中国的承认与执行

郑新颖

【摘要】英国作为世界海事仲裁解决中心,囊括了大部分的国际海事仲裁案件。而英国仲裁法下特有的司法审查制度赋予了英国法院一定程度上的仲裁实体审查权。面对经过英国法院实体审查后的仲裁裁决,不能一概而论地将其作为普通的国际仲裁裁决加以承认和执行。建议在不背离《纽约公约》精神的前提下,理性地定性上诉后的仲裁裁决,视具体裁判方式选择承认与执行的路径。

【关键词】英国仲裁;司法审查;上诉;承认和执行

几个世纪以来,英国在海上贸易的重要地位促成了其海商法律体系的完备,海事法律人才辈出。同时,英国作为仲裁制度的鼻祖,其仲裁法律影响深远。国际海事往来多选仲裁作为其纠纷解决方式,有鉴于此,英国的海事仲裁已经发展繁茂并成为其一大产业。据统计,世界海事仲裁争议约有90%选择在伦敦解决。2013年伦敦国际仲裁院处理了290件仲裁案件,这个数字每年都在递增。2012年,仅伦敦海事仲裁员协会就处理了2 540起仲裁案件。

在通常情况下,选择了伦敦仲裁就意味着选择了英国仲裁法,而英国仲裁法下的司法审查制度相较于当下许多国家的仲裁制度、现行有关公约以及《联合国国际商事仲裁示范法》而言,有其独树一帜的特质,那就是:英国法院一定程度上拥有对英国商事仲裁裁决进行实体审查的权力。仲裁当事人可以依据英国《1996年仲裁法》第69条将法律问题上诉于英国高等法院。法院可以依法确认裁决、修改裁决、将裁决全部或部分发回仲裁庭重新考虑或全部或部分撤销裁决。那么,上诉后的英国海事仲裁裁决在域外申请承认和执行时将处于怎样的境地？当仲裁当事人拿着上诉的英国海事仲裁裁决到中国申请承认和执行时，我国法院应当如何认定英国法院对其仲裁的处理结果？这在现有的学术及实务讨论中鲜有涉及。在伦敦仲裁条款普及于国际商事合同，特别是国际航运合同的背景下，梳理上诉后的英国仲裁裁决结果并研究我国承认与执行的路径具有实际意义。

一、上诉的英国仲裁裁决

（一）法律依据

传统上，英国法院对仲裁奉行的是较为保守严格的监督审查权。当事人不得通过协议排除法院对特定案件法律问题的管辖权，这即是英国司法权的"不容剥夺原则"（the Doctrine of Ouster）。从英国仲裁制度的发展历程来看，法院对仲裁的司法审查范围不断缩减，体现了英国对于仲裁不断开放的态度，但英国《1996年仲裁法》仍在几经考量之后保留了第69条中的仲裁法律问题可上诉制度。

英国《1996年仲裁法》第69条第（1）款规定："除非当事人另有约定，仲裁程序的一方当事人（经通知其他当事人和仲裁庭）可就仲裁程序中所做的裁决的法律问题向法院上诉。

当事人约定仲裁庭做出不附具理由裁决的，应视为约定排除法院根据本条所具有的管辖权。"

第69条第（3）款进一步规定，法院仅在其认为符合下列条件时准许上诉：（1）问题的决定将实质性地影响一方或多方当事人的权利；（2）问题是仲裁庭被请求做出决定的；（3）根据裁决书中认定的事实：（a）仲裁庭对问题的决定明显错误，或（b）问题具有普遍的公共重要性，仲裁庭对此做出的决定至少存在重大疑问，以及（4）尽管当事人约定通过仲裁解决争议，但在任何情况下由法院对该问题进行判决是公正和适当的。此外，第70条第（2）款规定上诉人应首先用尽任何可资利用的仲裁内上诉或复审程序以及裁决更正或补充裁决等追诉手段。

经对上诉案件实体审查后，依据第69条第（7）款，法院可视情形做出如下判决结果：（1）确认仲裁裁决；（2）变更仲裁裁决；（3）将裁决全部或部分发回仲裁庭按照法院的决定重新考虑;(4)撤销全部(或部分)裁决。

　　为了限制法院对仲裁的过度干预,同时也为了充分尊重当事人的意思自治,英国《1996 年仲裁法》为仲裁当事人提供了避开仲裁上诉制度的出口:当事人可以通过约定排除法院对仲裁的管辖权。当事人仅仅在合同中约定仲裁是"终局的""结论性的""具有约束力的"并不足以排除法院对案件法律问题的上诉管辖。想要排除上诉管辖,应当在仲裁条款中直接表明任何一方当事人不得就仲裁庭的裁决向法院提起上诉。可以参考的表述是国际商会(ICC)1988 年的《仲裁规则》第 24 条:". . . the parties shall be deemed to have undertaken to carry out the resulting award without delay and to have waived their right to any form of appeal insofar as such waiver can validly be made."这一条文在 3 个英国先例中被判是有效的排除上诉管辖协议。伦敦国际仲裁院(LCIA)《仲裁规则》第 29 条第 2 款也被认为具有排除上诉权的效力。此外,根据第 69 条第 1 款,若当事人约定做出不具附理由的裁决书,则亦视为约定排除法院的实体审查权。

　　(二)性质辨析

　　面对英国法院实体审查后的仲裁裁决,我国法院应当如何承认与执行?在回答此问题前,首先需要解决上诉后的仲裁裁决的性质认定问题。因为,法院判决和仲裁裁决在一国国内申请执行时通常不会有太大的差异,前者甚至比后者有更直接的执行力,但是到了域外,法院判决和仲裁裁决在承认和执行上将面对的是迥异的际遇。截至 2015 年 4 月 28 日,约有 155 个国家加入《纽约公约》。在广泛的缔约基础上,公约第 5 条第 1 款用反面排除的立法技术赋予了仲裁裁决极大的国际执行力。这一点,在国际承认和执行外国判决类公约贫乏的现状下,是司法判决无可比拟的优势。在中国,由于中英两国均是《纽约公约》的缔约国,承认和执行英国仲裁裁决依据的是《纽约公约》下宽松的承认和执行条件。而承认和执行英国法院判决,根据《民事诉讼法》第二百八十一条及有关司法解释,在中英没有参加有关国际条约的现实下,则按照互惠原则来承认和执行,在没有互惠关系的情况下,只能向我国法院重新起诉,由有管辖权的法院做出判决,予以执行。

　　从定义上看,判决是法院按照法定的程序,依法对案件审理并就案件实体问题做出的决定。判决代表了一国司法机关对案件事实及结果的认定,具有统治阶级意志色彩。因此,在承认和执行外国法院判决时,各国都持十分谨慎的态度。仲裁裁决是非官方性质的仲裁庭在当事人自愿将争议提交解决的基础上做出的裁决。《纽约公约》第 1 条第 2 款规定:"'仲裁裁决'一词不仅指专案选派之仲裁员所做裁决,亦指当事人提请仲裁之常设仲裁机关所做裁决。"

那么上诉后的英国仲裁裁决究竟是仲裁裁决还是法院判决呢？英国《1996 年仲裁法》第 69 条第(8)款规定:为继续上诉之目的,法院对依本条所做上诉的决定,应视为法院所做的判决。同时,第 71 条第(2)款又规定,仲裁裁决一经法院修改,该修改部分即有效并构成仲裁庭裁决的一部分。换句话说,在英国法下,仲裁裁决上诉后法院对裁决修改的判决应属于仲裁裁决的一部分,只是为了方便进一步上诉的目的而将其视为判决。

被司法审查权变更的上诉仲裁裁决仍属于仲裁裁决,其承认和执行与普通仲裁裁决并无任何区别,这在一国法律制度内没有争议。但是,将这个命题放在国际背景下,问题的答案似乎并不那么简单。

一方面,有人主张按照程序问题依程序地法的原则,英国仲裁法的规定意味着英国法院上诉审查做出的变更仍然是仲裁裁决,应依据《纽约公约》的规定进行承认与执行。另一方面,有人认为法院更改仲裁裁决的做法违反了仲裁的基本理念,将为裁决书的执行带来困难。到目前为止,司法实践尚无上诉的仲裁裁决到中国申请承认与执行被拒绝并报告到最高人民法院的案例。因此,在最高人民法院没有对此问题给出指导性意见之前,我们只能在理论及有限的实务层面来探讨这个问题。

通常情况下,国际商事仲裁的程序问题依照的是当事人选择的仲裁规则以及仲裁地法的规定,毕竟仲裁裁决的法律效力是裁决地国的法律赋予的。例如,《纽约公约》第 5 条第 1 款第 5 项就规定一国可以拒绝承认和执行被裁决地国之主管机关撤销或停止执行的仲裁裁决。甚至有人会说当事人在选择伦敦仲裁的同时就等同于达成了允许上诉的合意。但事实上,这并不等于当事人视上诉后的判决书为仲裁裁决。我们必须看到,世界上大部分国家的仲裁制度中主管机关对仲裁的监管都是停留在程序层面的,至多也就是在当事人协议同意仲裁上诉的情况下赋予国家被动实体审查的权力。很难说在一国司法机关主动实体干预直接改变后的仲裁裁决仍是仲裁裁决,因为真正的裁决主体已经由民间的独立的仲裁庭变成了国家机关。一个伦敦仲裁裁决在上诉到英国高等法院后还可以作为判决继续上诉到上诉法院甚至再上诉到上议院,而这样的裁判结果之所以仍称其为"仲裁裁决",完全是因为该国当权机关如是规定了。

再者,随着商贸往来及有关仲裁产业的国际化发展,许多国际商事仲裁的仲裁地往往与案件并无实质性的联系。许多海事仲裁的当事人往往都不是英国人,除了选择伦敦仲裁外,案件本身与英国并无其他连接点。英国当然可以在其内国赋判决予仲裁裁决的效力,同样地,面对承认与执行申请的国家也可以依照自己的制度来认定上诉后的仲裁裁决,毕竟该裁决构成了执行地国法律秩序的一部分。例如,在著名的"Hilmarton"案中,尽管瑞士法院已撤销仲裁裁决且已组成新的仲裁庭,法国法院仍然承认了该裁决。

因此,笔者认为,不能绝对地将所有上诉后的英国仲裁裁决均作为普通的国际仲裁裁决加以承认和执行。建议在不背离《纽约公约》精神的前提下,理性地定性上诉后的仲裁裁决,视具体裁判方式选择承认与执行的路径。

二、承认与执行的梳理

如前所述,仲裁裁决经过上诉实体审查后,英国法院可视情形做出的判决结果有确认仲裁裁决、变更仲裁裁决、将裁决全部或部分发回仲裁庭按照法院的决定重新考虑以及撤销全部(或部分)裁决。对于法院确认仲裁裁决的情况,实践中不会有争议,因为无论是仲裁庭的裁决还是上诉后法院的判决,其结果都是一样的,胜诉方依据《纽约公约》申请承认和执行,败诉方也不会对裁决的性质有异议。因此,下文将针对其他几种裁判结果,以及已经被我国承认和执行后的仲裁裁决在英国上诉并被推翻又来申请承认和执行相反裁决的情况进行分析。

(一)变更仲裁裁决

或许最体现法院对仲裁的实体干预,也是性质上最具争议的上诉结果便是法院变更仲裁裁决了。它直击仲裁的中心——独立、自治的纠纷解决方式。无论是基于什么原因,仲裁本身就是当事人自愿地解决他们之间争端的方法,非充足的理由不可被司法机关横加抹消。用司法裁判从实体上改变仲裁裁决无异于绑架当事人的意思自治。当然,仲裁上诉制度的拥护者或许会说,当事人既然选择了伦敦仲裁,选择了英国仲裁法,就意味着接受了英国法院对仲裁裁决的有限实体审查。但事实上,又有多少国际商贸往来的当事人真正了解英国仲裁的上诉制度及该制度将会对自己造成的影响呢?

仲裁的最大"卖点"之一在于它的终局性,非管辖或程序性错误不可被司法机关随意干预。更何况司法的干预在牺牲了仲裁经济、便捷、私密等一系列公认的优势后,换来的却不一定是更加公正合理的裁判结果。因为在英国,仲裁的上诉法院是高等法院(High Court),也就是仲裁协议无效情况下的一审法院。而高等法院单独一个法官的判定不见得一定会胜过在相关专业领域有着丰富经验的数个仲裁员的判定。事实上,不少被高等法院推翻的仲裁裁决再次上诉后又被上诉法院(Court of Appeal)甚至上议院(House of Lords)恢复了。况且,不论是一审法院还是更高层级的法院,司法机关使得一方当事人陷入了由对方国籍国法院来确定当事人间权利义务的风险。据悉,我国当事人在伦敦海事仲裁的败诉率高达95%,这个数据之高不仅体现了中国当事人法律意识的相对薄弱,是否也同时显示了外国仲裁及司法机关存在一定程度偏见的端倪? 这一点我们不得而知。

对于法院变更后的仲裁裁决的承认与执行问题,曾引起国际理论及实务界不少的困扰。英国的 Mustill 勋爵就曾在他的书中论述道:"……如此我们似乎可以得出结论,仲裁裁决仍然以其未被修改的状态继续存在,但是在理解时必须受到对其做出修改的法院判决的限制。如果这样的裁决涉及境外执行,将会产生一个棘手的问题,即该执行程序执行的是仲裁裁决,还是法院判决?"杨良宜先生认为这个问题的答案有待明确,并在他的书中列举了意大利以及法国法院面对上诉更改后的伦敦仲裁裁决承认与执行时的处理结果:在"Nidera Handelscompagnie BV v. Moretti Cereali SpA [Y. B Comm. Arb. X (1985)pp. 450-52 (Italy No. 65)]"案中,意大利佛罗伦萨的上诉庭认为仲裁裁决上诉更改后做出决定的不是仲裁庭,而是法院,原来的裁决书也被混合成为后来的法院判决;法国也在"PT Putrabali Adyamulia v. Rena Holding Ltd [Cass. Civ. Ire,29 June 2007]"案中,拒绝承认和执行英国法院在上诉中对裁决书的改变。法国最高院认为仲裁地国的法律不能吸纳国际仲裁裁决,因为国际裁决书本身是一个"国际法律的决定"。

在我国的司法实践中,似乎有关的案例并不多。在北方船务有限公司申请承认和执行其与富顺船务有限公司的外国仲裁裁决案中,上海海事法院以英国高等法院做出的变更内容为准,承认和执行了有关仲裁裁决。由于我国承认和执行外国仲裁裁决的内部报告制度仅针对拒绝承认和执行外国仲裁裁决的情况,所以对此问题最高人民法院尚未给出权威的处理意见。笔者认为,经英国法院更改后的仲裁裁决无论从表面或从实质上看均是法院判决,体现的不是仲裁庭的自由裁量,而是司法机关的意志,因此不能按照外国仲裁予以承认和执行。具体理由在上文"上诉仲裁裁决性质辨析"部分已做过分析论述,在此不再累述。

(二)发回仲裁庭按照法院的决定重新考虑

仲裁庭拿到发还的裁决后应当根据法院的观点重新进行仲裁并在三个月内做出新的仲裁裁决。值得注意的是,将裁决书发回仲裁庭按照法院的决定重新考虑并不一定意味着案件结果必然与之前的裁决不同。仲裁庭做出的新裁决是在法院对于法律问题的指引下,依据自己的裁量做出的再判断。从性质上看,新的裁决乃是仲裁庭在法院给予的机会下进行的自我救济。因此,申请承认和执行该仲裁裁决仍可以在《纽约公约》的庇护下获得便捷而广泛的执行效果。

(三)撤销仲裁裁决

除非法院或当事人对原来的仲裁庭失去了信心或是时隔太久,否则法院一般不会选择撤销仲裁裁决。因为这意味着仲裁裁决不复存在,当事人必须重新踏上争议解决的征程。这无疑会造成重大的浪费,因为时间、金钱以及精力上的消耗都将是二倍的。

对于撤销了的仲裁裁决,在《纽约公约》的视角下是可以拒绝承认与执行的。之所以说"可以",是依据公约第5条第1款第5项的字面表述。但是,曾经参与起草《纽约公约》的著名荷兰国际仲裁专家桑德斯回忆公约起草情况时曾指出,公约采用的案文是由荷兰代表团提出的,立法者在公约案文第5条第1款所使用的"may",事实上是"shall",对于执行地国法院可以拒绝执行外国仲裁裁决的理由中,并没有给当地法院的法官留下任何自由裁量权。尽管如此，撤销的外国仲裁裁决仍有被一些国家承认并执行的先例。例如上文提到的法国"Hilmarton"案，以及美国"Chromalloy"案。在"Chromalloy"案中，虽然开罗上诉法院撤销了仲裁裁决，但美国法院仍执行了该裁决，理由是《纽约公约》第5条规定了拒绝执行仲裁地法院已撤销的裁决的自由裁量权，而第7条则规定不剥夺当事人援用执行地国法律中的更有利规定。

在我国的司法实践中，对于被仲裁地国法院撤销的仲裁裁决是严格依照《纽约公约》的规定拒绝承认与执行的。因此，可以预见的是，对于上诉后撤销的英国仲裁裁决也不会因为该国法院的实体干预而区别对待。毕竟，仲裁裁决的撤销意味着裁决不存在，这与执行外国法院做出的所谓裁决有着本质的区别。

（四）已被承认的仲裁裁决在英上诉并被推翻又来申请承认新裁决

还有一种需要考虑的情况就是原仲裁裁决和上诉后的新裁决之间的时间差造成的申请承认和执行上的问题：原仲裁裁决胜诉方拿着裁决来中国申请承认与执行后，仲裁败诉方在英国提起上诉，而上诉的结果与原来的裁决大相径庭，此时，当新裁决的胜诉方，也就是原来的败诉方拿着新的裁决又来我国申请承认和执行时，我国的法院应当如何处理？

在"Covington Marine Corp & Ors v. Xiamen Shipbuilding Industry Co. Ltd（以下简称'厦船重工'案）"案中，仲裁庭通过双方呈交的大量书面证据，并对相关证人进行交叉询问，最终认定各相对方之间不存在有效的要约与承诺这一事实，并据此判定厦船重工胜诉。厦船重工在伦敦仲裁胜诉后向厦门海事法院申请承认该仲裁裁决，厦门海事法院于2005年8月依法承认了有关仲裁裁决。与此同时，败诉的希腊船东在英国成功地将该案上诉至英国高等法院王座法庭的商业庭。Langley大法官认为希腊船东与其经纪人间的传真往来的解释是法律问题，并且认定存在有效的要约与承诺，最后判决原本胜诉的厦船重工完全败诉。当胜诉的希腊船东到中国申请承认和执行新的裁判结果时，我国法院是否有承认和执行新裁判的义务呢？

法国的"Hilmarton"案或许有几分借鉴意义。在该案中，瑞士仲裁做出的第一份仲裁裁决是"Hilmarton"败诉，尽管该裁决被瑞士法院撤销，法国还是承认了该仲裁裁决。之后，"Hilmarton"在瑞士重新仲裁并获得胜诉，当面对新裁决的承认与执行申请时,法国法院再次承认了该裁决。这样的两个认定当然是自相矛盾的,最后法国最高院以"既判效力"原则为由宣布仅承认第一个仲裁裁决。

因此,建议我国法院在已经承认了一份仲裁裁决的情况下,当同一案件的另一方当事人拿着上诉后的不同裁决来申请承认和执行时,采取一事不再理的原则不予受理新的申请。如果已经受理的,则基于既判力拒绝予以承认。另外,如果在受理了第一份承认仲裁裁决的申请,但尚未做出承认或拒绝承认的裁判时,被申请人以上诉后的裁决为依据提出抗辩,并请求承认并执行新的仲裁裁决时,则建议依照《纽约公约》及有关法律,视上诉后的裁判方式决定是否承认与执行。

三、结语

在具有契约性质的国际仲裁和具有主权意味的外国司法裁判之间,前者无疑更易获得另一个国家的承认与执行。英国法院在实体审查仲裁案件后做出的判决如果被外国法院认定为法院判决而非仲裁裁决,那么上诉后的伦敦仲裁裁决执行之困难不言而喻。早在英国《1996 年仲裁法》还是草案的时候,就有人提出应当废除法院对仲裁的上诉实体审查权。但最终这项权力还是被保留下来了。2006 年英国关于《1996 年仲裁法》的报告显示,60% 的被调查者认为第 69 条的上诉权应当保持现状。甚至有不少专业人士提出应当对上诉权的限制松绑,认为仲裁上诉案件数量十分有限,窒碍了英国法律和英国仲裁业的发展。之所以如此,英国主要的考量在于通过法院对仲裁案件的审查判例来发展完善本国的商法,而英国商法的发展完善又将反哺英国仲裁产业的繁荣。

因此,可以预见的是,英国暂时不会废除对于商事仲裁的上诉制度,而当上诉的英国海事仲裁裁决到中国申请承认和执行时,我国的法院必须对该国的仲裁上诉制度有所了解,并对承认与执行有关裁决有所准备。

(原载于《中国海商法研究》2015 年 6 月,第二十三届全国海事审判研讨会二等奖)

【参考文献】

［1］Sarah Lancaster. Registrar's Report［R］. London：LCIA，2013.

［2］Christopher Fyans. An Introduction to the LMAA［R］. Shanghai：Arbitrating in Difficult Market Times——Practical Perspectives from London Arbitrators，2013.

［3］杨良宜,莫世杰,杨大明.仲裁法——从1996年英国仲裁法到国际商务仲裁［M］.北京：法律出版社,2006.

［4］方懿.部分内容经法院更改的国外仲裁裁决的承认与执行［J］.航海,2012(3)：26-28.

［5］李洪积,马杰,崔强.论英国仲裁法下法律问题可上诉原则——厦船重工案评析［J］.北京仲裁,2010(2)：160-174.

［6］孙鸣岐.选择仲裁解决纠纷的优越性［EB/OL］.(2009-11-20)［2014-07-09］. http://club. 148com. com/? uid-47877-Action-Viewspace-Itemid-29170.

［7］杨良宜,莫世杰,杨大明.仲裁法——从开庭审理到裁决书的做出与执行［M］.北京：法律出版社,2010.

［8］李洪积,马杰,崔强.再论英国仲裁法下法律问题可上诉原则——是仲裁裁决,还是法院判决? ［J］.北京仲裁,2011(3)：114-127.

［9］Department of Trade and Industry. Departmental Advisory Committee Report［R］. February 1996，para 284.

［10］O'REILLY M. Appeals from Arbitral Awards：the Section 69 Debate (10th Annual Review of the Arbitration Act) BIICL (2007)［EB/OL］.［2013-12-28］. http://www. biicl. org/files/2491_michael_o%5C'reilly_-_appeals_from_arbitral_awards_the_section_69_debate_pdf.

［11］Epaminondas G. E. Embiricos，"Appeals from arbitration awards"［EB/OL］.［2014-7-2］. http://www. lmaa. org. uk/50thAnn-conference. aspx.

船舶拍卖中的问题及其解决

张　伟

【摘要】船舶拍卖制度作为海事法院行使的一种诉讼保全措施或执行手段，正是通过多年司法实践经验的积累，并在参考一般财产的司法拍卖形式基础上逐渐完善起来的。由于船舶本身所具有的价值大、专业性强等特点，船舶司法拍卖与一般财产的强制拍卖有较大不同。在程序的启动原因以及可否委托拍卖机构等问题上，相关规范更为严格。海事诉讼法及其司法解释颁布至今，实践中存在的争议和问题逐渐显露出来，这使重新关注船舶司法拍卖制度成为必要，也使系统审视相关的理论和实践做法具有一定的现实意义。

【关键词】船舶；司法拍卖；扣押船舶

一、船舶司法拍卖制度概述

(一)船舶司法拍卖的概念

我国的船舶司法拍卖制度建立较晚，但在法律明确规定船舶拍卖制度前，法院工作实践中就已经开始出现司法强制拍卖案涉船舶。在 1951 年《最高人民法院关于广州市人民法院执行会议记录中有关问题的批复》附二中提到："若需要拍卖船舶动产时，由法院召集有关部门商讨拍卖，由法院先出通告公开拍卖，其他部门分别负责估价、觅人购买，预期无法出卖，则设法生产自救或拆卸部分拍卖。"①海事法院设立后，船舶司法拍卖工作陆续在上海海事法院和天津海事法院得以执行。

---

① 法督字〔1951〕102 号，资料来源：国家法规数据库，http://www.chinalaw.net/。

司法拍卖是一种以公开竞价的形式，将特定物品或者财产权利转让给最高应价者的买卖方式。我国《民事诉讼法》在执行程序强制执行措施中规定了强制拍卖措施，首次以立法的形式明确了强制拍卖的法律地位。其后《海事诉讼法》又专门对船舶拍卖制度进行较为详细的特别规定，其中第二十九条规定："船舶扣押期间届满，被申请人不提供担保，而且船舶不宜继续扣押的，海事请求人可以在提起诉讼或者申请仲裁后，向扣押船舶的海事法院申请拍卖船舶。"

对于船舶司法拍卖的定义，学者存在多种观点，大多都是从狭义的角度来对其加以定义的。其中较为全面的定义是："船舶拍卖是指海事法院对依法实施扣押措施的船舶，根据申请人的申请或依职权，实行公开竞价，将船舶卖给最高出价人，以备清偿船舶所有人债务的一项保全措施或者强制执行措施。"[1]该定义由于较为准确全面而受到后来多数学者引用。

（二）船舶司法拍卖的特征

拍卖原属于一种商业交易方式，司法拍卖正是由商业拍卖演变而来的，同样，船舶司法拍卖也正是来源于船舶商业拍卖。但船舶司法拍卖由于具有国家强制力的介入，与船舶商业拍卖存在本质的不同。首先，两者属性不同。船舶商业拍卖强调的是买卖双方当事人的自愿、平等，体现契约自由的精神和当事人的意思自治原则。而船舶司法拍卖则具有国家强制力属性，是由法院依照法律规定强制将涉案当事人所有的船舶纳入拍卖程序，以拍卖所得的价款偿还其欠负的债务，涉及公权力的合理运用，因而船舶司法拍卖程序更为严格、烦琐。其次，适用法律不同。船舶商业拍卖一般适用《拍卖法》，而船舶司法拍卖，由于其不同于普通动产，具有很强的国际性，从而纳入特别法的规制，对其设置更为严格的公告和验船程序。再次，拍卖主体不同。船舶商业拍卖可以经相关权利人委托，由拍卖公司主持船舶拍卖，而船舶司法拍卖必须由海事法院依法组成船舶拍卖委员会主持船舶拍卖。最后，法律后果不同。案涉船舶经过司法拍卖程序后，其船舶优先权归于消灭，但船舶商业拍卖无法实现这一目的，必须由相关权利主体通过优先权催告程序才能消灭船舶优先权。

---

① 伍载阳、刘乔发：《船舶拍卖实务问题研究》，《广西政法管理干部学院学报》2003 年第 11 期。

（三）船舶司法拍卖实践中出现的问题

船舶拍卖制度由于其拍卖标的物的特殊性，使其成为海事审判执行工作中独具特色的一项法律制度。最高人民法院《关于海事法院拍卖被扣押船舶清偿债务的规定》首次正式对船舶拍卖的相关制度进行构建，为船舶拍卖制度进一步丰富奠定了基础。在总结海事法院多年船舶拍卖经验和教训的基础上，海事诉讼法对船舶拍卖工作做出了一系列专门性规定，海事法院船舶司法拍卖制度基本建立。

但海事诉讼法对船舶拍卖工作的规定过于原则，在海事法院船舶拍卖实务中，仍然会遇到法律未规定或规定不明确的地方，从而导致各海事法院船舶司法拍卖工作的不统一。当前，船舶司法拍卖工作主要存在三方面问题：一是船舶拍卖款是否需要开具增值税发票以及增值税由谁缴纳；二是船舶所有权份额拍卖，以及船舶整体进行拍卖的可能性；三是在理司法拍卖的在建船舶所有权归属确认及其适用的拍卖程序。

二、船舶拍卖款增值税缴纳问题

自 2012 年 1 月 1 日最高人民法院《关于人民法院委托评估、拍卖工作的若干规定》施行后，各高级法院陆续出台相应的拍卖工作实施细则，海事法院船舶拍卖工作在实际操作程序上发生了较大的变革。原本由执行人员主导的船舶拍卖变革为由船舶拍卖委员会组织，并统一委托拍卖公司拍卖师进行拍卖，船舶竞买保证金及后续的船舶拍卖款都经由拍卖公司账户进行交易，从而出现船舶拍卖款是否需要缴纳增值税以及由谁承担的问题。在船舶拍卖过程中，各竞买人对此产生较大的异议，特别是在当前航运行业不景气的环境下，往往会因此造成船舶流拍，给海事法院执行工作造成较大的阻碍。为解决这个问题，据了解，部分海事法院采用法院账户作为拍卖款交易账户，并向买受人开具行政暂存款收据来避免缴纳增值税。尽管此方法在司法实践中能起到一定的作用，但如果船舶成交后，在海事局办理过户时必须提供增值税发票时，增值税由谁承担的问题就不可避免了。同时，该问题如不能妥善解决，不仅会给海事法院船舶拍卖工作带来不便，同时也会造成国家税收的大量流失。我们首先应该梳理清楚增值税的概念及相关规定，从而进一步对该问题提出合理的解决对策。

（一）增值税的概念

增值税，是指对从事销售货物或者加工、修理修配劳务以及进口货物的单位和个人取得的增值额为计税依据征收并实行税款抵扣制的一种流转税。① 所谓增值额，即指企业或个人在生产经营过程中新创造的价值，在生产企业表现为劳动创造的价值扣除流通费用和商业企业的平均利润的余额，在商业企业表现为销售价格减去购进价格及流通费用后的余额。②

目前，我国增值税征收采用的是间接计税法，即不直接计算出应税商品和劳务的增值额，而是先计算出当期全部应纳税额，然后从中扣除外购项目的已纳税额，计算后的余额即为纳税人对增值额部分应当缴纳的增值税税额。③

（二）司法拍卖款应缴增值税的实际纳税人

通过上述概念的描述，我们可以看出，买卖合同中买方（即对外购货人）应该先行将应缴纳的增值税税额支付给卖方，卖方在开具增值税发票时对收到的增值税税额予以注明，其后，买方可以在其当期全部应纳税额中予以扣除。船舶拍卖行为完全可以对照，应由竞买人承担船舶拍卖款的增值税税额。

1999 年 3 月 11 日，国家税务总局以国税发〔1999〕40 号文件规定：对拍卖行受托拍卖增值税应税货物，向买方收取的全部价款和价外费用，应当按照 4% 的征收率征收增值税。对拍卖行向委托方收取的手续费征收营业税。拍卖公司通常会通过竞买协议约定的形式要求船舶买受人承担缴纳 4% 的增值税的义务。

根据《中华人民共和国增值税暂行条例》，增值税纳税义务人是在中华人民共和国境内销售货物或者提供加工、修理修配劳务以及进口货物的单位和个人。销售货物的卖方应该将其从买方处收取的增值税税额依法缴纳给税务机关。法院拍卖船舶本质上是基于被执行人应承担的强制法律义务，而

---

① 全国会计考办：《初级会计专业技术资格考试大纲》，经济科学出版社 2005 年版，第 7—8 页。

② 陈少英：《税法学》，格致出版社、上海人民出版社 2011 年版，第 85 页。

③ 陈少英：《税法学》，格致出版社、上海人民出版社 2011 年版，第 92 页。

由法院代被申请人(船舶所有人或被执行人)通过拍卖的形式出售其案涉船舶的行为。拍卖行为的销售主体实质上仍然是被申请人,因此法院拍卖款的增值税纳税义务人应该是被申请人。但作为法院司法拍卖的被申请人,一般情况下,不会主动配合法院履行相应的纳税义务,而应由法院代其履行。但法院不是法律规定的纳税主体,无法开具增值税发票给买受人,只能由税务机关代为开取增值税发票,法院协助税务机关进行征税工作。

(三)船舶拍卖款增值税实际纳税人问题的解决对策

在当前相关法律法规没有明确规定司法拍卖款如何纳税的情况下,为了保障船舶成功拍卖后能够顺利完成船舶交接和过户,解决后续的争议,海事法院作为船舶司法拍卖工作的组织者,应该主动承担起协助船舶拍卖款依法纳税的责任。笔者认为,海事法院可以结合船舶评估价和4%税率的应缴增值税税额来设定船舶拍卖底价和起拍价,明确船舶拍卖成交价款中已包含拍卖款应缴增值税税额,以及竞买人为船舶拍卖款增值税税额的实际承担人。船舶成功拍卖后,应优先扣除拍卖款中增值税税额;之后再进行拍卖款的进一步分配;最后由税务机关统一代为开具增值税发票,海事法院协助完成船舶拍卖款纳税工作。

对于这一纳税方式,一些法院已经开始尝试。如青岛市中级人民法院在拍卖一被执行人的3处房产后,将拍卖结果及时通知了当时的地方税务机关。当时的地方税务机关根据拍卖结果计算,该销售不动产行为应缴纳各种税费1 249万余元,随即向市中院发出协助征税通知书。市中院马上协助税务部门从拍卖价款中扣缴了这笔税款,使该笔税款很快完成入库。[①]

三、船舶所有权份额拍卖的问题

船舶属于价值较大的动产,因此,司法实践中需要处理的船舶所有权往往分属不同的主体,即船舶由多个主体共有。而在案件诉讼或强制执行过程中,不可能因为被告或被执行人不具有100%船舶所有权,就对其所属的船舶不予处理,如此,实践中就不可避免会出现对被告或被执行人所属的船舶部分所有权份额进行司法拍卖的情形。实践中存在的船舶所有权共有关系大

---

① 引自2013年8月18日《青岛日报》。

部分为按份共有关系,而海事法院对船舶部分所有权份额进行司法拍卖的法理基础也来源于按份共有中应有部分的处分规定。因此,本篇首先探讨按份共有关系中部分所有权份额处分的法理和法律依据。

（一）船舶按份共有份额拍卖的法律基础

关于按份共有,我国民法学界存在多种表述,如梁慧星先生认为:"所谓按份共有是指数人按照各自的应有份额（部分）对共同的财产共同享有权利或承担义务的共有。"①谢在全先生认为:"分别共有（即按份共有）乃是数人对于一物按其应有部分共同享有所有权之形态。"这些概念虽然表述的角度不同,但其观点是基本一致的。对按份共有的性质,当前学界存在多种学说,如"实在部分"说、"理想部分"说、"内容分属"说、"计算部分"说、"比例所有权"说等,但基本都承认按份共有人对其共有份额的自由处分的权利。《德国民法典》第747条第1款规定:"各共有人得自由处分其股份。"《意大利民法典》第1103条对此规定得更为清楚:"每个共有人都可以在自己享有的财产份额范围内处分自己的权利,允许他人享有自己的财产。"②台湾地区所谓"民法"第819条第一款规定:"各共有人得自由处分其应有部分。"我国《物权法》第九十四条规定:"按份共有人对共有的不动产或者动产按照其份额享有所有权。"

船舶司法拍卖工作主要运用按份共有人对其所属份额的可以转让理论和法律基础来进行实际操作,即按份共有中应有部分的让与或买卖。我国《物权法》第一百零一条规定:"按份共有人可以转让其享有的共有的不动产或者动产份额。"在按份共有中,共有人可以自由转让其应有份额而不必征得其他共有人的同意,转让后,共有人便脱离了共有关系,而受让人基于其所持有的共有份额,成为新的共有人。同理,海事法院可以在被申请人不能履行生效裁判确定的给付义务时,运用国家强制力,强行拍卖被申请人所属的共有船舶中应有的份额,从而实现共有船舶应有份额转让的法律效果。但海事法院在进行船舶司法拍卖时应当注意到,船舶共有人在转让其共有份额时,不得损害其他共有人的合法权益,转让的同时,其他共有人也享有优先购

---

① 梁慧星:《中国物权法研究》（上）,法律出版社2000年版,第563页。
② 杨立新:《民法判决研究与适用》（第二辑）,中国检察出版社1996年版,第98页。

买的权利。因此,我们在拍卖共有船舶所属份额前应尽到通知其他共有人的义务,保障其他共有人能够及时介入船舶拍卖程序参与船舶拍卖,合法行使其优先购买权,这同样也有利于法院司法拍卖工作顺利进行。

（二）对共有船舶进行船舶整体拍卖的操作可能性

实践中,当船舶分属多个主体共有时,各共有人之间往往较为熟悉,已建立一定信任的情感联系,具有一定的人身属性,且船舶在拍卖时仍处于原共有人管理和控制下。因此,竞买人在竞买船舶部分所有权份额时就会产生诸多疑虑,担心其一旦竞买份额成功后,无法掌控或参与船舶经营而导致自身利益受损。这一因素经常会造成船舶部分份额的拍卖大多流拍,司法拍卖申请人的合法权益得不到及时有效维护。

如何破解船舶共有部分份额拍卖难成为法院司法实践过程中不得不面对的问题,也是必须妥善处理的问题,关系到案件能否顺利进行,案件当事人合法权益能否得到保护。在司法实践中,部分海事法院产生一种设想:能否在被申请人所占船舶共有部分份额达到一定比例时,即可进行共有船舶的整船拍卖呢? 既然法院对标的物进行司法拍卖的法理基础是来源于被申请人自身对标的物的处分权,这个问题就涉及按份共有人对共有物（即船舶）的处分权利及其相应的法理基础。

按份共有人何以能对共有物进行处分,除了满足一般法律行为的一般条件以外,尤其要关注的是按份共有人必须具备处分权。正如德国学者克吕克所言:"如果要进行处分,表示人不仅要有行为能力,还要能直接对涉及的权利发生作用。处分客体应该处于它的权利之下,因此才可以对它发生作用。"[1]图勒认为,"某些法律行为要求行为能力方面有处分权:对特定法域（人或财产）产生法律效果,除行为能力所必需的主观要件外,尚须有对该法域的某些特殊要求。财产处分的重要作用要求人们重视主要情形,并称处分人与被处分财产之间的关系为处分权。"[2]这里的处分权是对既有权利进行处分的权利,[3]具体到按份共有中,即按份共有人对共有物进行处分的权利。

---

[1] 田上永:《物权行为理论研究》,中国政法大学出版社 2002 年版,第 214 页。

[2] 田上永:《物权行为理论研究》,中国政法大学出版社 2002 年版,第 214 页。

[3] 田上永:《物权行为理论研究》,中国政法大学出版社 2002 年版,第 215 页。

根据其他国家法律规定,我们可以了解到,按份共有人处分共有物的规则主要有两大类:一类是一致决规则。此规则是指,在处分由全体共有人所有的共有物时,必须要取得全体共有人的同意,否则会侵害某些共有人的权益。这是大多数大陆法系国家或地区在对共有物处分时遵循的规则。例如,《德国民法典》第747条第2款规定:"整个共有物仅得由全体共有人共同处分。"①另一类是多数决规则。此规则是指,在处分共有物时,并不需要所有按份共有人的一致同意,只需同意处分的人数或同意处分的共有人所占有的应有份达到法律规定的比例(比例往往过半数),就可以有效地处分共有物。如《阿尔及利亚民法典》第720条规定:"拥有共有物至少3/4份额的共有人得决定其共有物,但其决定需基于重大理由且以非诉讼文书通知其他共有人。自通知时起两个月之内,持异议的共有人可向法院起诉。在共有财产的分割侵害了共有人利益的情况下,法院可根据具体情况对转让共有物的行为是否成立做出裁决。"②

一致决规则更加强调共有人对共有物的占有,注重共有物实体上的归属关系,而在对共有物的利用方面则显得有些僵化,不利于共有物在社会经济生活中发挥最大效能的作用。这一规则诞生的社会基础是当时的小商品社会,经济相对不发达,对物利用度不高。而随着商品经济的发展,社会越来越强调对物的最大化利用,为便于物的转让流通,物权债权化现象渐渐出现,这时共有物多数决规则就相应诞生了。我国《物权法》第九十七条规定:处分共有的不动产或者动产以及对共有的不动产或者动产做重大修缮的,应当经占份额三分之二以上的按份共有人或者全体共同共有人同意,但共有人之间另有约定的除外;以及《海商法》第十六条规定:船舶共有人就共有船舶设定抵押权,应当取得持有三分之二以上份额的共有人的同意,共有人之间另有约定的除外。说明我国在立法上更侧重多数决规则以适应商品经济的发展。

笔者认为,在司法拍卖实践中,法院在拍卖船舶时相当于依法取得船舶所有人的代理人身份,代替船舶所有人对被拍卖船舶进行处分。因此,当需要拍卖的所有权份额超过三分之二时,法院依法可以代替船舶所有人做出处

---

① 黄海俊:《论按份共有人的处分行为》,扬州大学2011年硕士学位论文,第32页。

② 黄海俊:《论按份共有人的处分行为》,扬州大学2011年硕士学位论文,第33页。

分船舶的决定,此时,为消除船舶竞买人的后顾之忧,保证拍卖顺利进行,从利益平衡角度出发,法院可以对船舶100%所有权进行拍卖。但需明确的是,船舶整体拍卖费用仅从被申请人所占的比例份额的拍卖款中扣除,而不能从整体拍卖款中扣除,应当归属于案外船舶共有人份额的拍卖款,应扣除其债权登记和确权程序确认的债务后,返还给案外船舶共有人,如此才能合理保护案外船舶共有人的合法权益。

（三）船舶所有权份额拍卖中的船舶扣押方式

当需要拍卖的船舶所有权份额未超过整体的三分之二,法院不能对整船进行拍卖时,由于仅拍卖船舶部分所有权份额,那么法院在拍卖前扣押船舶应采取死扣还是活扣呢? 扣押方式的不同会造成不同的法律后果,对案件顺利解决产生较大的影响。法院扣押船舶主要有两种方式,行内术语称为死扣、活扣。死扣,即法院不仅冻结船舶所有权转移、抵押,还须将船舶实际扣押在某一处,禁止船舶再投入运营。由此可能会使案外船舶共有人产生运营上的损失。此损失是按照船舶拍卖费用优先在拍卖款中受偿,还是按照普通债权受偿,认定不同会影响到案外船舶共有人损失能否得到充分弥补。但如果采取活扣,即仅冻结船舶所有权转移、抵押,不禁止船舶继续运营,则船舶不在法院实际控制下,后续的验船、评估、拍卖可能无法顺利进行。司法实践中,法院为了保证拍卖顺利进行,通常都对案涉船舶采取死扣的方式。

笔者认为,法院遇到需要拍卖船舶所有权份额的情形,应分情况采取扣押方式。法院可以先采取活扣的方式冻结船舶所有权转移,并通知案涉船舶控制人或管理人,要求其提供保证,保证船舶在活扣的情况下,积极配合法院的验船、评估、拍卖工作。如案涉船舶控制人或管理人提供相应保证,则不对案涉船舶采取死扣措施,避免造成案外共有人的运营损失;当然,如果案涉船舶控制人或管理人既不提供相应保证,又不配合法院工作,法院可立即采取死扣措施,此时案外共有人的营运损失由保证人承担。如案涉船舶控制人或管理人在限制期限内不提供保证的,法院也可即刻采取死扣措施,此时案外共有人的运营损失同样由收到通知书的案涉船舶控制人或管理人承担,或可要求船舶份额拍卖的被申请人承担并在拍卖款中按普通债权受偿。如此解决此问题,能在法律无明确规定时,更好地平衡各方利益,当然,也期待法律或司法解释能尽快解决这类问题。

四、在建船舶的司法拍卖问题

在建船舶，根据中国海事局《船舶建造重要日期记录管理规定》分为新建船舶、重大改建船舶、自建船舶，一般统指建造中的船舶。对在建船舶进行拍卖，首先需要确认在建船舶的所有权归属问题，只有在建船舶所有权归属于被执行人或被申请人时，法院才能依法对在建船舶进行强制拍卖。

重大改建船舶和自建船舶所有权通常不存在争议，司法拍卖实践中碰到的在建船舶大多是新建船舶，因此，本节讨论的在建船舶主要指新建船舶。所谓新建船舶指已安放龙骨或处于相似建造阶段之日起，至成为《海商法》规定的船舶前的阶段。在建船舶的船舶建造合同的性质以及在建船舶是否在海事主管部门登记对在建船舶所有权归属都会产生较大影响。根据我国法律规定，船舶所有权取得采取登记对抗主义，在建船舶如已进行登记，则其所有权归属在司法实践中不存在问题。本文主要探讨的是在建船舶未进行登记的情况下如何确认其所有权归属，以及如何进行司法拍卖程序。

（一）船舶建造合同的性质及所有权归属

确定在建船舶的所有权归属问题，应考虑船舶建造合同的属性、当事人在船舶建造合同的具体约定和处在不同状态下的船舶情况。国际上船舶建造合同范本大多对建造中的船舶所有权归属进行约定。通常，对在建船舶所有权的约定大致分为两种方式：第一种为 SAJ 格式，该格式约定建造中船舶的所有权归属建造人，即用于建造船舶的材料、设备和机器的所有权属于建造人；第二种为 AWES 格式，该格式选择性条款中约定了买方分期付款时，用于建造船舶的材料、设备和机器等逐步地转移给定造人，或者用于建造船舶的材料、设备和机器等作为定造人支付分期付款的担保时，其所有权归属定造人。①

各国立法对造船合同性质的规定不同，主要有三种，即买卖合同、承揽合同及买卖和承揽混合合同②。在我国，船舶建造合同主要分为船舶建造承揽

---

① 李志文：《船舶所有权法律制度研究》，法律出版社 2008 年版，第 298 页。
② 彭亮、周燕雁：《论建造中船舶所有权归属及转移》，《中国海商法年刊》2008 年第 1 期。

合同和船舶买卖合同形式。一般的观点认为船舶建造合同是承揽合同,船舶建造合同是建造合同的一种。而所谓建造合同也是承揽人按照定作人的要求完成工作,交付工作成果,定作人支付报酬的合同。显而易见,船舶建造合同是属于承揽合同范畴的,适用有关承揽合同的规定。交通运输部系统制定的国内造船合同文本采用的就是加工承揽合同的形式。但是在实践中,有些当事人尤其是造船厂家,往往将船舶建造合同称为"船舶建造买卖合同"或干脆称为"船舶买卖合同",中国船舶工业贸易公司(CSTC)制定的造船合同文本也将合同定性为买卖合同。

在承揽合同中,在建船舶所有权归属于船东(定造人),这点根据我国《合同法》的相关规定就可以确认。而当船东和船厂之间的法律关系是由船舶买卖合同来约束时,在建船舶(其中包括建造船舶所用的财物等)的所有权就会产生较大的不确定性,此时就需要依据合同约定、船舶建造工程实际情况,以及物权法等法律规定来确认在建船舶的归属,此所有权确认的过程往往相当复杂,涉及多方关系。因此,当法院在拍卖此类在建船舶时,一旦船厂或案外人提出所有权归属异议,且造船合同对在建船舶所有权归属约定不明确,仅通过执行异议程序不足以查明所有权归属的,为使各方合法利益都得到充分保护,海事法院应中止拍卖程序,通知当事人通过诉讼确权程序先确认在建船舶的所有权归属,之后再进行在建船舶的拍卖程序。

(二)在建船舶的拍卖程序适用

司法实践中,在建船舶的拍卖除了所有权归属问题,还存在在建船舶拍卖程序的适用问题。在建船舶严格意义上还不属于《海商法》中规定的船舶范畴,对在建船舶的拍卖程序是按照普通货物拍卖程序进行,还是按照海事诉讼法规定的船舶拍卖程序进行,这在司法实践中还存在不同观点。

笔者认为,在建船舶与普通货物仍存在较大差别,其具有价值大、涉及社会面广、专业性强、所有权归属不特定等特点。如果按照普通货物进行在建船舶拍卖,不但拍卖公告期有较大缩短,缺少债权登记程序,船舶评估之前的船舶检验程序也会相应缺失。首先,这种方式不利于与在建船舶利益相关的案外人及时了解船舶拍卖的进展情况,及时向法院主张其合法权益;其次,竞买人在竞买在建船舶时,缺乏验船报告的参考,不能清楚了解在建船舶当前的实际状况,从而影响竞买人做出准确判断,增加竞买人的购船疑虑,也会影响到在建船舶拍卖的顺利进行;再次,在建船舶按照普通货物进行拍卖,也会产生在建船舶的拍卖不再属于海事法院专属管辖范围,普通地方法院是否也可以进行在建船舶的司法拍卖工作的问题。因此,在建船舶仍宜适用船舶拍卖程序进行司法拍卖,而且,目前多数海事法院也同样参照海事诉讼法的相关规定,适用船舶拍卖程序拍卖在建船舶。

（原载于《人民司法·应用》,2015 年第 3 期）

境外法院对我国诉讼的禁诉令及其司法应对

陈延忠

【摘要】本文通过借鉴普通法系国家的立法与实践,结合我国涉外海事司法实践的特点,妥善应对境外法院的禁诉令,积极运用行为保全构建禁诉令制度。

【关键词】禁诉令;司法应对

普通法下的禁令是指法院签发的禁止当事人从事一定行为的命令。禁诉令,则属于普通法法院签发的禁止当事人从事一定诉讼行为的命令。借鉴普通法系国家的立法与实践,结合我国涉外海事司法实践的特点,我们既要妥善应对境外法院的禁诉令,也要积极构建运用行为保全构建禁诉令制度。

一、境外法院针对中国诉讼的禁诉令实例

（一）英国法院对我国当事人做出的禁诉令

1. "Long Charity"轮案件

2009 年 7 月 31 日"Long Charity"轮装载约 17 万吨铁矿石货物从南非装货港出发,驶往目的地中国鲅鱼圈港,开航不久,因发生故障而搁浅,后经荷兰救助人成功救助,部分货物卸下转运,部分货物随原船在拖轮护航下完成航次。对该批货物中国买方持有正本指示提单,因该事故遭受巨额经济损失,遂于 2009 年 12 月在大连海事法院对船东 GARLINGFORD LIMITED 提起货损索赔之诉,同时申请法院扣押了"Long Charity"轮;后船东提供了充分担保后解除了船舶扣押。船东提出管辖权异议,认为提单并入了租约仲裁条款,中国法院无管辖权。不久,船东又指定了伦敦仲裁员并向英国法院申请取得禁诉令,命令中国收货人不得继续在中国国内的诉讼。但我国外交部拒

绝协助向中国收货人送达该禁诉令。关于船东在大连海事法院提出的管辖权异议，经最高人民法院批复，大连海事法院裁定提单没有有效并入租约仲裁条款，提单持有人与船东之间不存在提交仲裁的合意，中国法院具有管辖权。这是一起典型的我国外贸企业受英国禁诉令影响的案例。

2."Alexandros T"轮案

在"Starlight Shipping v. Tai Ping Insurance[（2008）1 Lloyd's Rep. 230]"一案中，船东 Starlight 将其船只"Alexandros T"租给了 Transfield ER Cape Ltd. 以将铁矿石从巴西运送至中国。租约有伦敦仲裁条款。Transfield 以同样的租约条件（即包含同样的伦敦仲裁条款）将船只转租给第二被申请人即货物所有者 International。2006 年 4 月 13 日出具的提单合并了租约的仲裁条款。International 成为提单的持有人。货物以及船只在巴西到中国内地行程中消失。中国太平保险公司在赔付了提单持有人后以 Starlight、Transfield 等为被告在武汉海事法院提起诉讼，要求其为货物损失承担连带责任。Starlight 认为中国内地的诉讼程序的展开违反了提单中的仲裁条款，因此向英国高等法院申请禁诉令，限制中国太平保险公司参与武汉海事法院的诉讼程序。

（二）香港特别行政区法院对内地当事人的禁诉令

2017 年 6 月 29 日，香港特别行政区高等法院根据克利伯租船公司的申请，签发了 HCCT28/2017 号禁诉令，责令华泰财产保险有限公司深圳分公司撤回在武汉海事法院提起的〔2017〕鄂 72 民初 1018 号案的起诉或禁止华泰财产保险有限公司深圳分公司就 VC00818 号提单包含或证明的运输合同项下产生的任何纠纷在中华人民共和国启动任何进一步或其他针对克利伯租船公司的诉讼程序。

二、我国法院对境外法院禁诉令的司法应对

（一）拒绝送达禁诉令

2004 年 7 月，中国某公司向青岛海事法院起诉外国船东。因相关提单中并入租船合同条款，而租船合同条款中约定将相关争议提交伦敦仲裁。外国船东在英国伦敦提起仲裁，并向英国高等法院申请禁诉令，得到英国高等法院批准。外国船东获得禁诉令后，依照《海牙送达公约》向我国中央机关

请求送达该禁诉令及相关文件。我国依法拒绝了送达该禁诉令。

（二）间接否定禁诉令

在厦门海事法院审理的 M/V"NORD LUNA"案之中,中国收货人厦门 A 公司在厦门海事法院对船东 B 公司提起诉讼,理由是在厦门卸货过程之中发生货损。船东在厦门海事法院提起管辖异议,认为案件应该在伦敦仲裁。

厦门海事法院经请示最高人民法院,驳回了船东的管辖异议,理由是:提单并未直接载有仲裁条款,而是通过并入条款将租约中的仲裁条款并入提单。能并入提单的航次租约应以承运人为一方当事人,而本案双方均非所涉航次租约当事人,包括仲裁条款在内的航次租约均不能有效并入提单对双方产生拘束力。此外,因 A 公司在受让提单前及当时不了解航次租约条款内容,不能单从其受让提单的行为推定其即有将纠纷提交仲裁,甚至提交伦敦仲裁的意思表示,故应认定本案双方当事人之间不存在仲裁协议。厦门海事法院作为运输目的地、货损检验地、原告住所地、货物保险人所在地、涉诉货物保险合同纠纷受理地法院,有管辖权。另一方面,船东则开始伦敦仲裁,并申请英国法院签发禁诉令,禁止 A 公司在厦门海事法院继续对船东 B 提起诉讼。

关于 M/V"NORD LUNA"案英国法院禁诉令的效力,最高人民法院以〔2010〕民四他字第 67 号批复认为,B 公司主张以伦敦高等法院的禁诉令作为英国仲裁庭确定双方存在仲裁协议的依据,没有事实和法律依据。虽然最高人民法院没有直接对英国法院禁诉令的效力表态,但基本实质性地否定了其效力。

（三）反禁诉令

2017 年武汉海事法院审结的请求人华泰财产保险有限公司深圳分公司与被请求人克利伯租船公司申请海事强制令一案,是我国海事法院反击域外法院禁诉令的第一案①。

本案中,请求人华泰财产保险有限公司深圳分公司以其与被请求人克利伯租船公司就 VC00818 号提单所涉海上货物运输纠纷为由,于 2017 年 6 月

---

① 武汉海事法院〔2017〕鄂 72 行保 3 号民事裁定。

2 日向武汉海事法院申请诉前海事请求保全，要求扣押被请求人租船公司所属停泊于中国镇江港的"KEN SIRIUS"轮。该法院于同日裁定予以准许。同年 6 月 8 日，请求人华泰财产保险有限公司深圳分公司针对 VC00818 号提单所涉纠纷，以海上货物运输提单纠纷为由，向武汉海事法院起诉被请求人克利伯租船公司，要求克利伯租船公司赔偿损失并负担法律费用。2017 年 6 月 9 日，武汉海事法院立案受理。克利伯租船公司以该案存在有效仲裁条款为由，向香港特别行政区高等法院申请禁诉令。香港特别行政区高等法院遂于 2017 年 6 月 29 日签发了 HCCT28/2017 号禁诉令，责令请求人华泰财产保险有限公司深圳分公司撤回〔2017〕鄂 72 民初 1018 号案的起诉或禁止请求人华泰财产保险有限公司深圳分公司就 VC00818 号提单包含或证明的运输合同项下产生的任何纠纷在内地启动任何进一步或其他针对被请求人租船公司的诉讼程序。武汉海事法院经审查认为，被请求人租船公司已经接受了涉案纠纷的管辖权，故其向香港特别行政区高等法院申请禁诉令的行为，侵犯了请求人华泰财产保险有限公司深圳分公司的合法权益，请求人华泰财产保险有限公司深圳分公司申请的海事强制令符合法律规定。依照我国《海事诉讼特别程序法》第五十一条、五十七条规定，裁定：一、准许请求人华泰财产保险有限公司深圳分公司提出的海事强制令申请；二、责令被请求人克利伯租船公司立即向香港特别行政区高等法院撤回 HCCT28/2017 号禁诉令。

三、我国禁诉令制度的构建

（一）构建禁诉令制度的必要性

1. 涉外海事诉讼管辖连接点众多，管辖权冲突激烈

由于海事法律关系以船舶为中心，船舶作为一种海上运输工具，在世界上所有可航水域航行，具有跨国性的特点，因此每一起涉外海事争议都有两个以上的管辖依据，有时多达五六个。世界各国从维护国家主权和经济利益出发，从立法和司法上都积极扩张其海事司法管辖权，造成管辖权冲突。当事人也往往挑选对自己最有利的法院进行诉讼，即使同一当事人也可能选择在多个国家的法院起诉，从而实现个人利益的最大化。

2.现行解决平行诉讼的制度过于消极

《〈民事诉讼法〉司法解释》第五百三十三条规定:"中华人民共和国法院和外国法院都有管辖权的案件,一方当事人向外国法院起诉,而另一方当事人向中华人民共和国法院起诉的,人民法院可予受理。判决后,外国法院申请或者当事人请求人民法院承认和执行外国法院对本案做出的判决、裁定的,不予准许;但双方共同缔结或者参加的国际条约另有规定的除外。外国法院判决、裁定已经被人民法院承认,当事人就同一争议向人民法院起诉的,人民法院不予受理。"在上述规定下,若人民法院和海外法院对案件均具有管辖权时,人民法院选择消极冲突,即对海外法院的判决、裁决不予承认和执行。这个机制比起禁令来说,显得力度小多了。

3.推行禁诉令有利于促进双边或多边规则的形成

如果域外法院不希望人民法院干涉其在域外的仲裁,那么人民法院同样也不希望域外法院通过禁诉令干预在中国境内的法院程序。

我国法院适时以禁诉令亮剑的积极意义在于,将法域间冲突暴露出来,才有可能启动互动解决冲突并推动建立长治久安的协调机制。此前人民法院罕见对域外仲裁机构发出止裁通知。可以想象,当人民法院开始发出止裁通知,甚至开始发出禁诉令、止裁禁令之后,涉及跨国跨法域的司法冲突必将增加。冲突可能是产生新的规则和体系的机会。适当行权才可以反映出各国之间的法律冲突,出现法律冲突后才会知晓哪些方面需要通过各方国共同沟通建立反映各方的共同需求的机制形成双边或多边标准。相反,如果人民法院根本不发止裁通知和禁令,则根本不会有程序冲突,也往往没有去达成反映各方需求和共识的机会和渠道。

(二)现行法律框架

1.《海事诉讼特别程序法》的规定

我国《海事诉讼特别程序法》第四章规定了海事强制令。申请海事强制令,应当向海事纠纷发生地海事法院提出。做出海事强制令,应当具备下列条件:

(1)请求人有具体的海事请求;

(2)需要纠正被请求人违反法律规定或者合同约定的行为;

（3）情况紧急,不立即做出海事强制令将造成损害或者使损害扩大。

海事法院接受申请后,应当在四十八小时内做出裁定。裁定做出海事强制令的,应当立即执行;对不符合海事强制令条件的,裁定驳回其申请。被请求人拒不执行海事强制令的,海事法院可以根据情节轻重处以罚款、拘留;构成犯罪的,依法追究刑事责任。

根据上述规定,有观点认为,海事强制令是责令被请求人作为或者不作为的强制措施,因此也包括了禁止被请求人进行起诉或仲裁行为。

例如,申请人中国环球航运有限公司向我国法院申请做出海事强制令案,是中国海事法院在国内当事人所属船舶被外国法院扣押后,做出的具有禁诉作用的海事强制令第一案①。

申请人中国环球航运有限公司因被申请人亚特兰斯纳维奥斯航运有限公司在澳大利亚申请澳大利亚法院对其所属的"新泰海"轮实施了扣押,于2012年5月10日向青岛海事法院提出海事强制令申请,要求责令被申请人立即解除在澳大利亚对申请人所属"新泰海"轮的扣押,并在今后不得对申请人的任何财产行使扣押或其他妨碍措施。青岛海事法院经审查后认为,申请人已向青岛海事法院申请享受海事赔偿责任限制并申请设立海事赔偿责任限制基金,法院裁定予以准许,该基金已经有效设立。在此情况下,依照《最高人民法院关于适用〈中华人民共和国海事诉讼特别程序法〉若干问题的解释》第八十六条的规定,不得再对申请人的任何财产行使任何权利,无论该财产在中国境内或境外,被申请人在澳大利亚申请扣押申请人所属的"新泰海"轮的行为违反中国法律规定,不立即纠正将对申请人造成损害并使损害扩大。据此,青岛海事法院裁定准许申请人中国环球航运有限公司的请求,命令被申请人亚特兰斯纳维奥斯航运有限公司立即解除在澳大利亚对申请人所属船舶"新泰海"轮的扣押,并在今后不得对申请人的任何财产行使扣押或其他妨碍措施。

2.《民事诉讼法》关于行为保全的规定

2013年1月1日生效的《民事诉讼法》第一百条规定:"人民法院对于可能因当事人一方的行为或者其他原因,使判决难以执行或者造成当事人其他

---

① 青岛海事法院〔2011〕青海法限字第2-3号民事裁定书及海事强制令。

损害的案件,根据对方当事人的申请,可以裁定……责令其做出一定行为或者禁止其做出一定行为……"

《民事诉讼法》下的行为保全可以"责令其做出一定行为或者禁止其做出一定行为",实质意义上已经包含了禁令的可能,包括禁止诉讼以及禁止仲裁的可能。

3.《仲裁法》关于止裁通知的规定

《仲裁法》第二十条规定:"当事人对仲裁协议的效力有异议的,可以请求仲裁委员会做出决定或者请求人民法院做出裁定。一方请求仲裁委员会做出决定,另一方请求人民法院做出裁定的,由人民法院裁定。"

《最高人民法院关于确认仲裁协议效力几个问题的批复》第三条规定:"当事人对仲裁协议的效力有异议……如果仲裁机构先于人民法院接受申请并已做出决定,人民法院不予受理;如果仲裁机构接受申请后尚未做出决定,人民法院应予受理,同时通知仲裁机构终止仲裁。"

《最高人民法院关于确认仲裁协议效力几个问题的批复》第四条规定:"一方当事人就合同纠纷或者其他财产权益纠纷申请仲裁,另一方当事人对仲裁协议的效力有异议,请求人民法院确认仲裁协议无效并就合同纠纷或者其他财产权益纠纷起诉的,人民法院受理后应当通知仲裁机构中止仲裁。人民法院依法做出仲裁协议有效或者无效的裁定后,应当将裁定书副本送达仲裁机构,由仲裁机构根据人民法院的裁定恢复仲裁或者撤销仲裁案件。"

该等"仲裁机构终止仲裁"和"仲裁机构中止仲裁"通知一定意义上起到了"仲裁禁令"的作用。实践中,已有个别中院向香港国际仲裁中心发出仲裁禁令,并得到该中心的配合与执行。

(三)我国禁诉令的构建

借鉴普通法系国家的立法与实践,结合我国涉外海事司法实践的特点,我国的禁诉令可以采取如下规定方式:

(1)禁诉令的界定。应包括禁止在域外法院提起或继续进行诉讼的限制命令(禁诉令)以及禁止在域外提起或继续进行仲裁程序的限制性命令(仲裁禁令)。

(2)禁诉令应以行为保全方式做出,以避免海事强制令中关于海事请求的要求。

（3）明确签发禁诉令的情形及应考虑的因素。

（原载于《福建审判》,2019 年第二期）

略论海峡两岸民商事仲裁事业发展的司法对策

——以"一带一路"倡议为背景

蔡福军

【摘要】仲裁事业的发展需要司法的支持和保障。本文通过对两岸仲裁发展、司法审查的现状进行比较分析,结合仲裁方式在"一带一路"建设中的独特作用,揭示两岸司法在支持仲裁发展方面所存在的不足,并提出相应对策及建议。

【关键词】两岸仲裁;司法对策;"一带一路"

引言

随着国务院发布《推动共建丝绸之路经济带和21世纪海上丝绸之路的愿景与行动》,"一带一路"倡议正式启动,参与的全球伙伴越来越多,目前已经有70多个国家和国际组织表达了合作的意愿,30多个国家同我国签署了共建"一带一路"合作协议。台湾地区参与"一带一路"建设有着得天独厚的优势,①必将有助于其高度依赖出口的外向性经济加入区域经济一体化和区域经济联盟的行列,与大陆相关产业供应链形成优势互补,提升国际贸易竞争力,共同突围当前全球经济整体疲软的困境。而在其中,法治必然是重要的保障因素。仲裁作为一种非诉讼纠纷解决机制(Alternative Dispute Resolution,ADR),具有自治、灵活、专业、保密、快捷、一裁终局和便于执行等独特优势,越来越成为民商事争议的重要解决方式。海峡两岸司法方面理应携手合作,形成合力,共同支持两岸仲裁事业的发展,为服务"一带一路"建设进程、促进两岸经济繁荣发展营造良好法治环境。

---

① 与之一衣带水、隔海相望的福建,正是21世纪海上丝绸之路核心区。

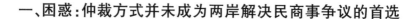

一、困惑：仲裁方式并未成为两岸解决民商事争议的首选

（一）受案数据

大陆方面：根据上海大学 ADR 与仲裁研究院、中国国际经济贸易仲裁委员会编制的《中国仲裁年度报告（2011—2012）》，[①]2011 年，大陆（内地）共有 215 家仲裁机构，共计受理案件 88 473 件，仅占法院受理民商事纠纷案件数量的 1% 左右，其中涉外、涉港澳台案件 1 413 件，占 1.6%，与 2010 年基本持平。再根据 2015 年 9 月 22 日中国仲裁法学研究会发布的《中国国际商事仲裁年度报告（2014）》，[②]大陆（内地）235 家仲裁委员会共受理案件共计 113 660 件。其中，受理涉外、涉港澳台案件共计 1 785 件（涉台案件 227 件），约占全部受理仲裁案件总数的 1.6%，占比与 2013 年持平；2014 年，大陆（内地）各级法院审结一审商事案件 278.2 万件，审结一审涉外涉港澳台商事案件 5 804 件。也就是说，2014 年，所有的商事仲裁案件约为全部审结的一审商事诉讼案件的 4%，全部受理的涉外涉港澳台商事仲裁案件约为所有审结的一审涉外涉港澳台商事诉讼案件的 31%。

台湾地区：据查询其司法主管机构统计年报，2014 年台湾地区地方法院新收民事案件 2 405 810 件［不含智慧财产（知识产权）案件］，其中第一审诉讼事件占 5.84%，为 140 499 件。而经非官方了解，[③]台湾地区的民商事纠纷当事人大多选择在各个行业协会等组织进行调解解决争议，调解不了则通过诉讼解决，而选择仲裁方式解决纠纷的数量并不多。且大多域外民商事案件如约定仲裁，还常常约定在新加坡、英国、中国香港等第三地进行仲裁，选择在台湾地区本地仲裁的案件相对少。以台湾地区"中华仲裁协会"为例，近年来其年平均受案数量约为 170 件，与台湾地区一审民事诉讼案件单年的数量相比，占比非常低，2014 年仅为 0.12%。

以上数据表明，虽然大陆民商事仲裁案件数量与一审民商事诉讼案件的占比远高于台湾地区，但是，仲裁方式事实上均未成为两岸民众解决民商事

---

① 沈四宝、于健龙：《中国仲裁年度报告》，法律出版社 2013 年 12 月第 1 版，第 7–8 页。
② 这是中国第一次针对中国国际商事仲裁（即通常意义上的中国涉外仲裁）所做的年度总结。
③ 笔者无法通过官方渠道查阅到台湾地区仲裁的相关数据。

争议的首选。在国际仲裁市场上,话语权仍然为西方国家所掌控。以海事仲裁为例,2015 年英国伦敦海事仲裁员协会(LMAA)新收案件总计超过 2 000 件,①而中国海事仲裁委员会 2015 年受案数量仅有 136 件。②不论是与伦敦仲裁每年数千件的收案规模,还是与大陆海事法院每年受理的两万多件海事诉讼案件量相比,二者都形成了巨大反差,与我国"一带一路"倡议、海洋强国建设目标严重不相称。

(二)原因探析

两岸实施仲裁制度已有五六十年的历史,但现实状况与发展期待仍然存在较大差距,其中的缘由着实值得反思。笔者认为主要有两大原因:

1. 中国民众的仲裁意识普遍不强

深受中华传统文化影响,两岸民众普遍厌讼,遇到纠纷通常寻求调解解决,追求人际和谐。实在无法调和矛盾,自古以来也一直习惯于求助官府公权。仲裁作为当事人自主解决纠纷的一种方式,本身源于西方,③且需要双方达成仲裁协议、选择仲裁规则,具有明显的契约性特征。由于骨子里比较缺乏契约思维,中国人并不习惯于自己建立游戏规则来解决纠纷,也不善于在既有规则中进行对抗维权,即使诉讼,其程序依赖心理也较为严重。因此,中国人主动约定以仲裁方式解决争议的意识较西方人士明显薄弱。另外,长期以来中国的国际经贸处于弱势地位,在商务谈判中常常被动约定到外国仲裁,加上不熟悉外国仲裁规则,最终身陷不利境地,许多案件因此承担了败诉的结果。基于以上因素,中国人从潜意识里就比较排斥仲裁这一解决纠纷的方式。④

2. 制度缺陷阻碍仲裁的优势发挥

事实上,两岸仲裁制度的确立大体相似,均大大晚于西方发达国家。大

---

① 参见英国伦敦海事仲裁员协会(LMAA)发布的 2015—2016 年度报告,来源:微信号"海事商事法律报告 ICMCLR",访问时间:2016 年 5 月 9 日。

② 参见中国海事仲裁委员会官方网站——2015 年工作总结,http://www.cmac-sh.org/,访问时间:2016 年 5 月 9 日。

③ 仲裁源于古罗马时代,以后逐步在实践中得到完善,最终形成仲裁法律制度。英国议会于 1697 年产生了第一个仲裁法案,并于 1889 年制定了第一部仲裁法。

④ 即使在两岸商务纠纷中,台商也常常绕开法律途径,选择行政投诉。一般是到"海基会"陈情,再通过"海协会"转到大陆国台办投诉协调。

陆在 20 世纪 50 年代初开始实行对外贸易仲裁,1987 年加入《承认及执行外国仲裁裁决公约》(以下简称《纽约公约》),1994 年制定《仲裁法》并于次年 9 月 1 日实施。台湾地区 1961 年 1 月颁布所谓"商务仲裁条例",之后于 1982 年、1986 年两度予以修正,1998 年 6 月颁布所谓"仲裁法",同年 12 月 24 日起施行。两岸仲裁法律的制定,都参考了《纽约公约》、联合国国际贸易法委员会于 1985 年主持制定的《国际商事仲裁示范法》及西方发达国家的立法。台湾地区移植国际仲裁的通行做法相对较多,与国际规则较为接轨。但由于台湾地区的政治地位特殊,无法成为《纽约公约》的缔约成员,严重制约了其仲裁裁决在域外的承认和执行,致使其仲裁制度的优势大打折扣。而相比之下,大陆仲裁则还存在一些明显的制度性缺陷:

（1）过于强调机构仲裁,与当前国际通行做法差距较大

以临时仲裁(Ad Hoc Arbitration)为例,尽管重视机构仲裁是国际上的一个发展趋势,但目前多数国家仍对临时仲裁予以认可和接受。《仲裁法》不承认临时仲裁,①使得未指定仲裁机构的仲裁协议常常面临被法院认定无效的风险。这给大陆仲裁带来相当的困扰,因为国际商事仲裁长期习惯运用"在××仲裁"的简练式争议解决条款,而这种仲裁条款在大陆却常常遭遇效力争议,并导致仲裁程序中断。长久以往,当事人由于仲裁的自由度、便捷度受限,选择到大陆仲裁的意愿也因此大大降低。另一个问题是,仲裁地的确定也存在障碍。根据《纽约公约》及大多数国家的立法和实践,仲裁裁决的籍别主要根据仲裁地或裁决做出地确定（即地域标准）,而不是根据受理案件的仲裁机构所在地确定。而大陆主要适用仲裁机构所在地标准,选定某一仲裁机构即相当于选定了仲裁地。由于仲裁地还是确定仲裁协议的准据法和仲裁程序所须遵循的强制性法律规定的依据,大陆的这种做法不仅容易导致部分仲裁裁决籍别的识别困难,而且容易引发有关仲裁协议效力的法律适用争议,②并影响到相关仲裁裁决的承认与执行。

---

① 但在中国与英国、德国、法国、日本、澳大利亚、韩国、马来西亚等国家订立的许多双边投资保护协定中,都有通过临时仲裁解决投资者与东道国之间投资争议的规定。参见冯霞:《涉港澳台区际私法》,中国政法大学出版社 2012 年 11 月第 1 版,第 226 页。

② 我国《涉外民事关系法律适用法》第 18 条将仲裁机构所在地法和仲裁地法,作为仲裁协议适用法律的并列选择。

（2）仲裁管理行政化，致使仲裁机构的独立性备受质疑

由于历史原因和受仲裁的行政性与准司法权理论的影响，《仲裁法》规定仲裁机构由政府组织有关部门和商会统一组建，对仲裁庭、仲裁机构、仲裁协会①的职责定位以及相互之间的关系未能明晰界定。实践中，大陆仲裁机构多采取传统的事业单位管理模式，导致其独立性在国际上常常受到质疑。不少国外当事人因此排斥到大陆仲裁，甚至有些当事人还试图以此为由否定大陆仲裁裁决在外国的承认与执行。虽然相关案例②最终因《纽约公约》未将仲裁机构本身的性质和公正性列为拒绝执行的理由，而未能得到受理国家法院的支持，但其至今依然具有警示意义。

除此之外，大陆仲裁制度还存在诸如仲裁过于司法化、效率较为低下、仲裁庭的程序自由裁量权较少等多方面问题。综合以上因素，足见两岸仲裁各具天生不足，严重影响其在国际仲裁市场上的竞争力。

二、再探析：两岸司法政策对仲裁事业的影响

（一）两岸仲裁司法审查比较③

台湾地区：

1.基本审查制度与政策倾向

根据其所谓"仲裁法"规定，台湾地区的域内仲裁判断不分涉外仲裁和本地仲裁，域内仲裁判断可以撤销和不予执行；在其领域外做成之仲裁判断或在其领域内依"外国"法律做成之仲裁判断，为"外国"仲裁判断，不得予以撤销；"外国"仲裁判断经声请法院裁定承认后得为执行名义。④ 在法院与仲裁庭关系上，台湾地区强调法院"更多之协助"与"更少之干涉"，对仲裁的司法审查适用所谓"非讼事件法"规定的相关程序，统一仅就程序问题进行审

---

① 中国仲裁协会至今仍未能成立。

② 荷兰聚特芬（Zutphen）法院受理"天津文体用品进出口公司申请承认和执行中国国际经济贸易仲裁委员会（CIETAC）对荷兰 Verisport BV 公司裁决案"，以及日本东京地方法院受理的申请 CIETAC 另一裁决案，见黄亚英、李薇薇《中国仲裁裁决在外国的承认和执行——案例及问题研究》，《中国仲裁》2002 年第 6 期。

③ 因文章篇幅问题，此部分主要针对域外仲裁裁决的司法审查进行比较。

④ 台湾地区所谓"仲裁法"第 47 条。

查,不涉及对实体问题的审查。① 除了对等原则外,台湾地区所谓"仲裁法"关于承认与执行"外国"仲裁裁决的条件与《纽约公约》几乎完全一致。对法院做出的承认或不承认外国仲裁裁决的裁定,可以申请再审。② 所谓"仲裁法"第37条还规定,经当事人双方以书面约定仲裁判断无须经法院裁定,即可为强制执行时,当事人可即声请法院强制执行,但限于两种情形:(1)以给付金钱或其他替代物或有价证券之一定数量为目标;(2)以给付特定动产为目标的情形。

2. 对大陆仲裁裁决的认可

区别于对"外国"仲裁裁决所采用的"承认"制,台湾地区以分别立法的模式,对大陆仲裁裁决采取"认可"制。所谓"台湾地区与大陆地区人民关系条例"(以下简称"两岸关系条例")第74条对大陆民事裁判和仲裁裁决的认可未做区分,对适用何种法律程序也未明确,但实践中与审查"外国"仲裁裁决一样,遵循"非讼事件法"的规定,并类推适用"仲裁法"第49条和第50条中关于承认"外国"仲裁裁决的条件。在对认可或不认可大陆仲裁裁决的裁定,采用抗告、有限的再抗告加以救济,③但不能申请再审。④ 在审查是否认可大陆仲裁裁决时,除了互惠原则、公共秩序或善良风俗、仲裁裁决真实性⑤三个基本要件外,法院对仲裁程序、仲裁裁决送达等也进行审查。个别案例⑥还以当事人主体资格和能力问题为由认定大陆仲裁裁决违反公共秩序

---

① 撤销域内仲裁裁决的情况除外,参见台湾地区所谓"仲裁法"第40条第1款第8项。

② 参见台湾地区1991年"台抗字第493号"、1990年"台声字第511号"民事裁定。

③ 台湾地区所谓"非讼事件法"第41条规定:因裁定而权利受侵害者,得为抗告;驳回声请之裁定,声请人得为抗告。抗告法院认抗告为有理由者,应废弃或变更原裁定;若抗告为无理由者,则应为驳回之裁定。第45条第3款规定:对于抗告法院之裁定可以再为抗告,但仅能以适用法规显有错误为理由,并经原法院许可。

④ 参见台湾地区"最高法院"做出1993年"台抗字633号"裁定。

⑤ "台湾地区与大陆地区人民关系条例实施细则"(1998年修正)第54条规定:"依本条例第74条规定,申请法院裁定认可之民事确定裁判,民事仲裁判断,应经'行政院'设立或指定之机构或委托之民间团体验证。"这里所提的民间团体指的是财团法人海峡交流基金会。

⑥ 参见板桥地方法院1991年仲声字第1号民事裁定。笔者认为,此案有滥用公共政策原则的嫌疑。

或善良风俗。而对经裁定认可的大陆仲裁裁决是否具有既判力,[①]台湾地区法院先后做出的几次裁定不仅自相矛盾,而且暴露其案例的指导作用较弱,裁判充满不确定性。在 2007 年以前,台湾地区法院原本认为,经过认可的大陆法院确定判决有既判力。[②] 而在 1996 年台上字第 2531 号判决及 1997 年台上字第 2376 号判决中,"最高法院"却认为"两岸关系条例"对大陆民事确定裁判采取"裁定认可执行制"而非如同对港澳地区判决采"自动承认制",从而否认经认可的大陆确定判决有既判力。[③] 鉴于台湾地区对大陆民事裁判和仲裁裁决的认可采用统一条件,由此引发两岸仲裁界广泛关注和担忧。之后,桃园地方法院就添进裕机械股份有限公司与广东深鼎律师事务所债务人异议之诉,及台湾地区高等法院就另一债务人异议之诉,分别做出100 年度诉字第 1468 号民事裁定书和 101 年度上字第 1408 号民事判决,采取与"最高法院"判决不同的见解,认为经认可的大陆地区仲裁裁决具有既判力。[④] 而再后,受"最高法院"的影响,新北地方法院在三丰机电股份有限公司与通盈电业(深圳)有限公司债务人异议之诉案中,于 2014 年 5 月 8 日做出 102 年度重诉字第 194 号民事判决,再次认为经裁定认可的大陆仲裁裁决没有既判力。如此反复无常,实在令人对台湾地区的司法态度捉摸不定。此外,因为"两岸关系条例"第 74 条仅规定在大陆地区做成的"民事仲裁判断"可以在台湾执行,对大陆做出的"仲裁调解"能否在台湾地区执行也属未知数。如果按照台湾地区司法主管机构秘书长〔1983〕秘台厅民三字第20524 号函的意见,"两岸关系条例"第 74 条所指民事确定裁判,宜解为不包括民事调解书在内。那么,大陆的"仲裁调解"在台湾地区是否得以认可与执行的前景也并不乐观。

---

① 在台湾地区,对于没有既判力的执行名义(即执行根据)与有既判力的执行名义,在债务人异议之诉的事由上采用不同的规定,见台湾地区所谓"强制执行法"第 14 条第 1 款和第 2 款。如果经台湾地区"法院"认可的大陆仲裁裁决有既判力,则债务人针对仲裁裁决所依据的事由不能再争执,只能就仲裁裁决做出后的事由提出异议之诉。

② 参见台湾地区高等法院 1994 年度家抗字第 188 号裁定、台中高等行政法院 1989 年度诉字第 686 号判决。

③ 据悉,有当事人已向台湾地区的大法官会议声请"释宪",而大法官会议目前尚未做成决定。

④ 参见陈希佳《经台湾法院认可之大陆仲裁判断的效力——契机与展望》,http://www.cnarb.com/Item/7440.aspx,访问时间:2016 年 5 月 29 日。

根据台湾地区司法主管机构新近的统计年报,在 2013 年地方法院办理的民事非讼案件中,共有仲裁执行裁定事件 21 件并已全部终结,裁定准许执行占 100%;办理大陆仲裁判断申请认可事件 10 件并全部终结,其中准许认可占 50%,驳回占 30%,移送管辖占 10%,其他占 10%。在 2014 年地方法院办理的民事非讼案件中,共有仲裁执行裁定事件 14 件并已全部终结,其中裁定准许执行占 78.57%,撤回占 7.14%,移送管辖占 14.29%;办理大陆仲裁判断申请认可事件 12 件并全部终结,其中准许认可占 75%,驳回占 25%。以上数据表明两个方面的问题:一是近年来申请台湾地区法院认可的大陆仲裁裁决的数量大体保持在 10 件出头;二是申请认可的大陆仲裁裁决被驳回的比例较高,而其他仲裁裁决(应该包括了外国仲裁裁决[①])则没有被驳回的情况,或许在一定程度上反映了台湾地区司法对大陆仲裁裁决较为严苛的态度。

大陆:

1. 基本审查制度与政策倾向

与台湾地区不同,大陆对域内的仲裁裁决区分为国内仲裁裁决和涉外仲裁裁决,对仲裁机构做出的仲裁调解书与仲裁裁决书确认具有同等法律效力,二者的司法审查一致。[②] 对域内的仲裁裁决,同样可以撤销和不予执行,但对外国仲裁裁决只审查是否予以承认与执行。涉外仲裁、外国仲裁由中级人民法院受理并组成合议庭进行审查,体现大陆司法对涉外仲裁、外国仲裁的重视。对撤销仲裁裁决申请的审查适用《民事诉讼法》中的特别程序,[③]而对于不予执行仲裁裁决申请的审查程序并无明确规定,一般是在执行程序中进行审查。《民事诉讼法》规定撤销或者不予执行仲裁裁决的裁定不得上诉,也没有设定申诉程序。根据最高人民法院的批复,对不予执行仲裁裁决、撤销仲裁裁决或驳回当事人请求的裁定也不得申诉再审,[④]但可以重新仲裁

---

① 笔者的猜测。

② 参见《仲裁法》第五十八条、第六十三条,《民事诉讼法》第二百一十七条,《最高人民法院关于适用〈民事诉讼法〉若干问题的意见》第二百七十七条。

③ 参见最高人民法院《民事案件案由规定》(法〔2011〕42 号)。

④ 参见最高人民法院 1996 年 6 月《关于当事人因对不予执行仲裁裁决的裁定不服而申请再审,人民法院不予受理的批复》、1997 年 4 月给广西壮族自治区高级人民法院请示的答复、1999 年 2 月《关于当事人对人民法院撤销仲裁裁决的裁定不服申请再审,人民法院是否受理的问题的批复》。

或起诉。作为《纽约公约》的缔约成员国,大陆坚持公约"支持裁决执行的倾向(Pro-enforcement Bias)"的宗旨,对涉外仲裁裁决与外国仲裁裁决实行统一的适度审查标准,除了对社会公共利益(公约用语为"公共政策")主动审查外,仅根据当事人申请的范围被动地对仲裁程序进行审查。同时,为了保证大陆仲裁发展和司法声誉,最高人民法院专门设置预先的内部报告制度,未经其最终答复,禁止裁定撤销、不予执行涉外仲裁裁决以及拒绝承认和执行国际仲裁裁决。对公约第五条所涉公共政策的兜底性条款,大陆采取慎用态度,极少适用。迄今为止,不予承认及执行国际商会仲裁院第 13464/MS/JB/JEM 号仲裁裁决一案是最高人民法院认为应当以公共政策为由拒绝承认及执行外国仲裁裁决的唯一案例。① 在关于申请人 CASTEL ELECTRONICS PTY LTD. 申请承认和执行外国仲裁裁决一案请示的复函(2013 年 10 月 10 日〔2013〕民四他字第 46 号)中,最高人民法院对公共政策做出解释,认为"关于《纽约公约》第 5 条第 2 款第(乙)项规定的违反公共政策情形,应当理解为承认和执行外国仲裁裁决将导致违反我国法律基本原则、侵犯我国国家主权、危害社会公共安全、违反善良风俗等足以危及我国根本社会公共利益的情形",以此指导下级法院对公共政策的准确适用。近年来,大陆对仲裁的态度持续趋向支持、开放和友好。最高人民法院先后出台了《关于确认仲裁协议效力几个问题的批复》《关于适用〈中华人民共和国仲裁法〉若干问题的解释》等司法解释以及一些复函,通过扩大解释、灵活应用等思路尽量认定仲裁协议有效。在《仲裁法》未对仲裁地做出规定的情况下,最高人民法院针对香港、澳门、台湾三个不同法域,先行采取地域标准来确定其仲裁裁决的来源地(区籍)。② 而对于外国仲裁裁决的国籍,虽然仍适用《民事诉讼法》第二百八十三条规定的仲裁机构作为确定标准,但司法实践实际上已经有所突破。2009 年 4 月,宁波市中级人民法院在申请人 DUFERCO S. A. (德高钢铁公司)与被申请人宁波市工艺品进出口有限公司之间的承认和执行仲裁裁决案件中,并未以国外常设仲裁机构作为确定仲裁裁决的籍别,而是

---

① 参见最高人民法院〔2008〕民他字第 11 号复函。
② 参见《最高人民法院关于内地与香港特别行政区相互执行仲裁裁决的安排》《最高人民法院关于内地与澳门特别行政区相互认可和执行仲裁裁决的安排》及 2015 年 7 月 1 日新出台的《最高人民法院关于认可和执行台湾地区仲裁裁决的规定》。

认为国际商会仲裁院在中国境内做出的仲裁裁决为"非内国裁决"，并按照《纽约公约》第1条第1款裁定予以承认和执行。2013年3月，最高人民法院做出《关于申请人安徽省龙利得包装印刷有限公司与被申请人 BP Agnati S. R. L. 申请确认仲裁协议效力案的复函》（〔2013〕民四他字第13号），①钢铁公司认可选择国际商会仲裁院仲裁、管辖地为上海的仲裁协议有效。虽然"德高钢铁公司"案与"龙利得"案引发广泛关注、讨论甚至争议，②但笔者认为"龙利得"案复函意味着最高人民法院认可境外仲裁机构可将大陆作为仲裁地进行仲裁，同时也可视为对"德高钢铁公司"案的处理结果给予间接性认可。这种突破性做法，实际上也是大陆先行给予外国仲裁的一种司法支持，相信此举将积极促进跨域互惠关系的形成，为大陆仲裁机构按照互惠原则到外国境内进行仲裁开辟通道。③

2. 对台湾地区仲裁裁决的认可

采用两岸都认同的做法，也与对待港澳地区的仲裁裁决一样，大陆以"认可"的方式处理台湾地区仲裁裁决的认可事宜，并着重强调不违反"一个中国"原则，以区别于不同国家之间仲裁裁决的承认问题。最高人民法院先后出台的《关于人民法院认可台湾地区有关法院民事判决的规定》（法释〔1998〕11号）、《关于人民法院认可台湾地区有关法院民事判决的补充规定》，同样适用于认可台湾地区仲裁裁决。2015年6月，针对仲裁裁决与法院判决的差异性，最高人民法院重新颁布《关于认可和执行台湾地区法院民事判决的规定》《关于认可和执行台湾地区仲裁裁决的规定》两项司法解释，取代原来的规定，解决了台湾地区仲裁裁决的认可与执行简单套用法院裁判的认可与执行问题。同时，新的司法解释进一步明确了台湾地区临时仲裁裁决及仲裁和解、仲裁调解的认可（第二条、第十四条第一款第1项）、申请认

---

① 参见《涉外商事海事审判指导》第26辑，该案中的仲裁条款为："任何因本合同引起的或与其有关的争议应被提交国际商会仲裁院，并根据国际商会仲裁院规则由按照该等规则所指定的一位或多位仲裁员予以最终仲裁。管辖地应为中国上海，仲裁应以英语进行。"

② 参见高晓力法官的《中国国际商事仲裁司法审查的最新发展》，华南国际经济贸易仲裁委员会微信公众号2016年4月20日发布。

③ 事实上，中国国际经济贸易仲裁委员会2014年受理的涉外、涉港澳台案件中共有65个案件仲裁条款（占比16.8%）存在特殊约定的情况，其中包括约定在境外仲裁地进行仲裁。参见中国仲裁法学研究会发布的《中国国际商事仲裁年度报告（2014）》。

可前的保全(第十条)①等一些实践中遇到的问题,并适度放宽申请认可的受理条件,②缩短办结周期(第十三条)。③ 此举进一步体现了大陆支持台湾地区仲裁的友好倾向。

根据《中国仲裁年度报告(2011—2012)》和《中国国际商事仲裁年度报告(2014)》的数据:2011 年,大陆各仲裁机构被法院撤销裁决 134 件,占案件总数的 0.15%;被裁定不予执行仲裁裁决 76 件,占案件总数的 0.09%。司法监督纠错率比 2010 年的占比再下降 20%。2014 年,大陆(内地)法院共审结申请确认涉外涉港澳台仲裁条款效力案件 43 件;申请撤销涉外涉港澳台仲裁裁决案件 54 件;申请执行涉外涉港澳台仲裁裁决案件 141 件;申请承认和执行外国仲裁裁决案件 30 件;申请认可和执行港澳台仲裁裁决案件 7 件。其中,在涉外涉港澳台仲裁裁决的撤销和不予执行方面,无被撤销裁决的案件,通知重新仲裁的案件 1 件,不予执行裁决的案件 2 件;在境外仲裁裁决的承认和执行方面,拒予承认和执行外国仲裁裁决的案件 2 件,无不予认可和执行港澳台仲裁裁决的案件。另中国海事仲裁委员会 2015 年结案 83 件,也无一裁决被法院撤销或不予执行。④ 以上表明,大陆司法对仲裁持越来越支持与包容的态度,对台湾地区仲裁的支持度超越了外国仲裁,特别赋予申请人认可前、认可中的保全权利,且至今没有一起不予认可的台湾地区仲裁裁决的案例。

(二)小结

通过以上情况的比较分析,笔者认为:(1)在现有仲裁制度的设置方面,台湾地区比大陆先进,与国际仲裁通行做法较为接轨。但囿于不是《纽约公约》缔约成员,台湾地区仲裁事业的发展空间必然狭小。而大陆仲裁制度上的不足,也已显现制约仲裁发展的副作用。(2)在审查域外仲裁裁决方面

---

① 在申请认可案件中实行财产保全制度,是大陆司法制度的创新。根据原来的《补充规定》,申请人只能在提出认可申请时,或者在案件受理后、人民法院做出裁定前,可以提出财产保全申请。

② 新规定改变原来台湾方面的法律文书需要台湾公证机构公证,再经过大陆公证协会认证的做法,只要求出具台湾地区裁决原件、申请书,就予以立案;对台湾地区当事人委托他人申请认可和执行,允许在大陆法官面前直接签授权委托书,或由大陆公证机关公证授权文书系在大陆签署,无须再回台湾办理。

③ 决定予以认可的办结周期,比原来《补充规定》限定的六个月缩短了四个月。

④ 参见中国海事仲裁委员会官方网站——2015 工作总结,http://www.cmac-sh.org/,访问时间:2016 年 5 月 9 日。

（不包括两岸仲裁裁决），两岸司法的审查标准均与《纽约公约》一致，双方的司法监督纠错率也均处相当低的水平。尤其是大陆"否定"域外仲裁裁决（包括在台湾地区做出的仲裁裁决）的内部报告制度，以及近年来一些突破性的司法政策，体现了大陆对域外仲裁更为审慎、开放与包容的态度。（3）在两岸互认仲裁裁决方面，大陆始终秉持经裁定认可的台湾地区仲裁裁决与大陆仲裁裁决具有同一法律效力的立场，司法政策也已较台湾地区更为友好，具体操作更为明确和便利。而台湾地区尚停留在"两岸关系条例"的原则规定上，没有对大陆仲裁裁决的认可与执行给予实质上的便利条件，对大陆仲裁较外国仲裁存在差异性的严苛态度，在公共政策的适用上存在过宽解释的现象。特别是对大陆仲裁裁决的既判力和仲裁调解是否予以认可、执行存在不确定性做法，极大地违背了《海峡两岸共同打击犯罪及司法互助协议》（以下简称《互助协议》）所确定的互惠原则和仲裁"一裁终局"的特性，必将对台湾地区仲裁业融入"一带一路"建设带来不利影响。

三、对策：司法如何助力两岸仲裁事业发展

尽管两岸的政治关系特殊，但民商事领域不应当有过多分歧。仲裁作为解决民商事争议的优选方式，完全可以成为两岸携手加强法治建设的首要切入点。如何支持和保障仲裁在"一带一路"建设中发挥独特优势，助推两岸赢得发展先机，是两岸司法需要思考的共同命题。为此，笔者建议重视和关注以下几点：

（一）切实增强司法互信，消除两岸仲裁裁决互认障碍

进一步解决仲裁裁决的互认问题，是两岸仲裁携手发展的重要前提和基础。目前两岸虽已签署框架性《互助协议》，但认可对岸的仲裁裁决仍均停留在各自的单方面规定。由于司法互信不足，两岸仲裁裁决的认可和执行尚无法得到同等对待，严重制约了仲裁自治、快捷、一裁终局、便于执行等独特优势的充分发挥。大陆新近出台的《关于认可和执行台湾地区仲裁裁决的规定》，进一步完善了对台湾地区仲裁裁决的司法审查程序，解决了诸多实际问题，向对岸释放了善意。可以说，目前台湾地区不论是常设仲裁机构还是临时仲裁庭在台湾地区所做出的仲裁裁决（包括仲裁和解和仲裁调解），

在大陆申请认可和执行都已经没有障碍,而且比之前更加便捷。对此,笔者希望台湾地区司法方面能从互惠原则出发,在确认大陆仲裁裁决的既判力、认可和执行大陆仲裁调解、慎用公共政策、程序便利等问题上给予积极回应,并出台具体的司法政策,以消除互认实践中的困惑,共同来增强两岸民众对彼此仲裁的信心。在此基础上,两岸司法主管部门可以进一步开启协商合作机制,①充分进行"两岸有关法院之间的联系与协助",②积极商讨相互认可与执行仲裁裁决的共同安排问题。两岸将来的共同安排,可以借鉴《纽约公约》及内地与港澳地区已经达成的区际安排,在《互助协议》的原则基础上列出不予认可的负面清单,健全、细化仲裁裁决相互认可和执行的条件和效力,确保两岸仲裁裁决得到司法的全面性保障。

(二)创新司法支持性举措,促进两岸仲裁发挥优势

1. 联合破解制度性困局

在两岸政治阻隔,大陆无法将《纽约公约》延伸适用到台湾地区的情况下,③笔者建议两岸可通过协商,允许台湾地区仲裁机构到大陆进行仲裁,所做出的仲裁裁决参照公约的"地域标准"确定为大陆仲裁裁决,并根据《纽约公约》到外国申请承认和执行。或者试行两岸联合临时仲裁的方式(无须另行组建联合仲裁机构),④在大陆做出仲裁裁决,这样既可解决台湾地区仲裁裁决在《纽约公约》下的承认和执行,也可为大陆逐步将临时仲裁引入仲裁体系创造经验和条件。同时,临时仲裁的引入以及仲裁裁决"地域标准"的适用,也有利于促进大陆仲裁机构加快改革治理结构,增强民间化与独立性定位,消除外界的质疑。待条件成熟时,立法机关可考虑修改《仲裁法》及对《纽约公约》的保留声明,彻底解决大陆适用临时仲裁、仲裁地标准的法律依据问题。

2. 创设更为合理的司法救济程序

如大陆现有的域外仲裁内部报告制度,虽然对统一案件裁判尺度、保障

---

① 参见《两岸互助协议》第二条、第三条。

② 1993 年"汪辜会谈"商定的机制。

③ 《纽约公约》仅调整国家之间相互承认和执行仲裁裁决的关系。在对香港、澳门恢复主权后,大陆先后宣布将《纽约公约》的适用延伸到香港、澳门特别行政区。

④ 虽然根据台湾地区"两岸关系条例"规定,经台有关主管机关许可,两岸共同组建仲裁机构具有可行性,但实际操作仍将面临诸多困难,故宜采取临时仲裁的方式。

域外仲裁司法审查质量发挥了重要作用,但这种做法的确有违下级法院的独立审判原则,也不利于保障当事人的程序权利。大陆可以借鉴台湾地区对司法审查裁定设置抗告、再抗告的救济途径(实际上等于赋予当事人上诉权),取消内部报告制度,改为构建对仲裁司法审查裁定的二审终审制度。同时为了保证域外仲裁的司法审查质量,可允许仲裁员参与听证,以及设立专门合议庭或将域外仲裁的司法审查统一归口办理。台湾地区则可借鉴大陆的做法,在认可程序中引入保全措施,以更好地保障当事人的合法权益。

3. 加强司法审查案例指导

两岸仲裁缺乏国际竞争力的原因固然很多,除了民众仲裁意识不强、制度存在缺陷以外,当事人对仲裁的预判不如西方国家也是一个重要因素。由于英美法系实行判例法制度,过往判例可作为裁决的依据。对当事人来说,早前的类似案例便是今天可能的裁断结果,心中比较有数。而两岸遵循的是大陆法系成文法制度,仲裁员、法官对成文法可能做出不同解读,就如同台湾地区法官对经裁定认可的大陆仲裁裁决应否具有既判力的不同认定结果一样,着实令人较难预测。因此,两岸司法均应重视加强司法解释和案例指导,通过公布司法裁判文书和典型案例,统一司法审查裁判尺度,及时为仲裁活动提供指引,增强当事人的裁判预期。尤其要重视消除"一带一路"沿线各国、各地区当事人因不了解两岸仲裁而产生的各种疑虑,增进法治认同。

(三)构建法律职业共同体,合力提升两岸仲裁竞争力

公正是仲裁的生命,是最终赢得当事人选择的最重要因素。两岸仲裁要树立司法的监督就是支持的理念,自觉接受司法监督,防止仲裁武断,纠正仲裁活动可能出现的程序性错误,切实保持仲裁固有的自治、中立、专家裁判的本质,以公正取胜。两岸司法要自觉与仲裁构筑法律职业共同体意识,从法治建设的大局出发,积极汲取有益经验,打造"亲仲裁"司法辖区,支持仲裁成为一套与司法并行和补充的裁决机制。[①] 要重视推动与"一带一路"沿线非《纽约公约》缔约成员国及地区之间相互承认和执行仲裁裁决,积极办理仲裁临时措施、承认与执行域外仲裁等,为中外当事人合法权益提供高效、快

---

① 参见《替代性纠纷解决机制与区域繁荣——新加坡视角》,新加坡共和国最高法院上诉庭法官潘文龙于 2014 年 9 月 17 日在中国–东盟大法官论坛的发言,来源:微信号"SIFAADR"。

捷的司法救济。两岸司法与仲裁要积极携手开展与"一带一路"沿线各国、各地区的合作交流,拓展跨境交流宣传机制,共同推介中国仲裁。适时引导当事人或律师,在劣势的国际商务谈判中,可积极争取浮动仲裁条款,将两岸仲裁作为选项之一。要建立常态化的联合调研指导机制,积极探索两岸仲裁在贸易、投资等国际争端解决机制中充分发挥作用的方法与途径,保障沿线各国、各地区双边投资保护协定、自由贸易区协定等协定义务的履行,支持"一带一路"建设相关纠纷的仲裁解决。

结语

"一带一路"倡议即将给两岸及沿线国家带来健全机制、畅通经济走廊、共创人文交流的新局面,而法治保障尤为重要。仲裁具有其他纠纷解决机制无可比拟的独特优势,在法治建设中的作用不可替代。重视仲裁、发展仲裁,必将使两岸长期受益。反思仲裁所面临的发展困境,两岸司法理应主动担当、有所作为。

(原载于《厦门特区党校学报》2016 年第五期、人民法院出版社《海峡两岸司法实务热点问题研究·2016》,及入选 2017 年福建高院"一带一路"司法保障研讨会成果论文集和厦门市法学会 2017 年《厦门法学文库》,获 2016 年海商法国际研讨会暨国际航运法律与政策高端论坛三等奖)

海岸带开发利用相关纠纷的受理标准

俞建林

【摘要】海事法院受理海岸带开发利用相关纠纷，应以涉海性强弱为切入点，对海岸线两侧及跨越海岸线的开发利用纠纷采取差异化的受理标准。海岸带陆域内的开发利用，其涉海性较弱，故海事法院受理的标准应严格限定于原告诉求具有明显的涉海性。海岸带海域内的开发利用会对海洋造成直接影响，其涉海性强，因此，无论原告的诉求内容是否涉海，海事法院均应受理。跨越海岸线的开发利用纠纷，可以考虑以行政机构的涉海职能分工作为海事法院应否受理的参照标准。若跨越海岸线的开发利用属于行政机构涉海职能范围，则海事法院原则上应予受理；若相关开发利用属于行政机构非涉海职能范围，则原则上仍应按照原告诉求涉海性这一标准确定是否受理。

【关键词】涉海性；区域界定

海岸带是连接陆地与海洋的过渡地带，由于其得天独厚的自然条件，海岸带成为资源丰富、功能多元的重要经济带。在经济发展过程中，我国海岸带的开发利用出现了无序开发、资源枯竭、生态破坏等一系列严重问题。当前，利用法律手段规范海岸带的开发利用，已然成为保障海岸带可持续发展的重要途径。为了突出海事法院在海岸带开发利用中的司法保障作用，最高人民法院《关于海事法院受理案件范围的规定》（以下简称《受理案件规定》）明确将海岸带开发利用相关纠纷纳入海事法院专门管辖的范围。由于《受理案件规定》并未对海岸带和开发利用做出明确界定，势必会引发海岸带所在的地方人民法院和海事法院之间的管辖冲突。如何划定海事法院受理海岸带开发利用相关纠纷的具体标准，已成为亟待解决的重要问题。

一、海岸带的区域界定

海岸带区域的界定是海事法院受理海岸带开发利用相关纠纷的基本前提,其主要涉及两个层面的问题:一是海岸带外部范围的界定;二是海岸带内部区域的划分。从外部范围看,我国目前尚未就海岸带范围制定法律,但沿海各地已相继出台一些地方性规范,划定了当地海岸带的具体范围。从内部区域看,依照海域使用管理法的有关规定,以海岸线为界限,海岸带本身还应划分陆地与海域两个相对独立的区域。

(一)海岸带外部范围的界定

顾名思义,海岸带是海洋与陆地相互作用的交界地带。按照《辞海》的解释,海岸带的范围包括:海岸,现代海岸线以上的狭窄地带;潮上带,平均高潮线以上至波浪作用所能达到的最上界限之间的地带;潮间带,平均低潮线与平均高潮线之间的地带;潮下带,平均低潮线以外的滨海地带。《辞海》的解释有助于解释海岸带的大致范围,但尚不具备法律意义。目前,虽然我国现行法律还未对海岸带的范围做出明确规定,但为适用本地区发展需要,一些沿海地区已相继出台有关海岸带具体范围划定的地方性法规或地方政府规章。1995 年,山东省青岛市人大常委会出台《青岛市海岸带规划管理规定》,其中第二条规定:"本规定所称海岸带,是指胶州湾及青岛市其他近岸海域和毗连的相关陆域、岛屿。其控制范围自海岸线量起:海域至 10 海里等距线;陆域未建成区一般至 1 千米等距线,胶州湾西岸和北岸以环胶州湾公路为界(包括盐场);陆域建成区一般以临海第一条城市主要道路为界,海泊河以北以铁路为界;特殊区域以青岛市人民政府批准的海岸带规划控制范围为准。"为贯彻落实《海南经济特区海岸带保护与开发管理规定》(2013 年),海南省人民政府于 2014 年印发《海南经济特区海岸带范围》,明确规定:"海岸带向陆地一侧界线,原则上以海岸线向陆延伸 5 千米为界,结合地形地貌,综合考虑岸线自然保护区、生态敏感区、城镇建设区、港口工业区、旅游景区等规划区具体划定;海岸线向海洋一侧界线原则上以海岸线向海洋延伸 3 千米为界,同时兼顾海岸带海域特有的自然环境和生态保护需求,在个别区域进行特殊处理。"此外,福建省发改委、福建省海洋与渔业厅于 2016 年联合印发《福建省海岸带保护与利用规划（2016—2020 年）》（以下简称《规划》），是指导福建海岸带地区当前和今后一段时期资源开发、生态保护、港口建设、产业发展、城镇布局的纲领性文件。《规划》就海岸带范围做出如下规定："陆域规划范围原则上以福鼎至诏安沿海铁路通道所在乡镇为界，结合地形地貌特征和生态系统完整性，综合考虑河口岸线、自然保护区、生态敏感区、城镇建设区、港口工业区、旅游景区等规划区具体划定，面积约 1.80 万平方千米；海域规划范围为领海基线向陆一侧的近岸海域，面积约 2.23 万平方千米（不包括金门、马祖及周边海域）。"

从上述三个地方性规范可知，虽然各地有关海岸带范围划定的时间有先后、范围有差别，但其核心原则是共通的，即以海岸线为界分别向陆地、海洋各延伸一定宽度。事实上，我国海岸带和海涂资源综合调查的范围划定也体现了这一原则，即海岸线向陆侧延伸 10 千米，向海延伸至 15 米等深线，在基岩海岸、河口区、岛屿、辐射状沙洲区，向海向陆都可以适当伸缩。需要注意的是，海岸带范围的划定并非仅是自然因素的考量，也受到经济因素的影响。可以说，海岸带既是自然带，也是经济带，其范围划定与当地经济社会发展息息相关。因此，为了服务保障地方经济发展，也为了满足司法实践的需要，在全国性法律就海岸带范围做出明确规定之前，海事法院辖区如已出台海岸带范围的划定办法，理应予以尊重，但如果当地尚未就海岸带范围出台规范，可以参考全国海岸带和海涂资源综合调查的范围划定办法。

（二）海岸带内部区域的划分

一般而言，海岸线是指海洋与陆地的分界线。由于受到潮汐作用以及风暴潮等影响，海水有涨有落，海面时高时低，这条海洋与陆地的分界线时刻处于变化之中，因此，实际的海岸线应该是高低潮间无数条海陆分界线的集合，它在空间上是一条带，而不是一条地理位置固定的线。为了管理操作的方便，相关部门和专家学者将海岸线定义为平均大潮高潮时海陆分界线的痕迹线，一般可根据当地的海蚀阶地、海滩堆积物或海滨植物确定。海岸线既是一个基本的地理概念，也是一个重要的法律概念。《海域使用管理法》第二条第一款、第二款规定："本法所称海域，是指中华人民共和国内水、领海的水面、水体、海床和底土；而本法所称内水，是指中华人民共和国领海基线向陆地一侧至海岸线的海域。"可见,海岸线是《海域使用管理法》划定海域范围的重要分界线,海岸线以上为陆地,以下则为海域。根据《海域使用管理法》对海域范围的界定,海岸带与海域必将存在相互交叠、互相影响的关系。以福建省为例,该省出台的《规划》原则上是以领海基线作为海岸带的一侧边界,换言之,该省范围内的内水与海岸带的海域部分是基本重合的。鉴于海域与陆地在自然性状上的巨大差异,我国就海域开发与陆地开发采取了差异化的规划、审批、管理制度,且分别由不同的行政职能部门负责贯彻落实,因此,海岸带范围内的开发利用必将会以海岸线为界,构成自成体系的两类开发利用模式。这对海事法院受理海岸带开发利用相关纠纷将产生直接影响。

二、海岸带开发利用的类型划分

所谓开发,系指以荒地、矿山等自然资源为对象进行劳动,以达到利用的目的。通过对现行法的分析,虽可以大致厘清海岸带开发利用的诸多类型,但却不免庞杂。笔者认为,应以海岸线为界,将海岸带开发利用分为三类,即陆地上的开发利用、海域内的开发利用以及跨越海岸线的开发利用。此种依发生地域所做的分类不仅简单明了,而且有助于海事法院确立相关纠纷的受理标准。

(一)法律分类

海岸带的开发利用涉及陆地与海域的统筹,涉及资源、环境、生态等因素的综合考量,具有其特殊性和敏感性,应严格依法进行。我国目前尚未专门就海岸带开发利用制定法律,从现行法的相关规定看,多部法律对海岸带开发利用行为已有规制。从法律解释的角度看,海岸带开发利用主要分为以下几个类型:一是海域开发利用。《海域使用管理法》第二条第三款规定:"在中华人民共和国内水、领海持续使用特定海域三个月以上的排他性用海活动,适用本法。"所谓排他性用海,其实质就是开发利用,而三个月以上系对开发利用的期限规定。二是土地开发利用。《土地管理法》第一条规定:"为了加强土地管理,维护土地的社会主义公有制,保护、开发土地资源,合理利用土地,切实保护耕地,促进社会经济的可持续发展,根据宪法,制定本法。"

可见，基于陆地与海域在自然条件上的巨大差异，立法者采取了区分规制的立法技术。以海岸线为界，海岸带内陆地与海域的开发利用分别适用不同的法律。三是矿产资源开发利用。《矿产资源法》第二条规定："在中华人民共和国领域及管辖海域勘查、开采矿产资源，必须遵守本法。"勘查、开采矿产资源显然属于海岸带开发利用的范畴。从上述条文可知，无论陆地或海域，凡是在海岸带内勘查、开采矿产资源，均应接受同一法律的约束。值得注意的是，由于《受理案件规定》已经明确将海洋、通海可航水域能源和矿产资源勘探、开发、输送纠纷作为一个独立案由，因此，海岸带海域范围内发生的能源和矿产资源开发利用纠纷不应再纳入海岸带开发利用纠纷的范畴。四是渔业资源开发利用。《渔业资源保护法》第二条规定："在中华人民共和国的内水、滩涂、领海、专属经济区以及中华人民共和国管辖的一切其他海域从事养殖和捕捞水生动物、水生植物等渔业生产活动，都必须遵守本法。"渔以水为友，海岸带内的渔业资源开发利用主要在海域范围内实施，渔业资源保护法正是为此类开发利用提供法律依据。

（二）地域分类

从开发利用对海洋的影响来看，在同一海岸带内，陆地上的开发利用远不及海域内的开发利用带来的影响强烈。鉴于此，以海岸线为界限，海岸带内的开发利用可以分成三种类型：第一类是海岸线向陆一侧范围内的开发利用，包括土地、矿产资源等的开发利用；第二类是海岸线向海一侧范围内的开发利用，包括海域、渔业资源等的开发利用；第三类是跨越海岸线的开发利用，包括土地、海域的联合开发利用、渔业资源的跨海岸线开发利用等。笔者认为，此种分类有助于进一步厘清海事法院对海岸带开发利用相关纠纷的具体受理标准。需要指出的是，海岸带内部区域划分中存在一个模糊地带，即沿海滩涂。海事司法实践也时常遇到滩涂开发利用（如滩涂围垦）纠纷，此类案件受理与处理的难点在于如何准确界定滩涂的性质。1998 年《土地管理法》第十七条规定："开发国有荒山、荒地、滩涂用于农、林、牧、渔业生产的，由县级以上人民政府批准，可以确定给开发单位使用。"从该条规定看，滩涂系按照土地管理。此后，全国人大常委会于 1998 年修改该条文，将"滩涂"变更为"荒滩"。所谓荒滩，是指河滩、海滩等浅滩。荒滩是否包括沿海滩涂呢？事实上，沿海滩涂作为一个地域概念，学术界尚未就概念界定达成共识，有广义与狭义之分：从纯学术观点来看，沿海滩涂只能是潮间带；从开发利用角度来看，沿海滩涂不仅拥有全部潮间带，还包括潮上带和潮下带可供开发利用的部分，这是一种广义的理解。可见，从开发利用角度看，荒滩与滩涂存在着地域上的交叉。但必须明确的是，从《海域使用管理法》的规定看，由于潮间带滩涂属于海域范畴，故其不应纳入《土地管理法》的调整范围，换言之，荒滩不应包括潮间带滩涂，因此，潮间带滩涂的开发利用，应属海域开发利用的范畴。当然，在实践中，潮间带滩涂也属于潜在土地，围填造地之后则属于土地。

三、立案受理标准的限缩解释

从海事诉讼特别程序法就海事法院收案范围的界定看，海事法院与地方人民法院收案范围的基本界限在于海事纠纷的涉海性。"涉海"是一个比较宽泛的概念，通常是指纠纷与海洋之间的密切关联。在海事司法实践中，涉海性主要体现在以下三个方面：一是纠纷发生在海域范围之内；二是纠纷与海运、船舶密切相关；三是纠纷与海洋的资源、环境及生态等密切相关。海事法院受理海岸带开发利用相关纠纷，也应以涉海性的强弱作为是否立案的基本判断标准。

（一）海岸线两侧纠纷案件的受理标准

海岸线向陆一侧延伸一定宽度，系海岸带的陆域范围，在该范围内，海岸带的性质属于土地。以福建省为例，《规划》指出，陆域规划范围面积约1.8万平方千米，原则上以福鼎至诏安沿海铁路通道所在乡镇为界，结合地形地貌特征和生态系统完整性，综合考虑河口岸线、自然保护区、生态敏感区、城镇建设区、港口工业区、旅游景区等规划区具体划定。按照此项规划，海岸带内的土地面积相当广阔，该区域内的开发利用活动也异常频繁。以厦门为例，按照此项规划，该市核心城区几乎都属于海岸带的范围。若区域内所有开发利用纠纷均归海事法院管辖，那地方法院正在审理的工程建设等具有开发利用性质的纠纷今后将须移送海事法院管辖。这显然是不具可操作性的，也并非《受理案件规定》的本意。事实上，海岸带陆域内的开发利用，其与海洋环境、生态等关系较弱，与海运、船舶也多无关联，因此，对于发生在陆地的开发利用纠纷，海事法院的受理标准应严格限定于原告诉求具有明显的涉海性。举例来说，甲方在靠近海岸线一侧陆地上建设工程，而乙方在另一侧进行海域养殖，乙方认为对方的开发利用行为因影响其海域使用而须停止，此类纠纷应由海事法院管辖。反之，如果当事人是以工程质量不合格等非涉海性诉由请求法院判令赔偿，则不应由海事法院管辖。此外，海岸线向海一侧延伸一定宽度，系海岸带的海域范围，该范围系海洋的重要组成部分。在海岸带海域内实施的任何开发利用行为，均会对海洋造成直接影响，该行为具有强烈的涉海性，因此，无论原告的诉求内容是否涉海，海事法院均应受理。需要注意的是，潮间带滩涂属于海域范畴，但经合法的围垦造地后，此类滩涂的性质已转变为土地，属于陆地范畴，相应开发利用纠纷的受理标准也应随之转变。

（二）跨越海岸线纠纷案件的受理标准

顾名思义，跨越海岸线的开发利用纠纷，系指一个开发利用行为同时发生于海岸线两侧，其既需利用陆地，也需利用海域。对于此类纠纷，可以考虑以行政机构的涉海职能分工作为海事法院应否受理的参照标准。从国家层面看，涉海部门虽较多，但与海岸带开发利用相关的却并不多，主要是自然资源部、生态环境部、农业农村部与发改委。其中，自然资源部、生态环境部负责保护利用海域资源、海洋生态环境保护等涉海职能，农业农村部负责开发利用渔业水域等涉海职能，发改委负责审批、核准涉海重大建设项目等涉海职能。从地方层面看，沿海各地最主要的涉海机构是海洋与渔业局，其是主管海洋与渔业工作的综合性政府机构。从海洋与渔业局的具体职能来看，其与海岸带开发利用有关的职能主要有以下三项：一是承担规范管辖海域使用秩序的责任，包括组织实施海域使用权属管理，参与审核和监管海洋、海岸带重大工程项目以及开采海矿、海砂、海洋油气和海上人工构筑物设置项目等；二是负责海洋环境、渔业水域生态环境和水生生物资源的保护工作；三是负责渔业行业管理，包括组织实施渔业生产经营许可制度等。从职能涉海性强弱看，上述行政机构的职能存在部分涉海与全部涉海的差别。地方海洋与渔业局系职能全部涉海的机构，而自然资源部、生态环境部、农业农村部等仅部分职能存在涉海性。以行政机构的涉海性职能为基础,若跨海岸线的开发利用属于地方海洋与渔业局的主管范围,或属于其他行政机构涉海职能范围,则海事法院原则上应予受理。当然,跨越海岸线的开发利用行为因涉及陆地、海域相关行政机构的职能交叉与协调,因而现实的情况往往较为复杂。若相关开发利用属于行政机构非涉海职能的范围,则原则上仍应按照原告诉求涉海性这一标准确定是否受理。

【参考文献】

[1]苏胜金.七年全国海岸带和海涂资源综合调查综述[J].海岸与海岸带开发,1988(2).

[2]索安宁,曹可,马红伟等.海岸线分类体系探讨[J].地理科学,2015,35(7):933-937.

[3]彭建,王仰麟.我国沿海滩涂的研究[J].北京大学学报(自然科学版),2000,36(6):832-839.

[4]郑赫男.滩涂到底是海域还是土地,不可随意界定.[N]检察日报,2011年11月21日.

(原载于《人民司法·应用》,2018年第13期,中国审判理论研究会海事海商审判理论专业委员会2016年研讨会二等奖)

领海外国家管辖海域的海事司法管辖权之完善

许俊强

【摘要】我国关于领海外国家管辖海域海事司法管辖权规定较为分散存在相关司法解释之间不能有效衔接，海事法院对领海外国家管辖海域司法管辖权的地域范围不够明确等问题，应根据《联合国海洋法公约》沿海国对领海外国家管辖海域享有的权利，完善领海外国家管辖海域的海事司法管辖权。

【关键词】沿海国权利；领海外国家管辖海域；海事司法管辖权；完善

《联合国海洋法公约》（以下简称《公约》）第 8 条规定，领海基线向陆一面的水域构成国家内水的一部分。内水如同陆地领土，是沿海国领土的组成部分，沿海国对内水享有完全的排他主权。《公约》第 2 条规定，沿海国的主权及于其陆地领土及其内水以外邻接的一带海域，在群岛国的情形下则及于群岛水域以外邻接的一带海域，称为领海。领海是国家领土在海中的延续，属于国家领土的一部分。沿海国对领海行使主权，对领海内的一切人和事享有专属管辖权。司法权是主权的应有之义，享有主权就相应拥有司法管辖权。我国对内水、领海的司法管辖权是明确的，但我国对领海外国家管辖海域的海事司法管辖权则不够清晰。"闽霞渔 01971"轮碰撞损害责任纠纷案因作为个案写入 2015 年最高人民法院工作报告而备受瞩目，因本案船舶碰撞地点在我国专属经济区内，涉及我国专属经济区海事司法管辖权等问题，而当时的规定并不明确。最高人民法院《关于审理发生在我国管辖海域相关案件若干问题的规定（一）》（以下简称《涉海规定一》）的发布在一定程度上解决了上述问题，但站在运用国内司法手段维护我国领土主权和海洋权益的立场上，相关司法解释应进一步完善、明确国家管辖海域的海事司法管辖权,以助力海洋强国建设和"一带一路"建设的推进。

一、领海外国家管辖海域的范围及沿海国的权利

(一)领海外国家管辖海域

按照传统国际法,公海是指不包括领海和内水的全部海域,所以领海以外海域就是公海。1958年《公海公约》第1条规定,"公海"一词系指不包括在一国领海或内海内的全部海域,任何国家不得将公海置于自己的主权之下并主张管辖权。但《公约》第86条规定,本部分的规定适用于不包括在国家的专属经济区、领海或内水或群岛国的群岛水域内的全部海域。本条规定并不使各国按照第58条规定在专属经济区内所享有的自由受到任何减损。显然《公约》发展了传统国际法下公海的概念,根据《公约》,公海是指不包括专属经济区、领海、内水和群岛国的群岛水域的全部海域,其范围比传统国际法要窄得多。公海范围的缩小意味着沿海国管辖范围的扩大,故按照《公约》,领海外海域包括毗连区、专属经济区、大陆架及公海,而可能纳入国家管辖的海域显然只有毗连区、专属经济区、大陆架,该海域不同于陆地领土、内水和领海,沿海国并不享有主权。

按照2016年8月2日生效的《涉海规定一》第1条,领海外国家管辖海域包括毗连区、专属经济区、大陆架和我国管辖的其他海域。在此需要明确两个问题:首先,何谓我国管辖的其他海域?其他海域为兜底性规定,属无害条款,是立法技术的体现,立法及司法解释多次使用其他海域,但究竟何所指均未明确。分析《涉海规定一》第2条,因该司法解释适用于我国与有关国家缔结的协定确定的共同管理的渔区,我国管辖的其他海域似乎可以理解为包括该渔区。其次,毗连区能否归入国家管辖海域的范围?根据《公约》,在沿海国设置专属经济区的情况下,毗连区将与专属经济区相重叠,依照《公约》第86条的规定,就不能说它是公海区域。但是,对于只设毗连区而不设专属经济区的国家来说,毗连区似乎又应理解为公海区域。1998年6月26日,《中华人民共和国专属经济区和大陆架法》颁行。根据《公约》第75条的规定,沿海国是否有专属经济区,取决于沿海国是否提出专属经济区的主张,如应标出专属经济区的外部界限,妥为公布,并交存于联合国秘书长。我国

因与海岸相向国家就专属经济区划界存在争议等原因，尚无公布专属经济区外部界限的实践，但这并不等于我国未提出专属经济区主张。我国已设置专属经济区，我国的毗连区与专属经济区重叠。因此，我国对专属经济区享有的特定权利在毗连区也应予适用，在此意义上可以对毗连区使用"管辖"一词。

（二）沿海国在国家管辖海域的权利

沿海国在毗连区享有管制权，《公约》第33条毗连区规定："1. 沿海国可在毗连其领海称为毗连区的区域内，行使为下列事项所必要的管制：（a）防止在其领土或领海内违犯其海关、财政、移民或卫生的法律和规章；（b）惩治在其领土或领海内违犯上述法律和规章的行为。……"沿海国在毗连区内，不能像在领海内那样行使主权，而只能就某些特定事项行使必要的管制权，即防止在其领土或领海内违犯其海关、财政、移民或卫生的法律和规章；如果发生上述违犯行为，则可以给予惩治。管制权，也称为警察权，是一种行政权力，即由行政管理和执法部门行使的行政执法权，它不包括立法权和司法权。可以用于管制的手段和方法，主要是行政管理性质的，而不能诉诸司法裁决。显然，按照《公约》的规定，管制权有别于管辖权，但仅有管制权而无相应的管辖权不利于管制权的实施，且缺乏司法救济途径也不利于管制权这一行政权所指向的行政管理相对人权利的保护，因此，将毗连区纳入国家管辖海域是合理的。根据《中华人民共和国领海和毗连区法》第十三条，我国在毗连区的管制权比《公约》多了"安全"一项，我国还有一些具体规定涉及毗连区的管制权，如《中华人民共和国管辖海域外国人、外国船舶渔业活动管理暂行规定》《中华人民共和国海关总署关于转发〈国务院关于海关执行缉私任务的船舶在海上行使紧追权的批复〉和执行〈领海及毗连区法〉有关问题的通知》等。

《公约》第56条沿海国在专属经济区内的权利、管辖权和义务规定："1. 沿海国在专属经济区内有：（1）以勘探和开发、养护和管理海床上覆水域和海床及其底土的自然资源（不论为生物或非生物资源）为目的的主权权利，以及关于在该区内从事经济性开发和勘探，如利用海水、海流和风力生产能等其他活动的主权权利；（2）本公约有关条款规定的对下列事项的管辖权：①人工岛屿、设施和结构的建造和使用，②海洋科学研究，③海洋环境的保护和保全；（3）本公约规定的其他权利和义务。……"《公约》第77条"沿海国对大陆架的权利"规定："（1）沿海国为勘探大陆架和开发其自然资源的目的，对大陆架行使主权权利。（2）第1款所指的权利是专属性的，即：如果沿海国不勘探大陆架或开发其自然资源，任何人未经沿海国明示同意，均不得从事这种活动。……"总的来说，按照《公约》，沿海国对专属经济区主要享有两项主权权利和三个特定事项管辖权，即对水体、海床、底土和自然资源的主权权利及经济开发和勘探活动的主权权利；对人工岛屿、设施、结构的建造和使用、海洋科研与环保的管辖权；对大陆架享有专属的勘探、开发自然资源的主权权利。我国专属经济区和大陆架法也规定了上述主权权利和管辖权。

"主权权利"一词首见于1958年《大陆架公约》第2条，《公约》在确立专属经济区制度和大陆架制度时予以采用，但未规定其具体含义。笔者认为，《公约》采用"主权权利"一词，不如直接使用"权利"，因为沿海国所享有的权利并非主权，而是以主权为基础产生的特定权利。主权权利具有如下法律属性：不属于主权项下，这符合《公约》对领海、毗连区、专属经济区等海洋法律制度的基本配置格局；在有限的列明的事项范围内实施管辖、获得收益的优先权与专属权；有沿海国身份专属性，不得在《公约》规定之外让渡；为《公约》之目的，是权利与义务的统一体；《公约》赋予沿海国主权权利，也应赋予沿海国与该权利相匹配的管辖权。《公约》项下沿海国在专属经济区的三个特定事项管辖权，同样是基于主权而产生的权利。在国际法上，一国的中央机构对于居住在其领土上的个人行使公共职能的权力被称为管辖权，包括立法、裁判和执法管辖权。这就是说，国际法上的管辖权包括立法管辖、执法管辖、司法管辖，因此沿海国对专属经济区两项主权权利和三个特定事项及对大陆架勘探、开发自然资源等享有司法管辖权。

鉴于沿海国对毗连区、专属经济区和大陆架享有不同的权利，海事法院对上述领海外国家管辖海域的司法管辖权应分别设定。

二、领海外国家管辖海域司法管辖权的规定

（一）《涉海规定一》施行前

2016 年 8 月 2 日《涉海规定一》施行之前，我国立法关于国家管辖海域司法管辖权的规定主要是针对海域的勘探开发和海上污染。我国《海事诉讼特别程序法》第七条第（三）项规定，因在我国领域和有管辖权的海域履行的海域勘探开发合同纠纷提起的诉讼，由合同履行地法院管辖。其对应的司法解释第 11 条进一步明确，本条规定的有管辖权的海域指我国的毗连区、专属经济区、大陆架以及有管辖权的其他海域。《民事诉讼法》第二百六十六条规定，因在我国履行的中外合作勘探开发自然资源合同发生纠纷的诉讼，由人民法院管辖。但何谓我国管辖海域，我国无明确规定。鉴于我国在专属经济区和大陆架享有对自然资源的主权权利和管辖权，且我国毗连区与专属经济区重叠，应该认为本条包括了在我国毗连区、专属经济区和大陆架履行的合同。最高人民法院《关于审理船舶油污损害赔偿司法纠纷案件若干问题的规定》（以下简称《船舶油污案件司法解释》）第 1 条规定，船舶发生油污事故，对我国领域和管辖的其他海域造成油污损害或者形成油污损害威胁，人民法院审理相关船舶油污损害赔偿纠纷案件，适用本规定。

上述条款规定我国海事法院对领海外国家管辖海域享有司法管辖权，但限于海域勘探开发合同纠纷、船舶油污损害责任纠纷，司法管辖权的范围过于狭窄，不能完全与领海外我国管辖海域享有的主权权利、管辖权有效衔接。除《海事诉讼特别程序法》外，上述规定中的司法管辖权还存在管辖海域范围不够明确的问题。2016 年 3 月 1 日起实施的最高人民法院《关于海事法院受理案件范围的规定》（以下简称《海事法院受案规定》）将海事法院受理案件的范围从 63 种扩大到 108 种，尤其是第三部分海洋及通海可航水域开发利用与环境保护相关纠纷案件扩大了海事法院受理案件的种类和范围，这些案件可能发生于领海外国家管辖海域。但在海事法院管辖海域不够明确的情况下，该司法解释难于发挥其积极作用，如专属经济区内的海洋科学考察纠纷、人工岛屿的建造使用纠纷等如何确定地域管辖就存在问题。需要指出的是，在维护国家海洋权益方面，目前我国仍局限在以往的观念和思路上，

即在受案的海域范围上仅限于内水和领海范围,缺乏对专属经济区、大陆架和公海上发生的海事案件的管辖,缺乏对域外发生海事纠纷的属人管辖的规定。这种情况随着《涉海规定一》的颁行得到很大改变。

(二)《涉海规定一》

《民事诉讼法》第三十条规定了船舶碰撞和其他海事损害事故的诉讼管辖。《涉海规定一》第 5 条进一步规定,因在我国管辖海域内发生海损事故请求损害赔偿提起的诉讼,由管辖该海域的海事法院、事故船舶最先达到地海事法院、船舶被扣押地或者被告住所地海事法院管辖。事故船舶为我国的,还可以由船籍港所在地海事法院管辖。与《民事诉讼法》第三十条相比,《涉海规定一》第 5 条明确了海损事故的发生地在我国管辖海域可由发生地海事法院行使司法管辖权。该条虽未明确海损事故的范围,但从该条规定的管辖连接点分析,海损事故包括船舶碰撞、触碰等事故,因《涉海规定一》第 6 条对海上污染事故做出了规定,故此处的海损事故不应包括海上污染事故。第 6 条规定,在我国管辖海域内,因海上航运、渔业生产及其他海上作业造成污染,破坏海洋生态环境,请求损害赔偿提起的诉讼,由管辖该海域的海事法院管辖。污染事故发生在我国管辖海域外,对我国管辖海域造成污染或污染威胁,请求损害赔偿或者预防措施费用提起诉讼,由管辖该海域的海事法院或者采取预防措施地的海事法院管辖。《船舶油污案件司法解释》规范的是污染源来自船舶油料的纠纷,而《涉海规定一》是关于我国管辖海域司法管辖权的司法解释,第 6 条针对海上航运、渔业生产及其他海上作业造成污染做出规定,规范范围更广。

《涉海规定一》第 5 条、第 6 条是关于海洋环境污染和海损事故海事司法管辖权的规定,同样存在司法管辖权的范围过于狭窄,不能全部对应领海外我国管辖海域享有的主权权利和管辖权的问题:海洋环境污染和海损事故均为典型的侵权纠纷,而在我国管辖海域内还可能发生属海事法院管辖的合同纠纷和其他侵权纠纷;《海事法院受案规定》赋予海事法院行政案件管辖权,但《涉海规定一》未规定领海外国家管辖海域发生的海事行政案件的管辖及海事法院可以受理的海事行政案件种类。《涉海规定一》第 5 条、第 6 条有重复规定之嫌,这是因为第 5 条、第 6 条管辖权连接点参照了已有的规定,如

《民事诉讼法》第三十条、《船舶油污案件司法解释》第1条等。《涉海规定一》第1条明确了领海外我国管辖海域，第5条、第6条赋予管辖该海域的海事法院司法管辖权，但因各海事法院管辖区域的规定散见于多个司法解释，司法解释关于海事管辖地域范围使用的"延伸海域""某海一部分""岛屿和水域"等提法过于模糊，是否包括毗连区、专属经济区和大陆架等领海外我国管辖海域并不明确，不能与《涉海规定一》形成有效衔接。

总的来说，我国立法和司法解释关于海事法院领海外国家管辖海域司法管辖权的规定较为分散，在法律层面对海事司法管辖权的规定不够完整，部分规定存在重复，相关司法解释之间不能有效衔接，海事法院对领海外国家管辖海域司法管辖权的地域范围不够明确，管辖的案件类型不能与我国在国家管辖海域享有的特定权利相对应。

三、完善领海外国家管辖海域的海事司法管辖权

维护国家海洋权益，应统筹兼顾，多管齐下，尤其应注重运用国内司法手段，积极主张司法管辖权。厦门海事法院审理的钓鱼岛海域发生的"闽霞渔01971"轮碰撞案件是一个良好的开端；2016年3月21日，海口海事法院开庭审理一起发生在我国南沙群岛华阳礁附近沉船引起的船舶保险合同纠纷案；2017年5月2日，厦门海事法院公开开庭审理在钓鱼岛海域发生的原告陈茂塔等诉阿利兹航运公司船舶碰撞损害责任纠纷案。这些都是我国海事法院积极行使海事司法管辖权、维护海洋权益的典型案例，可以预见运用国内司法手段维护海洋权益将日益常态化。确定案件管辖权是诉讼的前提，为此，应完善我国对领海外国家管辖海域的海事司法管辖权。

2016年8月2日起施行的《涉海规定一》主要是针对我国管辖海域司法管辖和法律适用，在司法解释的层面首次明确我国法院对国家管辖海域的司法管辖权，对维护我国领土主权和海洋权益具有重要意义。但应提高层级，在法律的层面统一规定领海外国家管辖海域的海事司法管辖权。《海事诉讼特别程序法》于1999年颁行至今，修改该法的呼声日盛，笔者建议在修改《海事诉讼特别程序法》时，整合相关司法解释，总结海事法院在领海外国家管辖海域行使司法管辖权的审判实践经验，在法律层面明确、集中规定领海外国家管辖海域的海事司法管辖权。

笔者建议,应建立与我国在毗连区、专属经济区、大陆架享有的管制权、特定主权权利和管辖权相对应的海事司法管辖权体系。需要明确的是海事法院对毗连区的管辖权,这涉及两个问题:首先,因我国已颁布专属经济区和大陆架法,属依照《公约》设立专属经济区的国家,毗连区从测算领海宽度的基线量起,不得超过 24 海里,而专属经济区从测算领海宽度的基线量起,不应超过 200 海里,毗连区与专属经济区重叠,沿海国对专属经济区特定的主权权利和管辖权及于毗连区,海事法院在专属经济区享有的管辖权适用于毗连区。其次,仅赋予沿海国在毗连区预防和惩治的管制权显然是不够的,如果沿海国关于安全、海关、财政、移民或卫生的法律和规章在毗连区不能适用,且沿海国对上述法律和规章的实施不享有司法管辖权,那么《公约》规定的管制权可能成为一纸空文,也不利于保护毗连区内沿海国行政权所及的管理相对人的权益。就此,《涉海规定一》第 4 条已经就在我国管辖海域违反出入境管理法、治安管理处罚法做出行政强制措施或行政处罚决定提起行政诉讼做出规定,但不涉及海事司法管辖权。就具体案件性质分析,应根据沿海国在毗连区的管制权、在专属经济区和大陆架的主权权利和管辖权,梳理海事法院受理案件的类型。在毗连区主要是与预防和惩治违犯安全、海关、财政、移民或卫生的法律和规章有关的案件,主要是行政案件或刑事案件。

为此,建议赋予海事法院与毗连区管制权相适应的海事行政案件、刑事案件司法管辖权。而在专属经济区和大陆架,国家在行使主权权利和管辖权时,可能发生民事、行政和刑事纠纷,建议赋予海事法院与专属经济区、大陆架相适应的上述三类案件的司法管辖权。鉴于沿海国有在专属经济区扩大管辖权的趋势,建议适当扩大专属经济区的民事案件管辖权。作为行使船舶碰撞侵权责任诉讼管辖依据的船舶碰撞发生地的范围有扩大趋势,这在有关船舶碰撞的民事管辖权的公约或公约草案中有所体现。例如,《关于船舶碰撞中民事管辖权若干规则的国际公约》(1952 年 5 月 10 日订于布鲁塞尔)规定,碰撞发生地限于港口或内河水域以内;《统一船舶碰撞中有关民事管辖权、法律选择、判决的承认和执行方面若干规则的国际公约(草案)》(业经 1977 年 9 月 30 日在里约热内卢举行的国际海法委员会全体会议通过并颁布)则规定,碰撞发生地包括一国的内水或领海,比 1952 年布鲁塞尔公约有较大的扩展。以专属经济区发生的船舶碰撞损害责任纠纷为例,此类纠纷虽然与沿海国享有的主权权利或管辖权并无直接联系，但考虑到上述趋势，应将船舶碰撞损害责任纠纷纳入国家管辖海域海事司法管辖范围。

海事法院仅有权管辖海事案件和部分海事行政案件，当前，特别是要按照人民法院"四五"改革纲要的要求，进一步完善海事法院管辖制度，围绕国家开发战略，积极探索将相关行政、海事执行案件和其他涉海民事、刑事案件统一纳入海事法院专门管辖。因此，国家管辖海域的海事司法管辖权，可以海事法院民事司法管辖权为起点逐步完善，直至全部赋予海事法院对领海外国家管辖海域的民事、行政和刑事司法管辖权。

（原载于《人民司法·应用》，2017年第22期）

第三人撤销之诉制度研究
——从防治船员劳务恶意诉讼角度出发

朱小菁

【摘要】船员劳务恶意诉讼已成为当下审判活动的顽疾。2012 年发布的《中华人民共和国民事诉讼法》全面加强了防治恶意诉讼的力度,创设了第三人撤销之诉制度。① 从新《民诉法》第五十六条第三款的相关规定出发,结合 2015 年《最高人民法院关于适用〈中华人民共和国民事诉讼法〉的解释》第十四章之规定,分析了该制度的创设背景、法律要件,并对具体实施问题提出相应建议,探讨了第三人撤销之诉对防治船员劳务恶意诉讼的重要意义。

【关键词】第三人撤销之诉;船员劳务;恶意诉讼

当前,随着法治社会的日益建设与完善,公民的权利意识与诉讼意识显著加强,但社会转型期伴之而来的"双刃剑"效应——恶意诉讼亦与日俱增。一些当事人恶意利用诉讼,行欺诈之实,增加讼累和诉讼成本,侵害国家、社会、他人合法权益,不仅危害社会秩序的和谐稳定,还严重损害了司法权威,成为当下审判活动中的"顽疾"。在海事审判实践中,因为船员劳动报酬依法具有优先受偿权,船员劳务恶意诉讼时有发生。船舶所有人、经营人(以下统称"船东")为逃避履行其他债务,与船员串通恶意诉讼,以此在船舶拍卖款中"分走一大块蛋糕",极大损害了其他债权人的利益,成为涉海事虚假诉讼中比例极高的一类案件。2012 年发布的《民诉法》从确立诚实信用原则、创设第三人撤销之诉、增加妨害民事诉讼强制措施等方面加大了防治力

---

① 本文探讨的"第三人"系广义第三人,并非仅指已参与诉讼中的第三人,而泛指案件当事人原、被告以外的与案件处理结果具有利害关系的第三方主体。本文中所引用的法律条款中若提到"案外人",亦包括在本文所探讨的"第三人"的概念中。

度,对于规制实践中愈演愈烈的恶意诉讼发挥了重大作用。本文从新《民诉法》第五十六条第三款①所确立的第三人撤销之诉出发,结合 2015 年《最高人民法院关于适用〈中华人民共和国民事诉讼法〉的解释》(以下简称《〈民诉法〉司法解释》)第十四章之规定,通过分析该制度的创设背景、法律要件及具体实施问题,探讨此举对完善船员劳务恶意诉讼之防治的重要意义。

一、恶意诉讼对第三人之侵害——第三人撤销之诉的创设背景

关于恶意诉讼的内涵外延一直存在争论,民事实体法中亦尚无此类界定,这也是民诉法未直接出现"恶意诉讼"概念的原因。笔者认为,尽管对概念的解释众说纷纭,但构成恶意诉讼一般应具备下列特征:一是当事人主观上的恶意,其运用诉讼程序或者执行程序是基于不正当的目的,是故意而为之。如在船员劳务恶意诉讼中,作为原告的船员及作为被告的船东,主观上具有利用诉讼从而逃避其他债务的恶意目的。二是当事人行为上的形式合法性,其依照法律赋予的权利和法定程序进行诉讼活动,本质是利用合法的程序外衣来谋取不法利益。船员与船舶所有人、经营人形式上通过合法的诉讼活动进行。三是结果的损害性,包括对国家、社会的危害,对相对方当事人或第三人合法权益的损害以及对司法权威、社会诚信的危害等。船员劳务恶意诉讼即典型体现了对第三人合法权益的侵害尤其是债权的侵害,这也是第三人撤销之诉创设的重要背景。②

(一)恶意诉讼对第三人债权的侵害

债权因自身的相对请求权特性,不具备物权的支配性和排他性,容易成为恶意诉讼侵害的客体。一方面,恶意诉讼当事人可通过虚拟创设物权如抵押权、留置权,优先于普通债权获得赔偿,使普通债权人的合法利益落空;另

---

① 该条款规定:"第三人因不能归责于本人的事由未参加诉讼,但有证据证明发生法律效力的判决、裁定、调解书的部分或者全部内容错误,损害其民事权益的,可以自知道或应当知道其民事权益受到损害之日起六个月内,向做出该判决、裁定、调解书的人民法院提起诉讼。人民法院经审理,诉讼请求成立的,应当改变或者撤销原判决、裁定、调解书;诉讼请求不成立的,驳回诉讼请求。"

② 一般来说,设立第三人撤销之诉的背景有二:一是给以因故未能参加诉讼而没有获得程序保障,却可能受到判决既判力扩张效果拘束的第三人提供救济途径;二是防止第三人的合法权益受到他人恶意诉讼的不当侵害。我国第三人撤销之诉的设立更大程度缘于第二种原因,这也是本文选题的意义,因此本文仅从恶意诉讼对第三人权益侵害这一角度分析该法条的制作背景。

一方面,恶意诉讼当事人甚至可以通过创设具有优先权的债权,从而损害普通债权人的利益,船员劳务恶意诉讼即为此类。在船舶拍卖款的分配中,船员劳动报酬、海难救助费用、人身伤亡赔偿请求等海事请求因具有海商法规定的船舶优先权,优先于其他普通债权受偿。船东通过与船员恶意串通,在船员劳务合同纠纷案件中就过高的劳动报酬达成调解,或与船员共同伪造劳务合同等证据,约定畸高的劳动报酬,从而在生效裁判中确认远高于实际应领取工资的劳动报酬。而在日后的船舶拍卖款分配中,船员依据生效的裁判文书参与分配,通过行使船舶优先权先于其他债权获得足额或大部分赔偿,再私下将高于其实质报酬的部分返还给船东。其他普通债权如船舶加油款、船舶维修款、船代费用等则因为船舶拍卖款已大部分优先用于赔偿上述劳动报酬,无法得到实现,这种船东与船员相互串通提起的恶意诉讼,使船东从一个最大的债务人变成有利可图的获益者,极大损害了普通债权人的合法权益。

(二) 第三人撤销之诉的独特功能性

在防治恶意诉讼对第三人合法权益的侵害方面,旧《民诉法》已规定了第三人参加诉讼制度、第三人执行异议制度①等第三人权益保护制度,现行新《民诉法》对第三人撤销之诉的创设是否系重复之举,或是具有独特的功能性呢? 笔者认为,旧《民诉法》在保护第三人权益方面缺乏一定的完整性,并未形成环环相扣的制度体系。现行新《民诉法》则通过创设第三人撤销之诉,从诉讼参与阶段、裁判文书生效未执行阶段及至执行阶段系统地为第三人提供了各种救济途径,较为充分地保护了第三人的合法权益。

当然,笔者也注意到,《最高人民法院关于适用〈中华人民共和国民事诉讼法〉审判监督程序若干问题的解释》(以下简称《审判监督司法解释》)第5

---

① 2007 年原《民诉法》第五十六条(现行新《民诉法》第五十六条第一、二款)规定:"对当事人双方的诉讼标的,第三人认为有独立请求权的,有权提起诉讼。对当事人双方的诉讼标的,第三人虽然没有独立请求权,但案件处理结果同他有法律上的利害关系的,可以申请参加诉讼,或者由人民法院通知他参加诉讼。人民法院判决承担民事责任的第三人,有当事人的诉讼权利义务";原《民诉法》第二百零四条(现行新《民诉法》第二百二十七条)规定:"执行过程中,案外人对执行标的提出书面异议的,人民法院应当自收到书面异议之日起十五日内审查,理由成立的,裁定中止对该标的的执行;理由不成立的,裁定驳回。案外人、当事人对裁定不服,认为原判决、裁定错误的,依照审判监督程序办理。"

条实际还确立了第三人申请再审制度。① 作为对恶意诉讼侵害第三人权益的事后救济，该制度的作用与第三人撤销之诉有一定的重合之处。但再审程序毕竟为非正常程序，一方面，从性质上说并非新诉，启动原因可为程序或实体出现错误，且第三人的特殊诉讼地位和程序需依附于再审程序，将导致较高的司法成本，与第三人撤销之诉有所不同；另外，该条款针对的是第三人对生效裁判确定的"执行标的物"主张权利的情形，即仅规定了第三人对"给付之诉"的申请再审权，而忽略了形成之诉、确认之诉等其他诉讼可能给第三人造成损害的情形。也就是说，申请人再审之诉制度与第三人撤销之诉并非完全重合，存在性质及功能上的区分。且《审判监督司法解释》第5条还提到第三人行使申请再审权的前提是"无法提起新的诉讼解决争议"，实质为第三人撤销之诉预留了创设空间，也体现出两种制度在现阶段是并存互补的关系，可由第三人根据不同情况选择适用。因此，创设独立的第三人撤销之诉具有独特的功能性，在防治恶意诉讼方面有着不可替代的必要性。

综上，第三人因恶意诉讼遭受侵害的实体救济需求，及旧《民诉法》中对第三人权益保护的部分功能缺失，都催生了第三人撤销之诉在新《民诉法》中的最终创设。

二、恶意诉讼之事后救济——第三人撤销之诉的法律要件

当船员劳务恶意诉讼导致第三人（包括其他优先权债权人及一般债权人）实体权益受损时，第三人通过行使撤销之诉，产生改变或撤销原审生效裁判文书的结果，可以消除其维护权益的法律障碍，推翻恶意诉讼当事人谋取的不当利益，从而使其受损权益得以救济，真正实现程序及实体公正的司法价值。如何行使这一事后实体救济权，新《民诉法》第五十六条第三款及民诉法司法解释第十四章就构成要件做出了规定。

（一）主体要件——因不能归责于自己的事由未参加诉讼的第三人

新《民诉法》第五十六条第一、二款沿袭了旧《民诉法》对于参加诉讼第

---

① 该条规定："案外人对原判决、裁定、调解书确定的执行标的物主张权利，且无法提起新的诉讼解决争议的，可以在判决、裁定、调解书发生法律效力后两年内，或者自知道或应当知道利益被损害之日起三个月内，向做出原判决、裁定、调解书的人民法院的上一级人民法院申请再审。"

三人的规定,第三款撤销之诉的适格主体亦限于该法条第一、二款规定的"第三人"范围,但民诉法司法解释并未再做进一步规定。《民诉法》第五十六条所指的第三人一般包括下列两种:一种是对诉讼标的具有全部或者部分独立请求权的第三人(以下简称"有独三"),此类第三人,往往最容易成为有资格提起第三人撤销之诉的原告。在船员劳务合同纠纷中,这种第三人往往是担保物权人或其他基于船舶经营管理等过程中发生法律关系的一般债权人。因现实中船员与船东出于侵害第三人权益的动机而串通制造的恶意诉讼,往往都表现为对该诉讼标的亦存有请求权利益的第三人的刻意隐瞒;另一种主体是虽无独立请求权,但案件处理结果同他有法律上的利害关系(以下简称"无独三")。对于"利害关系"这一间接关联的判断应严格把握,有可能是对查明事实具有关键性作用的第三人,学界一般称为"辅助性无独三";有可能是对原告诉讼标的应承担部分责任的第三人,学界称为"被告型无独三";也有可能是作为第三方原告而参与诉讼,享有同原诉原告共同权益的第三人,学界称为"原告型无独三"。对于哪些无独三有权提起撤销之诉,尚无定论,有学者认为只有被告型无独三能成为撤销之诉的原告,因只有这一类无独三才可能受到错误判决的影响。笔者认为,仅从第三人概念及类型方面无法判断第三人撤销之诉的原告资格,还应结合实体要件来判断,即生效判决、裁定、调解书的内容是否损害到其实体权益。此外,在判断第三人撤销之诉的原告资格时,还应注意与必要共同诉讼当事人的区分。这是因为,必要共同诉讼当事人在原审诉讼中只可能是当事人,虽然可能符合广义的案外人的概念,但并不符合《民诉法》第五十六条前两款规定的第三人范畴。必要共同诉讼当事人若因故未能参与诉讼,应通过申请再审的方式来救济自己的权利。

上述两种第三人,如果已参加原审诉讼,则可通过参与诉讼程序对恐被侵害的权益进行救济。故只有因特定原因未参加诉讼、无法通过原审诉讼程序维护其权益的第三人,才能作为撤销之诉的主体。《〈民诉法〉司法解释》第二百九十五条对何为"因不能归责于自己的事由未参加诉讼"进行了详细列举,即:不知道诉讼而未参加;申请参加未获准许;知道诉讼,但因客观原因无法参加;因其他不能归责于本人的事由未参加诉讼。由此可见,首先,"未参加诉讼"应以第三人是否成为原审诉讼主体为衡量标准,若其通过申请或经法院追加已具有原审案件中第三人的诉讼主体地位，即便其在诉讼中放弃诉讼权利，未实际参与诉讼过程，也不能认为其"未参加诉讼"。其次，"因不能归责于自己的事由"需判断第三人的主观，即第三人未参加原审诉讼并无明显过错，并非故意或重大过失导致未能参加诉讼。根据法律规定，有独三参加诉讼的方式仅为其向法院提出其诉求，无独三则可通过当事人向法院申请或法院依职权追加。因此，在判断有独三与无独三的主观过错上，应有所区分。有独三如果知晓原审诉讼存在，但未参加，又无妨碍提起诉讼客观事由的，可认定其具有明显过错。而无独三即使知道诉讼的存在，在案件处理结果出来以前，难以判断是否与其有利害关系，其未参加诉讼一般不能就直接认定具有明显过错，必须查清其是否在原审诉讼时便可对诉讼结果与其的利害关系明做出判断。此外，上述主观过错的举证责任应在第三人。

之所以如此规定，一是将撤销之诉与第三人参加诉讼制度加以区分，从不同诉讼环节充分保障第三人的合法权益；二是防止第三人对撤销之诉诉权的滥用。因撤销之诉毕竟是对生效裁判文书效力的重新推翻，是对已解决纠纷的再审理，若未对此种诉讼严格控制把关，必然对司法权威及法律秩序造成威胁，对司法资源造成浪费，所以若第三人因自身原因，如怠于行使诉权或消极应诉等，未参与本应参加的原审诉讼，则不能成为撤销之诉的适格主体。

（二）客体要件——有证据证明的部分或者全部内容错误的已发生法律效力的判决、裁定、调解书

首先，应明确撤销之诉的客体即已发生法律效力的判决、裁定及调解书，包括一、二审生效的上述裁判文书，不应包括再审生效的裁判文书。因再审赋予当事人的救济，与撤销之诉赋予第三人的救济，均系事后实体救济，适用对象原则上应一致。其次，关于错误的内容，根据《〈民诉法〉司法解释》第二百九十六条的规定，为判决、裁定的主文及调解书中处理当事人民事权利义务的结果，即实体处理方面的错误。第三人撤销之诉系第三人对其实体权利的救济，不应包括程序内容，这也是第三人撤销之诉与第三人申请再审的重要区别。此外，应注意判决主文中的诉讼费用并非撤销对象，因诉讼费用是程序发生之费用，不属于实体处理方面的内容。而在关于调解书作为撤销对象的情况中，对于如何理解"处理当事人民事权利义务的结果"则存有争议。有学者认为，如果调解书中涉及事实认定，而若事实认定影响到案外第三人

合法权益,则也能成为撤销对象。笔者认为,作为撤销对象的调解书应该主要界定在直接涉及当事人权利义务的部分,事实认定若有误,则可根据《〈民诉法〉司法解释》第九十三条第五项和民事诉讼证据规定第九条第四项的规定,通过足以反驳的相反证据在相关诉讼中予以推翻,无据此提起第三人撤销之诉的必要。再次,提起撤销之诉的第三人应当对错误内容承担举证责任,对认为内容错误的事实提供有效证据,这是第三人撤销之诉较之与普通诉讼起诉条件的一大特色,将在以下审查程序部分详细论述。

(三)因果关系要件——生效裁判文书的错误内容导致第三人的民事权益被损害

第五十六条第三款强调生效裁判文书错误内容与损害第三人民事权益后果之间的因果关系。若不论其他原因导致的生效裁判文书错误的情形,仅从船员劳务恶意诉讼角度来看,因原审当事人的主观恶意明显,即其是以谋取不当利益、损害第三人利益为诉讼目的,因此生效裁判文书的错误内容必然系导致第三人权益损害的原因,这种情形下的因果关系不难把握。

关于第三人被损害的"民事权益"应指哪些权益,尚未明确。有观点认为,因我国《侵权责任法》第二条①对"民事权益"进行了界定,此处"民事权益"的范围应适用该法条,所以普通债权原则上不适用第三人撤销之诉的保护,除非是一些享有法定优先权的债权或享有法定撤销权的债权才可以适用。对此,笔者有不同观点。《侵权责任法》中的"民事权益"指的是适用该法时的概念界定,并非适用于我国所有法律规定中"民事权益"的范围。因我国已有《合同法》为主的相关债权法律规定对债权利益的侵害进行规制,因此侵权责任法着意强调人身权、物权等非债权民事权益,但不能据此认为债权产生的财产权益不属于"民事权益"的范围,尤其《民诉法》中所称的民事权益应该囊括更广泛的内涵。在船员劳务恶意诉讼中,普通债权如船舶维修、供油所引发的债权,因为不具备物权的排他性及特殊债权的优先性,更容易成为恶意诉讼侵害的对象,普通债权人恰恰是最需要第三人撤销之诉保护的主体。

---

① 该条规定:"本法(侵权责任法)所称民事权益,包括生命权、健康权、姓名权、名誉权、荣誉权、肖像权、隐私权、婚姻自主权、监护权、所有权、用益物权、担保物权、著作权、专利权、商标专用权、发现权、股权、继承权等人身、财产权益。"

（四）其他要件——审查程序和审理程序

《〈民诉法〉司法解释》第二百九十三条规定了第三人撤销之诉的受理审查程序，法院在收到诉状之日起三十日内需进行审查。该受理审查期比起普通民事诉讼案件的时间有所延长，主要是因为起诉条件应适用《民诉法》第五十六条之规定，而非普通民事诉讼适用的第一百一十九条，需对当事人提交的证据是否能证明生效裁判内容错误、生效裁判内容损害其民事权益进行相应的审查。但应注意这仅为立案阶段的审查，应把握好与进入实体审理阶段时审查的区别。根据第五十六条第三款及第二百九十二条之规定，还应审查第三人撤销之诉是否在其知道或应当知道民事权益受到侵害之日起六个月内提出，这一起算点至少应在裁判文书生效之后。而法院在判断"第三人知道或应知道民事权益受到侵害之日"这一时间点时，则可从生效裁判文书的送达、裁判结果的执行、第三人与原审当事人之间关系、具体侵害情形等多方面予以审查。因撤销之诉实质是第三人行使法定的形成权，因此该六个月期间应与其他形成权的期间一样，为除斥期间，不适用中止、中断等情形。此外，第三人撤销之诉应向做出生效裁判文书的法院起诉，由原审法院专属管辖此类诉讼，有助于审理和查明案件事实，做出正确的裁判，利于审理结果的效率性、正当性及一致性。

而关于第三人撤销之诉的审理程序，虽然《〈民诉法〉司法解释》仅在第二百九十四条规定应组成合议庭开庭审理，未明确该诉的审级，但从该章排序在一审程序之后二审程序之前以及第三百条规定的可上诉内容来看，第三人撤销之诉应当适用一审普通民事诉讼程序。而在合议庭组成的规定上，未要求原审合议庭成员必须回避，这是因为第三人撤销之诉不同于发回重审或审判监督程序的案件，只是与原审有关联，而非完全是对原审的重新审查，甚至有观点认为原审合议庭成员参与第三人撤销之诉，可能更有利于对事实的查明，因此司法解释并未对此做出特别规定。

三、第三人撤销之诉的具体实施问题

（一）第三人撤销之诉的法律效果

《〈民诉法〉司法解释》第三百条规定了第三人提起撤销之诉的后果，并体现出以撤销为原则、改判需严格限制的立法本意。第三人撤销之诉为形成之诉,撤销原判决、裁定、调解书的相应内容一般即达到了诉讼目的,除非第三人提出有关其独立民事权利的主张确实与原诉的诉讼标的有关,才可一并审理,考虑是否径直改变原审判决。同时还应考虑第三人诉求改变的是一审判决或是二审判决,从而有所区分。从审级来看,第三人撤销之诉若是针对二审判决提出,受理法院一般是原审二审法院,若径直改变原审判决,往往会带来审级上移和上级法院负担过重等弊端。此外,还应注意针对调解书提起的撤销之诉,更是应以撤销为原则,若径直改变调解内容,则有违当事人处分与自愿原则。且从保护第三人角度而言,撤销原调解书已基本能达到诉讼目的。

法院判决改变或者撤销原生效裁判文书时,该撤销之诉判决的效力自然应及于第三人,但是否还影响到原生效裁判中的当事人呢?我国台湾地区对此的相应规定是撤销判决仅对提出撤销诉讼的第三人产生效果,即取消原生效裁判中对其产生损害或不利的部分,对于原当事人之间而言不发生效力。除非所涉诉讼标的具有不可分性(如共同共有),该撤销判决才会对原当事人也发生效力。而《〈民诉法〉司法解释》在第三百条第三款则规定,未撤销或者未改变内容对原当事人继续有效,撤销或改变的内容失去效力。这种第三人撤销之诉效力同时及于原审当事人的规定,更能规制船员劳务恶意诉讼的不当行为。也就是说,一旦原生效裁判被改变或撤销,则被改变或撤销部分对原当事人同时失去效力。若该生效裁判尚未执行,应当予以终止;若已经执行,则可视情况进行执行回转。若原生效裁判仅为确认之诉或形成之诉,不存在执行标的,则被撤销或改变部分对原当事人自始无效。至于原审当事人对撤销或改变部分如何救济,《〈民诉法〉司法解释》并未做进一步规定。但《审判监督司法解释》第42条规定:"撤销原判决相关判项的,应当告知案外人以及原审当事人可以提起新的诉讼解决相关争议。"结合此项规定,从司法统一的角度来说,原审当事人可另行通过诉讼解决,不受一事不再理的限制。当然,若原诉当事人即为恶意串通损害第三人合法权益的虚假诉讼,一般也不会再另行起诉。

此外,在第三人提起撤销之诉而该案尚未审理完毕时,法院是否应当中止原生效裁判的执行?《〈民诉法〉司法解释》第二百九十九条规定,仅在第三人撤销之诉原告请求中止并提供担保后,法院才可准许。这是因为,在撤销之诉的诉讼请求尚未得到法院支持之前,从司法权威及司法效率性的角度考虑,法院不应停止对原生效裁判的执行,除非经法院审查原裁判执行确有可能导致第三人继续受到损害,而第三人也为此提供了担保,法院才可裁定中止原裁判的执行。

(二)第三人撤销之诉与再审制度、执行异议之诉的协调

再审制度与执行异议之诉,和第三人撤销之诉在功能上有一定的重合之处,都指向原审诉讼标的,但又属于不同的诉讼制度,《〈民诉法〉司法解释》第三百零一条至第一百零三条对其关系进行了协调。

根据上述规定,当原诉再审审理程序与第三人撤销之诉并行时,从裁判角度统一及节省司法成本角度出发,第三人撤销之诉应并入再审程序。但在船员劳务恶意诉讼中,则该原则并不适用,而是应当先行审理第三人撤销之诉,裁定中止再审诉讼,体现出对恶意诉讼中第三人的绝对保护;而在第三人同时具备提起撤销之诉与执行异议之诉的条件下,第三人只能按照启动程序的先后,选择一种救济程序。先启动执行异议的,可根据《民诉法》第二百二十七条的规定通过再审救济。先启动第三人撤销之诉的,即使其在执行程序中提出异议,也不能根据《民诉法》第二百二十七条的规定申请再审。

(三)第三人撤销之诉的相关配套制度

第三人撤销之诉只是防治恶意诉讼的一个重要举措,需与其他配套制度协调互补,才能形成合力,共同发挥维护社会公平正义的作用。

1.法院告知制度

在台湾地区的立法例中,法院告知制度是第三人撤销之诉一个重要事前配套制度。所谓法院告知制度,是指法院发现诉讼标的已涉及到案外第三人时,法院依职权通过书面的形式将诉讼系属之事实通知该案外第三人,使其获得参加诉讼的机会。"其与第三人撤销诉讼制度两者前后呼应配合,能兼顾程序保障及统一解决纷争,确保裁判之安定性及具体妥当性之要求。"结合我国《民诉法》的施行现状,人民法院可在原审裁判中加强对追加第三人的职权运用,尤其当法院怀疑正在审理的诉讼存在恶意诉讼侵犯第三人利益的可能性时,应充分行使告知并追加第三人的职能,有利于维护司法审判的

权威。在目前的海事审判中,虽在立法层面上无明确的告知制度,但实践中越来越多的法官在审理船员劳务合同纠纷时,若涉及对船舶优先权的确认且知晓第三人的存在,一般亦会告知船舶抵押权等第三人,但处理方式不一,建议可在立法上做出统一规定。

2. 撤销权滥用惩罚制度

因第三人撤销之诉毕竟是原生效裁判效力的再审查,司法成本大,对司法稳定来说具有一定的危害性,为防止第三人滥用撤销之诉诉权,应设立相应的撤销权滥用惩罚制度。法国、我国台湾地区对此均有规定,我们应予以借鉴。可在第三人撤销之诉被依法驳回,且查明该第三人有延缓原生效裁判执行等恶意时,处以罚款等惩罚措施。

结语

我国正处于复杂的社会转型期,诚信机制的不完善、社会利益格局的剧烈变动、违法成本的低廉等原因导致恶意诉讼频频发生,尤其在船员劳务合同纠纷领域更是高发。在审理船员劳务合同纠纷时,法院虽然也可以借比对照航海日志、查询海事局相关记录等对船员所诉债权的真假性加以甄别,但若遇双方当事人恶意串通,查明事实仍有很大的难度。因此,第三人撤销之诉制度的应运而生,很大程度上满足了防治船员劳务恶意诉讼的现实需求。在理解及运用这一制度时,一方面应着重考虑如何更有利于使受到不当侵害的第三人得到救济,如何更有效地遏制恶意诉讼,一方面还应注意严格把握其启动程序,防止第三人随意攻击生效法律文书,破坏司法的权威性和稳定性,同时注意该制度与相关制度的配套施行。相信随着民诉法及其司法解释的全面实施,第三人撤销之诉将与诚信原则的贯彻、妨害民事诉讼强制措施的施行及其他第三人权益保护制度等相互协调补充,形成合力,有效防治船员劳务恶意诉讼,真正发挥司法明辨是非、定分止争、维护社会秩序和公义的重要作用。

(原载于《中国海商法研究》2017 年第 4 期)

我国海域污染损害的司法鉴定

张　伟

【摘要】司法鉴定在诉讼活动中的重要性不言而喻，尤其是海域污染损害司法鉴定工作，基本上是审理该类案件的必经程序。但我国当前的海域污染司法鉴定工作还存在一些不够完善之处，如鉴定规范不成体系、技术标准也不够细致等。这些问题都给海事审判造成较大的不利影响，急需进一步完善。

【关键词】司法鉴定；鉴定标准；鉴定意见

司法鉴定是诉讼活动中非常重要的一项工作，鉴定意见更是几大诉讼法中至关重要的证据类型。随着时代的发展，科学性强的司法鉴定在诉讼中的运用日益广泛和重要。它在法院厘清案件事实，确定当事人责任，促进案件公平、公正，提高效率等方面发挥着巨大的作用。

我国的司法鉴定，尤其是海域污染损害司法鉴定的发展还需要不断完善，很多规范并不成体系，技术标准也不够细致。在一些复杂案件中，司法鉴定的作用并不能很好地发挥，反而造成了诉讼战线的拉长，导致一些案件久悬不决，带来了司法资源的浪费，也会损害当事人的利益。因此本文主要分析当前海域污染损害的司法鉴定工作存在的不足，借鉴国外相关立法经验探讨相应的完善之路，并提出完善建议。

一、我国海域污染损害司法鉴定存在的不足

研究我国海域污染损害司法鉴定相关问题，必须坚持以问题为导向。只有清楚梳理出海域污染损害司法鉴定存在的不足，才能从这些方面着手，逐渐加以完善，保证司法鉴定结果真正公正、科学。

通过多年海域污染损害赔偿案件的司法实践,总结出当前该类司法鉴定工作主要存在司法鉴定机构管理混乱,司法鉴定标准和规范不严谨、不完善,在诉讼过程中对司法鉴定意见的辩论不足等问题。

(一)海域污染损害的司法鉴定机构管理混乱

2005 年出台的《全国人民代表大会常务委员会关于司法鉴定管理问题的决定》对司法鉴定机构的资质做了相关规定,明确司法行政部门主管鉴定人和鉴定机构的登记管理,司法鉴定业务包括法医类鉴定、物证类鉴定及声像资料鉴定三大类,对三大类之外的鉴定业务未明确范围与管理方式,由其他法律另行规定。然而,我国现行立法中并没有明确海域污染损害司法鉴定的范围与管理方式,对鉴定主体也没有明确的标准。

目前,国内有资质对海洋生态环境、渔业资源等海洋环境损害进行评估鉴定的机构主要分为两类:

1.司法行政部门批准设立的司法鉴定机构

大部分这类司法鉴定机构主要从事法医类鉴定、物证类鉴定及声像资料鉴定,海域污染损害鉴定往往只是其一小部分业务,而且鉴定资质不明确。以福建省为例,由福建司法厅登记管理的司法鉴定机构对该类鉴定一般登记为海事物证鉴定,至于海事物证鉴定的具体范围则未进行明确,是否包含海域污染损害鉴定也不得而知。通常而言,海域污染损害鉴定对鉴定人员专业素养和相应的鉴定设备要求都比较高。一般司法鉴定机构虽然涵盖海事物证鉴定业务,但其对海域污染损害的鉴定能力常常受到诉讼相对人的质疑,鉴定的结果是否科学也成为诉讼过程中事实认定的难点。

2.其他海洋污染损害司法鉴定机构

其他海洋污染损害司法鉴定机构包括:中国科学院设立的海洋研究所、国家海洋局设立的检测研究部门(如国家海洋局南海环境监测中心、北海环境监测中心)等。另外,农业部,各省、市等渔业主管部门设立的海洋渔业监测中心主要对渔业资源损失进行评估。但这类鉴定机构并非严格意义上的"独立机构",通常其协助海洋主管部门做出海洋生物资源损害影响评估类报告。但在某些海洋污染公益诉讼中,当该类鉴定机构与诉求方存在某种行政上关系时,其报告的中立性常常受到质疑,进而也影响法院对案件事实的判断和责任比例的划分。如在广东海域发生的油污事故，行政主管部门一般是委托广东海洋与渔业环境监测中心对污染损害依法进行监测调查，虽然该监测中心的鉴定资质适格，但大多数相对人仍然担心其与行政主管部门容易受到经济利益和行政部门权力影响，做出不符合实际情况的鉴定意见。[①]

海域污染损害的司法鉴定常常涉及相关海域样本收集、数据检测分析，包含大量的海洋生态和生物概念知识，有时要给出海域水质、沉积物质量、海洋生态因子等各方面的调查分析结果，专业性较强。[②] 而海域污染损害的鉴定主体资格标准不统一，管理不规范，将会直接影响鉴定意见的科学性与准确度。最明显的例子就是，针对同一起海域污染事故两个不同鉴定主体根据相同标准能够得出两份相差甚远的鉴定意见。当然其中肯定也包含一些合理的计算评估误差，但更主要的是其他主客观因素，专业水平和设备条件的不同恐怕是主要原因。没有严格的海域污染损害鉴定主体的准入制度，就很难保证该类司法鉴定活动的客观性与合理性。在诉讼中，这些鉴定机构的权威性就常常受到当事人的质疑，诉讼也会陷入两难境地。

值得欣喜的是，为落实健全生态环境保护责任追究制度和环境损害赔偿制度的要求，促进生态文明建设，适应环境损害诉讼需要，最高法、最高检、司法部、环保部于2015年年底联合发文《加强对环境损害司法鉴定机构和鉴定人的管理》。该文件对海域污染损害的司法鉴定范围以及鉴定机构准入资格评审均做出明确要求，并要求各相关司法鉴定机构于2017年6月前重新申请登记。海域污染损害的司法鉴定工作将逐渐规范化，为法院对此类鉴定机构的鉴定资格审查提供明确依据。

（二）我国海域污染损害的鉴定标准和规范存在的问题

在海域污染损害的鉴定方面，我国已经出台了不少的规范和标准，适用于海域污染损害司法鉴定的不同方面。例如，《渔业水域污染事故调查处理程序规定》（1997年3月26日农业部令第13号），《水域污染事故渔业损失计算方法规定》（农业部1996年10月8日颁布执行），国家质量监督检验检疫总局、国家标准化委员会2008年发布的《渔业污染事故经济损失计算方

---

① 王冉雨：《我国海洋污染损害司法鉴定问题研究》，大连海事大学2015年硕士学位论文，第20页。

② 温格、陈亮：《关于海域污染损害范围程度几类证据的研究》，《交通世界》2013年第15期。

法》(该标准实际上是对农业部 1996 年发布的《水域污染事故渔业损失计算方法规定》的全面更新),2007 年国家海洋局发布的《海洋溢油生态损害评估技术导则》(国家海洋行业标准 HY/T 095—2007)以及 2007 年国家质量监督检验检疫总局发布的在 1998 版本基础上修订的《海洋监测规范》(GB 17378—2007)等 7 项强制性系列国家标准和国家标准化管理委员会发布的推荐性国家标准《海面溢油鉴别系统规范》,2013 年 8 月国家海洋局印发了《海洋生态损害评估技术指南(试行)》。一些海洋经济发达的地区还出台了一些地方性规范。

过分繁杂且不统一的鉴定标准给海域污染损害司法鉴定工作造成了一些不利的影响。主要问题有:

1. 计算标准过于原则化,没有严谨细致的计算过程,带来对计算结果的合理化质疑

比如《渔业水域污染事故调查处理程序规定》中的"天然渔业资源经济损失额的计算,不应低于直接经济损失中水产品损失额的 3 倍",直接以水产品直接损失额的 3 倍来计算天然渔业资源的经济损失额,常常会造成计算得出的损失金额过于巨大。责任方对其计算的科学性和合理性产生较大的怀疑。海域污染如漏油事件等虽然可能会造成相关海域部分鱼群直接死亡,但更多的是造成该区域的鱼群迁移到别的海域。以油类污染为例,该类污染一般不会产生永久性影响,经过一段时间(通常需 5~6 个月)的净化和海洋自我修复,污染所造成的影响会慢慢消除,届时天然渔业资源又会慢慢恢复,鱼群会洄游。因此,鉴定人对污染水域的水质、渔业资源的损失等检测要持续较长一段时间(1~3 年,根据污染源种类评估),并由此得出的结论才更为准确、严谨。如果经过较长时间的检测发现污染海域的天然渔业资源其实并没有损失多少,上述按 3 倍水产品直接损失额计算得出的天然渔业资源中长期损失(或恢复费用)就缺乏合理性。

2. 各类规范和标准对损失的计算范围存在重叠,出现重复计算的情形

根据《海洋环境保护法》第九十条第二款的规定,当包括钻井平台溢油在内的海洋环境污染事故破坏海洋生态和海洋水产资源时,对于国家因此受

到的重大损失，由国家海洋局和农业部分别代表国家索赔损失。在蓬莱 19-3 油田溢油事故处理中，农业部代表国家索赔天然渔业资源损害，国家海洋局北海分局代表国家索赔海洋生态资源损害。①

对于溢油造成的海洋生态损害，中国现行的评估依据是 2007 年发布的《海洋溢油生态损害评估技术导则》（以下简称《技术导则》）。《技术导则》规定，海洋溢油生态损害的对象包括：海水质量损害、海洋沉积物环境损害、潮滩环境损害、海洋生物损害、典型生态系损害、海洋生态系统损害；损害评估项目包括：海洋生态直接损失（生态服务功能损失、环境容量损失）、生境修复费、生物种群恢复费、调查评估费。该四项损失与按照《渔业污染事故经济损失计算方法》中计算而来的天然渔业资源损失恢复费用存在较大程度的重叠。当由不同主管部门对海洋生态资源损害和天然渔业资源损害进行分别索赔时，在同一事故造成的海洋生态损害计算方面会存在重复。

3. 鉴定标准效力低，规定较为单一

海域污染损害司法鉴定过程中使用鉴定标准、方法、导则均不属于法的规范，效力低。一些评估方法规定单一，难以适应某些具体的案例。以《技术导则》为例，该《技术导则》是国家海洋局颁布的行业标准。虽然符合《中华人民共和国标准化法》的规定，但只是推荐型标准，而不是强制型标准，更不是法律、法规和部门规章，而且没有被法律、法规和部门规章所引用，因而法律效力层次低。

另外，在蓬莱 19-3 油田溢油事故处理中，《技术导则》对于某些损失项目的评估方法的规定显得有些陈旧、过时，不能适应该案中一些损失项目的具体情况。因此，国家海洋局北海环境监测中心对蓬莱 19-3 油田溢油海洋生态损害评估过程中，需要创新性地采用其他评估方法以尽量还原损失的客观情况，但此种其他评估方法缺乏依据。②

（三）海域污染损害的司法鉴定意见在诉讼过程中辩论不足

由于海域污染损害的司法鉴定专业性强，鉴定过程中通常需使用专门的

---

① 胡正良、刘畅、张运鑫：《海洋生态资源损害赔偿制度的不足与完善》，中国律师 2012 年海商法国际研讨会优秀论文。

② 胡正良、刘畅、张运鑫：《海洋生态资源损害赔偿制度的不足与完善》，中国律师 2012 年海商法国际研讨会优秀论文。

检测设备、专业的计算方法和技术规范,作为诉讼参与人的法官和律师均不具备相应的专业知识,无法对鉴定意见进行合理性审查,对鉴定意见的质疑能力也欠缺。真理越辩越明,如果不能对鉴定意见进行有价值的质证,不能对鉴定人员进行有针对性的提问,诉讼相对人即使对鉴定结果有疑惑或不信任,但也无法提出有价值的异议,只能泛泛而谈。在很多海域污染损害的案件中甚至出现两份以上的鉴定报告,鉴定结果之间各不相同,这时诉讼的关键在于找出分歧点及其理据与原因,但专业能力的不足就会造成法官对鉴定结果认定分析意见单一或者找不到切入点,甚至避实击虚。

综上,在海域污染损害的案件中引入专家意见,对解决诉讼双方分歧,审查鉴定结果的科学性、客观性均有很大的帮助。2012年新修订的《民事诉讼法》第七十九条规定:"当事人可以申请人民法院通知有专门知识的人出庭,就鉴定人做出的鉴定意见或专业问题提出意见。"该有专门知识的人在学理上常被称为"专家辅助人"或"诉讼专家"。由鉴定人出庭对专家辅助人提出的意见进行回答,鉴定人和专家辅助人可以在法庭上对鉴定结果的科学性进行一定程度的辩论,通过两者之间的一问一答,法官才能更加明晰鉴定意见的合理性,从而加以认定。鉴定过程中(包括鉴定基础材料、计算依据、计算标准、计算方法等)存在瑕疵和不足的,法官也可有针对性地要求鉴定人补充鉴定或重新鉴定。专家意见的引入,使鉴定人不能在诉讼中垄断对某项事实的认定,可以促使鉴定人在鉴定过程中更为严谨、细致、客观地分析、论证和计算,保证鉴定结果的科学性、客观性。

但在司法实践中存在的问题是,新修订的《民事诉讼法》关于专家辅助人的规定相当原则,导致专家辅助人应该具备什么样的资历还处于模糊地带。具有专门知识的人能否作为专家辅助人出庭发表意见,目前仅依赖承办法官的主观判定。因此当专家意见与鉴定结果分歧较大的,而各自理据表面看上去均充分的,相关事实的认定仍然成为难题。海域污染损害案件通常影响大、标的金额高,诉讼当事人对鉴定结果非常谨慎,专家意见的引入也可能会导致当事人滥用异议权,增加审判的复杂性,提高了司法成本,造成司法资源浪费。因此需要对当事人通过专家辅助人行使鉴定结果的异议权进行规范,对补充鉴定、重新鉴定、复核鉴定的启动进行完善。

二、海域污染损害司法鉴定的复杂性及国外相关立法经验的借鉴意义

（一）海域污染损害司法鉴定的重要性和复杂性

近年来，国际社会越来越重视海洋环境的保护，国际海事组织（IMO）把"让海洋更清洁，让航行更安全"作为自己的行动纲领。随着我国向蓝海强国迈进步伐的加快，加大海洋资源保护力度的形势也越来越紧迫，海洋污染的预防、治理以及纠纷解决愈加受到重视。航运业以及海洋资源的勘探和开发利用，如船舶碰撞沉没、海上养殖、海上油田溢油事故等都会造成严重海域污染事故。这类污染事故一旦发生，必然导致海域生态环境遭受破坏、渔业资源减少、清污治污投入花费巨大等重大损失，从而引发海域污染损害赔偿诉讼。在海域污染损害赔偿诉讼过程中，用以证明海域污染程度、渔业资源等海洋资源损失大小以及各项清污治污费用的证据具有很强的专业性，法院在认定该部分证据时相关专业知识和能力明显不足，如此，海域污染损害的司法鉴定工作就必不可少了。海域污染损害司法鉴定是一个非常复杂的问题，在确定海洋污染损害时，需要考虑实际损失、二次损害、人身伤害等多个问题。而司法鉴定意见一经做出，基本都将在司法诉讼过程中成为关键性证据，成为法院裁判的主要依据。因此，可以毫不夸张地说，海域污染损害的司法鉴定意见已经成为决定案件胜负的关键，由此可见其重要性。

海域污染损害司法鉴定具有其独特的专业性与科学性，不仅涵盖法学而且还涉及海洋学、气象学、化学等多个领域。从海域污染损害相关证据样本的提取到鉴定意见的形成，再把鉴定意见具体适用到海域污染司法诉讼中，整个过程都需要完善的制度进行规范。只有充分发挥鉴定意见应有的作用，才能真正帮助法院厘清案件事实，确定当事人责任及赔偿数额。

正是因为海域污染损害司法鉴定的重要性和复杂性，所以在我国该类司法鉴定工作面临前文所述的种种不足时，有必要通过借鉴国外相关立法经验来完善我国相应的司法鉴定制度。

（二）国外相关立法经验

我国的海洋经济起步较晚，海洋环境保护工作发展较慢，因此，相应的海

域污染损害索赔工作还很薄弱,相关法律规定也存在很多不足。国外一些国家先进的立法经验或者某些国际组织制定的海洋防污规范可以为我国海域污染损害司法鉴定制度的完善提供借鉴意义。我国有必要结合自身实际,借鉴国外相关立法经验,规范我国的海域污染损害司法鉴定工作,保证其公正、科学、中立。这不仅关系到当事人的切身权益,也是我国海洋环境保护的必要手段。

《1990 年石油污染法》(以下简称 OPA 1990)是美国为保护海洋环境,应对溢油事件所制定的法律,为实现对其中一项自然资源的损害赔偿,美国国家海洋与大气管理局制定了《自然资源损害评估指导文件》(以下简称 NR-DA)(即 OPA 1990 实施细则)。

NRDA 程序包括评估准备阶段、编制恢复计划阶段和实施恢复计划阶段三个阶段。评估准备阶段的任务是确定污染事故是否适用 OPA1990,并确认事故是否已经造成或可能造成自然资源损害,以决定是否继续评估程序;编制恢复计划阶段的任务是调查环境损害情况,制定合理的环境恢复措施并计算环境恢复计划的实施费用;实施恢复计划阶段的任务就是监督责任方自行实施制订的环境恢复计划或要求其提供环境恢复所需资金。其中编制恢复计划阶段是损害评估程序的核心。①

加拿大是 1992 CLC 和 1992 年《设立国际油污损害赔偿基金公约》的缔约国。加拿大环境署根据加拿大环境保护法等法律的立法授权,有权向自然资源或环境损害的责任方要求金钱赔偿,但在过去加拿大环境署向污染责任方索赔自然资源或环境损害修复费用的赔偿时,常因缺乏计算损害费用的可行方法而难得到法院支持。从现实来看,20 多年来赔偿环境损害的案件较为少见,主要原因就是对环境损害的合理恢复措施的费用得不到法院的认可。②

1999 年夏爱德华王子岛的一系列鱼损事故是促使加拿大制定《加拿大环大西洋地区的环境损害评估与资源评估程序》的直接原因。加拿大正在

---

① 王冉雨:《我国海洋污染损害司法鉴定问题研究》,大连海事大学 2015 年硕士学位论文,第 14 页。

② A. Vaseashta et al. Nanostructures in environmental pollution detection, monitoring, and remediation. Science and Technology of Advanced Materials,2007, 8(1-2). 转引自王冉雨:《我国海洋污染损害司法鉴定问题研究》。

发展中的,用于识别、量化、评估环境损害的方法被称为环境损害评估(以下简称 EDA)。EDA 的目标是使受损害的生态系统或自然资源恢复到受损前的状态。整个的环境损害评估是一个有步骤的过程,从损害来源和程度入手,紧接着是恢复计划的制订,然后是恢复计划的执行。EDA 的结果能在任何指定情况下提供一个合理的赔偿数额。EDA 适用于加拿大淡水和沿海生态系统。到目前为止,加拿大环境署已经成功地将 EDA 用于许多危险物质排入淡水水域和沿海生态系统的相关案件中。加拿大此种 EDA 和资源评估程序对我国进行淡水和沿海生态系统的环境损害、资源评估具有重要参考、借鉴价值。[1]

意大利 1986 年第 349 号法令第十八条规定,对环境损害案件,如果技术上可能,法官应裁定对损害负责的一方,承担费用并恢复环境。如果技术上不可能,则要做出相应的经济补偿。如果不能准确地做出评估,在考虑责任方不法行为所导致的严重性、恢复措施及利润损失时,必须使用衡平法。[2]

国际油污损害赔偿基金组织(IOPC Funds)积累了大量处理油船污染事故损害赔偿的经验,得出了一整套确定污染事故对海域损害范围和程度的理论理据及计算方法。国际油污损害赔偿基金组织发布的《渔业索赔评估技术指引》(以下简称《指引》)在处理污染事故损害赔偿争议时受到国际航行船舶船东和保险人的广泛遵循,并为许多国家和地区的政府部门和司法机构所认可。该指引将索赔请求分为捕鱼、水产养殖和加工行业三大类,详尽地分析了不同行业的运作模式,阐述了基金赔偿原则及各国实际操作情况,并给出了从成本、收入、利润、附加值到各类赔偿项目的具体算式。若适当地结合当地的真实情形,据该指引得出的结论和数据应当是相当严谨、可靠的。此外,国际油船所有人防污联合会(ITOPF)、国际保赔协会集团(IG P&I)等相关机构也会发布污染事故损害赔偿的一般性指引或针对特定事故出具指导意见,此类意见对作为其会员的船东、保赔协会及损害赔偿关系项下的其

① G. Mol,S. P. Vriend,P. F. M. Van Gaans Environmental Monitoring in the Netherlands：Past Developments)and Future Challenges. Environmental Monitoring and Assessment, 2001,68(3).

② Review of the International Compensation Regime-Compensation for Environmental Damage under the Auspices of the CLC-FUND Conventions,92FUND/WGR,3/8/8,12 June 2001,13.

他当事人具有相当重要的影响。①

三、我国海域污染损害司法鉴定制度的完善问题

我国已有的海洋保护方面的立法一直在不断完善中,部分法律规范已经体现了对国际公约的借鉴。比如,对于船舶发生油污事故引起的海域污染损害赔偿,最高人民法院在 2005 年印发的《第二次全国涉外商事海事审判工作会议纪要》第 150 项中明确了个体所有的财产损失、清污费用、渔业资源和海洋资源损失的合理恢复措施的费用三大项赔偿项目。2011 年颁布的《关于审理船舶油污损害赔偿纠纷案件若干问题的规定》第九条增加了第一项相关的"预防措施造成的进一步灭失或者损害",将第三项的范围扩充为"对受污染的环境已采取或将要采取合理恢复措施的费用",加入了"油污事故造成该船舶之外的财产损害而引起的收入损失"和"因油污造成环境损害所引起的收入损失"两项。这些法定赔偿项目是参照 1969 年和 1992 年《国际油污损害民事责任公约》、2001 年《国际燃油污染损害民事责任公约》及其相应的议定书确定的,已经相当广泛地包含了船舶油污事故对海域的污染损害。② 而且,《海洋环境保护法》第九十七条规定,我国缔结或者参加的与海洋环境保护有关的国际条约与本法有不同规定的,适用国际条约的规定。但根据当前我国海域污染损害司法鉴定的制度现状,笔者认为,仍然需要从以下三个方面对相关制度进行完善。

(一)确定海域污染损害赔偿范围

对海域污染损害进行司法鉴定过程中,我们首先必须解决海域污染的损害赔偿范围的问题。只有海域污染损害赔偿范围明确化和具体化,才能为相关司法鉴定工作创造前提条件,指引司法鉴定工作有序开展。

《海洋环境保护法》第九十条第一款和《侵权责任法》第十五条只是笼统地规定赔偿损失,没有具体规定赔偿范围。《海洋石油勘探开发环境保护管理条例实施办法》对海洋石油勘探开发造成海域污染损害赔偿范围有所明确,但仍然不够具体。比如其第二十八条规定的赔偿责任范围第一项为"由

---

① 温格、陈亮:《关于海域污染损害范围程度几类证据的研究》,《交通世界》2013 年第 15 期。
② 温格、陈亮:《关于海域污染损害范围程度几类证据的研究》,《交通世界》2013 年第 15 期。

于作业者的行为造成海洋环境污染损害而引起海水水质、生物资源等损害,致使受害方为清除、治理污染所支付的费用"。因为"致使"这一词的存在,导致"海水水质、生物资源等损害"与"受害方为清除、治理污染所支付的费用"是并列关系抑或因果关系还存在疑问。如果是并列关系,则表示海洋环境容量损失和海洋生态服务功能损失属于赔偿范围;但如果是因果关系,则赔偿范围仅仅包含清除、治理污染所支付的费用,而不包含海水水质、生物资源等损害(即海洋环境容量损失和海洋生态服务功能损失)。

《最高人民法院关于审理船舶油污损害赔偿纠纷案件若干问题的规定》第九条第(四)项规定的赔偿范围是"对受污染的环境已采取或将要采取合理恢复措施的费用"。从字面意思上理解:对于船舶溢油造成的海洋环境资源损害的赔偿,仅限于已采取或将要采取合理恢复措施的费用。如果按照这一原则,根据《海洋溢油生态损害评估技术导则》评估确定的溢油海洋生态损害中的环境容量损失、海洋生态服务功能损失,以及根据《渔业污染事故经济损失计算方法》评估确定的天然渔业资源损失恢复费用,能否归属于"对受污染的环境已采取或将要采取合理恢复措施的费用"损失赔偿范围仍存在较大疑问。

上述办法或解释仅仅用于处理海洋石油勘探开发或船舶油污某一个方面造成的海域污染损害赔偿。其他方面原因(如海上作业工程)造成的海域污染损害赔偿范围仍未进行明确。

因此,在后续的海洋环境保护法律修订过程中,非常有必要对海域污染赔偿范围做出进一步完善和明确,参考相关国际海洋环境保护立法和国际公约等经验对赔偿范围具体详细地列明,增加法律规范的可操作性。

(二)丰富海域污染损害评估和计算方法

在明确海域污染损害赔偿范围的前提下,另一个需要完善的即为损害评估方法科学性、合理性问题。关于我国现行的相关技术规范,之前内容已经阐述了其不合理、不科学之处。比如:计算方法不严谨,过多采用估算;技术操作规范简单、单一,不能应对具体复杂的海域污染案件,等等。可以参照国际上先进的立法经验,如前文提及的美国《自然资源损害评估指导文件》(即OPA 1990实施细则)以及国际油污损害赔偿基金组织发布的《渔业索赔评估技术指引》等对我国的司法鉴定规范和标准(比如《海洋溢油生态损害评估技术导则》和《渔业污染事故经济损失计算方法》等)进行梳理、修改和补充,相应提高相关规范的效力等级,为海域污染损害司法鉴定工作提供制度保障。

(三)司法鉴定机构相应的鉴定资质登记应具体明确

海域污染损害的司法鉴定工作依赖化学、海洋学等多门学科,是一个系统庞大的评估定价过程,具体而言鉴定事项主要有确定污染源、判定污染程度、海洋环境质量评价、确定污染损失四大项工作。

前文提到,海域污染损害的司法鉴定机构之前管理混乱,鉴定资质登记不明确。但随着最高法、最高检、司法部、环保部于 2015 年年底联合发文《加强对环境损害司法鉴定机构和鉴定人的管理》,海域污染损害的司法鉴定机构登记管理工作将迈上一个新台阶。不过相关部门在对鉴定机构资质进行登记时,一定要根据鉴定事项的具体内容将鉴定业务范围进行明确划分,不能出现将鉴定业务范围笼统地登记为海事物证鉴定之类情形,否则将会造成某些海域污染损害的司法鉴定工作难以进行,鉴定意见的证明力丧失或减弱。

以厦门海事法院的司法实践为例,法院受理的海域污染损害赔偿类案件大多数是海域污染造成养殖户的水产养殖损失纠纷,这类案件鉴定事项一般主要涉及污染源确定和水产养殖具体损失。但当地海事鉴定机构登记的鉴定业务范围为"海事物证",鉴定资质范围模糊,很多当事人质疑其是否具有计算评估水产养殖具体损失的资质。因此法院多数情况只能委托评估机构对水产养殖损失进行评估,但一般的资产评估机构根本没有专业水产评估经验,对相关规范和计算标准不熟悉,评估时大多采用估算方式,造成评估结果的主观随意性大,缺乏科学性和合理性。在诉讼过程中,法官在据此评估结论确定具体赔偿金额时常常处于进退两难的窘境。

(原载于《人民司法·应用》,2017 年第 13 期)

海洋环境污染公益诉讼实务问题研讨
—— 兼谈海洋环保禁止令制度的建构

胡伟峰

【摘要】晚近，随着我国海洋开发利用的高速进行，海洋环境污染案件呈高发势态，对环境造成严重影响。我国《民事诉讼法》及《环境保护法》的修改构建起我国环境保护民事公益诉讼制度，对生态环境的保护具有重大意义。受调整对象的影响，海洋环境污染公益诉讼在程序规则上具独特性。基于此，本文着重探讨实务中常见的难点问题，包括海洋环境污染因果关系的认定与损害结果的量化，并建议以海事强制令为基础建构海洋环境保护禁止令制度。

【关键词】海洋环境污染；公益诉讼；环保禁止令

一、海洋环境污染公益诉讼概述

（一）海洋环境污染公益诉讼的概念

关于公益诉讼的定义，学者仁者见仁，智者见智。有学者从公益诉讼与传统民事诉讼的差异出发，认为："公益诉讼是单位或个人为了国家和社会环境利益的维护而以自己的名义向法院提起的诉讼。它与我们现行诉讼制度一个最大的不同就是，起诉人不一定是与本案有直接利害关系的人。"[①]有学者从公益诉讼与私益诉讼的区别出发，认为："公益，从主体构成上来看可以分为两类，一类是集体利益，另一类是多个人的利益。前者是一种整体的、不可分割的利益。后者是多个人中的各个人的利益。""多人利益意义上的

---

① 王灿发：《公益诉讼不会导致滥用诉权》，《绿叶》2005 年第 3 期。

公益,实质上是私益……属于传统诉讼的范畴,只有集体利益意义上的公益才是真正的公益……值得人们花费苦心的只是集体利益意义上的公益诉讼问题。"①

具体到海洋环境污染公益诉讼,可以根据《中华人民共和国海洋环境保护法》(以下简称《海洋环境保护法》)第 95 条第 1 款②的规定定义为:"法律规定的有关机关和社会组织认为海洋环境受到污染或海洋生态受到损害且影响到大量不确定的人群时向法院提起的诉讼。"

(二)海洋环境污染公益诉讼的定位

在海洋环境保护领域,海洋局、海事局、环保部门等多个行政机关具有执法权,在这些机关被赋予广泛的行政管理权限与职责的情况下,产生了行政法与民法上的分工,无论从对法律的理解或具体实践来看,包括在海洋在内的环境保护领域中,行政权力都占据主导地位。只有在行政执法失灵的情况下,海洋环境污染公益诉讼方才出现并发挥作用,其主要定位于对行政机关海洋环境执法体系进行辅助、补充与监督,是行政执行权之外的环保辅助者。

(三)海洋环境污染公益诉讼的赔偿范围

根据《海洋环境保护法》及《联合国海洋法公约》的规定,海洋环境污染会产生两大类损害后果:一是具体的海洋环境污染,即危害人类健康、妨碍捕鱼和海洋的其他正当用途在内的各种海洋活动,损害海水使用质量的;二是海洋生态损害,即损害海洋生物资源,减损环境优美,损害海洋的气体调节功能,影响海域生态系统的生物控制功能,侵害人类生态利益。

基于海洋生态损害而提起的诉讼无疑是公益诉讼,然而,并非所有基于海洋环境污染提起的诉讼均为公益诉讼,仅针对特定权利人造成损害的具体海洋环境污染而提起的诉讼则属私益诉讼。如可确定人群范围的个体请求权叠加③,海洋环境污染造成的区域内确定数量养殖户的渔业损失而合并提

---

① 徐祥民、胡中华、梅宏等:《环境公益诉讼研究:以制度建设为中心》,中国法制出版社 2009 年版,第 6、8 页。

② 《中华人民共和国海洋环境保护法》第九十五条第一款规定:"海洋环境污染损害,是指直接或者间接地把物质或者能量引入海洋环境,产生损害海洋生物资源、危害人体健康、妨害渔业和海上其他合法活动、损害海水使用素质和减损环境质量等有害影响。"

③ 周翠:《民事公益诉讼的功能承担与程序设计》,《北方法学》2014 年第 5 期。

起的集团诉讼,某些海洋动物保护协会、志愿组织、环保协会针对侵权人提起的要求偿付其为救助受污染海洋生物、降低海洋污染后果支付的费用的诉讼。

海洋环境污染公益诉讼适用情形是非因个体利益叠加产生的集合利益受损,其请求权主要是实体法上的非金钱损害赔偿请求权,含停止侵害、排除妨碍、消除危险、恢复原状等。此外,随着环境保护法律的不断完善,也出现了几种金钱损害赔偿请求权,如原告为防止严重损害结果的出现而采取合理预防、处置措施而发生的费用、生态环境修复费用、生态环境受损害期间的服务功能损失等①。

二、海洋环境污染因果关系认定与损害结果的量化

环境污染案件中,损害结果的量化及损害结果与污染行为的因果关系认定是困扰审判实践的疑难问题,海洋环境污染案件更为明显。海洋水体的流动性、海洋生物的多样性以及海洋生态系统的复杂性等多因素的叠加共同导致海洋污染因果关系认定与损害结果量化的艰难。以损害结果量化为例,仅从内容来看,不仅包括海洋渔业资源的直接损失,还有因海洋生态系统破坏导致气候调节功能受损带来的间接损失,内容繁复且工作量庞杂。

对司法评估及鉴定依赖程度高,是海洋环境污染案件审判实践的重要特点,这需要拥有一些具备规范评估方法体系、专业化且有较强公信力的评估鉴定机构作为支撑,然而目前这样的支撑力量尚未完全建立,且公益诉讼原告一方并非直接利害关系人,不能从诉讼中获取金钱或物质利益,如果让其承担高昂的评估鉴定费用,无疑将阻碍海洋环境污染公益诉讼的发展。因此,如何降低裁判结果对评估鉴定结论的高依赖度,还原法官在海洋环境污染公益诉讼中的裁判者作用意义重大。经研讨,有以下几种途径可供参考。

(一) 发挥专家意见在海洋环境污染公益诉讼案件中的作用

如前所述,目前我国生态环境鉴定机构的业务能力及运行状况,与审判实践的需求之间尚有不小的差距。再加上海洋环境污染结果与原因之间并

---

① 2015 年 1 月 7 日起施行的《最高人民法院关于审理环境民事公益诉讼案件适用法律若干问题的解释》规定了上述的几种金钱损害赔偿请求权。

非简单的线性关系,即使从科技角度出发,污染的因果关系认定也存在自身的局限性,此种情况下,唯有不断提高案件审判中的专业化水准,才能更趋于事件的客观真实。然而,审判队伍的专业化建设在短期内迅速提高是不现实的,在完备的诉讼程序下发挥专家意见的作用,可在一定程度上达到提高案件审判专业化水平的效果。

专家意见作为一种民事诉讼证据形式首次被规定在《关于民事诉讼证据的若干规定》第 61 条[①]中,陈述意见的专家被称为专家辅助人,其诉讼职责是出庭就案件的专门性问题进行说明,重点在于说明与案件有关的专门性问题[②]。《最高人民法院关于审理环境民事公益诉讼案件适用法律若干问题的解释》(以下简称《环境民事公益诉讼司法解释》)第十五条规定:"当事人申请通知有专门知识的人出庭,就鉴定人做出的鉴定意见或者就因果关系、生态环境修复方式、生态环境修复费用以及生态环境受到损害至恢复原状期间服务功能的损失等专门性问题提出意见的,人民法院可以准许。前款规定的专家意见经质证,可以作为认定事实的根据。"该规定明确了经过质证的专家意见具有证明损害结果与污染行为因果关系认定、污染损失量化的证据效力。

专家意见有独特的优势,相较于针对鉴定机构的严格规范,专家意见没有严格的程序限制,较为灵活,且费用较低,周期较短,具有快捷简便的特点,可以有效地弥补生态环境鉴定机构的不足。适格专家所发表的意见兼具权威性与专业性,可以弥补现有鉴定机构业务能力不足的缺陷。但为保障程序公平,以实现实体正义,也有必要对专家意见的程序进行规范,因专家辅助人无严格的资格要求,可在庭审中增加资格认证程序,在专家辅助人对专门性问题发表实质性意见之前,先由相对方当事人对专家辅助人的资格进行发问并由审判人员对其资格、以往诉讼过程中表现的职业伦理和道德等加以

---

① 《关于民事诉讼证据的若干规定》第 61 条规定:"当事人可以向人民法院申请由一至两名具有专门知识的人员出庭就案件的专门性问题进行说明。人民法院准许其申请的,有关费用由提出申请的当事人负担。审判人员和当事人可以对出庭的具有专门知识的人员进行询问。经人民法院准许,可以由当事人各自申请的具有专门知识的人员就案件中的问题进行对质。具有专门知识的人员可以对鉴定人进行询问。"

② 樊永富:《专家意见证据地位的确立与理解适用》,《江苏警官学院学报》2003 年第 3 期,第 113-118 页。

审查。

（二）发挥负有环保监管职责的行政机关的作用

《环境民事公益诉讼司法解释》第十一条规定："检察机关、负有环境保护监督管理职责的部门及其他机关、社会组织、企业事业单位依据民事诉讼法第十五条①的规定，可以通过提供法律咨询、提交书面意见、协助调查取证等方式支持社会组织依法提起环境民事公益诉讼。"如前所述，负有海洋环境保护监管职责的行政机关是海洋环境保护的主要力量，作为主管机关②，其在海洋环境污染因果关系认定与损害结果的量化上具有天然的优势。其在执法过程中采集、检测的数据资料、报告结论、调查笔录可作为海洋环境公益诉讼中因果关系认定与损害结果量化的重要依据。行政机关内部的专门技术人才储备及完备的检测体系、实验室可以为审判实践提供有力的技术支撑。

由于海洋水体随洋流及潮汐的变化而变化，扩散快，流动性强，这使得它区别于其他的环境污染案件，在证据取得与污染现场保存上难度较大。因此，审判实践中如何计算损失数额十分困难，只能依据后来缺失污染现场的评估鉴定结论来认定。这种结论先天不足，更多的是凭借纯理论的科学计算方法进行数据演算而来。以我国海洋生态环境损害赔偿的著名案例"塔斯曼海"轮案为例，天津海事局提起了诉讼金额为 9 479.25 万元的海洋生态损失赔偿，因缺乏索赔范围和索赔标准的细化依据，最后，天津海事法院以轻质原油入海的事实才支持了约十分之一的诉讼请求③。为了避免这一被动情况，可在污染发生后第一时间，由负有环保监管职责的行政机关，主动委托有资质的评估鉴定机构对污染产生的原因及污染造成的损害后果进行鉴定及评估，便于其后因污染而引起的私益及公益诉讼权利人主张权利。此外，在生态环境修复费用难以确定或者确定具体数额所需鉴定费用明显过高的情况下，负有环境保护监督管理职责的部门的意见可以作为法院合理确定具体

---

① 《民事诉讼法》第十五条规定：机关、社会团体、企业事业单位对损害国家、集体或者个人民事权益的行为，可以支持受损害的单位或者个人向人民法院起诉。

② 根据《环境民事公益诉讼司法解释》第二十六条的规定，负有环境保护监督管理职责的部门还可能在依法履行监管职责使原告的诉讼请求全部实现的情况下，结束诉讼程序。

③ 周先行：《"塔斯曼海"轮案件之环境公益诉讼性质辨明与思考》，《法制与社会》2011 年 2 月。

数额的重要参考。

(三)合理发挥法院的职能作用

海洋环境公益诉讼由于鉴定评估困难,费用高昂,原告在利他性与自利性纠结中,可能存在半途而废的风险,不利于公益诉讼的发展。有别于传统当事人主义的民事诉讼理念,在诉讼利益与原告不直接相关的公益诉讼中,适当强调法院在诉讼进行中积极主动的干预作用是恰当且十分必要的[1]。法院的这种合理限度内的职权干预,能够防止因原告诉讼能力欠缺导致环境公共利益无法得到有效维护。在海洋环境污染因果关系认定与损害结果的量化中,法院的这种职权主义模式体现为主动依职权调查取证,并委托鉴定。

《环境民事公益诉讼司法解释》第十四条规定:"对于审理环境民事公益诉讼案件需要的证据,人民法院认为必要的,应当调查收集。对于应当由原告承担举证责任且为维护社会公共利益所必要的专门性问题,人民法院可以委托具备资格的鉴定人进行鉴定。"规定明确了应由原告承担举证责任的专门性问题,法院可主动委托鉴定人进行鉴定。

对于法院依职权委托的鉴定所产生费用的承担问题,如被告侵权的事实基本可以确认,可根据原告申请,裁定先予执行,如最终认定应由原告承担的,为提高相关主体保护环境的积极性及促进公益诉讼的发展,则可由法院联系行政部门或公益组织设立公益诉讼救济基金的形式,从设立的环境保护专项基金或环境修复资金、服务功能损失等专门款项中进行资助。

三、海洋环境保护禁止令制度的建构

2012年修改的《民事诉讼法》、2014年修正的《环境保护法》及2015年1月7日起施行的《环境民事公益诉讼司法解释》组成了我国民事环境公益诉讼制度的主体内容,这些规定突破了长期占主导地位的"人类中心主义"与"主客二分"观念,对环境污染行为除行政权救济以外,增加了民事公益诉讼这一新的救济途径,必将对生态环境保护起重要作用。环境污染案件进入诉讼程序不仅要寻求最终的实体正义,也应当追求效率正义。传统的事后赔偿救济手段即便认定污染者行为违法,由于结果的滞后性,也往往难以有效防

---

① 刘学锋、马黎:《环境民事公益诉讼程序的法院职权干预》,《人民司法·应用》2014年第15期。

止环境污染。因此,为了避免这种迟到的非效率正义,应当积极研讨海洋公益诉讼模式与民事诉讼程序及海事诉讼特别程序的制度融合与协调,积极适用法律规定,建构环境保护禁止令制度,实现效率正义与实体正义的兼备。

(一)我国关于海洋环境保护禁止令制度的法律规定

海洋环境保护禁止令制度,是针对海洋环境污染者的污染、破坏环境行为而发出行为禁止命令。它有别于传统的事后权利救济理念,更为强调预防性的救济,更注重效率价值。它是可在法庭介入前以及法庭对案件实体问题做出裁判前做出的快速、及时、暂时性的救济措施。相较于公益诉讼发达国家,我国起步较晚,但基础薄弱不意味没有基础,事实上,海洋环境保护禁止令制度早已以海事强制令的方式存在于 2000 年 7 月 1 日施行的《海事诉讼特别程序法》第五十一条中①,其未在海洋环境公益诉讼中发挥重大作用的原因在于公益诉讼在其面世 12 年后才得以出现在法律条文中。没有公益诉讼制度的创设,其在促进海洋环境的保护上自然无用武之地,因此,在公益诉讼已创设的情况下,可以海事强制令为基础建构海洋环境保护禁止令制度。

海事强制令可以立即制止被请求人的侵权或违约行为,防止损失的进一步扩大,是一种及时的保障措施,实质上属行为保全。其可要求被申请人为某种行为,也可要求不为某种行为,由于海洋环境保护禁止令的主要内容是防止污染结果的进一步扩大,因此更侧重于海事强制令的否定功能,即要求被申请人不为某一特定的侵权行为。

(二)我国海洋环境保护禁止令的实体判断标准

在我国以海事强制令为基础的海洋环境保护禁止令的实体判断标准,主要有以下三点:(1)损害具有不可弥补性。有别于财产保全解决将来判决确定的债权可能难以实现的危险性,行为保全解决的是,因请求权行使本身的迟延特点所可能导致的请求权缺乏实际利益的危险,具有现实性②。海洋环保禁止令作为行为保全的一种,注重事前预防性的救济,因此要求以环境正在持续地受到损害为要件。若损害已完成,则无必要再适用禁止令。(2)有

---

① 《海事诉讼特别程序法》第五十一条规定:"海事强制令是指海事法院根据海事请求人的申请,为使其合法权益免受侵害,责令被请求人作为或者不作为的强制措施。"

② 肖建国:《行为保全:弥补财产保全不足的创举》,《检察日报》2012 年 10 月 19 日。

胜诉可能。海洋环保禁止令对时间要求严格,且裁定后应当立即执行,对申请人进行有效保护的同时,意味着对被申请人是一种威胁,包含着利益损失的可能性。因此,法官在做出前应对申请人权利有效性和被申请人侵权的可能性两方面进行审查,以判断所申请的禁止某一行为的请求是否具备充足理由。当然,这一审查也不宜过分深入与复杂,否则将背离初始的效率价值。(3)利益紧迫性。海洋环境侵权案件可能涉及的林林总总的利益,有私益也有公益,且就公益而言,可能也包括多个不同的公益,禁止令的做出,可能维护了此公益,但同时可能损害了另一公益①,在此种情况下,应当权衡经济、社会、环境等各种利益,寻找发展经济与环境保护、维护人类健康的平衡点。在申请人请求保护的公益小于禁令可能造成的公益损失时,由于不具有利益的紧迫性,禁止令不应得到批准。

(三)海洋环境保护禁止令申请的担保

由于海洋环境保护禁止令是在法院尚未对实体进行最终判决前所做出的,因此诉讼结果尚未确定,可能存在因错误申请而给被申请人造成损害的情形。因此,禁止令申请的提出应伴随担保的提供,不提供或未按法院要求追加担保的,法院可以驳回申请或解除禁止令。担保的意义有两方面:一是可以增加公益诉讼申请人的责任感与提起申请的慎重度;二是弥补因申请人错误申请可能给被申请人造成的损失。

担保数额如何确定,也是审判实践中的难点问题,海洋环境公益诉讼的利他性、公益性特点决定着不能给申请人太大的负担,而如果规定得太低,则被申请人的合法权益可能无法得到充分保障。两难之下,应以被申请人因禁令可能造成的直接损失为担保数额。在直接损失的计算上,应发挥负有环保监管职责的行政机关、环保组织等相关专业主体的作用,由法院会同相关主体进行审查,根据专业主体提出的意见,结合当地经济发展水平、申请人的经济能力、胜诉的可能性等多因素进行综合认定②。

最后,由于海洋环境保护禁止令目的在于防止重大危险,因此,担保并不应当是海洋环境保护禁止令申请的必备条件,可由法官根据具体的案情自由

---

① 见 Boomer v. Atlantic Cement Co.,26 N. Y. 2d 1020(N. Y. 1970)案。

② 龚海南:《环境保护禁止令制度的构建》,《人民司法·应用》2015 年第 1 期。

裁量。同时,从禁止令设立目的出发,应当明确被申请人不能提供反担保。

（福建省社会科学界 2017 年学术年会青年论坛交流论文）

海洋环境公益诉讼立案实践审视与制度改进

王 炜 李 慧

【摘要】

近年来,我国海洋污染事故频发,在给海洋环境带来重大损害的同时,也给国家造成了不可估量的损失。目前海洋环境污染公益诉讼案件虽然数量少,但由于此类案件属于新类型案件,在立案阶段除了原告主体身份、法院管辖等传统理论问题外,还有一些实务中遇到的问题。虽然近几年不断出台与之配套的法律法规,但很多法律法规还需要在实践中不断探索完善。本文回顾了海洋环境公益诉讼立案制度的发展历程,对海洋环境公益诉讼案件的起诉依据、立案条件、诉讼主体资格等多方面存在的问题进行研究,并提出可行的方案,以期建立合理统一的海洋环境公益诉讼立案标准和征费制度,推进海洋环境公益诉讼健康持续发展。

【关键词】海洋环境公益诉讼;立案;实务研究

一、海洋环境公益诉讼立案制度的建立及历史沿革

我国海洋公益诉讼起步较早,最早的涉及海洋环境保护公益诉讼的法律见诸于 1999 年 12 月 25 日颁行的《中华人民共和国海洋环境保护法》(以下简称《海洋环境保护法》)第九十条第二款,"对破坏海洋生态、海洋水产资源、海洋保护区,给国家造成重大损失的,由依照本法规定行使海洋环境监督管理权的部门代表国家对责任者提出损害赔偿要求"。该法设立的初衷,是为了给予国务院环境保护行政主管部门法律上的授权,赋予其对全国海洋环

境保护工作实施指导、协调和监督的工作职能①，虽然当时这部法律中尚未明确规定海洋环境公益诉讼，该法是否涉及海洋环境保护公益诉讼还存在争议，但在当时，海洋环境公益诉讼显然并不是立法者关注的重点，对海洋环境公益诉讼的配套法律制度并没有因此而创设，海洋环境公益诉讼并没有因此受到关注，法院也没有受理过依据该法提起的海洋环境公益诉讼。该法于2013年12月28日第十二届全国人民代表大会常务委员会第六次会议重新修订，对上述的第九十条第二款没有改动，但对海洋环境公益诉讼起到的推动作用十分有限。

随着我国沿海发展和海上资源开发的不断深入，各种形式的海洋环境保护问题也不断出现，从船舶事故造成海洋污染，到我国渤海、东海、黄海、南海等沿海水域受到严重污染，再到原油泄漏造成海洋环境大面积被污染的事件，我国的海洋环境保护已成为热点话题，不时进入公众视野。2012年8月，《中华人民共和国民事诉讼法》（以下简称《民事诉讼法》）修订并通过，该法第五十五条"污染环境、侵害众多消费者合法权益等损害社会公共利益的行为，法律规定的机关和有关组织可以向人民法院提起诉讼"的规定，确立了海洋环境公益诉讼立案制度，解决了长期以来制约海洋环境公益诉讼的原告资格限定问题，也是对1999年颁行的《海洋环境保护法》的呼应，但由于规定得过于笼统、原则，在立案中仍然存在起诉主体不明确、法律关系定性不准确、法律适用不明晰、缺乏可操作性等问题，在一些环境污染案件中，一些环保组织向法院提起海洋公益诉讼仍然存在立案的情况。

为了解决这些问题，最高人民法院分别于2014年12月18日和2015年1月7日颁行《最高人民法院关于适用〈中华人民共和国民事诉讼法〉的解释》（以下简称《民诉法解释》）和《最高人民法院关于审理环境民事公益诉讼案件适用法律若干问题的解释》（以下简称《公益诉讼解释》），对海洋环境公益诉讼的立案条件、原告资格做出规定，弥补了立法上的空白，为《民事诉讼法》和《海洋环境保护法》提供了相配套的规定，在很大程度打破了环境公

---

① 1998年3月10日，九届全国人大一次会议通过的《关于国务院机构改革的决定》，将国家海洋局作为国土资源部的部管国家局，它是国土资源部管理的监督管理海域使用和海洋环境保护、依法维护海洋权益和组织海洋科技研究的行政机构。

益诉讼原告资格面临的困境,再次提高了可操作性。

2015年1月1日起施行的《中华人民共和国环境保护法》(以下简称《环境保护法》)进一步细化了环境公益诉讼原告资格的界定,实践中的可操作性大大增强。同时,第五十八条公益诉讼条款中还首次将"破坏生态"的行为也纳入环境公益诉讼的范围。在新的《环境保护法》下,环境公益诉讼制度得到了进一步的完善。

二、海洋环境公益诉讼起诉依据和受理条件

起诉依据和受理条件是海洋环境公益诉讼立案审查中首先要解决的问题。海洋环境公益诉讼作为民事公益诉讼的一种,其起诉依据及立案条件应适用《公益诉讼解释》的有关规定,该解释第一条明确了海洋环境公益诉讼的起诉依据是《民事诉讼法》第五十五条、《环境保护法》第五十八条等法律,《民事诉讼法》从程序法层面上对海洋环境公共利益特别创设了新的民事公益诉讼制度,《环境保护法》对提起环境公益诉讼的主体予以细化规定。《最高人民法院关于人民法院登记立案若干问题的规定》对依法应该受理的一审民事起诉,确立了立案登记制。至此,海洋环境公益诉讼制度立案依据已经确立。

根据现行的法律规定,立案受理条件在《公益诉讼解释》和《民诉法解释》中都有体现。《公益诉讼解释》第一条规定,符合《民事诉讼法》第一百一十九条第二项、第三项、第四项规定的,人民法院应予受理,可以看出上述解释在一般民事诉讼受理条件的基础上,将公益诉讼与私益诉讼区分开,明确公益诉讼起诉主体不需要与案件"有直接利害关系",解决了长期以来困扰公益诉讼立案的主体问题。根据该解释,海洋环境公益诉讼案件受理条件必须满足对象明确、诉求和事实理由具体、属于民事审判权管辖范围三个条件。《民诉法解释》在此基础上,对公益诉讼的受理条件更加严苛,除了满足《公益诉讼解释》中规定的三个条件外,还要求提供社会公共利益受到损害的初步证据。两相比较下,《民诉法解释》和《公益诉讼解释》都是最高人民法院出台的生效司法解释,其效力层级相同,从适用范围上看,前者是所有公益诉讼均要满足的受理条件,而后者是民事环境公益诉讼需要满足的条件,那么,海洋环境公益诉讼受理条件究竟如何适用,或者说提供社会公共利益受到损害的初步证据是否是海洋环境公益诉讼的必要受理条件？让人无所适从。

在受理海洋环境污染案件时，《民诉法解释》应优先适用，或者说提起海洋环境公益诉讼必须提供社会公共利益受到损害的初步证据，理由有：一是《民诉法解释》生效时间（2015 年 2 月 4 日生效）略晚于《公益诉讼解释》（2015 年 1 月 7 日生效），按照新法优于旧法的原则，应当优先适用《民诉法解释》；二是海洋环境公益诉讼对原告方的举证能力要求比较高，收集相关证据所需的时间比较长，加之公益诉讼没有诉讼时效的限制，在起诉前原告方有充裕的时间收集整理证据；三是由于公益诉讼实行举证责任倒置原则，较之原告被告需要承担更重的举证责任。因此相比于普通民事诉讼，公益诉讼的入门标准应当更高。

三、海洋环境公益起诉主体资格

原告主体资格关系到案件能否受理，也是环境公益诉讼立案中长期困扰审判实践的问题，在很多因油污损害海洋生态而引起的损害赔偿案件，被告都对原告资格提出了质疑①，例如"塔斯曼海"轮油污损害赔偿案中，被告以天津市海洋局是地方政府部门为由，认为天津市海洋局不具有原告主体资格。目前虽然有多部法律和司法解释对海洋环境公益诉讼的主体做出规定，但相互之间还是无法衔接。

在《公益诉讼解释》出台之前，论及海洋环境公益诉讼的主体是《民事诉讼法》《海洋环境保护法》《环境保护法》三部法律。《环境保护法》第五十八条将提起海洋环境公益诉讼的主体定义为"依法在设区的市级以上人民政府民政部门登记、专门从事环境保护公益活动连续五年以上且无违法记录的社会组织"，在此之前颁行的《海洋环境保护法》第九十条第二款规定，提起海洋环境公益诉讼的主体为"依照本法规定行使海洋环境监督管理权的部门"，此后，经过环保组织多次争取，最终将《民事诉讼法》中公益诉讼主体"社会团体"的表述，改为"有关组织"，在该法第五十五条明确，海洋公益诉讼原告主体是"法律规定的机关和有关组织"，这被认为进一步减少了诉讼

---

① 张庆卫：《论海洋生态损害赔偿诉讼的原告资格——兼评〈海洋环境保护法〉第九十条》，《潍坊学院学报》2006 年 5 月第 6 卷第 3 期。

主体的限制。可以看出,三部法律对提起海洋环境公益诉讼的主体做出了三种不同的表述,而且能够提起海洋环境公益诉讼原告主体的范围不断扩大。《公益诉讼解释》在规定公益诉讼的主体时,沿用了《民事诉讼法》中的表述,并对《环境保护法》中的社会组织做出定义。

根据上述规定,海洋环境公益诉讼的起诉主体具有法定性,即同时具备"法律规定的"和"机关或组织"两个条件才能提起诉讼,排除了公民个人作为原告起诉的情况,原因在于政府行政部门和社会组织具有比个人更加专业的技能知识和资金能力,一方面有助于保障环境侵权的受害者的实体权利,另一方面可以减少诉讼环节、提高诉讼效率、避免诉讼资源浪费,能够有效实现权利的救济,而且还能打造百姓与政府和企业对话的平台。

同时,该法条属于指引性规范,将海洋环境公益诉讼的主体问题指引向其他法律,可见我国公益诉讼制度模式是基本法+单行法的模式,海洋环境公益诉讼的主体制度依托各单行法规定。① 根据现有行政法规,在民政部门登记的非营利性社会组织包括社会团体、民办非企业单位以及基金会三种类型,但海洋环境公益诉讼的起诉主体没有限定在上述三种类型,而是保持了一定的开放性,今后如有新的行政法规或地方性法规拓展了社会组织的范围,这些社会组织也可以依法提起海洋环境公益诉讼。目的是使依法运行并且具备维护环境公共利益能力的社会组织能够参与到环境民事公益诉讼中来,从而确保诉讼的质量和效率。

四、立案案由的确定

民事案由反映案件所涉及的民事法律关系性质,是对诉讼争议所包含的法律关系的概括,准确定性海洋环境污染案件的案由,有利于把握案件争议的重点,提高案件审理的准确性和科学性,明晰案件审理的法律适用。

现行的《民事案件案由规定》是 2011 年 2 月 18 日修订并颁行,由于最高院在制定此规定时,《海洋环境保护法》已经正式颁行,建立海洋环境公益诉讼制度已经具备条件,然而遗憾的是,该规定没有将海洋环境公益类纠纷作

---

① 奚晓明:《中华人民共和国民事诉讼法修改条文理解与适用》,人民法院出版社 2012 年版,第 96 页。

为一类案由加以明确，笔者认为原因在于，立案案由是以法律关系的内容即民事权利类型来编排，而与海洋环境公益相关的法律关系并非传统民法理论意义上的民事法律关系，在新的《民事诉讼法》颁行之前也没有与之相对应的诉讼程序，是否可以依据《海洋环境保护法》第九十条第二款提起海洋环境公益诉讼还没有形成共识，而以"侵权责任纠纷"中的"环境污染责任纠纷"就已经满足《海洋环境保护法》第九十条第二款的诉讼需要。如果《民事案件案由规定》超前于《民事诉讼法》和实体法，将海洋环境公益纠纷作为一类案由，势必引起更多诉讼中的继发矛盾。

现行的《民事案件案由规定》中没有关于海洋环境公益类诉讼的案由。虽然有观点认为，根据该规定，海洋环境公益类诉讼可以按照"侵权责任纠纷"中的"水污染责任纠纷"确立案由，适用《民法通则》第一百二十四条和《侵权责任法》第六十五条至第六十八条的规定。但笔者认为，《民事案件案由规定》中增设侵权责任纠纷作为第一级案由，是按照《侵权责任法》相关规定，列出了该法新规定的、其他第一级案由不便列出的各种具体侵权责任纠纷案由，"水污染责任纠纷"作为《侵权责任法》新规定的侵权责任种类，应适用《侵权责任法》相关规定。而《侵权责任法》是为了保护民事主体的合法权益，对侵害民事权益的行为做出制裁而制定，无论是从"民事主体"还是从"民事权益"的角度上，海洋环境公益诉讼都不应适用《侵权责任法》，也不能定性为"侵权责任纠纷"项下的民事案由。

民事案由要依据当事人主张的民事法律关系的性质来确定，海洋环境公益诉讼作为一种新型诉讼，其起诉主体不是"有直接利害关系"的当事人，而是代表不特定的个人（或如有的学者所称代表一个虚拟的"社会"），向污染者主张海洋环境的对世权利，而污染者作为民事主体负有天然的或法定的维护海洋环境的对世义务，因此起诉主体对污染者之间的法律关系是一种对世的海洋环境侵权权利义务关系，海洋环境侵权纠纷可以作为新的侵权责任纠纷项下一级案由予以补充。

五、案件受理费的收取

案件受理费的收取是海洋环境公益诉讼立案程序中必不可少的一个环节，诉讼费用特别是案件受理费的收取标准、负担原则是国家司法对诉讼行为的态度和评价,不仅关系到当事人诉讼成本,也影响海洋环境公益诉讼的社会公众接受度。对于海洋环境公益诉讼的案件受理费是否应当收取,在《公益诉讼解释》出台之前,理论界大多数的看法都认为,根据目前国内环境公益诉讼的现状,对于与侵害海洋公共利益的违法行为做斗争要采取鼓励的态度,而且各类公益诉讼由于其公益性、耗时长、专业性强等特殊性质,案件受理费不需要原告预交,而是由法院或政府等国家机关先行垫付,在结案后由败诉的被告直接负担,原告败诉的可以申请减交、免交案件受理费,对因进行公益诉讼产生的费用如误工费、住宿费、差旅费等应给予相应的补偿,甚至对于提起公益诉讼的原告给予适当的奖励。收取诉讼费用负有制裁民事违法行为、减少国家财政开支、防止当事人滥诉、维护国家主权四项职能,海洋环境公益诉讼的案件也不例外,《最高人民法院关于全面加强环境资源审判工作 为推进生态文明建设提供有力司法保障的意见》中对减、免、缓交案件受理费做出了弹性规定,"依法申请缓交、减交或者免交案件受理费、保全申请费的,可以予以准许"。《公益诉讼解释》第三十三条吸纳了理论界的部分观点,但在原告诉讼费用减、免、缓交方面,仍然没有跳出《诉讼费用交纳办法》的框架,较之其他民事案件并没有特殊之处,但是在检验费、鉴定费、律师费、调查取证费、专家咨询费等诉讼成本负担机制上,采取更加灵活的构架。

案件受理费交纳的标准。当前,我国环境公益诉讼还没有成为一类独立的诉讼,《诉讼费用交纳办法》也是海洋环境公益诉讼当事人的缴费依据。《诉讼费用交纳办法》中案件受理费的标准是将一审民事案件分为财产案件、非财产案件、知识产权案件、劳动争议案件四类,分别采用不同的收费方法,前两种案件是按照诉讼请求的类型分类,而后两种案件是按照案件争议的法律关系类型分类,虽然从字面上理解,财产案件和非财产案件是非此即彼的两个概念,可以涵盖所有的案件,但《诉讼费用交纳办法》并未对二者的具体范畴予以进一步明确,只是对于非财产案件,以列举加概括的方式,分为离婚案件、侵害人格权案件和其他非财产案件,分别按照一定标准收取案件受理费,对于财产案件,《诉讼费用交纳办法》并未罗列具体类型而是直接规定"财产案件根据诉讼请求的金额或者价额……分段累计交纳"。① 这样的案件分类方式显然存在其不合理性，同时由于法律规定的滞后性，《诉讼费用交纳办法》未专门对海洋环境公益诉讼案件受理费收取标准进行明文规定，这就给海洋环境公益诉讼案件的案件受理费收取造成困难。

从诉讼请求的角度上看，理论上将诉划分为确认之诉、给付之诉、变更之诉三种类型，给付之诉按照给付的内容不同，分为特定物给付之诉、种类物给付之诉和行为给付之诉。根据《公益诉讼解释》的规定，在海洋环境公益诉讼中，原告可以同时请求被告承担停止侵害、排除妨碍、消除危险、恢复原状、赔偿损失、赔礼道歉等五类民事责任，涵盖了种类物给付之诉和行为给付之诉，可以将其中的赔偿损失归入《诉讼费用交纳办法》中的财产案件，根据诉讼请求的金额或者价额分段累计交纳。但是停止侵害、排除妨碍、消除危险、恢复原状、赔礼道歉等行为给付之诉是否可以按照《诉讼费用交纳办法》中非财产案件按照每件交纳 50~100 元的方式收取案件受理费呢？与一般民事案件中行为给付的内容相比，海洋环境公益诉讼中行为给付的内容在所需成本、行为难度上显然高出许多，如果按照一般行为给付的民事案件收取案件受理费，其抑制滥诉的功能将被大大弱化，调控诉讼正当性的能力将被消解。因此对于海洋环境公益诉讼必须要制定与之相适应的合理收费标准。

海洋环境公益诉讼中的行为给付之诉分为作为的行为给付之诉和不作为的行为给付之诉，前者包括排除妨碍、消除危险、恢复原状、赔礼道歉四种，后者指停止侵害。其中，不作为的行为给付之诉一般为请求被告停止污染行为，原告的诉讼目的不是为了获取经济利益，也不会给被告带来经济损失，而是为了消除某种危险或者不利状态，因此不作为的行为给付之诉具有一定的公益性、预防性，被告后续一般不存在给付内容，故可采取按件定额的收费方式。而海洋环境公益诉讼中的作为的行为之诉，则往往直接与被告的经济利益甚至企业名誉、行业发展相关，对被告影响巨大，从诉讼的公平合理性考虑，故可参照保全费的收取标准，按照可能给被告造成的损失价值采取分段累计的收费方式，但要确定最高比率和最高收费数额，其中最高额不宜太高。

---

① 魏乐陶：《确认之诉案件受理费收取的实践审视及合理化重构》，全国法院系统第二十五届学术讨论会二等奖论文。

结语

自立案登记制度确立以来,我国对于诉讼立案都采取"有案必立,有诉必理"的受理原则,并且对立案审核也不断放宽,对公益诉讼立案的相关配套规定也不断完善,例如诉讼的管辖问题。但海洋环境公益诉讼立案必须在现行法律框架内做到"依法起诉、依法受理",立案中存在的问题还必须进行深入思考研究,在实践中不断完善使之日臻完善合理。

(2017 年第二十九届全国副省级城市法治论坛主题征文三等奖)

两岸海商事案件管辖权冲突之协调路径

——以"一带一路"建设为背景

朱小菁

【摘要】随着海峡两岸携手建设"一带一路"的深入，两岸经贸交流将达到空前频繁。在此过程中，随之而来的是日益多样化的涉台海商事纠纷。而管辖权作为启动审判程序的前提，则成为法院处理上述纠纷时首先考虑的问题。如何正确处理、妥善协调两岸海商事案件管辖权冲突，进而充分保障市场主体的诉讼权利，是在《最高人民法院关于人民法院为"一带一路"建设提供司法服务和保障的若干意见》中提出的要求，对法院如何服务保障"一带一路"建设具有现实意义。本文从"一带一路"建设背景出发，第一部分通过概述两岸相关法律规定，分析了两岸海商事案件管辖权冲突的产生原因；第二部分则从宏观方面论述了协调管辖权冲突的基本政策和基本途径；第三部分从微观角度入手，对协调管辖权冲突的若干具体法律制度进行了分析，以期为海事司法服务"一带一路"建设的重大课题贡献绵薄之力。

【关键词】"一带一路"建设；两岸管辖权冲突；协调

引言

"一带一路"建设是新时期我国对外开放、建设海洋强国的重要举措，也是未来实现对外经济总建设的重要载体。而台湾地区，缘于历史文化及现实层面等，将成为"一带一路"尤其是"21 世纪海上丝绸之路"的重要节点：从地缘上看，台湾作为我国东南沿海地区宝岛，是海上丝绸之路的重要桥头堡；从现实需求看，台湾为避免自身经济边缘化，参与亚太区域经济合作的急迫性不断增强；从政治层面看，台湾地区参与"一带一路"有望获得大陆的积极支持，也将为两岸经贸合作注入新的活力。可以预见，随着两岸携手建设

"一带一路"的深入,尤其搭乘自贸区优惠措施与政策的便利东风,更多台商将会前往大陆寻求市场新蓝海,两岸经贸交流将进一步加强。

频繁的经贸往来也将不可避免地带来多样化的涉台民商事纠纷。而其中,由于海路运输是两岸贸易最普遍的交通方式,因此海商事案件在涉台民商事案件中占有重要的比例。管辖权问题自然成为处理海商事案件的首要"门槛"。在《最高人民法院关于人民法院为"一带一路"建设提供司法服务和保障的若干意见》(以下简称《"一带一路"若干意见》)中即强调法院应依法行使司法管辖权,为市场主体提供及时、有效的司法救济。可见,如何正确行使管辖权,尤其是如何妥善协调两岸管辖权冲突,关系到涉台海商事纠纷能否得到公允解决,进而影响到法院是否能为两岸经贸往来提供良好法治环境,对法院如何服务保障"一带一路"建设具有现实意义。

一、两岸海商事案件管辖权冲突之产生

(一) 两岸民事诉讼法对海商事案件管辖权的规定

理顺两岸海商事管辖权冲突,是维护海洋权益的重要保障,也是对"一带一路"市场主体司法需求的积极回应。对于涉台海商事案件的管辖权,大陆的相关规定主要体现在《中华人民共和国民事诉讼法》(以下简称《民事诉讼法》)第一编第二章、第四编第二十四章及《中华人民共和国海事诉讼特别程序法》(以下简称《海事诉讼法》)。而台湾地区对涉及两岸因素的海商事案件的管辖权,亦无专门规定,适用所谓"台湾民事诉讼法"(以下简称"台湾民诉法")中的"管辖"一节及台湾地区所谓"海商法"中的若干规定。

大陆地区对涉台海商事案件的管辖方式主要体现为级别管辖、地域管辖、专属管辖、协议管辖四种方式:

1. 级别管辖

《民事诉讼法》第二章第一节规定了基层人民法院、中级人民法院、高级人民法院、最高人民法院各自管辖的审级案件,协议管辖不得违反级别管辖。

2. 地域管辖

《民事诉讼法》第一编第二章确立了原告就被告的一般地域管辖原则。例外是对不在中华人民共和国领域内居住的人提起的有关身份关系的诉讼

等四类案件,则由原告所在地人民法院管辖。除一般地域管辖外,《民事诉讼法》还规定若干特殊地域管辖的情形,确定了包括合同纠纷、保险合同纠纷、票据纠纷、公司设立、运输合同、船舶碰撞、海难救助、共同海损等特殊案件的管辖权归属。《海事诉讼法》则更加具体地对各类海商海事案件的管辖地做了进一步规定,相比《民事诉讼法》添加了更多管辖联结因素[①]。审判实务中,法院在处理涉台海商事案件时,除了适用上述一般管辖规定外,还比照涉外案件适用《民事诉讼法》第四编涉外民事案件诉讼的特别规定。因涉外合同纠纷或者其他涉外财产权益纠纷,对在中华人民共和国领域内没有住所的被告提起的诉讼,若合同签订地、合同履行地、诉讼标的物所在地、可供扣押财产所在地、侵权行为地或者代表机构住所地中有一处位于我国境内,上述各连结点所在地人民法院即可管辖。

3. 专属管辖

《民事诉讼法》规定了三类专属管辖,因不动产纠纷提起的诉讼,因港口作业中发生纠纷提起的诉讼,及因继承遗产纠纷提起的诉讼,由相应的连结点所在地法院专属管辖。

4. 协议管辖

2012 年修订的《民事诉讼法》特意将协议管辖从旧法的涉外民事诉讼程序的特别规定中抽取出来,纳入"管辖"章,体现了尊重当事人意思自治的现代法治趋势。第三十四条规定了明示协议管辖的方式,合同纠纷或者其他财产权益纠纷的当事人,可以用书面协议选择与争议有实际联系的地点的法院管辖,但不得违反级别管辖和专属管辖。值得注意的是,现行的《民事诉讼法》中删除了此前旧法涉外编中关于默示协议管辖的条款。

台湾地区所谓"民诉法"规定了地域管辖、专属管辖与合意管辖三种管辖方式:

1. 地域管辖

台湾地区将地域管辖分为普通审判籍和特别审判籍两种,类似于我们关于一般地域管辖和特殊地域管辖的划分。台湾地区关于普通审判籍的规定

---

① 联结因素是国际私法上的概念,意指冲突规范中就范围所列法律关系或法律问题指定适用何地法律所依据的一种事实因素,如"因海难救助费用提起的诉讼,由救助地或者被救助船舶最先到达地人民法院管辖",其中"救助地""被救助船舶最先到达地"为联结因素。

与我们一样,也是采原告就被告的原则。其特别审判籍大约规定了 13 类较为特殊的案件,包括财产权诉讼、业务诉讼、船舶诉讼、不动产诉讼、契约诉讼、票据诉讼、侵权行为诉讼、海难救助、继承等。①

2. 专属管辖

它包括不动产之物权或其分割或经界涉讼者,支付命令之申请、关于撤销除权判决之诉、婚姻无效或撤销婚姻,与确认婚姻效力、收养无效或撤销收养,与确认收养关系成立或禁治产之申请,宣告死亡之申请等约 8 种情形,专属由特定法院管辖。②

3. 合意管辖

类似大陆地区的协议管辖,台湾地区所谓"民事诉讼法"第二十四条规定当事人得以合意定第一审管辖法院,但以关于由一定法律关系而生之诉讼为限。合意应以文书证之。第二十五条则规定类似"默示管辖"的"拟制合意管辖",被告不抗辩法院无管辖权,而为本案之言词辩论者,以其法院为有管辖权之法院。但台湾地区所谓"民事诉讼法"中关于协议管辖的规定并未强调实际联系地点的要素。此外,台湾地区所谓"海商法"在第一百四十一条专门规定了碰撞诉讼的管辖。包括被告之住所或营业所所在地、碰撞发生地、被告船舶船籍港及船舶扣押地均可成为管辖连接点。

(二)两岸海商事案件管辖权冲突的表现

由以上概述可看出,两岸在管辖权理念上均采取"原告就被告"原则,管辖方式也基本相同,差异较小,但规定管辖权的联结因素上却不尽相同。然而在审判实践中,我们不难发现,作为两个不同的法域,无论两岸的管辖权规则是否趋同,管辖权的冲突在所难免,这也是"一带一路"建设背景下处理两岸海商事纠纷所面临的棘手问题。

就地域管辖方面,虽两岸关于一般地域管辖的原则相同,但若一海上货物运输合同纠纷(如多式联运合同或者存在转运情况的运输合同),作为被告的数个承运人中有的在大陆有住所,有的在台湾地区有住所,或者某一方在大陆和台湾地区均有住所的情况下,很可能两地法院都会主张管辖权。而

① 具体详见台湾所谓"民事诉讼法"(2013 年修正)第一编第一章第一节。
② 段厚省:《海峡两岸民事管辖权冲突研究》,《金陵法律评论》2004 年秋季卷,第 131 页。

特殊地域管辖由于联结因素的多样化和不一致,就更容易产生冲突。如关于船舶碰撞纠纷,按照我国《民事诉讼法》规定,由碰撞发生地、碰撞船舶最先到达地、加害船舶被扣留地或者被告住所地人民法院管辖。台湾地区所谓"海商法"则增加了"船籍港"连结点,因此若一艘台湾籍船舶行驶至大陆管辖海域发生碰撞事故,则人民法院根据碰撞发生地的联结因素可依法取得管辖权,而台湾地区法院亦可援引船籍港所在地的连结点主张管辖权;①再如因海事侵权行为提起的诉讼,依照我国《海事诉讼法》,除可由侵权行为地或者被告住所地人民法院管辖外,还可以由船籍港所在地海事法院管辖。而台湾地区所谓"民诉法"则仅规定了由行为地法院管辖。因此若一艘大陆籍船舶在台湾海域发生其他侵权行为,则两岸法院均可管辖。

就海商事案件的专属管辖方面,大陆主要规定了沿海港口作业纠纷、船舶作业造成海域污染损害纠纷及海洋勘探开发合同纠纷等三种类型的案件,台湾地区所谓"民诉法"中专属管辖规定多为身份之诉,涉及海商事案件的主要有申请支付令之诉、撤销除权判决之诉、申请宣告死亡之诉等。由于专属管辖的排他性和优先性,两岸又未对相互的专属管辖予以承认,管辖权的冲突也不可避免。

就协议管辖方面,即使两岸规定的内容类似,也不一定就能避免管辖权的冲突。例如,如果当事人书面约定与案件无实际联系的台湾地区法院管辖,则该约定依据台湾地区有关规定是有效的,台湾地区法院可予以受理;又或者,如果人民法院受理案件后,被告没有应诉,而是到台湾地区法院另行起诉,对方当事人应诉并且没有提出管辖权异议,则台湾地区法院就依据默示协议管辖取得了应诉管辖权;还有一种情形是当事人书面约定台湾地区法院管辖,但可能违反了大陆的专属管辖规定,但依台湾地区有关规定并无禁止,则台湾地区亦可取得管辖权。上述几种情形均可能导致因此做出的判决在大陆申请承认与执行时陷入困境。

在"一带一路"建设推进的背景下,两岸经贸往来的日益频繁,必然导致管辖权的冲突日益凸显。以上列举的若干冲突只是管中窥豹,相同的管辖权

---

① 台湾地区所谓"民事诉讼法"第十五条第二款规定因船舶碰撞或其他海上事故,请求损害赔偿而涉讼者,得由受损害之船舶最初到达地,或加害船舶被扣留地,或其船籍港之法院管辖。

规则、不同的管辖权连接点,各种管辖权方式之间的同时适用、交叉适用,均是产生海商事案件管辖权冲突的原因。管辖权问题关系程序法与实体法的适用,若无妥善协调,则既可能加重市场主体诉讼负担,造成司法资源的浪费,也可能给生效判决的承认与执行带来困难,甚至在很大程度上影响两岸民商事交往的发展,有损一个中国原则的贯彻和落实,影响"一带一路"建设的有序推进。因此,如何协调两岸海商事案件的管辖权冲突,从而充分保障"一带一路"建设中市场主体的诉讼权利,具有重要的理论价值和现实意义。

二、协调两岸海商事案件管辖权冲突之基本思路

(一)协调两岸海商事案件管辖权冲突的基本政策

大陆与台湾地区同属一个中国主权,解决两岸法律冲突时无论是采用何种解决方式,其精神均应无损于国家主权和无害于国家的统一,这也是"一带一路"建设背景下两岸经贸往来的前提。在构建海峡两岸民商事案件管辖权冲突的协调框架时,不能仅仅将其看作民事司法领域的问题,而应将其纳入祖国统一的建设来思考,从海峡两岸人民的根本利益出发。应当认识到两岸管辖权冲突是区际法律冲突,与国际法律冲突有很大的区别,不宜完全参照涉外法律关系来处理,也不宜完全适用国际私法来解决。但作为权宜之计,可在短期内类推适用国际私法来解决两岸法律冲突。

同时还应注意,海商事法律或规则毕竟是"私法",其政治和意识形态的敏感性相对较低,也不宜过分考虑政治因素和意识形态,否则不利于海峡两岸的正常交流,无助于民商事案件的合理解决,也有违背"一带一路"共谋发展的愿景。对于两岸民商事管辖权冲突的解决,可实行与"政治问题"分开的基本政策,即采取"临床隔离"的办法。① 通观世界许多国家,尤其是联邦制国家,民商事法律并非完全统一,往往在一国内部形成不同的"法域",承认台湾地区对某一案件取得管辖权并不等于承认台湾的政治地位。且海商事案件调整的大多是两岸私人之间在经济上的法律关系,一般不涉及政治因素,其解决的对象毕竟是平等主体之间的民商事纠纷,因此在协调两岸管辖

---

① 具体论述详见徐崇利:《两岸民商事法律冲突的性质及立法设计》,《厦门大学法律评论》2003 年第 5 辑,第 271 页。

权冲突时宜淡化政治影响，不应将管辖权的取得与政治地位的认可挂钩，而应多利用通行的私法处理原则来解决问题。最高人民法院在《"一带一路"若干意见》中提到的充分尊重协议管辖、减少涉外管辖权冲突、妥善解决平行诉讼等意见，亦可作为协调两岸管辖权冲突的参考。

（二）协调两岸海商事案件管辖权冲突之基本途径

尽管随着"一带一路"建设的推进，两岸经贸往来频繁，相互提供的便利也越来越多，但大陆与台湾地区现阶段具有独立的立法权和司法权，这就意味着没有哪一个立法或司法机关可以制定统一的直接规定管辖权的法律或司法解释。在目前的状态下，想形成全国统一的区际冲突法或专门的区际冲突规范尚不可行。在依各自规则确定管辖权审理案件的前提下，各方也很难主动地单方采取避免管辖权冲突的措施。最高院在 2015 年 6 月出台了《最高人民法院关于认可和执行台湾地区法院民事判决的规定》（以下简称《认可和执行台湾地区法院民事判决的规定》），其中对于管辖权冲突未具体涉及，仅在个别条款有所规定。如第十五条规定违反大陆专属管辖的台湾地区的判决不予认可。可见，现阶段形成专门的区际冲突规范仍不具备成熟条件。因此，针对两岸民商事案件管辖权冲突的解决，比较理想的选择是在两岸各自的规定或条例中，纳入一些协调性的带有政策性导向的原则，如协议管辖、一事不再理、不方便法院等①，来减少管辖权冲突。此后，在两岸政治关系趋于缓和之际，如有可能，不妨寻求协商途径，由两岸双方以适当的名义签订一项"区际管辖协议"。在区际协议方面，我国已有相当的先例可循，尤其在司法协助领域，最高人民法院先后与港澳地区就送达、仲裁裁决的承认与执行等领域达成了一系列以"安排"为名义的区际协议。② 此外，有学者建议可参考欧盟的《布鲁塞尔规则》③，采用"区际管辖协议"加"区际协调机构"的模式，以管辖协议为协调的依据，同时赋予机构对条约进行解释的权

---

① 本文第三部分将对这些原则进行详细探讨。

② 李智：《海峡两岸民商事案件管辖权的冲突及协调》，下载于新华网福建频道 http://www.fj.xin-huanet.com/news/2006-08/19/content_7822436.htm，2017/6/28。

③ 全称为《欧盟理事会民商事案件管辖权及判决的承认和执行规则》，系欧盟为解决成员国之间民商事管辖权问题于 2001 年做出的统一规定。

力。① 在现阶段条件还不成熟时,可探索由两岸的最高级别法院派代表,会同专门从事相关研究的法学教授及其他法律专家、民间团体代表,组成专门的委员会,对于围绕有关两岸管辖权冲突发生的疑难问题进行研讨,形成一致的意见,约定彼此遵守。随着共识的不断增多,便可汇集系统化订入统一区际管辖协议,并最终争取制定统一的法律,循序渐进,从事实上形成两岸海商事案件管辖规则的统一。

在协调两岸海商事案件管辖权冲突的具体操作上,还应当注意个案的判例引导作用及法官的自由裁量权。在"一带一路"建设推进下,两岸海商事纠纷案件增多,相应判例应成为可资参考的重要资源,法官对法律的适用也具有探索意义。两岸并无专门解决管辖权冲突的冲突规范,通过双向商谈达成协议过程缓慢,当前务实的做法就是法官发挥其自由裁量权,结合个案,灵活运用各种原则协调管辖权的冲突,这是在两岸关系状态特殊、情势多变、规定尚不完善情况下的一种有效救济方式。有学者指出,两岸的交往存在一种"事实与规范之间的自发秩序"②,是个案判例作用的现实土壤。此外,个案积累的经验也是日后规则形成的实践基础,具有不可或缺的重要作用。通过个案的合作形成制度安排是一种切实可行的途径。具体实施层面,可借助法院信息化建设技术,将管辖权协调案例定期收集,通过网络查询等手段供两岸相关人士参考借鉴。

三、协调两岸海商事案件管辖权冲突之若干法律原则思考

最高院在《"一带一路"若干意见》提到"通过与沿线各国友好协商及深入开展司法合作,减少涉外司法管辖的国际冲突,妥善解决国际间平行诉讼问题。要遵循国际条约和国际惯例,科学合理地确定涉沿线国家案件的联结因素,依法行使司法管辖权,既要维护我国司法管辖权,同时也要尊重沿线各国的司法管辖权,充分保障'一带一路'建设中外市场主体的诉讼权利",该精神应作为协调两岸管辖权冲突的重要参考。在两岸尚无法直接确立统一管辖权规则的情势下,应秉承上述精神,借鉴国际上解决区际管辖权冲突的

---

① 张文:《中国区际民事诉讼管辖权冲突及其解决》,《法制与社会》2013 年第 12 期,第 113 页。
② 王建源:《在事实与规范之间——论国家统一前的两岸交往秩序》,《台湾研究集刊》2001 年第 2 期。

做法,在各自的立法中纳入协调冲突的若干原则,如一事不再理原则、协议管辖原则、不方便法院原则,可起到缓解管辖权冲突的有效作用。下面就以人民法院的审判实践为切入点,就如何适用几项协调原则做粗浅探讨。

（一）一事不再理原则

一事不再理原则最早由古罗马人创设,作为当时民事诉讼的一项重要原则。它指的是案件一经法官宣判后,就发生"既判力",当事人不能再次就这一案件提出诉讼请求。① 该原则后为我国法系一些国家所继承,迄今已发展成为各国民商事诉讼中的一项原则。一事不再理原则是解决国际私法管辖权冲突的一个重要途径。然而在国际民商事诉讼中,由于不同法域对司法管辖权之争夺,这一原则并未被各法域立法所普遍接受。不同法域在主张本法域法院具有管辖权的同时,并不否认其他法域法院对同一案件也享有管辖权,诉讼竞合的现象比比皆是。我国《民事诉讼法》对于涉外案件亦无绝对禁止诉讼竞合。《认可和执行台湾地区法院民事判决规定》第十二条规定,案件虽经台湾地区有关法院判决,但当事人未申请认可,而是就同一争议向人民法院起诉的,应予受理。可见,在处理涉台海商事案件的管辖权问题时,法院可以根据案件判决是否进行申请认可来决定是否受理,无法绝对地适用或排除一事不再理原则。

诉讼竞合现象实际上回到了严格的属地主义时代,不利于"一带一路"建设背景下两岸民商事交往的开展。且两岸同属一个主权,不应为争夺司法管辖权而造成重复诉讼的累赘、司法资源的浪费。笔者认为,法官在衡量是否受理已在台湾地区法院起诉或者已经台湾地区法院审结的海商事案件时,应以一事不再理作为一般原则,同时结合个案情况,对于确实应由本院受理的案件进行例外处理。对于台湾地区判决结案的案件,按上述司法解释的规定,若无申请认可且向人民法院起诉,人民法院应予受理。而对于其他非判决结案的案件,大陆在考量是否受理时,可从以下几个方面予以考虑,即:(1)是否相同的当事人和争议;(2)起诉的现实结果;(3)公平和偏见的考

---

① 李广辉、李红:《论"一国两制"下的一事不再理原则》,《法律适用》2006年第1期,第87页。

虑;(4)在替代法院救济的满足;(5)司法效率。[1] 总之,裁判结果的公正和司法的效率应当成为法院是否适用一事不再理原则的重要审查标准。审判实践中,法院已开始在具体个案中适用这一原则,如惠高运通有限公司与内田电子股份有限公司(以下简称"惠高公司")等侵犯财产权纠纷上诉案的运费纠纷,福建省高级人民法院即认为,已由惠高公司向台湾地区高雄地方法院申请且法院已发布支令,并获得部分履行,惠高公司以同一事实再到大陆法院起诉显属不当。[2] 显然,这里蕴含着运用一事不再理原则的精神。如果对已获履行的事实再行起诉做出判决,有悖公正的要求。对于涉台海商事案件的处理,可参照上述案例的处理方法,正确适用一事不再理原则避免管辖权的冲突。

当然,我们也不能呆板地适用一事不再理原则,绝对排除一方法院的管辖权,这样不仅会造成"诉讼赛跑"[3]现象,还可能会导致首先受理案件的法院滥用司法权,有违对公平价值取向的追求。此外,在考虑是否适用一事不再理原则时,对台湾地区法院判决是否能为本法域法院承认和执行的预先推测也很重要。如果法官能够初步判断台湾地区法院的判决无法得到大陆法院的认可和执行,则可受理相关案件。

(二)协议管辖原则

尊重当事人意思自治原则是协调管辖权冲突的另一重要原则,其作用主要体现为尊重双方当事人的合意,给予协议管辖权以适当的认可空间。最高人民法院在《"一带一路"若干意见》中专门强调要充分尊重市场主体协议选择司法管辖的权利,足见这一原则在协调管辖权冲突中的重要意义。两岸的管辖权规定均确立了协议管辖原则,可视为两岸对这一原则的认可,具有可行的适用基础,不失为缓和管辖权冲突的一剂良药。

从两岸相关法律规则来看,台湾地区对于协议管辖的范围把握比较宽

---

① Charles S. Baldwin, IV, Ronald A. Brand, David Epstein, Michael Wallace Gordon: International Civil Dispute Resolution, THOMSON WEST, 2004, p. 164.

② 朱珍钮:《涉台审判实务与案例评析》,人民法院出版社 2001 年版,第 381—383 页。

③ "诉讼赛跑"是当事人利用受诉在先的管辖权原则而挑选法院进行首先诉讼,其常常不仅是为了追求公正的结果,更从有利于自身利益的角度出发。当事人可能利用两地间法律的不同,以及一地法院对另一地法律的不充分了解来选择对自己有利的法院,最终获取有利的诉讼地位和判决结果。

松,可明示亦可默示,也未要求与案件有实际联系,且未将纠纷限定于合同或其他财产权益,而大陆的协议管辖则有实际联结因素的限制。笔者认为,将当事人协议选择管辖法院的范围限制在与案件有实际联系地法院之内,与协议管辖的发展趋势不符。设立协议管辖的宗旨主要是使当事人能将他们之间发生的纠纷交由他们信赖的中立法院审理,以便争议得到圆满解决,切实保障交易安全和双方当事人的合法权益。且从我国《民事诉讼法》的规定来看,允许当事人协议管辖的案件多为合同及财产权益纠纷,一般对国家利益或公共秩序影响不大,未必需要严格控制。我国《海事诉讼法》已有所突破,该法第八条规定,当事人书面协议选择中华人民共和国海事法院管辖的,即使与纠纷有实际联系的地点不在中华人民共和国领域内,中华人民共和国海事法院对该纠纷也具有管辖权。因此,人民法院在把握"与案件有实际联系的地点"时可从宽掌握,以尊重当事人之选择为原则,以避免与台湾地区关于协议管辖规定不同带来的冲突。

当然,对于协议管辖亦应予以一定的限制,尤其在明示协议管辖的认定上,应注重形式的显著性。以提单管辖条款的效力为例。如一起涉台海上货物运输合同纠纷,被告依据涉案提单背面所载的由台湾地区法院管辖的条款向大陆法院提出管辖权异议。此时,提单管辖条款是否即可完全排除大陆法院的管辖呢?从大陆地区对于协议管辖的规定来看,提单中约定的管辖地应当是与案件有最密切联系的地点,一般来讲,提单签发地、装船港、转船港、卸货港、货损发生地、海事事故发生地等与运输合同履行有实际联系地点的法院才有管辖权,如上所述,为避免冲突,对此可做宽泛理解。但值得注意的是,管辖权条款应该明示、显著。在航运实践中,为了提高承托双方的交易效率,承运人提供的提单都是提前印就的。因此,提单属于典型的格式合同。如果提单中的管辖权条款以显著区别于其他条款的形式表现出来,比如以明显区别于其他条款的字体印刷在提单的正面,就足以认定双方对此条款达成了合意,据此可认定有效。若管辖权条款未体现出显著的明示方式,则无法推定双方就管辖达成协议,违背协议管辖的宗旨,该条款效力便不一定得到认可。

此外,若两岸相关法律规则均遗漏了对某类海商事案件纠纷的管辖权规定,或两岸法院对某个案件的管辖相互推诿时,台湾地区有关规定中关于默示的协议管辖规定可以起到很好的兜底作用,台湾地区法院可因原告的起诉、被告的应诉而取得管辖权,有效地解决了消极的管辖权冲突。

(三)不方便法院原则

不方便法院原则虽然在我国《民事诉讼法》中未加以明确规定,但在最高人民法院《第二次全国涉外商事海事审判工作会议纪要》中却有所提及。人民法院在审理涉外商事纠纷案件过程中,如发现案件存在不方便管辖的因素,可以根据"不方便法院原则"裁定驳回原告的起诉。这里,方便与否取决于法官的裁量。按照上述纪要,不方便法院原则的适用应符合下列条件:(1)被告提出适用"不方便法院原则"的请求,或者提出管辖异议而受诉法院认为可以考虑适用"不方便法院原则";(2)受理案件的我国法院对案件享有管辖权;(3)当事人之间不存在选择我国法院管辖的协议;(4)案件不属于我国法院专属管辖;(5)案件不涉及我国公民、法人或者其他组织的利益;(6)案件争议发生的主要事实不在我国境内且不适用我国法律,我国法院若受理案件在认定事实和适用法律方面存在重大困难;(7)外国法院对案件享有管辖权且审理该案件更加方便。

涉台海商事案件可参照上述最高院对涉外商事案件的精神处理。适用"不方便法院原则"尤其适合处理两地法院均已受理但未审理完毕的案件。从两岸民诉法规定的不同及"一带一路"建设下两岸海商事纠纷的增加可看出,两岸管辖权积极冲突频繁,原告挑选法院日趋严重。如果在一个与诉讼毫不相干的法院进行诉讼,却不赋予被告相应的救济方式和法院一定的自由裁量权,无疑会浪费司法资源,有损于诉讼的公正追求。而"不方便法院原则"正是基于私人利益和公共利益的综合考虑,本着公正、效率、司法经济,避免当事人"挑选法院"和"一案两审"等管辖权冲突,将那些与本地缺乏必要联系,而且调查取证、当事人及证人出庭困难,诉讼成本高昂的案件交由其他可替代的更合适便利的法院管辖。① "不方便法院原则"最本质的功能即为实现诉讼公正与效率,是对原告挑选法院的限制,对被告权利的保护,对程序滥用的制止,也是消弭管辖权积极冲突的有效方式。

但"不方便法院原则"始发端于英美国家,移植到我国司法实践还需要

---

① 宋建立:《从中化国际案看不方便法院原则的最新发展》,《法学评论》2007年第6期,第79页。

合理适用。"不方便法院原则"具有较为广泛的自由裁量性质,对于法律的确定性、一致性和可预见性带来了挑战,法官应当提高司法能力,正确运用该原则,合理认定"不方便"标准,真正发挥该原则协调管辖权冲突,追求司法效率的作用,而不是将该原则当作推诿责任的工具。适用该原则还应当注意区际法律冲突的特点,既尊重不同法域下的司法独立性,同时也要考虑"一个中国"的原则。在运用"不方便法院原则"处理此类纠纷时,要充分尊重和信任对方的司法机构及其所做出的判决,避免妄加评判对方法院。

除了上述协调原则外,受诉在先原则、礼让原则、限制公共秩序保留条款等都是解决管辖权冲突的有效途径,因篇幅有限,不一一赘述。

结语

"一带一路"倡议的提出与施行,为两岸经贸合作与共谋发展提供了新的历史机遇,掀开了富有生机的一页。协调好涉台海商事纠纷的管辖权冲突,成为法院服务保障"一带一路"建设的重要课题之一。在协调管辖权冲突的过程中,应把握最高院《"一带一路"若干意见》等规定的有关精神,强调海商事纠纷的私法性质,在"一国两制"的原则之下寻求解决途径,以制定区域管辖规则为目标,通过将协调导向性规则纳入立法及发挥个案判例作用等富有积极效果的灵活措施,有效缓和管辖权冲突给纠纷解决带来的困扰,充分保障大陆及台湾地区市场主体的诉讼权利,营造公平公正的营商环境,促进两岸经贸往来,为"一带一路"建设保驾护航。

（中国审判理论研究会海事海商审判理论专业委员 2018 年年会优秀奖）

进入我国管辖海域外国政府公务船舶的豁免问题

许俊强

【摘要】政府公务船舶的法律地位类似于一国的军舰,外国政府公务船舶在沿海国的内水、领海、毗连区和专属经济区享有豁免权,但必须遵守相关的国际规则和沿海国法律规定。日本海上保安厅巡视船以所谓的巡逻和执法为目的进入我国钓鱼岛管辖海域,侵犯了我国的主权和领土,违反了我国法律。我国有权采取阻止和驱离等措施,在其不法行为对我国造成损害时,日本作为船旗国虽有程序豁免权但应负国际责任。

【关键词】管辖海域;外国公务船;豁免权;钓鱼岛海域

《最高人民法院关于审理发生在我国管辖海域相关案件若干问题的规定(一)》第1条规定,我国管辖海域,是指依照我国《领海和毗连区法》《专属经济区和大陆架法》等法律划定的内水、领海、毗连区、专属经济区、大陆架,以及我国管辖的其他海域。关于外国政府公务船舶进入我国管辖海域,其法律地位如何,是否享有豁免权等问题,我国没有明确的规定,值得探讨。

一、政府公务船舶

(一)国际公约的规定

关于如何确定军事船舶或政府公务船舶,国际上有"目的说"和"营利说"两种不同标准。"目的说"主张把船舶所从事活动的目的作为划分和界定的标准,认为军事船舶或政府公务船舶,是指从目的上分析属于从事军事性活动或政府公务活动的船舶,而不问军队或者政府机关是否拥有船舶的所有权;"营利说"则是根据船舶是否从事营利活动的划分标准,凡船舶从事的是营利性活动，即使是船舶所有权属于军队或政府机关，也应该排除在军事船舶或政府公务船舶的范围之外。目的说更为合理，并为有关公约所采纳。国际上与政府公务船舶豁免有关的最早的公约是 1926 年 4 月 10 日签订的《布鲁塞尔公约》，即《统一国有船舶豁免的某些规则的公约》。德国、比利时等国家认识到制定关于国家所有船舶豁免权的若干统一规则是有益的，为此就国家所有的船舶豁免权缔结该公约。根据公约第 1 条和第 2 条的规定，国家所有或运营（operate）的船舶通常不能享受豁免，公约第 3 条第一款则是做出例外规定，即军用船舶等在诉因发生时所有权属于国家或者由国家运营、完全为政府所使用且非用于商业目的的船舶享有豁免权。并非所有的国有船舶均能享受豁免，公约在列举享有豁免权的相关船舶后做出兜底性规定，即"国家所有或国家运营而在诉因发生时完全为政府使用而非用于商业目的的其他船舶"，这是国有船舶享受豁免的条件，也是界定政府公务船舶的依据，本款规定表明，政府公务船舶，首先，必须是国家所有的船舶，在此，"所有"应做广义的解释，即所有权归属国家或者所有权虽不归属国家但由政府控制、运营，如政府租赁的船舶等。其次，船舶必须完全用于政府非商业目的，"完全"一词表明，如果船舶所有权归国家所有，但是用于或者甚至只是部分用于商业目的，则不得享有豁免权。再次，时间上的要求，作为享有豁免权的船舶必须是诉因发生时同时符合上述两个条件。一国的军舰完全符合上述政府公务船舶的条件，但军舰在用途上较为特殊，专用于军事目的，可以说是一种特殊的政府公务船舶。

1958 年《日内瓦公海公约》（以下简称《公海公约》）第 16 条、第 21 条、第 23 条的规定中均使用"政府船舶"一词，而政府船舶和政府公务船舶是有区别的，政府所有或虽非政府所有但由政府运营的船舶从事商业活动的虽属于政府船舶，但不属于政府公务船舶。《公海公约》对政府船舶或政府公务船舶均没有直接做出明确的定义，《公海公约》第 9 条赋予由一国所有或运营并专用于政府非商业性服务的船舶在公海的完全豁免权，其中"由一国所有或运营并专用于政府非商业性服务的船舶"指的就是政府公务船舶，可以作为政府公务船舶的定义，这与《布鲁塞尔公约》对政府公务船舶的界定并无实质上的区别，通常政府公务船舶在公海仅受其船旗国管辖。

《海洋法公约》也没有直接就政府公务船舶做出定义，但从《海洋法公约》第二部分"领海和毗连区"之第三节 B 分节"适用于商船和用于商业目的的政府船舶的规则"、C 分节"适用于军舰和其他用于非商业目的的政府船舶的规则"分析,《海洋法公约》根据船舶的用途目的,即船舶所从事活动的性质将船舶分为商船、政府公务船舶和军舰。商船是指用于商业目的的船舶,即使船舶所有权为政府所有但是用于商业目的,仍然属于商船而不能纳入政府公务船舶范围之内。军舰是指隶属于一国武装部队、具备辨别军舰国籍的外部标志、由该国政府正式委任并名列相应的现役名册或类似名册的军官指挥和配备有服从正规武装部队纪律的船员的船舶。《海洋法公约》关于军舰的定义来源于《公海公约》第 8 条第二款的规定,《公海公约》下的军舰是从海军的维度进行界定的,《海洋法公约》关于军舰的规定范围更广,是从武装部队的维度进行界定的,而不仅仅局限于海军。政府公务船舶则是指由一国所有或运营,且专用于政府非商业性服务的船舶。从《海洋法公约》第二部分之第三节 C 分节"适用于军舰和其他用于非商业目的的政府船舶的规则"的标题分析,《海洋法公约》就领海的无害通过把军舰与政府公务船舶相提并论,一起对待,赋予相同的法律地位。应该说,军舰也是政府公务船舶的一种,鉴于军舰军事用途的特殊性,《海洋法公约》把军舰从政府公务船舶中单列出来,但在有关国家的立法中军舰和政府公务船舶往往归为同一种类,例如,根据美国《公务船舶法》的规定,公务船舶就同时包括军舰和政府公务船舶。

(二)我国法律的规定

我国《海商法》没有明确规定何谓政府公务船舶,仅规定船舶是指海船和其他海上移动式装置,并把用于军事的、政府公务的船舶和 20 总吨以下的小型船艇排除在船舶范围之外,《海商法》意义上的船舶不包括政府公务船舶,政府公务船舶不在《海商法》规范的调整范围内。我国《领海和毗连区法》第十条规定了"外国军用船舶或者用于非商业目的的外国政府船舶"通过我国领海时的义务和责任,出现了"用于非商业目的的外国政府船舶"这一提法,与《海洋法公约》的规定相同,本条也对政府公务船舶和军舰通过领海的义务与责任一并做出规定。我国《船舶登记条例》第56条第3项对公务船舶做出定义,即"公务船舶"是指用于政府行政管理目的的船舶。在此,

《海商法》规定的"用于政府公务的船舶"、《领海和毗连区法》规定的"用于非商业目的的外国政府船舶"和《船舶登记条例》规定的公务船舶应作同一解释，均属政府公务船舶。《布鲁塞尔公约》《海洋法公约》除对船舶非商业目的用途做出限制外，还明确了船舶属政府所有或运营。虽然界定是否属政府公务船舶与船舶的权属并无直接关系，而是应从船舶的目的、用途加以区分，但政府公务船舶或者属政府所有，或者由政府以征用、借用、租用等各种形式将船舶归自己运营，如此规定可消除非政府所有船舶但由政府运营且用于非商业目的是否属政府公务船舶的疑问。应该明确的是，比较而言，《船舶登记条例》规定的"行政管理目的"的范围显然窄于"非商业目的"，采"非商业目的"界定政府公务船舶更为合理。

《海洋法公约》虽然仅对军舰而没有对政府公务船舶的外部标志做出规定，但在通常情况下，政府公务船舶也是有统一的、明显的特定外部标志，以表明国籍和身份，并区别于商船、渔业船舶等。同时，政府公务船舶根据其隶属部门的职责，承担相应的政府公共职能。

综上，政府公务船舶应指为一国政府所有或运营的、用于履行政府公共职能等非商业目的的、具有特定外部标志的船舶。

二、政府公务船舶的豁免权

（一）军舰的豁免权

外国军舰享有管辖豁免在 18 世纪末以前还没得到国际社会的广泛承认，在美、英、德等国法院司法判例的不断推动下，到 19 世纪才渐渐形成承认外国军舰享有管辖豁免的一般规则。1894 年国际法学会巴黎会议通过的关于领海制度的决议，专门将外国军舰作为沿海国管辖权的特殊情况予以保留，最终在 19 世纪才基本确立外国军舰享有管辖豁免的国际习惯法规则。甚至可以说，国家管辖豁免制度的确立和军舰的管辖豁免有很大的关系。

随着理论与司法实践的发展，相关的国际公约吸纳了上述国际习惯法规则。1926 年的《布鲁塞尔公约》第 3 条赋予军舰享有法院的司法管辖豁免，不得以任何法律程序拿捕、扣押或滞留军舰，也不允许对军舰提起对物诉讼。至此，军舰的豁免权得以确认而成为国际习惯法。《公海公约》第 8 条第一款规定,军舰在公海上享有完全的豁免权,仅受其船旗国管辖。1958年《领海和毗连区公约》就领海的无害通过做出规定,其中第23条是专门适用于军舰的规则,即在军舰不遵守沿海国关于通过领海的法规,且不顾沿海国向其提出遵守法规的任何要求时,沿海国可要求该军舰离开其领海。本条虽然没有出现"豁免"的字眼,但这表明即使军舰未能遵守无害通过沿海国领海的规则,沿海国也只能要求军舰离开领海,虽然沿海国可以采取多种措施要求军舰离开领海,但不能行使管辖权,即军舰在领海享有豁免权。《国家及其财产管辖豁免公约》第16条"国家拥有或运营的船舶"之第二款赋予军舰或辅助舰艇享有豁免权。除国际公约外,关于军舰的豁免权也见于相关国家的立法,如1982年6月《外国国家在加拿大法院豁免法》第11条规定,用于或拟用于军事有关的活动,以及具有军事性质,或处于军事当局或国防机构控制之下的外国国家的财产,应豁免于扣押与执行,在对物之诉中,豁免于扣留、留置、查封与没收。本条虽然没有对军舰直接做出规定,但军舰是符合本条规定的军事财产,享有相应的豁免权。从国家豁免的主体分析,武装部队作为国家机关是国家主权的代表,隶属于武装部队的军舰作为国家机关应享有国家管辖豁免。军舰是特殊的政府公务船舶,在管辖豁免问题上,政府公务船舶和军舰的法律地位类似,政府公务船舶可以比照军舰享有豁免权。

(二)《布鲁塞尔公约》及相关公约

政府公务船属国有船舶的范畴,所以其豁免权问题首先是国有船舶的豁免问题。根据《布鲁塞尔公约》第1条、第2条的规定,在通常情况下国家所有或运营的船舶与私人所有或经营的船舶承担相同的责任和义务,并不得享有法院管辖的豁免,也可以作为扣押的对象,这是一项原则。但公约第3条第一款对此做出例外规定,赋予政府公务船舶豁免权,且规定对政府公务船舶不得以任何法律程序进行拿捕、扣押或滞留,也不得提起对物诉讼。公约第3条第一款第2项还规定对于特定诉讼,索赔人有权向拥有或运营这种船舶的国家的有管辖权的法院提起诉讼,而该国不得主张豁免权。这些诉讼包括:碰撞或其他航行事故、救助、打捞和共同海损、船舶修理、供应或有关该船舶的其他合同的诉讼。故政府公务船舶作为国有船舶虽享有豁免权,但在上述特定情况下仍不得主张豁免。其实,既然诉讼是在船舶所属国提起而不是在外国法院进行诉讼，这并不涉及国际法上国家及其财产管辖豁免的问题，无所谓国家援引豁免权进行抗辩。

《布鲁塞尔公约》项下国有船舶的豁免是例外，开启了国有船舶限制豁免的立法例，这种模式为其后的国际公约所遵循。例如《领海和毗连区公约》第21条、第22条规定，为商业目的经营的政府船舶无害通过领海的规则与适用于所有船舶的规则及适用于商船的规则相同，且公约未赋予其豁免权；而军舰以外的为非商业目的而运营的政府船舶可根据该公约和国际法的其他规则享有豁免权。再如根据1969年《国际油污损害民事责任公约》第11条的规定，军舰或其他为国家所有或运营的在当时仅用于政府的非商业性服务的船舶是适用该公约各项规定的例外情形。而虽为缔约国所有但用于商业目的的船舶，国家均应接受公约规定的有管辖权法院所受理的诉讼，并不得提出国家管辖豁免的抗辩。这就是说，公约以船舶是否从事政府非商业性活动为标准赋予了政府船舶豁免权。

《国家及其财产管辖豁免公约》也采取国有船舶豁免例外的限制豁免制度，公约第16条是关于"国家拥有或经营的船舶"的豁免问题，根据本条第一款，在诉讼事由产生时案涉船舶是用于政府非商业性用途以外的目的，拥有或经营该船舶的国家在有关该船舶的经营的诉讼中，在法院地国原应管辖的法院不得援引管辖豁免进行抗辩，当然除有关国家间另有协议外。据此，能不能享受管辖豁免的关键是根据船舶是否用于政府非商业性用途。例外情况是，首先，上述规定不适用于军舰或辅助舰艇，也不适用于一国拥有或运营的、专门用于政府非商业性活动的其他船舶，即军舰和政府公务船舶享有豁免权；其次，国家间有协议做出不同规定的除外。公约值得一提的亮点是解决了如何认定"政府非商业性质"这一棘手的问题，即由一国的外交代表或其他主管当局出具并送交受理案件法院的证明应作为认定"政府非商业性质"的证据，这有利于避免争议，实现司法任务简单化。

(三)《海洋法公约》

《海洋法公约》第三节"领海的无害通过"之B分节"适用于商船和用于商业目的政府船舶的规则"规定了沿海国对外国船舶上的人员和事件的刑事管辖权和对外国船舶的民事管辖权。根据《海洋法公约》第27条的规定，在通常情况下,沿海国不应在通过其领海的外国商船上行使刑事管辖权,如逮捕、调查等权力,但是存在罪行的后果及于沿海国等特殊情形除外。本条规定针对的是外国商船上的人和事,不涉及外国商船本身的豁免问题。根据《海洋法公约》第 28 条的规定,在通常情况下,沿海国对通过领海的外国商船不行使民事管辖权,但两种情况除外,第一是涉及外国商船本身在通过沿海国水域的航行中或为该航行的目的而承担的义务或因而负担的责任;第二是沿海国根据其法律规定,出于民事诉讼的目的而对在领海内停泊或驶离内水后通过领海的外国商船行使民事管辖权。当然,上述规定是针对商船的,至于政府公务船舶的豁免应根据《海洋法公约》的其他规定。

《海洋法公约》分别就领海、专属经济区和公海不同的海域对政府公务船舶的豁免权做出规定。领海,又称为领水,是处于沿海国主权之下,位于陆地领土和内水以外邻接的一带水域。领海是国家领土在海洋中的延续,属于国家领土的一部分。国家对领海行使主权,根据属地优先权原则,对领海内的人事物享有包括司法管辖权在内的专属管辖权,通常沿海国对领海中航行的外国船舶享有管辖权。领海实行无害通过制度,外国船舶在不损害沿海国的和平、安全和良好秩序的前提下可以通过领海航行。依照《海洋法公约》第 32 条"军舰和其他用于非商业目的的政府船舶的豁免权"的规定,除 A 分节和第 30 条及第 31 条规定的情形外,《海洋法公约》的规定不影响军舰和其他用于非商业目的的政府船舶的豁免权。根据 1969 年《维也纳条约法公约》第 31 条第一款的规定,条约应就其用语按照上下文并参照其目的和宗旨所具有的通常意义,善意地予以解释。即对公约的解释文义解释优先,从文义上分析,"除……外"表明 A 分节和第 30 条及第 31 条会影响政府公务船舶的豁免权,至于会产生什么影响,取决于上述条款的规定。A 分节是无害通过领海时适用于所有船舶的行为规则;第 30 条是军舰对沿海国法律和规章的不遵守导致的后果,即沿海国有权要求军舰立即离开其领海;第 31 条规定的则是船旗国对军舰或其他用于非商业目的的政府船舶造成损害所应承担的责任,上述条款均不直接涉及豁免权问题,或许第 30 条、第 31 条的规定可能对豁免权有一定的减损,这则条款的开头语"……所规定的情形除外"意味着交叉引用的条款包含减损军舰及其他非商业目的用途的政府船舶的豁免权,毕竟沿海国有权责令军舰离开领海或要求船旗国承担责任。有学者认为，《海洋法公约》第 32 条赋予军舰和其他用于非商业目的的政府船舶享有绝对的豁免权。无论如何，根据本条规定，政府公务船舶以在领海享有管辖豁免为原则。沿海国在毗连区就海关、财政、移民等 4 个特定事项享有管制权，但沿海国在毗连区享有的权利明显少于领海；《海洋法公约》规定外国政府公务船舶在领海享有豁免权，在无明确规定的情况下，按照"举重以明轻"进行解释，外国政府公务船舶在毗连区理应享有豁免权。《海洋法公约》第 31 条规定，对于军舰或其他用于非商业目的的政府公务船舶不遵守沿海国有关通过领海的法律和规章或不遵守公约的规定或其他国际法规则，而使沿海国遭受的任何损失或损害，船旗国应负国际责任。同理，外国政府公务船舶在毗连区也应该遵守公约和沿海国的相关规定，否则也将承担相应的国际责任。

政府公务船舶在公海上除受船旗国管辖以外，享有不受任何其他国家管辖的完全豁免权。《海洋法公约》第五部分规定的专属经济区属特定海域，不适用公约第七部分"公海"相关规定，但依照《海洋法公约》第 58 条"其他国家在专属经济区内的权利和义务"第二款规定，公约第 88 条至第 115 条以及其他国际法有关规则，只要与公约第五部分不相抵触，均适用于专属经济区。因公约第五部分专属经济区的规定没有涉及政府公务船舶的豁免权，故在专属经济区一国政府公务船舶的豁免权应适用《海洋法公约》第 96 条"专用于政府非商业性服务的船舶的豁免权"的规定，即一国的政府公务船舶在他国专属经济区享有完全的豁免权。当然，在专属经济区内，各国行使《海洋法公约》项下的权利和履行其义务时，根据公约第 58 条第三款，应适当顾及沿海国的权利和义务，并应遵守沿海国按照本公约的规定和其他国际法规则所制定的与公约第五部分不相抵触的法律和规章。公约对违反此类法律和规章的后果没有规定，这可根据沿海国国内法确定。

内水是沿海国领海基线以内的水域，内水如同陆地领土，是沿海国领土的一部分，沿海国对内水拥有完全排他的主权，有权制定关于本国内水的法律制度，有权禁止或允许外国船舶进入内水航行，被允许进入内水的外国船舶必须遵守沿海国的法律和规章，通常沿海国对在内水航行的外国船舶享有管辖权。如果领海基线采用直线基线法而使原来没有被认为是内水的区域被包含在内成为内水，那么在该水域内外国船舶享有无害通过权，就此外国政府公务船舶也不例外。内水属一国领土,《海洋法公约》没有也不宜规定外国政府公务船舶在内水的豁免权问题,这取决于沿海国的法律规定。通常,外国军舰在内水也享有豁免权,外国政府公务船舶在我国内水理应享有相同的权利。这种理解可以从《海事诉讼特别程序法》第二十三条第三款的规定得到印证,该款规定军舰和政府公务船舶不在可供扣押的船舶范围之内。《海事诉讼特别程序法》立法的特点之一就是相关规定没有国内与涉外之分,比如本款规定的军舰和政府公务船既包括我国的船舶也不排除外国的军舰和政府公务船舶。

综上,沿海国对国有船舶享有管辖权,政府公务船舶与军舰的法律地位类似,二者作为一种例外享有管辖豁免。《海洋法公约》下外国政府公务船舶在公海、专属经济区、毗连区、领海乃至内水均享有豁免权,但应遵守相关国际规则或沿海国的规定,否则应承担相应的国际责任。需要分清楚的是,承担国际责任与是否享有国家豁免权是两个不同的问题,承担国际责任是实体问题,所应承担的是实体责任,而能否享有管辖豁免是程序问题。一国如何承担责任可能涉及豁免权问题,但国际关系中不存在类似于国内的司法强制制度,船旗国所负国际责任往往是通过外交途径、谈判等方式予以落实,因此承担国际责任并不等于豁免权的丧失或者放弃。

三、钓鱼岛我国管辖海域日本海上保安厅巡视船的豁免问题

日本海上保安厅正式成立于 1948 年 5 月 1 日,平时隶属于国土交通省,战时纳入日本海上自卫队管辖,是日本管控海洋的专门机构,类似于美国的海岸警卫队,拥有各类船舶数百艘,飞机数十架,装备精良,是一支不可小觑的准军事力量。日本海上保安厅共设有 11 个管区。日本海上保安厅主要职能包括海上治安维持、领海及专属经济区警备、海难救助、海洋环境保护、海上防灾、海上交通管理、海洋调查和海洋开发等。从日本海上保安厅承担的职能分析,非战时其所属船舶在从事职责内的公务活动时,于性质上分析属用于政府非商业目的的公务船舶。日本宣称对钓鱼岛享有主权,并把钓鱼岛划入日本海上保安厅第 11 管区的管辖范围,非法派出海上保安厅的巡视船到钓鱼岛海域我国的专属经济区、毗连区、领海和内水进行所谓的巡逻和执法活动,损害了我国的领土主权,应停止相应的违法行为,在造成损害时应承

担相应的法律责任。

（一）日本海上保安厅巡视船的违法行为

我国政府于 2012 年 9 月 10 日发布声明，公布了钓鱼岛及其附属岛屿的领海基点基线，9 月 13 日我国政府向联合国秘书长交存钓鱼岛及其附属岛屿的海图和领海基点基线的地理坐标，根据《领海和毗连区法》第 2 条第三款、第 3 条第一款、第 4 条第一款的规定及《专属经济区和大陆架法》第 2 条第一款的规定，我国在钓鱼岛海域的内水、领海、毗连区和专属经济区据此确定。钓鱼岛、黄尾屿、南小岛、北小岛、南屿、北屿、飞屿的领海基线采用直线基线法，领海基线为各相邻基点之间的直线连线，因此，钓鱼岛海域在一定范围内形成我国的内水。依我国《海上交通安全法》第 11 条第一款，日本海上保安厅的巡视船作为外国籍非军用船舶，未经我国主管机关批准，不得进入我国的内水。退而言之，根据《海洋法公约》第 8 条的规定，在钓鱼岛海域即使因直线基线法而使原来并未认为是内水的区域被包括在内成为我国内水，日本海上保安厅的公务船舶作为外国非军用船舶也仅仅有无害通过权，且这种无害通过权不能超过《海洋法公约》第 19 条规定的范围。依照《海洋法公约》的规定，在公约的限制下，所有国家，不论是沿海国还是内陆国，其公务船舶在他国领海享有无害通过的权利，但应遵守公约的限制。所谓的"无害"，是指符合《海洋法公约》和其他国际法规则，例如 1972 年《国际海上避碰规则》；且不得损害沿海国的和平、良好秩序或安全。所谓"通过"，一般情况下，通过必须是继续不停和迅速进行，如果是通常航行所附带发生的，或者是因不可抗力、遇难和救助所致，通过包括停船和抛锚在内。根据《海洋法公约》无害通过应该是基于航行目的的善意通过，日本政府海上保安厅巡视船以进行所谓巡逻和执法活动进入钓鱼岛海域，严重侵犯了我国的领土主权，我国可以禁止、阻止其进入我国钓鱼岛海域。日本海上保安厅巡视船的行为从国际公约层面分析其行动显然不符合《海洋法公约》第 31 条的规定，不构成无害通过我国领海；在国内法层面则违反了我国《领海和毗连区法》，破坏了我国领海的良好秩序，是非法行为。我国有关主管机关依法有权责令日本海上保安厅的巡视船立即离开领海，对所造成的损失或者损害，日本作为船旗国应当负国际责任。

针对日本海上保安厅在钓鱼岛海域所谓的巡逻和执法行为,根据《领海及毗连区法》,我国有权在毗连区内,为防止和惩处日本海上保安厅巡视船违反有关安全、海关、财政、卫生或者入境出境管理的法律、法规的行为行使管制权,采取相关措施。

日本海上保安厅巡视船等政府公务船舶在钓鱼岛海域专属经济区所谓的巡逻和执法行为,没有顾及我国权利义务和遵守我国相关法律、规章的规定,在国际法层面违反了《海洋法公约》第58条第三款;在国内法层面则违反了我国《专属经济区和大陆架法》,是侵权行为实施者。就"9·7"撞船事件,2010年9月7日,我国外交部发言人姜瑜在例行记者招待会上重申中国拥有钓鱼岛主权,要求在钓鱼岛附近海域日本海上保安厅巡逻船不得进行所谓的执法活动,更不得有危及中国渔船和人员安全的任何行为。我国对日本政府公务船舶在钓鱼岛专属经济区和大陆架违反我国法律、法规的行为,有权采取必要措施,依法追究法律责任,并可以行使紧追权。日本作为船旗国也应承担相应的国际责任。

（二）人身伤害和财产损害例外适用的可能性

钓鱼岛海域日本海上保安厅巡视船故意碰撞我方船舶的事故时有发生,如2010年9月7日我国"闽晋渔5179"渔船遭日本海上保安厅巡视船"与那国"轮、"水城"轮连续故意撞击;2012年8月15日,中国香港保钓船"启丰二号"在距钓鱼岛3海里处被日本海上保安厅舰艇左右夹击受损。在撞船事故发生后,我方船舶曾试图起诉日本海上保安厅,但由于我国一贯坚持绝对豁免的立场和做法,我国法院不受理以外国政府或其组成机构为被告的民事案件。我国和日本均签署了《国家及其财产管辖豁免公约》,该公约采限制豁免的立法例,例如公约第12条就规定了符合特定条件的人身伤害和财产损害的管辖豁免例外,这些条件包括:一方当事人提起的是金钱赔偿诉讼;诉讼针对的是人身伤亡或有形财产的损害;这种人身伤亡或有形财产的损害可归因于一国的作为或不作为;全部或部分的这种作为或不作为发生在法院地国领土内;该作为或不作为发生时行为人处于法院地国领土内。符合上述条件时一国不得向另一国有权管辖的法院援引管辖豁免,当然国家间另有协议除外。日本政府公务船进入我国钓鱼岛海域进行所谓的执法活动,其故意追逐、撞击我国渔船造成损害的行为是一种侵权行为,我方船舶提出的或拟提出的诉讼请求多为侵权损害的金钱赔偿诉讼,完全符合上述条款规定。我国于2005年9月14日签署《国家及其财产管辖豁免公约》,该公约原则上赋予外国国家及其财产管辖豁免和执行豁免,但同时对国家豁免做出若干例外规定。但在国际上该公约还没有生效,也还没有得到我国全国人大常委会的批准,目前我国仍然实行一贯坚持的国家豁免规则和政策。在公约获我国批准及生效前,尚不能援引公约规定的人身伤害和财产损害例外,在我国起诉日本政府或海上保安厅,日本海上保安厅的巡视船仍享有免除我国法院管辖的程序上的豁免权。

综上,根据《海洋法公约》的规定,一国公务船舶在他国管辖水域以享有豁免权为原则。日本海上保安厅巡视船以所谓的巡逻和执法为目的进入我国钓鱼岛管辖海域,其行为侵犯了我国的主权和领土,违反了我国法律和规章,我国有权采取必要措施,包括并不限于阻止进入我国管辖海域,对已进入我国管辖海域的则予以驱离等措施;在日本海上保安厅巡视船的不法行为而使我国遭受任何损失或损害时,虽然日本政府公务船有程序豁免权,但日本作为船旗国应负国际责任。

（原载于《法律适用》,2019年第3期）

强化对"一带一路"建设中海事仲裁的司法保障

——以境外海事仲裁财产及证据保全为视角

胡伟峰

【摘要】海事仲裁是化解"一带一路"建设多元文化和背景下的跨境海运法律纠纷的重要机制,其有效发挥作用,有赖于内国法院的司法保障。本文梳理了我国海事审判对于境外仲裁保全请求的不同态度及做法,从解读现有的民事诉讼法、仲裁法及海事诉讼特别程序法条文入手,进一步探究现行民事诉讼法关于统一国内和涉外仲裁规定的修法目的,结合平等互惠原则的实践适用,得出法院为维护本国投资者合法权益及国际社会共同利益,应对境外仲裁的保全请求提供协助的结论。在仲裁证据保全问题上,应将证据保全与保全取得证据的使用相互独立,对于证据保全请求应坚持依法协助原则,保全取得证据的使用上则应综合平衡申请人与被申请人及第三人权益,对是否有合法仲裁协议,证据使用是否会损害他人合法权益及法院的公共利益、公序良俗等进行审查,审慎决定是否准许。

【关键词】海事仲裁;"一带一路";司法保障

自"一带一路"倡议提出以来,已经有 100 多个国家、地区和国际组织参与其中,我国与 30 多个沿线国家签署了共建"一带一路"合作协议,与 20 多个国家开展了国际产能合作,以亚投行、丝路基金为代表的金融合作不断深入,"一带一路"建设从无到有、由点及面,进度和成果超出预期。① 至 2016 年 7 月,我国对"一带一路"相关国家的投资累计已达 511 亿美元,占同期对外直接投资总额的 12% ;我国企业在相关国家建设的经贸合作区达 52 个,

---

① 新华网:习近平:让"一带一路"建设造福沿线各国人民,http://news. xinhuanet. com/world/2016-08/17/c_1119408654. htm,访问时间:2017 年 7 月 17 日。

为东道国创造了 9 亿美元的税收和近 7 万个就业岗位，①"一带一路"建设迎来快速发展新时期。海运业是"一带一路"建设的重要组成和推进动力，在涉"一带一路"海运建设如火如荼推进的同时，多元文化和背景下的海运纠纷应如何解决已成为各方关切焦点。

一、强化涉"一带一路"海事仲裁司法保障的重要意义

（一）多元化纠纷解决机制与"一带一路"建设

面对在政治状态、经济发展水平、法律体系上存在较大差异的"一带一路"建设参与国，传统基于国家主权的诉讼解纷方式，面临司法管辖冲突、国际间平行诉讼、境外当事人身份查明难、司法文书送达难乃至裁判的承认与执行难等诸多挑战，权利人的权益救济存在诸多不确定。相较于诉讼，多元纠纷解决机制提供了多方主动选择的权利，能更好地适应和解决"一带一路"建设众多参与国家多元化法律制度和文化传统的冲突，同时，作为诉讼的有益补充，多元纠纷解决机制还能够缓解法院"案多人少"的现实困境，提高纠纷解决效率，因而，正受到国际社会的广泛关注，并日益引起学界及实务界的重视。

（二）仲裁在化解涉"一带一路"建设海事纠纷中的作用

仲裁作为国际间通行的多元化纠纷解决机制，具有当事人意思自治、高效灵活、私密安全的特点，且因实践中仲裁裁决结果往往比一国国内诉讼裁判更不易受纠纷各方政治经济等案外实力的影响，仲裁还具有公平公正的特点，加之作为当今国际商事仲裁的基石，《承认及执行外国仲裁裁决公约》（1958 年《纽约公约》）的缔约国众多，缔约国做出的生效仲裁裁决能够在156 个缔约国间得到承认与执行，"一带一路"建设参与国大多为《纽约公约》的缔约国，仲裁裁决结果往往比一国法院判决更容易在外国得到承认与执行，因此，仲裁应当在涉"一带一路"法律争端解决机制中发挥更重要的作用。2016 年 6 月，我国最高人民法院发布《关于人民法院进一步深化多元化纠纷解决机制改革的意见》，提出鼓励和推动多元化纠纷解决机制的国际化

---

① 新华网：商务部：前 7 月对外直接投资 1027.5 亿美元同比增 61.8%，http://news. xinhuanet. com/finance/2016-08/17/c_129236992. htm，访问时间：2017 年 7 月 17 日。

发展,支持中外当事人自愿选择调解、仲裁等非诉讼方式解决纠纷。① 从宏观制度设计的层面,强调并推动包括仲裁在内的多元化纠纷解决机制在解决涉"一带一路"海事纠纷中的重要作用,将有力推动"一带一路"建设中的海运行业健康有序繁荣发展。

(三)涉"一带一路"海事仲裁司法保障的重要意义

由于仲裁属民间性的纠纷解决方式,其虽然具有最终裁判权,但却没有采取保全措施的强制性权力,该部分内容有赖于法院的司法保障。世界各国立法大都认可本国法院为国内仲裁提供诸如证据保全、财产保全在内的司法保障,但当保全的财产或证据位于仲裁地以外的国家或地区,该法院能否为境外仲裁提供保全协助则处于疑问之中。无论是不予司法协助或是悬而不决的不确定的状态,都影响着境外仲裁效率及公正的实现,从长远来看,不利于国际经济的深度交流合作及"一带一路"建设的健康发展。

二、境外海事仲裁财产保全的司法保障

(一)境外海事仲裁财产保全的内容

关于海事仲裁中的保全措施,各国立法名称不同,存在中间措施、保全措施、临时禁令、临时救济等,我国称为保全措施,主要有财产保全和证据保全等情况。仲裁中的财产保全主要是指一方当事人因另一方当事人的行为或者其他原因,可能使裁决不能执行或者难以执行的情况,而向仲裁庭提出的财产保全申请,由仲裁庭将该申请依照民事诉讼法的有关规定提交人民法院,由法院依法审查,决定是否准许财产保全申请并采取保全措施。海事仲裁中的保全措施依据提起时间的不同,可以分为仲裁前的财产保全与仲裁中的财产保全;依据仲裁庭或仲裁地的不同,可以分为境内海事仲裁中的保全措施与境外海事仲裁中的保全措施。

在涉"一带一路"建设中,既存在中外当事人根据合同约定或书面协议,将涉外海事纠纷提交境内仲裁机构,如中国海事仲裁委员会、中国国际经济贸易仲裁委员会进行裁决的情形,也存在着约定由境外的仲裁机构或临时仲

---

① 张勇健:《"一带一路"司法保障问题研究》,《中国应用法学》2017 年第 1 期。

裁庭,如新加坡海事仲裁中心 SCMA,或依据伦敦海事仲裁员协会 LMAA、纽约海事仲裁员协会 SMA 的仲裁规则组成临时仲裁庭进行裁决,以及国内仲裁机构在境外进行仲裁,境外仲裁庭在境内进行仲裁的情况,对于境内仲裁机构受理的包括在国外进行的仲裁案件的保全措施,由境内法院进行司法保障,理论及实务界均无异议,境外仲裁庭在境内进行的仲裁的保全措施由境内法院司法保障也争议不大,争议主要集中在约定境外仲裁的仲裁前财产保全请求和境外仲裁中的财产保全请求能否在境内法院得到保障。

（二）我国海事审判对境外仲裁财产保全请求的不同做法

对于境外海事仲裁程序中一方当事人提出的,保全财产或证据在境内的保全申请,经由法律程序转交境内法院的,法院应否予以审查并决定是否保障,实务中做法尚未统一,主要有以下几种情况:第一种做法是对仲裁前财产保全一概不准许,准许部分仲裁中财产保全。如申请人某租船有限公司与被申请人某集团公司航次租船合同滞期费担保纠纷一案中,某海事法院合议庭认为除澳门仲裁机构仲裁外,约定境外仲裁（包括港台仲裁机构仲裁）的当事人,在仲裁中除申请扣押船舶、船载货物、船用燃油和船用物料之外的其他财产保全均不应准许,因案涉争议约定在香港仲裁,故申请人的仲裁前财产保全申请,与法不符,不予准许。第二种对境外仲裁中的财产保全申请均不予准许。如申请人某株式会社与被申请人某商业公司财产保全案,因货物买卖合同纠纷,申请人向大韩商事仲裁院提起仲裁申请,该院已正式受理。仲裁中申请人认为被申请人的偿债能力存在重大问题,为确保仲裁裁决的顺利执行,申请对被申请人的财产进行保全。受理法院认为,因申请人并非在我国申请仲裁,故其申请财产保全,缺乏法律依据,裁定对某株式会社的申请不予受理。第三种做法准许境外仲裁的财产保全申请。如申请人某航运公司与被申请人某矿业公司航次租船合同纠纷案中,申请人已向香港国际仲裁中心 HKIAC 申请仲裁。为保证将来生效的仲裁裁决的顺利执行,特请求冻结被申请人的银行存款 30 万美元或查封、扣押、冻结其他等值财产。受理案件的海事法院认为,申请人的诉讼财产保全申请符合法律规定。依照《中华人民共和国仲裁法》（以下简称《仲裁法》）第二十八条、《中华人民共和国民事诉讼法》（以下简称《民事诉讼法》）第一百零三条第一款之规定,准许申请人的财产保全申请。此外,某海事法院审理的某轮船有限公司与某物流控股公司申请财产保全案,案涉租船合同纠纷已在伦敦仲裁,被申请人到期未承担担保责任,申请人提出海事请求保全申请,请求依法冻结被申请人所属银行存款5 436 443.5美元,或查封、扣押、冻结被申请人其他等值财产。该法院经审查认为,申请人的海事请求保全申请,符合我国有关民事法律规定,依照《中华人民共和国海事诉讼特别程序法》(以下简称《海事诉讼特别程序法》)第十二条、《最高人民法院关于适用〈中华人民共和国海事诉讼特别程序法〉若干问题的解释》(以下简称《海诉法解释》)第21条第2款之规定,裁定准许申请人的海事请求保全申请。

(三)对境外仲裁财产保全请求提供司法保障的法律分析

1. 基于现有法律规定角度

(1)民事诉讼法

该法第一百零一条规定,利害关系人因情况紧急,不立即申请保全将会使其合法权益受到难以弥补的损害的,可以在提起诉讼或者申请仲裁前向被保全财产所在地、被申请人住所地或者对案件有管辖权的人民法院申请采取保全措施。从文义分析,该条文未排除境外仲裁当事人就财产保全向境内法院请求司法保障;从法律修改的过程分析,该条文系在2007年民事诉讼法基础上增加仲裁前财产保全内容而形成,进一步联系2012年的民事诉讼法修改不再对涉外民事诉讼中的保全程序做单独规定①,并统一了普通民事诉讼和涉外民事诉讼中采取诉前保全措施后申请人提起诉讼或者申请仲裁的期限,探究其立法本意,事实上是统一了境内外仲裁申请仲裁保全的规定,即无论是境内或境外的仲裁,是仲裁前或仲裁中,当事人均可通过仲裁庭向国内法院提出财产保全申请。因此,民事诉讼法事实上在一定程度上明确赋予当事人在境外仲裁前及仲裁中申请财产保全的程序权利。

(2)仲裁法

该法第二十八条规定,一方当事人因另一方当事人的行为或者其他原因,可能使裁决不能执行或者难以执行的,可以申请财产保全。当事人申请

---

① 奚晓明:《〈中华人民共和国民事诉讼法〉修改条文理解与适用》,人民法院出版社2012年第1版,第230页。

财产保全的,仲裁委员会应当将当事人的申请依照民事诉讼法的有关规定提交人民法院。从该条文内容来看,似乎是仅针对境内仲裁而言,但其并未排除境外仲裁中向境内法院申请财产保全的适用,关键在于对仲裁委员会的理解及适用,囿于立法时的社会经济发展情况及国际间法律协助与当下的巨大差异,不应严格依照字面进行解释,而应探究本意将其扩张至境外仲裁机构及临时仲裁庭。

（3）海事诉讼特别程序法

该法第十二条规定,海事请求保全是指海事法院根据海事请求人的申请,为保障其海事请求的实现,对被请求人的财产所采取的强制措施。第十四条规定,海事请求保全不受当事人之间关于该海事请求的诉讼管辖协议或者仲裁协议的约束。《海诉法解释》第 21 条规定,诉讼或者仲裁前申请海事请求保全适用《海事诉讼特别程序法》第十四条的规定。外国法院已受理相关海事案件或者有关纠纷已经提交仲裁,但涉案财产在中华人民共和国领域内,当事人向财产所在地的海事法院提出海事请求保全申请的,海事法院应当受理。该解释第 18 条规定,《海事诉讼特别程序法》第十二条规定的被请求人的财产包括船舶、船载货物、船用燃油以及船用物料。对其他财产的海事请求保全适用《民事诉讼法》有关财产保全的规定。可见,对于船舶、船载货物、船用燃油以及船用物料,《海事诉讼特别程序法》明确规定无论是仲裁前或仲裁中,境内或境外仲裁,利害关系人或当事人均有权直接或通过仲裁庭向我国海事法院提出海事财产保全的申请。对于船舶、船载货物、船用燃油以及船用物料以外的其他可保全财产,则应适用《民事诉讼法》的规定,予以保全。

2.基于平等互惠原则角度

从国际司法协作的互惠原则分析,即便存在对上述法律条文的不同理解,由于我国《民事诉讼法》第二百七十六条规定了"互惠原则",该原则也足以成为对境外仲裁财产保全请求提供司法保障的法律渊源与依据。目前部分国家和地区的法律及司法实践已经有对来自我国境内的仲裁程序中的财产保全请求予以协助的先例,在境外法院已经对境内仲裁机构提供财产保全司法协助的事实互惠基础上,境内法院也应当对来自该司法管辖区的仲裁保全请求提供司法协助。如我国香港法例明文规定香港法院拥有对内地仲裁程序当事人向香港法院申请临时救济的司法管辖权,并可因应进行中的内地仲裁程序当事人的诉求,批予临时救济。具体规定在我国香港《高等法院条例》第 21 条及第 609 章之《仲裁条例》第 45 条。司法案例见〔2017〕HKEC1305(案件编号 HCMP962/2017)陈宏庆诉宓敬田一案[①],该案当事双方就一家香港公司股权的表决权发生纠纷,并于 2017 年 2 月向中国国际经济贸易仲裁委员会申请仲裁,仲裁中申请人以被申请人签订协议欲向案外人出售该股权为由,向香港法院申请委任股权临时接管人并禁止被申请人转让股权。香港法院审查后颁予相关救济,保障了境内当事人在香港地区财产的合法权益。

退一步而言,考虑到我国对"一带一路"参与国家的投资不断增长的大背景,涉及我国境内仲裁机构处理的境内仲裁案件当事人需要向境外法院提出财产保全申请的现实需求大量存在,从维护本国投资者合法权益和国际社会共同利益的角度出发,基于国家之间的礼让和追求公正的原则,即使境外法院尚无协助境内仲裁财产保全请求的先例,为避免以考察先例为唯一标准的互惠原则下,容易出现的不同司法管辖区都不愿意先提供司法协助导致的互惠僵局,可以依照《最高人民法院关于人民法院为"一带一路"建设提供司法服务和保障的若干意见》第 6 条关于"推动缔约双边或者多边司法协助协定……要在沿线国家尚未与我国缔结司法协助协定的情况下,根据国际司法合作交流意向、对方国家承诺将给予我国司法互惠等情况,可以考虑由我国法院先行给予对方国家当事人司法协助,积极促成形成互惠关系"的规定,只要参与国家存在着对境内仲裁机构财产保全申请提供司法保障的合理潜在可能性的情况下,就可由境内法院先给予司法协助,建立起基于互惠、礼让原则对境外仲裁的保全予以协助的制度。

三、海事仲裁证据保全的司法保障

证据保全制度在诉讼解决海事纠纷中具有特殊重要作用,也在实践中取得了较好的效果。在海事仲裁中,当事人为调查收集和固定保存证据,也常

[①] 高俊、许卓杰、梁子谦:《大陆和香港法院是否支持对方法域下仲裁程序当事人的财产保全申请》,《中伦视界》,2017 年 8 月。

常需要寻求法院的协助，当关键的证据位于仲裁地以外的国家或地区时，该境内法院能否为境外仲裁提供司法协助，在审判实践中做法不一。

（一）海事仲裁证据保全的现有法律规定

对于境外仲裁前、仲裁中证据保全的司法保障，我国法律已有明确规定。

（1）《民事诉讼法》第八十一条规定，因情况紧急，在证据可能灭失或者以后难以取得的情况下，利害关系人可以在提起诉讼或者申请仲裁前向证据所在地、被申请人住所地或者对案件有管辖权的人民法院申请保全证据。该规定未区分境内外仲裁，既可适用于境内仲裁机构在境内或境外进行的仲裁，也可同样适用于境外仲裁前中的证据保全。

（2）《海事诉讼特别程序法》第四十七条规定，诉讼前申请海事证据保全，适用《海事诉讼特别程序法》第六十四条的规定，外国法院已受理相关海事案件或者有关纠纷已经提交仲裁，当事人向中华人民共和国的海事法院提出海事证据保全申请，并提供被保全的证据在中华人民共和国领域内的相关证据的，海事法院应当受理。此法律制度允许当事人在境外海事仲裁前及仲裁中向境内法院申请海事证据保全。

（二）我国海事审判准许境外仲裁证据保全请求的实践

支持境外仲裁证据保全在我国海事审判中已有先例，如申请人某航运有限公司申请证据保全案，申请人租用某外籍轮船从中国港口承运钢材赴印度。据该船船长出具的海事声明所载，途中经新加坡遭遇恶劣天气，造成船上甲板货物及舱内货物发生位移进而引起船、货损失，引发多起纠纷，案涉航次租船合同纠纷约定伦敦仲裁，申请人基于与上述事实相关的证据材料均保存在该船，且系仲裁查明事实所必需，其无法自行获得为由，向海事法院请求保全全部证据资料。受理的海事法院审查认为：申请人是案涉海事请求的当事人；其请求保全的证据对该海事请求具有证明作用；被请求人该外轮船舶所有人和/或光船承租人与请求保全的证据有关；且案涉轮船系外籍船舶，下一航程将驶往境外，如不立即采取证据保全就会使该海事请求的证据难以取得。因此，申请人申请诉前证据保全符合《海事诉讼特别程序法权》第六十七条、第六十八条之规定，裁定准许申请人的诉前证据保全申请，加强了对境外海事仲裁的支持。

（三）境外仲裁证据保全的海事证据取得及使用程序

取得并使用证据虽是证据保全的最终目的,但取得与保全,是彼此独立,不能混同,证据保全申请获准并保全后,当事人并不必然能取得并使用证据。

关于保全海事证据的取得及使用,《海诉法解释》第49条规定,海事请求人在采取海事证据保全的海事法院提起诉讼后,可以申请复制保全的证据材料;相关海事纠纷在中华人民共和国领域内的其他海事法院或者仲裁机构受理的,受诉法院或者仲裁机构应海事请求人的申请可以申请复制保全的证据材料。对于在境外法院诉讼或仲裁机构仲裁的相关海事纠纷中,保全的海事证据应如何处理,包括海事诉讼特别程序法及其解释在内的国内法律法规均未做出具体规定,查阅并参考最高人民法院民四庭王淑梅副庭长在2003年第3期《人民司法》中《〈关于适用海事诉讼特别程序法若干问题的解释〉的理解与适用》一文中的观点,对于相关纠纷不是在中国领域内进行诉讼或者仲裁的,可通过司法协助来进行。对于与我国缔结或者参加同一司法协助的国际条约的国家,可以根据国际条约所规定的途径提供司法协助。对于没有缔结条约并且没有共同参加同一司法协助公约的国家,应坚持平等、互惠原则,协助完成相对等的司法行为。

针对国际仲裁实践中,存在的机构仲裁和临时仲裁两种类型,在保全证据的使用上也应当有所分别。可行的路径是对于采用机构仲裁的海事案件,仲裁前或仲裁中的保全证据使用,可以由仲裁机构向当地法院提出申请,经由两国法院间的司法协助方式获取。对于采用临时仲裁方式处理的案件,可以探讨由临时仲裁庭提出,也可以统一由仲裁员的任命机构向当地法院提出申请,经由两国法院间的司法协助方式获取。

（四）对境外仲裁保全证据取得及使用的审查

证据保全及使用虽系法定诉讼程序权利,但可能会影响被请求人或第三人的权益,在海事仲裁的证据保全司法保障中,如何探索一条既能支持仲裁,又不影响被请求人或第三人合法权益的妥善路径,值得思索。海事仲裁中的证据保全如前财产保全申请所析,如其系基于仲裁庭向该国司法机关通过司法协助提出,由于已经仲裁庭审查,其相关性,即利害关系性自无问题,保全证据的使用范围也可确定,只要其不损害被申请人或第三人的合法权益,及法院地公共利益或公序良俗,自可得到支持。如系其他方式提出或仲裁前提出,采取保全措施的法院应着重审查相关海事仲裁程序是否可以真实提起或已经提起;申请人是否将证据用于仲裁程序(而不隐匿或其他用途使用);如何平衡证据保全被申请人的权益,尤其在该被申请人并非仲裁当事人的情况下,因合理保全造成的损失应如何补偿及由谁承担补偿责任等。实践中可以从财产保全申请人是否是仲裁协议及基础合同关系的当事人,是否有合理仲裁协议或条款,是否损害被申请人或第三人的合法权益,及证据保全所在国的公共利益或公序良俗角度进行审查,审慎决定是否准许。

结语

可以预见,在"一带一路"建设过程中,经由参与国家海事仲裁组织提起的仲裁中财产保全申请数量将不断增长,虽然关于是否允许境外仲裁在国内申请保全措施存在不同做法,从推进"一带一路"建设及维护国际社会共同利益的角度出发,对包括境外仲裁在内的仲裁机构进行司法保障,是我国法院强化"一带一路"司法服务保障的题中之义。在推进涉"一带一路"沿线国司法合作过程中,应强化我国与沿线国家在仲裁程序的司法保障方面的合作,加强我国与其他国家和地区仲裁机构的交流,不断满足中外当事人纠纷解决的多元需求,提升我国海事司法的国际竞争力和公信力。

(原载于《涉海法律制度与自贸港区前沿法律问题研究》、人民法院出版社,2019 年版)

渔船燃油补贴专门账户质押法律问题分析

——以"一带一路"建设下远洋渔业的发展为背景

朱小菁

【摘要】远洋渔业是建设"海洋强国"、实施"走出去"和"一带一路"倡议的重要组成部分,对促进"一带一路"建设、维护国家海洋权益具有重要意义。近年来,在法院受理的远洋渔业企业与金融机构签订的借款合同纠纷中,出现了以渔船燃油补贴专门账户进行质押的新型担保方式,但现有法律对此并无明确规定,司法实践也存在法律适用不统一的现象。探讨渔船燃油补贴专门账户质押相关法律问题,具有理论和现实意义。本文以远洋渔业在"一带一路"建设中的发展为背景,就渔船燃油补贴专门账户质押的设立依据、质权性质及特点等法律问题进行研究,认为渔船燃油补贴专门账户质押具有法律依据和现实意义,其性质属于动产质押,并就如何从立法、实务及司法上完善该新型质押方式提出建议。

【关键词】"一带一路";渔船燃油补贴专门账户;动产质押

近年来,在法院受理的远洋渔业企业(以下简称"远洋渔企")与金融机构签订的借款合同纠纷中,出现了以渔船燃油补贴专门账户(以下简称"油补专户")进行质押的新型担保方式。然而,现有法律对油补专户是否能设立质权并无明确规定,司法实践中对该类质押性质的认定也不统一,影响了油补专户质押的发展。① 探讨油补专户质押的相关法律问题,既有助于探索

---

① 如厦门海事法院受理的原告中国民生银行股份有限公司福州分行诉被告福建省连江县远洋渔业有限公司、福建省长福渔业有限公司、福建省东洛岛海产品有限公司、张伙利船舶抵押合同纠纷一案,漳州市中级人民法院受理的原告上海浦东发展银行股份有限公司漳州分行与被告龙海市南太武渔业发展有限公司应收账款质权纠纷一案。两案虽都认可了油补专户可设立质权,但对于油补专户质押属于动产质押或是权利质押等认定不同,进而适用的法律也不同。

新型担保物权的理论,也有利于促进远洋渔业在"一带一路"建设中的发展,具有积极意义。

一、油补专户质押的研究背景

(一)"一带一路"建设中发展远洋渔业的重要意义

远洋渔业,泛指远离本国海域,驶往他国管辖海域或驶往大洋的公海海域从事的捕捞生产。[①] 远洋渔业生产是"一项集产业经济、政治利益和食物供应于一体的战略性产业"[②],是海洋经济的支柱产业之一,而且因为跨越国界,具有全球化特点,在对外战略中具有重要的意义。在当今我国加强海洋强国建设和"一带一路"建设的时代背景下,远洋渔业的合作共赢意义更为凸显。《"十三五"全国远洋渔业发展规划》在开篇即阐明了远洋渔业在"一带一路"建设中的重要地位,表示远洋渔业是"建设'海洋强国'、实施'走出去'和'一带一路'倡议的重要组成部分,对保障国内优质水产品供应、保障国家食物安全、促进双多边渔业合作、维护国家海洋权益等具有重要意义。"[③]

"一带一路"区域的市场潜力巨大,特别是海上丝路沿线国家,具有丰富的渔业资源,给远洋渔业的发展带来机遇。远洋渔业一般使用机械化和自动化程度高的捕捞船,需组织设备齐全的捕捞队,有时还要建设综合性渔业基地,存在投资大、风险高的行业特点。远洋渔企要想抓住"一带一路"建设的发展机遇,必须加大产品设备和基地建设的资金投入,这种投入数额巨大且持久,单靠企业自身力量往往难以承担。因此,远洋渔企需借助金融工具如银行贷款来补充资金,提高国际竞争力,金融对远洋渔业的发展具有重要的支持作用。

(二)远洋渔企金融贷款的动产质押现状

为获得金融贷款,保证自身的还款能力,远洋渔企需在借款的同时或之

---

① 夏征农、陈至立:《辞海》,上海辞书出版社 2011 年第 6 版,第 5540 页。

② 陈晔:《我国远洋渔业企业对外直接投资研究》,《海洋开发与管理》2018 年第 3 期,第 97 页。

③ 《"十三五"全国远洋渔业发展规划》,下载于福建省海洋与渔业执法总队网站 http://www.fjofa. cn/zcfg_view.aspx? id=810,2019/4/22。

前提供担保。由于借款金额巨大,担保常常采用抵押+质押+保证多种组合方式。抵押方面,一般以远洋渔企的自有远洋渔船为抵押物;保证方面,一般系远洋渔企股东以个人身份或相关关联企业作为保证人。而在质押方面,近年来出现了以存入专门账户渔船燃油补贴作为质押物的新型担保方式。如在厦门海事法院审理的〔2018〕闽 72 民初第 38 号原告中国民生银行股份有限公司福州分行诉被告福建省连江县远洋渔业有限公司、福建省长福渔业有限公司、福建省东洛岛海产品有限公司、张伙利船舶抵押合同纠纷一案中,原告与其中两被告签订质押合同,约定质押物为燃油补贴款,该合同附有《保证金账户内存款质押清单》,清单内明确记载了两被告在原告处设立的专门账户。两被告亦向原告出具承诺函,承诺将 2015—2016 年度渔船燃油补贴款汇入上述专门账户,并将账户质押给原告对该账户内资金进行封闭管理。双方还约定合同项下质押财产为保证金账户内存款时,原告有权直接扣划相应的存款以抵偿债务。在该案中,因远洋渔企未能履行还款义务,原告向法院提起了诉讼,其中一项诉讼请求即确认其对油补专户的质权,并对该账户内的渔船燃油补贴款享有优先受偿权。① 而在漳州市中级人民法院受理的原告上海浦东发展银行股份有限公司漳州分行与被告龙海市南太武渔业发展有限公司应收账款质权纠纷一案中,金融机构与远洋渔企也有类似约定。② 综合上述案件中双方当事人质押合同的约定,可以总结出油补专户质押的四个特征:(1)均以“渔船燃油补贴款”为质押对象;(2)远洋渔企均在金融机构或其分支机构处设立专门账户,用以接收渔业主管部门发放的“渔船燃油补贴”;(3)远洋渔企均承诺上述专门账户系作为接受渔船燃油补贴的唯一专门账户;(4)双方均约定当债务人无法履行借款合同义务时,金融机构对专门账户内的渔船燃油补贴享有优先受偿权。

(三) 油补账户质押法律困境

根据物权法定原则,物权的种类、内容应由法律明确规定。③ 在无法律

---

① 原告中国民生银行股份有限公司福州分行诉被告福建省连江县远洋渔业有限公司、福建省长福渔业有限公司、福建省东洛岛海产品有限公司、张伙利船舶抵押合同纠纷一案,详见厦门海事法院〔2018〕闽 72 民初第 38 号民事判决书。

② 详见漳州市中级人民法院〔2017〕闽 06 民初第 268 号原告上海浦东发展银行股份有限公司漳州分行与被告龙海市南太武渔业发展有限公司应收账款质权纠纷一案民事判决书。

③ 王利明:《物权法论(修订二版)》,中国政法大学出版社 2008 年 6 月第 1 版,第 35 页。

明确规定的情况下，油补专户质押是否合法，成为法院审理此类案件的难点与困境。出质人与质权人约定的质押物究竟是款项还是账户或是请求权？若双方可设立质权，该质权属于哪种类型质押？油补专户质押是否具有特殊性？对上述问题的探讨不仅影响个案中质押权的认定与实现，也关系到实务中该类新型质押合同的订立与履行，对促进远洋渔业的良性发展具有现实意义。

二、油补专户质押的法律依据

（一）渔船燃油补贴及油补专户质押之释义

认清何为渔船燃油补贴及油补专户，是探讨质押法律问题的前提。"渔船燃油补贴"是国家支持渔业发展最重要的一项财政支出。自 2006 年起，为了保证成品油价格和税费改革顺利实施，国家对部分弱势群体和公益性行业给予补贴，其中包括对渔民和渔业企业的燃油补助。[①] 2010 年，财政部、农业部联合印发《渔业成品油价格补助专项资金管理暂行办法》，该规章虽已失效[②]，但其关于渔业成品油价格补助专项资金（以下简称"补助资金"）的定义及发放对象之规定，有助于我们理解"渔船燃油补贴"的性质。根据该规章第 2 条、第 3 条之规定，补助资金是指中央财政预算安排的，用于补助渔业生产者因成品油价格调整而增加的成品油消耗成本而设立的专项资金，补助对象为渔业生产者，包括依法从事国内海洋捕捞、远洋渔业、内陆捕捞及水产养殖并使用机动渔船的渔民和渔业企业。因此，渔船燃油补贴是渔业生产者依据国家政策在符合条件情形下向渔业主管部门申领的补助资金，发生于行政部门与渔业生产者之间，并非平等民事主体之间发生的债权债务关系。

远洋渔企在向渔业主管部门申领上述燃油补贴资金时，通常需要向主管部门提供用于专门接收燃油补贴款项的银行账户，这便是"油补专户"。[③] 而

---

① 田丰、曾省存：《渔船燃油补贴政策的后果及其形成机制》，《财经问题研究》2015 年 3 月，第 75 页。

② 从 2015 年起，我国对国内渔业捕捞和养殖业油价补贴政策做出调整，规章于 2015 年 11 月失效。财政部、农业部联合颁发《关于调整国内渔业捕捞和养殖业油价补贴政策促进渔业持续健康发展的通知》，将渔业油价补贴政策调整为专项转移支付和一般性转移支付相结合的综合性支持政策

③ 油补专户可能在贷款前已设立，也可能在贷款时承诺将设立于债权人处的某账户作为油补专户。

远洋渔企与金融机构签订质押合同时,常约定当借款人无法依约偿还合同项下的款项时,金融机构可以就油补专户里的燃油补贴款在质押合同约定的范围内优先受偿,且油补专户通常就设立在金融机构自身或其分支机构处。

(二)油补专户质押的属性与特点

根据《中华人民共和国物权法》(下称《物权法》)的规定,质权分为动产质权与权利质权。判断油补专户是否可设立质权,应当从两种质权的成立要件分别加以分析。

1. 油补专户质押符合动产质押要件

根据《物权法》第二百零八条第一款,动产质押必须符合标的物为动产,并为债权人占有这两个要件。[①]

(1)油补专户质押的标的为动产

一项动产要成为质押物,需符合特定物、单一物及可让与性这三个特征。[②] 而油补专户质押物为存于专门账户中的燃油补贴款,此时的燃油补贴款并非是存于财政账户的补助资金,而应指渔业主管部门依申请审核之后发放至渔业生产者专门账户的款项,实则为一种特定化的金钱,即通过专门账户这一载体形式特定化的金钱。关于单一物,指的是单独的动产,即所有权存在于物的整体,特定化的金钱亦符合这一特征。关于可转让性,燃油补贴款在进入专门账户后已成为渔业生产者的自由资金,可由其自行处分,因此具备了可让与性。

(2)油补专户质押已转移占有动产

动产质权以占有作为生效要件和存续要件,占有是物权公示在动产质押中的实现方式。[③] 占有分为直接占有和间接占有,间接占有指占有人虽然不对物直接占有,但间接对物具有管理、支配、处分的状态。远洋渔企作为油补专户内资金的所有权人,本应享有自由支取账户内款项的权利,但该账户设立在债权人或其分支机构处,质押合同也约定该账户为封闭账户不做日常结算,专户内的资金除金融机构有权扣划用于清偿债权外,款项需冻结至合同

---

① 第二百零八条第一款规定:为担保债务的履行,债务人或者第三人将其动产出质给债权人占有的,债务人不履行到期债务或者发生当事人约定的实现质权的情形,债权人有权就该动产限受偿。

② 王利明:《物权法论(修订二版)》,中国政法大学出版社 2008 年 6 月第 1 版,第 396 页。

③ 崔建远:《物权法》,中国人民大学出版社 2011 年 1 月版,第 516 页。

项下债权全部得到清偿。这一约定方式使作为债权人的金融机构取得了案涉账户的控制权，实际控制和管理该账户，间接占有账户中的款项，此种控制权移交符合出质动产移交债权人占有的要求。

由于油补质押的对象为特定化的金钱，属于动产，且通过在债权人或其分支机构处设立可供债权人控制管理的账户完成了动产转移占有，因此，油补专户质押属于动产质押。

2. 油补专户质押并非权利质押

实践中，法院关于油补专户质押的属性并未取得一致。有的法院将油补专户质押认定为应收账款质押，即权利质押的一种。如前述提及的漳州市中级人民法院审理的原告上海浦东发展银行股份有限公司漳州分行与被告龙海市南太武渔业发展有限公司应收账款质权纠纷一案即为一例。①

笔者认为，油补专户质押并非应收账款质押。根据《应收账款质押登记办法》第二条规定②，应收账款指的是权利人享有的付款请求权，包括现有和未来的金钱债权。首先，油补专户质押的标的物是专户中的燃油补贴款，而非远洋渔企的债权，也就是说，金融机构不能以其为质权人，向渔业主管部门请求发放燃油补贴款；其次，表面上看，渔船燃油补贴似乎是渔业生产者享有的现有和未来债权，但分析"应收账款"定义，这种债权应当是权利人因提供一定的货物、服务或设施而获得的要求义务人付款的权利，是一种民事债权，该条第二款也具体列举了几种债权，并在兜底条款"其他"债权时强调需"以

---

① 详见漳州市中级人民法院〔2017〕闽06民初268号原告上海浦东发展银行股份有限公司漳州分行与被告龙海市南太武渔业发展有限公司应收账款质权纠纷一案民事判决书，该案中，远洋渔企与银行之间签订的燃油补贴质押合同名称即为《应收账款质押合同》，法院最终也认定该质押属于应收账款质押。

② 本办法所称应收账款是指权利人因提供一定的货物、服务或设施而获得的要求义务人付款的权利以及依法享有的其他付款请求权，包括现有的和未来的金钱债权，但不包括因票据或其他有价证券而产生的付款请求权，以及法律、行政法规禁止转让的付款请求权。

本办法所称的应收账款包括下列权利：

（一）销售、出租产生的债权，包括销售货物，供应水、电、气、暖，知识产权的许可使用，出租动产或不动产等；

（二）提供医疗、教育、旅游等服务或劳务产生的债权；

（三）能源、交通运输、水利、环境保护、市政工程等基础设施和公用事业项目收益权；

（四）提供贷款或其他信用活动产生的债权；

（五）其他以合同为基础的具有金钱给付内容的债权。

合同为基础具有金钱给付内容"。如前所述,燃油补贴款是渔业主管部门根据国家政策在审核渔业生产者是否符合相应条件后发放的补助资金,渔业生产者的申领并非基于平等民事主体之间的合同基础,而是基于国家特殊的渔业油价补贴政策,其与渔业主管部门之间也并非平等民事主体的关系。综上,笔者认为渔船燃油补贴账户不符合《应收账款质押登记办法》中对应收账款的定义和列举情形,不宜认定为"应收账款"。

同时,油补专户质押亦非其他权利质权。首先,根据《物权法》第二百二十三条之规定,可设立质权的权利应当是权利人有权处分的权利。油补专户质押的对象是账户中的燃油补贴款而非燃油补贴请求权;其次,燃油补贴申领权与从事渔业生产的身份相关,在渔业主管部门未实际发放前,渔业生产者无法自由处分,不符合权利质权的法定要件;再次,根据《物权法》第二百二十三条第七项规定,"法律、行政法规规定可以出质的其他财产权利"才可以质押。也就是说,我国对于权利质押采用的是明确列举式而非开放式,如果把油补专户视为权利质押,则因其并未在任何一部法律或行政法规中规定为可出质权利,无法取得法律依据。

3. 油补专户质押与账户质押的比较

油补专户质押属于动产质押,其与《最高人民法院关于〈中国人民共和国担保法〉若干问题的解释》(以下简称《担保法司法解释》)第 85 条规定的账户质押具有许多共同点。[①] 结合 2015 年最高人民法院公布的指导性案例中国农业发展银行安徽省分行诉张大标、安徽长江融资担保集团有限公司保证金质权确认之诉纠纷案对"账户质押"的解释和认定,笔者将账户质押归纳为以下特点:(1)金钱以专门账户形式特定化;(2)账户移交债权人占有,债权人取得账户的控制权,实际控制和管理该账户;(3)账户资金浮动不影响质权的设立。

上述三个特点同样也适用于油补专户质押。但油补专户质押还具有自身的两个特殊性:(1)款项的特殊性。油补专户中的燃油补贴并非普通的款

---

① 《最高人民法院关于适用〈中华人民共和国担保法〉若干问题的解释》第 85 条规定:债务人或者第三人将其金钱以特户、封金、保证金等形式特定化后,移交债权人占有作为债权的担保,债务人不履行债务时,债权人可以以该金钱优先受偿。该条款中关于特户的规定,被认为是对账户质押的认可。

项,该款需经渔业主管部门审核发放才能汇入渔业生产者指定的专门账户,而普通账户质押中的款项为不具有特别性质的金钱。(2)油补专户质押在设立账户时可能还未有款项汇入。实践中,远洋渔企在作为债权人的金融机构或其分支机构处设立账户时,存在渔船燃油补帖尚未发放至专户的情况,因此,远洋渔企需向金融机构出具相应的承诺函,承诺将某一时间段的燃油补贴款发放至该专户,并交由银行对专户内的资金封闭管理。账户内尚无油补时,是否影响质权的设立呢?笔者认为答案是否定的。《最高人民法院关于审理出口退税托管账户质押贷款案件有关问题的规定》从一定程度上可以作为上述主张的参考类比。该规定明确借款人可以将出口退税专门账户托管给贷款银行,并以此设立质权,而该专门账户与油补专户一样,可能在出质时尚无退税款项,即账户余额为零①,可见专门账户的交付无须以款项的实际存有为条件,而应当以债权人实际控制账户为标准。此时,出质人对其账户内的款项应当只能汇入不得汇出,在债权人未获全部清偿前,出质人无权占有、使用,因此,这种状态实际上已经实现了交付的意义。

三、油补专户质押的现实意义

(一)油补专户质押符合出质人及债权人的意思表示

从远洋渔企来说,其可能同时为借款合同项下债务人,也可能只是出质人,将油补专户质押给银行,就已发放或者即将发放的油补作为还款担保,未增加其经济负担,却能进一步保证债务的如约履行,提高获得金融贷款的机会,是灵活可行的担保方式。

从金融机构来说,其作为债权人,出质人以油补专户设立质权,令其获得了日后债权实现的担保,质权实现的程序也远比抵押权实现更为便捷。审判实践中,笔者也了解到许多银行之所以愿意向远洋渔企贷款,正是看中远洋渔船享有燃油补贴,该款成为衡量远洋渔企还贷能力的重要条件。许多远洋

---

① 如中国农业银行网站对"出口退税账户托管贷款"的产品定义为:我行为解决出口企业出口退税款未能及时到账而出现短期资金困难,在对企业出口退税账户进行托管的前提下,向出口企业提供以出口退税应收款作为还款保证的短期流动资金贷款。该定义表明出口退税账户托管时,出口退税款与油补款一样,可能并未到账。详见中国农业银行网站:《出口退税账户托管贷款》,http://www.abchina.com/cn/businesses/financing/rzrxckds/,2018/3/22.

渔企据此在无须另行提供其他担保的情况下大大增加了贷款成功的机会。因此,以油补专户设立质权,实为主债权借款合同成立的重要考量因素,符合债权人及出质人的意愿,一方面银行贷款为远洋渔企带来充裕资金,有利于促进渔业生产,另一方面质权的设立保障了远洋渔企的偿还能力,为银行日后收回贷款提供可靠担保,具有多方面的积极意义。

(二)油补专户质押符合"金融支持远洋渔业"之政策

金融支持远洋渔业,是"一带一路"建设背景下发展远洋渔业的重要措施。以福建省为例,在省政府发布的《关于进一步加快远洋渔业发展五条措施的通知》中,第三条措施即为"强化信贷支持",并着重强调"各地政府主导的融资担保机构要为发展前景良好、缺少有效抵押物的远洋渔业企业提供担保、增信等支持"。[1] 以油补专户设立质权,是为缺乏有效抵押物的远洋渔企提供的灵活担保方式,切实加大了金融对远洋渔业的支持力度。

(三)油补专户质押实现远洋渔企和金融机构双赢

以油补专户设立质权,一方面为远洋渔企开拓了新的担保途径,将其享有的油补转化为资金来源,有利于远洋渔企采购设备、建设基地,实现远洋渔业的现代化;另一方面,油补专户质权的实现与资金账户质权的实现一样,"一般不需要经过拍卖、变卖的程序,这就避免了质权人与出质人因拍卖或协议折价过程造成的延误,这样可大大缩减债权人实现债权的时间,实现资产效益的最大化"。[2] 因此,油补专户设立质权对远洋渔企和金融机构来说便捷灵活,实现了双赢的社会效果。

四、完善油补专户质押的法律建议

油补专户设立质权虽然具有法律依据,也有积极的现实意义,但无论从立法的规定或是实务、司法的操作上,仍存在许多有待完善之处。

(一)立法完善:通过司法解释将油补专户质押明确列入可质押物

虽然我国对于动产质押采开放式形式,即只有法律、行政法规禁止转让

---

[1] 《福建省人民政府关于进一步加快远洋渔业发展五条措施的通知》,下载于福建省人民政府网站 http://www.fujian.gov.cn/zc/zxwj/szfwj/201506/t20150602_1468838.htm,2019/4/29.

[2] 罗小红:《账户质押法律问题研究》,《法学杂志》2008 年第 4 期,第 132 页。

的动产才不得出质。① 但在目前学界、司法实践对于油补专户质押性质属于动产质押或权利质押尚存争论的情况下，针对油补专户质押有别于账户质押的特殊性，笔者认为，宜借鉴最高人民法院对出口退税托管账户质押进行专门规定的做法，通过司法解释将油补专户的可质押性确立下来，并就质押合同的签订、质权成立的条件、质权实现的方式等做详细规定，为油补专户质押提供明确的法律依据和规范的实现程序。

（二）实务完善：质押合同需明确燃油补贴的质押范围

除了立法上赋予油补专户设立质权的明确依据外，当远洋渔企与金融机构签订油补专户书面质押合同时，还应注意双方需对燃油补贴质押范围进行明确严格的约定。

明确所设立质权的款项范围，既是满足金钱特定化的必要条件，也为日后质权的具体实现奠定基础。首先，因渔船燃油补贴一般按自然年度发放，而远洋渔企的借款时间常跨越多个自然年份，因此，双方在签订质押合同时应就哪一艘渔船哪一时间段内的油补设立质权做明确约定。其次，双方应就油补专户中款项的专属性做明确约定。油补专户应只用于接收渔船燃油补贴，而非一般的现金账户，确保该账户内所存款项仅为双方当事人意欲设立质权的燃油补贴款本身，而不混杂其他款项，也使质权实现时优先受偿的款项更加明确。同时出质人应当向债权人出具承诺函，承诺已向渔业主管部门指定该账户为接收油补的专有账户，并向债权人提供其向渔业主管部门指定账户的书面函件副本。再次，双方应就油补账户的封闭管理做明确约定。该账户应设立在债权人或其分支机构处，不做日常结算，不能由出质人随意支取，但应允许账户内款项根据油补发放情况有一定的浮动，账户内汇入的燃油补贴款在债务人无法履行债务时，债权人可优先受偿。

（三）司法完善：审理油补专户质押案件的若干注意点

1. 统一油补专户质押案件的管辖权

从现有审判实践看，涉及油补专户质押的案件管辖权并未统一，若案件诉求不仅包括实现油补专户质权的诉求，还包括借款合同的履行、抵押权的

---

① 《中华人民共和国物权法》第二百零九条规定："法律、行政法规禁止转让的动产不得出质。"

实现等,则由海事法院专门管辖。若关于实现油补专户质权的诉求仅为唯一诉求,则由普通法院管辖。

笔者认为,此类案件应统一管辖权,由海事法院专门管辖。一是现有司法解释已明确海事担保合同由海事法院管辖。2016年3月1日开始施行的《最高人民法院关于海事法院受理案件范围的规定》(以下简称《海事法院受理案件范围规定》)明确规定港口货物质押等担保合同纠纷案件、海运集装箱质押等担保合同纠纷案件、港航设备设施质押等担保合同案件、海洋开发利用设备设施质押等担保合同案件、提单质押所引起的纠纷案件等属于海事法院受理案件范围,①上述规定涵盖动产质押及权利质押的范围。② 油补专户质押标的为渔船燃油补贴,具有涉海性特征,暂且不论其性质属于动产质押或权利质押,油补专户质押合同作为海事质押合同的一种新类型,引发纠纷应由海事法院管辖,法律依据上可适用《海事法院受理案件范围规定》第52条"其他海商合同纠纷"。二是质押合同作为从合同,宜保持与主合同管辖权的一致。《最高人民法院关于适用〈中华人民共和国担保法〉若干问题的解释》第一百二十九条虽然规定的是主合同与从合同约定管辖不一致的情况,③但其"根据主合同确定案件管辖"的立法精神,也可借鉴于油补专户质押的管辖权问题。如果主合同船舶抵押借款合同纠纷由海事法院审理,而从合同油补专户质押合同由普通法院审理,即便仅涉及质权实现的诉求,当从合同的裁断需以主合同的审理认定为依据时,仍然存在不方便情形。综上,涉及油补专户质押合同的纠纷宜统一由海事法院专门管辖。

2. 判项中应明确载明燃油补贴款的所存专户账号

法院在审理油补专户质押合同纠纷时,若认定债权人享有质权,则在最后判项中应注意对可优先受偿的燃油补贴款做严格限定,应明确油补存入的专户账号。如漳州市中级人民法院在〔2017〕闽06民初268号一案判决书

---

① 详见《最高人民法院关于海事法院受理案件范围的规定》第33、36、47、60、71条。

② 根据《中华人民共和国物权法》第二百二十三条,提单质押属于权利质押。

③ 《最高人民法院关于适用〈中华人民共和国担保法〉若干问题的解释》第一百二十九条规定:主合同和担保合同发生纠纷提起诉讼的,应当根据主合同确定案件管辖。担保人承担连带责任的担保合同发生纠纷,债权人向担保人主张权利的,应当由担保人住所地的法院管辖。主合同和担保合同选择管辖的法院不一致的,应当根据主合同确定案件管辖。

中,判决债权人就出质人某段时间内某几艘油船的燃油补贴款(已发放及未发放)在主债权范围内享有优先受偿权,未明确具体的油补专户账号,①这一表述可理解为即便燃油补贴款未汇入专户,债权人也享有优先受偿权。但实践中,当燃油补贴未汇入远洋渔企专有账户时,该款项仍存于财政专户,债权人若要从中优先受偿,不具可操作性。基于本文此前对油补专户质押性质的分析,质押对象应为存放于专门账户的燃油补贴款,因此,笔者认为,判项应当明确债权人系就存放于某具体账户内的特定时间特定船舶的燃油补贴款在主债权范围内享有优先受偿,应明确具体的专户账号,既符合油补账户质押的属性,也有利于日后执行的准确识别。

3. 油补专户如无燃油补贴款汇入时,应按质物瑕疵认定

如前所述,油补专户质押的特征之一与出口退税托管账户有所类似,可能在账户设立时燃油补贴尚未汇入。又因燃油补贴需经渔业主管部门审核发放,存在远洋渔企因违反行政法规等原因无法获取燃油补贴或扣减燃油补贴的可能性。若至案件审理时,油补专户仍无燃油补贴款或汇入的燃油补贴款远少于订立质押合同时双方的预期,且这一情况是债权人在订立合同是无法预知的,法院经审理对上述事实也予以确认,则法院应当认定出质人提供的质物存在隐蔽瑕疵,参考适用《担保法司法解释》第九十条之规定,要求出质人就质物瑕疵给债权人造成的损害承担赔偿责任。②

五、结论

油补专户质押符合特定化动产、转移占有等要件,具有法律依据,同时有利于"一带一路"建设中远洋渔业的现代化发展,具有现实意义。油补专户质押属于动产质押,与账户质押相似,但又因款项性质特殊、款项在账户设立时可能尚未汇入等特点有别于一般的账户质押。完善油补专户质押,应从立法、实务、司法三方面着手:立法上通过司法解释明确将其列入可质押物,实

---

① 具体表述为:"原告上海浦东发展银行股份有限公司漳州分行对被告龙海市南太武渔业发展有限公司所有的六艘船舶("福远渔 3×9""福远渔 3×3""福远渔 8×3""福远渔 8×5""福远渔 8×6""福远渔 8×7")在 2015 年 8 月 10 日至 2019 年 5 月 26 日期间的燃油补贴款(已发放及未发放),在被告龙海市南太武渔业发展有限公司尚欠借款本金 68 629 776.18 元的范围内享有优先受偿权。"
② 《担保法司法解释》第九十条规定:质物有隐蔽瑕疵造成质权人其他财产损害的,应由出质人承担赔偿责任。但是,质权人在质物移交时明知质物有瑕疵而予以接受的除外。

务中要求当事人在签订质押合同时严格限定质押范围,司法实践中则应注意从案件管辖权、判项认定、质物瑕疵损害赔偿等方面进一步完善。

（2019 年第二十七届全国海事审判研讨会优秀奖）

"一带一路"背景下海事电子证据适用问题探析

胡伟峰

【摘要】随着信息技术的飞速发展,大量蕴含电子信息技术内容的证据涌入海事审判领域,这些富含现代电子技术的新类型证据,正给审判带来新的挑战和启迪。应推动服务于海事审判的司法辅助行业的精深与精细化,畅通即时通信类电子数据与主体真实身份的关联性证明查明通道,从而提升海事审判中的电子证据的正确证明作用。针对不同国家处理跨国电子取证的不同做法,应采取相应措施规范跨国电子取证行为,减少国家间的司法主权争议。信息时代的航运数据具有重要价值,应通过审判来明确平台的责任问题及数据运用规范,善用数据财富,保证数据安全。

【关键词】海事审判;电子证据;域外取证

"一带一路"建设中,具有新技术试验场特征的航运业,汇聚了大量新的科技力量和前沿研究的成果,集成了大量电子设备的现代化船舶和码头设备在生产活动中所产生的大量海事电子数据。这些随着技术浪潮层出不穷的电子证据,有别于传统的证据形式,兼具法学和技术性双重特征,对于不具相应技术或教育背景的法官来说,有着不小的挑战。审判实践中,如何通过了解其形成规律、技术特点和解析方法,进而正确地适用证据审查规则予以适用,从而正确发挥海事电子证据的证明作用,是审判法官面对电子证据的应有理性态度。

一、海事审判中电子证据的适用难题

(一)缺失:海事电子证据的解读与庭审出示

随着科技的巨大发展,科技应用先导性突出的航运业早已实现了在船舶位置信息、货物及物流等专业行业信息领域的电子化。这些电子数据在纠纷发生之后,能真实客观地重现纠纷发生前的状态,其证明力突出,在诉讼中具有重要地位,但因其通常的体现形式或载体是电子数据信息,采用的是电子计算机程序编码或其他的复杂程式,有别于传统证据,此类电子数据往往需要专业的解析和识别方法①,作为非电子科技的专业人士,无论是司法人员还是普通陪审员,通常并无足够的专业知识或经验以径行采信电子证据②。在缺乏有效专业技术力量介入的情况下,存在不能正确地发挥电子证据的证明作用的可能。美国证据法学者麦考密克曾经断言,法官采信科学证据是要做"力所不能及"的裁判。③ 在海事电子证据的司法审查实践中,同时由于受传统证据观念的影响,审判人员对海事电子证据的特殊性缺乏足够认识,缺乏沟通司法人员与技术专家的桥梁,再加上缺乏配套的电子证据出示保障,实践中无相应设备予以配合,司法机关在采信电子证据时总是采取转化式应用,将电子证据转化为书证、言词证据、物证等形式加以采信。④ 例如,网络浏览记录转化为书面证据,视频音频证据转化为视听资料,以及证人远程(或视频)作证转化为证人证言。其后果是抹杀了电子证据的特定范畴,否定了电子证据这一独立证据类型。⑤ 以至于电子证据的证明种类繁多、证明力却极低。⑥

(二)模糊:海事电子数据保存平台的责任问题及数据运用规范

在大数据背景下,现代化的港口和物流机构因工作特点,往往储存了大

---

① 高波:《质疑海事电子数据证据的真实性》,《中国海洋大学学报(社会科学版)》,2017 年第 5 期。

② 刘品新:《印证与概率:电子证据的客观化采信》,《环球法律评论》2017 年第 4 期。

③ [美]约翰·W. 斯特龙、麦考密克:《麦考密克论证据》,汤维建等译,中国政法大学出版社 2004 年版,第 400 页。

④ 刘哲玮:《民事电子证据:从法条独立到实质独立》,《证据科学》2015 年第 6 期,第 681 页。

⑤ 张玉洁:《区块链技术的司法适用、体系难题与证据法革新》,《东方法学》2019 年第 3 期。

⑥ 刘显鹏:《电子证据的证据能力与证明力关系探析——以两大诉讼法修改为背景》,《北京交通大学学报(社会科学版)》2013 年第 2 期,第 89 页。

量的物流数据,法院在案件审理中常会遇到需要到相应平台调取数据的情况,但目前这些海事电子数据的收集、管理和使用缺乏统一规划,没有形成完整的体系,大量电子数据没有被有效管理。从业人员对海事电子数据的认识不到位,重视程度不够,没有将海事电子数据视为重要的凭证信息资源加以保存和利用。① 海事数据平台的公共义务,如协助调查、范围及限度、核验义务,及如何依法规范电子数据等各类海洋信息的获取、传输、运用和共享。乃至平台保管人既是数据保存的义务主体,又是实体上责任主体的情况下,如何运用数据等问题都没有明确,处于模糊状态。以笔者参与审理的多起需要调取 AIS 轨迹的船舶碰撞损害责任纠纷为例,该部分 AIS 数据在地方海事部门的存储类同于我们日常的行车记录仪,如没有特别调取,经过一定时限,通常为 1 年,旧数据将会被新的数据所覆盖,无从查起。而一些有科研机构背景的司法鉴定机构仍可通过与更高层级的海事部门进行的合作建立的船舶辅助导航技术国家地方联合工程研究中心,收集来自全国交通部门 VTS 中心的数据保存期限更长的船舶轨迹,但这些数据主要用于科研,如果法院调取则未必可得。行政机关存储的数据如此犹未能较好保存,更遑论其他实体。

（三）冲突:电子数据的跨国取证与国家司法主权的矛盾

海事审判所调整的对象跨域性突出,跨国涉案事实及证据的核实常需花费大量的人力物力,并需经历冗长的公证认证程序,跨国取证难问题突出是世界性的普遍问题。虽然绝大部分国家都有开展电子取证跨域协作的旺盛需求,但与此同时,也有相当数量的国家因为效率的问题,对开展电子取证跨域协作不"感冒",径行依靠强大的科技力量直接取证。国内一些海事法院同仁也在司法实践中探索通过即时通信工具进行视频跨国取证,大大提高了

---

① 肖秋会、段斌斌:《我国电子文件证据地位及效力立法研究》,《图书情报知识》2018 年第 1 期。

审判效率。如某海事法院运用微信视频促成越洋当事人参与案件调解①。某海事法院通过自主研发的在线智能海事诉讼系统,在一起涉外海上货物运输合同纠纷案中,与远在新加坡的原告代理律师通过在线智能海事诉讼系统与法庭实时连线,提交境外电子证据,并接受被告的质证②。

上述报道未提及调查是否经过被调查人所在国主管机关的允许情况,也未提及被调查人所在国对于外国法院通过信息技术进行民商事域外取证的法律态度。在假定均未经过允许,所在国亦反对的情况下,是否会存在侵犯他国司法主权的争议,造成相应民事裁判在境外承认与执行时因违反所在国的公共秩序或据以做出裁判的主要证据有瑕疵,而不予以承认与执行。或接受调查人或案件当事人违反所在国民商事域外取证中的障碍性法令,并受到民事乃至刑事制裁的不利后果。

---

① 朱忠宝:《让公平正义触手可及——厦门海事法院积极探索推行"互联网+审判"新模式》,《福建法治报》2018 年 9 月 7 日第 7 版。2014 年 4 月至 10 月,被告厦门某公司委托原告某货运代理公司代理相关货物的海运订舱及相关业务,货物海运到美国后却未能顺利通关,滞留数月。可以通关后,原收货人拒绝收货,产生海运费和港杂费约 134 万元。厦门某公司在大股东季某的担保下,先后向原告出具 3 份书面《还款计划》,但均未能履行承诺。原告据此将厦门某进出口公司和季某诉至法院。厦门海事法院组织双方当事人调解并形成初步调解方案,但到签订调解协议当日,季某因亲赴美国处理被滞留的货物,故委托他人代为参诉,致使在场人员无法相互确认身份和授权材料的真实性,影响调解协议的签订。承办法官提议是否运用微信远程即时视频连线,通过网络连线的方式来查实季某身份及授权委托手续是否真实,并由当事人直接对和解协议的条款进行现场确认,使得调解过程公开透明。双方均同意的情况下,开始微视频,并现场签订调解协议。

② 《上海海事法院启用在线智能海事诉讼系统 助力智慧海事法院建设》,上海海事法院微信公众号 2018 年 6 月 14 日。上海海事法院于 2018 年 6 月 13 日,正式启用自主研发的在线智能海事诉讼系统。在一起涉外海上货物运输合同纠纷案中,远在新加坡的原告代理律师通过在线智能海事诉讼系统与法庭实时连线,提交境外电子证据,并接受被告的质证。该案原告新加坡某银行诉称,其在融资过程中取得了一批棕榈油货物的十七份正本提单,被告船务公司却在印度目的港将这批货物无单放行给第三人,故诉请判令被告船务公司赔偿近 500 万美元的货物损失。被告辩称其并非船舶的实际控制人,也没有实施无单放货行为。对此,原告提出,可提供船东与被告之间的邮件往来,证明被告是船舶的实际控制人,实施了无单放货的行为。但是,这些邮件形成并存储于境外服务器上,如果在境外对邮件办理公证、认证或者由境外当事人到庭展示邮件,都耗时费力,不符合诉讼经济的原则。为提高审理效率和方便当事人诉讼,合议庭借助在线智能海事诉讼系统,由原告的新加坡律师 Vivian 在新加坡直接进行电子证据展示。庭审中,通过登录系统的"即时通信",Vivian 律师与法庭成功连线。Vivian 律师根据原告的指令,登录邮箱并进行证据展示。在原告出庭代理人的指引下,Vivian 律师依次有序展示相关邮件证据,并解释了被告对邮件存有的疑问。通过远程视频方式进行异地审查,不仅能够给当事人提供最大化的诉讼便利,也有助于法院高效、准确地查明案件事实。在线智能海事诉讼系统可进行境外证据调查、境外证人和专家辅助人出庭等。该系统是目前经测试可应用国家最多的法院信息化系统之一,满足了境外当事人在境外参与、了解诉讼的现实需要,有利于提升海事司法的国际公信力。

(四)失范:社交媒体和即时通信软件电子数据证据采信率低

在互联网和自媒体时代,社交媒体(Social Media)和即时通信软件(Instant Messaging)被广泛应用,社交媒体包括微博、抖音、LinkedIn等,甚至也会包括微信的朋友圈等内容。即时通信软件的典型的代表有:微信、QQ、新浪 UC、MSN 等。这两大类应用的用户人数众多,仅以微博为例,在 2018 年年底新华社报道的微博月活跃人数达到近 4.5 亿[①]。海商法专家杨良宜先生认为,"更是有大量信息被上传到社交媒体上,发帖人在发帖时往往也不会特意设防[②],更不用说这些往往是时机完美的当场文件(Contemporaneous Documents)。因此毫不奇怪的是在诉讼中也会用到这些社交媒体上的信息。"[③]此外,出于交易的高效和便捷考虑,许多航运界的商务往来、合同商谈往往通过手机短信、电子邮件、微信或 QQ 等即时通信软件来进行,或者体现为网上银行、手机银行或支付宝、财富通上的一次交易记录。一旦纠纷涉讼,这类即时通信记录也往往会成为提交法庭的证据。随着即时通信成为人们须臾难以离开的常用工具,这类证据也大量进入民事审判之中。

笔者仅以微信证据灰关键词通过无讼案例网站进行搜索时,发现在2013 年到 2018 年之间,提交微信记录作为证据的民事案件数量逐年增加,呈爆炸式增长(见图 1),截止到 2019 年 8 月 1 日,2019 年已有 57 282 个案件涉及微信证据。这是一个十分庞大的数据。

仍以微信证据为例,相比于庞大的案件数量,其采信率却很低,实践中对方当事人往往对微信记录与使用主体的关联性予以否认,或认为无法确认,在此情景下,负有举证义务的一方当事人常常需要花费巨大的成本来提供更多的证据证明电子证据与当事人之间的关联性,并往往是徒劳而无功。法官

---

① http://www.xinhuanet.com/info/2018-12/24/c_137694847.htm,访问时间:2019 年 8 月 1 日。

② 例如在 Various Claimants v. Giambrone & Law & Ors (2015) EWHC 1946 (QB) 先例中,被告在 Facebook 上发帖说:"They thought they knocked me down, now they will see the full scale of my reaction. F＊＊＊ them, just f＊＊＊ them. They will be left with nothing.",显然一般纸质文件中是不会以这样的方式表达自己的真实心态的。

③ 王清滢、朱忠宝:《让公平正义触手可及——厦门海事法院积极探索推行"互联网＋审判"新模式》,《福建法治报》2018 年 9 月 7 日第 7 版。2018 年,厦门海事法院在一起船舶碰撞养殖损害责任纠纷案件中,通过一条反映船舶碰撞状态的微信朋友圈,依据微信朋友圈的发布属技术不可逆,无法事后编造的特点,查清了一起无船舶航行轨迹记录,也无原始碰撞现场照片案件的事实。

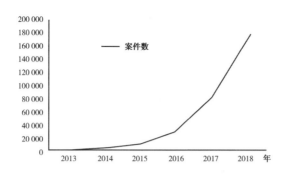

图 1　2013—2018 年提交微信记录作为民事案件数量逐年增加

大多根据自己的自由心证来认定,具有极大的随意性和偶然性。很多案件中法院以该证据系孤证,在无其他证据可供佐证的情况下,无法查实为由,不予支持(见表 1)。电子证据的认定在司法实践中总体质量不高已成为学者的共识。①

表 1　因无法查实收发主体而被法院否认电子证据证明力的案例

案号	案件名称	不采信电子证据的理由
大连海事法院(2018)辽 72 民初 275 号民事判决书	原告杨文与被告大连集益物流有限公司、大连港连恒供应链管理有限公司、锦州宏达物流有限公司、黑龙江集运供应链管理有限公司侵权责任纠纷	集益公司提交的微信聊天记录系截屏照片,没有前后文相佐证,且微信的头像、名称可以随意更改,在没有其他证据佐证的情况下,无法证明集运公司的代理订舱行为系代理战锋公司所为,且集益公司没有证据证明其应当相信或有理由相信集运公司委托其代理订舱的案涉 10 个集装箱系战锋公司所有
河口瑶族自治县人民法院(2018)云 2532 民初 337 号民事判决书	原告(反诉被告)张红诉被告(反诉原告)河口兴佰年旅游文化产业有限公司合同纠纷	微信聊天记录,原告未提交其他证据予以佐证,不予采信
大连海事法院(2019)辽 72 民初 243 号民事判决书	原告王连军与被告刘建船员劳务合同纠纷	从证据形式上,原告没有提交微信对话的原始载体,无法证明上述证据的真实性

---

① 陈希:《民间借贷案件电子证据认定问题研究》,《社会科学家》2019 年 2 月。

续表

案号	案件名称	不采信电子证据的理由
湖北省高级人民法院（2017）鄂民终3115号民事判决书	上诉人田元金因与上诉人王德朋及被上诉人五河县浍河航运有限责任公司通海水域货物运输合同纠纷	证据2与王德朋当庭出示的手机所显示内容一致，但李年光为案外人，短信内容不足以证明李年光的身份及短信确由其所发，不予采信
北海海事法院（2018）挂72民初80号民事判决书	原告广西鹏达海洋工程有限公司与被告江门市玉龙船务有限公司、第三人中国太平洋财产保险股份有限公司江门中心支公司海难救助合同纠纷	原告提交的证据7，被告及第三人均不予认可，本院认为该电子证据真实性未经核实，且原告未举证证明该微信对话的主体身份，对该身份证据本院不予采信，不作为本案的证据使用
浙江省高级人民法院（2016）浙民终789号民事判决书	上诉人方鹏与被上诉人胡凤琴海上货运代理合同纠纷	方鹏提供的微信聊天记录系打印件，没有原件可供比对，胡凤琴对其真实性不予认可，且从其内容而言，虽然方鹏在聊天中告知了案涉货物将与案外人张鹏的货物一并出运，但不能证明胡凤琴已经收到案涉货物，故对该证据不予认定

资料来源：中国裁判文书网 http://wenshu.court.gov.cn/

二、问题的成因

（一）对于专业化程度高的海事电子证据应对不足

海事电子证据横跨海事和信息技术两个领域，两个领域的规则理念与自然伦理关联度不大，专业性十分强。法官是一个法律专家，并非全知全能的"哲学王"[①]。他可以依据法律规定解决法律纠纷，却无法洞悉复杂的自然科学，尤其是跨领域的海事电子证据。对于非海事及航运专业出身的法官来说，海事电子证据的审查门槛高，在海事法院设立之初，为了迅速适应航运及审判实践的需要，从港航部门招募了一些高级船长进入审判队伍，这些船长法官有着丰富的航运实践经验和海事专业知识，熟通航海技术、货物装卸、积载及船舶碰撞等实务，但均无法学专业背景。近年来随着司法专业化建设日

---

① ［古希腊］柏拉图：《理想国》，郭斌和、张竹明译，商务印书馆2012年版，第217页。

益推进,原来的这种法官来源已不复存在,随着这批船长法官的日渐退休,法院内部精通海事电子证据专业知识的力量也逐渐消退。因此,在海事专业知识储备上存在先天的不足。

另外随着科技的进步,证据法已不再仅仅依赖于国家公权力的信用背书与威权式认定(即法治主义证据观),也会在某些案件中臣服于科技的科学性与自证性(即技治主义证据观),法治主义与技治主义的互动将构建一种更为高效的证据法形式①。在这样的背景下,一方面电子证据规则应当遵循现代诉讼证明的"经",主要是"实现真实"(案件事实清楚)和遵循"证据裁判原则"等;另一方面电子证据的电子形式和形成机理(通过电子技术、电子设备形成),决定其具有无纸质、传递快、易复制、易变造等特点,从而电子证据应当适用相应的新规则。② 当前,对于电子数据证据的特殊规则要求也存在不足。两者相结合,均对法院审查和判断电子数据提出了挑战。

(二)航运电子数据的保存及管理制度未建立健全

现代化船舶、码头设备等港航口岸单位及涉货单位在生产活动中产生大量的海事电子数据,这些电子数据往往在多个作业单位储存,由于目前缺乏统一的保存、使用、监管及保护的规范与标准,导致实践中电子数据的保存及管理的主体不清,利害关系人拥有电子数据所有权或管理权限的电子证据偏在现象③,航运部门之间数据互换不足,不同部门信息缺乏有效整合,数据保护不善④,易导致审判实践中重要的证据缺失,数据获取的真实性、准确性不够,电子数据易遭到篡改、销毁,从而增加案件审理的难度。如2019年4月,某海事法院就案件审理中发现的集装箱业务证据留存问题向某集装箱码头公司发出司法建议⑤。后该集装箱码头公司函复海事法院,表示已责成法务对操作部等各部门业务流程中的重要证据进行梳理,完善有关制度的证据保留条款,并修订相关业务表单。如正在制作的《设备交接单电子数据使用协

---

① 张玉洁:《区块链技术的司法适用、体系难题与证据法革新》,《东方法学》2019年第3期。

② 邵明:《持经达变:电子证据的"常道"与"变通"》,《人民法治》2016年9月。

③ 高波:《从制度到思维:大数据对电子证据收集的影响与应对》,《大连理工大学学报(社会科学版)》第35卷第2期,2014年4月。

④ 张文霞:《航运数据平台的建设》,《信息技术》2015年第7期。

⑤ 李越:《厦门海事法院就集装箱业务证据留存问题发出司法建议并获积极回应》,厦门海事法院微信订阅号2019年5月10日。

议》中，该司作为数据平台的运营方，将"采取安全措施保证经其传输和存储的电子数据安全、真实、完整"作为强制性规范，要求各参与方必须严格落实。运用采购阿里云邮箱系统等技术手段，对公司经营过程中产生的表单、文件以及各项往来资料进行及时存证。加强特殊情况下（如意外事故、恶劣天气等）对港口集装箱的监管力度，将证据留存环节列入应急预案，确保监控设备全面覆盖并稳定运行，延长视频等证据的保存期限。① 可见对拥有大量航运数据平台明确管理责任具有紧迫性和必要性。

（三）传统的跨国电子数据取证程序烦琐，周期过长

有关境外数据的获取，是大数据时代和信息时代的产物，出于国家主权、社会安全等各种考虑，目前各国基本上都严格限制数据跨境流动，而采取要求一些数据必须固定在特定区域或者必须在特定领土内才可以进行处理的"数据本地化要求"②。因此，对于在外国的电子数据证据需要国家间的司法协作来完成，为了减少大陆法系国家与英美法系国家在民商事域外取证制度的冲突，1970 年 3 月 18 日，第十一届海牙国际私法会议通过了《关于从国外获取民事或商事证据的公约》（以下简称《海牙取证公约》），《海牙取证公约》是目前最为完备、最有影响的规范国际司法协助的国际公约。截至 2019 年 4 月，共有 62 个缔约国。但囿于制定年代较早，公约并未涉及在其后才兴起的电子证据。1997 年，我国加入该公约。参照适用该条约的利用请求书取证方面，公约规定一个缔约国中央机关将请求书通过特定途径交给另一个缔约国的中央机关，然后再由另外一国进行取证，获取证据的结果再转交给请求国法院。但是这种取证程序烦琐，取证周期过长，广受诟病。且这种远程取证不仅不能保证证据的完整性和可用性，还可能受到双方国家国际关系的影响，甚至由于与当地法律的扞格不入而导致证据效力的瑕疵。

（四）相应的证据规则及向网络或应用公司调查核实的体制未配套及完备

敏锐的证据法学者已然发现，"我国修订后的三大诉讼法虽然都将电子证据视为一种新的证据，但迄今并没有统一的电子证据规则，也就没有阐明

---

① 对厦门海事法院《司法建议书》的复函，http://www.xmhsfy.gov.cn/ShowList.aspx？nid=15&id=3836，访问时间：2019 年 8 月 1 日。
② 宋建宝：《欧盟〈非个人数据自由流动条例〉概要》，《人民法院》2019 年 7 月 26 日第 8 版。

电子证据的采纳标准和采信标准"。① 这种法律规范式缺位也导致我国司法实践中电子证据的可采信率较低、载体审查难题。② 其中,社交媒体和即时通信软件电子数据与主体身份的关联性查实即是突出的问题,尽管当事人常用提交公证文书的方式予以举证,但公证文书只能对办理公证时的电子证据的真实性予以确认,并无法证明电子证据与当事人之间的关联性。这主要是因为微信证据的主体的体现一般都是一组数据或代码,具有极强的虚拟性,虚拟的主体是不具有法律人格的,所有的网络行为必须将其对应的现实主体身份明确后才可以使用法律行为理论。法律行为中的法律责任、权利义务对应的都是现实主体而非网络主体。微信聊天为身体与身体的隔离而非传统面对面聊天时身体与身体的同地相聚,产生了现实空间与虚拟空间相互交织时的多重自我和多重裂变。③ 加上有关电子证据认定的法律规范呈现出极大的分散性特征,且内容均集中于电子证据的采纳方面(主要是针对真实性、合法性的审查判断),在电子证据的关联性认定标准及如何被法庭采信方面几近空白。④ 由于缺乏完备的证据审查规则及向占有与管理的主体调取的体制,影响了这一体量庞大的电子证据进一步发挥作用。

三、完善海事审判中电子证据适用的建议

(一)推动服务于海事审判的司法辅助行业的精深与精细化

电子证据由 0 和 1 数字信号量构成,涉及专业计算机科学,对于非专业的司法人员来说,超出了学习生活的经验范围,显得陌生和遥远。因此,应促进鉴定机构在原有的鉴定的基础上,丰富司法辅助内容,通过整理知识的层级,略去无关紧要的细枝末节,把握最关键的技术节点,梳理了意见的脉络,将枯燥乏味的电子数据证据技术语言,转化为易为法官及社会公众理解的语言,从而让法官有更深入的了解和对裁判公正性更整体的把握,而不是坐以

---

① 郑旭江:《互联网法院建设对民事诉讼制度的挑战及应对》,《法律适用》2018 年第 3 期,第 13 页。

② 张玉洁:《区块链技术的司法适用、体系难题与证据法革新》,《东方法学》2019 年第 3 期。

③ 古国妍、娄琳莉、贡凤、李棒:《电子证据的鉴真——以微信为例》,《东南大学学报(哲学社会科学版)》,2017 年 12 月第 19 卷增刊。

④ 刘品新:《印证与概率:电子证据的客观化采信》,《环球法律评论》2017 年第 4 期。

待鉴定结论,避免某些技术性很强的案件中鉴定机构事实上成为裁判者的不合理现象。此种思路可借鉴最高人民法院新闻局和执行局在今年全国两会期间,联合推出了一套漫画,主题是法院基本解决执行难问题,虽然与我们讨论的海事电子证据风马牛不相及,但该方案内容涉及的两会、法院职能、执行难成因、破解执行难的措施,亦不是社会大众所熟悉,难以迅速理解的,与没有经过专门训练的法官面对海事电子证据是相同的感觉。

在司法改革的背景下,依靠和利用社会分工,购买社会服务实现。如厦门海事法院在审理的〔2013〕厦海法事初字第 24 号原告丁仁华、丁明生为与被告广西防城港锦航船务有限公司海上养殖损害赔偿责任纠纷一案中,为查明被告所属的"大新华"轮是否撞入原告的养殖区,根据平潭海事处可视化平台调取的"大新华"轮 AIS 轨迹数据与案涉养殖区四至经纬坐标数据,请厦门市测绘与基础地理信息中心就案涉养殖区经纬坐标数据及"大新华"轮航行轨迹制作比对图。最终根据比对图显示,认定"大新华"轮均有经过养殖区。当然,除了借助社会力量外,从长远来看,可以发挥与航运业紧密联系的优势,综合拓展法官的能力,加强航海和海事方式的实践与能力培养,在开展法官随船实践的基础上,丰富法官对航运业专业知识的学习与掌握。此外,还可以在人民陪审员及调解员选任的过程中,有意识、有侧重地选择部分具有航运专业知识背景的人员,丰富合议庭的知识结构和专业事实查明能力。同时还可发挥法院专家咨询库在个案事实查明及电子证据审查中的作用。

完善庭审海事电子证据的出示程序,配备配合当事人直接出示电子证据的设备,加强法庭在电子证据出示环节的保障。电子证据出示是电子证据运用过程中一个非常重要的环节,要保证电子证据的证明力得以发挥,其任何一个环节都不能出现瑕疵,这既是对当事人举证的要求,也是对当事人权利保障的要求。①

完善我国电子数据证据的提出义务规则和证明机制。信息时代,电子数据的所有权或管理权往往存在于电子数据生成设备的持有者一方,这种情势

---

① 刘文魁,刁胜先:《电子证据出示的法庭保障义务研究》,《重庆邮电大学学报(社会科学版)》2016 年 9 月。

易造成与之有利益冲突的另一方当事人无法获取相应电子数据,或者持有者销毁与篡改电子数据证据的风险。因此,应当考虑电子证据的特殊性,在电子数据证据的提出义务规则①或真实性的证明机制上,适当改造传统的"谁主张,谁举证"规则,引入有条件的"谁反驳,谁举证""谁持有,谁举证"规则。② 具体而言,一是根据《最高人民法院关于民事诉讼证据的若干规定》第七十五条③规定的书证提出命令制,并参照《最高人民法院关于适用〈中华人民共和国民事诉讼法〉的解释》第一百一十二条的规定④,赋予举证当事人据以搜集他方所持文书作为证据的机会,可要求持有文书的对方当事人或第三人开示与诉讼有关联的文书资料,以贯彻当事人之间武器平等原则,保障其公平接近证据的证明权,并维持当事人在诉讼上公平公正竞争,促进诉讼及发现真实。⑤ 二是设置电子数据证明妨碍制度来约束持有电子数据的当事人的行为。根据诉讼法基本原理,"当事人应对法院用以查明事实真相的诉讼程序中所运用的证据加以保存负有普遍性的义务"。⑥ 由于有巨大的存储容量的电子系统,越来越多的数据被保存,但当新技术致使以前的系统过时,恢复这些数据却是不容易的。掌握电子数据证据的当事人利用种种故意或过失行为来损毁证据方法形成证明妨碍,那么就会使负有证明责任的当事人陷于证据缺乏的境地,进而使案件事实处于真伪不明。为此大数据时代电子证据规则中建置证明妨碍机制,若法律规范有要求当事人设置电子数据储存设备及保存相关电子数据的具体规范,对于诉讼进行中或预知诉讼发生可能之际,却以妨碍对方使用为目的,故意将相关涉及诉讼案件的电子数据证据灭失、隐匿或设置障碍使用等行为,则可以将此等行为视为证明妨碍,而可以

---

① 高波:《大数据时代我国电子数据提出义务规则的完善》,《天津大学学报(社会科学版)》2019 年 7 月第 21 卷第 4 期。

② 刘品新:《论电子证据的理性真实观》,《法商研究》2018 年第 4 期(总第 186 期)。

③ 《最高人民法院关于民事诉讼证据的若干规定》第七十五条 有证据证明一方当事人持有证据无正当理由拒不提供,如果对方当事人主张该证据的内容不利于证据持有人,可以推定该主张成立。

④ 《最高人民法院关于适用〈中华人民共和国民事诉讼法〉的解释》第一百一十二条 书证在对方当事人控制之下的,承担举证证明责任的当事人可以在举证期限届满前书面申请人民法院责令对方当事人提交。申请理由成立的,人民法院应当责令对方当事人提交,因提交书证所产生的费用,由申请人负担。对方当事人无正当理由拒不提交的,人民法院可以认定申请人所主张的书证内容为真实。

⑤ 高波:《从制度到思维:大数据对电子证据收集的影响与应对》,《大连理工大学学报(社会科学版)》第 35 卷第 2 期。

⑥ 毕玉谦:《民事诉讼证明妨碍研究》,北京大学出版社 2010 年版,第 265 页。

考虑实行认可对方关于该文书的主张或依该文书应证的事实为真实,或者是调整举证责任等措施,以有效遏止当事人此种违反协力义务的行为,这样能达到追求发现真实的目的。

(二)平台的责任问题及数据运用规范

1. 平台的发展责任

数据的意义在于共享和互联互通,要借鉴互联网法院的工作经验,推动与法院的信息化3.0建设相耦合,并融合航运信息化与法院信息化的司法机关电子数据对接平台的构建①,推进法院同港航口岸单位、海事部门、交通运输部数据中心、航运交易所、海洋发展局、气象局、出入境边防检查总站等涉海、涉船、涉货单位的数据互联互通建设,推动开放电子证据查证的端口,建立信息共享平台,通过借助海事局网格化可视系统,电子口岸的货物跟踪查询、船舱预订和海关申报等在线应用系统②,法院能够便捷地获取案件相关船舶、货物、船舶航行、船员的电子数据证据。同时充分发挥大数据的优势和作用,让各类业务数据相互关联、相互印证,③建立起便捷、可追溯的电子证据查证机制。

2. 平台的管理责任

平台大数据容量大、类型多、价值高,对其快速融合与分析,有可能会改变现行的交易秩序。在大数据时代,管理的责任也十分重大,由于数据管理不当造成的信息滥用会造成严重后果④。因此应当逐步建立数据保存、分级管理和使用的规范,明确数据平台的保管义务及责任内容。另外,由于航运数据交换频繁,许多数据的运营管理方本身很可能是纠纷的当事人,从长远来看,应当建立由第三方平台一体化保管的机制,从而有效解决平台保管人

---

① 胡仕浩、何帆、李承运:《最高人民法院关于互联网法院审理案件若干问题的规定》的理解与适用,中国法院网 https://www.chinacourt.org/article/detail/2018/09/id/3489797.shtml,访问时间:2018 年 9 月 8 日。

② 李启雷:《航运大数据管理及其在公共服务领域的应用》,《浙江大学学报(人文社会科学版)》第 45 卷第 3 期。

③ 钟明、刘晨、裔文君:《海事法院"人工智能+"工作模式的探索与构建》,https://shhsfy.gov.cn/hs-fyytwx/hsfyytwx/spdy1358/dycg1505/2018/09/13/2c93809965d1d4740165d2798060022c.html.

④ 刘艺、邓青、彭雨苏:《大数据时代数据主权与隐私保护面临的安全挑战》,《管理现代化》2019 年第 1 期。

既是数据保存的义务主体,又是实体上责任主体,可能导致的篡改证据或毁灭证据等道德风险,推动数据管理的科学化与规范化。

3. 平台的数据安全责任

大数据既是平台的一种财富,也是一种责任。能力越强,责任越大,在平台的保存责任之中,数据安全是应当引起重视的内容之一,多数情况下,平台保存的数据是纠纷当事人可寻求的还原客观事实的最后一根稻草,因此平台的信息安全至关重要,因此,在制定平台的数据运用规范时,应当注重从物理安全、系统安全、网络安全、应用安全、数据安全、管理安全等方面提升安全防护能力,为重要性日益凸显的电子数据运用打造全程安全可控的大数据安全屏障。不断汇集实践中遇到的各种问题,归纳解决方法,推动顶层及整体设计,从而保证数据安全。

(三)跨国电子取证的合法性问题

对跨境电子数据取证问题的讨论必须回到主权层面,在相互尊重主权的框架下探索制度化的解决方案,而非单纯地诉诸技术手段。跨境电子数据取证应坚持司法协助的基本框架,坚持司法协助调查取证方式具有优先性,非正式取证方式仅在例外情形下适用。[①] 鉴于跨国电子取证具有的高效率和低成本的特点,实践中,一些国家创设通过视频会议的方式直接获取证据,并进行相应的立法,例如加拿大、新加坡等[②]。如前所述,我国部分法院也尝试使用视频连接等方式审理涉外民商事案件。我国法院应当如何来进行域外取证,可根据受调查人所在国家的不同法律规定,进行不同处理。

(1)针对公约缔约国,则我国法院可根据《海牙取证公约》向被请求国进行取证,并因应信息技术的发展,根据电子数据取证的快捷理念,探索以"信息化"的司法协助程序取代传统文书传递模式,对于《海牙取证公约》规定的请求书和相关翻译文本均采用电子形式,在技术可靠的情形下进行电子数据直接传送等[③],推动司法协助高效开展。囿于技术限制,公约制定时对于视频取证没有规定,但并不表示有什么限制,无论是通过请求书取证、外交代

---

① 冯俊伟:《跨境电子取证制度的发展与反思》,《法学杂志》2019 年第 6 期。

② 参见 1976 年澳大利亚《联邦法院法》第 47 条、新加坡《证据法》第 62 条、英国《民事诉讼规则》第 32.3 条、美国《联邦民事诉讼规则》第 43(a)条等。

③ 参见李彦:《建构新的全球打击网络犯罪公约路径》,《中国信息安全》2018 年第 7 期。

表和领事取证以及特派员取证等公约规定的取证方式,在信息技术条件完备的情况下,都可以且应当加以利用以提升取证效率。

（2）依托我国在信息技术和5G通信技术上的优势,推动在关于跨境电子数据取证司法协作的双方条约中增加建立在线信息与支持平台的内容,以条约的形式固定通过信息平台和信息技术开展在线调查,或坚持互惠原则,同未与我国签订双方条约的国家建立起及时、迅速获得电子数据的取证程序,提升取证效率。如上海海事法院于2018年1月《关于推进"智慧海事法院(上海)实践基地"建设的实施意见》中指出:"提供中英文双语版和主要航运目的地国家认证许可的移动客户端下载服务,实现法官与中外当事人实时交流服务,通过音视频和文字聊天室功能,使中外当事人和诉讼参与人通过更简便、更安全的方式获得最佳的海事诉讼服务体验,逐步实现将除庭审之外的全部诉讼活动纳入智能化诉讼系统管理。"该设想具有相当的前瞻性,但实际效果的取得完全有赖于国家层面的推动,依托于我国与其他国家地区签订双方条约或在互惠原则基础上建立相应的程序安排。

（3）坚持对等原则。如被请求国所在国国内法允许该国法院直接域外取证,并有未向我国主管机关发出通过视频作证的请求而径行取证的相应司法实践,我国可以采用对等措施予以回应,由法院征得受调查人同意或在配合下直接取证。如美国在《联邦民事诉讼程序规则》（1996年）第43条第1款允许国内法庭采取异地同时用同步传递(Contemporaneous Transmission)系统的方式获取不同国家地区的有关证据。在"Dagen v. CFC Group Holdings Ltd."一案中,纽约南区法院允许了5个证人在中国香港通过电话提供证言。[①] 2018年3月23日,美国《合法使用境外数据法》生效。该法授权执法部门通过要求在美国境内有实体机构的服务提供者进行数据披露的方式收集境外数据,对跨境电子数据取证产生巨大影响,为制衡"云法"所代表的数据控制者模式的长臂管辖,我国应当对等保留采取数据控制者模式收集美国境内云数据的权利,通过对美国服务提供者施加跨境数据披露义务的方

---

① No. 00 Civ. 5682(CBM),2003 WL 22533425(S. D. N. Y. 2003).

式,形成"战略上的对冲"。①

（4）如果被请求国允许其他国家通过包括视频连接方式取证。如德国政府在回复海牙国际私法会议常设事务局 2008 年 5 月的问卷调查时指出,在德国"取证"的概念是开放的,允许包括通过视频连接方式取证。外国法院通过视频连接方式在德国取证被认为是一种特殊的方式。根据德国法,利用视频连接方式取证必须取得被取证人的同意。② 我国法院可以在征得被取证人的同意后,利用视频连接方式取证。

此外,还应探索我国法院与被请求国服务提供者、数据权利人直接合作的"一"字形的跨境取证程序。同时还应从最高人民法院的层级,梳理我国与其他国家共同参加的关于跨境电子数据取证的公约及条款保留情况,我国与各国签订的相关双边条约,以及全国法院向境外调取电子数据证据的执行程序和适用条件,以指南的形式,提升民商事审判中跨境电子数据取证的标准化、规范化水平,推动跨境电子数据取证司法协作的有序发展。

（四）社交媒体和即时通信软件电子数据与主体身份的关联性查实

关联性是电子证据运用的标准之一。只有对案件事实的证明能产生一定的实质性影响,电子证据才被允许用于司法证明,此为传统证据法理论中的关联性标准。从电子证据步入司法舞台伊始,学术界对于电子证据关联性理论的认识,就承继传统证据的关联性理论而来,鲜有变化。然而,司法实践中电子证据遭受的关联性挑战形形色色,关联性对电子证据认定结果的实际影响,远超过真实性、合法性和证明力之效果。电子证据运用于法庭攻防和司法裁判中的特色,其实正在于关联性。③ 在信息时代,注册一个社交媒体账号和即时通信账号并不困难,在非实名制的情况下,如何将虚拟的账号与现实中的当事人画上等号,尤其在当事人否认,且无法通过电子签名或者比对发送和接收方信息等方式来推定该电子证据的主体身份的情况下,这一举证责任是较为困难的。显然,最为准确的办法是找到社交媒体和即时通信软

---

① 参见洪延青:《美国快速通过 CLOUD 法案,明确数据主权战略》,《中国信息安全》2018 年第 4 期,第 35 页;许可:《数据主权视野中的 CLOUD 法案》,《中国信息安全》2018 年第 4 期,第 42 页。

② 乔雄兵:《德国民商事域外取证制度研究——兼论〈海牙取证公约〉在德国的实施》,《河北法学》2010 年 11 月第 28 卷第 11 期。

③ 刘品新:《电子证据的关联性》,《法学研究》2016 年第 6 期。

件信息的元数据（metadata），即直接认定法。随着网络和手机号码实名制的实施，以及电子支付的日益广泛应用，由于社交媒体和即时通信软件账号的注册大多依赖于已实名制的手机号码，或关联相应的银行账户，绝大多数情况下，通过向通信公司及数据保存平台进行查证，即可查明社交媒体和即时通信软件使用主体的实名身份信息。如厦门海事法院在审理一起仅有微信聊天和转账记录的海上货运代理合同纠纷案中①，通过向微信的运营公司深圳市腾讯计算机系统有限公司调取微信账号认证信息和关联银行账号的方式，顺利确认了微信用户的身份信息及转账往来情况②。在当事人委托律师代理人的情况下，法院也可以通过签发律师调查令的方式，让委托代理律师到网络通信公司及数据保存平台调取，以提升司法效率，节约司法资源。

可以预期，未来关于此类即时通信类电子数据与主体真实身份的关联性证明调查需求将大幅度增长，仅就通过向通信公司及数据保存平台进行直接查证的方法而言，从提高效率降低成本的角度出发，短期内，协助调查的企业应配备专门的协助调查人员，调查核实过程产生的成本和相应费用由诉讼中拒不承认的当事人承担。中期可以探索在线网络查询通道，远期可建立类同执行案件的银行存款、车辆、土地房屋查控系统，通过信息企业向法院开放端口的方式，提升查询效率。

此外，还可以通过推定方式进行间接性认定。具体包括当事人自认、推定、证人证言、鉴定等多元方式，关于自认，一般是通过当庭询问当事人聊天记录内容是否属实。如果对方认可，就无须认证。关于推定，主要用于对方否认或未到庭应诉的情形，一般先会要求当事人出示原始载体，然后根据社交媒体和即时通信软件账户是否经过实名认证或者与电话号码相关联的准实名认证法，而采不同的审查方法，如账号关联电话号码，可通过拨打手机号的方式来确认对方身份。还要通过直接点击查询对方当事人账号的信息的方式予以验证，如果账号信息是一致的，则可以确认。当然如果对方拒不提交应用的载体如手机或电脑，根据民事证据规则，也可以间接推定账户的关联性。此外，还可通过用户在社交媒体和即时通信软件载入的相应信息加以

---

① 厦门海事法院〔2019〕闽72民初163号。
② 郑新颖：《微信收款信息如何证明？》（内附取证攻略），厦门海事法院订阅号2019年5月14日。

综合判断,以微信为例,可通过微信头像以及朋友圈内的照片建立主体身份关联性;社交媒体和即时通信软件的聊天内容亦可用于判断其与当事人主体身份的关联性。如果聊天记录中显示当事人手机号码、家庭住址、银行卡号等众多个人信息,也可增强其关联性认定。除此之外,还可以考量其他证据或者证人证言。杨良宜先生认为,还可以通过考查有关电脑上的上网记录与其他数据,或者借助专家证人对这些数据的分析等。也能考虑的是有关的事实证人(例如发帖人的"好友"或者是发帖人自己等人士)的证人证言等。例如 A 能够作证说出一些本应只有建立账号的用户才会知道的账号内容,例如账号内从没公开过的帖文内容,就有很强的说服力认可 A 就是该账号的用户。还有一些特别的做法,例如在"Barnes v. CUS Nashville LLC(MD Tenn,3 June 2010)"先例中,甚至有法官主动提出作为"证人"的做法,法官在 Facebook 上与诉讼方互相加为"好友"(friend),从而法官也可以浏览诉讼方的 Facebook 账号上到底有些什么内容。

以兹为鉴,面对当事人提交的纷繁复杂、林林总总的社交媒体和即时通信软件电子数据,除了直接向通信公司及数据保存平台进行查证外,法官有必要运用自由心证,根据当事人双方关系、应用软件绑定的手机号码以及信息记录中透露的相关信息,结合日常生活经验,使用高度盖然性原则对社交媒体和即时通信软件使用主体的身份进行确认。

(2019 年全省法院系统第三十一届学术讨论会优秀奖,"省法学会诉讼法学研究会"2019 年年会暨"建国 70 周年诉讼制度的变革与创新"研讨会优秀论文)

其他篇 <<<

能动司法：我国民事审判权运行的现实选择

——兼论对当前民事司法改革大方向的反思

陈　亚

【摘要】在西方法治思想熏陶和司法改革浪潮的影响下，中国的民事诉讼一度摈弃了职权主义，而是朝着当事人主义的诉讼模式大踏步前进。然而，在转型时期纷繁复杂的社会矛盾冲击下，司法面临着固守被动抑或能动作为的选择。从实证主义的角度出发，针对当前我国社会矛盾的四个特点，即数量上的爆炸式增长、处理不当的系列衍生、发展的非均衡性、非普遍性显现以及新型化和突然性增加，司法决策者做出了能动司法的现实选择。中国语境下的能动司法，并不同于美国司法能动主义，而是以解决矛盾纠纷为目标，贯穿于整个审判过程的一种司法理念和司法方法，是对司法机关角色和司法功能的塑造，蕴含着中国特色。在民事审判权运行的全过程中，以能动司法理念为指导，法院和法官要做到审判权启动上的能动发挥、审判权运行过程中的能动参与以及审判权终结上的能动选择。作为能动司法的具体表现，实践中出现的马锡五审判方式的回归、诉讼调解地位的上升以及司法裁判对民意的吸收等现象，让众多学者感叹中国司法改革在走回头路。站在十字路口，笔者从司法的中庸之道出发，对当前司法改革的两种思路做出理性反思，并提出司法改革的方向应该一方面从体制改革入手，借鉴发达国家的先进制度模式，另一方面必须将改革根植中国的现实土壤，发扬传统司法资源的优势。能动司法，就是在现实的司法需求下，当前民事司法改革的具体路径。

【关键词】能动司法；民事审判权运行；民事司法改革

当前，我国处于社会转型时期，各类社会主体之间的利益格局正经历着重大调整，利益的分化与重组形成一股巨大的社会活力，引发了社会结构错动、社会矛盾增多、社会秩序失范以及社会利息冲突等诸多不稳定、不协调因素,这些不和谐的因素转化为法律矛盾和纠纷呈现在司法①机关面前。面对解决矛盾纠纷、维护社会稳定的巨大压力,司法机关及其决策者究竟应当能动作为,还是坚守司法克制? 这是一个重要的理论和现实课题,也是决定当前处于十字路口的我国民事司法改革大方向的问题。

一、能动司法的现实选择及其内涵的中国诠释

(一) 从理想回归现实的选择

传统西方法治观念认为,司法的被动性是其固有特性,即所谓的"不告不理"。"从性质上说,司法权自身不是主动的。要想使它行动,就得推动它。向它告发一个犯罪案件,它就惩罚犯罪的人;请它纠正一个非法行为,它就加以纠正;让它审查一项法案,它就予以解释。但是,它不能自己去追捕罪犯、调查非法行为和纠察事实。"②司法的被动性主要表现在程序启动的被动性、裁判范围的有限性和审判权在案件审理过程中的消极性。③ 只有当事人起诉、上诉或者申诉的事项,法官才能将其纳入审判的视野,并且法官的审查受到当事人诉讼请求和辩论主义的严格约束,法官还必须严格遵守诉讼程序,在诉讼过程中保持中立、无偏和超然的形象。

建设社会主义法治国家是我国治国方略的目标。中国司法制度的发展一方面受益于西方法律思想的熏陶,另一方面也回应着现实的冲击。随着改革开放的深入,民事、经济纠纷逐年上升,人民法院在面临极大办案压力的背景下,2002 年最高人民法院出台《关于民事诉讼证据的若干规定》,改变了传统的办案方式,强调辩论主义原则下当事人的举证义务和弱化法院主动参与的职权。该部规定的出台标志着我国民事诉讼开始从"职权主义"逐渐走向"当事人主义"模式,这的确在一定程度上缓解了法院的办案压力,树立了当事人在诉讼过程中所需的积极姿态,但与此形成鲜明对比的是人民法院在诉讼中消极应对,由此带来的法律效果使得程序正义受到实体正义的强烈

---

① 本文的司法仅指狭义上的法院裁判纠纷的活动。与此对应,司法权是指审判权,司法机关仅指人民法院。

② ［法］托克维尔:《论美国的民主》上卷,商务印务馆 1993 年版,第 110 页。

③ 汪习根:《司法权论——当代中国司法权运行的目标模式、方法与技巧》,武汉大学出版社 2006年版,第 53-54 页。

挑战。

近些年来,司法机关在行使审判权的过程中面临着新的现实困境,主要表现在:(1)矛盾数量上的爆炸式增长。根据最高人民法院工作报告的统计,2008 年全国各级法院受理案件 1 071 万余件,2009 上升为 1 137 万余件,同比上涨 6.3%。司法呼吁更为高效的审判方式。(2)矛盾处理不当的系列衍生。司法实践对民事诉讼严苛的"谁主张、谁举证"逻辑思维的简单应用,强调"一锤定音""一判了之"以树立法律权威的工作态度不能达到"定纷止争、案结事了"的效果,相反容易引发当事人的不满情绪和他们对需要的公平正义的执着追求,后果是使法院陷入"案件数量上升—简单裁判—上诉—再审—上访—矛盾激化"的恶性循环。司法呼吁更为和谐的审判方式。(3)矛盾发展的非均衡性、非普遍性显现。我国现阶段农业人口占大多数、东西部差距巨大、城乡差距明显等不均衡发展仍是当代中国的基本国情。① 无视我国既存的文化传统、法律资源和现实国情,完全照抄西方国家的司法制度、司法方式,后果是脱离现实,脱离人民群众的实际需求。司法呼吁更为实际的审判方式。(4)矛盾的新型化和突然性增加。伴随着社会转型,各种利益在社会主体之间实现再分配,分配规则的不公和民众权利意识的勃兴催生各种新型权利和纷争的出现,如环境权、水权、日照权等开始走入普通百姓的生活。而且,在全球化进程中,任何一个国家的发展都受制于国际经济环境,面对例如 2008 年突如其来的国际金融危机时,社会经济矛盾会骤然增多。司法呼吁更为主动的审判方式。

司法的根本目标是实现社会的公平正义,使各种社会矛盾得到妥善解决,②现实的困境让我们意识到,追求理想法治所固守的司法被动观念必须让位于解决纠纷、维护稳定的现实需要。在当下中国过分强调司法权的被动性甚至将其推向极端,其实是无法为民众认可的,也不能达到司法审判中法律效果和社会效果的有效统一。因此,在社会转型时期,人民法院不应恪遵司法权的被动性,而要积极承担促进社会转型和变革的社会责任,树立一种

---

① 廖奕:《司法均衡论——法理本体与中国实践的双重建构》,武汉大学出版社 2008 年版,第 212-213 页。

② 应勇:《聚焦大局 对接民需——对"为大局服务、为人民司法"工作主题的思考和实践》,《人民司法》2010 年第 1 期,第 10 页。

与此相适应的新的司法理念或新的工作方式。① 最高人民法院王胜俊院长明确提出，各级人民法院要把握司法规律，坚持能动司法。沈德咏副院长在"陇县法院'能动主义八四司法模式'研讨会"中指出，人民法院必须立足国情，能动司法，不断解决中国社会面临的现实问题。

（二）能动司法内涵的中国诠释

"能动司法"一词属西方舶来语。美国历史上对司法究竟要克制还是能动的争议，产生了法条主义和司法能动主义。司法能动主义作为一种司法哲学的出现，主要是协调法律的稳定性和社会变动性之间的矛盾。因此，美国的司法能动主义有其特定含义，是在面对政治和社会问题案件时，法官通过对稳定的宪法进行创造性的"立法"解释而做出裁判，以适应社会变化，维护普遍价值和社会公平正义，其核心内涵是"法官造法"。美国大法官卡多佐认为，"司法过程的最高境界不是发现法律，而是创造法律"。

我国学者也提出，法院法官在司法过程中，需要司法克制下的司法能动。② 特别是在社会转型催生新型权益纠纷时，法官应秉承正义的法律价值和理念，遵循法律原则，并充分运用司法经验，正确地适用法律，在理性地对案件的事实问题和法律问题做出判断的基础上行使裁判权。③ 可见，这种对能动司法的理解与美国司法能动主义基本一致，都表现为法官解释和适用法律过程的积极状态。不过，笔者认为，现阶段我国强调的能动司法，其内涵要宽广得多。当前倡导的能动司法，并不仅仅限定在法官解释和适用法律阶段，而是贯穿于整个司法审判过程的一种司法理念和司法方法，是指法院和法官在履行职责过程中发挥能动作用，运用多种司法手段解决纠纷矛盾，保障人民合法权益，以回应转型期经济社会发展的需要。能动司法在我国强调的是司法机关的角色和司法功能（而不是准立法性质的功能）的塑造，④是从辩证唯物主义的角度出发解决中国现实问题而得出的结论，蕴含着中国特色。

---

① 郝明金：《我国社会转型时期的"介入性司法"》，《法学论坛》2007 年第 1 期，第 109 页。
② 张榕：《司法克制下的司法能动》，《现代法学》2008 年第 2 期，第 179 页。
③ 王建国：《社会转型过程中的司法能动论》，《金陵法律评论》2007 年秋季卷，第 55 页。
④ 张建伟：《能动司法的中国诠释和文化解读》，《人民法院报》2010 年 5 月 28 日。

二、民事审判权运行过程的能动司法

审判权的运行过程,是指审判权由抽象的概念到对当事人之间的权利义务和其体现的社会关系进行实质性调整的全过程。[①] 能动司法作为一种司法理念和司法方法,在民事审判权运行的不同阶段蕴含着不同的含义。

(一)审判权启动上的能动发挥

1. 积极引导民众进行司法救济的选择

在理论上,审判权的启动具有被动性,只有某些诉求以合适的方式提交到法院后,审判权才开始对当事人之间的纠纷进行干预。对于民事纠纷的当事人来说,是否行使诉权完全取决于本人。因此,有人对我国法院"送法下乡"的行为提出质疑,认为主动上门动员起诉或者直接上门受理案件,违背诉权自由原则。笔者认为,"送法下乡"是让法律走进基层群众生活的一种形象描述,其意义在于普法教育宣传。[②] 对于当前发展极不均衡的中国来说,法院"送法下乡"有助于增加处于社会底层的群体选择公权力为保障的司法进行救济的机会,同时也可以减少他们为司法诉讼负担的时间和交通成本。现在我国法院的设立体制基本是按照县(县级市或者区)级设立,并在经济相对发达、人口数量较多的乡镇设立派出法庭,但对于其他交通不便、意识落后的群众来说,遥远的路程、诉讼材料准备的欠缺和对诉讼程序的茫然都会让他们放弃"打官司"这一手段。根据能动司法的要求,笔者建议将法院的"立案窗口"辐射到法院所辖每个乡镇,在人员紧张的情况下,设立乡镇定期定点收案点,同时可以安排收案法官指导起诉,首先从地理上削弱不同群体选择司法救济的不公平性。虽然多元化纠纷解决机制是大势所趋,但法院的大门绝不能因此越来越窄,门槛越来越高,司法仍是解决矛盾纠纷的最有保障也是最后一道救济路径。因此,法院"送达下乡"不是越俎代庖主动揽案,也不是劝诉,而是让司法救济手段走进普通群众之中。

---

① 汪习根:《司法权论——当代中国司法权运行的目标模式、方法与技巧》,武汉大学出版社 2006年版,第114页。

② 例如,北京市司法局为进一步落实中宣部、司法部、全国普法办《关于开展"法律六进"活动的通知》精神,于2009年1月8日在昌平区举办了"北京市2009年送法下乡启动仪式",在全市范围开展普法教育宣传活动。

2. 积极受理新类型、新出现的案件，不得拒绝裁判

对于经济社会发展过程中出现的新情况、新问题，过去有一种观念认为，法律没有明确规定应当由法院受理的，法院就不应当受理，这样导致许多矛盾纠纷积累在社会上，不仅不利于社会的和谐稳定，也不利于保护人民群众的合法权益。基于能动司法的理念要求，对于社会上新出现的各种纠纷，即使法律没有明确的依据，但是根据争议的性质、依据法律的精神适合或应当由法院受理的，法院就应当积极受理，不得拒绝裁判。[①] 特色是针对环境污染等公益诉讼，在我国立法上尚无公益诉讼的相关规定，但是面对越来越恶化的生活环境，如果等待立法的修订显然不能适应现实的需要，因此在能动司法理念的指导下，实践应该踊跃走在立法的前面，[②]以各单行法律规范中的原则性规定为基础进行"创造性转化"，[③]以利于保护日益恶化的公共环境利益。

（二）审判权行使过程中的能动参与

对抗模式在我国民事司法制度中已初具雏形，但对抗制运行的一大基石是程序正义。[④] 但复杂的程序规则，常常使当前我国更关注"合情""合理"这类实体正义的当事人变得无所适从，难以理解。当然，律师作为专业群体的出现，在一定程度上可以弥补当事人对法律知识、诉讼经验以及诉讼技能掌握上的缺陷，但现实面临的情况是，我国律师服务的普及率较低，律师整体业务水平并不高。[⑤] 另外，如果对抗的当事双方诉讼能力并不相当，如一方属于弱势群体或者一方根本没有能力雇请律师，很显然，在双方对抗诉讼的

---

① 江必新：《能动司法：依据、空间和限度——关于能动司法的若干思考和体会》，《人民司法》2010年第1期，第7页。

② 实际上，司法实践中已有部分法院受理环境公益案件。2007年11月，贵州省贵阳市清镇市法院成立全国首个环境保护法庭受理环境公益诉讼案件。2008年9月8日，无锡市中级人民法院和市检察院联合发布了《关于办理环境民事公益诉讼案件的试行规定》。2008年11月5日，昆明市环境保护局、市公安局、市检察院、市中级人民法院联合发布的《关于建立环境保护执法协调机制的实施意见》规定，环境公益诉讼的案件由检察机关、环保部门和有关社会团体向法院提起诉讼。

③ 陈虹：《环境公益诉讼功能研究》，《法商研究》2009年第1期，第34页。

④ 肖建华、杨兵：《对抗制与调解制度的冲突与融合——美国调解制度对我国的启示》，《比较法研究》2006年第4期，第88页。

⑤ 在笔者2009年审理的全部案件中，律师服务率为30%。一方面，律师服务率的高低与法院辖区社会经济发达程度有很大关系。另一方面，在有律师参与的案件之中，由于律师确定的诉讼方向错误、证据判断疏忽等原因导致案件败诉的情况在实践中并不鲜见。

过程中,诉讼能力较弱的一方很容易输在诉讼程序上。而且,诉讼双方或一方法律知识欠缺使得诉讼程序的推进变得缓慢和艰难,降低了诉讼活动的效益。因此,法官在审理案件过程中,有必要对当事人的诉讼行为进行法律范围内的干预和指导。

1. 依据职权适度干预

(1)法院调查取证

鉴于我国普遍存在的取证难、当事人举证能力欠缺的特点,由法院调取相关证据在一定程度上可以弥补当事人举证能力的缺陷。根据我国《民事诉讼法》第六十四条的规定,法院调查取证程序的启动源于两方面:一是当事人申请,二是根据审理需要主动调查。但现实中,由于法官案件数量较多、"谁主张,谁举证"举证规则的影响、当事人与承办法官的熟识程度不同等原因,其结果是法院常常漠视当事人的调查取证申请,主动调查收集证据的程序很难启动。这显然违背了法官在审判过程中能动司法的要求,其后果可能是案件事实无法查清,甚至是非颠倒,而事实认定的错误必将导致裁判结果的不公。因此,从挖掘事实真相的审理目的出发,人民法官需要认真履行调查取证的职权,保障当事人对客观事实的追求,这是公正裁判、解决纠纷的基本前提。

(2)释明权行使

释明权是西方民事诉讼立法与理论体系中一个十分重要的概念,主要是当事人提出的诉讼主张或陈述不清楚、不充分或自相矛盾,应提出的证据材料没有提出时,由法官向当事人发问、提醒或启发当事人对诉讼主张、诉讼资料予以澄清、补充和修正。释明权设置的目的是为了防止当事人仅仅因法律知识的欠缺或疏忽而带来的实体上本可以避免由他承担的不利后果,[1]充分尊重和保护当事人享有的程序主体权,减少当事人之间攻击防御能力的差距,实现实质性的双方当事人平等,确保各方当事人具有影响诉讼过程和结果的充分参与机会。[2] 我国《民事诉讼法》立法并无法官释明权概念和相关制度的明确规定,不过普遍认为,最高人民法院《关于民事诉讼证据的

---

[1] 蔡虹:《释明权:基础透视和制度建构》,《法学评论》2005 年第 1 期,第 107 页。

[2] 王松:《民事法官释明权:行使、规制与救济》,《法律适用》2007 年第 10 期,第 45 页。

若干规定》第 3 条和第 35 条就是对法官行使释明权的规定。① 笔者认为，该第 3 条只是要求法院告知当事人的举证权利以及举证不能的法律后果，属于发生在举证期间开始之前的法院告知事项，属于诉讼程序指挥权的范畴，而非介入和调整当事人的举证过程，因此该条不属于释明权的范畴。第 35 条则属于释明权的规定，其通过法官的释明及时给予当事人纠正诉讼请求方向或已做出的错误判断的机会，保证了诉辩双方的暂时平衡，提高了诉讼效率。基于释明权的价值功能，在能动司法的要求下，人民法官在司法实践中需要认真履行释明职权。从法院的角度看，释明权是法官的一项职权，但从当事人的角度看，及时获得释明的信息则是法官的一项义务。释明权行使的后果不可避免对当事人的实体权利义务产生影响，因此对法官释明权的行使必须进行法律规制，需要有明确的范围和限度，而现行的立法明显不足，这需要在以后的立法中进行完善。

2. 适当进行诉讼解释和建议

在个案诉讼中，法院都会以"案件受理/应诉通知书""举证通知书"等书面形式向双方当事人告知诉讼权利义务，但晦涩的专业术语可能令当事人一筹莫展，而且一般通知书仅陈述各项规则的内容，对违反规则的法律后果缺乏说明。更为重要的是，当事人对其诉讼请求或抗辩主张所需的证据缺乏关联性认识，难以形成证据链锁的整体架构，对纷繁证据的证明力更是无法分清。从法院职权看，法院主动调查取证在范围上受到法律的严格限制，而释明权的充分行使也缺乏法律的明确规定，这时就需要法官发挥能动作用，从个案出发，对当事人给予适当的帮助，及时做出解释，提供诉讼建议，保障各方充分平等利用诉讼规则给予的证据展示机会和实现其他诉讼权利，同时也可以利用对诉讼规则的了解作为对抗对方的武器。适当的解释和建议不仅有助于保障真正的程序正义和实现实体正义，还能激发当事人对法官的信任，从而有利于法院公信力的树立。最高人民法院《关于适用简易程序审理民事案件的若干规定》第 20 条规定："对没有委托律师代理诉讼的当事人，

① 第 3 条规定："人民法院应当向当事人说明举证的要求及法律后果，促使当事人在合理期限内积极、全面、正确、诚实地完成举证。"第 35 条规定："诉讼过程中，当事人主张的法律关系的性质或者民事行为的效力与人民法院根据案件事实做出的认定不一致的，人民法院应当告知当事人可以变更诉讼请求。"

472

审判人员应当对回避、自认、举证责任等相关内容向其做必要的解释或者说明，并在庭审过程中适当提示当事人正确行使诉讼权利、履行诉讼义务，指导当事人进行正常的诉讼活动。"由于最高人民法院的此条规定仅局限于简易程序，为了更好地发挥作用，这种能动性应扩展到所有诉讼程序，但不能超过对审判构成影响的限度，只能维护双方诉讼力量的平衡而不能打破平衡。

（三）审判权终结上的能动选择

审判权终结的形式有两种：一种是强制性的终结，即法院做出判决、裁定或决定；另一种是非强制性的终结，主要指诉讼调解。① 审判权终结的形式和内容对当事人实体权利的实现有直接影响，因此审判权的终结是当事人关注的核心和社会聚集的焦点，能动司法要求审判权的实施者必须从化解矛盾纠纷出发对审判权的终结做出正确和合理的选择。

1. 坚持调解优先，调判结合的原则

诉讼调解作为人民法院行使审判权与当事人行使处分权相结合的产物，在中国具有悠久的历史和文化渊源。随着西方"ADR 运动"和"恢复性司法"的兴起，诉讼调解在我国新时期经历了从重视到轻视再到重视的否定之否定的反复过程。调解在现行司法实践中所具有的案结事了、化解社会矛盾以及现实公平正义的时代价值②契合了能动司法的价值目标。2009 年 7 月 28 日，最高人民法院王胜俊院长在全国法院调解工作经验交流会上明确提出了"调解优先、调判结合"的工作原则，并将调解提升到"高质量审判"和"高艺术司法"的境界。

发挥主观能动性，贯彻调解优先、调判结合的司法原则成为现代法官的现实考量：（1）树立调解优先的理念，将调解作为首要的结案方式。诉讼调解，无论是其本身所具有正当性还是与判决相比所具有优越性都已经实践经验（法院调解的实际效果和当事人的真实反映）予以证明。③ 因此，在实践中对调解要有正确的认识，摒弃将调解视为所谓"二流司法"或者当事人权利

---

① 汪习根：《司法权论——当代中国司法权运行的目标模式、方法与技巧》，武汉大学出版社 2006 年版，第 117 页。

② 解国臣：《调解的时代价值》，《人民法院报》2010 年 4 月 7 日。

③ 范愉：《调解的重构（下）——以法院调解的改革为重点》，《法制与社会发展》2004 年第 3 期，第 93 页。

的妥协和让步的错误观念,更不能将诉讼调解误认为是对司法威信的侵害和专业化法官的"大才小用"。(2)把握调解的时机,并将调解贯穿于诉讼的全过程。从本质上说,调解是当事人对自己权利的处分,其合法处分的自由不受法院的干涉和限制。因此,不能将诉讼调解限定在诉讼程度的某个阶段。而且,从现实情况看,一方面,随着审判的进行,法官对案件事实和利害结果的认识也不断清晰和明了,有利于掌握调解的时机和尺度;另一方面,审判程序不断推进的过程也是当事人对法律知识的学习过程,通过诉讼程序的参与和法官的说理使得他们对案件结果有相对正确的预判,为调解奠定基础。(3)丰富对案情的背景了解,积极创造调解的时空条件。调解既是法院、当事人三方博弈的过程,也是人情、法律、道德与案件事实互融的过程。在调解过程中,法官要尽可能多地了解案情的来龙去脉,灵活安排调解的时间和地点,为调解创造更多的润滑因素。(4)吸纳社会资源作为调解主体的共同力量。法官是调解的主体,但在我国司法缺乏信任的整体环境下,法官的调解意见常常受到当事人的怀疑和排斥。作为调解主体的法官,可以考虑吸纳村委或者街道的干部、行业协会的人员、宗族首领和老者等力量共同参与斡旋和协商。(5)调判结合,不得拒绝裁判。基于法院的定位和功能,"调解优先"必须以"调判结合"作为保障,当合意无法达成或者双方明确表示放弃调解而希望法院对案件事实或者法律意见做出认定时,法院必须暂时放弃调解,及时做出判决。

2. 增加裁判的可接受性

裁判的合法性主要来自裁判的可接受性。因为当事人接受它,所以尊重它;因为社会公众认可它,所以它对社会公众具有普遍的指导意义。[①] 法律规定具有滞后性和相对稳定的特点,面对不断凸显的新矛盾,如果严格按照法条主义,援引的后果常常会偏离社会公众的预计和期待,超过公众的普遍接受范围。另外,法律规定不周延性决定了在新的矛盾出现时,法律适用上的无所适从。审判权终结时,一旦调解无法达成,法官必须对当事人的起诉依法做出裁判,而实现让裁判事实、裁判理由和裁判结果尽可能为当事人和

---

① 易延友:《证据法学的理论基础——以裁判事实的可接受性为中心》,《法学研究》2004年第1期,第99页。

社会公众所接受,必须充分发挥法院和法官的主观能动作用,一方面使裁判的内容与法律的精神实质和正义的要求相一致,另一方面要符合当事人和社会公众的理性要求。当然,公众意见不能替代法律规定,在个案裁判中只能充当辅助性理由或者(裁判)结果导向性理由,但不能决定个案裁判,而且必须受到法律标准的约束。① 否则,当事人最为重要的工作可能不是去寻找法律上的更为可靠的理由,而是设法赢得社会的关注和同情。另外,法官在考虑公众意见时,必须对公众意见进行识别,排除伪公众意见的干扰,但我国法院现在并无一条与公众意见畅通交流的路径,建立公众意见沟通机制应该成为下一步工作的方向。

三、对当前民事司法改革大方向的反思

(一)民事司法改革两种思路的出现

中国的司法改革,经过十多年的发展,在司法人员的职业化、司法程序的制度化、司法功能的扩大以及司法的独立性等方面取得了突出成绩。② 不过,有学者指出,现在新一轮调解运动的复兴,使探索了十年的司法专业化改革开始怀旧,③司法实践中马锡五审判方式回归、司法大众化、判决中对民意的吸收等一些改革措施使当前的司法改革"穿旧鞋、走老路"。④ 徐昕教授用一句话总结 2010 年 2 月 1 日发布的《中国司法改革年度报告(2009)》时说,"司法改革迈向了决定大方向的十字路口"。⑤ 所谓的十字路口,主要是指我国当前的司法改革继续朝着西方现代解决纠纷的司法制度前进,还是应该重新审视中国的现实环境并吸取传统的司法经验和本土司法资源。正如蔡定剑教授指出的,当前司法改革面临两种截然不同的思路:一种是从制度、体制角度入手,借鉴现代社会解决纠纷的制度经验,并结合中国的实际,来解决日

---

① 陈景辉:《裁判可接受性概念的反省》,http://www.lawinnovation.com/html/cxwx/98586.shtml,访问时间:2010 年 6 月 18 日。

② 左卫民:《十字路口的中国司法改革:反思与前瞻》,《现代法学》2008 年第 6 期,第 60 页。

③ 黄秀丽:《调解复兴》,《南方周末》2010 年 3 月 4 日。

④ 蔡定剑:《单靠"送法下乡"不能解决社会矛盾》,《南方周末》2010 年 2 月 24 日。

⑤ 杨明:《中国司法改革步入十字路口》,《瞭望东方周刊》2010 年 2 月 18—25 日,总第 327 - 328 期。

益增多的纠纷；另一种是回到传统寻找解决纠纷的途径。①

之所以出现两种思路的碰撞，是因为如前文所述，我国当前社会转型时期出现的众多矛盾与纠纷，在短时间内以膨胀的方式摆在司法机关面前，而西方现代纠纷解决机制并不能起到应有的纠纷解决目的，现有的司法作为远远不能满足民众的司法需求。让我国走上现代化法治发展之路纵然是法律从业者理想的期待，在诉讼过程和司法活动中追求程序公正，通过扩大司法权力参与社会决策和利益分配，通过精英化的法官自由裁量权的行使创制和发展法律规范，通过法院的判决寻求统一、确定和唯一公正的法律标准答案。但是，这一目标未必符合当前社会的真正需求和多数人的利益。事实证明，程序的美好理想和精英化的法律逻辑符合法学家的期待，但却并不能将法院从社会的实质正义（对结果公正的期待）的价值判断标准中拯救出来，法官越是希望用"法律事实""程序公正"来证明自己的正当性，越是遭遇更多的上访、围攻、申诉和指责。② 现实的困境开始让我们反思改革之路方向的正确性，而传统司法资源的优势逐渐在司法实践中显示出来，于是出现两种思路的碰撞。

（二）当前司法改革路向的抉择

反思我国的改革进程，不难发现我们的改革确实存在偏失：在法治现代化的进程中，一味强调正式的法律体系，忽视传统、非正式机制的利用和发展；③过于偏重域外经验，忽视本土资源，过于"民主"本位，忽视"民生"本位；一味强调司法独立、权威而忽略民众的需求。④ 因此，司法发展的道路必须在改革中理性反思并调整步伐，使自己的路途朝着正确的方向前进。

当前司法改革路向的抉择，必须着眼于从理想主义回归现实主义的考虑。譬如，对于诉讼调解来说，"调解优先、调判结合"就是在总结基层法院审判经验和反思之前司法改革经验基础上提出的指导全局的司法政策，"调解优先"的认知代表了一种先进的纠纷解决文化，是法院对社会利益、公众

① 蔡定剑：《单靠"送法下乡"不能解决社会矛盾》，《南方周末》2010 年 2 月 24 日。
② 范愉：《调解的重构（下）——以法院调解的改革为重点》，《法制与社会发展》2004 年第 3 期，第93 页。
③ 范愉：《非诉讼纠纷解决机制研究》，中国人民大学出版社 2000 版，第 5 页。
④ 左卫民：《十字路口的中国司法改革：反思与前瞻》，《现代法学》2008 年第 6 期，第 67 页。

和当事人需求的积极回应。① 这并不是"穿旧鞋、走老路",而是能动司法的具体表现。指导我国司法改革的思想是要讲究中庸之道,不能走极端,不能完全从一端走向另一端,而是从实际出发,兼容并蓄。我国司法改革必须在激进和保守中寻找协调,②一方面从体制改革入手,借鉴发达国家的先进制度模式;另一方面必须将改革根植中国的现实土壤,发扬传统司法资源的优势。正如现阶段马锡五审判方式的回归,并不是原有模式的简单恢复,而是在新的时代背景下对其精神的继承和发扬。能动司法,就是在现实的社会司法需求下,当前民事司法改革的具体路径。

（2010 年法院系统第二十二届学术讨论会征文福建省二等奖、全国优秀奖）

---

① 范愉:《诉讼调解:审判经验和法学原理》,《中国法学》2009 年第 6 期,第 136 页。
② 杨立新:《激进与保守的和谐——中国司法改革的中庸之道》,《河南社会科学》2004 年第 5 期,第 1 页。

海事审判体制改革的思考

许俊强

【摘要】海事法院目前的审判体制已部分符合本轮司法改革的目标要求，基本实现人财物省一级统一管理，建立跨行政区域的管辖制度。据此，建议将海事法院的人财物收由中央统一管理，重新定位海事法院的职能，适当调整海事法院的案件管辖范围，设立最高人民法院海事审判庭及海事高院，并分南北两个片区派出巡回法庭，以完善海事审判体制。

【关键词】司法改革；海事审判体制；中央管理；扩大管辖；职能定位 海事高院

党的十八大做出司法改革的战略部署，《中共中央关于全面深化改革若干重大问题的决定》（以下简称《决定》）明确了深化司法体制改革的具体要求，《关于司法体制改革试点若干问题的意见》确定了政策导向，明确了试点地区省级统管的改革路径。2014年7月12日上海召开全市司法改革先行试点部署会，率先启动司法改革。上海司法改革试点工作方案将于明年全面推开，上海海事法院也在改革之列，其所适用的方案与地方法院无异。在司法改革的大背景下，作为专门法院的海事法院如何进行审判体制改革值得深入思考。

一、海事审判体制概述

（一）海事法院的设置

海事法院是国家根据特定案件类型设置的专门审理海事海商案件的法院，即专门法院或特别法院。在海上或者通海水域发生的与船舶或者运输、生产、作业相关的海事侵权纠纷、海商合同纠纷，以及法律或者相关司法解释规定的其他海事纠纷案件由海事法院及其上级人民法院专门管辖。海事案件的专业性、技术性和涉外性强，案件审理难度较大，有必要由专门法院审理。1984 年 11 月第六届全国人大常委会发布《全国人民代表大会常务委员会关于在沿海港口城市设立海事法院的决定》，据此最高人民法院做出《关于设立海事法院几个问题的决定》①。自 1984 年起，我国先后设立十个海事法院。四级法院、两审终审制是我国民事诉讼的基本架构，但海事诉讼实行的是三级法院、两审终审制。海事法院只受理一审海事、海商案件，不受诉讼标的额限制，②设有派出法庭。海事法院的上诉审法院为其所在地的高级人民法院，最高人民法院民四庭对各海事法院及其上诉审高级人民法院的审判工作进行监督和指导。

依照《全国人民代表大会常务委员会关于在沿海港口城市设立海事法院的决定》的规定，海事法院的设置、变更或撤销以及海事法院审判机构、办事机构和派出法庭的设置，由最高人民法院决定。海事法院的级别没有明确规定，仅有设立之初发布的《关于设立海事法院的通知》指出海事法院与中级人民法院同级。上述规定均为海事审判体制改革预留了一定的空间。

（二）跨行政区域管辖

除专门法院外我国各级人民法院按照行政区域设定，且其管辖的地域范围限于本行政区域。根据《全国人民代表大会常务委员会关于设立海事法院的决定》，各海事法院管辖区域的划分，由最高人民法院规定。从最高人民法院相关规定③分析，每个海事法院的地域管辖范围均大于其所在的市，

---

① 1984 年 11 月 28 日发布，已失效。

② 最高人民法院《各级人民法院受理第一审民事、经济纠纷案件级别管辖标准》规定，海事法院受理第一审海事纠纷和海商纠纷案件，不受争议金额限制。

③ 这些规定包括《关于设立海事法院几个问题的决定》《关于调整武汉、上海海事法院管辖区域的通知》《关于设立海口、厦门海事法院的决定》《关于设立宁波海事法院的决定》《关于北海海事法院正式对外受理案件问题的通知》《关于调整大连、武汉、北海海事法院管辖区域和案件范围的通知》。

有六个海事法院的辖区甚至大于其所在的省、直辖市，①其地域管辖具有跨行政区划的特点。司法机关按行政区划设立，管辖所属行政区划内的案件，而人财物由行政区划内同级政府和党委管理，容易受到地方保护主义的干扰。海事法院跨行政区域管辖在一定程度上可以克服地方保护主义，但海事法院设立之初管辖范围的确定难委实是为了克服地方保护主义而采取的去地方化举措，而是基于案件类型的特殊性设置专门法院，才派生了跨行政区划管辖的客观结果。

（三）案件管辖有扩大的趋势

关于海事法院的收案范围，《海事诉讼特别程序法》仅有原则性规定，最高人民法院先后多次颁布司法解释予以规定，海事法院的收案范围逐步细化并扩大。《关于设立海事法院几个问题的决定》规定海事法院可以受理 18 种海事海商案件；《关于海事法院收案范围的规定》②规定海事法院可以受理 42 种案件；而按现行《关于海事法院受理案件范围的若干规定》，海事法院可受理 4 大类 63 种案件。

审判实践中，海事法院不断尝试扩大收案范围。海事行政案件是否由海事法院管辖，出现反复，目前辽宁省、山东省、浙江省、广东省、海南省高院指

---

① 目前全国十个海事法院的管辖区域从北至南划分为：1. 大连海事法院管辖区域：黑龙江省水域，南自辽宁省与河北省交界处、东至鸭绿江口的延伸海域和鸭绿江水域，其中包括黄海一部分、渤海一部分、海上岛屿和大连、营口等主要港口。2. 天津海事法院管辖区域：南自河北省与山东省交界处、北至河北省与辽宁省交界处的延伸海域，其中包括黄海一部分、渤海一部分、海上岛屿和天津、秦皇岛等主要港口；3. 青岛海事法院管辖区域：南自山东省与江苏省交界处、北至山东省与河北省交界处的延伸海域，其中包括黄海一部分、渤海一部分、海上岛屿和石臼所、青岛、威海、烟台等主要港口；4. 武汉海事法院管辖区域：自四川兰家沱至江苏浏河口的长江干线，包括重庆、涪陵、万县、宜昌、枝江、沙市、城陵矶、武汉、黄石、九江、安庆、铜陵、芜湖、马鞍山、南京、镇江、江阴、张家港、南通等主要港口；5. 上海海事法院管辖区域：南自上海市与浙江省交界处、北至江苏省与山东省交界处的延伸海域、长江口至江苏浏河口一段水域，其中包括东海北部、黄海南部，上海、连云港等主要港口以及洋山港及附近海域；6. 宁波海事法院管辖区域：浙江省所属港口和水域（包括所辖岛屿、所属港口和通海的内河水域，但不含洋山港及附近海域）；7. 厦门海事法院管辖区域：南自福建省与广东省交界处、北至福建省与浙江省交界处的延伸海域，其中包括东海南部、台湾地区、海上岛屿和福建省所属港口；8. 广州海事法院管辖区域：西至北部湾英罗湾河道中心线、东至广东省与福建省交界处的延伸海域、南至广东省与海南省交界处的延伸海域和珠江口至广州港一段水域，其中包括南澳岛及其他海上岛屿和湛江、黄埔、广州、深圳、汕头、惠州等主要港口；9. 北海海事法院管辖区域：东至北部湾英罗湾河道中心线，西至与越南交界处的延伸海域及其岛屿和北海、防城、钦州等主要港口；10. 海口海事法院管辖区域：海南省所属港口和水域以及西沙、中沙、南沙、黄岩岛等岛屿和水域。

② 法（交）发〔1989〕6 号，1989 年 5 月 13 日发布，已失效。

定有关的海事行政案件由海事法院管辖。① 有的海事法院②根据《最高人民法院关于海事审判工作发展的若干意见》，以高级法院统一指定管辖的方式，受理陆源污染海域损害赔偿案件。最高人民法院原副院长万鄂湘曾多次要求海事法院利用跨行政区域管辖的优势，尝试受理水资源污染案件。

（四）党的领导与人大监督

目前各海事法院均设有党组，天津、上海海事法院院长还兼任上级法院党组成员，海事法院的各项工作均是在党的领导下开展的。但省管的海事法院未纳入省委政法委直接管理，不是其成员单位。而直辖市与市属管理的海事法院则由直辖市高级法院党组与市委政法委直接领导和管理。由于海事法院跨行政区域管辖的特点，其管辖区域至少涵盖一个省、自治区或直辖市，按照目前的管理体制，海事法院理应接受省一级的政法委领导。

《设立海事法院的决定》规定，海事法院对所在地的市人大常委会负责，海事法院院长由所在地的市人大常委会主任提请本级人大常委会任免；副院长、庭长、副庭长、审判员和审判委员会委员，由海事法院院长提请所在地的市人大常委会任免。由于海事法院具有跨行政区域管辖的特点，由海事法院所在地的市人大常委会监督并任命审判员等，虽有前述规定，但在现行体制下则有越权之嫌，市级人大常委会任命的法官却能审理该市行政区域之外的案件。

---

① 2009年11月23日，山东省高院印发《关于海事行政案件管辖的意见（试行）》的通知，指定青岛海事法院管辖该院辖区内的海事行政案件，即行政相对人因不服具体行政行为而提起的海事行政诉讼、海事行政赔偿和与海事有关的行政机关依法申请强制执行的案件。2011年8月24日，海南省高院印发《关于指定海口海事法院管辖海事行政案件（试行）》的通知，指定海口海事法院管辖海事行政案件、海事行政赔偿案件、海事行政机关及其他行政机关依法申请人民法院强制执行的海事执行案件。2011年12月2日，广东省高院印发《关于指定部分案件由广州海事法院管辖的意见（试行）》的通知，指定广州海事法院自2012年1月1日起管辖海事行政案件、海事行政赔偿案件。2013年2月28日，辽宁省高院印发《关于海事行政案件管辖的意见（试行）》的通知，指定大连海事法院管辖海事行政案件、海事行政赔偿案件、海事行政机关及其他行政机关依法申请人民法院强制执行的海事执行案件。2013年2月22日，浙江省高院印发《关于指定宁波海事法院管辖部分海事行政案件的通知》，自2013年4月1日起，当事人以中华人民共和国浙江海事局及其下属分支局、海事处等海事执法机关为被告，提起的行政诉讼与行政赔偿案件，指定由宁波海事法院作为第一审管辖法院；以地方海事机关为被告提起的行政诉讼与行政赔偿案件，仍按《行政诉讼法》及相关司法解释的规定，确定第一审管辖法院。

② 2009年11月23日，山东省高级人民法院颁布《山东省高级人民法院关于海域污染损害赔偿案件管辖的意见（试行）》。

在接受人大监督的具体方式上各海事法院有所区别。天津、上海、武汉海事法院受省、直辖市人大常委会监督,其余 7 个海事法院均由所在市的人大常委会监督,但方式有别,大连、厦门、广州海事法院所在地的市人大常委会每年度听取海事法院院长年度工作报告,但不专门做出决议,只做出审议意见;青岛、宁波、海口海事法院仅需提交书面报告,市人大常委会只做书面审议;天津、上海、武汉海事法院由市、省高级法院将海事法院的年度工作作为高院年度工作报告的一部分,由高级法院统一向直辖市、省人大报告;北海市人大常委会则没有听取或书面审议北海海事法院报告年度工作的议程安排,广西壮族自治区高级法院也不将北海海事法院的工作特别纳入高院年度工作报告。具体方式上的不一致,不利于发挥人大及其常委会对海事审判的监督作用,也不利于海事审判工作取得人大及其常委会的支持。

（五）人财物的管理模式

1. 管理体制

目前海事法院的管理体制不统一,大体上可分为省管模式（广州、青岛、大连、武汉、海口和北海）、直辖市管模式（上海、天津）、省委托市管模式（厦门、宁波）。

根据 1999 年中央编制委员会办公室、最高人民法院、交通部、财政部《关于理顺大连等 6 个海事法院管理体制若干问题的意见》的规定,海事法院院长由所在省、直辖市党委管理;其人选由省、直辖市高级法院提出建议,由同级党委组织部门征得最高人民法院同意后,报省、直辖市党委审批,并按照有关法律和规定办理任免手续;海事法院的其他干部的调配、录用、奖惩、培训考核、工资报酬、离退休审批等人事工作,由高级法院和省、直辖市有关部门按有关规定管理。这一规定确立了干部由省、直辖市党委、高级法院分级管理的原则。1992 年、1993 年,厦门和宁波海事法院分别由省委组织部门委托所在市党委进行管理。可见,海事法院的管理体制多数实现省一级统一管理。

2. 人员管理

虽然有《法官法》,但海事法院的法官与其他法院的法官一样,均参照公务员按照《公务员法》的规定管理,行政人员也是如此。广州、青岛、大连、武汉、海口和北海六个海事法院的干部由所在省(自治区)党委、高级法院和海事法院按干部的级别设定管理权限共同管理;厦门和宁波海事法院则是省委组织部门委托所在市党委进行管理;天津和上海海事法院因位于直辖市,干部由直辖市党委和高级法院直接管理。在人员编制管理方面,有的在省、直辖市的人事部门,有的在所在市人事部门管理,有些省管海事法院的人员和机构编制附属于省高级法院的管理关系中。

3. 经费保障

青岛、宁波、广州、海口、北海海事法院的经费由所在省(自治区)的财政负责;大连、天津、上海、武汉海事法院存在二级财政预算和决算的情况,即由省、直辖市高级人民法院直接对财政厅预算和决算,海事法院的经费由高级法院统筹安排;厦门海事法院经费由所在市财政负责。宁波海事法院的经费原由宁波市负责,但近年来改由浙江省财政负责保障。可见,除厦门海事法院外,海事法院的经费均由省级财政负责保障。

二、司法体制改革对海事审判体制改革要求

党的十八大报告提出,要"进一步深化司法体制改革,坚持和完善中国特色社会主义司法制度,确保审判机关、检察机关依法独立公正行使审判权、检察权"。这是我们党从发展社会主义民主政治、加快建设社会主义法治国家的高度,做出的重要战略部署。党的十八届三中全会通过的《决定》对深化司法体制改革做了全面部署。按照孟建柱书记的解读,《决定》提出的司法的改革的任务是:第一,确保人民法院、人民检察院依法独立公正行使审判权、检察权,推动省以下地方法院、检察院人财物统一管理;探索与行政区划适当分离的司法管辖制度。第二,建立符合职业特点的司法人员管理制度,推进司法人员分类管理改革;完善法官、检察官、人民警察选任招录制度;完善法官、检察官任免、惩戒制度;强化法官、检察官、人民警察的职业保障制度。第三,健全司法权力运行机制。第四,深化司法公开。第五,改革人民陪审员制度,健全人民监督员制度。第六,严格规范减刑、假释和保外就医程序。[①] 中央全面深化改革领导小组第二次会议审议通过的《关于深化司法体

[①] 孟建柱:《深化司法体制改革》,《人民日报》2013 年 11 月 25 日第 6 版。

制和社会体制改革的意见及贯彻实施分工方案》明确了深化司法体制改革的目标和时间表。中央全面深化改革领导小组第三次会议审议通过的《关于司法体制改革试点工作若干问题的框架意见》和《上海市司法改革试点工作方案》坚持顶层设计与实践探索先结合，决定就完善司法人员分类管理、完善司法责任制、健全司法人员职业保障、推动省以下地方法院、检察院人财物统一管理四项改革先行试点。

本轮司法改革重顶层设计，关注司法体制改革的基础性、制度性措施和共性问题，且以地方法院为重点，主要是要去地方化和去行政化，确保审判机关、检察机关依法独立公正行使审判权、检察权。因此，本次司法体制改革没有对专门法院乃至海事法院做出特别安排，这在情理之中。《人民法院第四个五年改革纲要》（以下简称《四五改革纲要》）进一步细化了司法管理体制改革的措施步骤，但专门涉及海事法院审判体制改革的仅有"进一步完善海事法院管辖制度"寥寥数语。《上海市司法改革试点工作方案》未将海事法院纳入改革试点的范围，上述改革方案将于2015年第一季度在全市推开，海事法院包括在内，海事法院的改革适用与地方法院一样的方案。

司法受地方干预饱受诟病，司法改革的主要任务之一就是通过司法去地方化而达到司法独立公正的目标，如上所述，海事法院基本实现人财物省一级统一管理及建立与行政区划适当分离的管辖制度，部分实现《决定》提出的改革目标。海事法院模式对新一轮司法改革具有示范和引领作用。有观点认为一个于我国司法体制中"土生土长"并获得一定成功的司法制度范例或许更应当引起我们的足够关注，因为它对于即将到来的司法体制改革具有重要的借鉴价值，这就是海事法院的建置模式。[①] 海事法院模式为知识产权审判司法改革提供了有益的经验，2014年8月31日，第12届全国人大常委会第10次会议通过了《全国人民代表大会常务委员会关于在北京、上海、广州设立知识产权法院的决定》，其审判体制即部分参照海事法院的模式。周强院长2014年7月在闽调研时指出，海事法院的司法改革可以先行一步，改革力度可以更大，可以提前实施。虽然本次司法改革对海事法院没有做出特

---

① 郑毅：《海事法院模式：一个司法体制改革模式的借鉴——兼析〈关于全面深化改革若干重大问题的决定〉相关条款》，《北大法律信息网文萃》2014年第1期。

别安排,但海事法院具有进一步深化审判体制改革的良好基础,海事法院应牢牢把握中央深化司法改革的重大历史机遇,为深化海事司法改革早做准备。

三、海事法院审判体制改革的设想

(一)海事审判体制改革的总体目标

海事审判体制的改革,应紧紧围绕加快建设公正、高效、权威的社会主义海事司法制度,服务国家开放战略和海洋强国战略,维护国家主权和海洋权益,维护中外当事人合法权益,让人民群众在每个海事案件中都感受到公平正义的总目标,在目前司法改革方案的基础上适当先行先试,建立符合海事审判规律和工作特点的审判体制,继续推进精品战略,持续增强海事司法的公信力和我国在国际海事司法领域的影响力与话语权。

(二)人财物中央统一管理

《决定》指出,要改革司法管理体制,推动省以下地方法院、检察院人财物统一管理。我国是单一制国家,司法职权是中央事权。考虑到我国将长期处于社会主义初级阶段的基本国情,将司法机关的人财物完全由中央统一管理,尚有一定困难。应该本着循序渐进的原则,逐步改革司法管理体制,先将省以下地方人民法院、人民检察院人财物由省一级统一管理。地方各级人民法院、人民检察院和专门人民法院、人民检察院的经费由省级财政统筹,中央财政保障部分经费。① 可见,在司法职权是中央事权这一论断下,司法机关的人财物由中央管理是应然和理想的状态,但鉴于国情只能循序渐进。《四五改革纲要》指出,司法改革要坚持整体推进,强调重点领域突破。由于全国仅有十个海事法院,且海事法院基本实现人财物由省一级统一管理,海事法院的司法改革有条件先行先试,将其人财物统一由中央管理,为法院系统的人财物归中央统一管理积累有益经验。

1. 法官的任免

在上海海事法院司法改革试点方案中,法官的员额约为33%,基层法院

---

① 孟建柱:《深化司法体制改革》,《人民日报》2013年11月25日06版。

可以有小幅度的调整。该员额比例的确定主要是考虑了辖区人口数和法官的年度结案数。2013年全国海事法院收案21 548件，海事法院的案件总数较少；总体而言海事法官素质较高，全国570名海事法官90%以上具有硕士、博士学位；2010年起全国海事审判系统在最高人民法院民四庭指导下实施海事精品战略，因此海事法官应走职业化、精英化之路。故可以适当调低法官员额的比例，适当增加法官助理的员额，让海事法官专注案件的裁判，事务性工作全部由法官助理、书记员承担，以造就一批能够站在国际海事理论前沿、在海事审判领域具有国际影响力的海事法官。

海事法官再细分为简易程序法官和普通程序法官，前者的任职条件应略低于后者，类似于目前的助理审判员，可由现在的助理审判员转任。海事法院设简易程序法官，专事小额诉讼案件和简易程序案件和适用特别程序案件的审理工作。最高人民法院海事审判庭、海事高级法院和海事法院设普通程序法官，可以审理各类海事案件。

建议设立全国海事法官遴选（惩戒）委员会，负责海事法官的遴选、考核和惩戒，各海事法院、海事高级法院和最高人民法院设海事法官遴选（惩戒）委员会办公室。目前，全国海事法院法官有570名，在实行法官员额制后，全国海事法官的数量应该更少。海事法院实行法官员额制后遴选出来的普通程序海事法官，由全国海事法官遴选（惩戒）委员予以公布，不再重新任命。海事高级法院的法官，其任免由全国海事法官遴选（惩戒）委员会统一提名，经最高人民法院党组研究通过后，由最高人民法院院长提请全国人大常委会任命，鉴于此后普通程序海事法官的人数不多，其任免也遵循该程序。简易程序法官由海事法官遴选委员会统一提名，由各海事法院院长任命。

2. 经费保障

建立海事法院和海事高院的经费统一管理体制，由中央财政负责保障。将海事高院作为中央预算单位，纳入中央财政统一管理，海事法院预算纳入海事高院的预算里，实行二级财政保障。落实收支两条线管理，海事法院及海事高院收取的诉讼费等全额上缴国库。在经费由中央财政负责保障的情况下，应确保海事法院的经费维持存量，做好增量。

（三）调整案件管辖范围

海事审判体制的改革从案件的管辖范围着手，契合《四五改革纲要》提出的要完善海事诉讼管辖制度的计划。国家"十二五"规划确立了海洋经济发展战略,党的十八大提出建设海洋强国、生态文明的战略目标和任务,海洋资源的开发利用必将获得高速发展。与海洋经济发展的相关纠纷必然日趋增多,例如海洋环境污染损害案件频频发生,对我国的海洋生态环境产生严重影响。当前,我国海洋权益面临严峻的挑战,尤其是在东海和南海,运用法律手段维护国家海洋权益海事法院责无旁贷。而扩大乃至积极行使海事司法管辖权,通过司法累积主权证据是维护国家海洋权益的重要途径。此前,最高人民法院要求各海事法院对我国管辖海域内的海事案件和管辖海域外的中国籍船舶,要根据《联合国海洋法公约》和我国国内法的规定,积极行使沿海国、港口国、船旗国司法管辖权,依法公正审理海洋开发利用、海上事故纠纷,维护我国海洋权益和航运利益。① 因此,建议除传统的海事、海商案件外,涉及海洋的民商事案件应划归海事法院管辖,同时理顺涉海行政案件的管辖。有学者提出,为增强海法体系运行的实效,应逐步调整中国海洋司法制度,扩大海事法院的受案范围,建议海事法院受理海事行政案件及涉海刑事案件。② 周强院长指出,当前,特别是要按照人民法院《四五改革纲要》的要求,进一步完善海事法院管辖制度,围绕国家海洋开发战略,积极探索将海事行政、海事执行案件和其他涉海民事、刑事案件统一纳入海事法院专门管辖范围的新模式。③

笔者认为,涉海民行刑案件"三审合一"是远景规划,还有很长的路要走,宜根据轻重缓急分步骤实施,现阶段海事法院暂不宜受理涉海刑事案件,这不但涉及海事法院扩大管辖的问题,还涉及与之配套的检察院设置等问题,是一个较大的系统工程。当务之急是明确海事法院是否应受理海事行政案件乃至涉海行政案件,但毫无疑问,应随着国家海洋战略的实施逐步扩大海事法院的案件管辖范围。扩大海事法院案件管辖范围的同时,为提高诉讼效率,贯彻"两便"原则,最高人民法院可根据全国人大常委会的授权,根据

---

① 万鄂湘:《深入推进海事审判精品战略,不断提高海事审判服务大局的水平——在全国海事审判工作会议上的讲话》(2012 年 7 月 17 日)。

② 汤喆、司玉琢:《论中国海法体系及其建构》,《中国海商法研究》,2013 年第 24 卷第 3 期,第 6-13 页。

③ 周强:《在中国海事审判三十年座谈会上的讲话》(2014 年 9 月 2 日)。

案件数量的增长及分布等实际情况增设派出法庭甚至海事法院。

（四）海事法院的职能定位

我国《人民法院组织法》第二条第二款规定，地方各级人民法院分为：基层、中级和高级人民法院。何谓基层法院？该法第十八条规定，基层人民法院包括：县人民法院和市人民法院；自治县人民法院；市辖区人民法院。可见，根据《人民法院组织法》，海事法院不属基层法院，但海事法院的设立晚于该法的制定和修订，故海事法院是否属基层法院不能根据该法进行判断。《全国人民代表大会常务委员会关于在沿海港口城市设立海事法院的决定》仅规定海事法院审理一审海事海商案件，其上诉审法院为高级法院，并未明确海事法院是否属基层法院还是中级法院。关于海事法院的级别，仅有设立之初发布的《关于设立海事法院的通知》指出海事法院与中级人民法院同级，但该通知已失效，且通知不属司法解释，效力较低。这种说法应只是针对海事法院的行政级别，通常的理解是海事法院上诉审为高级法院故有中级法院的属性，这是因为海事法院作为专门法院其案件管辖级别较高。如何判断一个法院是否属基层法院，应根据其职能确定，仅能受理一审案件的法院即为基层法院，海事法院符合此特征。海事法院是基层法院，这也可以从《海事诉讼特别程序法》关于简易程序等相关规定及《关于海事法院可否适用小额诉讼程序问题的批复》得到印证，显而易见，只有基层法院才能适用简易程序和小额诉讼程序。

鉴于海事法院既具有中级人民法院又具有基层法院的层级属性，故应重新界定海事法院的职能，即除确权诉讼案件、小额海事诉讼案件一审终审外，海事法院受理的适用简易程序的案件，由海事法院的简易程序法官独任审理，其上诉应向海事法院内部设立的合议庭提出，由普通程序法官审理。

这种制度设计有相应的立法例可资借鉴。根据台湾地区所谓"民事诉讼法"的规定，台湾地区"地方法院"的民事简易案件由独任法官审理，其上诉案件则由"地方法院"的合议庭审理，体现了简易程序便利高效的特点。这种制度设计有利于提高诉讼效率。目前，对海事法院适用简易程序做出裁判不服提起上诉的案件，高级法院必须组成合议庭进行审理，这显然是司法资源配置倒置，造成浪费。海事简易案件其上诉均由高级法院负责审理，不符合"两便"原则,有违设立简易程序简便快捷的初衷。简易案件由海事法院终审,可以过滤大部分案件,让更多的纠纷在基层得到解决,减轻海事高级法院的办案压力。这种制度设计不会导致司法不公。可能会有一种担心,台湾地区实行的是三审终审制,一、二审均在一个法院不影响司法公正,因为还有三审这一救济渠道,而大陆地区实行的是两审终审制,这种制度设计将使司法公正无法得到保障。该观点虽有一定的道理,但台湾地区对简易程序二审裁判的上诉有严格限制,而我国《民事诉讼法》规定的审判监督程序,可以起到有限三审的作用。目前的制度设计往往是以对法官的不信任为出发点,这种倾向应予纠正,案件的一二审均在同一法院,不等于法官之间会因为熟悉而碍于情面不敢变更一审的结果。此外,法律已经赋予海事法院对确权诉讼案件、小额诉讼案件终审权,给予简易程序终审权不会影响案件的公正审理。

可替代的方案有改造现有 39 个派出法庭,设立海事基层法院,将海事法院改造为海事中级法院。但从目前海事法院每年收案约 2 万件,且有一半的案件由派出法院审理的实际情况分析,现阶段设立海事基层法院显然没有必要,司法改革的成本过高。另有方案是由基层法院受理简单海事案件,海事法院作为上诉审。该方案在大连海事法院试验过,实践表明效果不理想后,大连海事法院改设立派出法庭;由地方法院受理部分海事案件,无法实现海事审判专门化的目标;海事法院业已形成的跨行政区域管辖的优势将大打折扣,与目前司法改革的目标相悖,该方案应不予采纳。

(五)设立最高人民法院海事审判庭和海事高级法院

在专门法院体系中,具备独立的审判机构,上诉案件由专门法院审理的,被称为正式的专门法院。设立最高人民法院海事审判庭和海事高级法院,可形成系统的海事专业审判机构,实现专门管辖、专业审理。

将海事海商审判业务从最高人民法院民四庭剥离,设立专门的海事审判庭,承办在全国有重大影响的海事一审案件、海事高院一审的海事上诉案件和海事再审案件,对各海事法院及海事高院的审判工作进行监督和指导。

设立海事法院的初衷就是专业性案件由专门法院审判,以确保审判质量。但是目前模式下,海事案件二审由地方高级法院审理,而地方高院的相关审判庭通常不能单纯审理海事案件,还需审理其他案件,人员也时有变动,这导致专门管辖不彻底、不专业，尚未形成正式的专门法院审判体系。此外，全国十个高级法院负责审理海事上诉案件，使海事上诉法院统一研究、监督、指导海事审判工作的功能无法有效发挥，常常产生裁判尺度不一的现象，影响司法公信力。为此，建议在北京设立海事高级法院，专门审理各海事法院的上诉案件（除适用简易程序的案件外）及在全国有重大影响的海事一审案件。海事高级法院依法接受最高人民检察院的法律监督，向全国人大常委会负责并通过最高人民法院向其报告工作。

设立海事高级法院早有酝酿，1999年发布的《人民法院第一个五年改革纲要》提出对设立海事高院进行研究。海事高级法院的设立，有利于海事审判进一步去地方化，有利于加强对全国海事审判工作的监督和指导，有利于克服因对同类案件各高级法院常有不同判决而导致的司法混乱现象，维护我国海事司法的权威和统一，建立和完善正式的专门法院体系。

为维护国家法制统一，优化司法资源配置，《四五改革纲要》就建立与行政区划适当分离的司法管辖制度做出了安排，其中之一就是在机构设置方面，建立上级法院在重大、疑难、复杂案件较多的地方派出巡回法庭工作机制。全国各地的海事案件都集中到一个海事高级法院，必然给当事人进行诉讼和法院审理带来极大的不便。为克服诉讼的不便利，建议遵循纲要的制度设计，在设立海事高院后，分设南北两个海事高院的巡回法庭，北方巡回法庭负责大连、天津、青岛、武汉、上海五个海事法院的上诉审案件，南方巡回法庭负责审理宁波、厦门、广州、北海和海口海事法院的上诉案件。

结语

海事法院的长足发展得益于跨区域管辖的体制优势，与所在地方利益纠葛较少，是司法改革天然的试验田。上述海事审判体制改革的设想是初步的，但显然必须通过修改法律才能实现。习近平总书记指出："凡属重大改革都要于法有据。在整个改革过程中，都要高度重视运用法治思维和法治方式，发挥法治的引领和推动作用，加强对相关立法工作的协调，确保在法治轨道上推进改革。"可以采取立法授权改革试点的方式，积极稳妥地推进海事审判体制改革，以为下一步的司法体制改革积累经验。能否抓住深化司法体制改革的契机，全面革除不符合司法规律与审判规律的体制机制，这不仅需要领导机关的决心,也需要海事法院的勇气与胸襟。① 司法体制改革如火如荼,相信海事司法将再次引领中国司法发展潮流。

① 罗东川:《直挂云帆济沧海——纪念我国海事法院成立 30 周年》,《人民法院报》2014 年 9 月 2 日第 1 版、第 4 版。

诈骗犯罪中民事合同效力的竞合选择

陈　亚

【摘要】合同诈骗既可能发生于合同订立阶段,也可能发生在合同履行过程中,但只有合同订立阶段中的诈骗行为才可能影响合同效力的评判。如果诈骗行为仅发生在合同履行过程中,则合同效力不受影响。合同订立过程中的诈骗犯罪对民事合同的效力影响,理论和实践中主要存在"无效合同说"和"可撤销合同说"两种观点。本文认为,"无效合同说"和"可撤销合同说"两种观点并不对立,可以并存。从保护被骗一方当事人利益的角度出发,"无效合同说"和"可撤销合同说"在不同情形下均具有积极意义。从理论上分析,通过民事合同的效力要件对照审查,合同诈骗犯罪中的合同既构成我国《合同法》第五十二条第三款"以合法形式掩盖非法目的"的情形,属于无效合同,同时又构成《合同法》第五十四条规定的欺诈情形,属于可撤销合同,二者形成竞合。无效合同自始无效,可撤销合同在未被撤销前为有效。根据无效合同转换理论,无效合同在特定情形下,根据当事人的意愿,可由法院解释为有效。对于被骗的一方来说,是选择合同无效,还是选择不撤销合同而使合同有效,可根据利益最大化原则,按照合同的性质、履行阶段、履行内容的不同等方面来确定。

【关键词】诈骗犯罪;合同效力;无效合同;可撤销合同

刑民交织的法律纠纷是当前司法审判的热点和难点问题。犯罪行为常常与民事合同相关联,刑事责任的追究代表国家公权力对犯罪分子的惩处,民事责任的承担则保护了遭受损害的被害人的私权益。当某一项民事交易行为遭遇犯罪因子介入时,民事合同的效力则必然受到影响。当前,理论界和司法界对涉刑事犯罪相关民事合同的法律效力争论颇多,各执己见,造成了裁判结果的差异。

一、问题提出：司法实践的分歧和各自的理论支撑

（一）司法实践的分歧

2015 年 5 月，最高人民法院在中国裁判文书网公布的〔2013〕民二终字第 136 号民事判决书，体现出两级法院对诈骗犯罪中民事合同效力的不同观点，具有一定的典型性。

基本案情：2006 年 11 月，某农业银行作为贷款方与某粮油公司作为借款方，签订借款合同，借款 2 亿元，约定该款用于收购玉米，还约定玉米销售款专用于偿还借款。某海运公司为此提供了独立担保保函。粮油公司为订立合同提供了虚假的财务报表。之后，贷款方按照正常流程审核、发放了贷款，粮油公司将贷款用于收购玉米并销售完毕，销售金额足以偿还借款，但粮油公司并未全部用于偿还贷款，而是将其中大笔资金用于归还其他欠款、炒期货、借款和购置资产等。粮油公司为掩盖所购玉米已销售、资金已回笼的事实，谎称库存玉米已运至其他地保管，并开具了虚假的库存证明给农业银行。2010 年 12 月，粮油公司被法院判定构成骗取贷款罪。因粮油公司未履行还款义务，农业银行向某高级人民法院起诉，请求偿还借款，并要求海运公司承担担保责任。

某高级人民法院认为：粮油公司实施了以欺骗方法获取贷款并牟利的行为，被刑事判决认定构成骗取贷款罪，该行为在民事上亦应评价为无效行为，故案涉借款合同无效。粮油公司在民事上对合同无效具有全部过错，应承担返还贷款并赔偿利息损失的民事责任。主合同无效，担保合同亦无效。鉴于海运公司提供不为法律所承认的独立保函，存在过错，故按担保法司法解释的规定承担三分之一的责任。

海运公司不服一审判决，提起上诉。

最高人民法院认为：粮油公司在申请贷款时，提供了虚假的财务报表，在履行合同的过程中，采用欺骗的手段挪用了本应用来偿还借款的玉米销售款。粮油公司被刑事判决认定骗取贷款罪，农业银行属于被欺诈的一方，享有《合同法》第五十四条规定的撤销权，但其未主张撤销，故借款合同为有

效,应依约还款。担保合同亦属有效合同,本应依约承担全部还款义务的担保责任,但鉴于农业银行并未上诉,故对原审判定海运公司承担三分之一责任的结果予以维持。

本案一审法院和二审法院对借款人构成骗取贷款罪中的借款合同效力,存在截然不同的意见,代表了当前理论和实践中争论的两种观点,即"无效合同说"和"可撤销合同说"。虽然贷款人依据"无效合同说"要求构成犯罪的一方返还借款与采用"可撤销合同说"要求借款人依约偿还借款的法律效果并无差异,但在利息的支付以及担保人的责任承担上存在不同,从而影响贷款人的权益保护。

(二)"无效合同说"和"可撤销合同说"的理论支撑

我国多数学者将民事合同按其效力类型分为四类,即有效合同、无效合同、可撤销合同和效力待定合同。① 民事合同的效力认定差异,直接决定了法律救济机制的不同。对于涉及诈骗罪的合同效力,上述两种观点均有各自的理论支撑。

持"无效合同说"的人认为:(1)涉合同诈骗中,因诈骗行为构成刑事犯罪,损害了国家利益,且属于以合法形式掩盖非法目的,应根据《合同法》第五十二条的规定②,认定为合同无效。③ 一旦行为人被判处合同诈骗罪,该行为毫无疑问应被定性为以签订合同的合法形式掩盖诈骗的非法目的,则无任何合同有效性的探讨余地;④(2)合同有效的要件之一是意思表示真实。没有双方一致的真实意思及其表示为基础,合同就不成为合同。在合同诈骗犯罪中,诈骗人的真实意思并非是与对方达成交易,合同行为本身没有当事人一致的真实意思,不应具有合同效力。这与民事上的欺诈不同,采取欺诈手段的行为人内心的真实意思仍是要与对方交易,只是想通过信息误导等方式,让交易对象处于不利地位。⑤

---

① 韩世远:《合同法总论》,法律出版社 2011 年版,第 152 页。
② 《合同法》第五十二条规定,有下列情形之一的,合同无效:(1)一方以欺诈、胁迫的手段订立合同,损害国家利益;(2)恶意串通,损害国家、集体或者第三人利益;(3)以合法形式掩盖非法目的;(4)损害社会公共利益;(5)违反法律、行政法规的强制性规定。
③ 宋晓明、张雪楳:《民商事审判若干疑难——民刑交叉案件》,《人民法院报》,2006 年 8 月 23 日。
④ 王小莉:《民刑并存情形下合同效力的认定》,《仲裁研究》第二十六辑,第 13 页。
⑤ 雷新勇:《涉经济犯罪的合同效力问题》,《人民司法》2014 年第 7 期,第 44 页。

持"可撤销合同说"的人主张:(1)即使刑事上构成合同诈骗罪,但在民事上应认定行为人在签订合同时,主观上构成民事欺诈,欺诈行为损害的是合同相对方或第三人的利益,由于不存在恶意串通的情形,故根据《合同法》第五十四条的规定①,此合同应认定为可撤销②;(2)"无效合同说"最根本的错误在于,将诈骗行为的社会危害性与合同行为的社会危害性混为一谈。评价合同效力时,评价对象是合同这种法律行为本身,而非其他。犯罪行为具有社会危害性,必然侵害国家利益和社会公共利益,但绝不意味着涉合同诈骗犯罪中的合同也具有同等性质。在合同诈骗中,构成犯罪的是借款人的诈骗行为,而非合同本身。借贷合同这种法律行为是否因违法而损害国家利益,应当根据具体要素(主体、内容、标的等等)进行个案分析,与诈骗人的诈骗行为构成犯罪并无必然因果联系;③(3)从民法看,对意思瑕疵制裁的"最好的无效"是相对无效,而不是绝对无效。合同可撤销比合同无效更有利于保护受害人,因为依前者,受害人可请求履行利益之赔偿,而且在合同附有担保时还可请求担保人担责,而依后者只能请求信赖利益之赔偿,主合同无效还会导致担保合同无效,主债权人设定担保的意图则可能全部落空,有违公平正义。④

上述两种观点,从不同角度分析,都有一定道理,至今未取得共识。

二、考察因素:诈骗犯罪对合同效力的影响

(一)影响合同效力的时间区段

原则上,依据当事人和意思表示两个要件就可以成立合同。依法成立的合同,在成立时有效,即对当事人具有法律约束力。合同生效是指生出合同之债,生效后的合同才具有履行效力。可见,合同的效力层级为"合同成立→合同有效→合同生效"。⑤ 大多数情形下,合同有效即生效,但并非全部,

---

① 《合同法》第五十四条规定,一方以欺诈、胁迫的手段或者乘人之危,使对方在违背真实意思的情况下订立的合同,受损害方有权请求人民法院或者仲裁机构变更或者撤销。

② 蒋淑丽:《合同诈骗类民刑交叉案件中民事效果的民法维度思考》,2011年硕士学位论文。

③ 叶名怡:《涉合同诈骗的民法规制》,《中国法学》2012年第1期,第133页。

④ 叶名怡:《涉合同诈骗的民法规制》,《中国法学》2012年第1期,第134页。

⑤ 孙文桢:《论合同效力类型体系的重构——认真对待合同的法律约束力》,《苏州大学学报(法学版)》2015年第1期,第19页。

譬如附条件的合同，只有待到条件成就时，合同才发生履行效力。履行合同前，其效力类型已经确定。因此，影响民事合同效力类型的时间区间只应发生在合同订立阶段。对于合同诈骗来说，既可能发生于合同订立阶段，也可能发生在合同履行过程中，但根据上述分析，只有合同订立阶段中的诈骗行为才可能影响合同效力。如果诈骗行为仅仅发生在合同履行阶段，则合同效力不会受到任何影响。

（二）合同诈骗与民事合同的效力要件比照

如果诈骗行为发生在合同订立阶段，那对其法律效力判断，应根据诈骗犯罪的特点从民事法律规范入手对其效力类型进行分析。所谓诈骗罪，是指以非法占有为目的，使用欺骗方法，骗取公私财物的行为。其既遂的基本构造为：行为人实施欺骗行为—对方（受骗者）产生（或继续维持）错误认识—对方基本错误认识处分财产—行为人或第三人取得财产—被害人遭受财产损害。[①]《刑法》中还规定了一些特殊类型诈骗罪，如金融诈骗、合同诈骗等，这些特殊诈骗罪主要表现在诈骗对象、手段上与普通诈骗罪的要求不同，但本质上仍归为诈骗罪的类型。《刑法》上的诈骗与民事欺诈存在共通之处。根据我国《民法通则》第六十八条的规定，一方当事人故意告知对方虚假情况，或者故意隐瞒真实情况，诱使对方当事人做出错误意思表示的，可以认定为欺诈行为。实际上，诈骗罪与民事欺诈属于特殊和一般的关系。当民事欺诈行为达到刑法上诈骗罪的构成要件时，则应适用刑法规则予以处罚，但不可否认的是，诈骗也是欺诈的一种。对于合同诈骗中的合同效力，应一一比照民事效力要件进行分析。

1. 有效合同的要件

我国《民法通则》规定了一切民事法律行为所应具备的一般生效要件：行为人具有相应的民事行为能力、意思表示真实、不违反法律或者社会共同利益。该生效规则对合同当然适用。因诈骗而订立的民事合同，显然具有意思表示的瑕疵。该瑕疵体现为意思表示的不自由，即虽然表意人的表示行为与效果意思是一致的，但这种一致系他人不正当干涉的结果。[②] 换言之，如

---

① 张明楷：《刑法学》，法律出版社2011年版，第889页。
② 韩世远：《合同法总论》，法律出版社2011年版，第162页。

果没有诈骗行为的干涉,表意人不会与对方达成一致,所以表意人通过合同表现出来的意思并不是其真实意思。因意思表示不真实的合同不能有效成立,但不能有效成立并不意味一定无效,其可能无效,也可能得以撤销。上述"无效合同说"认为,由于诈骗的干涉导致合同双方没有一致的真实意思,从而合同无效的观点,显然不能成立。

2. 无效合同的原因

合同无效,指当事人所订立的合同因严重欠缺生效要件,在法律上不按当事人合意的内容赋予效力。在我国的司法实践中,对合同效力确认的基本态度经历了一个发展变化的过程。在 20 世纪 90 年代初期以前,法院认定合同效力采取的是严格标准,只要违反了法律、法规的规定,就认定合同无效。① 1992 年以后,我国确立了市场经济体制的目标模式,法院对合同效力认定的态度开始发生转变。1999 年我国《合同法》颁布后,随着合同立法上对合同效力确认指导思想和具体制度的变化,法院在确认合同效力的问题上明确了尊重当事人意思表示、鼓励交易、限制无效合同范围的基本态度。②《合同法》第五十二条将合同无效的原因限定为五种情形:

(1)一方以欺诈、胁迫的手段订立合同,损害国家利益

该情形的重心落脚在"损害国家利益"。对"国家利益"有三种解释:一是公法意义上的国家利益;二是包括国有企业的利益;三是指社会公共利益。③《合同法》颁布之初,不少人将国家利益等同于国有资产,为避免国有资产的流失,倘若将骗取国有资产的合同不纳入无效合同之中,则不足以保护国有资产。④ 殊不知,将合同纳入无效并不见得比合同有效更有利于保护国有资产。现在通说认为,国有企业利益并未被前述"国家利益"所涵盖。⑤社会共同利益则在本条第四款单独阐述。因此,本款所说的国家利益仅指公法意义上的国家利益。诈骗犯罪的目的是骗取合同对方的财产,显然不构成对公法上国家利益的侵害,故不能适用该款认定的诈骗合同无效。

---

① 李国光:《经济审判工作指导与参考》(第 4 卷),法律出版社 2001 年版,第 2 页。
② 李仁玉等:《合同效力研究》,北京大学出版社 2006 年版,第 16-17 页。
③ 程宏:《刑民交叉案件中合同效力的认定》,《学术探讨》2002 年第 1 期。
④ 胡康生:《中华人民共和国合同法释义》,法律出版社 1999 年版,第 89-90 页。
⑤ 柳经纬、李茂年:《论欺诈、胁迫之民事救济》,《现代法学》2000 年第 6 期。

（2）恶意串通，损害国家、集体或者第三人利益

此款强调合同双方恶意串通，即相互勾结与共谋，但在诈骗犯罪中，由于合同对方被犯罪一方所欺骗而订立合同，双方不可能由此形成共谋，故无法适用该款认定诈骗合同无效。

（3）以合法形式掩盖非法目的

此款规定当事人在订立合同的形式上是合法的，但在缔约目的和内容上是非法的。至于"以合法形式掩盖非法目的"是指一方有非法目的还是合同双方有非法目的，法律上没有明确指引。有学者指出，以合法形式掩盖非法目的的，既可能由双方当事人通谋，也可能由一方单独为之。① 笔者赞同这种观点。对于合同诈骗来说，其不可能是双方通谋，否则就不可能构成诈骗。一方当事人试图通过合同的外衣，实际想诈骗对方的财产，这种目的显然是非法的。因此，合同诈骗构成以合法形式掩盖非法目的，符合无效的原因要件。值得注意的是，这里的非法目的指的是通过合同外衣所达到的合同之外的非法目的，而合同本身所约定的表面目的一般并不违法。譬如，骗取银行贷款罪中，贷款合同的形式是合法的，该合同条款的表面目的是借款，但合同之外的真实目的是骗取贷款。

（4）损害社会公共利益

我国法上所谓"社会公共利益"，在性质和作用上与公序良俗原则相当，②属于一个弹性的概念。梁慧星先生参考国外判例学说，将违反公序良俗的行为类型化为 10 种，具体包括危害国家公序型、危害家庭关系型、违反性道德型、射幸行为型、违反人权和人格尊重行为型等。③ 对合同诈骗来说，合同约定的内容和目的一般是合法的，只是在合同约定的外衣下掩盖了诈骗一方骗取财产的真实目的。因此，就构成诈骗的合同本身来说，其一般未违反公序良俗，故不能以此认定无效。

（5）违反法律、行政法规的强制性规定

我国民法上影响合同效力的违法，不仅包括合同内容、合同标的违法，还

---

① 余延满：《合同法原论》，武汉大学出版社 1999 年版，第 213 页。
② 梁慧星：《民法总论》（第三版），法律出版社 2007 年版，第 49 页。
③ 梁慧星：《民法学说判例与立法研究》（第 2 册），国家行政学院出版社 1999 年版，第 16 页。

包括合同目的违法。但根据上述分析，在合同诈骗中，双方订立的合同本身，无论从内容、标的还是目的看，往往都是合法的。合同一方骗取财产的真实目的隐藏在合同约定的目的之外。所以，只要诈骗类合同约定的条款未违反法律、行政法规的强制性规定，就不能以此认定无效。

3. 可撤销合同的情形

我国《合同法》将可撤销合同称为"可变更或者可撤销"的合同，允许当事人既可以主张变更，又可以主张撤销。可撤销合同的前提是意思表示不真实，据此我国《合同法》将欺诈、胁迫、乘人之危等因素而订立的合同归入可撤销的合同范围。可撤销的合同在撤销之前仍为有效，被撤销后，效力溯及既往地消灭。合同的变更是在维持原合同效力的情况下，对原合同关系做某种修改或补充。① 可见，对于可撤销合同，当事人可以选择进行撤销或者变更，当然也可以选择不予撤销、不予变更。对于合同诈骗犯罪来说，诈骗行为从民事角度看即属于欺诈，因此诈骗犯罪的合同属于典型的可撤销合同。

4. 效力待定合同的事由

效力未定合同是指合同欠缺某项生效要件，一旦该要件事后具备了，就构成有效。我国《合同法》规定了三种典型的效力未定合同，即限制民事行为能力人订立的合同、无权代理订立的合同和无权处分订立的合同。合同诈骗中的合同显然不属于该三种类型，故不能认定为效力待定合同。

可见，合同诈骗犯罪中的合同构成《合同法》第五十二条第三款"以合法形式掩盖非法目的"的情形，以据此认定无效。同时，合同诈骗行为构成《合同法》第五十四条规定的欺诈，诈骗形成的合同构成该条规定的可撤销合同。此时，民事合同形成了无效和可撤销的效力竞合。

三、竞合选择：无效合同的转换与利益最大化原则

（一）无效合同到可撤销合同的转换

诈骗犯罪如果发生在订立合同阶段，该合同一方面因"以合法形式掩盖非法目的"而无效，另一方面因订立过程存在欺诈构成可撤销合同，此时即发生合同无效之规范和可撤销合同之规范竞合的问题。可撤销合同在合同

---

① 王利明：《合同法新问题研究》，中国社会科学出版社 2011 年版，第 357 页。

被撤销后,该合同的效力自始消灭,这和合同无效的法律效果是一致的,说明可撤销合同的适用规则可以达到无效合同的法律效果。但这并不说明,在无效合同和可撤销合同二者竞合时,无效合同的规则已不需要。对于可撤销合同来说,其合同效力消灭的效果必须依赖在特定期间和特定程序才能达到,即由被欺诈的一方在一年之内向法院或者仲裁机构主张撤销,这必然增加了撤销权人一方的时间和诉讼成本。相反,合同无效的规则无须合同一方在特定时间内为特定行为。因此,在两种规范竞合时,合同无效的选择仍有存在必要。

可撤销合同规则的内容除了撤销合同之外,还可以申请变更合同内容,也可以选择既不撤销也不变更,即维持原合同的效力。关键问题是,对于已经符合无效要件的合同,如何才能转换成有效呢? 对此,可以采用无效合同转换的理论。所谓无效合同的转换,是指无效合同实施以后,该无效合同具备其他法律行为的要件,如果当事人知道合同无效,将从事其他法律行为,则该法律行为可认为有效。[1] 关于无效合同的转换,实际是一个合同解释的问题,当事人订立了一份合同,依据某项法律规定导致其无效,但依据另一项法律规定可认定其有效,则可以通过合同解释,探求当事人真意,解释为合同有效。但必须强调,这种解释的权限在于法院,法院根据法律规定和当事人的实际缔约意图,按照诚实信用和鼓励交易的原则予以解释。[2] 在法院解释合同转换的过程中,必须符合当事人的意思,考察当事人的意思,依据其要实现的经济目的、可认知的利益等来判断。[3] 因此,在合同诈骗犯罪中,相关的民事合同一方面符合《合同法》中无效合同的一种类型,另一方面也属于可撤销的合同,此时关于合同效力的归属,根据无效合同的转换理论,应依据当事人的行为而定。合同的效力评价,在很大程度上是一个合同当事人之间的内部评价机制。在一定意义上看,合同有效或无效的判断或选择是一个合同当事人的内部问题。合同一般不会具有涉他性,不能直接影响他人的利益,合

---

[1] 朱广新:《合同法总论》,中国人民大学出版社 2008 年版,第 212 页。
[2] 王利明:《合同法新问题研究》,中国社会科学出版社 2011 年版,第 336 页。
[3] 王泽鉴:《民法总则》,中国政法大学出版社 2001 年版,第 491 页。

同就不能轻易认定无效。① 法律出于对受害人利益的保护以及对其意志的尊重,此时应将合同效力的决定权交给该方当事人,毕竟,每个人自己才是其利益最大化的最佳判断者。② 实际上,符合无效合同转换的情形并不多见,对于那种恶意串通、违反法律法规强制性规定等无效合同来说,其属于绝对无效,不可能转换成可撤销合同的类型。发生无效合同转换的情形,往往波及的是合同对方的私益。譬如,欺诈而成立的合同具有违法性,与正常的社会秩序格格不入,但这种侵害比违反强制性规定、直接违反社会共同利益等合同造成的侵害来说,要间接和轻微一些,其主要是对受害人不利。③ 对于合同诈骗来说,被骗受损的都是合同对方,一般不涉及其他第三人利益和社会共同利益,故存在无效合同转换的空间。

(二)民事合同效力的优化选择

对于合同诈骗来说,被骗的一方如何优化选择民事合同效力,可根据合同的履行阶段和履行内容的不同来确定。

首先,如果被骗一方尚未履行给付金钱义务,意味着其财产尚未被骗走,此时主张合同无效、摆脱合同约束对受骗一方最为有利。不过,被骗一方主张合同无效,则必须举证证明对方存在骗取财产的非法目的。如果对方已被法院认定构成犯罪④,被骗一方的举证义务即已完成。如果还在侦查、审查起诉等阶段,法院尚未做有罪判决,则被骗一方对诈骗事实的举证义务很难完成。当事人是否构成合同诈骗犯罪,是否有非法骗取财产的目的,必须经生效法院判决才能认定。此时,被骗一方以民事欺诈为由主张撤销合同为宜,毕竟相比诈骗来说,欺诈事实的证明标准较低一些。

其次,如果被骗一方已经全部履行给付金钱义务,意味着对方的诈骗企图已经得逞。此时对于合同效力的最佳选择,则依诈骗一方的合同内容不同而不同。如果诈骗一方的合同义务也是支付金钱,譬如借款类合同,那被骗

---

① 李文涛:《合同的绝对无效和相对无效——一种技术化的合同效力评价规则解说》,《法学家》2011年第3期,第75页。

② 叶名怡:《涉合同诈骗的民法规制》,《中国法学》2012年第1期,第134页。

③ 崔建远:《合同法》(第三版),法律出版社2003年版,第77页。

④ 《最高人民法院、最高人民检察院关于办理诈骗刑事案件具体应用法律若干问题的解释》第五条第一款规定:诈骗未遂,以数额巨大的财物为诈骗目标的,或者具有其他严重情节的,应当定罪处罚。

一方主张合同有效显然比合同无效更有利,因此被骗一方除了依据合同要求诈骗一方返还借款并支付利息外,还可以主张罚息,并有权要求可能存在的担保人承担担保责任。如果诈骗一方的合同义务是履行金钱之外的义务,譬如建设工程合同一方编造虚假的工程项目骗取对方的工程保证金后,那被骗一方继续请求履行该合同已经没有任何意义,因为对方根本不可能将工程发包给被骗一方施工,故此时主张合同无效或者撤销合同,对被骗一方更有利。

再次,如果被骗一方已经部分履行给付金钱义务,意味着对方的诈骗企图已经部分得逞。此时,被骗一方关于合同效力的选择也与合同约定对方的履行内容有关。如果对方也需支付金钱,那根据上述分析,主张合同有效对被骗一方更有利。不过,既然被骗一方选择了合同有效,是否意味着其需履行剩余的付款义务呢？这显然不是被骗一方所愿意的。那被骗一方可以行使可撤销合同中的变更权,向法院申请变更合同的内容,将本方的付款内容变更至已履行部分,从而一方面保留了合同已履行部分的效力,另一方面免除了未履行部分的义务。如果对方的履行内容义务限于支付金钱之外的义务,则直接主张合同无效或者撤销合同即可。

结语

根据上述分析,对于诈骗犯罪中的民事合同效力,首先,应区别诈骗行为发生在合同的哪个阶段;其次,"无效合同说"和"可撤销合同说"二者并不对立,而是可以并存。根据被骗一方的意愿和选择,无效合同在特定情形下,采用无效合同转换理论,按照利益最大化原则,可以转换为可撤销合同,使合同有效成为现实。合同有效作为一种保护善意合同相对方的技术化效力评价规则,并不意味着该合同合意具有完全的合法性。[①] 法官通过当事人的行为推定其真实意图,将瑕疵合同解释为有效,有利于保护缔约自由,维护诚实信用和经济效率最大化之原则。回到前述判决,两级法院的不同观点,各有值得商榷和肯定的地方:

第一,粮油公司提供虚假财务报表的行为应与还款过程中的诈骗行为割

---

① 李文涛:《合同的绝对无效和相对无效——一种技术化的合同效力评价规则解说》,《法学家》2011年第3期,第76页。

裂开来,前者只属一般的民事欺诈,不构成合同诈骗犯罪手段的一部分。本案的合同效力只受提供虚假财务报表这一欺诈因素影响,与之后的诈骗行为无关,故案涉借款合同只属可撤销合同。本案一审法院和二审法院未区分合同订立阶段和合同履行过程,将提供虚假财务报表的行为等同于犯罪行为的一部分,再分别得出合同效力的结论,有失妥当。

第二,本案借款合同实为可撤销合同,粮油公司未申请撤销,而起诉对方还款,即表明希望合同继续有效的意愿,同时可以推定其放弃了撤销合同的权利。对此法院应予尊重和支持。某高级人民法院认定合同无效的观点是错误的,最高人民法院关于可撤销合同的观点值得肯定。

（2015 年法院系统第二十七届学术讨论会征文福建省三等奖）

论类似案件的识别技术

——以判例法案例和中国指导性案例为样本

郑新颖

【摘要】类案不同判是一个广受当下社会舆论关注的问题，其背后隐喻直指司法不公。司法改革以来，我国大力推广案例指导制度和裁判文书公开制度，希望从纵向和横向上进一步统一裁判尺度。但不论是指导案例的应用还是其他案例的参考，要实现类似案件类似判决，首先要解决的问题是如何确证两个案件为类似案件。

本文以我国及英美两国案例为样本，希望以一种相对直观、鲜活的视角切入，对类案的识别进行探讨，并在借鉴判例法类案识别技术的基础上形成我们自己的类案识别方法。文章以类案识别的理论基础和逻辑基础开篇，通过分析指出案件比对的核心在于案件关键事实的识别比对。与判例法中需要找寻先例判决理由不同的是，在我国指导性案例情境下，案例的关键事实通常可以围绕裁判要点，结合裁判理由在基本事实中锁定。对于其他案例，则往往需要通读裁判文书，在谨慎确证其裁判要点的基础上寻找关键事实。而待判案件的关键事实则应围绕与参考案例有关的法律争议焦点找寻。在确认两案关键事实之后，结合法律规定和规则原则将相同点和不同点进行比较，确证何者更为重要，最后通过价值权衡检验，决定是适用还是区别于参考案例。

【关键词】类案识别；判例法；指导性案例；关键事实

引言

自 2011 年 12 月第一批指导性案例发布以来，最高人民法院已经发布了 18 批共计 96 件指导性案例。但是，目前指导性案例应用遇冷，司法实践中类案不同判时有发生。① 个中原因除了指导性案例数量累积尚需时日、我国司法审判人员对案例缺乏足够重视外,更重要的是案例的具体应用方法阙如,其中至关重要的一点就在于识别待判案件与某参考案例为类似案件。

本文以我国及英美两国案件为例,希望以一种相对直观、鲜活的视角切入,旨在对类似案件的识别技术进行探讨。尽管中国和英美两国分属不同法系,我们不必将判例法经验奉为圭臬,但类案识别技术是判例法的核心技术,而英美两国作为最重要的判例法国家,在此方面无疑有值得我们借鉴学习的地方。在发展具有中国特色的案例指导制度的同时,能够有选择地汲取他人的长处,补强自身的薄弱环节,亦不失为一种宏观上的司法智慧。

一、类案识别的基础

(一)类案识别的理论基础

类案识别是指对待判案件和参考案例进行比对,进而确证两案为类似案件。它的产生源于对类似案件类似判决的追求。类似案件类似判决的理论最早可以追溯到亚里士多德在《尼各马可伦理学》中关于公正的论述,他认为类似情况类似处理乃是公正的应有之义。法理学上,不同法学派的大家们包括罗尔斯、哈特、德沃金等人均在各自的论著中肯定类似案件类似判决对公正的重要意义。现如今,类似案件类似判决俨然已成了社会公众对司法公正最直观的评判标尺。

在判例法国家,法官通常情况下不能做出与其同级或上级法院在先案例相左的判决,以此保证法律适用的统一;在成文法体例下,当制定法的滞后性、抽象性等弊端显现时,法官们对法律的解释与适用难免存在差异,导致一类案件在不同法院甚至同一法院不同法官手上呈现迥异的审判结果。为了克服这一弊端,成文法国家开始借鉴判例法的有益经验,用案例作为法律条文的补充。但习惯了遵循既定规则的法官们,在审判实践中常会面临一个案例适用的窘境,即怎么判断待判案件与某参考案例是类似案件呢?

我们知道,判例法国家的法官们在审判实践中离不开案件比对工作,从

① 以参照最多的24号指导性案例为例,实践中对该案例的理解仍存在差异,更遑论案例颁布之前千差万别的裁判结果。24号指导性案例近期司法参照实证参见附件1。

法学院时期开始,他们就大量学习先例,案件比对与其说是一项技术,不如说是一种法律适用习惯。但即便如此,类似案件的识别之于他们也不是一项信手拈来、毫无悬念的工作。在确证一个待判案件和某个先例是否类似的时候,法官和律师,甚至不同法官之间也会存在争议。但是,判例法发展绵延上百年,依然有着蓬勃的生命力,这足以证明类似案件的识别技术并非虚无缥缈的玄学,而是一种具有一定可操作性的法学方法。

（二）类案识别的逻辑基础

确证待判案件和参考案例类似需要严密的推理论证,而类比推理是识别类似案件的关键推理方法。与制定法中惯用的三段论式的演绎推理不同,类比推理作为从个案到个案的推理形式,体现的是判例法的裁判思维方法。法效果上的演绎推理和类比推理可以分别用以下逻辑形式表示①如图1所示:

法效果上的演绎推理
T→R(大前提: T的每一个事例均有法效果R)
S∈T(小前提: S为T的一个事例)
S→R(结论: 对于S应赋予法效果R)

法效果上的类比推理
X有属性a, b, c, d;且有法效果R
Y有属性a, b, c, e
Y与X类似
Y也有法效果R

图1 法效果上的演绎推理和类比推理

不难看出,类比推理是一种或然性推理,其客观基础在于事物之间具有某些同一性。但由于事物之间往往又有差异性,所以根据它们某些方面的相同并不必然推导出它们在另一些方面也相同。为了提高类案识别中类比推理结论的可靠性,我们要确保比对要素与结论的联系是密切的,如果参考案例中类似要素与裁判结论的联系越紧密,待判案件获得同样结论的可能性就越大。另外,如果存在关键差异性要素,即待判案件存在否定类似结论的要素,则其与参考案例不属于类案。

---

① 【德】卡尔·拉伦茨:《法学方法论》,陈爱娥译,商务印书馆2016年版,第150页。笔者认为S属于T比S等于T更符合三段论演绎模式,因此做了细微调整。

二、确定类案比对要素,提炼对比关键事实

(一)比对要素为案件关键事实

那么,在案件比对情境下,待判案件和参考案例中的比对要素应该是什么? 是案件事实还是争议焦点? 是案由还是法律规定? 理论界在类案审判的有关探讨中达成了一些共识:认识到案件关键事实的重要性;认识到关键事实中争议问题或者说是待判案件要解决的法律问题与参考案例的裁判要点(包括关键事实)和裁判要点涉及的法律问题相似的重要性;认识到相关法律规定与案件事实的关联性。[①]

笔者认为,尽管争议焦点、法律规定、案由都可以是搜寻参考案例的线索,但是在类案识别时,案件比对的基本要素应当是案件事实,而且是具有法律意义或法律效果的事实,即案件的关键事实。首先,案由不同并不妨碍参考案例就某一法律问题对待判案件产生指引。例如,第9号指导性案例的案由是买卖合同纠纷,其参照意义却在于公司清算义务。其次,争议焦点是锁定关键事实的重要依据,却不是类案比对的具体要素。争议焦点的概括性决定了其相似性不能必然得出两案类似的结论,且比对争议焦点有助于发现案件的相似,却也容易忽略两案的不同。最后,法律规定是确定比对要素的线索,也是类案识别始终不可背弃的准则,但其和争议焦点一样不具有具体的比对意义。案件审判要回答的问题是特定事实应当产生怎样的法律后果,类似案件的识别比对归根结底也只能是案件事实的比对,并且是关键事实的比对。当然,这些事实并非孤立的事实本身,它们与案件的争议问题、有关法律规定相互联系,需要借由这些才能被准确定位。

需要说明的是,待判案件可能存在多个法律争议问题,在需要案例参考的时候,每次应仅就一个法律问题展开类似性的识别比对,关于其他法律问

---

① 张骐:《论类似案件的判断》,《中外法学》2014年第2期,第522页。有关探讨可参见:刘作翔、徐景:《案例指导制度中的案例适用问题》,《湘潭大学学报(哲学社会科学版)》2008年第2期;冯文生:《审判案例指导中的"参照"问题研究》,《清华法学》2011年第3期;王利明:《我国案例指导制度若干问题研究》,《法学》2012年第1期;张志铭:《中国法院案例指导制度价值功能之认知》,《学习与探索》2012年第3期;四川省高级人民法院、四川大学联合课题组:《中国特色案例指导制度的发展和完善》,《中国法学》2013年第3期。

题可能还需要参考其他案例。为方便说明，本文仅就一个法律问题对一个参考案例和待判案件进行类案识别示范，当多个法律问题需要案例指引时重复同样步骤即可。

（二）关键事实的提炼比对方法

受成文法传统影响，我国法官更习惯于演绎推理，对涉及归纳推理的裁判要点总结，和以类比推理为主的案件事实定位比对技术比较陌生。如何把握案件要点，识别关键事实，这些值得我们在借鉴域外经验的基础上形成自己的方法路径。

1. 判例法案例举例

我们不妨以英国侵权法上具有里程碑意义的"Donoghue v Stevenson"案①为例。原告和朋友去咖啡馆，朋友为她买了瓶暗绿色瓶装的姜汁啤酒。原告喝了一半后发现半只腐烂的蜗牛，因此得了肠胃炎，遂将啤酒生产商诉至法院，要求赔偿损失。尽管原被告间并无合同关系，但法院在此案中确立了过失侵权注意义务的基石——邻人原则（Neighbour Principle），即人们必须对其邻人尽到合理注意义务，防止自己的行为或疏忽造成对邻人可以预见的伤害。② 法院认为啤酒生产商没有尽到该注意义务，因此应承担赔偿责任。此案是英国法上最重要的先例之一，在后案确证是否遵循该先例时就涉及关键事实的判定和比对。

在"Grant v Australian Knitting Mills Ltd"案③中，原告从一个零售商处买了两条长底裤，裤子里含有的过量亚硫酸盐导致原告出现严重的皮疹，并因此卧床七个多月，原告将生产商告上法庭，请求侵权损害赔偿。被告代理人在辩论中主张生产商对产品的控制权是关键事实，他认为啤酒生产商因密封的瓶子而对啤酒的样态保有控制权，而裤子一包六件被拆开零售，存在瑕疵被改变的可能，即便事实上未被改变，裤子从出厂到消费者买入的过程中，被告没有控制权这一关键事实导致该案不应遵循先例。甚至有人可以主张说原告没有将新裤子洗净再穿也是关键事实。但是，这些观点都没有被法庭

① ［1932］AC 562.
② 邻人是指当我们在作为或不作为的时候，应当合理考虑到的会被我们直接影响到的人。
③ ［1936］AC 85.

采纳。

在考虑该案是否应遵循先例时,法官指出裤子中的亚硫酸盐就如不透明瓶子中的蜗牛残余一样,不能被合理察看发觉,裤子从被制造到被使用的过程中,没有发生状态的改变。裤子确实是按照生产商生产的目的被使用的,不存在必须先清洗的法律预期。"Donoghue v Stevenson"案的判决并非取决于啤酒的瓶子是密封的,关键在于产品在最终到达消费者手里时存在着生产中的过失而导致的瑕疵,生产商没有给消费者进行中间检查的可能性,而且他们知道,在生产这些产品时不尽合理的注意义务将导致他人的生命或财产的损失,他们有责任对使用者承担合理注意的义务。这也是普遍认可的"Donoghue v Stevenson"案的判决理由。① 最后,法官判决裤子生产商应承担侵权损害赔偿责任。

我们知道,每个案件都包含了许多事实,若比较所有事实注定会是一场事倍功半的无的放矢。哈特指出,通常情况下,人、时间、场所、种类和金额是非必要事实(非关键事实),法院特别强调此类事实的不在此限。② 除却这些事实,笔者将上述两案的有关事实列举对比如表 1 所示:

表 1　Donoghue v Stevenson 案与 Grant v Australian Knitting Mills Ltd. 案有关事实列举对比

Donoghue v Stevenson	法律事实	Grant v Australian Knitting Mills Ltd.
原告是啤酒消费者	原告是消费者	原告是裤子消费者
被告是啤酒生产商	被告是生产商	被告是裤子生产商
原告朋友购买了啤酒	原被告间无合同关系	原告向零售商购买了裤子
产品是啤酒	产品分属食品和日用品	产品是裤子
啤酒中有蜗牛	产品存在瑕疵	裤子上有亚硫酸盐
蜗牛残余	动物尸体和化学物质	亚硫酸盐
蜗牛导致肠胃炎	瑕疵导致损害	亚硫酸盐导致皮疹
酒瓶不透明	瑕疵不可见	亚硫酸盐不可见
酒瓶是密封的	生产商有无控制权	裤子拆包后分开销售

---

① 【英】鲁伯特. 克罗斯、J. W. 哈里斯:《英国法中的先例》,苗文龙译,北京大学出版社 2011 年版,第 209 页。

② A. L. Goodhart:"Determining the Ratio Decidendi of a Case", 40 Yale Law Journal 2 (1930), p.188.

从"Grant v Australian Knitting Mills Ltd."案的上述裁判中可以看出，法官基于先例的判决理由，认定关键事实在于原被告间无合同关系、原告作为消费者使用了作为生产商的被告的产品、产品存在瑕疵、瑕疵无法通过合理观察发现、瑕疵导致损害，而这些事实在法律上两案是相似的。不同的事实有：产品分属食品和日用品、瑕疵分别为动物尸体和化学物质、包装样态一个是密封的一个是拆包销售。关于产品属性方面，阿德金勋爵在"Donoghue v Stevenson"案中已经阐述了不限于食品饮料。① 包装样态因体现了生产商对产品的控制权而是关键事实的主张也被法庭驳回。产品具体瑕疵的差异更非法律上的关键。

在判例法语境下，先例中具有约束力的指引内容体现在判决理由中，先例的关键事实可以通过判决理由进行定位。当然判决理由的界定从来不是件轻而易举的事，在判例法中这本身就是一个复杂的课题。不同法官在必须遵循先例的原则下，对同一先例的判决理由的解读也可能存在差异。限于文章篇幅及中国法与判例法的不同，在此不做展开。

在待判案件中，决定关键事实的是争议焦点。"一个案件有许多案件事实，用来比较、判断相关类似性的案件事实，一定是在争议中具有重要意义而且具有法律意义的事实。"② 对于事实方面的争议焦点，关键在于案件调查和证据认定；围绕法律问题的争议焦点才是待判案件寻求参考案例指引的原因。因此，在参考某一先例时，需要用于比对的待判案件的关键事实是围绕与该先例有关的法律争议焦点的具有法律意义的事实。

2. 中国案例例证

在中国法语境下，参考案例不似英国先例那般具有约束力，即便是最高人民法院发布的指导性案例，也只是规定"应当参照"。尽管如此，审判实践中，法官依然需要查找类似案例，特别是指导性案例，《最高人民法院公报》、《人民法院案例选》等刊登的案例，以及各级法院发布的典型案例等作为指引，以强化其内心确信。因此，我们必须学会把握案件关键事实的方法。

以指导性案例为例，最高人民法院在发布指导性案例时均归纳了案例的

---

① Donoghue v Stevenson［1932］AC 562, Lord Atkin, 44.

② 张骐：《论类似案件的判断》，《中外法学》2014 年第 2 期，第 531 页。

裁判要点。"裁判要点是指导案例的概要表述,是人民法院在裁判具体案件过程中,通过解释和适用法律,对法律适用规则、裁判方法、司法理念等方面问题做出的创新性判断及其解决方案。"①裁判要点是,或者说应该是,对有关法律问题的高度概括,是被提取出来的类似于演绎推理中的大前提。但指导性案例不是正式的法律渊源,裁判要点也不能像法条那样作为大前提直接适用。② 尽管如此,裁判要点却是指导性案例之所以具有"指导性"的核心原因,体现了案例判决形成的关键,类似于英美法先例中的判决理由,是连接待判案件的争议问题和指导性案例的桥梁。因此,裁判要点对应的事实就是指导性案例的关键事实。法官需要通过指导性案例中的基本事实去找寻裁判要点对应的关键事实。同时,鉴于裁判要点的高度概括性,在确证关键事实时亦离不开对裁判理由的研读与分析。

关于待判案件与指导性案例关键事实的比对,笔者以最高人民法院第24号指导性案例,即荣宝英诉王阳、永诚财产保险股份有限公司江阴支公司机动车交通事故责任纠纷案,及后判案件杨福生、王淑华诉刘静、中国人民财产保险股份有限公司柳河支公司、柳河县公路运输工程总公司机动车交通事故责任纠纷案(以下简称"王淑华案")③为例进行说明。

在王淑华案中,刘静的司机因夜间驾驶未保持安全车速,撞到杨福生、王淑华,导致两人伤残,交警认定司机承担事故全部责任。经鉴定,王淑华为三级伤残、伤残等级及交通事故损伤参与度为25%。与24号指导性案例有关的争议焦点是:王淑华的身体状况是否属于减轻被告赔偿责任的法定情形。第24号指导性案例的裁判要点是:交通事故的受害人没有过错,其体质状况对损害后果的影响不属于可以减轻侵权人责任的法定情形。两案有关事实列举比对如表2所示:

---

① 胡云腾、吴光侠:《指导性案例的体例与编写》,《人民法院报》,2012年4月11日,第8版。

② 日前,最高人民法院胡云腾法官提议通过司法解释明确指导性案例的裁判要点可像司法解释一样在裁判文书中引用。笔者认为,即便指导性案例的裁判要点可以直接引用,但仍需要进行案件比对工作。因为引用主要是为了体现参照,且案例包含了案件事实和裁判理由,比抽象的法条更能够生动地反映出裁判要点背后的法律考量。否则,无异于将裁判要点变成司法解释,案例指导制度的意义也就不复存在。

③ 二审及再审案号分别为〔2016〕吉05民终1078号、〔2017〕吉民申274号。

表2　24号指导性案例与王淑华案有关事实列举对比

24号指导性案例	法律事实	王淑华案
交通事故	损害原因	交通事故
被告为侵权司机	被告身份	被告为侵权司机的雇主
一人受伤	受害人数量	两人受伤
荣宝英无过错	受害人无过错	王淑华无过错
骨折十级、左下肢九级	损害后果	颅脑损伤三级
年老骨质疏松	个人体质状况	原患有脑血栓
损伤参与度75%	损伤参与度	损伤参与度25%

围绕案件争议焦点和指导性案例裁判要点的事实有：交通事故、受害人无过错、受害人存在个人体质问题、个人体质影响到损害后果。至于侵权人的身份、受害人人数、具体损害后果等与争议焦点及裁判要点无关，因此不属于关键事实。对两案关键事实比对发现，交通事故、受害人无过错两项事实完全相同。不完全相同的是，两案中受害人个人体质对损害后果分别有25%及75%的影响；受害人一个年老骨质疏松，一个患有脑血栓。如果这两个事实判定为相似，则王淑华案与第24号指导性案例类似。在第24号案例中，不论是裁判要点还是判决理由，均未提到个人体质对损害后果的具体影响比例，仅要求对损害后果存在影响，因此两案此点相似。关于脑血栓与年老骨质疏松是否相似的问题，换句话说是受害人原有疾病是否属于个人体质的问题。笔者赞同王淑华案二审判决及再审审查裁定中的观点，即受害人原有疾病发生在交通事故前，是其身体的一种客观状况，与其主观心理状况无关，不属于侵权法上的过错，因此，在法律事实上，脑血栓和年老骨质疏松类似，两案关键事实均类似，王淑华的身体状况不属于减轻被告赔偿责任的法定情形。

毋庸置疑的是，以参考案例的裁判要点为依据提取关键事实的前提是该裁判要点的归纳是正确的。就指导性案例而言，其裁判要点均是经过多级法院层层整理筛选，并经最高人民法院确认发布的，大部分应该是严谨准确的。但如果参考的是其他典型案例，甚至中国裁判文书网的有关案例，关键事实的提取就应更加谨慎。尽管有些案例按照编撰体例列出了裁判要点,但是大部分案例的编写不似指导性案例那般严谨,在参考的过程中不能直接对照现有的裁判要点确定案件关键事实。这些参考案例关键事实的发掘应从待判案件的争议问题入手,在着重分析参考案例判决文书中与该争议问题有关的论证后,从案件事实查明部分找寻有关的案件事实。此时,案件关键事实的提取应十分审慎,为了防止关键事实的错误解读,需要考虑案件裁判理由背后的法律原则及精神。一方面,要尽量防止类案不类判的情况出现;另一方面,若参考案例确实有违法律原则及精神,甚至法律明文规定,则不可依赖其裁判观点。

三、权衡相似点与不同点,决定是否区别于案例

在案件比对过程中,我们往往会发现案件的关键事实并不总是相似的。在类比推理中,为了提高类推结论的可靠性,可以通过发现和结论相矛盾的属性,防止不正确结论的导出。因此,在判例法的案件类推过程中,法官需要识别待判案件与在先判例在事实上的相同点或不同点,并判断何者在法律评价上更为重要,进而决定是依照先例还是区别先例进行判决。①

(一)判例法案例举例

在美国的"Adams v New Jersey Steamboat Company"案②中,一名轮船特等舱旅客的财物在锁了门窗的个人包房内被盗,轮船公司和旅客均不存在疏忽,争议焦点是:轮船公司是否对旅客的失窃财物负有严格责任。法官认为轮船特等舱就如漂浮的旅店客房,旅客享有私人的空间,因此应遵循普通法中旅馆老板对住店旅客的严格责任,判决轮船公司对原告进行赔偿。法官在判决中将该案区别于火车卧铺乘客被窃的先例③。在火车卧铺失窃案中,由于铁路运输公司不存在过失,法院判决其不承担卧铺旅客财物被盗的赔偿责任。轮船失窃案的法官指出轮船特等舱失窃和火车卧铺失窃之间的关键不同,即火车旅客没有一个私人独立的隔舱,旅客没有也不应当期待其财物会

---

① 【美】史蒂文·J. 伯顿:《法律和法律推理导论》,张志铭、解兴权译,中国政法大学出版社1999年版,第30-38页。

② (1896) 45 NE 369.

③ Carpenter v. N. Y. , N. H. &H. R. R. Co(124 N. Y. 53).

得到对抗盗贼的保护,因此铁路公司不对旅客承担严格责任。

可见,即便是两个极为相像的案件,一旦涉及某个关键的事实差异,两案的结果就可能不同。笔者以英国法中房屋占有人的注意义务为例做进一步说明,可以看到,每当出现一个关键事实不同,案件结果就可能出现反转。

在"Wheat v E. Lacon & Co Ltd."案①中,被告作为酒商将酒馆交给理查森夫妇打理,合同允许理查森夫妇占有使用酒馆,但明确他们不是承租人,被告可以进入酒馆查看酒馆的状态。原告和丈夫到酒馆消费,丈夫在去一楼吧台买酒时不慎从酒馆后梯坠落身亡,事故发生时,楼梯上方的电灯没有灯泡。在考虑被告是否属于1957年英国《占有人责任法》中的占有人时,法官认为占有人是指因对某一场所有足够的控制权使其对该场所的合法进入者负有注意义务的人,被告和理查森夫妇都是法律上的占有人,对原告负有注意义务。②

为了展现案件比对中事实不同点可能导致的差异,笔者在上述案件事实基础上对某些关键事实做几种假设分析:(1)假设案件其他事实不变,但理查森夫妇是承租人并负责酒馆的维护修缮,则被告已将控制权完全让渡给承租人,因而不对客人负有注意义务;③(2)假设坠落受伤的是一个小偷,由于法律只要求占有人对合法进入其场所的人负注意义务,因而被告即便违反了该义务也无须对因此受损的小偷担责;(3)假设被告在酒馆后梯边上放置了明确的提醒告示,则因满足了法律要求其承担的注意义务而无须对原告承担赔偿责任;(4)但如果案涉场所不是酒馆,而是一个允许幼儿独自进入玩耍的场地,针对场所潜在危险的告示则不足以推卸占有人的责任,因为告示虽足以警示成人却不足以警示目不识丁的幼儿;④(5)假设酒馆楼梯间灯泡完好,但是烟囱堵塞,修理工在修理过程中一氧化碳中毒,酒馆占有人是否应承担责任? 答案是否定的。在"Roles v Nathan"案⑤中,法院判决房子占有人不对在清理烟道时一氧化碳中毒死亡的烟囱清理工承担责任,因为他有理由认

---

① ［1966］AC 552.

② 但该案被告并未违反其法律上的注意义务,因此不承担责任。

③ Cavalier v Pope ［1906］AC 428;The Defective Premises Act 1972 of UK, section 4(1).

④ Occupier's Liability Act 1957, section 2(3)(a).

⑤ ［1963］1 WLR 1117.

为烟囱清理工作为专业人员,具备预防及避免与其工作有关的危险的能力。

以上假设,不一而足。生活中的事实是多种多样的,案件事实也必然存在不同,在比对待判案件和先例的时候,如果发现不同点比相同点在法律上更加重要时,判例法国家的法官就会将待判案件区别于先例。这些关键的不同点可能源于法律条文的规定、法律原则的推导甚至法律精神的诠释。正如下文强调的,法官无论是在确定案件关键事实,还是权衡相同点和不同点的时候都必须牢牢把握法律规定、规则原则以及法律的精神,唯其如此,类案参考才能成为促进公平公正的工具,案例制度才能适应时代的发展。

(二)中国案例验证

案例区别技术对于中国案例同样适用。当待判案件与参考案例存在相似点之外的不同点,且该不同点具有重要法律意义时,法官就应当做出区别。

为方便与前文例证进行区别比对,我们仍以第 24 号指导性案例及其后判案件为例。在徐银花、林芬芬等与胡鹏、郑小珍等机动车交通事故责任纠纷一案①中,胡鹏驾驶郑小珍所有的轿车与林法根驾驶的电动三轮车发生碰撞,造成林法根受伤,交警认定双方对事故负同等责任。林法根入院诊断显示:胫骨骨折、血吸虫肝病、门静脉高压、脾脏切除术后等。医院对其实施骨折复内固定术,术后暴发性肝功能衰竭、DIC 死亡。林法根家属起诉胡鹏等人及保险公司要求赔偿。被告答辩称交通事故导致的外伤对林法根的死亡系诱因,主要是其自身疾病及医疗过错造成,应适用参与度减轻其责任。

该案与第 24 号指导性案例关键事实相同的有:(1)均为交通事故;(2)受害人存在个人体质问题;(3)个人体质对损害后果造成影响。两案的不同点是:(1)指导案例中受害人无过错,徐银花案受害人对事故负有 50% 的责任;(2)徐银花案受害人在治疗过程中发生了医疗损害。法官认为:胡鹏的侵权行为及林法根在交通事故中的违法行为均与林法根的死亡存在因果关系,被告应承担相应的赔偿责任;医院的医疗损害行为亦与林法根的死亡存在因果关系,故医院依法应当承担赔偿责任(双方已调解);林法根生前患有血吸虫肝病、门静脉高压,脾脏切除术后,该特殊体质确与其死亡产生作用,但特殊体质并不属于侵权责任法中的"过错",是受害人身体的一种客观

---

① 〔2014〕衢柯交民初字第 82 号。

情况,不能认定为一种应受谴责的主观心理状态,在法理上与其死亡不具有因果关系,因此根据医疗损害及林法根交通事故中的过错对被告赔偿责任比例予以扣减。尽管法官没有在裁判理由中明确对第24号指导性案例进行援引比对,但可以看出,该案与指导性案例的两处不同是至关重要的,与损害结果之间构成了法律上的因果关系,阻断了类似于指导性案例的被告承担全部责任的裁判结果。当然,如果仅从个人体质对损害后果的影响上看,该案其实又遵循了指导性案例的裁判要点。①

四、法律规则贯穿前述步骤,价值权衡检验类比结果

（一）法律规则贯穿步骤一、二

从上述探讨中我们不难发现,在类案识别中不论是关键事实的确定还是相同点和不同点的权衡,均不能单纯以数量的多寡来认定,有关的比对识别无不是将事实投射于法律规范之上,从法律的意义角度进行的判断。案件不是简单事实的叠加,审判亦不似烹饪般只需加入食材、配料就可以成就一道菜。某些事实之所以成为关键事实是因为其被法律规定、先例案例、规则原则等赋予了法律上的意义,而关键事实相同点及不同点重要性的比较亦体现了法律价值的取舍。

（二）价值权衡检验裁判结果

萨维尼曾言:"法律自制定公布之日起,即逐渐与时代脱节。"在判例法国家,有时候法官是通过法律解释的方法扩大或限缩先例判决理由,识别或区别类案,甚至在极端情况下推翻先例来实现法律的与时俱进。作为制定法为主要法律渊源的中国,虽然不能在有法律规定的情况下做出向左的判决,但是当抽象的法律规定无法解决审判实践中出现的具体问题,案例的适用将导致明显不公时,法官也可能背离案例,并充分阐明其对法律和事理的考量及不予参考的原因。

因为法律条文只是抽象化的骨架,案例比对等形式逻辑的推理亦不能全面兼顾案件社会效果等价值考量,法官必须在实践中针对具体的案件,在法

---

① 公众如果仅看裁判结果,可能会认为存在类案不同判的情况,而事实上,两个案件判决并不冲突,反而恰恰是遵循了同样的法律原则。

律框架内,在比对类案的基础上,对价值冲突做出选择与平衡。这种决断必然不是千篇一律的,会因个案关键事实差异导致不同,因时代的变迁、社会价值的变革等因素出现改变,而只要这种差异没有违背公正审判,正义为先的精神,那么便不可过于因循守旧、因噎废食。

当然,案件审判作为理性的认识和决断离不开法官的学识素养、法律智慧甚至政策意识和价值取向。在参考案例,特别是具有指导意义的重大典型案例时,法官作为社会公正的守护者,必须确保不轻易违背案例判决,始终恪守职业道德底线,遵循法治的理性精神,防止自由裁量权的恣意。(类案识别技术图示见附件2)

结语

由于社会现象和法学理论的复杂性,法律论证不像数学可以代入公式精确计算,类似案件的识别技术也不可能是严丝合缝的公式化推演,但其依然有着内在的逻辑和步骤:在以参考案例的裁判要点和待判案件的争议焦点为线索锁定案件关键事实的基础上,结合法律规定、规则原则权衡比对两案的相似点和不同点,当相同点更为重要,且不存在价值权衡阻却的情况下,可以得出两案为类似案件的结论。随着指导性案例制度的发展和社会公众对司法裁判关注度的提高,类案识别技术将成为当代法官不可或缺的审判技能。唯有学习掌握并通过大量实践完善该技术,才有可能实现案例指导制度的美好设计初衷,尽量接近类似案件都类似裁判的法治神话。

(2018年法院系统第三十届学术讨论会福建省一等奖、全国三等奖)

附件 1　第 24 号指导性案例近期参照情况表

案号	事故责任	事故损伤参与度	个人体质或疾病	最扣残疾/死亡赔偿金赔偿比例
（2018）沪 02 民终 6346 号	原告主要责任	不考虑参与度	脑动静脉畸形	40%
（2018）皖 1126 民初 664 号	原告无责任	50%	（判决书未载明）	100%
（2018）皖 1126 民初 871 号	原告无责任	（判决书未载明）	（判决书未载明）	100%
（2018）粤 06 民终 5548 号	原告无责任	20%	高龄自身疾病	40%（交强险也按参与度理赔）
（2018）苏 01 民终 811 号	原告无责任	有参与度,具体未鉴定	椎间盘突出、腰椎体结节、脊柱侧弯、椎体退变	100%
（2018）川 11 民终 63 号	原告次要责任	20%	未明确（事故骨折、骨溃疡急性出血死亡）	20%（交强险也按参与度理赔）
（2018）粤 03 民终 448 号	原告同等责任	未予鉴定	糖尿病和冠心病	50%
（2018）辽 13 民终 725 号	原告次要责任	75%	颈椎间盘突出及椎管狭窄	75%
（2018）辽 14 民终 770 号	原告无责任	50%	既往性颈椎退行性改变	100%
（2018）川 0411 民初 287 号	原告无责任	冠心病基础,交通事故诱发死亡	冠心病	15%（所有损失按参与度赔偿）
（2018）川 04 民终 725 号	原告无责任	冠心病基础,交通事故诱发死亡	冠心病	100%
（2018）浙 07 民终 2321 号	原告无责任	事故损伤诱发死亡	静脉流动缓慢、血液高凝	80%
（2018）鄂 0104 民终 390 号	原告无责任	80%	自身疾病	100%
（2018）鲁 02 民终 1686 号	原告无责任	50%	颈椎退行性性变	100%
（2018）豫 13 民终 2147 号	原告无责任	30%	高龄、脏器功能退化、患病	100%
（2018）冀 01 民终 2702 号	原告无责任	80%	自身疾病	100%

注:以上表格为笔者于 2018 年 8 月 28 日分别以"24 号指导""24 号案例"为关键词搜索中国裁判文书网 2018 年判决书整理

附件 2　类案识别技术图示

裁判结果 R

法律规范与规则原则贯穿

参考案例 X
（基本事实：a、b、c、d、e、f）

识别对比关键事实

待判案例 Y
（基本事实：a1、b1、c1、d1、g1、h1）

判决理由　裁判要点

争议要点

关键事实：a、b、c、e

关键事实：a1、b1、c1、g

相似性对比

$a=a1$; $b=b1$; $c=c1$

$e≠g$

权衡相同点和不同点

$e≠g$ 不重要

$e≠g$ 重要

$Y=X$

价值权衡阻却

$Y≠X$

$Y \rightarrow R$

$Y≠X$

自贸区海事司法服务建设中
保障台企、台胞在陆权益的三个维度

李 越

【摘要】深化两岸经济合作是自贸区建设的重要目标，在自贸区海事司法服务建设中充分保障台企、台胞在大陆合法权益，有利于调动其在自贸区进行商贸活动的积极性，增强其共享发展机遇过程中的归属感和获得感。对台企、台胞权益的有效保护，重点在于从其特定的利益诉求出发，充分回应其对安全感和获得感的渴求，紧扣其维权中的顾虑和困难，立足自贸区涉台司法的透明度、参与度和便捷度等三个维度，创新服务意识、完善服务措施，着力提升司法服务水平。

【关键词】自贸区；海事司法服务；台企、台胞权益保障

推进与我国台湾地区投资贸易自由化进程发展、深化两岸经济合作是中国自由贸易试验区建设的重要目标，台湾地区是自贸区建设过程中重点对接和服务的对象。特别是福建自贸区，自建立伊始即以两岸为立足点、以对台为优势特色①，2018年国务院《进一步深化中国（福建）自由贸易试验区改革开放方案》强调福建自贸区要"发挥沿海近台优势，在深化两岸经济合作方面发挥更大作用"。而随着两岸关系的深入发展，台资、台企渐由闽浙粤深扩内陆，不仅福建，现设的11个自贸区均认识到台企、台胞在自贸区建设中发挥的重要作用。立足自贸区建设，深化两岸经济合作，基础在于营造法治化的投资环境，充分保障自贸区内台企、台胞的合法权益，从而调动台企、台胞在自贸区进行商贸活动的积极性，增强台企、台胞在共享发展机遇过程中

---

① 2015年国务院印发的《中国（福建）自由贸易试验区总体方案》将福建自贸区的战略定位确定为"立足两岸、服务全国、面向世界"，要求"充分发挥对台优势，率先推进与台湾地区投资贸易自由化进程，把自贸试验区建设为深化两岸经济合作的示范区"。

的归属感和获得感。

两岸海上经济交流历史悠久,航运来往密切,在渔业捕捞、船员派遣、船舶金融等方面合作空间巨大。自贸区的建立和发展显然将进一步巩固和扩大两岸之间的海洋经济合作,自然对精准完备的涉台海事司法服务产生更加迫切的需求。海事法院作为涉台海事司法服务的提供主体,对台企、台胞在自贸区从事海事海商活动过程中合法权益的保障责无旁贷。

充分保障自贸区内台企、台胞的合法权益,不仅需要海事法院正确行使审判职能,公正裁决纠纷,还需要海事法院提升司法服务水平,增强台企、台胞对大陆司法的信赖。司法服务是审判职能的外部延伸。审判职能具有被动性和普适性,不因当事人的地域和身份而有差别待遇,但司法服务能够通过发挥服务主体的积极性,根据服务对象的具体情况,采取有针对性的服务措施。因此,对台企、台胞权益的特别保护,重点在于从台企、台胞特定的利益诉求出发,有针对性地提供司法服务。两岸虽法缘相循,但客观上由于不同的历史境遇和发展路径,使台湾地区法制的发展水平、法律文化、法律制度和法律体系有别于大陆,台企、台胞对陌生的法治环境仍在一定程度上抱持着审慎和不安的态度,在保障自身权益的过程中还存在着不知、不解、不便等困难。自贸区海事司法服务要充分回应台企、台胞对安全感和获得感的渴求,就需要紧扣台企、台胞维权中的顾虑和困难,立足自贸区涉台司法的透明度、参与度和便捷度等三个维度,创新服务意识、完善服务措施,着力提升司法服务水平。

一、深化自贸区涉台司法公开,提升司法透明度

不安源自未知。提升台企、台胞对大陆自贸区司法环境的安全感,需要在现有的司法公开举措基础上,有针对性地向台企、台胞推送公开信息,提升其对大陆法律法规和审判程序的认知和理解,进而消除台企、台胞对大陆司法环境的陌生与不安。

(一)庭审公开

对依法应当公开审理的案件,应该做到每庭必录、同步直播、录像可查。应在诉讼流程指引中公开旁听庭审、观看庭审直播、调取庭审录像的途径和

流程。可根据案件具体情况,允许台籍群众凭台胞证申请旁听证现场旁听涉台海事案件审理。对于较典型的台企、台胞关注度较大的案件,可以邀请相关台籍代表旁听庭审,并在庭后邀请主审法官、台籍陪审员现场进行释法点评。定期举办法院、法庭开放日活动,邀请台籍人士了解法院风貌和法院文化,消除陌生感和疏离感。

（二）审判流程公开

根据《最高人民法院关于人民法院通过互联网公开审判流程信息的规定》建立涉台自贸海事案件审判流程信息的互联网公开机制,并通过手机、诉讼服务平台(线上、线下)、电话语音系统、电子邮箱、自贸区司法服务窗口等媒介,向台籍当事人及其法定代理人、诉讼代理人、辩护人主动推送案件的审判流程信息或提供查询服务。互联网公开的网站平台及受理案件通知书、应诉通知书、参加诉讼通知书、出庭通知书、诉讼事项通知书等流程引导文书可同时提供简繁版本以便台籍当事人阅读。

（三）裁判文书公开

根据《最高人民法院关于人民法院在互联网公布裁判文书的规定》及时公开涉台自贸海事案件的裁判文书,通过各类途径告知当事人在互联网公布裁判文书的范围及互联网公布裁判文书的有关规定。台籍当事人未能在互联网找到相应文书的,如该文书确属应当公开的范围,做出文书的法院可以协助提供并及时补录上网。

（四）增强信息服务

定期统筹自贸区涉台海事案件的审理情况,经过数据分析研判编制自贸区涉台海事案件审判白皮书,系统公开案件数量、纠纷类型等情况,公布指导性案例并做司法解读,对集中出现、自贸区新政策引发的法律问题作分析指引,对台企、台胞从事自贸区经济活动中存在的司法风险进行提示和预警,对个案中反映出的政策、管理、风控等问题及时向相关部门和当事企业发出司法建议。编制并公开常见类型案件的裁判指引,加强裁判文书说理及判后释法答疑。

二、鼓励台企、台胞参加司法活动,提升司法参与度

消除台企、台胞对所谓司法"主客场"的担忧,最直接的办法就是让他们

自己参与到司法活动中来,通过参与案件审判、纠纷化解、法规完善的各个环节,一方面调动台企、台胞"自家人"的力量促进矛盾的多元化解;另一方面也使自贸区司法活动的公正性、专业性得到见证和认可,增强台企、台胞对自贸区司法的信心。

（一）参与案件审判

选任台籍陪审员参加自贸区涉台海事案件的审理,在条件允许的情况下争取每件涉台海事案件均有台籍陪审员参审。在庭审、合议中充分尊重和保障台籍陪审员的法定权利,鼓励台籍陪审员发挥自身对台湾地区法律、风土民情、交易习惯等方面的了解,对案件审理提出建设性的观点、意见;积极发挥台胞、台企在域外送达、调查及域外法查明中的作用;根据司法部《取得国家法律职业资格的台湾居民在大陆从事律师职业管理办法》、《关于修改〈取得国家法律职业资格的台湾居民在大陆从事律师执业管理办法〉的决定》及《关于放宽扩大台湾地区律师事务所在大陆设立代表处地域范围等三项开放措施》等规定,在符合条件的地区鼓励台籍律师及台籍律师事务所在自贸区涉台海事案件审判中发挥作用。

（二）参与多元化解

聘任具有一定社会影响力的台籍人士担任台籍调解员,在诉前化解、诉中调解、判后理解方面发挥沟通融合作用;与台商协会等企业、行业协会建立紧密联系,发挥涉台民间组织在纠纷化解中的协调作用;支持自贸区相关仲裁机构聘任台籍仲裁员,参加涉台海事案件的仲裁审理;根据《最高人民法院关于认可和执行台湾地区仲裁裁决的规定》,依法认可和执行有关常设仲裁机构及临时仲裁庭在台湾地区按照台湾地区仲裁规定就有关民商事争议做出的仲裁裁决。

（三）参与法规完善

构建与自贸区涉台司法服务对象的常态化沟通渠道,积极收集台企、台胞对案件审理、司法服务、法规政策等方面的想法和建议;对涉及台企、台胞切身利益的法规制定和修改,充分听取台籍人士的意见和主张;加强两岸司法交流和学习研讨,促进两岸法治的相互了解和共同进步;吸纳台籍专家学者加入案件审理专家顾问库,为法规完善和个案审理提供专业意见。

三、完善自贸涉台权益保障路径，提升司法便捷度

由于身份和地域的特殊性，台企、台胞在大陆自贸区的权益保障相比于一般主体确实存在一些困难。在自贸区海事司法服务建设中有的放矢地完善涉台权益保障的路径，扫除阻碍维权的障碍因素，为涉台权益保障创造便利，提升涉台纠纷解决的效率，无疑有利于增强台企、台胞在自贸区建设发展中的尊重感和获得感。

（一）优化司法服务机构设置

在自贸区综合服务中心设立自贸诉讼事务、司法服务"一个窗口"，编纂简繁双版本的法规汇编、诉讼指南、立案登记流程图等诉讼指引文件，为当事人提供仲裁、调解等多元化解路径的指引，就高发典型案件类型，分类制作包含程序选择、流程安排、证据收集、费用时间等内容的诉讼"说明书"，帮助当事人选择最佳维权途径，做好诉讼准备；探索涉自贸区案件与涉台海事案件的专门审判机构或审判团队进行合署办公、探索海事法院与自贸区各片区法院建立法官联席会议制度，共研疑难问题，统一案件尺度，减少管辖分歧。

（二）提升案件审理流程效率

贯彻立案登记制，有案必立、有诉必理；坚持繁简分流，突破一般"四涉案件"不适用简易程序的惯例，探索涉台海事案件适用简易程序的具体规则；进一步发挥督促程序的作用，引导债权债务关系明确的案件通过支付令、海事强制令等方式解决纠纷；在充分利用两岸司法互助及邮寄送达的基础上，探索通过电子送达、当事人及其代理人送达、第三方法律服务机构送达等新型送达方式，提高送达效率；探索接受台湾本岛企业一定时期内向大陆律师做出的总授权，简化境外公证认证手续。

（三）拓展多元权益保障路径

支持自贸区配套仲裁院建设，支持国际知名仲裁机构在自贸区设置代表处，加强诉仲对接和互动；探索适用《人民调解法》的规定，依托台籍企业及行业协会设置台籍人士组成的人民调解委员会，对达成的调解协议进行司法确认；建设网上调解平台，利用远程视频技术实现跨地域面对面调解；组建台胞权益保障法官工作室，提供台企、台胞与法官面对面沟通的便利平台；定期

主动走访自贸区台企,收集权益保障诉求,研判经营司法风险,加强诉讼纠纷预防;建立民间非官方性质的司法服务保障沟通平台,以非官方身份与台企、台胞共同参加各种司法相关交流活动,减少台企、台胞参加官方活动的掣肘和顾虑。

（原载于《2018 年海法与自贸区建设法律问题高端研讨会成果论文集》）

小议构建"一带一路"法治保障体系

张星亮

【摘要】法治保障是"一带一路"建设的必然选择，其宗旨是合作共赢，同时也要正视法治文明在"一带一路"建设中的风险和局限性。

【关键词】一带一路；法治；合作；发展

2013 年 9 月 7 日和 10 月 3 日，习近平主席先后提出建设"丝绸之路经济带"和"21 世纪海上丝绸之路"的主张，得到全世界范围广泛的积极响应。2016 年 11 月 17 日，"一带一路"倡议首次写入第 71 届联合国大会决议。2017 年 3 月 17 日，联合国安理会通过第 2344 号决议，首次载入"构建人类命运共同体"理念，呼吁通过"一带一路"建设等加强区域经济合作。

一、"一带一路"建设需要法治保障的必要性

随着"一带一路"建设不断向纵深推进，中国愈加走向世界舞台的中央，本质上也是在不断融入世界。为了更好地为"一带一路"保驾护航，建设完善的法治环境也是重中之重。2014 年 APEC 会议期间，习近平针对"建设互联互通，实现亚洲联动发展"重申："尊重各国主权和领土完整，照顾各方舒适度，不强人所难，不干涉他国内政"。"一带一路"倡议还强调，有关各国平等协商，"共建发展共同体，利益共同体和责任共同体"。①

"一带一路"建设过程中必然存在各种金融、贸易风险和纠纷，合理规避风险，解决纠纷，需要完善的法律、法规。作为"一带一路"倡议的首倡者，中国应当更多地担负起区域合作的引导者，创新和变革世界经济格局，推动全

---

① 金玲：《"一带一路"：中国的马歇尔计划？》，《国际问题研究》2015 年第 1 期。

球秩序的合理完善。"一带一路"建设必然需要制度的创新和法治的保障。

法治文明自身的优势,决定"一带一路"建设必然走上法治的轨道。"文明秩序是形成一个社会的政治、经济乃至文化秩序的基础,是一种元秩序(Meta-order)。以法律为核心建立起来的社会框架,即'法治',可以称为法律文明秩序。"①"文明秩序"学说的创始人於兴中教授指出:在人类历史上,主要有三种文明秩序,即崇尚灵性的宗教文明秩序、关注心性的道德文明秩序和推崇智性的法律文明秩序。不同的文明秩序是人的不同秉性的反映,本无高下之分,却有侧重之不同,即传统的宗教文明秩序与道德文明秩序更强调对人生意义的关怀;法律文明秩序,其本质是对生命必需的追求。法律文明秩序,即法治,是一种"外向型的、权利本位的、重规则、权威文件至上的文明秩序";②法治的核心内容可归结为:权利成为人利欲的具体化,法律成为调整权利和权力冲突的基本方式。法治的主要优点表现在"它妥善地解决了人的欲望和人的精神追求之间的矛盾,而这对矛盾是所有的传统文化无法避免但又无法解决的矛盾"。③

"一带一路"倡议不仅引领中国继续扩大对外开放,也推进着全面深化改革向纵深发展。习近平指出:"法治和人治问题是人类政治文明史上的一个基本问题,也是各国在实现现代化过程中必须面对和解决的一个重大问题。纵观世界近现代史,凡是顺利实现现代化的国家,没有一个不是较好解决了法治和人治问题的。相反,一些国家虽然也一度实现快速发展,但并没有顺利迈进现代化的门槛,而是陷入这样或那样的'陷阱',出现经济社会发展停滞甚至倒退的局面。后一种情况很大程度上与法治不彰有关。"④依法治国是深化改革的重要保障,深化改革和对外开放必须以法治为前提深化扩展,"一带一路"建设应当以依法治国为前提。

遵循法治有利于培育良性的市场规则,促进形成有序的商业竞争环境。

---

① 於兴中:《作为法律文明秩序的法治》,《清华法治论衡》(第二辑),清华大学出版社 2002 年版,第 33 页。

② 於兴中:《法治东西》,法律出版社 2016 年版,第 6 页。

③ 於兴中:《法治东西》,法律出版社 2016 年版,第 7 页。

④ 习近平:《在中共十八届四中全会第二次全体会议上的讲话》,《习近平关于全面依法治国论述摘编》,中央文献出版社 2015 年版,第 12 页。

"一带一路"建设的宗旨是助力沿线发展中国家的现代化,从而实现各方的互利共赢,这有赖于规范合理的经济秩序和法治环境。"一带一路"倡议根据沿线国家与中国的差异性和互补性,创造性地提出了"互联互通"概念,"意在通过发挥沿线各经济体的比较优势,实现互通有无、合作共赢",①最终达到共同发展的宏伟目标。"一带一路"构想的根本理念就是合作共赢,目标是寻求全球秩序合理合作,法治环境所指引的规范和稳定,正是合作共赢和共同发展所必需的。

二、"一带一路"法治保障的宗旨是合作共赢

"国际问题需要在格局更高,容量更大的理论框架中去解决",②任何以国家利益为出发点的理论和解决方案均因适用范围过于狭隘而越来越不奏效。旧有的国际经济秩序是以大国利益为中心,现有的法治理论在解决国际冲突层面,有着一定的内在局限性。"一带一路"是全新的国际关系,需要面对和完善旧有的国际关系理论和法治理论,不能仅仅以一国的国家利益为出发点。"一带一路"需要的法治保障,是以保护共享利益,实现合作共赢为目标的。在中国传统文化看来,"有序世界成为有序国家的必要条件,国际利益先于国家利益,国际秩序是国家秩序的基础"。③ 这种思维方式是"最大的思想尺度和认识框架,任何问题都可以纳入其中而被重新反思"。④ 中国的传统文化具有西方文明不具备的普世价值体系,更加适应于"一带一路"建设的全新国际关系。

"一带一路"倡议的提出,源自国内深化改革开放的需求。而法治环境的必要性不止体现在一国之内,同样反映在国际关系的合理有序运行中。"一带一路"倡议是由中国首倡,沿线各国自愿参与、协调、平等、互惠互利的贸易投资便利化的倡议和安排,受到广大发展中国家的支持。"共建'一带一路'旨在促进经济要素有序自由流动、资源高效配置和市场深度融合,推

---

① 金玲:《"一带一路":中国的马歇尔计划?》,《国际问题研究》2015 年第 1 期。

② 〔美〕詹姆斯·德·代元:《国际关系理论批判》,秦治来译,浙江人民出版社 2003 年版,第 26 页。

③ 杨锦帆:《试论超越法律霸权主义的德政智慧——一种其普遍合作的法律哲学》,《学术界》2016 年第 9 期。

④ 赵汀阳:《坏世界研究:作为第一哲学的政治哲学》,中国人民大学出版社 2009 年版,第 89 页。

动沿线各国实现经济政策协调,开展更大范围、更高水平、更深层次的区域合作,共同打造开放、包容、均衡、普惠的区域经济合作架构。"①倡议坚持合作共赢、共同发展,以区域合作、互联互通实现沿线国家的优势互补、互惠互利。"一带一路"构想的新型国际关系,必须法制健全和规范,才能行至更远。

"一带一路"建设为实现合作共赢必须贯彻合作主义,摒弃以往的单边主义。受制于单边主义思维,每个主体都以各自的个体理性进行思考,"在追求排他利益最大化的算计之下,即使能够相互理解,也并不会形成必然的合作结果,相反结果可能是更为常见的权力均势或斗争到底"。② 平等互利有利于实现合作各国的和谐共赢,学者赵汀阳将和谐定义为:"不同存在之间相辅相成的互相最优化共在关系。"③和谐追求更加平衡、合理的新型国际关系以及多样、兼容和互惠的合作。"一带一路"倡议体现出求同存异、兼容并包、互惠互利的合作原则,更接近实现国际关系的和谐共赢。於兴中教授指出,"在接受法治的同时不应该抛弃中国原有的文化传统,而应该从中国原有的文化传统中发掘出与法治相适应的文化因素来,进一步完善现有的法治"。④ 儒家思想有一句具建设意义的表述"己欲立而立人,己欲达而达人",表达出"要最大化自己的利益的唯一可行途径就是同时去最大化他者的利益"。⑤ 以互惠互利为前提,合作各国可以将他国的发展转化为本国的发展契机,再推动各国共同发展。与此同时,"一带一路"倡议不针对第三方,不经营势力范围,体现出包容开放的中国智慧。凭借法治保障,可以保障合作主义的有效运作,"一带一路"可以实现共同发展。

三、法治文明在"一带一路"建设中的风险与局限

中国首倡"一带一路",深化改革开放,主动引领国际合作,必然以法治建设保障"一带一路"推进,同时也必须理性看待法治。在推行依法治国、建设社会主义法治国家的过程中,需要清醒、理性地看待法治的优势与局限,以

---

① 《推动共建"丝绸之路经济带"和"21世纪海上丝绸之路的愿景与行动"》,新华网2015年6月8日。
② 赵汀阳:《深化启蒙:从方法论的个人主义到方法论的关系主义》,《哲学研究》2011年第1期。
③ 赵汀阳:《第一哲学的支点》,生活·读书·新知三联书店2013年版,第218页。
④ 於兴中:《法理学前沿》,中国民主法制出版社2015年版,第9页。
⑤ 赵汀阳:《坏世界研究:作为第一哲学的政治哲学》,中国人民大学出版社2009年版,第89页。

期待"更为广阔和深刻的理论探讨，以寻找更为理想的社会安排"。①"一个完全建立在智性和法律之上的社会，也就是一个法治社会，只能造就一大堆现世主义的个人主义者，却孕育不出秉性健全的人来。"②

"只有将法治社会的价值同其他类型的社会价值予以比较或者参照，方可看出它们之间的相对优越性"，③并对法治的局限保持清醒的认识。必须正视法治文明与开放共赢的"一带一路"倡议的张力。

自由主义法治建立在旧有的国际格局基础上，在国际关系层面无法完全解决"一带一路"建设法治保障的全部问题。例如，罗尔斯的正义论及其"差别原则"在众多法治社会的建设者那里反响巨大。可是，他在其《万民法》中指出"正义原则如果要在国际社会推广的话，就必须去掉差别原则"，④理由是发达国家不能因此原则去照顾落后国家。即便"随着发展中国家尤其是新兴经济体的崛起，全球贸易格局和力量对比正在发生演变"，⑤以美国为代表的发达国家则通过"建立高标准、排他性的自贸区，谋求全球贸易规则的主导权，迫使发展中国家做出更大的妥协，进而主导全球经济治理"。⑥ 对此，"广大发展中国家要求建立公平合理的全球经贸规则体系与治理格局的呼声日益高涨"，⑦体现在法理层面，必然涉及对现有格局和治理模式有关"国际合法性"的追问。自由主义法治主张的单边主义与"一带一路"主张的合作共赢有着分歧和冲突，无法有效保障新型国际关系格局。

十九大报告中对世界形势的判断："世界正处于大发展大变革大调整时期，和平与发展仍然是时代主题。世界多极化、经济全球化、社会信息化、文化多样化深入发展，全球治理体系和国际秩序变革加速推进，各国相互联系和依存日益加深，国际力量对比更趋平衡，和平发展大势不可逆转。同时，世界面临的不稳定性、不确定性突出，世界经济增长动能不足，贫富分化日益严重，地区热点问题此起彼伏，恐怖主义、网络安全、重大传染性疾病、气候变化

---

① 於兴中:《法治东西》,法律出版社 2016 年版,第 8 页。
② 於兴中:《法治东西》,法律出版社 2016 年版,第 33 页。
③ 於兴中:《法治东西》,法律出版社 2016 年版,第 67 页。
④ ［美］约翰·罗尔斯:《万民法》,陈肖生译,吉林出版集团有限责任公司 2013 年版,第 154 页。
⑤ 李丹、崔日明:《"一带一路"倡议与全球经贸格局重构》,《经济学家》2015 年第 8 期。
⑥ 东艳:《全球贸易规则的发展趋势与中国的机遇》,《国际经济评论》2014 年第 1 期。
⑦ 赵丽娜:《区域经济一体化的新发展及中国的倡议选择》,《理论学刊》2013 年第 11 期。

等非传统安全威胁持续蔓延,人类面临许多共同挑战。"①习近平在党的第十九次全国代表大会上的报告指出:"要尊重世界文明的多样性,以文明交流超越文明隔阂、文明互鉴超越文明冲突、文明共存超越文明优越。"②"一带一路"的宏伟倡议正在向更深更广持续发展,作为当代中国法律工作者,更应该百尺竿头更进一步,为"一带一路"创造更好的法治保障,为伟大祖国走向世界贡献应尽的力量。

(原载于《涉海法律制度与自贸港区前沿法律问题研究》,人民法院出版社,2019 年版)

---

① 习近平:《决胜全面建成小康社会,夺取新时代中国特色社会主义伟大胜利——在中国共产党第十九次全国代表大会上的讲话》,人民出版社 2017 年版,第 59 页。
② 习近平:《决胜全面建成小康社会,夺取新时代中国特色社会主义伟大胜利——在中国共产党第十九次全国代表大会上的讲话》,人民出版社 2017 年版,第 59 页。

海事执行信息化的实践探索与未来展望

姜昭琪

【摘要】执行信息化建设是从根本上解决执行难问题的不二法门。海事执行案件有着区别于一般执行案件的特点和难点，更需要加强对"智慧执行"新模式的探索。近年来，厦门海事法院围绕海事执行工作特点，在执行查控、执行处分、执行惩戒、执行管理信息化建设及执行指挥中心建设方面取得了较大的成效，但也存在着一定的问题和困难。未来，在海事数据整合与运用、执行信息公开化及执行智能辅助系统的开发与应用等方面还有进一步提升和完善的空间。

【关键词】海事执行；执行信息化；船舶查控

在信息化时代，大数据、云计算、人工智能等信息技术已不断融入人民法院工作的方方面面。而执行工作，作为司法工作的重点和难点，与信息化的深度融合更是大势所趋。最高人民法院强调要"牢牢把握信息化发展带来的难得历史机遇，大力推进大数据、云计算、人工智能等技术在执行领域的广泛应用，完善网络化、自动化执行查控体系，推进完善失信被执行人信用惩戒制度，实现执行模式的历史性变革"。① 而海事执行工作，因海事案件的特殊性，有着区别于一般执行案件的特点和难点，更需要加强对"智慧执行"新模式的探索，以满足海事执行个性化的需求。

一、海事执行工作的主要特点

(一)地域跨度广,查控难度大

海事法院是跨行政区域管辖的专门法院，海事执行案件具有点多、线长、

---

① 田小梅：《中国执行信息化建设的成效、问题与展望》，《中国应用法学》2018 年第 1 期，第 9 页。

面广的特点,许多案件需要海事法院之间的协作配合。① 从受案类型来看,许多案件系海上运输合同纠纷、船舶碰撞纠纷等,主要执行标的为船舶,船舶属于流动财产,常年漂泊在外,决定了大部分执行案件均需要异地执行。而由于船舶的"居"无定所,对时限的要求往往较紧,且查控的难度较大,外籍船舶常年停靠国外港口,司法管辖不允许国外扣押,国内船舶亦难以实现时时监控、即刻扣押。

(二)财产处置周期长

查控船舶后,对于船舶的处置也是海事执行案件的难点。大多数海事海商案件,比如船员工资纠纷、船舶押合同纠纷、船舶物料备品供应纠纷等案件,往往需要通过拍卖船舶来实现债权的清偿,但由于船舶市场价格变化多端,成交难度大,航运市场主体范围狭窄,船舶价格高昂,买受群体相对较少。此外,在债权分配时,船舶拍卖款的分配依法需经债权登记、确权诉讼等一系列程序,只有所有涉及该船舶的案件全部审结之后,拍卖所得款项方能根据各个债权的不同性质顺位分配,程序烦琐复杂,案件耗时长。

(三)涉外涉民生案件多,信访风险高

海事执行案件常常涉及船员工资,当事人众多,直接关系到人民群众的切身利益,若不及时安抚化解容易演化成群体性事件,信访风险高。此外,海事审判和执行工作常常具有涉外因素,包括当事人主体涉外、法律事实涉外、标的物涉外等,受到国际航运界和法律界人士的关注程度高,境外财产查控难度大。

(四)需与涉海涉港多关联单位联动合作

由于海事管辖专业性的特点,涉及航运、海洋环境、船舶等众多专业领域,海事执行工作常常需要与各涉海涉港关联单位对接,需要与海事局、海洋渔业局、边检、海警、港口管理局等涉海管理单位进行合作,实现跨区域联动。

二、海事执行信息化的实践探索

基于海事执行工作的上述特点,推进海事执行信息化,探索"智慧执行"

---

① 倪中月、岑祺:《"互联网+"助力破解海事执行难题》,《中国水运报》2015年9月9日第001版。

模式,是提高财产查控和处置效率、规范执行行为、提升执行透明度和强制力的迫切需要,对解决执行难题具有重要意义。下文将以笔者所在的厦门海事法院执行实践为例,对目前海事执行信息化的实践情况进行简要总结。

（一）执行查控信息化

在船舶的查控方面,厦门海事法院不断深化与海事、渔业等部门的协作,充分利用其执法平台及船讯网等专业网络平台,探索船舶线索悬赏制度,加大船舶线索查找力度,尽一切可能从协助执行单位获取相关执行信息,2018年全年扣押船舶65艘,拍卖变卖船舶23艘。在其他财产的查控方面,厦门海事法院充分利用最高人民法院"总对总"网络执行查控系统和福建法院"点对点"网络执行查控系统,实现对被执行人全国范围内的不动产、存款、金融理财产品、车辆、证券、网络资金等16类25项信息的查询,提升财产查控效率,实现执行查控方式的根本变革。

（二）建设执行指挥中心平台

根据上级部署,厦门海事法院建立独立执行指挥中心,执行人员前往执行现场以及采取执行措施的全过程均可以通过执行指挥车、单兵执法记录仪同步传输到执行指挥中心,上级法院也可以通过远程指挥监控系统观看执行现场,做到执行现场全程可视化,既能规范执行干警的执行行为,还能快速处置执行突发事件,对被执行人起到震慑作用。

2018年6月,厦门海事法院由院长在执行指挥中心全程指挥,副院长带队赴东山对"闽东渔64667号"渔船实施扣押,全程经由网易现场直播,扣押行动受到广大网友的高度关注和广泛好评,有效增强了打击失信被执行人的高压态势。

（三）执行处分信息化

厦门海事法院自2014年8月即开始试点通过淘宝等网络平台拍卖船舶,至2016年年初即实现网拍全覆盖。针对近年来船舶交易市场持续低迷的状态,为了提高船舶拍卖成交率,在推进线上网拍的同时,注重运用纸质媒体、微信公众号等渠道推介拍品,并请相关部门协助推介,积极寻找买家,拓宽船舶成交渠道,有效提高拍卖成交率、溢价率,加快船舶处置的进程。

针对船舶处置周期较长的情况,厦门海事法院通过设立船员微信群,及时传达拍卖相关信息,公开船舶拍卖过程及案件审理执行进度,安抚船员情绪;同时,也力争取得其他债权人的理解与支持,对具有船舶优先权的损害赔偿款及船员工资先予发放。

(四)执行惩戒信息化

厦门海事法院充分依托福建省失信被执行人联合惩戒平台,对失信被执行人进行联合惩戒。2018 年,平台联动单位已拓展至 100 家,其中有 65 家实现系统对接,35 家实现账号登录。① 根据 2018 年 9 月福建海事局下发的《福建海事局关于在船舶登记工作中落实联合惩戒措施的通知》,通过对失信被执行人的自动比对和拦截,实现在船舶登记工作中的联合惩戒。同时,积极加入厦门市信用体系建设,与涉海单位、重点渔区等建立协作机制,失信人员名单及时嵌入厦门市信用体系系统。通过与联动单位的数据对接,限制失信被执行人进行消费和从事其他商业活动,不断拓展对失信被执行人信用惩戒的深度和广度。

此外,厦门海事法院充分利用电视、纸媒、官方网站、微信公众号等媒介进行全方位多角度立体宣传,实时宣传扣押船舶、车辆等强制执行工作,定期向社会公布诚信度较差的被执行人名单,向社会大众推送重大执行活动、典型案例、创新举措、理性认识执行难等内容,营造执行高压氛围,正确引导公众对"执行难"及"执行不能"的理性认识,捍卫司法权威。

(五)执行管理信息化

厦门海事法院运用执行节点流程管理系统,从立案、分案、财产查控到财产拍卖、案款分配等每一个流程节点,都在系统中进行,通过系统跟踪精细化控制执行期限,有效规范执行行为。同时,通过信息化平台,向社会公开执行流程和节点信息,做到执行行为阳光化、透明化。

三、执行信息化存在的主要问题和困难

(一)受专门法院体制限制,无法与所辖区域内各地党政机关完全对接

海事法院作为专门法院,在体制上不同于一般中级人民法院和基层人民

---

① 中国社会科学院法学研究所法治指数创新工程项目组:《中国法院"智慧执行"第三方评估报告(2018)》,《中国法院信息化发展报告 No.3(2019)》,社会科学文献出版社,2019 年。

法院,非按行政区划设立,与直辖市中院相类似,在与各地党委对接上存在一定困难,在推动本级相关部门将失信名单嵌入该部门工作系统、建立联合惩戒失信机制等存在一定的障碍,目前只能通过加入所在地市级的信用体系建设及与涉海涉港单位建立协作机制的方式,达到执行联动的效果。

（二）网络查控系统的数据来源有待扩充,准确性有待提升

目前,对于船舶数据的采集主要是通过与当地海事局的合作,尚未实现系统的直接接入和数据的互联互通,查控系统的数据来源有待扩充。在其他财产如银行账户的查控方面,尚存在数据传输不够及时、信息存在一定的滞后性、各银行之间的检索条件不统一等情况,不动产信息尚未实现全国联网查控,影响了数据的真实性和执行人员的办案效率。

（三）网络查控系统操作便捷性有待加强

目前,无论是最高人民法院"总对总"网络执行查控系统还是地方"点对点"网络执行查控系统,主要还是通过执行人员手动发起查询的方式进行操作,耗费大量时间,且无法及时查控被执行人的财产信息变动情况。虽然有些法院如福建石狮法院已经通过外嵌脚本的方式实现主动发起定期自动查询,提高执行效率,减少人工损耗①,但网络查控系统本身尚不具备这样的功能,其操作便捷性和用户体验感有待加强。

（四）执行节点流程管理系统不够灵活

根据目前的执行节点流程管理系统,每一个步骤必须严格按照流程进行,完成标准化动作之后才能进入下一个环节,节点较为烦琐且没有通融的余地,虽然便利了管理部门的管理,但在灵活性上有待提高。

四、海事执行信息化的未来与展望

（一）推动数据整合与运用,提高船舶查控效率

继续加强与地方海事局、海洋渔业局、边检、港口管理局、气象局等涉海管理单位的数据互联互通建设,加强各海事法院之间信息的合作和互通,实

---

① 洪彦伟:《信息化引擎下执行流水线的构建与实践——以福建石狮法院为主要视点》,人民法院出版社,2018年版,第31页。

现船舶登记及航行信息、海员登船和出入境信息、水文气象信息等数据的整合和运用,提高船舶查找定位的准确性和便捷性。在船舶的扣押方面,探索通过信息化手段,与海事局和边防单位协作,实现一定程度上的远程扣船,提高执行效率。

(二)提升网络查控系统数据的准确性和广泛性

加强网络查控系统的优化,实现信息的即时更新,提高财产覆盖范围,加强不动产财产信息的联网查控,对于境外企业作为被执行人的情况,利用港澳台和境外各国的公司登记查询信息平台,采集其主要负责人和股东相关信息,多方位收录被执行人各类信息。扩大网络查控系统的数据来源,加强对数据的分析与运用,建立被执行人履行能力评估模型,为预测执行工作态势提供支持。

(三)推进执行信息公开化,提升执行透明度

进一步加强点对点的信息执行公开化,通过手机短信、网页客户端、移动客户端等多种平台,主动向案件当事人发送执行进展等信息,实现执行信息的精准推送,提升执行透明度。推进执行文书的电子送达,提高送达工作效率,缓解案多人少的压力。

(四)推进执行智能辅助系统的开发与应用

在目前网络查控系统的基础上,推进智能辅助系统的开发与运用,实现对可执行财产的自动定期查询,尤其是对于终本案件的可执行财产进行定期自动查询。加强执行文书的自动生成功能,利用案件管理系统,自动提取案件信息生成法律文书,减少执行人员的事务性工作,提升执行工作效率。

(2019 年《人民司法》杂志社、最高人民法院执行局、福建省石狮市人民法院共同举办的"石狮杯"执行信息化建设与应用征文活动优秀奖)

第三方网络平台法律义务及民事责任研究

程倩如

【摘要】本文旨在通过分析网络平台的法律性质，探讨网络平台所应当承担的法律义务，合理界定网络平台义务的内容和边界，从而认定网络平台作为具有独立民事法律地位的一种新型交易媒介，若在提供服务过程中履行义务不当导致违约或侵权行为的发生，应当就此承担相应的民事法律责任。

【关键词】网络平台；法律性质；法律义务；违约责任；侵权责任

随着互联网的迅速发展，各类互联网产品正在日益深刻影响着大众的日常生活、工作方式及交往手段。资讯新闻类、生活服务类、电子商务类、社交沟通类等各种网络平台如雨后春笋般层出不穷，包括新闻门户网站、微博、微信、淘宝、京东、携程、滴滴、摩拜、饿了么、美团等在内的许多平台类网站或App给人们的衣食住行提供了方便，中国当代社会显然已经进入所谓的"平台时代"。

然而这些网络平台在给人们提供各种便捷的同时，也出现了各种矛盾和争议。从淘宝售卖违法违禁商品被工商总局警示，到饿了么因商家卫生不达标被食品药监部门处罚，再到颇有争议的快播案，网络平台的快速发展所带来的安全问题、个人信息保护问题等法律风险层出不穷。在我国现有的法律框架下，应当依据什么样的理论基础来界定网络平台的法律义务，网络平台违反义务所要承担的责任究竟属于何种性质，这些都直接影响着法律的适用和法院的实际判例，影响着人们如何能够更好地使用网络平台。

一、网络平台的分类和法律性质

（一）定义和分类

网络平台，从字面上理解，是指通过互联网技术在网络上充当传播信息、商品或服务平台的第三方系统，其最主要的特征在于作为一个连接点连接了信息、商品或服务的供给方和需求方。

根据其提供内容的不同，网络平台可以分为网络信息平台和网络服务平台。网络信息平台是通过互联网向公众传播各种新闻等信息内容的主体，如新浪、搜狐、网易等各类综合性门户网站等，网络服务平台则是为公众提供各类商品或服务信息的主体，如微博、微信等社交平台，淘宝、京东等购物平台以及饿了么、滴滴等生活平台。事实上，我们日常所说的网络平台大多是指网络服务平台，本文以下亦以网络服务平台指代网络平台为例进行阐述。

根据国家工商行政管理总局 2014 年发布的《网络交易管理办法》第二十二条①至第三十四条关于"第三方交易平台经营者的特别规定"及第三十五条至第三十八条关于"其他有关服务经营者的特别规定"，网络服务平台可区分为网络交易平台与其他网络服务平台两类。网络服务平台作为"为网络商品交易提供第三方交易平台、宣传推广、信用评价、支付结算、物流、快递、网络接入、服务器托管、虚拟空间租用、网站网页设计制作等营利性服务"②，其内涵与外延均大于网络交易平台的概念，因为网络服务平台不但包含了网络交易，还包括网络接入和产品服务等其他方面的内容。

网络交易平台，又根据其是否参与实际经营可大致分为两种：一种称之为"搭建式"经营者，即仅为交易者搭建交易平台，自身并不参与商品的实际

---

① 《网络交易管理办法》第二十二条："第三方交易平台经营者应当是经工商行政管理部门登记注册并领取营业执照的企业法人。前款所称第三方交易平台，是指在网络商品交易活动中为交易双方或者多方提供网页空间、虚拟经营场所、交易规则、交易撮合、信息发布等服务，供交易双方或者多方独立开展交易活动的信息网络系统。"第三十五条："为网络商品交易提供网络接入、服务器托管、虚拟空间租用、网站网页设计制作等服务的有关服务经营者，应当要求申请者提供经营资格证明和个人真实身份信息，签订服务合同，依法记录其上网信息。申请者营业执照或者个人真实身份信息等信息记录备份保存时间自服务合同终止或者履行完毕之日起不少于两年。"

② 《网络交易管理办法》第三条："……本办法所称有关服务，是指为网络商品交易提供第三方交易平台、宣传推广、信用评价、支付结算、物流、快递、网络接入、服务器托管、虚拟空间租用、网站网页设计制作等营利性服务。"

经营;另一种则系"自营式"经营者,即其不光是交易平台的搭建者,同时也参与部分实际经营,例如天猫和京东分别都有其自营的商品在其平台上出售。

(二) 法律性质

目前理论学界对各类网络平台的法律性质观点不一,主要有"卖方说""柜台出租方说""居间人说"等几种。

"卖方说"认为,网络平台是"买卖合同的一方当事人,与登录平台的用户或消费者之间是一种买卖合同关系"①。但是,网络平台与传统商业模式下的买卖合同最大的不同在于其具有相对独立的地位,是在平台上存储、传送或者链接来自第三方的内容或者信息,或者是基于互联网专业技术,为第三方用户提供相应的服务。这样的开放性使得网络服务平台能够迅速集中各个方面的资源为人们提供各种便利,形成双边或多边市场效应。大部分网络平台自身并不直接参与或干预交易过程,若仅将其视为买卖合同的一方当事人,则"忽视了其作为独立的一方主体发挥的中介作用,同时还会加重平台负担的法律责任和运营风险,不利于第三方网络服务平台的长远发展"。②

"柜台出租方说"认为,网络平台"扮演着与实体交易中柜台出租者类似的角色"。③ 的确,二者都是为商品交易或服务提供空间并收取相应的费用,且大多不参与到交易当中去。从一部分网络交易平台来看,实际经营者也是在注册成为平台会员、签订同意协议并缴纳一定的费用或租金后才得以在平台上开始经营。但实际上,有些网络平台对经营者和用户是完全免费的,下载注册成为会员之后即能够进行使用或交易,与商场柜台必须收取租金费用并签订租赁合同是完全不同的。而且,互联网具有无限拓展的特性,平台上的用户数量能够随着时间的推移不断扩大,与商场柜台有限的空间具有本质上的区别。

"居间人说"认为,网络平台"作为居间人为双方提供订立合同的机会,

---

① 韩洪今:《网络交易平台提供商的法律地位》,《当代法学》,2009 年第 23 期。
② 杨立新、韩煦:《网络交易平台提供者的法律地位与民事责任》,《江汉论坛》,2014 年第 5 期。
③ 刘德良:《论网站在网络交易中的地位和责任——从一起网络交易纠纷案说起》,《中国电子商务法律网》,2015 年 1 月。

起到了居间媒介的作用"①。但该观点没有反映出网络平台的特征,网络平台为交易双方提供了一个供沟通磋商的中间渠道,或者在收集和组织信息、商品或服务后,通过网络向公众进行传播,与主动寻求、报告缔约机会并且积极斡旋尽可能促进成交的居间合同法律关系并不相同。

作为一种新兴事物,网络平台在现代社会创新不断,其法律性质并不能一概而论,应当根据其在现实中的运营情况,区分平台类型后再进行分析和判断。对于既提供平台又参与到部分经营当中去的自营式平台来说,其就同时兼具了第三方媒介和商品服务经营者这两种身份。而对于不参与交易的网络平台,我们就不能将其视为买卖合同或居间合同的当事方,该类型的平台实际上只是一种为交易方或消费方提供虚拟空间来进行商品买卖、信息交换的第三方媒介。

以目前最为典型的网络服务平台的三种模式 B2B、B2C、C2C 为例,在B2B、B2C 模式下,平台的法律性质就接近于特殊的柜台出租方,像阿里巴巴这种 B2B 平台要求进驻其平台的商家必须是经工商登记注册的企业或个体经营户,进驻时还需要缴纳相应的入场费用。而像淘宝这种 C2C 平台的法律性质则更类似于服务提供者,这类平台主要基于与登陆平台的经营者或消费者之间的网络服务合同,为他们提供技术服务、审查准入和费用收取等,准入标准较之 B2B、B2C 平台就要宽松许多。

二、网络服务平台的法律义务

(一)理论学说

早期的网络平台多以实现网络自由为主要目的,同时兼顾网络需求,较少涉及对平台进行限制的义务。但当平台上出现侵权或违法行为时,直接追究侵权人则相对困难。20 世纪 90 年代早期,为了遏制当时在互联网上不断出现的诽谤信息、儿童色情信息以及侵犯著作权行为,美国开始对网络平台进行义务限制。1998 年,美国颁布的《千禧年数字版权法》(DMCA)首次提出"避风港规则",其意为当网络平台履行了其相应义务之后,就能够像船舶进入避风港一样安全,不会受到非法打击,"提供搜索或者链接服务的网络

---

① 高富平:《网络对社会的挑战与立法政策选择》,《电子商务立法研究报告》,2004 年。

服务提供者可以进入避风港受到庇护。①"其核心观点是，当著作权人发现网络平台中出现侵害自身权利的信息时，可向网络平台服务商提出要求删除的通知，网络平台服务商在接到通知之后应当立即删除侵权信息以免除自身责任，否则将与侵权人共同承担连带责任。鉴于该规则在解决著作权人与网络平台经营者之间在侵权责任分配上具有重要作用，可以较好地平衡各方当事人的合法权益，符合网络平台的发展规律，因此，"避风港"规则的适用范围被不断扩大，最后被运用至几乎所有的网络服务平台领域。我国的《侵权责任法》和《电子商务法》也借鉴了该规则，如《侵权责任法》第三十六条关于电商平台服务商需要承担侵权责任三种主要情形②和《电子商务法》第三十八条关于网络平台服务商需承担责任的情形③。

需要特别说明的是，"避风港"规则存在例外，即"红旗标准"。"当一项侵权行为如同红旗一样醒目之时，网络平台服务商就不能以没有接到受害人通知删除为由而主张免责。"④也就是说，在侵权行为极为明显且严重、已经达到所谓的"红旗标准"之时，受害人可以在未向平台服务商发出要求删除通知之前，即径直起诉平台服务商要求其承担侵权责任。

（二）法律义务

网络平台的法律义务目前主要来自我国现行的一些法律和行政法规，如《侵权责任法》《著作权法》《电子商务法》《网络交易管理办法》《网络安全法》《电信和互联网用户个人信息保护规定》《第三方电子商务交易平台服务规范》等等。具体来说，包括以下几个方面的内容：

---

① 史学清：《网络搜索服务商的免责条件和归责原则——解读〈信息网络传播权保护条例〉第23条》，《中国律师》，2009年第5期。

② 《侵权责任法》第三十六条："网络用户、网络服务提供者利用网络侵害他人民事权益的，应当承担侵权责任。网络用户利用网络服务实施侵权行为的，被侵权人有权通知网络服务提供者采取删除、屏蔽、断开链接等必要措施。网络服务提供者接到通知后未及时采取必要措施的，对损害的扩大部分与该网络用户承担连带责任。网络服务提供者知道网络用户利用其网络服务侵害他人民事权益，未采取必要措施的，与该网络用户承担连带责任。"

③ 《电子商务法》第三十八条："电子商务平台经营者知道或者应当知道平台内经营者销售的商品或者提供的服务不符合保障人身、财产安全的要求，或者有其他侵害消费者合法权益行为，未采取必要措施的，依法与该平台内经营者承担连带责任。对关系消费者生命健康的商品或者服务，电子商务平台经营者对平台内经营者的资质资格未尽到审核义务，或者对消费者未尽到安全保障义务，造成消费者损害的，依法承担相应的责任。"

④ 赵明：《论"避风港"规则的适用条件》，《长春理工大学学报》2012年第5期。

1.监管义务

监管义务,首先是管理并审查用户信息的义务,包括身份信息、相关资质或其他可能需要的相关许可等。根据《网络安全法》第二十四条的规定,包括网络平台在内的网络服务商应当要求用户提供真实身份信息,对其所需要的资质或行政许可做出必要审核,即必须按照某种注意义务的标准进行审查。其次是及时监管和更新用户信息的义务,在运营过程中,网络平台应当保持对用户信息和商户资质的实时监管,及时更新和修改过时或虚假的信息。比如2000年《欧盟电子商务指令》中规定,平台"在知晓非法活动后,必须迅速删除、阻止他人访问非法信息才能免责"①。上述规定即是"避风港"规则在网络平台义务中的实际体现。

2.安全义务

安全义务,一是提供安全防范措施,体现在保护用户信息、保障交易环境等方面。《网络安全法》第四十四条明确规定:"任何个人和组织不得窃取或者以其他非法方式获取个人信息,不得非法出售或者非法向他人提供个人信息。"也就是说,网络平台有义务保证商家或用户提供给平台的信息的完整性和保密性,且只能在用户同意的前提下或者在法律允许的范围内收集并使用用户信息。在日常运营过程中,平台应当采取技术措施或其他手段,对平台上的行为进行监控,及时发现侵权甚至违法行为,创造良好安全的交易规则和交易环境,提高平台安全系数,切实保证平台上商家和用户的合法权益,尽量降低各方因置身平台而遭受风险或损失的可能性。

二是做好应急性防范工作,体现在当平台出现侵权甚至违法行为时,应当及时采取措施予以制止和举报。如《全国人大常委会关于加强网络信息保护的决定》第五条规定:"网络服务提供者对违法发送或者传输信息的,负有及时停止传输该信息,并向有关部门举报的责任。"《网络安全法》第四十七条也规定了包括网络平台在内的网络服务商的安全保障义务。②

---

① 蒋志培:《网络与电子商务法(修订本)》,清华大学出版社2002年版。
② 《网络安全法》第四十七条:"网络运营者应当加强对其用户发布的信息的管理,发现法律、行政法规禁止发布或者传输的信息的,应当立即停止传输该信息,采取消除等处置措施,防止信息扩散,保存有关记录,并向有关主管部门报告。"

3. 协助义务

协助义务包括向有权机关报告或提供相关信息、为受害方提供必要支持和帮助等。一方面，在国家有权机关特别是负有侦查犯罪职责的公安机关要求获取侵权或违法行为人的相关数据或信息内容时，网络平台应当予以积极配合。另一方面，网络平台还应当为遭受侵权行为的平台用户提供适当的帮助，如我国《侵权责任法》第三十六条和《全国人大常委会关于加强网络信息保护的决定》第八条①都充分体现了网络平台的协助义务。

三、网络平台的民事责任

民事责任，是指民事主体违反民事法律义务时所应当承担的不利法律后果。② 从民事责任的类型来看，网络平台的民事责任大致上可以区别为违约责任和侵权责任两种。违约责任以违约行为为前提，侵权责任成立则以侵权行为的存在为基础，前者的认定以无过错为归责原则，后者则有过错、公平、严格责任等归责规则。两大责任类型在诸多方面都有着较大的区别，需要分别进行分析探讨。

（一）网络平台的违约责任

以网络平台为基础订立的合同关系与传统的合同关系相比通常较为复杂，发生违约行为时首先需要界定各方的权利义务。通常来说，网络平台上的法律行为存在两种合同关系：一是平台用户或者平台商家与平台之间的网络服务合同关系；二是平台用户与平台商家之间的商品买卖合同关系。

首先是平台用户或平台商家与平台之间的服务合同关系。平台为用户或商家提供的是信息、商品或者技术等通过互联网才能进行的服务，平台大多并不参与到用户与商家之间的买卖合同关系中，平台是否有违约行为应当根据平台是否遵守了其与用户或商家之间的服务协议来判断。如果平台仅作为双方交易的服务提供商，为双方提供了真实有效的信息，则其实际上并未违反其与用户或商家之间的服务合同，若因为用户或商家自身原因导致买

---

① 《全国人民代表大会常务委员会关于加强网络信息保护的决定》第八条："公民发现泄露个人身份、散布个人隐私等侵害其合法权益的网络信息，或者受到商业性电子信息侵扰的，有权要求网络服务提供者删除有关信息或者采取其他必要措施予以制止。"

② 杨立新：《民法总则》，法律出版社 2013 年版。

卖合同无法订立,则平台并不需要为此承担违约责任,而只需将已经支付至平台的款项予以原路返还即可。但如果平台没有按照服务协议的要求为用户或商家提供其所需的信息、商品或技术等互联网服务,则应当承担相应的违约责任。

其次是平台用户与平台商家之间的商品买卖合同关系。二者与线下进行的普通商品买卖关系的唯一区别在于进行交易的途径是互联网,因此违约行为大多数时候也与线下合同的违约行为相近。因此,根据合同的相对性原则,用户通常不能要求平台承担违约责任,只有当平台在明知或应知的情形下未采取有效措施导致损失扩大,才需要就扩大的损失部分承担连带侵权责任。

(二)网络平台的侵权责任

侵权行为是主体承担侵权责任的基础,网络平台作为特殊的互联网服务提供者,对发生在平台上的侵权行为应当具体情况具体分析再来确定应当承担的责任类型。

1. 侵犯平台用户权益行为

(1)未尽审查义务。在食品、药品或交通等与公众利益相关的行业,如果网络平台对商户的准入资质、经营资格、行政许可等未尽审慎审查义务,平台用户的人身或财产安全就可能受到侵害。例如曾连续出现的网约车乘客受伤害事件,网约车平台作为一种新型的交通方式,平台经营方作为车辆和乘客双方的组织者、主导者和调度者,若对车辆或驾驶人的资格和信用审查流于形式,安全措施和安全机制不完善,这种原本提供了方便快捷的网络共享服务平台就可能演变为存在致命缺陷的定时炸弹,产生各种侵权事件。

(2)信息不完整或虚假。网络平台通过互联网进行操作,许多环节都是虚拟行为,无论是商家还是用户都极少进行直接接触,因此无法完全掌握对方的所有信息,也不能自行判断信息是否属实,即平台上的商品或服务可能存在信息不完整甚至是虚假的情况,比如商家蓄意夸大产品功效、售卖假冒伪劣商品,消费者拒不支付款项,等等,由此导致的各类纠纷也屡见不鲜。

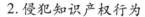

2. 侵犯知识产权行为

（1）侵害著作权

在网络平台上最常见的侵害著作权行为就是在诸如微博、微信公众号、贴吧等公开平台上未注明作者或出处，非法复制、转载或传播他人的作品，使得访问平台的所有个体均能够随意获取他人的作品。但由于平台涉嫌侵犯著作权的作品均是由平台用户等第三方主动上传，平台仅为这些侵权材料的使用和传播提供了空间、媒介或其他便捷，且大多数也未加以改动，故这类型侵权行为大多属于间接侵权。

不过有学者认为，在著作权领域，"应当以网络平台是否有过错作为归责要件，以及行为本身是否受到平台控制来区分直接侵权与间接侵权"①。然而我国目前的《著作权法》及其他相关民事法律并未将无过错原则作为侵犯著作权的归责标准，《侵权责任法》中更是明确规定了无过错原则仅适用于如产品责任、环境污染、高度危险等几种情形。《最高人民法院关于审理侵害信息网络传播权民事纠纷案件适用法律若干问题的规定》第三条、第四条②指出，"提供信息内容的行为"中的信息内容是由谁主动自愿地将其置于网络系统之中是判断平台是否属于侵权行为的标准之一。

（2）侵害专利权

网络服务平台上常见的侵害专利权的行为主要体现在充斥着各种"山寨"产品等仿制商品。与侵害著作权行为类似，网络平台大多不单独直接销售商品获利，仅提供第三方平台供各方交易，但因网络平台负有的审查义务，即必须对商品的来源和合法性进行严格管理，如果平台未尽审查义务或明知有制假售假行为的存在却未采取有效措施的，就可能构成对专利权的共同侵

---

① 王迁：《信息网络传播权保护条例中"避风港"规则的效力》，《法学》2010年第6期。

② 《最高人民法院关于审理侵害信息网络传播权民事纠纷案件适用法律若干问题的规定》第三条："网络用户、网络服务提供者未经许可，通过信息网络提供权利人享有信息网络传播权的作品、表演、录音录像制品，除法律、行政法规另有规定外，人民法院应当认定其构成侵害信息网络传播权行为。通过上传到网络服务器、设置共享文件或者利用文件分享软件等方式，将作品、表演、录音录像制品置于信息网络中，使公众能够在个人选定的时间和地点以下载、浏览或者其他方式获得的，人民法院应当认定其实施了前款规定的提供行为。"第四条："有证据证明网络服务提供者与他人以分工合作等方式共同提供作品、表演、录音录像制品，构成共同侵权行为的，人民法院应当判令其承担连带责任。网络服务提供者能够证明其仅提供自动接入、自动传输、信息存储空间、搜索、链接、文件分享技术等网络服务，主张其不构成共同侵权行为的，人民法院应予支持。"

权行为。

（3）侵害商标权

《商标法》第五十七条列举了侵害商标权的几种行为,其中第六款关于故意为他人侵害商标权提供便利的,①即属于大部分网络平台上出现的商标权侵权行为类型。也就是说,如果平台知道或者应当知道有侵害商标权的行为存在,对此却不予采取任何措施,则将可能构成间接侵权,需承担相应责任。

3.侵权责任认定

关于网络平台民事侵权责任的立法,我国同美国一样最早来源于著作权领域,即采用了"避风港"规则。随后,《侵权责任法》对网络服务提供者的侵权责任一般规则、《消费者权益保护法》对网络平台在消费者权益保护领域的民事责任等均做出了相关规定。《网络安全法》《电子商务法》的先后施行和《专利法》《商标法》的修订,也都对网络平台民事责任的具体规则进行了规定。

根据立法和实践,目前网络平台的侵权责任大多根据其过错程度进行认定,包括连带责任、补充责任和按份责任等。这里笔者主要阐述前两项内容。

（1）连带责任

网络平台在接到被侵权人通知后,没有及时采取必要或有效措施,对损害的扩大部分与侵权人承担连带责任。也就是说,网络平台承担连带责任需要两个条件:一是客观条件,即平台对侵权行为未采取必要或有效的措施防止其扩大;二是主观条件,即平台对侵权行为的存在是明知或者应知却放任其存在,所谓"明知"是指"实际知道",是事实认定,而所谓"应知"是"推定知道",是法律推定。例如《最高人民法院关于审理利用信息网络侵害人身权益民事纠纷案件适用法律若干问题的规定》第九条就列举了关于认定是

---

① 《商标法》第五十七条:"有下列行为之一的,均属侵犯注册商标专用权:……(六)故意为侵犯他人商标专用权行为提供便利条件,帮助他人实施侵犯商标专用权行为的;……"

否属于"知道"的多条判断因素①。

网络平台若想援引"避风港"规则规避责任，尤其需要明确其例外原则即"红旗原则"的适用标准。如前文所述，"红旗原则"是指"当一项侵权行为如同红旗一样醒目之时，网络平台服务商就不能以没有接到受害人通知删除为由而主张免责"。在这种情况下，网络平台就不能以其不知道侵权事实的存在来规避自身责任，即便被侵权人未主张权利，也可以由此推定平台是知道侵权事实的存在，如果未采取必要措施则需要承担连带侵权责任。

有学者认为，网络平台承担的侵权责任属于附条件的不真正连带责任，即侵权行为的实施者是直接侵权人，网络平台系间接侵权人，承担的是附条件的不真正连带责任，在其对外承担完全部责任后，平台可以向直接侵权人再进行追偿。② 我国目前的《消费者权益保护法》第四十四条③即是这种不真正连带责任的体现。

应该说，由于网络平台拥有的技术实力和特殊的运营模式所产生的规制能力，能较为便捷地发现并识别不良信息和违规用户。要求平台对外承担连带侵权责任，可以从源头上激励平台采取各种更加有效的措施，间接防止侵权行为的发生，从而保护平台上各方的合法利益。

（2）补充责任

补充责任从理论上来说属于不真正连带责任的特殊情况④。但与连带

---

① 《最高人民法院关于审理利用信息网络侵害人身权益民事纠纷案件适用法律若干问题的规定》第九条：人民法院依据侵权责任法第三十六条第三款认定网络服务提供者是否"知道"，应当综合考虑下列因素：（一）网络服务提供者是否以人工或者自动方式对侵权网络信息以推荐、排名、选择、编辑、整理、修改等方式做出处理；（二）网络服务提供者应当具备的管理信息的能力，以及所提供服务的性质、方式及其引发侵权的可能性大小；（三）该网络信息侵害人身权益的类型及明显程度；（四）该网络信息的社会影响程度或者一定时间内的浏览量；（五）网络服务提供者采取预防侵权措施的技术可能性及其是否采取了相应的合理措施；（六）网络服务提供者是否针对同一网络用户的重复侵权行为或者同一侵权信息采取了相应的合理措施；（七）与本案相关的其他因素。

② 杨立新：《网络平台提供者的附条件不真正连带责任与部分连带责任》，《法律科学〈西北大学学报〉》，2015年第1期。

③ 《消费者权益保护法》第四十四条："消费者通过网络交易平台购买商品或者接受服务，其合法权益受到损害的，可以向销售者或者服务者要求赔偿。网络交易平台提供者不能提供销售者或者服务者的真实名称、地址和有效联系方式的，消费者也可以向网络交易平台提供者要求赔偿；网络交易平台提供者做出更有利于消费者的承诺的，应当履行承诺。网络交易平台提供者赔偿后，有权向销售者或者服务者追偿。"

④ 杨立新：《侵权责任法》，法律出版社2011年版。

责任义务人对外应当承担全部责任不同,补充责任义务人有明确的主次之分,直接侵权人所要承担的侵权责任是首要的,间接侵权人承担的责任是从属的。也就是说,被侵权人向间接侵权人主张的是补充责任而非全部责任。对于网络平台来说,比较典型的需要承担补充责任的就是未履行安全义务而导致平台上出现侵权行为。以网约车服务平台为例,当网约车在载客行驶过程中发生交通事故或其他人身、财产、暴力事件,致乘客或第三人权益受损,因为网约车平台所需承担的安全保障义务,于是在肇事方承担主要责任之外,网约车平台应当就此承担相应的补充责任。

(三)免责条款

目前我国理论界和实务界大多认为,网络平台承担责任的免责条件为"避风港"规则中的"通知—删除"规则,即如果平台本身并不实际知道侵权事实就无须承担侵权责任,但如果知道了侵权事实或者收到了有关侵权的通知就失去了免责事由,除非立即采取行动移除被指控的侵权材料。比较典型的就是《侵权责任法》第三十六条的规定,虽然该规定目前还不够完整。此外,《信息网络传播权保护条例》第十五条到第十七条①也是"通知—删除"规则的典型体现。

结语

我国现行的法律和行政法规为网络平台设置了多项严格的义务,在网络平台的责任规范和责任认定上正在不断完善。但是相关的配套规定和保障

---

① 《信息网络传播权保护条例》第十五条:"网络服务提供者接到权利人的通知书后,应当立即删除涉嫌侵权的作品、表演、录音录像制品,或者断开与涉嫌侵权的作品、表演、录音录像制品的链接,并同时将通知书转送提供作品、表演、录音录像制品的服务对象;服务对象网络地址不明、无法转送的,应当将通知书的内容同时在信息网络上公告。"第十六条:"服务对象接到网络服务提供者转送的通知书后,认为其提供的作品、表演、录音录像制品未侵犯他人权利的,可以向网络服务提供者提交书面说明,要求恢复被删除的作品、表演、录音录像制品,或者恢复与被断开的作品、表演、录音录像制品的链接。书面说明应当包含下列内容:(一)服务对象的姓名(名称)、联系方式和地址;(二)要求恢复的作品、表演、录音录像制品的名称和网络地址;(三)不构成侵权的初步证明材料。服务对象应当对书面说明的真实性负责。"第十七条:"网络服务提供者接到服务对象的书面说明后,应当立即恢复被删除的作品、表演、录音录像制品,或者可以恢复与被断开的作品、表演、录音录像制品的链接,同时将服务对象的书面说明转送权利人。权利人不得再通知网络服务提供者删除该作品、表演、录音录像制品,或者断开与该作品、表演、录音录像制品的链接。"

措施目前依然较为缺失,无法全面而准确地为网络平台的各项义务和责任进行规制。

应当说,随着互联网的持续高速发展,未来网络平台的有效治理需要依靠的是多方力量,包括政府立法者、网络平台自身、各行业协会及互联网用户等在内,众多主体都应当参与到对网络平台义务和责任的治理研究之中去,网络平台的义务和责任需要社会共治,才能更好地让这一新兴事物发挥其最大功能。

【参考文献】

[1]韩洪今.网络交易平台提供商的法律地位[J].当代法学,2009(23):99-103.

[2]杨立新,韩煦.网络交易平台提供者的法律地位及民事责任[J].江汉论坛,2014(5):84-90.

[3]刘德良.论网站在网络交易中的地位和责任:从一起网络交易纠纷案说起.中国电子商务法律网,2015年1月.

[4]高富平.网络对社会的挑战与立法政策选择:电子商务立法研究报告.北京:法律出版社,2004.

[5]史学清.网络搜索服务商的免责条件和归责原则:解读《信息网络传播权保护条例》第23条[J].中国律师,2009(5):21-24.

[6]赵明.论"避风港"规则的适用条件[J].长春理工大学学报,2012(5):201-202.

[7]蒋志培.网络与电子商务法(修订本)[M].北京:清华大学出版社,2002.

[8]杨立新.民法总则[M].北京:法律出版社,2013.

[9]王迁.《信息网络传播权保护条例》中"避风港"规则的效力[J].法学,2010(6):128-140.

[10]杨立新.网络平台提供者的附条件不真正连带责任与部分连带责任[J].法律科学(西北政法大学学报),2015(1):166-177.

[11]杨立新.侵权责任法[M].北京:法律出版社,2011.

（2019年第三十一届全国副省级城市法治论坛主题征文二等奖）

海盗罪国内管辖:"一带一路"必要的海事司法保障

欧阳铭

【摘要】当前,活跃于索马里等地的海盗活动对我国海运安全和"一带一路"建设已经造成严重威胁。实现海盗罪国内司法管辖有着重要现实意义:一是有利于实施海洋强国战略,维护海上交通安全以及经济安全;二是有利于惩治与预防海盗活动,维护国内外商船的私人合法权益;三是有利于更好履行国际法义务、维护国际社会整体利益;四是有利于促进国际司法合作,完善国内海事审判体制。本文运用比较研究方法论证对海盗罪单独规定和专门管辖的法理依据与现实意义,并提出相关建议。

【关键词】海盗罪;国内司法管辖;海事法院

近年来,索马里沿岸、红海和亚丁湾一带、孟加拉湾沿岸、马六甲海峡、整个东南亚水域等"五大恐怖水域"的海盗活动日渐活跃,在索马里沿岸、红海和亚丁湾一带尤为猖獗①。多国海军采取了包括护航在内的一系列行动,我国也先后派出多批军舰赴该海域护航。在海军反海盗行动中,不同国际法、国内法渊源的具体适用可能导致一系列行为性质、法律适用和管辖权变化,例如:海军是否可以将拘捕的海盗带回中国处理或者提交第三方国际机构?拘捕海盗后带回中国处理,由哪个审判机构对海盗罪进行审理? 如何定罪量刑和执行刑罚? 本文采取规范分析、实证分析与比较分析的方法,对海盗罪

---

① 现代海盗活跃区域多数存在局势动荡、治理失败、经济落后、人民贫困、武器泛滥的现状,有些区域又有海盗历史传统,客观上为海盗活动发展提供了社会土壤,随着各种利益关系链条盘根错节,逐渐形成跨区域、种族和阶层的复杂团体,发展出武器走私、情报交易、人质挟持、赎金谈判、船货改装、黑市交易、跨国洗钱一系列上下游犯罪产业链条。索马里地区甚至成立了"股票交易所",采用完全流通、便捷入股、比例分成的股份制模式,通过所谓"海运公司"经营海盗活动。

国内管辖及代表性国家(地区)立法进行分类与比较研究,论证我国对海盗罪实行专门管辖的必要性和可行性,希望促进国内立法和司法方面的相关研究。

一、海盗罪国内管辖的基本问题

现代国际法意义上的海盗罪主要来源于《日内瓦公海公约》①《联合国海洋法公约》②,其将海盗行为定义为私有船舶或航空器上的人员,为私人目的对公海及不属于任何国家管辖区域内的船舶、航空器及其上人员或财物实施暴力、扣留或掠夺的犯罪行为。对海盗罪的规制属于人类海上活动规则、法律的调整范围,这些规则、法律相对独立于各个国家的立法框架,形成了不同于陆地法律的海上法律,这是由海上活动的特点所决定的。海法是起源于海事习惯的规则,对发生在海上的刑事、民事、商事、行政等在陆上属于不同法律部门范围的行为进行了综合的规范,并且毫无疑问地涵盖了国际公法、国际私法、国际经济法的部分内容,是各国船舶及人员公认共守的规则,具有自

---

① 《日内瓦公海公约》第15条规定:"下列行为中的任何行为构成海盗行为:(1)私人船舶或私人航空器的船员或机组成员或乘客为私人目的,对下列对象所实施的任何非法的暴力或扣留行为,或任何掠夺行为:(a)在公海上对另一船舶或航空器,或对另一船舶或航空器上的人员或财物,(b)在任何国家管辖范围以外的地方对船舶、航空器、人员或财物;(2)明知船舶或航空器成为海盗船舶或航空器的事实,而自愿参与其活动的任何行为;(3)教唆或故意便利本条第(1)和(2)款所述行为的任何行为。"第16条规定:"军舰、政府船舶或政府航空器的船员或机组成员发生叛变并控制该船舶或航空器而实施第15条所述的海盗行为,视同私人船舶所实施的行为。"第17条规定:"如果处于主要控制地位的人员意图利用船舶或航空器实施第15条所指的各种行为之一,该船舶或航空器视为海盗船舶或航空器。如果该船舶或航空器被用以实施任何这种行为,在该船舶或航空器仍在犯有这种行为的人员的控制之下时,上述规定同样适用。"此外,《日内瓦公海公约》规定,各国对公海或不属于任何国家管辖范围内的海盗船舶或航空器具有管辖权,内容包括逮捕人员、扣押财产、审判处罚、处置船舶或航空器等。

② 《联合国海洋法公约》第101条规定:"下列行为中的任何行为构成海盗行为:(a)私人船舶或私人航空器的船员、机组成员或乘客为私人目的,对下列对象所从事的任何非法的暴力或扣留行为,或任何掠夺行为:(1)在公海上对另一船舶或航空器,或对另一船舶或航空器上的人或财物,(2)在任何国家管辖范围以外的地方对船舶、航空器、人或财物;(b)明知船舶或航空器成为海盗船舶或航空器的事实,而自愿参加其活动的任何行为;(c)教唆或故意便利(a)或(b)项所述行为的任何行为。"第102条规定:"军舰、政府船舶或政府航空器由于其船员或机组成员发生叛变并控制该船舶或航空器而从事第101条所规定的海盗行为,视同私人船舶或航空器所从事的行为。"第103条规定:"如果处于主要控制地位的人员意图利用船舶或航空器从事第101条所指的各项行为之一,该船舶或航空器视为海盗船舶或航空器。如果该船舶或航空器曾被用以从事任何这种行为,在该船舶或航空器仍在犯有该行为的人员的控制之下时,上述规定同样适用。"此外,《联合国海洋法公约》关于扣押海盗船舶、航空器,逮捕海盗以及扣押国法院对海盗审判权的规定与《日内瓦公海公约》相一致。

体性特征。① 这是因为海上活动往往超越单个政权管辖范围,与其伴生的海法也就具有起源独立、规则通行、体系独立的特点。

《日内瓦公海公约》《联合国海洋法公约》对于海盗罪行的打击范围被严格限制在公海之上,排除了陆地及其上人员或财物实施暴力、扣留等掠夺的犯罪行为,在管辖对象上排除了军舰和政府公务船舶。这是国家主权原则的体现,使得国际法上关于海盗罪的定义可能比一国国内法对海盗罪的规制范围狭窄得多,也与人们对海盗行为的普遍认知存在差异。《日内瓦公海公约》《联合国海洋法公约》关于登临权、紧追权等内容的规定,对一国政府行使海盗罪管辖权做出了行为限制,这是为解决管辖争端、领海使用争端而确立的,客观上造成海上刑法同一概念的割裂。为了填补这一割裂产生的空白,产生了与之区别的"武装抢劫船舶"(Armed Robbery against Ships),将发生在公海之外的海盗行为称为武装抢劫船舶。这一概念见之于国际海事组织《调查海盗和武装抢劫船舶罪行实用规则》和东盟 10 国及中、日、韩等 16 国《关于打击亚洲海盗活动和武装抢劫船只行为的地区合作协定》。"武装抢劫船舶"这一概念的产生是对国际法上海盗罪概念的补充,也是海法自体性修复的一种表现。

国际法意义上的海盗罪,在缺少国际司法机构独立处罚的现状下,在管辖上仍由各个主权国家以国内刑事法律进行认定。联合国官网目前公布的 34 个国家(地区)海盗罪司法管辖规定②不一,对比可以发现以下规律:(1)将海盗罪单独成罪的国家(地区)在司法管辖立法上主要有两种模式:一是以独立的海法进行规制,或者除了刑法规范之外在海法中也有刑事立法内

① 英美法系国家的海事法院在审理案件时采用的是起源于《罗德海法》的罗马法规则,这就是海法体系有别于陆地政权不同法系领域划分的独特之处。

② 本文关于各国国内立法规定的文本主要来源于参考资料中的相关法典翻译本和法学著作论述,笔者将其与联合国网站(http://www. un. org/depts/los/piracy/piracy_national_legislation. htm, 2018 - 6 - 25)的英文文本进行了比较核对,也对上述网站中部分未能找到翻译文本的部分国家法律条文进行了翻译,台湾地区、香港特别行政区法律条文分别来自其官方机构网站的中文文本。

容,有意大利①、俄罗斯②、英国③、法国④、日本⑤、肯尼亚⑥等国家。二是以独

---

① 《意大利航海法典》第 1135、1136 条规定,本国或者外国船舶的船长或者长官对其本国或者外国船舶进行掠夺破坏,或者对其上人员施行暴力的,判处 10 至 12 年监禁。本国或者外国船舶的船长或者长官非法武装船舶航行且不能提供合法证明的,判处 5 到 10 年监禁。对于参与的其他人员处罚较上述人员为轻,但不得少于三分之一刑期,非本国人员刑期不得少于一半。

② 《俄罗斯联邦刑法典》第 227 条就海盗罪规定,为了夺取他人财产,使用暴力或者使用暴力相威胁攻击海洋船舶或内河船舶的,处 5 年以上 10 年以下的剥夺自由;多次实施或使用武器或其他可以作为武器使用的物品实施上述行为的,处 8 年以上 12 年以下的剥夺自由,并处没收财产;有组织的犯罪团伙实施海盗犯罪,过失致人死亡的,造成其他严重后果的,处 10 年以上 15 年以下的剥夺自由,并处没收财产。这一规定不但规定了海盗罪罪名、构成要件,而且明确了一般情节和严重情节下的罚则,并通过将海盗罪直接纳入国内刑法的规定保持了国内刑法上罪名的完整性。此外,1999 年《俄罗斯联邦商船航运法典》采取了海法的综合立法模式,同时调整海上民事、行政、刑事法律关系。

③ 英国对海盗行为的规定起初源于历史悠久的习惯法,并在 1536 年、1799 年、1806 年、1820 年颁布《海上犯罪法》,1698 年、1717 年、1721 年、1744 年、1837 年颁布《海盗行为法》。《海上犯罪法》规定海上及英国拥有管辖权的任何地方的海上犯罪案件均由英国海事法院管辖,包括英国海盗犯罪和外国海盗对英国人的犯罪,并扩至外国海盗对外国人的犯罪。

④ 制定于 1825 年的《法国海盗法》规定对由法籍船舶或法籍船员实施的以及侵害法籍船舶或法籍船员的海盗行为进行管辖,船员叛变、驾船叛逃、携船资敌等行为也被列为海盗罪;1994 年《国家打击海盗及在海上使用武力法》、2005 年《强制救援条款和海上使用武力法》对法国海军打击海盗、沿岸国通知船旗国义务等做出规定;2010 年《运输法》对法国海法体系进行了重新规范,形成了各种运输方式在内,涵盖民事、刑事、行政法律的综合性法典。

⑤ 《日本处罚与应对海盗行为法》规定,海盗罪即船员(除军舰等外)或乘客为私人目的,在公海(包括专属经济区)或日本领海(包括内水)从事掠夺船舶和控制航行、掠夺船舶内的财物等、掠夺船内人员、强迫人质、以上述行为为目的的入侵和破坏船舶、明显地接近其他船舶、备凶器航行。

⑥ 肯尼亚《商船法》主要是参照《联合国海洋法公约》有关规定,对海盗罪以及海盗船只和航空器做出界定,其第 369 条规定的海盗行为包括,海盗船舶或航空器的船员、机组成员或乘客为达成海盗行为目的,对另一船舶或航空器,或对另一船舶或航空器上的人或财物,在任何国家管辖范围以外的地方对船舶、航空器、人或财物所从事的任何非法的暴力或扣留行为,或任何掠夺行为;明知船舶或航空器成为海盗船舶或航空器的事实,而自愿参加其活动的任何行为;教唆或故意便利海盗行为的任何行为。

立的海盗罪名在刑法中进行规制,有西班牙①、荷兰②、美国③、菲律宾④、中国香港⑤、中国台湾⑥等国家(地区)。但无论何种立法架构,对海盗及相关行为单独成罪的,均规定了比较详细的量刑情节。(2)这些国家(地区)立法对海盗罪定义的范围,均较现代国际法关于海盗罪的规制范围广泛,并不因犯罪行为发生在公海或本国领土范围而有所差别,也没有在海盗行为之外另行成立"海上武装抢劫"。对于海盗犯罪中的绑架、杀人、伤害、强奸等情节,没有单独成立其他罪名,而是以海盗罪的加重情节论处。(3)海盗罪是发生在

---

① 《西班牙刑法典》第138、139条就海盗罪规定,危害西班牙人民或其他非西班牙交战国之人民而触犯海盗罪者,应处以长期监牢;当海盗行为危害非西班牙交战国之非交战国之人民者,应处以长期苦役;如果俘获若干船只使其相撞或纵火烧之、并犯谋杀罪或杀人罪、并犯任何侵犯个人贞操之罪、丢弃若干人使其无法拯救者,则应处长期监牢或死刑;在所有案件中,首领、船长或船主应负主要责任。

② 《荷兰刑法典》第381条就海盗罪规定,未经任何战事权力部门批准,不是国防部备案的海军舰队,明知目的是在公海上使用暴力袭击其他船只、船上的人或船上物品而担任船长之职的,处12年以下监禁或处五级罚金;明知目的是在公海上使用暴力袭击其他船只、船上的人或船上物品而在该船只上做水手,或明知其目的后仍自愿留在船上做水手的,处9年以下监禁或处五级罚金;虽有交战国的授权,但行为超越了交战国授权范围的,等同于无交战授权;对海军舰队船长与水手的规定适用于航空器的机长与机务人员;对船舶的规定适用于航空器;对公海的规定适用于国际空间。这一规定将海盗罪限定在公海和国际空间,将海盗罪主体限于船员和机务人员,并要求强调主观目的是对船舶及船载人或物、航空器及其所载人或物实施暴力袭击而仍担任船长或水手之职。

③ 《美国联邦法典》第18篇就海盗罪列举了多种情况:在公海上实施国际公法规定的海盗罪,在美国被发现的,处终身监禁;美国公民在公海上以外国势力名义实施的谋杀、抢劫或任何敌视美国或美国公民的行为,即为海盗,处终身监禁;外国公民在海上对美国发动战争或攻击美国的交通工具,违反美国与该公民所在国订立的条约,且该条约宣告该类行为为海盗行为的,即为海盗,处以终身监禁;作为船员妨碍或阻止长官保护其受托船舶及船上财产免于抢劫的,即为海盗,处以终身监禁;从海盗船只上岸掠夺的,即为海盗,处以终身监禁。

④ 《菲律宾刑法典》第122条规定,船舶船员和乘客以外人员在公海或者菲律宾海域袭击或者夺取船只,或夺取船上货物、设备等财物的,处无期监禁;船员叛乱处相同的刑罚。该法第123条将具有登船或纵火、抛弃无自救手段被害人、实施伤害或强奸等加重情节者规定为特别海盗罪。

⑤ 《香港刑事罪行条例》第19、20条"有暴力的海盗行为"规定了构成海盗罪的情形,身为香港居民在海上对其他香港居民做出海盗行为、抢劫其他香港居民或对其做出敌对或抢劫的作为;在香港船舶上,成为海盗、敌人或叛徒并以海盗方式掠走船舶、军火或货物等,或者自愿将船舶、军火或货品交给海盗;传递来自海盗、敌人或叛徒的任何劝诱性质的信息;袭击船只以阻止其保护船舶及货品;禁闭船长;制造或试图制造叛变。并规定海盗罪可处终身监禁。该条例还将与海盗交易、串谋或通信、向海盗供应军火或物料、在香港境内被发现知情自愿停留在海盗船上的行为列为犯罪。

⑥ 台湾地区所谓"刑法"第333条第1项就海盗罪、准海盗罪规定,未受交战国之允准或不属于各国之海军而驾驶船舰,意图施强暴、胁迫于他船或他船之人或物者,为海盗罪,处死刑、无期徒刑或七年以上有期徒刑。船员或乘客意图掠夺财物,施强暴、胁迫于其他船员或乘客,而驾驶或指挥船舰者,以海盗论。因而致人于死者,处死刑、无期徒刑或十二年以上有期徒刑;致重伤者,处死刑、无期徒刑或十年以上有期徒刑。第334条是海盗结合罪,即犯海盗罪而故意杀人者,处死刑或无期徒刑。犯海盗罪而有放火、强制性交者、掠人勒赎者、使人受重伤者等行为之一,处死刑、无期徒刑或十二年以上有期徒刑。

海上的团体性武装犯罪,现实中对海盗的抓捕主要依靠各国海军而不是警察,海盗对海上秩序乃至一国甚至地区安全都具有严重威胁。在西班牙、荷兰、法国、美国、菲律宾的法律中,海盗罪被认定为是具有叛乱性质的犯罪,而在全世界范围内,将海盗行为与叛乱联系在一起的远不止这些国家。笔者认为,海盗行为性质和破坏性远大于陆上刑法罪名分类中的一般人身财产犯罪,这一特点也是其与战争罪、反人类罪等并列为国际罪行的理据之一。(4)国际法与国内法在海盗罪规制范围上的区别,是基于国家主权原则而做的限定,从《日内瓦公海公约》《联合国海洋法公约》《调查海盗和武装抢劫船舶罪行实用规则》《关于打击亚洲海盗活动和武装抢劫船只行为的地区合作协定》所体现的海盗罪及"武装抢劫船舶"的内容特征可以看出,对海盗罪客观要件进行限制和排除是基于对国家主权原则的尊重,但并不意味着对公海之外的海盗行为就不认为是犯罪。

国际法对海盗罪定义的形成,是海法长期自体发展的结果,本质上是现代人类在海上活动范围内对于海盗罪这一概念的共识。因此就其内容特征而言,无论以英美法系的双层次纵向对合模式,或者德日的三阶层纵向递进模式、三要件横向平展模式还是中国的四要件犯罪构成理论进行分析,海盗罪都包含着相对一致的主观、客观要件要求。从法益侵害的角度看,海盗罪有三个方面特点:一是受害人的财产权,既包括船舶、航空器、其上货物、其上人员随身携带的财产,也包括通过绑架行为要求支付的赎金。从这个角度看,受害人并不止于被绑架人员本身,也包括为其支付赎金的亲戚朋友及被绑架人员所归属的法人。二是受害船舶、航空器、陆地及其上人员的人身权利。海盗行为本质上是从海上(空中)发起的强盗行为,历史上的海盗不仅仅洗劫商船,也会上岸攻击城镇,并且攻击城镇是危害极大的一种海盗活动形式。① 从这个角度上看,海盗与强盗的主要区别应该是以船舶为主要活动平台,海盗罪的受害对象并不仅限在船舶或航空器之上。现代国际法对海盗罪受害范围进行限制,其主要原因与对海盗罪的犯罪主体范围进行限缩是相同的:根据国家主权原则,对城镇的攻击发生在一国领陆领海的主权范围之内,属于一国国内法调整范畴。仅从行为本质而言,对于发生在一国领陆领水范围内的海盗行为,不应该因为侵害地点不同而产生罪与非罪的差别。三是公共安全和社会秩序的利益,在国际法上体现为对国际和平与安全的威胁,现代情况下对于原油及化学品船舶、核动力船舶等实施的海盗行为还可能侵害海洋环境等公共安全利益。② 在一国国内法层面上,海盗行为会对该国国内秩序与受害人人身财产安全、生态环境等造成损害。

二、海盗罪的国际司法管辖和司法合作现状

各国(地区)对于国际法意义上的海盗罪有普遍管辖的权利,管辖行为的内容可以分为对海盗进行逮捕及之前的相关行动,以及逮捕后对海盗的处置措施。③ 一国开始行使对海盗的管辖权主要标志在于采取对海盗船舶、航

---

① 海盗是从事对海船甚至对陆地掠夺的私人武装团体。海盗活动以船舶为平台,这一特点决定其依赖于港口城镇对海盗船只的补给、维修、贸易,所以海盗往往依附于某个政权、充当海军补充力量。海盗活跃程度与周边政权的管控能力、容忍程度有着直接关系。在奥斯曼土耳其帝国时期,"土耳其海盗"称雄北非,一度在突尼斯的杰尔巴等岛屿拥有政府权力并形成地中海地区国际政治活动中心,巴伯路斯兄弟甚至废黜阿尔及尔王自称苏丹,形成了"海盗国家"。到 18 世纪以后,随着海上贸易发展和船舶枪炮等工业不断进步,主要海洋国家海军力量不断强化,海盗的武器船舶、作战模式逐渐落伍,给各国带来的危害超过了其对海战的帮助作用,各国相继颁布了取缔海盗的禁令,"海盗国家"最终被美国舰队击溃。随着各国共识的形成,私掠许可制度最终被废除,海盗被明确为全人类公敌并成为最早的国际罪行。

② 多数油船及化学品船舶由于吨位大、干舷低、航速慢,很容易成为海盗袭击目标。在劫掠过程中的火力冲突、劫走船员后放任船舶成为"幽灵船",都可能导致泄漏、爆炸而引发生态灾难,甚至造成不可逆的海域环境损害结果。

③ 联合国安理会就打击海盗活动形成的一系列决议是海盗管辖权的国际法律渊源,特别是决议有些内容构成了"国家主权"原则的例外,突破了普遍管辖权"在公海上或在任何国家管辖范围以外"的限制范围。截至 2018 年 6 月底,联合国官方网站共公布了 12 份决议,33 份报告,其中关于索马里海盗有 10 份决议,第 1816(2008)号决议规定:任何其他国家在 2008 年 6 月 2 日决议通过以后的 6 个月内,都可以在与索马里过渡联邦政府合作来打击索马里海盗。这些国家参与打击海盗的方式,既包括"进入(enter)索马里领海,以制止海盗及海上武装抢劫行为",而且还包括"在索马里领海内(within the territorial waters of Somalia)采用一切必要手段(all necessary means),以制止海盗及武装抢劫行为"。第 1851(2008)号决议授权所有国家和区域组织在索马里境内采取一切必要的适当措施,包括镇压海盗行为和海上武装抢劫行为,要求各国"根据国际法尊重索马里的主权、领土完整、政治独立和统一""根据本段的授权所采取的任何措施都应符合适用的国际人道法和人权法"。

空器的紧追或打击行动，根据一国开始行使普遍管辖之后，对于俘获的海盗是否积极行使取证、审判、刑罚等后续权力，可以分为消极管辖和积极管辖两种情况。

（一）消极管辖

由于将海盗带返本国审理可能在时间、成本、程序上会面临各种问题，对俘获的海盗采取消极管辖的做法比较常见，主要有三种情形：一是移交其国籍国，二是交给沿岸第三国，三是引渡给其他国家或者直接释放。移交海盗国籍国处置符合属人管辖原则，这一方式对于逮捕海盗的国家而言显得高效直接。交给沿岸第三国就是通过依据捕获国与第三国的双边协议将海盗移交第三国审判，沿岸第三国以肯尼亚、塞舌尔等国为代表，这一做法的前提是需要逮捕海盗的国家与该第三国订立协议并且第三国就规制海盗罪行进行了国内立法。从现实的角度看，移交海盗国籍国或者沿岸第三国至少存在四方面问题：

第一，海盗国籍国往往存在不适合移交的情形。例如，该国治理失败或处于混乱状态则无异放纵海盗，或者该国政权过于武断残忍则移交可能违反不推回原则，以及被移交国拒绝在证据不足切实定罪的情况下移交则实施难度更大。第二，愿意接受海盗的沿岸第三国往往司法制度完善程度不高。以肯尼亚为例，其刑事司法体制例如调查、起诉和审判都存在不少问题，取证效率低下、司法资源匮乏、案件严重积压、保障人权不力，除重大或死刑案件外被告无权要求法律援助。移交该国审判的海盗往往被长时间羁押在监狱而未得到及时宣判和刑罚，且其监狱条件极端恶劣，曾因虐待嫌疑人并剥夺其宗教特权引起国内穆斯林不满而引发政治危机。第三，移交过程中可能遇到司法程序操作效率的问题：移交嫌犯程序较慢而军舰不便长时间关押，法定羁押期限导致各国军舰往往只能选择将海盗嫌犯就地释放。① 第四，海盗国籍国和沿岸第三国往往高度依赖国际社会援助，部分海盗国籍国司法体制和程序极不健全，第三国愿意承担审判职责往往出于政治经济利益和提高自身国际影响力考虑，最终这些都需要落实到国际社会援助中，其内容包括人员

---

① 例如，2010 年，由于难以提起诉讼，荷兰海军不得不将抓获的至少 44 名海盗嫌疑人予以直接释放。

培训、设施配备、后勤援助以及资金支持。依赖移交沿岸第三国审判事实上变成寻求"倾倒海盗的垃圾场",如果沿岸国发生政局变动、国内变乱等原因停止接受移送,第三国在移送协议磋商中持续提高经济政治利益期待,都可能使这一移送模式陷入困境。①

(二)积极管辖

积极管辖主要有两种情况:一是一国海军或其他武装力量在海盗袭击事件中抓获海盗并带返本国司法机关处理,这一做法符合普遍管辖权原则;二是与遭受海盗活动破坏的财产有实际联系的国家,如船籍国、受害者国籍国等国家引渡海盗嫌疑人交本国司法机关处理,但船籍、国籍等因素可能导致管辖权变化。现实中,美、法、德、韩等国曾经在解救商船过程中抓获海盗并带返本国审理,以美国最有代表性。从现实的角度看,这种做法至少存在三方面问题:

第一,司法成本高昂,海盗审判是跨国审判,改善海上羁押条件、现场收集犯罪证据、及时带返本国审判、依据国内法律审判、保障诉讼权利和人道待遇、提供国内羁押和服刑地点等过程,需要投入大量的司法资源,在人力、财力和物力上都是现实的负担,并且可能面临海盗通过人权保障、难民庇护等方式寻求获得居留权。第二,国内立法不足,以美国法院为例,其对海盗罪是否要求"抢劫"之构成要件、海盗罪是否应当要以侵害美国利益为前提等问题观点不一,导致相似案件判决迥异,其国内立法司法在海盗罪方面的迟滞表现明显。第三,法律程序限制,在现代国际法和各国国内法对人权保护框架下,各国对各个诉讼环节的权利保护和待遇规定严格,而海盗罪嫌疑人身份国籍往往难以认定、所提主张往往在法律上归于无效却不断提高司法成本。②

(三)其他情况

当一国不愿意将海盗带返本国或者根据本国国内诉讼法律规定难以积

---

① 例如,2010年肯尼亚一度因国际社会没有遵守承诺向该国提供起诉和关押海盗的相关资金和帮助为由,停止接受被抓获的索马里海盗到肯尼亚受审。

② 例如,2011年法国首次开庭审理6名索马里海盗嫌疑人,部分嫌疑人当庭仅承认在劫持行动中充当看守或翻译等配角,还有人辩称自己受雇于人,其行为完全是被逼无奈。

极管辖,移送海盗国籍国或第三国管辖又无法落实的情况下,有些国家会采取其他的处置方式:一是直接释放,占有相当大的比例,但这一做法无疑纵容甚至刺激了海盗犯罪。二是将海盗放在小艇或者荒岛上任其自生自灭,目前采取这一做法主要是俄罗斯,这一做法也被认为是直接释放,但其未经审判而将海盗处于大概率面临死亡的环境下,比较容易招致海盗对俄罗斯船舶、船员的报复和对这一做法在人道主义方面的质疑。

海盗罪作为国际罪行应处以重刑,这一点为国际社会普遍强调和认可,但就海盗罪是否适用死刑,各国国内立法存在差异,可能会给移交海盗国籍国、交给沿岸第三国、受害国引渡海盗审判等移送模式造成困难。轻刑化国家在应对海盗罪上面临更大压力,因各国立法差异可能促使海盗更多地选择轻刑化国家的船舶作为攻击目标,被捕后可能要求在轻刑国家接受审判,审判结果可能导致泛轻刑化,也可能促使各国选择提高对海盗罪惩罚力度而在全球刑罚轻刑化过程产生逆向作用。虽然死刑存废是一国司法主权范围内事务,但海盗罪属于国际罪行且适用普遍管辖原则,因此也就导致在管辖权发生积极冲突的情况下,可能出现死刑不引渡的情况。死刑不引渡原则,是指被引渡国以引渡国法律可能对被引渡人判处或执行死刑为由拒绝其引渡要求。这一原则在废除死刑国家国内立法及其对外签订的引渡条约中逐渐普及,在实践中也确实越来越多地成为国家拒绝引渡的理由。

为解决移送模式下海盗管辖权冲突、刑罚不统一的问题,部分国际组织、国家和国际法学家提出了建构特别国际司法机构统一审判海盗罪案件的思路。2010 年,时任联合国秘书长潘基文在其《用以推动起诉和监禁索马里沿海海盗和海上武装抢劫行为责任人的可能方案》中,提出了包括建立国际法庭和混合法庭在内的 7 种方案供联合国安理会审议。在建构国际司法机构方面主要有:在第三国领土内设立索马里法院、在沿岸国国内法院设立特别分庭、沿岸国协议设立区域法庭、联合国设立国际法庭等。2011 年,联合国安理会应俄罗斯请求决议,决定考虑设立索马里特别法庭,但迄今并无实质性进展。与其他国际罪行相比,海盗罪犯罪主体人数众多,因此对司法成本、审判效率的考虑是非常重要的,要实现有效的法律规制,就必须依靠简便可行、完善有力的审判模式。设置国际刑事审判法庭的确有常设性、临时性两种情况,但建立独立机构性质的常设海盗审判法庭在国际法上尚属首次,存在经费来源、职权分配、人员遴选、机构设置等多方面问题,各国在这一问题上短时间难以达成一致,难以应对海盗活动区域不断变化的实际情况;在现有的国际刑事法院下设临时特别法庭,这一构想已经超出《国际刑事法院规约》关于受理种族清洗、危害人类、战争、侵略这四种罪行的规定,这四类罪名主要针对政府军队或者其他组织领导人或者主要成员,而海盗罪的特点是犯罪成本低、案件数量大、参与人员多,仅从数量看就是国际刑事法院难以承受的负担;建构国际司法机构存在管辖权的来源问题,而且目前国际立法尚不完善,尽管国际法庭代表着国际社会最高司法审判水平,具有较高的专业性和公正性,但将这一较高成本的司法资源应用于海盗罪审判,从投入与效果对比看很难说是一种理想的选择。

三、海盗罪国内司法管辖的必要性

目前,我国《刑法》并未对海盗罪做专门规定,对海盗行为按抢劫罪、故意杀人罪、故意伤害罪、非法拘禁罪等罪名进行法律规制。例如,1998年11月,印尼籍人索尼·韦等20多人冒充公安人员在中国南海海域强行截扣"长胜"号货轮并将23名船员全部杀害,又将该货轮以30万美元价格变卖并瓜分赃款,部分人员还先后抢劫其他两艘外籍货轮。我国法院最终以故意杀人罪、抢劫罪、私藏枪支弹药罪等做出处罚,索尼·韦等13人被判处死刑。2011年10月,泰国人糯康等在湄公河袭击"玉兴8号"货船并杀害13名中国船员,我国法院最终以运输毒品罪、故意杀人罪、绑架罪、劫持船只罪等做出处罚,判处糯康死刑。

我国有专门规范海上运输民商事法律关系和诉讼程序的特别法《海商法》《海事诉讼特别程序法》,却在海盗罪的刑事立法上处于空白状态,缺少细化的定罪量刑和诉讼程序规定不利于有效行使对海盗罪的普遍管辖权,也给我国海军参与打击海盗军事行动带来了障碍,有必要增设海盗罪名并实行专门管辖。

（一）海盗罪单独成罪的必要性

我国是《联合国海洋法公约》缔约国,适用《联合国海洋公约》的做法有两种:一是将国际公约的内容转化成具体的法律条文;二是通过具体法律中规定国际公约优先适用。由于《联合国海洋法公约》关于海盗罪有罪名而无刑罚,对其具体化必须通过国内刑事立法规定加以解决,未经立法授权更不能在刑事审判中直接适用,增加海盗罪罪名是适用国际法的现实要求。

海盗罪所带来的是严重的人身财产损害结果及对航运秩序的冲击,会产生人损、货损、保险、保理、违约等一系列民事商事纠纷,这是由海上活动的客观规律所决定的。海法有其自体性特征,①海盗罪司法管辖立法的缺位将导致普遍管辖权行使遇到困境。例如,当发生针对我国船只公民海盗行为时,由于国内刑法未规定海盗罪,依据其他罪行提出引渡请求可能面临难以主张普遍管辖权利不能的情况,甚至可能在其他例如发生在争议海域情形下影响我国充分行使司法主权。在海盗罪管辖方面,我国一般执行"或引渡或起诉"原则,但如果出现中国人违反海洋法公约规定构成海盗罪却不在刑法轨制范围内,则根据本国人不引渡原则不应予以引渡,这将可能导致我国对所签订《联合国海洋法公约》义务的不履行。

将海盗罪单独成罪,一是有利于与民事相关法律进行对接,更好保护相关当事人利益;二是有利于在量刑上给予严惩,震慑针对我国国籍船舶及船员的海盗活动;三是有利于我国海军及其他武装力量、船上武装保安人员在应对海盗突发事件时发挥作用,充分行使普遍管辖权以直接维护我国海上经济利益;四是有利于维护我国周边相关海域航运秩序,提升我国对海盗活动高发地区航运秩序的保护力度,减少因货损、延误、赎金、绕航带来的运输成本上升问题,减小海盗活动对我国船舶滋扰造成的航运及相关经济领域秩序的冲击。从各个国家(地区)立法情况可以看出,主要的海运国家、曾经的海洋强国,在刑事法律上都将海盗罪单独成罪。海洋作为相对独立的领域,与陆地生产生活环境存在较大的差异,海法在刑事、民事、行政方面的立法缺一

---

① 大连海事大学司玉琢教授将其归结为"海法所具有的适应海洋活动规律的自主生成、整体关联、相对自足、长期独立的特征,是人类从事海洋活动过程中针对海洋自然环境、社会环境自发形成有效规则的产物"。这一特征从当时欧洲各国海事法院的状况和1681年法国《海事王令》都得到反映,法国《海事王令》体系特点就是"海法有着独立的注解人员、独立的法官以及独立的法院,不受外界影响,不丧失特色,完全维持一种独立的状态"。海法这种独立状态的历史可谓源远流长,古罗马《学说汇纂》记载安东尼皇帝曾说:"联诚为陆上之主,但海法乃海上之主,让这一诉讼由我们的法律所接受的《罗德海法》来决定吧,只要我们的制定法没有相反的规定"。因此,在各国共同接受的、逐步演进的海法中,关于海盗罪管辖的原则也是在长期历史变迁形成的国际习惯。

不可,对海上刑事案件例如海盗罪的管辖应当有专门法律进行规制,至少也应当在《刑法》中单独成罪。

海盗罪是重罪,应处以严刑,这一点为国际社会所公认。随着我国经济社会的快速发展,海上货物运输和海上旅客运输在经济生活中的作用将不断增强,海盗活动及其他海上犯罪所带来的危害也将更加明显。国际公约对于海盗罪做出罪行性质之外的限制,是基于扩大签约范围和适用普遍管辖权而做的让步,各个国家(地区)的立法实践表明,在现有刑法部门法框架下就海盗罪规制进行国内立法是可行的,并且对海盗罪的定义应当延伸至国内管辖范围内的海盗行为。就海盗罪所侵害的法益,多数国家将其定义为对公共秩序、公共安全的侵害,而台湾地区则在"刑法"侵害财产罪行部分进行规范。海盗罪属于一行为侵害多法益的行为,犯罪目的大多在于侵害财产,但就其单独成罪的立法意义而言,主要还是为了保护公共安全,这一法益处于优先保护的状态,也足以吸收海盗罪侵害他人人身财产的两项行为后果。

从完善国内法律体系的角度看,在建设海洋强国的背景下,应当尊重海法发展的自体性规律,在《海商法》《海事诉讼特别程序法》的基础上,进一步构建完整的现代化海法体系,进而更好地解决按陆上法律部门法框架将海法碎片化所带来的规范缺失、结构失衡等问题。通过体系化立法的计划安排,编纂开放、完整的海法是切实可行的。从我国当前立法现状出发,围绕建设国际海事司法中心的长期目标,建议循序渐进开展一系列立法活动:

第一,根据海盗活动特点及其发展趋势,结合我国当前的立法实际,建议先在《刑法》中增设海盗罪罪名,条文以概括性罪名为宜:一是可以将我国加入的《联合国海洋法公约》《关于打击亚洲海盗活动和武装抢劫船只行为的地区合作协定》分别规定的海盗罪、海上武装抢劫罪统一为海盗罪;二是海盗罪不应限于私人目的,以便扩大对这类行为的打击面;三是犯罪行为地不限于公海和任何国家管辖范围以外区域,并且包括准备地等相关地点;四是对于到目标船舶航空器上做内应的,以及海盗上岸掠夺的情形,应当按照海盗罪进行处理。第二,在现行刑法体例之下,可以将海盗罪置于刑法分则中"危害公共安全罪"一章,建议在量刑上规定相应的加重情节,例如:"(1)构成海盗罪的,处十年以上有期徒刑或者无期徒刑。(2)构成海盗罪并有故意伤害致人重伤、强奸、绑架、放火、爆炸等情节的,行为人处无期徒刑或者死刑。（3）有前一款行为，致使被害人失踪、死亡或者杀害被害人的，处死刑。（4）犯海盗罪的，可以并处罚金或者没收个人财产。"第三，为了扩大实际适用范围，更好打击海盗罪是这一国际罪行，在"死刑犯不引渡"原则下，在刑事政策方面建议规定：对应当判处死刑的犯罪嫌疑人，被引渡国不适用死刑的，应当处无期徒刑，不得减刑或假释，可以适用附加刑。第四，为全面彰显我国的海洋政治经济权益，从根本上解决现有按陆地法律部门法体系对海法割裂所形成的规范不足，建议通过分阶段立法规划的方式确立我国的海法体系：第一阶段，通过总则性海法规范形成与陆地法律对应的原则性海法规范；第二阶段，以分别立法的形式形成海洋管理、海事行政、海事海商、环境保护、领海安全、海上刑事、海员管理、海诉程序等与海上活动客观规律相适应的海事部门法体系，将海盗罪管辖归入海事刑事法律、海事刑事诉讼法律调整范围内；第三阶段，在长期司法实践中逐渐形成细化的海法规则、判例，进而积淀我国海事司法的底蕴。

（二）对海盗实行专门审判的必要性

建立海事法院曾是欧美沿海国家及各殖民地普遍做法，历史表明依托专门审判机关行使海事管辖权可行并且可以发挥重要作用。以英国海事法院为例，其职能包括海盗案件专属管辖、普通海事案件管辖、捕获案件审理等，迄今王座法庭海事庭仍是英国司法系统的重要组成部分。在英国海事法院设立之前，欧洲的海盗活动非常猖獗。各国采取签订条约、颁布法令等措施来打击海盗，但在制止劫掠、保护商人方面依然显得无能为力。尽管由于普通法院长期的反对和斗争，英国海事法院在管辖范围上不断变迁，但成立 6 个世纪来始终行使着对海盗案件的管辖权。① 与普通法院不同的是，英国海事法院的海事法官和海事律师都经历了罗马法的传统学习，并在庭审中使用

① 1361 年，英国枢密院颁布法令明确海事法院审理海上重罪、侵权及伤害案件；1389、1391 年国王理查德二世颁布法令进一步确定海事法院审理海上案件及河流近海口第一座桥下发生的严重犯罪案件；1536 年，国王亨利八世颁布法令规定所有海上、港口、河流、小溪或者属于海军职责或管辖范围内的叛国、重罪、抢劫、谋杀等犯罪案件依发生地受海事法院管辖；1547 年，国王爱德华六世明确海事法院管辖一切发生在英格兰或者爱尔兰主权范围内的海域、淡水水域或者河流从第一座桥梁到大海区域内的案件；1562 年，女王伊丽莎白一世颁布法令规定海上、海滨等不属于国土范围的犯罪行为由海事法院审理；1649 年到 1659 年，海军上将一职被撤销，废除国界界定海事法院管辖权的法案后，海事法院依然管辖着海盗案件以及海上犯罪案件，并且表现出完全超越普通法院的审理高效和判决有力。

海上惯例、商事惯例和大陆法,遵循大陆法系的诉讼程序,后来在长期发展积淀的基础上逐渐形成了英国海事司法的判例传统,并在世界范围内对海法的发展产生了深远的影响。

司法主权是一国主权的重要内容,我国领海、毗连区、专属经济区达三百多万平方千米,岛屿礁盘星罗棋布,周边形势错综复杂,维护海上利益、建设海洋强国,应当树立与之匹配的国家司法权威。1998年《最高人民法院关于执行〈中华人民共和国刑事诉讼法〉若干问题的解释》规定,对我国缔结或者参加的国际条约所规定的罪行,我国在所承担的条约义务内行使刑事管辖权。但是,根据我国《刑事诉讼法》规定积极行使普遍管辖权,对海军抓捕的海盗嫌疑人开展刑事审判,客观上至少还存在三方面问题:第一,在抓捕侦查阶段,刑事司法机关缺位。根据《刑事诉讼法》规定,中国海警局履行海上维权执法职责,对海上发生的刑事案件行使侦查权,军队保卫部门对军队内部发生的刑事案件行使侦查权。目前我国海军护航军舰本身是没有配备海警局人员的,即便海军官兵具有军队保卫部门人员身份,也并不能对海盗罪案件行使侦查权。第二,对海盗罪嫌疑人进行拘留、羁押、逮捕遭遇实际履行困境,根据《刑事诉讼法》规定,对犯罪嫌疑人拘留后应当立即送看守所羁押,至迟不得超过二十四小时,并且应当进行讯问;拘留后按特殊情况和流窜作案、多次作案、结伙作案嫌疑人进行处理,提请批准逮捕的最长时间是三十七日,一般的护航任务可能还未结束,就已经面临超期羁押的现实问题。第三,对海盗罪嫌疑人诉讼权利难以进行保障,根据《刑事诉讼法》规定,自第一次讯问或者采取强制措施之日起,犯罪嫌疑人有权委托辩护人,并且在侦查期间只能委托律师作为辩护人。在目前情况下,抓获海盗罪嫌疑人后军舰上无法为其提供具有在我国国内执业资格的律师作为辩护人。

以英国海事法院的历史经验看,对海盗罪及其他海上案件实行集中管辖可以有效避免争议发生,形成明显制度优势,可以起到强化司法主权宣示的效果,有充分的现实作用和长远意义。就海盗罪的集中管辖而言,由地方法院管辖则存在级别管辖、区域管辖等一系列客观问题,由军事法院管辖尽管在客观条件上最为便利,却超出军事法院的专门职责,更与当前国际社会的普遍做法相左。较为可行的做法是实行集中管辖,由海警局、海事法院专门等司法机关进行处理。目前,我国拥有当前世界上最完整的海事法院系统,共建立了跨行政区域管辖的十个海事法院,第十一个海事法院①正在筹建中。海事法院在各主要港口设有派出法庭,但目前这些法院仅受理民商事案件和海事行政案件。由海事法院行使海上刑事案件管辖权至少可以产生三方面积极作用:第一,利于对海事法官集中运用,利于达到优化司法资源形成合力的效果;第二,可以在海事法院系统内有效统一审判尺度,杜绝就相同罪行做出差异认定;第三,可以促进海商法等相关领域业务发展,促进中国对外司法交流和司法协作开展。对海盗罪嫌疑人开展刑事审判所面临的上述问题,通过海事法院专门审判这一方式可以及时得到解决:

第一,在羁押期限受限的情况下,可以由海事法官和相关司法人员驻在作战舰艇、综合补给舰只或者驻外补给基地开展调查审判辩护。人员与海军官兵同步轮换或定期开展海外巡回审判,集中处理亚丁湾、几内亚湾、东南亚海域海盗案件。考虑到军舰战位紧张且我国无海事检察机关,可以通过海事刑事诉讼特别程序规定由海事法院直接办案。笔者建议的这一做法并非没有成例,参照总政治部 1986 年颁发的《关于惩治军人违反职责罪暂行条件所列案件的管辖范围的通知》,军事法院直接受理遗弃伤员、虐待俘虏类犯罪,不由军队保卫部门侦查,不由军事检察院公诉,由军事法院直接办案。第二,海事法官及相关司法人员前出至护航舰艇,能够及早介入案件处理工作,有利于协助海军官兵更好调取、固定海盗犯罪证据,能够有效提升对海盗案件的打击力度。第三,通过随舰巡回审判或者在综合保障基地开庭等方式,可以较好解决海盗案件管辖司法成本畸高的问题,对海盗短期刑罚执行可以在舰只或者驻外补给基地进行,长期关押的可以成批运交国内或通过国际司法合作渠道在第三国执行。

海洋象征着文明的交流与思想的进步,也曾经给我们这个民族带来屈辱的回忆与深重的苦难。今天的中国站在伟大复兴的历史门槛上,国家海洋战略是我国 21 世纪的重大课题,建设国际海事司法中心是需要一代代法律人共同努力的远大目标,而所有远大目标的实现,都需要一个个小目标的落实。积极行使海盗罪的普遍管辖权,既符合中国的海外经济利益和"一带一路"倡议的需要,又是中国作为大国应有的责任担当,更有利于树立中国海事司

---

① 即南京海事法院。

法中心地位。积极有效行使这一普遍管辖权,需要对海盗罪进行有效管辖,包括独立成罪和专门审判。通过国内的立法活动和司法实践,从海盗罪的集中管辖这样的现实问题入手,为世界提供海洋法治的中国方案,是我们应有的使命与担当。

(原载于《海商法概念》2019 年第 3 期)(2019 年第二十七届全国海事审判研讨会论文一等奖)

【参考文献】

[1][美]惠顿.万国公法[M].丁韪良(美),译.北京:中国政法大学出版社,2003.

[2][美]孔飞力.他者中的华人:中国近现代移民史[M].李明欢,译.南京:江苏人民出版社,2016.

[3][美]PENNELL,C. R. Bandits at Sea:A Pirates Reader[M].NY:NYU Press,2001.

[4]拉萨·奥本海,詹宁斯·瓦茨(修订).奥本海国际法[M].卞建林、王铁崖,等译.北京:中国大百科全书出版社,1998.

[5]罗凌.纵横四海:世界海盗史[M].武汉:武汉大学出版社,2009.

[6]马呈元.国际刑法论[M].北京:中国政法大学出版社,2008.

[7]赵秉志.国际刑事法院专论[M].北京:人民法院出版社,2003.

[8]周忠海.国际法学述评[M].北京:法律出版社,2001.

[9]北海海事法院课题组.海事法院派出法庭面临的问题及对策.[J]人民司法·应用,2010(13).

[10]曾艳,刘乔发,张可心.关于中国海事法院体制机制改革完善的思考.[J]法律适用,2017(1).

[11]陈敬明.海盗罪研究[D].大连海事大学,2011.

[12]储槐植,高维俭.犯罪构成理论结构比较论略[J].现代法学,2009(6).

[13]付琴雯.法国打击海盗活动的立法、实践及其对《联合国海洋法公约》的挑战[J].国际法研究,2018(5).

[14]高翠.英国与尼翁会议:兼论三十年代中后期英国对意大利的外交政

策[J].首都师范大学学报,2002(5).

[15]高铭暄,王秀梅.国际刑法的历史发展与基本问题研究[J].中国刑事法杂志,2001(1).

[16]黄立.中国刑法与国际刑法的衔接:以海盗罪为研究样本[J].法学杂志,2009(4).

[17]黄瑶,卢婧.论索马里海盗的审判及处罚问题[J].法学评论,2011(6).

[18]林蓁.国际反海盗行动与中国相关刑事立法分析[J].中国海洋法学评论,2016(1).

[19]马惊鸿.海盗行为双重属性的国际法与国内法协调规制研究[D].大连海事大学,2012.

[20]莫世健.论海盗罪的国际性和海盗罪处罚国家性的冲突与协调[J].当代法学,2015(3).

[21]司玉琢,李天生.论海法[J].法学研究,2017(6).

[22]万鄂湘,高翔.论海盗的国际法律地位:兼论打击海盗国际行动中对海盗合法权益的保护[J].法学杂志,2011(4).

[23]王洪亮,徐金虎.索马里、亚丁湾水域防抗海海盗工作部署探索[J].航海技术,2009(3).

[24]王震,沙云飞.海盗罪及其在中国国内立法问题[J].中国海洋法学评论,2006(1).

[25]肖崇俊.英国海事法院的历史探析[D].华东政法大学,2010.

[26]许俊强.海事行政案件管辖之反思:在实然与应然之间[J].海峡法学,2014(4).

[27]张建军.打击索马里海盗中的国际合作问题研究[J].现代法学,2009(4).

[28]张丽英.海盗及海上暴力犯罪立法与实践的新趋势:以CMI指导草案及其影响为视角[J].澳门法学,2014(1).

[29]张影恬.安理会默示授权使用武力理论的非法性[J].河北法学,2011(4).

[30]庄玉友.日本《处罚与应对海盗行为法》[J].中国海洋法学评论,2009(2).

［31］俄罗斯联邦刑法［Z］.赵微,译.北京:法律出版社,2003.

［32］法国刑法典［Z］.罗结珍,译.北京:中国人民公安大学出版社,1995.

［33］菲律宾刑法典［Z］.陈志军,译.北京:中国人民公安大学出版社,2007.

［34］荷兰刑法典［Z］.颜九红、戈玉和,译.北京:北京大学出版社,2008.

［35］加拿大刑事法典［Z］.卞建林,等,译.北京:中国政法大学出版社,1999.

［36］美国刑法［Z］.储槐植,江溯,译.北京:北京大学出版社,2012.

［37］日本刑法典［Z］.张明楷,译.北京:法律出版社,2006.

［38］西班牙刑法典［Z］.潘灯,译.北京:中国检察出版社,2015.

［39］失败国家的代表:索马里［EB/OL］. http://news. sohu. com/s2011/shi-jieguan-114/,2018-6-25.

［40］IMO approves further interim guidance on privately contracted armed security personnel［EB/OL］. http://www. imo. org/en/OurWork/Security/PiracyArmedRobbery/Pages/Private-Armed-Security. aspx,2018-6-25.

［41］Admiralty court［EB/OL］. https://en. wikipedia. org/wiki/Admiralty_court,2018-6-25.

［42］1988 年制止危及海上航行安全非法行为公约(附英文)［Z/OL］. http://www. gsfzb. gov. cn/FLFG/ShowArticle. asp? ArticleID=25410,2018-6-25.

［43］About ReCAAP Information Sharing Centre［EB/OL］. http://www. recaap. org/about_ReCAAP-ISC,2018-6-25.

［44］抢劫香港"长胜"轮的海盗伏法［EB/OL］. http://www. chinanews. com/2000-1-29/26/17142. html,2018-6-25.

［45］国防部:中国海军抓获 3 名海盗移交给索马里当局［EB/OL］. https://news. qq. com/a/20170511/028835. htm,2018-6-25.

［46］美国审理 5 名索马里海盗 200 年来首次定罪海盗［EB/OL］. https://news. qq. com/a/20101126/000175. htm,2018-6-25.

［47］美国法庭重判索马里海盗量刑 33 年零 9 个月监禁［EB/OL］. http://news. ifeng. com/mil/special/antipirates/china/detail_2011_02/18/4737211_0. shtml,2018-6-25.

［48］西班牙移交肯尼亚 13 名索马里海盗疑犯［EB/OL］. https://news. qq.

com/a/20090516/001019. htm,2018-6-25.

[49]中国将建国际海事司法中心 媒体称展现两会宏图[EB/OL]. http://news. sohu. com/20160315/n440428557. shtml,2018-6-25.

[50]中国海事法院首次受理海事刑事案件[EB/OL]. http://www. china-court. org/article/detail/2017/06/id/2888728. shtml,2018-6-25.

[51]海事审判三十年取得的成就[EB/OL]. http://www. chinacourt. org/ar-ticle/detail/2014/09/id/1430896. shtml,2018-6-25.

[52]法检两院组织法大修:司法体制改革不断深化[EB/OL]. http://news. sina. com. cn/sf/news/fzrd/2017-08-29/doc-ifykiqfe2540210. shtml,2018-6-25.

[53]SOMALI PIRACY WARNING FOR YACHTS[EB/OL]. http://www. imo. org/en/OurWork/Security/PiracyArmedRobbery/Guidance/NonIMO% 20Oiracy% 20Guid-ance/Yachting%20Piracy%20Bulletin%20Final%20Version. pdf,2018-6-25.

[54] A Greek-English Lexicon[Z/OL]. http://www. perseus. tufts. edu/hopper/text? doc=Perseus%3Atext%3A1999. 04. 0057%3Aentry%3D%2380341&redirect=true, 2018-6-25.